SÉRIE COMENTÁRIOS BÍBLICOS
JOÃO CALVINO

Romanos

Dados Internacionais de Catalogação na Publicação (CIP)

C168r Calvino, João, 1509-1564
Romanos / João Calvino ; [tradução de Valter Graciano Martins] – São José dos Campos, SP : Fiel, 2014.

608 p. ; 14x21cm. – (Comentários Bíblicos)

Tradução de: Romans.
Prefácio de Herminster Maia.
Inclui referências bibliográficas.
ISBN 978-85-8132-173-8

1. Bíblia. N.T. Romanos - Comentários. I. Título. II. Série.

CDD: 227.107

Catalogação na publicação: Mariana Conceição de Melo – CRB07/6477

Romanos
Série Comentários Bíblicos
João Calvino

Título do Original: *Calvin's Commentaries: The First Epistle of Paul the Apostle to the Corinthians*

Edição baseada na tradução inglesa de T. A. Smail, publicada por Wm. B. Eerdmans Publishing Company, Grand Rapids, MI, USA, 1964, e confrontada com a tradução de John Pringle, Baker Book House, Grand Rapids, MI, USA, 1998.

•

Copyright © Editora Fiel 2013
Primeira Edição em Português 2013

Todos os direitos em língua portuguesa reservados por Editora Fiel da Missão Evangélica Literária

PROIBIDA A REPRODUÇÃO DESTE LIVRO POR QUAISQUER MEIOS, SEM A PERMISSÃO ESCRITA DOS EDITORES, SALVO EM BREVES CITAÇÕES, COM INDICAÇÃO DA FONTE

A versão bíblica utilizada nesta obra é a Revista Atualizada da Sociedade Bíblica do Brasil (S

•

Diretor: Tiago J. Santos Filho
Editor: Tiago J. Santos Filho
Tradução: Rev. Valter Graciano Martins
Revisão: Editora Fiel
Capa: Edvânio Silva
Diagramação: Rubner Durais
ISBN: 978-85-8132-173-8

Caixa Postal 1601
CEP: 12230-971
São José dos Campos, SP
PABX: (12) 3919-9999
www.editorafiel.com.br

Sumário

Prefácio à Tradução Brasileira...11
Epístola Dedicatória..25
Argumento da Epístola de Paulo aos Romanos..................31

Capítulo 1
    Versículos 1 a 7..41
    Versículos 8 a 12..53
    Versículos 13 a 15..61
    Versículos 16 e 17..64
    Versículos 18 a 23..70
    Versículos 24 a 32..79

Capítulo 2
    Versículos 1 e 2..89
    Versículos 3 a 10..91
    Versículos 11 a 13..99
    Versículos 14 a 16..102
    Versículos 17 a 24..106
    Versículos 25 a 29..114

Capítulo 3
    Versículos 1 e 2..121
    Versículos 3 e 4..123
    Versículos 5 a 8..128
    Versículo 9..133

Versículos 10 a 18 135
Versículos 19 e 20 139
Versículos 21 e 22 144
Versículos 23 a 26 150
Versículos 27 e 28 157
Versículos 29 e 30 160
Versículo 31 161

Capítulo 4
Versículos 1 a 3 165
Versículos 4 e 5 170
Versículos 6 a 8 171
Versículos 9 e 10 175
Versículos 11 e 12 177
Versículo 13 181
Versículos 14 e 15 183
Versículos 16 e 17 186
Versículo 18 190
Versículos 19 a 22 191
Versículos 23 a 25 197

Capítulo 5
Versículos 1 e 2 203
Versículos 3 a 5 207
Versículos 6 a 9 211
Versículo 10 215
Versículo 11 216
Versículos 12 a 14 217
Versículo 15 223
Versículo 16 225
Versículo 17 226
Versículo 18 228
Versículo 19 230
Versículos 20 e 21 231

Capítulo 6
- Versículos 1 e 2 235
- Versículos 3 e 4 237
- Versículos 5 e 6 240
- Versículos 7 a 11 243
- Versículos 12 e 13 248
- Versículos 14 a 18 251
- Versículo 19 257
- Versículos 20 a 23 260

Capítulo 7
- Versículos 1 a 4 265
- Versículos 5 e 6 271
- Versículos 7 e 8 274
- Versículos 9 a 12 278
- Versículo 13 281
- Versículos 14 a 17 283
- Versículos 18 a 20 291
- Versículos 21 a 23 293
- Versículos 24 e 25 295

Capítulo 8
- Versículos 1 a 4 299
- Versículos 5 a 8 308
- Versículos 9 a 11 313
- Versículos 12 a 14 318
- Versículos 15 a 18 320
- Versículos 19 a 22 328
- Versículos 23 a 25 333
- Versículos 26 e 27 337
- Versículos 28 a 30 340
- Versículos 31 a 34 347
- Versículos 35 a 37 353
- Versículos 38 e 39 357

Capítulo 9
- Versículos 1 a 5 361
- Versículos 6 a 9 372
- Versículos 10 a 13 376
- Versículos 14 a 18 382
- Versículos 19 a 21 392
- Versículos 22 e 23 396
- Versículos 24 a 29 400
- Versículos 30 a 33 406

Capítulo 10
- Versículos 1 a 4 411
- Versículos 5 a 10 415
- Versículos 11 a 13 425
- Versículos 14 a 17 426
- Versículos 18 a 21 433

Capítulo 11
- Versículos 1 a 6 440
- Versículos 7 a 10 448
- Versículos 11 a 15 452
- Versículos 16 a 21 458
- Versículos 22 a 24 463
- Versículos 25 a 27 467
- Versículos 28 a 32 472
- Versículos 33 a 36 476

Capítulo 12
- Versículos 1 e 2 483
- Versículo 3 490
- Versículos 4 a 8 493
- Versículos 9 a 13 499
- Versículos 14 a 16 504

  Versículos 17 a 19 507
  Versículos 20 e 21 512

Capítulo 13
  Versículos 1 e 2 515
  Versículos 3 e 4..518
  Versículos 5 a 7 521
  Versículos 8 a 10 523
  Versículos 11 a 14 526

Capítulo 14
  Versículos 1 a 4..531
  Versículos 5 a 6..536
  Versículos 7 a 9..539
  Versículos 10 a 13..541
  Versículos 14 a 18 544
  Versículos 19 a 21..549
  Versículos 22 e 23..551

Capítulo 15
  Versículos 1 a 3..555
  Versículos 4 a 6..558
  Versículos 7 a 12..561
  Versículos 13 a 16..565
  Versículos 17 a 21..570
  Versículos 22 a 24..574
  Versículos 25 a 29..576
  Versículos 30 a 33..579

Capítulo 16
  Versículos 1 a 16..583
  Versículos 17 a 20..591
  Versículos 21 a 27..595

Prefácio à tradução brasileira

A Escritura é a escola do Espírito Santo, na qual, como nada é omitido não só necessário, mas também proveitoso de conhecer-se, assim também nada é ensinado senão o que convenha saber.
– João Calvino, *As Institutas*, III.21.3.
O fim de um teólogo não pode ser deleitar o ouvido, senão confirmar as consciências ensinando a verdade e o que é certo e proveitoso.
– João Calvino, *As Institutas*, I.14.4.
Se porventura alguém tenha adquirido desde sua tenra juventude um sólido conhecimento das Escrituras, o mesmo deve considerar tal coisa como uma bênção especial da parte de Deus.
– João Calvino, *As Pastorais*

Já se passaram quase 20 anos desde que fui convidado a prefaciar a primeira edição brasileira do Comentário de Romanos de Calvino. À época (1997) tínhamos pouquíssimas de suas obras em nossa língua. Seus textos eram olhados com alguma desconfiança na academia, por suspeitarem que seus comentários já estivessem superados. Entre os fiéis, o nome de Calvino gerava uma suspeita sobre a doutrina criada por ele, pensa-se ainda hoje isso, sobre a predestinação. Hoje muito disso é passado. A igreja de fala portuguesa tem lido, sido edificada com obra deste servo de Deus que continua a falar em nossos dias com grande atualidade. O segredo de tudo isso, está em sua busca por apresentar o texto bíblico com simplicidade, fidelidade e integridade. Nestas notas quero apresentar alguns aspectos de sua compreensão e prática hermenêutica.

1. Reverência, preparo e submissão

Devemos entender que Jesus Cristo deseja governar sua igreja mediante a pregação de sua Palavra, à qual nós devemos dar toda devida reverência. – João Calvino.[1]

---

1 João Calvino, *Beatitudes; sermões sobre as bem-aventuranças*, São Paulo: Fonte Editorial, 2008, p. 77.

A reverência do ministro começa pelo recebimento da Palavra inspirada de Deus. A Palavra procede de Deus: "Eis o significado da primeira cláusula, a saber: que devemos à Escritura a mesma reverência devida a Deus, já que ela tem nele sua única fonte, e não existe nenhuma origem humana misturada nela".² Por isso, ".... os homens devem recebê-la com reverência".³ De modo decorrente, no ensino deve haver "decoro" condizente com a gravidade e nobreza da tarefa que temos.⁴ "Deus nos recebe em seu serviço, inclusive a nós que somos somente pó diante de Sua presença, que somos totalmente inúteis; nos dá uma missão honrosa de levar Sua Palavra, e quer que seja entregue com toda autoridade e reverência".⁵

Calvino, fiel à sua compreensão da relevância da pregação bíblica, usou de modo especial, o método de expor integralmente e aplicar quase todos os livros das Escrituras à sua congregação. A sua mensagem se constitui num monumento de exegese, clareza e fidelidade à Palavra, sabendo aplicá-la com maestria aos seus ouvintes. De fato, não deixa de ser surpreendente, o conselho de Jacobus Arminius (1560-1609), antigo aluno de Beza (1582): "Eu exorto aos estudantes que depois das Sagradas Escrituras leiam os Comentários de Calvino, pois eu lhes digo que ele é incomparável na interpretação da Escritura".⁶

A fecundidade exegética de Calvino tinha sempre uma preocupação primordialmente pastoral. Para ele o fundamento da verdadeira teologia e da genuína exegese estava no ofício pastoral. Portanto, o seu direcionamento não era simplesmente acadêmico. Percebe-se que para Calvino o academicismo, por si só era irrelevante para a vida da

---

2 João Calvino, *As Pastorais*, (2Tm 3.16), p. 263.
3 João Calvino, *As Pastorais*, (2Tm 3.16), p. 262.
4 João Calvino, *As Pastorais*, (1Tm 5.1), p. 129.
5 Juan Calvino, Autoridad y Reverencia que Debemos a la Palabra de Dios: In: *Sermones Sobre Job*, Jenison, Michigan: T.E.L.L., 1988, p. 203.
6 Carta escrita a Sebastian Egbertsz, publicada em 1704. Vejam-se: F.F. Bruce, The History of New Testament Study. In: I.H. Marshall, ed. *New Testament Interpretation; Essays on Principles and Method*, Exeter: The Paternoster Press, 1979, p. 33; A. Mitchell Hunter, *The Teaching of Calvin: A Modern Interpretation*, 2. ed. revised, London: James Clarke & Co. Ltd. 1950, p. 20; Philip Schaff, *History of the Christian Church*, Massachusetts: Hendrickson Publishers, 1996, Vol. VIII, p. 280; James Orr, Calvin's Attitude Towards and Exegesis of the Scriptures. In: R.E. Magill, ed., *Calvin Memorial Addresses*, Richimond VA.: Presbyterian Committee of Publication, 1909, p. 92.

Igreja. Notamos em suas obras que os pontos em que ele revela maior erudição – demonstrando conhecer bem o hebraico, grego, latim, os Pais da Igreja, etc. – visam sempre esclarecer determinada doutrina ou passagem bíblica que tem pontos de debate ou que são passíveis de interpretações diferentes. No entanto, percebemos que a sua erudição é demonstrada em sua simplicidade; ou seja: falar de assuntos complexos de forma simples e clara, isto sim, é profundidade.

A convergência de sua interpretação era a vida da Igreja, entendendo que as Escrituras foram dadas visando à nossa obediência aos mandamentos de Deus. Logo, conforme já frisamos, a sua preocupação estava longe de ser meramente acadêmica. Ele entendia que "a pregação é um instrumento para a consecução da salvação dos crentes" e, que "embora não possa realizar nada sem o Espírito de Deus, todavia, através da operação interior do mesmo Espírito, ela revela a ação divina muito mais poderosamente".[7] O Espírito está unido à Palavra, por meio da qual Ele age.[8] É o Espírito quem confere poder à pregação do Evangelho; por isso não há lugar para vanglória.[9]

A contribuição de Calvino nas diversas áreas do pensamento humano (economia, política, filosofia, ética), emerge, em geral, de seus sermões e comentários bíblicos. Ele não tinha a pretensão de revolucionar nenhuma dessas áreas, antes, desejava interpretar as Escrituras, colocando-a diante do povo a fim de que este pudesse entendê-la e colocá-la em prática, tendo uma dimensão mais ampla da fé cristã em todo o âmbito de nossa existência. Biéler resume bem isso ao dizer:

> A Reforma de Calvino é, de princípio e essencialmente, uma reforma teológica; tem em mira em primeiro lugar as relações do homem com Deus. Não é senão secundariamente, e em consequência destas relações,

---
7 João Calvino, *Romanos*, 2. ed. São Paulo: Parakletos, 2001, (Rm 11.14), p. 407.
8 John Calvin, *Commentary on the Book of the Prophet Isaiah*, Grand Rapids: Michigan: Baker Book House Company, (Calvin's Commentaries), 1996, Vol. VIII/4, (Is 59.21), p. 271; João Calvino, *As Institutas*, IV.1.6.
9 John Calvin, *"Commentary on the Prophet Ezekiel," John Calvin Collection*, [CD-ROM], (Albany, OR: Ages Software, 1998), (Ez 2.2), p. 96.

que a Reforma assume teor moral, social, político e econômico. (...) O homem é primariamente determinado em seu comportamento moral e social por suas relações com Deus; são elas que lhe comandam o destino e lhe condicionam a vida individual e social. (...) Calvino, de fato, não é nem um moralista, nem um jurista, nem um sociólogo, nem um economista; é ele um teólogo e homem da Igreja, cônscio de todas as implicações humanas do Evangelho, persuadido de que o Conselho de Deus, de Quem ele é ministro, não pode deixar de lado nenhum problema humano.[10]

O princípio orientador de sua teologia, é a glória de Deus. Este princípio o guiará em toda a sua vida. Em 28 de abril de 1564, um mês antes de morrer, convoca os ministros de Genebra à sua casa; tendo-os à sua volta, despede-se; a certa altura diz:

> A respeito de minha doutrina, ensinei fielmente e Deus me deu a graça de escrever. Fiz isso do modo mais fiel possível e nunca corrompi uma só passagem das Escrituras, nem conscientemente as distorci. Quando fui tentado a requintes, resisti à tentação e sempre estudei a simplicidade.

Nunca escrevi nada com ódio de alguém, mas sempre coloquei fielmente diante de mim o que julguei ser a glória de Deus.[11]

Estima-se que Calvino durante os seus trinta e cinco anos de Ministério – pregando dois sermões por domingo e uma vez por dia em semanas alternadas – tenha pregado mais de três mil sermões.

2. Propósito do autor

Considerando o aspecto divino-humano das Escrituras, compete ao intérprete entender o que o autor quis dizer e o seu propósito. Deste modo ele se limitava a expor o texto dentro de sua compreensão do propósito

---

10 André Biéler, *O Pensamento Econômico e Social de Calvino*, São Paulo: Casa Editora Presbiteriana, 1990, p. 257.
11 *Calvin*, Textes Choisis par Charles Gagnebin, p. 42-43. (Há tradução em inglês, *Letters of John Calvin*, Selected from the Bonnet Edition, Edinburgh: The Banner of Truth Trust, 1980, p. 259-260.

do autor evitando discussões teológicas que considerava não serem relevantes na exposição da passagem. Citemos dois exemplos: comentando Rm 8.28, escreve: "Agostinho ousa dizer que até mesmo os pecados dos santos, até onde eles sirvam aos propósitos da providência divina, se lhes afiguram como que colaboradores em sua salvação. Esta afirmação ainda que verdadeira, não se relaciona com a presente passagem, a qual está a tratar da cruz".[12] Notemos que Calvino concorda com a interpretação teológica de Agostinho, contudo, não está disposto a se desviar do propósito de Paulo no texto. Esse tipo de abordagem ele deixa para quando for comentar um texto que julgue tratar do assunto ou, simplesmente o faz na sua Teologia Sistemática, *As Institutas*. Outro exemplo ilustrativo temos em Jo 4.24, quando diz: "Esta passagem é frequentemente citada pelos Pais contra os Arianos, para provar a Divindade do Espírito Santo, mas é impróprio puxar isto para tal propósito; porque Cristo simplesmente declara aqui que o seu Pai é de uma natureza espiritual, e, portanto, não é movido por assuntos frívolos, como os homens....".[13] No seus comentários não há lugar para excentricidade; o texto é simplesmente controlado pela compreensão do contexto.

No Comentário de Romanos, em sua carta dedicatória, declara: ".... que quase a única tarefa do intérprete é penetrar fundo a mente do escritor a quem deseja interpretar, o mesmo erra seu alvo, ou, no mínimo, ultrapassa seus limites, se leva seus leitores para além do significado original do autor".[14] Comentando o Salmo 8, após falar sobre três possibilidades de interpretação de determinada palavra hebraica, conclui: "O elemento primordial a ser apreendido é no que tange ao conteúdo do salmo e ao que ele visa".[15] Analisando o Sl 41.1, interpreta: "... o desígnio do Espírito Santo, nesta passagem, não é só exortar os fiéis a se disporem a demonstrar bondade para com seus irmãos....".[16]

---

12 João Calvino, *Exposição de Romanos*, 2. ed. São Paulo: Parakletos, 2001, (Rm 8.28), p. 303.
13 John Calvin, *Calvin's Commentaries*, Grand Rapids, Michigan: Baker Book House Company, 1996 (Reprinted), Vol. XVII, (Jo 4.24), p. 264.
14 João Calvino, *Exposição de Romanos*, Dedicatória, p. 19.
15 João Calvino, *O Livro dos Salmos*, Vol.1, (Sl 8), p. 156-157.
16 João Calvino, *O Livro dos Salmos*, Vol. 2, (Sl 41.1), p. 242.

3. "Brevidade e Clareza": Sentido literal, sem alegoria ou literalismo

A *"brevitas et facilitas"* ou "lúcida brevidade" constitui-se em uma marca característica de seus comentários (método que pode ter sido iniciado por Bullinger).[17] Seu propósito é entender o texto e expô-lo de forma simples e clara, sem prolixidade e divagações.[18] A brevidade ajuda no propósito de ser claro. Calvino entendia que "o genuíno significado da Escritura é único, natural e simples....";[19] daí a importância de se entender o sentido das palavras[20] e o contexto histórico[21] ou "circunstância" da passagem.[22]

Calvino considera a interpretação alegórica como o "mais danoso erro".[23] Por meio dela manipulamos o texto, dando-lhe de modo arbitrário a forma que imaginarmos. Por isso, "As alegorias não devem ultrapassar os limites da norma da Escritura que se lhes antepõe, tão longe está de que bastem de si mesmas para servirem de base a quaisquer doutrinas"[24] "Portanto, é pretensão, e quase uma blasfêmia, alterar o significado da Escritura, manipulando-a sem o devido critério, como se ela fosse um gênero de jogo com o qual pudéssemos nos divertir. No entanto, é precisamente isso o que muitos estudiosos têm feito o tempo todo".[25]

Buscava a compreensão literal do texto; contudo, isso não significa prender-se exageradamente às palavras perdendo o seu significado. Sem cair na alegoria, procurava identificar o sentido por trás das palavras, a verdadeira mensagem.[26] Kraus[27] nos chama a atenção para

---

17 Ver: Richard C. Gamble, *Current Trends in Calvin Research, 1982-1990*: In: Wilhelm H. Neuser, ed. *Calvinus Sacrae Scripturae Professor: Calvin as Confessor of Holy Scripture*, Grand Rapids, MI.: Eerdmans, 1994, p. 94.
18 Ver: João Calvino, *Romanos*, p. 19-20.
19 João Calvino, *Gálatas*, (Gl 4.22), p. 140. Vejam-se: João Calvino, *As Pastorais*, (2Tm 3.15), p. 261-262; João Calvino, *As Institutas*, IV.17.22.
20 Cf. João Calvino, *O Livro dos Salmos*, Vol. 1. (Sl 18.5,8), p. 363-364, 368-369.
21 João Calvino, *As Institutas*, IV.16.23.
22 Cf. João Calvino, *As Institutas*, III.17.14.
23 Veja-se: João Calvino, *Exposição de 2 Coríntios*, São Paulo: Paracletos, 1995, (2Co 3.6), p. 65-69.
24 João Calvino, *As Institutas*, II.5.19.
25 João Calvino, *Exposição de Romanos*, p. 23-24.
26 Ver: João Calvino, *O Livro dos Salmos*, Vol. 1, (Sl 18.5), p. 364; (Sl 18.7), p. 366-368
27 Hans-Joachim Kraus, Calvin's Exegetical Principles: In: *Interpretation* 31 (1977), Virginia, p. 16.

alguns exemplos. Calvino analisando a forma correta de interpretar os Mandamentos divinos, depois de falar de alguns que torcem o sentido das Escrituras, acrescenta: "Impõe-se indagar, digo-o até onde a interpretação deva ir além dos limites dos termos, de sorte que se ponha à mostra que não é um apêndice aposto de glosas humanas à Lei divina, mas o puro e genuíno sentido do Legislador fielmente exposto".[28] Portanto, "é óbvio que a sóbria interpretação da Lei vai além das palavras. (...) Logo, julgo que esta haverá de ser a melhor norma: se à razão do mandamento se atente, isto é, que se pondere em relação a cada mandamento por que nos haja ele sido dado".[29] "Destarte, deve-se examinar em cada mandamento de que assunto se trata; em seguida, deve buscar-se o propósito, até que descubramos quê, propriamente, o Legislador certifique aí agradar-lhe ou desagradar-lhe".[30]

Este princípio aplica-se, em especial, aos textos que usam de linguagem metafórica. Ele entende que os símbolos são "imagens de cousas ausentes".[31] Por exemplo: Calvino entendia que os sacramentos são sinais visíveis que representam uma realidade espiritual, sendo-nos concedidos para ajudar a nossa fé – como pedagogos[32] –, em sua limitação,[33] propiciando um recurso material para exemplificar uma realidade mais ampla e profunda, selando uma promessa que sempre lhes precede;[34] sendo como que colunas de nossa fé apoiadas sobre a Palavra que é o fundamento;[35] portanto,. eles nada acrescentam à Palavra,[36] mas nos conduzem sempre de volta à Palavra, atestando a sua fidedignidade.[37]

---

28 João Calvino, *As Institutas*, II.8.8.
29 João Calvino, *As Institutas*, II.8.8.
30 João Calvino, *As Institutas*, II.8.8.
31 João Calvino, *As Institutas*, IV.17.21.
32 João Calvino, *O Livro dos Salmos*, Vol. 2, (Sl 65.4), p. 613.
33 Vejam-se: J. Calvino, *As Institutas*, IV.14.1,3,6,8,9,12; João Calvino, *Exposição de 1 Coríntios*, São Paulo: Parácletos, 1996, (1Co 11.24), p. 357; João Calvino, *Instrução na Fé*, Goiânia: Logos Editora, 2003, Cap. 26, p. 73).
34 João Calvino, As Institutas, IV.14.3.
35 João Calvino, *As Institutas*, IV.14.6.
36 João Calvino, *As Institutas*, IV.14.5.
37 João Calvino, *As Institutas*, IV.14.6.

Este método harmoniza-se com o princípio da acomodação, visto que Calvino entendia que Deus, na Sua Palavra, "se acomodava à nossa capacidade",[38] balbuciando a Sua Palavra a nós como as amas fazem com as crianças. Ou seja: Deus adapta-se à linguagem humana visando ser compreendido. Portanto, devemos buscar compreender o sentido da mensagem bíblica que, por graça, foi-nos concedida.

4. A Bíblia como intérprete de si mesma

A Escritura é a melhor intérprete de si mesma.[39] Como "norma da fé" a Escritura é o crivo através do qual toda doutrina ou mesmo profecia deve ser analisada.[40] Da própria Escritura procedem os princípios de interpretação e os termos empregados: "Das Escrituras deve buscar-se a regra precisa tanto do pensar quanto do falar, pela qual se pautem não apenas os pensamentos todos da mente, como também as palavras da boca".[41] Na junção e comparação dos textos bíblicos podemos entender melhor as passagens que nos parecem mais difíceis.[42]

5. Graça Comum – Toda verdade é de Deus

Considerando que "…. toda verdade procede de Deus, se algum ímpio disser algo verdadeiro, não devemos rejeitá-lo, porquanto o mesmo procede de Deus. Além disso, visto que todas as coisas procedem de Deus, que mal haveria em empregar, para sua glória, tudo quanto pode ser corretamente usado dessa forma?",[43] valeu-se dos recursos disponíveis para melhor interpretar,[44] escrever, ensinar e pregar a Palavra. Acrescenta: "…. Se o Senhor nos quis deste modo ajudados pela obra e ministério dos ímpios na física, na dialética, na matemática e nas demais áreas do saber, façamos uso destas, para que não soframos o justo castigo de nossa displicência, se negligenciarmos as dádivas

---

38 João Calvino, *Exposição de 1 Coríntios*, (1Co 2.7), p. 82.
39 Veja-se: João Calvino, *Exposição de Romanos*, (Rm 12.6), p. 430-432; *As Institutas*, IV.17.32.
40 João Calvino, *Exposição de Romanos*, (Rm 12.6), p. 432.
41 João Calvino, *As Institutas*, I.13.3.
42 Cf. João Calvino, *As Institutas*, I.16.23.
43 João Calvino, *As Pastorais*, (Tt 1.12), p. 318.
44 Vejam-se: João Calvino, *As Institutas*, I.5.2; II.2.12-17.

de Deus nelas graciosamente oferecidas".[45] Se toda verdade procede de Deus, ".... onde quer que ela haja de aparecer, nem a rejeitaremos, nem a desprezaremos, a menos que queiramos ser insultuosos para com o Espírito de Deus".[46]

Para Calvino, a pergunta condenatória de Tertuliano (c.160-c.220 AD) à Filosofia não fazia sentido,[47] o cristianismo é uma cosmovisão que parte das Escrituras para o exame de todas as facetas da realidade.

Entendia que as ciências e humanidades deveriam ser usadas para a glória de Deus. Portanto devemos nos valer dos meios disponíveis, por exemplo, para proclamar o Evangelho: ".... a eloquência não se acha de forma alguma conflitante com a simplicidade do Evangelho quando, livre do desprezo dos homens, não só lhe dá o lugar de honra e se põe em sujeição a ele, mas também o serve como uma empregada à sua patroa".[48] Por isso, "a erudição unida à piedade e aos demais dotes do bom pastor, são como uma preparação para o ministério. Pois, aqueles que o Senhor escolhe para o ministério, equipa-os antes com essas armas que são requeridas para desempenhá-lo, de sorte que lhe não venham vazios e despreparados".[49]

6. Uso de outros comentaristas

Algo que nos chama a atenção na aproximação bíblica de Calvino, é o seu amplo e em geral preciso conhecimento dos clássicos da exegese bíblica, os quais cita com abundância, especialmente a Crisóstomo

---

45 João Calvino, *As Institutas*, II.2.16
46 João Calvino, *As Institutas*, II.2.15.
47 "Esta é a sabedoria profana que temerariamente pretende sondar a natureza e os decretos de Deus. E as próprias heresias vão pedir seus petrechos à filosofia....
"Que tem a ver Atenas com Jerusalém? Ou a Academia com a Igreja? A nossa doutrina vem do pórtico de Salomão, que nos ensina a buscar o Senhor na simplicidade do coração. Que inventem, pois, se o quiserem, um cristianismo de tipo estoico, platônico e dialético! Quanto a nós, não temos necessidade de indagações depois da vinda de Cristo Jesus, nem de pesquisas depois do Evangelho. Nós possuímos a fé e nada mais desejamos crer. Pois começamos por crer que para além da fé nada existe que devamos crer" (Tertuliano, Da Prescrição dos Hereges, VII: In: Alexander Roberts; James Donaldson, eds. *Ante-Nicene Fathers*, 2. ed. Peabody, Massachusetts: Hendrickson Publishers, 1995, Vol. III, p. 246).
48 João Calvino, *Exposição de 1 Coríntios*, (1Co 1.17), p. 55.
49 João Calvino, *As Institutas*, IV.3.11.

(c. 347-407), Agostinho (354-430) e Bernardo de Claraval (1090-1153). Outro aspecto, é o domínio de algumas das principais obras dos teólogos protestantes contemporâneos, tais como: Melanchthon – a quem considera um homem de "incomparável conhecimento nos mais elevados ramos da literatura, profunda piedade e outros dons" e que por isso "merece ser recordado por todas as épocas"[50] –, Bucer e Bullinger. No comentário de Romanos, fez uma verdadeira revisão bibliográfica, demonstrando estar a par das principais obras a respeito do assunto. Contudo, o mais fascinante, é o fato de que ele, mesmo se valendo dos clássicos – o que aliás, nunca escondeu –, conseguiu seguir um caminho por vezes diferente, buscando na própria Escritura o sentido específico do texto: a Escritura se interpretando a si mesma.

Daí, não escassamente reconhecer como não destituída de fundamento uma posição diferente da sua,[51] seguir a interpretação tradicional[52] ou de outros intérpretes.[53]

7. A necessidade da iluminação do Espírito Santo: oração e submissão

Uma oração geralmente feita por Calvino ao iniciar suas preleções era: "Que o Senhor nos permita engajarmo-nos nos mistérios celestiais de sua sabedoria, para que progridamos em verdadeira santidade, para o louvor de sua glória e para nossa própria edificação. Amém".[54]

Na concepção de Calvino, o mesmo Deus que nos deu as Escrituras é Quem nos ilumina para poder compreendê-la salvadoramente. Deste modo, as nossas orações devem ser também com este propósito.[55]

---

50 John Calvin, *Commentaries on the Prophet Jeremiah,* Grand Rapids, Michigan: Baker Book House, (*Calvin's Commentaries,* Vol. IX), 1996 (reprinted), (Carta Dedicatória do seu comentário do Livro de Jeremias), p. xxi.

51 João Calvino, *Exposição de Romanos,* (Rm 5.15), p. 192; (Rm 16.21), p. 523-524; João Calvino *Exposição de 1 Coríntios,* (1Co 12.28), p. 390-391; *O Livro dos Salmos,* Vol. 1, (Sl 4), p. 89.

52 Cf. João Calvino, *O Livro dos Salmos,* Vol. 1, (Sl 14.1), p. 272; (Sl 15.4), p. 295; (Sl 56.1), p. 494.

53 Cf. João Calvino, *Exposição de Romanos,* (Rm 12.6), p. 431; João Calvino, *O Livro dos Salmos* Vol. 1, (Sl 25.1), p. 538; (Sl 30.4), p. 628-629; Vol. 2, (Sl 42.5), p. 264; (Sl 51.5), p. 430; (Sl 68.1), p 641; (Sl 68.9-10), p. 648; *As Pastorais,* (2Tm 2.14), p. 233.

54 Conforme nota no seu comentário de Daniel (João Calvino, *O Profeta Daniel: 1-6,* São Paulo: Parakletos, 2000, Vol. 1, p. 34).

55 João Calvino, *O Livro dos Salmos,* São Paulo: Parakletos, 2002, Vol. 3, (Sl 92.6), p. 465.

De forma figurada, Calvino diz que "o coração de Deus é um 'Santo dos Santos', inacessível a todos os homens", sendo o Espírito Quem nos conduz a Ele.[56] Ele entendia que "com a oração encontramos e desenterramos os tesouros que se mostram e descobrem à nossa fé pelo Evangelho"[57] e, que "a oração é um dever compulsório de todos os dias e de todos os momentos de nossa vida",[58]e: "Os crentes genuínos, quando confiam em Deus, não se tornam por essa conta negligentes à oração".[59] Portanto, este tesouro não pode ser negligenciado como se "enterrado e oculto no solo!".[60]

Portanto, ainda que usemos de todos os recursos disponíveis acumulados pelas mais diversas áreas do saber, a Palavra de Deus permanecerá como algo misterioso para os que não creem ou que desejam entendê-la por sua própria sabedoria pois, os "tesouros da sabedoria celestial", acham-se fora "do alcance da cultura humana".[61] Todos somos incapazes de entender os "mistérios de Deus" até que Ele mesmo por Sua graça nos ilumine.[62] "A Palavra de Deus é uma espécie de sabedoria oculta, a cuja profundidade a frágil mente humana não pode alcançar. Assim, a luz brilha nas trevas, até que o Espírito abra os olhos ao cego".[63]

8. Edificação da igreja: Aplicação prática

"O propósito divino não é satisfazer nossa curiosidade, e, sim, ministrar-nos instrução proveitosa. Longe com todas as especulações que não produzem nenhuma edificação".[64] O "proveitoso", tem a ver com o objetivo de Deus para o Seu povo: que tenha uma vida piedosa e santa; seja maduro (perfeito).[65] Desse modo, em nossa interpretação,

---

56 João Calvino, *Exposição de 1 Coríntios*, São Paulo: Paracletos, 1996, (1Co 2.11), p. 88.
57 João Calvino, *As Institutas*, III.20.2.
58 João Calvino, *O Livro dos Salmos*, São Paulo: Paracletos, 1999, Vol. 2, (Sl 50.14-15), p. 410.
59 João Calvino, *O Livro dos Salmos*, Vol. 1, (Sl 30.6), p. 633.
60 João Calvino, *As Institutas*, III.20.1.
61 João Calvino, *Exposição de Romanos*, (Rm 16.21), p. 522.
62 Cf. João Calvino, *As Institutas*, II.2.21.
63 João Calvino, *Exposição de 1 Coríntios*, (1Co 2.11), p. 89. Vejam-se: João Calvino, *As Institutas*, III.2.33; João Calvino, *Efésios*, (Ef 1.16), p. 41.
64 João Calvino, *As Pastorais*, (2Tm 2.14), p. 233.
65 João Calvino, *As Pastorais*, (2Tm 3.16-17), p. 264.

devemos nos limitar ao revelado: "... Que esta seja a nossa regra sacra: não procurar saber nada mais senão o que a Escritura nos ensina. Onde o Senhor fecha seus próprios lábios, que nós igualmente impeçamos nossas mentes de avançar sequer um passo a mais".[66] A Palavra foi-nos concedida para que pratiquemos os mandamentos de Deus; as especulações para nada servem. ".... a instrução moral é muito mais importante do que as especulações ingênuas, as quais são de nenhum uso óbvio ou prático, à luz do texto: 'Toda Escritura é inspirada por Deus é útil.... a fim de que o homem de Deus seja perfeito e perfeitamente habilitado para toda boa obra' [2Tm 3.16-17]".[67]

Calvino tinha como meta edificar a Igreja apresentando o sentido real do texto com clareza e simplicidade. "É mister que lembremos de que todas as doutrinas devem ser comprovadas mediante esta regra: aquelas que contribuem para a edificação devem ser aprovadas, mas aquelas que ocasionam motivos para controvérsias infrutíferas devem ser rejeitadas como indignas da Igreja de Deus".[68] Conclui o seu comentário de 1 Timóteo com essas palavras: "Caso não queiramos ser terrificados pela ideia de apostasia da fé, então que nos apeguemos à Palavra de Deus em sua integridade e detestemos a sofística e com ela todas as sutilezas que são odiosas corrupções da piedade".[69]

Como brasileiro, sinto-me endividado com o Rev. Valter Graciano Martins por ter começado e tem perseverado no projeto de traduzir Calvino o colando em nossa língua. À época, 1995, data da publicação do primeiro comentário (2 Coríntios), parecia um projeto que morreria no nascedouro. No entanto, Deus o preservou. Ele pôde contar com irmãos leais que tinham a mesma visão resultante de uma mesma fé operosa, entre eles, Rev. Alceu Davi Cunha e os Presbíteros Denivaldo Bahia de Melo e Lauro B. Medeiros da Silva. O trabalho frutificou.

---

66 João Calvino, *Exposição de Romanos,* (Rm 9.14), p. 330.
67 João Calvino, *As Pastorais,* (1Tm 5.7), p. 136.
68 João Calvino, *As Pastorais,* (1Tm 1.4), p. 30.
69 João Calvino, *As Pastorais,* (1Tm 6.21), p. 187. Ver também: João Calvino, *As Institutas* I.14.4; *As Pastorais,* (2Tm 3.16), p. 263

Em anos recentes a Editora Fiel incorporou este projeto conferindo uma dimensão mais ampla, com maiores recursos, contudo, com o mesmo ideal. A Igreja brasileira tem a oportunidade de usufruir de forma mais ampla da obra de Calvino, cujo mérito maior, é o de, na total dependência do Espírito Santo, nos levar com fidelidade, humildade, submissão e clareza à Palavra eterna e infalível de Deus. Não desperdicemos esta oportunidade. A Deus toda glória.

Maringá, 22 de janeiro de 2014.
Hermisten Maia Pereira da Costa
Integra a Equipe de pastores da 1ª Igreja Presbiteriana de São Bernardo do Campo, SP.

Epístola Dedicatória

*João Calvino A Simon Grynœus,[1]
Homem Digno De Toda Honra*

Lembro-me de que há três anos atrás tivemos uma agradável discussão sobre a melhor maneira de se interpretar a Escritura. E o método que particularmente aprováveis coincidiu ser também o mesmo que, naquele tempo, eu preferia a qualquer outro. Ambos sentíamos que a lúcida brevidade constituía a peculiar virtude de um bom intérprete. Visto que quase a única tarefa do intérprete é penetrar fundo a mente do escritor a quem deseja interpretar, o mesmo erra seu alvo, ou, no mínimo, ultrapassa seus limites, se leva seus leitores para além do significado original do autor. Nosso desejo, pois, é que se possa achar alguém, do número daqueles que na presente época se propõem a promover a causa da teologia, nesta área, que não só se esforce por ser compreensível, mas que também não tente deter

---

1 O relato apresentado sobre *Grynœus*, por *Watkins*, em seu Biographical Dictionary, extraído de *Moreri*, é como se segue: "Erudito alemão, nascido em Veringen, em Hohenzollern, em 1493. Estudou em Viena, depois do quê veio a ser Reitor da escola em Baden, porém foi lançado na prisão por esposar as doutrinas luteranas. Entretanto, recobrou sua liberdade e foi para Heidelberg, mais tarde para Basil e em 1531 visitou a Inglaterra. Em 1536 regressou para Basil e morreu ali em 1540." É algo singular que no mesmo ano, 1540, outro erudito do mesmo nome, John James *Grynœus*, nasceu em Berne e foi educado em Basil, e veio a ser distinguido por sua erudição.

seus leitores com comentários demasiadamente prolixos. Este ponto de vista, estou bem consciente, não é universalmente aceito, e aqueles que não o aceitam têm suas razões para assumirem tal posição. Eu, particularmente, confesso que sou incapaz de me demover do amor à brevidade. Mas, visto que a variação do pensamento, a qual percebemos existir na mente humana, faz certas coisas mais aprazíveis a uns do que a outros, que cada um de meus leitores formule aqui seu próprio juízo, contanto que ninguém queira forçar a todos os mais a obedecerem a suas próprias regras. Assim, aqueles que dentre nós preferirem a brevidade, não rejeitarão nem desprezarão os esforços daqueles cujas exposições dos livros sacros são mais prolixas e mais extensas; por outro lado, nos suportarão, ainda quando entendam que somos demasiadamente lacônicos e compactos.

No que se refere a mim, não pude impedir-me de tentar descobrir o que de positivo meus esforços, neste campo, poderiam realizar em favor da Igreja de Deus. No momento, não me sinto convencido de ter alcançado o que naquele tempo aos olhos de ambos parecia ser o melhor, nem esperava que o alcançaria quando comecei. Mas tenho tentado modificar meu estilo, de modo que não transparecesse que deixei de prestar atenção a esse exemplo. Deixo a vós, bem como aos que fazem parte, como vós, da tarefa de julgar, que alcance teve meu êxito, visto que não me pertence julgar a mim mesmo. O próprio fato de enfrentar o risco de interpretar esta Epístola de Paulo, em particular, segundo o vejo, exporá meu plano ao criticismo já bastante difuso. Visto que tantos eruditos de proeminente cultura têm devotado seus esforços na exposição desta Epístola, pareceu-me improvável que ainda haja algum espaço deixado por eles para que se produza algo melhor. Confesso que, embora tenha prometido a mim mesmo algum prêmio pelos meus esforços, este pensamento a princípio me fez recuar. Fiquei temeroso de incorrer na fama de presunçoso ou aventureiro, fosse eu lançar mão desta tarefa depois de havê-la encetado obreiros de tão excelente reputação. Existem muitos comentários antigos que tratam desta Epístola, e outros tantos de autores modernos. Eles não poderiam ter um objetivo mais oportuno para preencher seu tempo e ministério, pois se tivermos um bom entendimento desta Epístola, teremos exposta diante de nós uma porta amplamente aberta para a sólida compreensão de todo o restante da Escritura.

Nada direi dos comentaristas antigos, cuja piedade, cultura, santidade e experiência lhes têm granjeado tão proeminente autoridade, que não seria sensato menosprezar o que eles já produziram. Com referência aos que vivem ainda conosco, hoje, não há como mencioná-los todos nominalmente. Expressarei, contudo, minha opinião sobre aqueles que têm realizado uma obra muitíssimo proeminente.

Filipe Melanchthon nos tem transmitido muita luz em razão de seu excelente caráter, tanto em erudição, em dinâmica, quanto também em sua habilidade, em todos os campos do conhecimento, nos quais ele excede a todos quantos publicaram comentários antes dele. Seu único objetivo, entretanto, pareceu-me ater-se à discussão de pontos que nada possuíam de concreto ou de especial. Ele, pois, se deteve quase que somente nisso, e deliberadamente passa por alto muitas questões que geralmente trazem grande ansiedade àquelas pessoas de cultura mediana.

Após Melanchthon surgiu *Bullinger* que, com justa razão, conquistou grande aprovação. Bullinger expôs questões doutrinais com facilidade de expressão, e daí ser ele tão amplamente recomendado.

Finalmente, vem *Bucer*, o qual proferiu a palavra final sobre o assunto, com a publicação de seus escritos. Além de sua profunda erudição, seu rico conhecimento, sua perspicácia intelectual, seu aguçado tino interpretativo, bem como muitas outras e variadas excelências nas quais ele se sobressaiu, quase como nenhum outro, no campo da erudição moderna; como sabemos, ele foi imitado por poucos e sobrepujou a grande maioria. O crédito é seu, se nenhum outro, em nosso tempo, conseguiu ser mais preciso ou mais diligente na interpretação da Escritura.[1]

---

1 Houve pelo menos outros dois reformadores que escreveram sobre a Epístola aos Romanos: mas, se foram publicados neste tempo, o escritor não tem como afirmar. *Lutero* compôs uma introdução à Epístola, a qual tem sido muito enaltecida e granjeou o título de *prefácio de ouro*. Pedro Mártir escreveu um longo comentário sobre esta Epístola, o qual foi vertido para o inglês antigo no reinado da Rainha Elizabete, no ano de 1568. É sobejamente notável que não haja *nenhum crítico* entre nossos reformadores ingleses, enquanto que no Continente houve um grande número de comentaristas.

Confesso, pois, que seria um lamentável sinal de rematada arrogância pretender competir com eruditos de tal estirpe, e jamais me ocorreu em detrair um mínimo sequer de seu mérito. Que retenham, pois, tanto o favor quanto a autoridade que, pela franca confissão de todos os homens de bem, com justiça conquistaram. Entretanto, espero que me seja dado admitir que nada jamais foi tão perfeitamente elaborado pelos homens que não tenha ficado espaço algum para aqueles que os queiram imitar, aprimorando, adornando ou ilustrando suas obras. Não ouso dizer nada de mim mesmo, exceto que acredito que a presente obra deverá ser de algum proveito, e que não fui levado a efetuá-la por outra razão senão aquela que visa ao bem comum da Igreja. Além do mais, esperava que, ao usar um tipo distinto de escrito, não viesse a expor-me à acusação de inveja. Nisto consistia meu particular temor.

Melanchthon atingiu seu intuito, aclarando os pontos principais. Enquanto se ocupava desta tarefa inicial, negligenciava muitas questões que exigem atenção. No entanto, não criou obstáculo àqueles que desejam examinar também tais questões.

Bucer é por demais prolixo para ser lido com rapidez por aqueles que têm outras questões em vista, e também muito profundo para ser facilmente compreendido pelos leitores de inteligência mediana e com mais dificuldade de introspecção. Pois tão pronto começa a tratar de alguma matéria, qualquer que seja, a incrível e vigorosa fertilidade de sua mente lhe sugere tantas outras coisas que não lhe permite concluir o que começara a escrever. Portanto, enquanto o primeiro não chega a entrar em muitos detalhes, o segundo avança numa extensão tão ampla, que não pode ser lido num curto espaço de tempo. E assim não acredito que o que propus fazer ostente alguma aparência de rivalidade. Não obstante, fiquei em dúvida, por algum tempo, se seria vantajoso seguir a estes ou a outros eruditos ao respigar certas passagens nas quais pudesse trazer auxílio às mentes mais humildes, ou se comporia um comentário contínuo onde tivesse que repetir muito daquilo que já havia sido expresso por todos estes comentaristas, ou no mínimo por alguns deles. Todavia, esses escritores, com muita frequência, não concordam entre si, e tal fato cria muita dificuldade àqueles leitores de menos capacidade assimilativa, os quais hesitam sobre qual opinião adotarão. Portanto, concluí que me sentiria pesaroso no desempenho desta tarefa se porventura, ao primar pela melhor interpretação, não propiciasse a esses leitores a condição de formar um critério justo. Seu critério em si mesmo, creio eu, é um tanto irregular, mas, particularmente, decidi tratar cada questão com tal sucintez, que meus leitores não perderiam muito tempo em ler na presente obra o que já se acha contido em outros escritos.

Em suma, esforcei-me por evitar alguma reclamação de que a presente obra é supérflua em muitos detalhes. No tocante a sua utilidade, não tenho nada a dizer. Os que são dotados de um espírito mais disposto, talvez admitirão, quando a tiverem lido, que descobriram em meu comentário mais do que em minha modéstia ousei prometer. Ainda que, com frequência, discordo de outros escritores, ou, pelo menos, difiro deles em alguns aspectos, é justo que eu seja escusado nesta matéria. Devemos cultivar tal respeito pela Palavra de Deus, que qualquer diferença de interpretação haja de nossa parte a altere o mínimo possível. Sua majestade será consideravelmente diminuída, especialmente se não a interpretarmos com a devida discrição e moderação. Porque, se é um fato axiomático ser ilícito contaminar algo que se acha dedicado a Deus, indubitavelmente não podemos tolerar que alguém manuseie o que há de mais sagrado entre todas as demais coisas sobre a terra sem que antes se lavem bem as mãos.

Portanto, é pretensão, e quase mesmo uma blasfêmia, alterar o significado da Escritura, manipulando-a sem o devido critério, como se ela fosse um gênero de jogo com o qual pudéssemos nos divertir. No entanto, é precisamente isso o que muitos estudiosos têm feito o tempo todo. Não obstante, percebemos com frequência que não é possível existir concordância universal, mesmo entre aqueles que não são achados carentes de zelo, nem de piedade, nem de devoção e nem de moderação quando se discutem os mistérios de Deus. Este jamais abençoou a seus servos numa medida tal que nenhum deles chegasse a possuir pleno e perfeito conhecimento de todas as áreas do saber humano. É evidente que o propósito divino em limitar assim nosso conhecimento foi, antes de tudo, para que nos conservemos humildes, bem como para que continuemos a cultivar a fraternidade de nossos semelhantes. Ainda quando, sob outros aspectos, seja algo extremamente desejável, não devemos esperar que haja na presente vida concordância durável entre nós na exposição de passagens da Escritura. Quando, pois, dissentimos dos pontos de vista de nossos predecessores, não devemos, contudo, deixar-nos estimular por algum forte apego à inovação, nem impelidos por algum intuito de difamar outros, nem despertados por algum ódio, nem induzidos por alguma fortuita ambição. Nossa única necessidade é a de não ter em vista nenhum outro objetivo além do desejo sincero de só fazer o bem. Assim devemos também proceder no tocante à exposição da Escritura. Mas, quanto à doutrinação na santa religião, sobre a qual Deus particularmente deseja que a mente de seu povo esteja em concordância, devemos ter menos liberdade. Meus leitores não terão dificuldade alguma em perceber que tenho procurado enfocar ambos estes pontos. Mas, visto que não me é próprio fazer algum juízo ou pronunciamento sobre mim mesmo, espontaneamente deixo convosco este veredicto. Se todos os homens têm justo motivo de submeter-se em grande parte a vosso juízo, então devo também submeter-me a ele em todos os pontos sobre os quais estais ainda mais informado do que eu, visto que os mesmos vos são bem mais relacionados. Tal conhecimento geralmente diminui em alguma extensão o conceito que temos dos demais; mas, em vosso caso, como é notório a todos os eruditos, tal conhecimento se agiganta ainda mais. Adeus.

Strasburgo, 18 de outubro de 1539

Argumento da Epístola de Paulo aos Romanos

Estou em dúvida se valeria a pena gastar demasiado tempo com a exposição sobre o valor desta Epístola. Minha incerteza tem por base o simples receio de que, ao comentá-la, não venha a afetar ou a minimizar sua grandeza, e que minhas observações não venham simplesmente a obscurecê-la, em vez esclarecê-la. Deve-se também ao fato de que, em seu próprio início, a Epístola se introduz melhor e melhor se explica, em termos muito mais claros, do que qualquer comentário poderia descrever. Portanto, ser-me-á preferível que, sem delonga, me introduza no próprio tema. Tal fato nos comprovará, além de toda dúvida, que entre as muitas e notáveis virtudes, a Epístola possui uma, em particular, a qual nunca é suficientemente apreciada, a saber: se porventura conseguirmos atingir uma genuína compreensão desta Epístola, teremos aberto uma amplíssima porta de acesso aos mais profundos tesouros da Escritura.

A Epístola toda é tão metódica, que o próprio início dela é artisticamente composto. A arte do escritor se faz notória em muitos pontos, o que notaremos à medida que avançarmos na leitura, mas é particularmente exibida na maneira pela qual o argumento principal é deduzido. Tendo começado com as provas de seu apostolado, ele se desvia deste assunto para enaltecer o *evangelho*. Visto, porém, que este enaltecimento [do evangelho] é inevitavelmente acompanhado de uma controvérsia sobre a fé, ele transita para esta, tomando o texto como sua diretriz. Daí ele entra no assunto principal de toda a Epístola, que consiste na *justificação pela fé*.

Na discussão sobre este tema – *justificação pela fé* – ele envolveu os capítulos *um* a *cinco*. O tema destes capítulos, portanto, pode ser assim formulado: *O homem encontra sua justificação única e exclusivamente na misericórdia de Deus, em Cristo, ao ser ela oferecida no evangelho e recebida pela fé*. Mas o homem se acha adormecido em seus pecados. E aí permanecerá satisfeito a enganar a si próprio com a falsa idéia de justiça, idéia essa que o faz acreditar não haver necessidade alguma de obter a justiça pela fé, a menos que já se ache despertado para a inutilidade de sua autoconfiança. Por outro lado, ele se acha tão intoxicado pelos deleites de sua concupiscência, e tão profundamente submerso em seu estado displicente, que dificilmente se despertará para ir em busca da justiça [divina], a menos que seja ferroado pelo temor do juízo divino. O apóstolo, pois, faz duas coisas, a saber: convence o homem de sua impiedade; e, em seguida, o desperta de sua indolência.

Em primeiro lugar, ele condena toda a humanidade, desde os tempos da criação do mundo, por sua ingratidão, visto que não há quem reconheça o *Supremo Artífice* na incomensurável excelência de suas obras. Aliás, quando os homens são compelidos a reconhecê-lo, não honram sua majestade com o devido respeito; ao contrário, em sua loucura, a profanam e a desonram. Ele acusa todos os homens desta impiedade, a qual é o mais detestável de todos os crimes. Para provar mais precisamente que toda a humanidade se desviou do Senhor, o apóstolo registra os atos pútridos e terrificantes que os homens, em toda parte, estão sujeitos a cometer. Este é um argumento conclusivo de que apostataram de Deus, pois tais atos ímpios são evidências da ira divina, e devem ser encontrados somente nos ímpios. Entretanto os judeus e alguns gentios dissimularam sua impiedade interior com um manto de santidade externa, e de forma alguma pareceria que seriam condenados por tais feitos malignos, e portanto presumiam que se achavam isentos da condenação comum que paira sobre todos os homens. É por esta razão que o apóstolo dirige suas declarações contra essa dissimulada santidade. Visto que tal máscara de santidade dificilmente poderia ser retirada dos santarrões [*sanctulis* – santos inferiores], Paulo os convoca a comparecerem perante o tribunal de Deus, cujos olhos jamais deixam de ver até mesmo os desejos mais secretos dos homens.

Em seguida ele divide seu discurso, colocando os judeus e os gentios em separado diante do tribunal divino. No caso dos gentios, ele os priva do pretexto de ignorância, a qual defendem, porque sua consciência, diz ele, era para eles uma lei, e por isso estavam fartamente convictos de que eram culpados. No tocante aos judeus, veementemente os concita a aceitarem o mesmo fato pelo uso do qual se defendiam, ou seja *as Escrituras*. Uma vez provado que eram transgressores das Escrituras, não podiam mais justificar sua impiedade, pois os lábios divinos já haviam pronunciado a sentença contra eles. Ao mesmo tempo, o apóstolo se previne contra a objeção que bem poderiam lhe fazer, ou seja que o pacto divino, o qual era para eles a insígnia da santidade, teria sido violado caso nenhuma distinção fosse feita entre eles e os demais.

Ele mostra, primeiramente, que a posse do pacto por parte deles era mais excelente do que em referência aos demais, visto que apostataram dele em sua infidelidade. Contudo, para não detrair nada da fidelidade da promessa divina, ele também alega que o pacto lhes conferira algum privilégio, mas que este consistia na misericórdia de Deus e não nos próprios méritos deles. Portanto, no que concerne a suas qualificações particulares, permaneciam num só nível com os gentios. Ele então prova, a partir da autoridade da Escritura, que judeus e gentios são todos pecadores. Faz ainda neste ponto alguma referência ao uso da lei.

Ao despojar abertamente toda a humanidade de sua confiança em sua própria virtude, e de gloriar-se em sua própria justiça, bem como deixando-os sucumbidos diante do juízo divino, então retorna à sua proposição anterior, ou seja *somos justificados pela fé*. Ele explica o que *fé* significa e como podemos alcançar a justiça de Cristo mediante a mesma fé.

A isso ele adiciona, no final do *capítulo três*, uma excelente conclusão, a fim de reprimir o ímpeto da soberba humana, e obstrui sua ousadia de ir contra a graça de Deus. Para que os judeus não viessem restringir o imensurável favor divino à sua própria nação, ele o reivindica também para os gentios.

No *capítulo quatro*, para ratificar sua opinião, ele apresenta um exemplo claro e notável, portanto sem chance de réplica. Visto que Abraão é o pai dos fiéis, ele deve ser tido como padrão e tipo geral. Tendo provado, pois, que Abraão foi justificado pela fé, ele nos ensina que devemos prosseguir neste curso. Ao fazer um contraste entre os opositores, o apóstolo acrescenta que a justiça [procedente] das obras desaparece onde damos lugar à justiça [procedente] da fé. Confirma isso através do testemunho de Davi que, uma vez fazendo a bem-aventurança do homem depender da misericórdia divina, priva as obras humanas da virtude de fazer o homem feliz.

Então trata mais consistentemente do tema sobre o qual só tocara de leve, a saber: os judeus eram destituídos de razão em exaltar-se acima dos gentios, visto que esta bem-aventurança é comum a ambos. A Escritura testifica que Abraão alcançou a justificação quando ainda incircunciso. Ele aproveita a oportunidade para fazer algumas observações nesta passagem sobre o uso da circuncisão. Em seguida, acrescenta que a promessa da salvação depende tão-só da munificência divina. Se ela dependesse da lei, então não traria nenhuma paz às consciências humanas, onde ela deve ser solidamente estabelecida, nem tampouco seria ela jamais consolidada. Portanto, para que nossa salvação seja sólida e garantida, temos que abraçar e levar em conta unicamente a verdade de Deus, e nada em nós mesmos. Nisto urge que sigamos o exemplo de Abraão, que desviou sua atenção de si próprio e volveu-a tão-somente para o poder de Deus. No final do capítulo, ele compara duas coisas, as quais têm pontos semelhantes de comparação, a fim de fazer uma aplicação mais ampla do exemplo que citara.

O *capítulo cinco* realça o fruto e efeitos da justiça [procedente] da fé, mas é quase totalmente dedicado a expandir o que o apóstolo dissera, a fim de fazer seu enfoque ainda mais nítido. Ele argúi *a maiori* para mostrar o quanto nós, que fomos redimidos e reconciliados com Deus, devemos esperar de seu amor, o qual derramou com tal riqueza sobre os pecadores, que nos deu seu Unigênito e Amado Filho. Em seguida, ele traça uma comparação entre pecado e justiça gratuita, Cristo e Adão, morte e vida, lei e graça. Daqui se depreende que, por mais numerosos que nossos erros sejam, eles são destruídos pela infinita munificência divina.

No *capítulo seis*, ele volta a discutir a santificação que obtemos em Cristo. É deveras natural que nossa carne, tão logo tenha saboreado um pouquinho do conhecimento da graça, então se entrega com regalo a seus vícios e desejos, sem qualquer perturbação, como se já estivesse totalmente isenta de todos os perigos. Contra isso o apóstolo afirma que não podemos receber a justiça de Cristo sem, ao mesmo tempo, receber também sua santificação. Ele apresenta seu argumento com base no batismo, por meio do qual somos iniciados na participação de Cristo [*per quem in Christi participationem initiamur*]. No batismo somos sepultados com Cristo a fim de morrermos para nós mesmos e ressuscitarmos através de sua vida para novidade de vida. Segue-se, pois, que ninguém pode revestir-se da justiça de Cristo sem antes ser regenerado. Paulo usa este fato como a base de sua exortação à pureza e santidade de vida. Tal pureza e santidade devem ser demonstradas naqueles que renunciaram a impiedosa indulgência da carne, a qual busca em Cristo maior liberdade para o pecado; sim, aqueles que se transferiram do reino do pecado para o reino da justiça. Paulo também menciona sucintamente a anulação da lei, na qual o Novo Testamento resplandece, pois o Espírito Santo nos é prometido nele, juntamente com a remissão de pecados.

No *capítulo sete*, ele inicia uma discussão imparcial concernente à utilidade da lei. Ele mencionara este fato ao discutir previamente outro tema. Fomos libertados da lei, diz ele, porque ela, em si mesma, nada pode fazer senão nos condenar. Todavia, para que seu argumento não expusesse a lei à reprovação, ele insiste veementemente que ela está livre de toda e qualquer acusação. A culpa é toda nossa, explica ele, se a lei, que nos fora dada para a vida, provou ser veículo de morte. Ao mesmo tempo, explica como a lei faz o pecado avolumar-se. Deste tema, ele transita para a descrição da batalha que se deflagra entre o Espírito e a carne, experienciada pelos filhos de Deus enquanto se acham presos pelas cadeias de nosso corpo mortal. Os crentes levam consigo restos de cobiça, por meio dos quais são continuamente extraviados de sua obediência à lei.

O *capítulo oito* contém consolações que vêm em socorro da consciência dos crentes, a fim de que ela não seja estrangulada pelo terror ou a sucumbir-se, descobrindo que infringiu a lei, ou percebendo que sua obediência é por demais imperfeita, do quê já éramos acusados desde outrora. Mas, para que os ímpios não tenham, por esse motivo, razão para enfatuar-se, ele, antes de tudo, afirma que este benefício pertence unicamente aos regenerados, em quem o Espírito de Deus vive e a quem ele enriquece. Ele, pois, explica duas verdades. Em primeiro lugar, aqueles que se acham enxertados em Cristo, nosso Senhor, por meio de seu Espírito, estão fora de perigo ou da probabilidade de sofrer condenação, ainda que sejam responsabilizados por seus pecados [atuais]. Em segundo lugar, se os que permanecem na carne estão destituídos da santificação do Espírito, nenhum deles tem qualquer participação nesta grande bênção. Em seguida, ele explica quão imensurável é a segurança de nossa fé, visto que ela, pelo próprio testemunho do Espírito de Deus, afasta todas nossas dúvidas e temores. Ele ainda mostra, à guisa de antecipar objeções, que nossa segurança de vida eterna não pode ser interrompida nem perturbada pelas ansiedades desta vida atual, às quais estamos sujeitos em nossa vida mortal. Ao contrário disso, nossa salvação é promovida por tais tribulações, e, em comparação com a excelência de nossa salvação, todos nossos atuais sofrimentos são reputados como nada. Ele afirma isso com base no exemplo de Cristo, ou seja visto ser ele o Primogênito e Cabeça da família de Deus, é a imagem à qual devemos nos conformar. Visto, pois, que nossa salvação está garantida, ele conclui com uma nota de esplêndido louvor, na qual ele com exultação triunfa sobre o poder e estratagema de Satanás.

A maioria dos homens ficava terrivelmente conturbada ao olhar para os judeus – que eram os principais guardiães e herdeiros do pacto – rejeitarem a Cristo, pois este fato lhes provava, ou que o pacto era removido da semente de Abraão, que desdenhava seu cumprimento, ou que Cristo não era o Redentor prometido, visto que ele não fizera melhor provisão para o povo de Israel.

Paulo, portanto, começa a responder esta objeção no início do *capítulo nove*. Ele inicia falando do amor divino para com o próprio povo do pacto, para que não ficasse a impressão de que falava com malícia. Ao mesmo tempo, ele faz uma graciosa referência àquelas distinções pelas quais os judeus exceliam outras nações, e passa paulatinamente a sua tarefa de remover o escândalo que emana da cegueira de Israel. Ele divide os filhos de Abraão em duas estirpes, com o fim de mostrar que nem todos aqueles que eram seus descendentes físicos devem ser considerados sua progênie e participantes na graça do pacto. Ao contrário disso, mesmo os estrangeiros se convertem em seus filhos uma vez introduzidos no pacto, pela fé. Há um exemplo desta verdade no caso de Jacó e Esaú. Paulo, pois, nos remete, aqui, à eleição divina, a qual devemos considerar como a fonte de toda esta questão. Visto que nossa eleição repousa tão-só na misericórdia divina, debalde buscamos sua causa na dignidade humana. Não obstante, por outro lado temos a rejeição divina. Ainda que a justiça desta rejeição esteja fora de qualquer dúvida, não há nenhuma outra causa para ela além da vontade de Deus. Chegando ao final do capítulo, ele mostra que tanto a vocação dos gentios quanto a rejeição dos judeus foram testemunhadas pelos profetas.

No *capítulo dez*, ele começa novamente testificando de seu amor para com os judeus, e declara que sua infundada confiança em suas obras era a causa de sua destruição. Ele os priva de fazer uso da lei como escusa, dizendo que a lei também nos guia à justiça [procedente] da fé. Esta justiça, acrescenta ele, é oferecida, sem distinção, a todas as nações mediante a munificência divina, mas só é aceita por aqueles a quem o Senhor ilumina com a graça especial. Ainda que mais gentios que judeus tenham obtido esta bênção, ele mostra que isso também foi profetizado por Moisés e Isaías: o primeiro profetizou sobre a vocação dos gentios; e o último, sobre o endurecimento dos judeus.

Restava, contudo, a pergunta se o pacto divino fizera alguma diferença entre a progênie de Abraão e as demais nações. Em busca de resposta, Paulo primeiramente nos lembra que a obra de Deus não deve ser confinada ao que os olhos podem ver, pois a eleição às vezes vai além de nossa compreensão. Elias estava inicialmente equivocado quando concluiu que a religião havia perecido em Israel, porquanto havia ainda sete mil vivos. O apóstolo também nos convida a não nos afligirmos ante o vasto número de incrédulos, para quem o evangelho não passa de algo repugnante. Finalmente, ele assevera que o pacto persiste mesmo nos descendentes físicos de Abraão, mas só é eficaz naqueles a quem o Senhor predestinou por sua eleição soberana. Ele, pois, volta em direção dos gentios e os adverte a não se esquecerem de refrear sua vanglória em relação a sua adoção. Eles não podem excluir os judeus como se houvessem sido rejeitados peremptoriamente, visto que eles só são aceitos pelo Senhor pelo prisma da graça, a qual deve ser-lhes causa de humildade. O pacto divino não foi totalmente apagado da progênie de Abraão, pois os judeus são, de certo modo, provocados à emulação pela fé dos gentios, para que Deus pudesse atrair a si todo o Israel.

Os três capítulos que se seguem são de caráter hortativo, porém cada um é distinto do outro. O *capítulo doze* contém normas gerais para a vida cristã. O *capítulo treze* trata, em sua maior parte, da autoridade dos magistrados. É uma provável pressuposição que houvesse algumas pessoas irrequietas que imaginavam que não pode haver liberdade cristã sem que o poder civil seja antes destruído. Para evitar a aparência de estar impondo deveres sobre a Igreja além daqueles atinentes ao amor, Paulo mostra que esta obediência também é uma parte do amor. Em seguida ele adiciona aqueles preceitos que regulamentam nossa vida, o que já havia mencionado.

No *capítulo quatorze*, ele dirige uma exortação que era particularmente necessária para aquele período. Houve alguns, cuja obstinada superstição os levou a insistir na observância dos ritos mosaicos, porque não suportavam vê-los sendo negligenciados sem que se sentissem ainda mais fortemente ofendidos. Em contrapartida, aqueles que tinham consciência de sua anulação, para destruir tal superstição, davam a entender, deliberadamente, que não tinham por eles nenhuma consideração. Ambos os lados ofendiam com seus excessos. Os supersticiosos desprezavam os outros como sendo zombadores da lei divina; enquanto que os últimos injuriosamente motejavam da ingenuidade daqueles. O apóstolo, pois, recomenda a ambos aquela discrição judiciosa, e convida os primeiros a refrear seu desprezo e exagero, e os últimos a evitar todo gênero de escândalo. Ao mesmo tempo, ele prescreve a melhor forma de se exercer a liberdade cristã, a qual é mantida dentro dos limites do amor e da edificação. Aos fracos, ele dá um bom conselho, proibindo-os de fazer alguma coisa que ofenda sua própria consciência.

O *capítulo quinze* começa com uma repetição de seu argumento geral como uma conclusão de todo seu tema, ou seja os fortes devem usar sua força na confirmação dos fracos. Visto que os judeus e os gentios viviam em contínua controvérsia sobre as cerimônias mosaicas, ele resolve toda a rivalidade entre eles, removendo a causa de seu orgulho. Mostra que a salvação de ambos repousa tão-somente na misericórdia divina. É nela que devem pôr sua confiança, e devem pôr de lado todo e qualquer pensamento em sua própria exaltação, pois é pela misericórdia divina que são mantidos unidos na esperança de uma única herança e podem abraçar-se com toda cordialidade.

Finalmente, desejando desviar-se com o propósito de enaltecer seu próprio apostolado, o qual assegurava não pouca autoridade a sua doutrina, ele aproveita a ocasião para defender-se e reprovar a suspeita de haver assumido o ofício de mestre entre eles com demasiada confiança. Ele ainda lhes oferece algumas bases para a esperança de sua visita entre eles, ainda que, como dissera no início da Epístola, até agora buscara e tentara em vão fazer isso. Ele explica por que fora até então impedido de visitá-los, ou seja: as igrejas da Macedônia e da Acaia o incumbiram da tarefa de levar a Jerusalém os donativos que coletaram com o intuito de aliviar as necessidades dos crentes que viviam naquela cidade.

O *capítulo dezesseis* é quase inteiramente dedicado a saudações, embora haja alguns admiráveis preceitos aqui e ali. Conclui-se com uma notável oração.

Capítulo 1

1. Paulo, servo de Jesus Cristo, chamado para ser apóstolo, separado para o evangelho de Deus,	1. Paulus, servus Iesu Christi, vocatus Apostolus, selectus in Evangelium Dei,
2. o qual ele prometeu anteriormente por meio de seus profetas nas santas Escrituras,	2. Quod ante promiserat per Prophetas suos in Scripturis Sanctis,
3. concernente a seu Filho, que nasceu da descendência de Davi segundo a carne,	3. De Filio suo, qui factus est è semine David secundum carnem,
4. e que foi declarado Filho de Deus com poder, segundo o espírito de santidade, pela ressurreição dos mortos;	4. Declaratus Filius Dei in potentia, per Spiritum sanctificationis, ex resurrectione mortuorum, Iesu Christo Domino nostro:
5. sim, Jesus Cristo, nosso Senhor, por meio de quem recebemos graça e apostolado, para a obediência [que vem] da fé entre todas as nações, por amor de seu nome;	5. Per quem accepimus gratiam et Apostolatum, in obedientiam fidei inter omnes gentes, pro nomine ipsius;
6. de cujo meio também sois [contados], chamados para serdes de Jesus Cristo;	6. Inter quas estis etiam vos, vocati Iesu Christi:
7. a todos quantos estais em Roma, amados de Deus, chamados para serdes santos: graça a vós e paz de Deus nosso Pai e do Senhor Jesus Cristo.	7. Omnibus qui Romæ estis, dilectis Deo, vocatis sanctis: gratia vobis, et pax a Deo Patre nostro, et Domino Iesu Christo.

1. Paulo.[1] A questão do nome – *Paulo* – não é de tanta importância que demande demasiado tempo gasto em discuti-la. Não se pode

---

1 "A inscrição das Epístolas Paulinas", diz *Turrettin*, "é segundo o método dos antigos, tanto gregos quanto romanos. Costumavam prefixar seu nome; e àqueles a quem escreviam acrescentavam seus votos de prosperidade." Há um exemplo disso em Atos 23.26.

acrescentar nada à discussão que não haja sido frequentemente reiterado por outros intérpretes. Eu evitaria fazer qualquer referência a ela, se não fosse o fato de ser possível dizer algo àqueles que porventura apresentem algum interesse sem serem excessivamente tediosos, visto que minhas observações sobre o tema serão bastante breves.

A teoria de que o apóstolo assumira esse nome como lembrança de seu sucesso na conversão do procônsul Sérgio é desmentida pelo próprio Lucas [At 13.7, 9], o que deixa claro que Paulo tinha esse nome antes mesmo desse tempo. Não creio, tampouco, ser provável que esse nome fosse dado a Paulo por ocasião de sua própria conversão. Agostinho, creio eu, deu seu endosso a esta hipótese simplesmente porque ela lhe propiciara a oportunidade de apresentar algum argumento sutil em sua discussão sobre o Saulo auto-suficiente, o qual se convertera em um mui pequeno [*parvulum*]² discípulo de Cristo. Orígenes, entretanto, é mais coerente em sua conclusão, dizendo que Paulo era portador de dois nomes. É bem provável que haja sucedido que o nome familiar, *Saulo*, lhe fora dado por seus pais como indicativo de sua religião e raça; enquanto que o sobrenome, *Paulo*, lhe fora adicionado como evidência de seu direito de cidadania romana.³ Esta constituía uma grande honra que era de muita importância nos dias de Paulo, a qual seus pais não queriam ocultar, embora não lhe dessem tanto valor que deixassem que a mesma obscurecesse a evidência de sua origem israelita. Entretanto, este foi o nome que Paulo geralmente usou nas Epístolas, talvez porque era um nome bem mais notório e mais comum nas igrejas às quais escrevia, bem como mais aceitável no Império Romano e menos notório no seio de seu próprio povo [judeu]. Paulo, naturalmente, procurou evitar as suspeitas desnecessárias e o violento desprazer ocasionado pelos nomes judaicos em Roma e suas

---

2 Expressando assim o significado de *Paulus*, que em latim é *pequeno*. "Paulo", diz o notório Elnathan *Parr*, "significa pequeno, e deveras não impropriamente, porque lemos que ele era de estatura baixa e de ter uma voz bem deficitária, levando muitos a pensar que essa foi a objeção contra ele em 2 Coríntios 10.10."

3 A maioria dos escritores concorda com este ponto de vista, considerando *Saulo* como seu nome hebreu, e *Paulo* como sendo seu nome romano.

províncias, evitando igualmente excitar as paixões de seus compatriotas, bem como tomar precauções em prol de sua segurança pessoal.

Servo de Jesus Cristo. Estas são as distinções pelas quais Paulo designa a si próprio com o fim de assegurar autoridade para seu ensino. Ele faz isso de duas formas, a saber: *primeiro*, ratificando sua vocação para o apostolado;[4] e, *segundo*, anunciando a seus leitores que esta vocação tinha algo a ver com a Igreja de Roma. Tal fato, para Paulo, era de grande importância, não só que seria considerado como apóstolo pelo chamado de Deus, mas também que seria conhecido como aquele que fora destinado à Igreja de Roma. Ele, pois, declara ser *servo* de Cristo e *chamado* para o ofício de apóstolo, querendo significar que sua conversão em apóstolo não era uma intrusão casual. Ele, pois, acrescenta imediatamente a seguir que fora *separado* [*selectum – selecionado*][5], fortalecendo, assim, sua insistência em dizer que era não simplesmente um dentre muitos, mas que era um apóstolo do Senhor, particularmente eleito. Neste sentido, ele está também transitando seu argumento do geral para o particular, visto que o apostolado é um gênero particular de ministério. Todos quantos exercem o ofício do magistério são considerados como pertencentes ao número dos servos de Cristo; os apóstolos, porém, têm uma distinção única que os caracteriza entre todos os demais. Portanto, a separação de Paulo

---

4 "Um apóstolo chamado – vocatus apostolus – κλητὸς ἀπόστολος": Nossa versão traz "chamado *para ser* apóstolo". A maioria considera 'chamado' aqui no sentido de escolhido ou eleito, "um apóstolo escolhido". O Professor *Stuart* observa que κλητὸς, nos escritos de Paulo, tem sempre o sentido de vocação eficiente, e significa não só o convocado, mas o *eficazmente* convocado. Ele cita 1 Coríntios 1.1, 2; 1.24; Romanos 1.6, 7; 8.28; comparados com Gálatas 1.15; Judas 1; Hebreus 3.1; Romanos 11.29; Efésios 4.1.
Ele era apóstolo por vocação, ou, como o traduz *Beza*, "pela vocação de *Deus* – ex *Dei* vocatione apostolus." O significado é o mesmo expresso por ele próprio em Gálatas 1.1. *Turrettin* traduz: "Apostolus vocatione divina – apóstolo por divina vocação."
A diferença entre "um apóstolo chamado" e "chamado para ser apóstolo" é esta: a primeira expressão comunica a idéia de que ele obedeceu a vocação; e a outra, não.

5 Ἀφωρισμένος, separado, posto à parte; 'segregatus', *Vulgata*; 'separatus', *Beza*. "Os fariseus", diz *Leigh*, "eram intitulados ἀφωρισμένοι, equivalente em português a *separatistas*. Separavam-se para o estudo da lei; neste sentido podendo ser chamados ἀφωρισμένοι εἰς τὸν νόμον, separados para a lei. Em alusão a isso, diz *Drusius*, foi assim que o apóstolo se intitulou em Romanos 1.1, ἀφωρισμένω εἰς εὐαγγέλιον, separado para o evangelho, quando foi chamado dentre os fariseus para ser um pregador do evangelho." *Separado* é o termo adotado tanto por *Doddridge* quanto por *Macknight*, e bem assim por nossa versão.

(mencionada mais adiante) expressa tanto o *objetivo* quanto a *ação* de seu apostolado, pois sua intenção era fazer uma breve referência ao propósito de sua eleição para este ofício. *Servo de Cristo*, portanto, que ele aplica a si próprio, é um título que compartilhava com todos os demais mestres. Ao reivindicar o título de *apóstolo*, contudo, ele atribui a si próprio certa prioridade. Visto, porém, que aquele que usurpa o ofício apostólico não pode atribuir a si autoridade alguma, Paulo lembra a seus leitores que ele fora designado por Deus pessoalmente.

Assim, o significado da passagem consiste em que Paulo não era servo de Cristo no sentido ordinário, mas *apóstolo*, designado pelo chamamento divino, e não por quaisquer pretensiosos esforços oriundos dele próprio. Nesse respeito, vem em seguida uma explanação mais clara de seu ofício apostólico, já que sua comissão era pregar o evangelho. Não concordo com aqueles que se reportam a esta vocação, a qual Paulo ora descreve como sendo a eterna seleção divina, e interpretam a *separação* no sentido ou de sua separação desde o ventre materno (como mencionado em Gl 1.15), ou de sua escolha (referida por Lucas) para pregar aos gentios. A glória de Paulo consiste simplesmente em ser Deus o autor de sua vocação. Não podia haver qualquer suspeita de que ele estivesse apropriando-se indevidamente desta honra com base em sua pretensão pessoal.[6]

Deve-se notar aqui que nem todos estão qualificados para o ministério da Palavra. Este requer uma vocação especial. Aqueles que acreditam que estão bem qualificados devem revestir-se de especial cuidado para não assumirem o ofício sem a vocação. Discutiremos em outra parte o caráter da vocação de apóstolos e bispos; o ponto, porém, a ser observado é que a função de um apóstolo consiste na pregação do evangelho. Este mesmo fato prova o absurdo daqueles

---

6 Há quem combina as quatro separações. "Posto à parte no eterno conselho de Deus e desde o ventre de sua mãe [Gl 1.15] e, pelo especial mandamento do Espírito Santo [At 13.2], confirmado pela constituição da Igreja [At 13.3; Gl 2.9]." – *Parr*. Mas o objeto aqui parece ter sido aquele declarado por *Calvino*: não é justo nem prudente conectar qualquer outra idéia com a palavra, exceto aquela que o contexto requer; pois agir ao contrário só serve para criar confusão.

cães raivosos cuja mitra, bastão e pretensões similares são suas únicas marcas distintivas, mas cuja vanglória consiste em dizer que são os sucessores dos apóstolos.

O termo *servo* nada mais, nada menos, significa *ministro*, pois ele indica aquilo que é de caráter oficial.[7] Menciono isso a fim de invalidar a impressão equivocada daqueles que se comprazem em filosofar sobre o termo, com base na pretensão de haver um contraste entre o ministério de Moisés e o de Cristo.

2. O qual ele prometeu anteriormente. Uma doutrina que é suspeita de ser de recente introdução perde considerável porção de sua autoridade; por isso Paulo estabelece a credibilidade do evangelho com base em sua antiguidade. É quase como se ele estivesse dizendo que Cristo não desceu à terra inesperadamente, nem introduziu um novo gênero de doutrina que jamais fora ouvida antes, porquanto Cristo e seu evangelho foram prometidos e sempre esperados desde os primórdios mais remotos do mundo. Contudo, visto que antiguidade com frequência adquire um aspecto mítico, ele introduz os profetas de Deus como suas testemunhas – e testemunhas de suprema integridade –, a fim de remover qualquer suspeita. Além disso, ele acrescenta que o testemunho deles assumiu o caráter de sentença escrita, ou, seja, a santa Escritura.

Desta passagem podemos deduzir a natureza do evangelho, pois Paulo nos ensina que ele não fora *pregado* pelos profetas, mas só *prometido*. Se, pois, os profetas prometeram o evangelho, segue-se que o mesmo foi revelado quando o Senhor finalmente manifestou-se em carne. Portanto, aqueles que confundem as promessas com o próprio evangelho se equivocam, visto que o evangelho propriamente dito é a pregação estabelecida do Cristo manifestado, em quem as próprias promessas se concretizam.[8]

---

7 Moisés, Josué, Davi, Neemias e outros foram, num sentido semelhante, chamados servos; e assim também nosso Senhor. Foram oficialmente servos.
8 O verbo é προεπηγγείλατο, somente aqui; ele é oriundo de επαγγέλλομαι, o qual, diz *Schleusner*, significa, na voz média, *prometer*. "O qual outrora prometera" é então a tradução própria, e não: "O qual antecipadamente publicou", como proposto pelo Professor *Stuart*. Tanto *Doddridge* quanto *Macknight* restringiram nossa versão, com a qual a de *Beza* concorda.

3. Concernente a seu Filho. Nesta importante cláusula Paulo nos ensina que todo o evangelho está contido em Cristo. Desviar-se de Cristo, mesmo que seja apenas um passo, significa privar-se alguém do evangelho. Visto que Cristo é a viva e expressa imagem do Pai, não há por que nos sentirmos surpresos com o fato de que ele é simplesmente posto diante de nós como Aquele que é tanto o *objeto* quanto o *centro* de toda nossa fé. As palavras, pois, constituem uma descrição do evangelho, com as quais Paulo sumaria seu conteúdo. Tenho traduzido as palavras **Jesus Cristo, nosso Senhor**, que vêm em seguida, no mesmo sentido de **seu Filho**, por sentir que este procedimento se adequa melhor ao contexto. A conclusão, pois, é que quando alguém logra algum progresso no conhecimento de Cristo, traz com esse progresso tudo o que pode ser aprendido do evangelho. Em contrapartida, buscar sabedoria à parte de Cristo significa não meramente temeridade, mas também completa insanidade.

Que nasceu. Divindade e humanidade são os dois requisitos que devemos procurar em Cristo, caso pretendamos encontrar nele a salvação. Sua *divindade* contém poder, justiça e vida, os quais nos são comunicados por sua *humanidade*. Por esta razão o apóstolo expressamente mencionou ambas em seu sumário do evangelho, ao declarar que Cristo manifestou-se na carne, e que na carne ele declarou ser **o Filho de Deus**. Igualmente João, após afirmar que o Verbo se fez carne, acrescenta que em sua própria carne havia glória como a do *unigênito do Pai* [Jo 1.14]. A nota especial que Paulo apresenta da linhagem e descendência de Cristo, de seu ancestral Davi, é totalmente deliberada, pois esta cláusula particular nos lembra a promessa e remove toda e qualquer dúvida que porventura venhamos nutrir de ser ele Aquele que fora previamente prometido. A promessa que fora feita a Davi se tornou tão amplamente conhecida, que se generalizou entre os judeus o hábito de qualificar o Messias como sendo o *Filho de Davi*. O fato de Cristo ser o descendente de Davi contribui, portanto, para a confirmação de nossa fé. Paulo adiciona, *segundo a carne*, para demonstrar que Cristo possuía algo superior à carne – algo que era oriundo do céu, e não de Davi, a saber: a glória da natureza divina, a qual ele menciona imediatamente. Além disso, ele não só declara, por meio dessas expressões, que Cristo possuía carne real, mas também faz a clara distinção entre as naturezas humana e divina de Cristo, refutando assim o blasfemo absurdo de Serveto, o qual determinou que a carne de Cristo era composta de três elementos não criados.

4. Declarado[9] **Filho de Deus.** Ou *determinado* [*definitus*]. Paulo está dizendo que o poder da ressurreição representava o decreto pelo

---

9 "Declaratus", ὁρισθέντος. Alguns dos antigos, tais como *Orígenes, Crisóstomo, Cirilo* e outros deram a este verbo o significado de "provado – δειχθέντος"; "demonstrado – ἀποφανθέντος"; "exibido – ἀποδειχθέντος" etc. Mas diz-se que a palavra não tem esse significado no Novo Testamento, e que ela significa: limitado, determinado, decretado, constituído. Além daqui, ela só é encontrada em Lucas 22.22; Atos 2.23; 10.42; 11.29; 17.26; Hebreus 4.7. A palavra *determinado* ou *constituído*, caso seja adotada aqui, equivaleria a mesma coisa, ou, seja, que Cristo foi visivelmente determinado ou constituído o Filho de Deus através da ressurreição ou por meio daquele evento. Foi isso que o fixou, estabeleceu, determinou e manifestamente o exibiu como o Filho de Deus, vestido e adornado com seu próprio *poder*.
O Professor *Stuart* tem evocado um número de dificuldades em conexão com este versículo, para as quais tudo indica não haver nenhuma razão sólida. A frase, *o Filho de Deus*, é sobejamente conhecida à luz do uso da Escritura, não existe nenhuma dificuldade a ela relacionada. A frase completa é *o Filho Unigênito*. Dizer que a ressurreição de Cristo não era evidência de sua natureza divina, visto que Lázaro e outros foram ressuscitados dentre os mortos, deveras parece bastante estranho. Lázaro ressuscitou através de seu próprio poder? Lázaro ressuscitou para nossa justificação? Foi sua ressurreição uma atestação de alguma coisa que havia previamente declarado? O Rev. A. *Barnes* mui justamente diz que as *circunstâncias* conectadas a Cristo foram as que tornaram sua ressurreição uma prova de sua divindade.
O Professor *Hodge* apresenta o que ele considera a consequência desses dois versículos nestas palavras: "Jesus Cristo foi, quanto a sua natureza humana, o Filho de Davi; mas foi claramente demonstrado ser ele, quanto a sua natureza divina, o Filho de Deus, mediante a ressurreição dentre os mortos." Este ponto de vista é assumido por muitos, tais como *Pareus, Beza, Turrettin* e outros. Mas as palavras: "segundo o Espírito de santidade" – κατὰ πνεῦμα ἁγιωσύνης – são tomadas por outros em outro sentido, como significando o Espírito Santo. Como a frase não se encontra em nenhum outro lugar, ela pode ser tomada em um dos dois sentidos. É evidente que a natureza divina de Cristo é chamada Espírito. Vejam-se 1 Coríntios 14.45; 2 Coríntios 3.17; Hebreus 9.14; 1 Pedro 3.18. *Doddridge, Scott* e *Chalmers* consideram o Espírito Santo como estando subentendido. O último formula esta paráfrase: "*Declarado* ou determinadamente destinado a ser o Filho de Deus e com poder. O fato foi demonstrado por meio de uma evidência, cuja exibição requeria uma manifestação de poder, o que Paulo em outro lugar representa como um exercício muito grande e tenaz: "Segundo a operação de seu poderoso poder quando o ressuscitou dentre os mortos" – *O Espírito de Santidade*, ou o Espírito Santo. Foi através da operação do Espírito Santo que a natureza divina foi infusa na humana no nascimento de Cristo; e o mesmo agente, deve-se observar, foi empregado na obra da ressurreição. "Morto na carne", diz Pedro, "porém vivificado pelo Espírito." Só temos a ver com os fatos do caso. Ele demonstrou ser o Filho de Deus pelo poder do Espírito Santo, tendo sido apresentado ao ressuscitá-lo dentre os mortos." Quanto ao caso genitivo depois de 'ressurreição', veja-se um exemplo semelhante em Atos 17.32.
A idéia deduzida por *Calvino*, o que ele chama aqui de "o Espírito de Santidade", em virtude da santidade que ele opera em nós, não parece bem fundamentada, ainda que desenvolvida por *Teodoreto* e *Agostinho*.

qual, como se acha no Salmo 2.7, Cristo foi *declarado* Filho de Deus: "Neste dia eu te gerei." *Gerar*, aqui, tem referência àquilo que foi feito conhecido. Certos intérpretes encontram nesta passagem três provas distintas da divindade de Cristo – a primeira é o *poder* (pelo qual compreendem os milagres); a segunda é o *testemunho* do Espírito; e a terceira é a *ressurreição* dentre os mortos. Prefiro, contudo, juntar estas três provas e sumariá-las assim: Cristo foi declarado Filho de Deus pelo exercício público de um poder verdadeiramente celestial, ou, seja, o poder do Espírito, quando ele ressuscitou dos mortos. Este poder é possuído quando é selado pelo mesmo Espírito em nossos corações. A linguagem do apóstolo apoia esta interpretação. Ele afirma que Cristo foi declarado com poder, porque foi visto nele o poder que, com propriedade, pertence a Deus, e o qual comprovava além de qualquer dúvida que Cristo era Deus. Isso na verdade se fez ainda mais evidente em sua ressurreição, assim como Paulo em outra parte, após declarar que a fraqueza da carne se fez manifesta na morte de Cristo, exalta o poder do Espírito em sua ressurreição [2Co 13.4]. Esta glória, contudo, não se nos fez notória até que o mesmo Espírito a imprimisse em nossos corações. O fato de Paulo também incluir a evidência que os crentes individualmente experimentam em seus próprios corações com o espantoso poder do Espírito, o qual Cristo manifestou ao ressuscitar dos mortos, é claro à luz de sua expressa menção da santificação. É como se dissesse que o Espírito, ao mesmo tempo que santifica, também confirma e ratifica essa prova de seu poder que uma vez demonstrou. As Escrituras com frequência atribuem títulos ao Espírito de Deus, os quais servem para elucidar nossa presente discussão. Daí o Espírito ser chamado por nosso Senhor, o *Espírito da verdade* [Jo 14.17], em razão de seu efeito como descrito nessa passagem. Além do mais, diz-se que o poder divino foi exibido na ressurreição de Cristo, visto que ele ressuscitara por seu próprio poder, como ele mesmo testificou: "Destruí este templo, e em três dias o reconstruirei" [Jo 2.19]; "ninguém a toma [minha vida] de mim" [Jo 10.18]. Cristo triunfou sobre a morte, à qual se entregou em razão da debilidade de sua carne, triunfo esse não em virtude de algum auxílio externo, mas pela operação celestial de seu próprio Espírito.

5. Por meio de quem recebemos graça e apostolado. Uma vez completada sua definição do evangelho, a qual ele introduziu com o fim de enaltecer seu ofício, Paulo agora volta a falar de sua própria vocação, pois ela se lhe constituía numa questão de suprema importância para que ela fosse aprovada pelos romanos.

Ao fazer distinção entre *graça* e *apostolado*, Paulo está empregando uma figura de linguagem chamada *hipálage*,[10] para significar, ou o apostolado graciosamente concedido, ou a graça do apostolado. Ao falar assim, ele deixa implícito que sua designação para tão sublime ofício era totalmente obra do favor divino, e não de seus próprios méritos. Ainda que aos olhos do mundo seu ofício não aparentasse nada senão perigo, fadiga, ódio e desgraça, todavia, aos olhos de Deus e de seus santos, ele não possui virtude comum nem ordinária, e deve, portanto, ser atribuído imerecidamente à graça. A tradução *recebi graça para ser apóstolo* seria preferível, e contém o mesmo significado.[11]

A expressão, **por amor de seu nome,** é explicada por Ambrósio no sentido em que o apóstolo fora designado no lugar de Cristo para pregar o evangelho, como ele mesmo diz em 2 Coríntios 5.20: "Somos embaixadores em nome de Cristo." A melhor interpretação, entretanto, tudo indica ser aquela que toma *nome* no sentido de *conhecimento*, pois o evangelho é pregado a fim de virmos a crer no nome do Filho de Deus [1Jo 3.23]. E é dito a Paulo que ele seria um vaso escolhido para levar o nome de Cristo aos gentios [At 9.15]. *Por amor de seu nome*, portanto, contém o mesmo sentido de *que eu possa fazer conhecido o caráter de Cristo*.[12]

---

10 "Hipálage", figura de linguagem pela qual um substantivo ou um adjetivo é posto numa forma ou num caso diferente daquilo que gramaticalmente deve ser.
11 Se este ponto de vista for aceito, o melhor modo seria traduzir καὶ, *mesmo*, "favorecer mesmo o apostolado". Mas, como diz *Wolfus*, "ambas as palavras talvez fossem melhor traduzidas separadamente, e 'graça' ou favor seria uma referência à conversão do próprio Apóstolo, e 'apostolado', a seu ofício. Veja-se 1 Timóteo 1.12-14; e Atos 9.15; 13.2; 22.21.
12 Ele tomou esta cláusula antes da que se segue, contrariando a ordem do texto, porque a considerava como que conectada à recepção do apostolado.

Para obediência. Ou, seja, temos recebido o mandamento de levar o evangelho a todos os gentios para que obedeçam pela fé. Ao afirmar o propósito de sua vocação, Paulo outra vez lembra aos romanos seu ofício, como se quisesse dizer: "É meu dever desincumbir-me da responsabilidade a mim confiada, que é a de pregar a Palavra. Vossa responsabilidade é ouvir a Palavra e obedecê-la cabalmente, a não ser que queirais invalidar a vocação com a qual o Senhor me revestiu."

Deduzimos disso que os que irreverente e desdenhosamente rejeitam a pregação do evangelho, cujo propósito é conduzir-nos à obediência a Deus, estão obstinadamente resistindo ao poder de Deus e pervertendo sua ordem como um todo. É preciso que observemos também, aqui, a natureza da fé. Ela é descrita como *obediência*, visto que o Senhor nos chama através do evangelho e respondemos através da fé Àquele que nos chama. Portanto, em contrapartida, a incredulidade é a fonte de toda nossa intencional desobediência a Deus. Prefiro a tradução *à obediência de fé*, em vez de *para obediência,* visto que, exceto metaforicamente, a última não é estritamente correta, embora seja usada uma vez em Atos 6.7. *Fé* é propriamente aquele elemento por meio do qual obedecemos ao evangelho.[13]

Entre todas as nações. Para Paulo, haver sido designado apóstolo não era suficiente, a menos que seu ministério fosse referendado por

---

"*Pro nomine ipsius*" – ὑπὲρ τοῦ ὀνόματος αὐτοῦ; "ad nominis ejus gloriam – para a glória de seu nome", *Turrettin*; "com o propósito de magnificar seu nome", *Chalmers*. *Hodge* observa: "Paulo era um apóstolo a quem todas as nações podiam obedecer, para a honra de Jesus Cristo; ou, seja, de modo que seu nome viesse a ser conhecido." Alguns, como *Tholuck*, conectam as palavras com "obediência à fé", quando traduziram a frase, e neste sentido "para que a obediência viesse a ser prestada pela fé entre todas as nações por amor de seu nome." Mas é melhor conectar as palavras com a recepção do apostolado; ele foi recebido com um duplo propósito: para que houvesse obediência de fé e para que o nome de Cristo fosse magnificado.

13 Poderia ser traduzido: "para que houvesse a obediência da fé", ou: "a fim de produzir", ou: "promover a obediência da fé". A obediência é a fé. O mandamento é 'crer"; e a obediência deve ser-lhe correspondente. Obedecer à fé, como em Atos 6.7, é uma forma diferente de expressão. O artigo está prefixado ali; ela é *a* fé, subentendendo o evangelho. Veja-se 2 Tessalonicenses 1.8. O Professor *Stuart* e *Haldane* concordam neste ponto de vista. O último refere-se a Romanos 10.3, onde os israelitas são responsabilizados por não se *submeterem* à justiça de Deus; e lemos no versículo 16 que nem todos *obedeceram* ao evangelho, "pois Isaías diz: Senhor, quem *creu* em nossa mensagem?" Então crer no evangelho é uma forma especial de obedecê-lo.

meio da ação de fazer discípulos. Ele, pois, acrescenta que seu apostolado se estende a todos os gentios. Mais adiante refere-se a si mais distintamente como o apóstolo para os romanos, quando diz que eles também figuram no número das nações às quais ele foi designado ministro. Os apóstolos também participam do comum mandamento de pregar o evangelho ao mundo inteiro. Não foram nomeados para certas igrejas como pastores ou bispos. Paulo, em adição à sua responsabilidade geral para o ofício apostólico, foi nomeado com especial autoridade como ministro para pregar o evangelho entre as nações. Não há contradição alguma em face da declaração de que fora proibido de passar por Bitínia e pregar a Palavra em Mísia [At 16.6-8]. O propósito de tal proibição não era que sua obra devesse limitar-se a certa área, mas porque se fazia necessário que ele fosse a outro lugar ao mesmo tempo, visto que a colheita ali não estava ainda plenamente madura.

6. Chamados para serdes de Jesus Cristo. Paulo oferece uma razão mais estritamente relacionada com a Igreja de Roma, visto que o Senhor já lhes havia dado um sinal por meio do qual ele declarava que os estava chamando à participação do evangelho. Seguia-se desse fato que, se porventura queriam ter sua própria vocação bem estabelecida, então não podiam rejeitar o ministério de Paulo, porquanto ele fora escolhido pela própria eleição do Senhor. Eu, portanto, tomo esta cláusula – *chamados para serdes de Jesus Cristo* – como uma frase explicativa, como se a partícula *a saber* fosse inserida. O apóstolo pretende dizer que eles eram participantes de Cristo através da vocação deste. Os que são destinados a se tornar herdeiros da vida eterna, são não só escolhidos por seu Pai celestial a se tornarem seus filhos, mas, uma vez escolhidos, são igualmente confiados a seu cuidado, e ele é dignificado como seu Pastor.[14]

7. A todos. Ao usar esta recomendável ordem, ele mostra o que em nós existe e que é digno de louvor, a saber: (1) O Senhor, em sua

---

14 "O chamado de Jesus Cristo", ou, seja, o chamado que pertence a Cristo. Κλητὸς significa não só aqueles a quem se direciona a vocação *externa* do evangelho, mas também os que têm sido chamados *interiormente*." – Stuart. O mesmo autor traduz as palavras κλητοῖς ἁγίοις no próximo versículo, "santos escolhidos", ou "santos eficazmente chamados".

munificência, nos tomou em sua graça e amor; (2) ele nos chamou; (3) e nos chamou para a santidade. Todavia, esta excelentíssima honra só será finalmente *nossa* no caso de não negligenciarmos nossa vocação.

Existe aqui uma verdade mui profunda à qual farei uma breve referência e deixarei o restante à consideração dos leitores individualmente. Nossa salvação, segundo Paulo, não depende de nosso próprio poder, mas deriva-se inteiramente da fonte do gracioso e paternal amor de Deus para conosco. O fato primordial é este: Deus nos ama. Não existe nenhuma outra razão para seu amor senão sua própria e absoluta benevolência. Disso depende também sua vocação, por meio da qual, em seu devido tempo, ele sela sua adoção naqueles a quem graciosamente e de antemão elegeu. Deduzimos, pois, desta ação que ninguém pode de fato e de verdade ser incluído no número dos fiéis a não ser que possua a certeza de que Deus o ama, ainda que não seja merecedor, por ser um miserável pecador, e que aspire a santidade mediante o estímulo da benevolência divina, "pois Deus não nos chamou para a impureza, e, sim, para a santificação" [1Ts 4.7]. Visto que o grego pode ser traduzido na segunda pessoa, não vejo nenhuma razão para mudá-lo.

Graça a vós e paz. É uma bênção muitíssimo desejável ter Deus a nosso favor. Isso é o que 'graça' significa. É também uma bênção inefável ter sucesso e prosperidade, fluindo de Deus, em todos nossos negócios. Isso é o que 'paz' significa. Se Deus fica irado, ainda que tudo nos pareça favorável, nossa própria bênção é convertida em maldição. O favor divino, pois, é o próprio fundamento de nossa felicidade, por meio da qual desfrutamos genuína e sólida prosperidade, e pela qual também nossa salvação é promovida, ainda quando vivamos em meio a adversidades.[15] Visto que Paulo ora pela paz do Senhor, devemos entender que qualquer bênção que porventura nos advenha é mero fruto da munificência divina. Devemos observar também que, ao mesmo tempo, ele ora ao Senhor Jesus Cristo por essas bênçãos. Nosso

---

15 Os gregos e romanos antigos", diz *Turrettin*, "desejavam àqueles a quem escreviam, na inscrição de suas epístolas, saúde, alegria, felicidade; Paulo, porém, ora por bênçãos muito mais elevadas, sim, o próprio *favor* de Deus, a fonte de todas as coisas boas e da *paz*, na qual os hebreus incluíam todas as bênçãos."

Senhor merece ser honrado dessa forma, pois ele não só é o administrador e despenseiro da ilimitada bondade de seu Pai para conosco, mas também opera todas as coisas juntamente com ele [o Pai]. O objetivo especial do apóstolo era, contudo, mostrar que todas as bênçãos divinas nos advêm da mediação de Cristo.[16]

Alguns eruditos preferem considerar o termo *paz* como significando *tranquilidade de consciência*. Não nego que ela tenha sempre este sentido. Visto, porém, ser certo que o apóstolo desejava oferecer-nos aqui um sumário das bênçãos divinas, o primeiro sentido (sugerido por Bucer) é muito mais apropriado. Paulo quer expressar o desejo de que os crentes possuam a soma de toda a felicidade, e portanto se dirige, como fez anteriormente, à própria fonte, ou, seja, a *graça* de Deus. Isso não só nos traz eterna bem-aventurança, mas é também a *causa* de todas as coisas boas nesta vida.

8. Antes de tudo, sou grato a meu Deus, através de Jesus Cristo, por todos vós, porque em todo o mundo vossa fé está sendo proclamada.	8. Primum quidem gratias ago Deo meo per Iesum Christum super vobis omnibus, quia fides vestra prædicatur in universo mundo.
9. Pois Deus, a quem sirvo em meu espírito no evangelho de seu Filho, é minha testemunha de como incessantemente faço menção de vós, em minhas orações,	9. Testis enim mihi Deus, quem colo in spiritu meo in Evangelio Filii ipsius, ut continenter memoriam vestri faciam;
10. em todo tempo; e peço que agora, finalmente, pela vontade de Deus, seja-me aberto o caminho para que eu possa visitar-vos.	10. Semper in orationibus meis,[17] rogans, si quomodo prosperum iter aliquando mihi, obtingat per voluntatem Dei, veniendi ad vos.
11. Pois anseio ver-vos a fim de compartilhar convosco algum dom espiritual para que sejais estabelecidos,	11. Desidero enim videre, vos, ut aliquod impertiar vobis donum spirituale ad vos confirmandos.
12. isto é, para que eu e vós sejamos mutuamente confortados pela fé.	12. Hoc est, ad cohortationem mutuo percipiendam in vobis per mutuam fidem, vestram atque meam.

---

16 "*De Deus nosso Pai* – se é Deus, então está apto; se é nosso Pai, então está disposto a enriquecer-nos com seus dons; *e de nosso Senhor Jesus Cristo* – de nosso Senhor, que os adquiriu para nós; de Jesus, porque sem eles não podemos ser salvos; de Cristo, porque ele é ungido com graça e paz [Jo 1.16]." – *Parr*.
17 Margem: "em todas minhas orações."

8. Antes de tudo,[18] **sou grato a meu Deus.** A introdução à presente passagem é a mais adequada ao caso que Paulo queria apresentar, já que ele aproveita a oportunidade de prepará-los para receberem seu ensinamento por razões relacionadas com ele e com eles próprios. Seu argumento tinha por base o que sabia sobre eles. Assim evoca a notória fama da fé deles, insinuando que, se são honrados com a pública aprovação das igrejas, então não podem rejeitar o apóstolo do Senhor sem frustrar o bom nome do qual desfrutavam universalmente. Tal conduta seria uma descortesia, e de certa forma uma violação da confiança. Como essa reputação [dos romanos] deve, pois, com boas razões, ter induzido o apóstolo, que formara um conceito positivo acerca de sua obediência, a empreender o ensino e a instrução deles de acordo com seu ofício, assim se viram compelidos a não desdenhar de sua autoridade. Ele os dispôs a assumirem uma atitude receptiva de acordo com um exame de seu próprio caráter, ao testificar sua sincera afeição para com eles. Não há nada mais eficaz em garantir a confiança num conselheiro do que a impressão que fica de que ele está sinceramente solícito por nós, e que se põe a investigar nossos interesses.

É digno de nota, acima de tudo, o fato de que Paulo exalta a fé[19] deles, de tal maneira, que deixa subentendido que a haviam recebido de Deus mesmo. Daqui aprendemos que *a fé é um dom de Deus*. Se ação de graças é o reconhecimento de um benefício, todo aquele que agradece a Deus sua fé reconhece que ela é um *dom* [proveniente] dele. Ao descobrirmos que o apóstolo sempre inicia suas congratulações com ação de graças, descobrimos que a lição que nos é transmitida consiste em que todas nossas bênçãos são também dons divinos. Devemos igualmente habituar-nos a tais formas de expressão, e as mesmas nos despertam sempre mais ardentemente a fim de reconhecermos a Deus

---

18 "Aqui não significa o primeiro em questão de importância, mas o primeiro na ordem do tempo." – *Stuart*. O mesmo autor pensa que μεν aqui tem seu correspondente δέ no versículo 13, Οὐ θέλω δέ ὑμᾶς etc.
19 "A *fé* é aqui expressa substituindo toda a religião, Fé é um dos elementos primordiais da religião, um de seus primeiros requisitos, e daí significar a própria religião." – *Barnes*. Na verdade ela é *o* elemento principal, a base mesma da religião [Hb 11.6].

como o Doador de todas as boas dádivas, e estimularmos a outrem para que, ao mesmo tempo, cultivem atitude similar. Se é correto proceder assim em relação às pequenas bênçãos, quanto mais em se tratando da fé, a qual não é uma banalidade nem tampouco um dom indiscriminado [*promiscua*] de Deus. Além do mais, temos aqui uma ilustração de como a ação de graça deve ser oferecida *através de Jesus Cristo*, segundo o mandamento do apóstolo em Hebreus 13.15, o qual nos mostra que é em seu nome que devemos buscar e achar misericórdia da parte do Pai. Finalmente, Paulo se refere a Deus como *meu Deus*. Este é um privilégio especial do qual o fiel desfruta, a quem Deus, exclusivamente, concede tal honra. Há implícita aqui uma relação mútua, a qual se acha expressa na promessa: "E sereis o meu povo, e eu serei o vosso Deus" [Jr 30.22], ainda que eu prefira restringir a frase ao caráter que caracterizava Paulo como marca da aprovação divina à obediência que ele prestava ao Senhor na pregação do evangelho. Daí Ezequias denominá-lo de *o Deus de Isaías*, quando deseja declarar que este era um genuíno e fiel profeta [Is 37.4]. Assim também Deus é chamado *par excellence* [*por excelência*] *o Deus de Daniel*, visto que este havia conservado a pureza do culto divino [Dn 6.20].

Porque em todo o mundo vossa fé está sendo proclamada. A aprovação por parte de homens honrados era para Paulo equivalente à apreciação que o mundo todo fazia em relação à fé dos romanos, já que o testemunho de incrédulos, que detestavam a fé, não podia ser sincero e digno de crédito. Devemos, pois, entender que a fé dos romanos estava ecoando por todo o mundo, por parte de todos os fiéis que eram capazes de formar seu próprio juízo sobre ela e transmitir um juízo justo dela. O fato de este pequeno grupo de homens desprezíveis ser desconhecido dos incrédulos, mesmo em Roma, não significava nada, visto que seu veredicto não tinha a menor importância para Paulo.

9. Pois Deus é minha testemunha. Ele demonstra seu amor através de seus efeitos. Não houvera Paulo nutrido tanta afeição por eles, não os teria recomendado ao Senhor com tanta solicitude. Ele não teria, particularmente, desejado tão ardentemente promover a salvação deles através de seus próprios esforços. Seu desvelo e desejo, pois, eram provas inequívocas de sua afeição por eles, pois essas atitudes não podem jamais existir a menos que sua fonte esteja radicada no amor. Contudo, visto que Paulo tinha consciência de que era indispensável convencer os romanos de sua sinceridade para com eles, a fim de estabelecer a confiança em sua pregação, ele acrescenta um *juramento* – caminho inevitável de toda e qualquer declaração que precisa ser estabelecida com isenção de toda dúvida a fim de ser aceita. Se um juramento é um mero apelo a Deus para a confirmação do que vamos dizer, devemos atribuir sabedoria ao juramento do apóstolo, o qual ele assumiu sem com isso transgredir a proibição de Cristo.

É evidente à luz desse fato que não era o propósito de Cristo (como os anabatistas supersticiosamente concluem) abolir sumariamente os juramentos, senão que, ao contrário, restaura a legítima observância da Lei. Esta, ao permitir um juramento, condena tão-somente o perjúrio e a promessa desnecessária no juramento. Portanto, se vamos fazer um juramento de maneira apropriada, devemos imitar a seriedade e atitude reverente que foram demonstradas pelos apóstolos. Entretanto, para entendermos esta forma de juramento é necessário que entendamos que, ao evocarmos a Deus como testemunha, evoquemo-lo como Aquele que age no caráter de vingador caso juremos dolosamente, como Paulo afirma em outra parte, nestas palavras: "Eu porém, por minha alma, tomo a Deus por testemunha..." [2Co 1.23].[20]

A quem sirvo em meu espírito. Já que indivíduos irreverentes zombadores de Deus cultivam o hábito de escudar-se em seu *Nome* como mero pretexto, tanto em busca de segurança quanto para dissimular sua pretensão, Paulo aqui enaltece sua própria devoção a fi

---

20 A passagem de Mateus 5.33-37 amiúde tem sido totalmente incompreendida. É plenamente evidente à luz do que a própria passagem contém que somente os juramentos n diálogo coloquial são proibidos. Nos juramentos solenes nunca houve o jurar pelo 'cé ou pelo 'trono de Deus' ou 'pela terra' ou por 'Jerusalém' ou pela 'cabeça'. Tais formas s eram usadas na conversação, como as que ainda são usadas; e esses tipos de juramen são condenados somente por nosso Salvador.

de assegurar-se da confiança dos romanos. Aqueles que se revestem do temor do Senhor e da reverência para com ele se restringirão de assumir qualquer falso juramento. Paulo, igualmente, firma seu espírito contra qualquer aparência externa de religião. Visto que muitos gostam de passar por adoradores de Deus, e conservam a aparência externa como tais, ele testifica que serve a Deus desde os recessos de seu coração.[21] É possível também que ele esteja fazendo alusão às cerimônias antigas, nas quais os judeus baseavam o culto divino. O que ele pretende dizer, portanto, é que, embora não estivesse preparado para sua prática, não obstante era um sincero adorador de Deus, como afirma em Filipenses 3.3: "Porque nós é que somos a circuncisão, nós que adoramos a Deus no Espírito, e nos gloriamos em Cristo Jesus, e não confiamos na carne." Ele, pois, se gloria no fato de que servia a Deus com sincera devoção do coração, que é a religião genuína e o culto aprovado.

Como já mencionei acima, era também de suma importância que Paulo declarasse sua piedade para com Deus a fim de que seu juramento viesse a ser prontamente crido, pois o perjúrio é um divertimento para os ímpios, enquanto que, para o cristão piedoso, ele é muito mais temido do que mil mortes. Onde existe um real temor de Deus, deve igualmente existir um real respeito por seu *Nome*. Portanto, é como se Paulo estivesse dizendo que estava bem cônscio da sacralidade do juramento e da reverência requerida ao pronunciá-lo, e que não estava levianamente evocando a Deus como testemunha, como os irreverentes costumam fazer. Seu exemplo pessoal, pois, nos ensina que, ao fazermos um juramento, devemos evidenciar profundo respeito pelo Nome de Deus, o qual usamos em nossa conversação, para que o mesmo conserve sua devida autoridade. Ele, pois, prova, a partir de seu próprio ministério, que sua adoração dedicada a Deus não emana de mera pretensão. A mais plena evidência de sua devoção à glória de Deus foi a própria negação que ele fez de si mesmo, e o fato de não

---

21 "Sincerè et verè – sincera e verdadeiramente", *Wolfius*; "não apenas exteriormente, mas também cordialmente", *Hodge*.

hesitar a encarar todas as misérias traduzidas nas reprovações, na pobreza, na morte e no ódio, ao promover o reino de Deus.[22]

Alguns interpretam esta cláusula como se Paulo quisesse enaltecer o culto que declarou prestar a Deus porque estava em harmonia com a prescrição do evangelho. Na verdade nos é ordenado no evangelho um culto espiritual. A primeira interpretação é de todas a melhor, a saber: ele dedicava seu serviço a Deus na pregação do evangelho. Nesse ínterim, contudo, ele se distingue dos hipócritas que ocultavam outros motivos além do culto devido a Deus, visto que a maioria deles se deixava dominar pela ambição ou algo parecido, e se achavam longe de desincumbir-se de seu ministério fiel e piedosamente. A conclusão é que Paulo se revela sincero em seu ofício magisterial, pois falar de sua própria devoção é algo bem apropriado para o caso particular que se acha diante de nossos olhos. Deduzimos disso alguns pontos úteis, os quais devem injetar não pouco ânimo nos ministros do evangelho, ao ouvirem que, ao pregar o evangelho, estão prestando um aceitável e valioso serviço a Deus. Há porventura algo que deve impedi-los de procederem assim quando sabem que seu labor é muitíssimo agradável e aprovado por Deus, e deve ser considerado como um culto mui sublime? Paulo, finalmente, o denomina de **o evangelho de seu Filho**. É por meio dele que Cristo se faz conhecido, e este é designado pelo Pai para o glorificar, quando, em contrapartida, ele mesmo é glorificado.

Como incessantemente faço menção de vós. O apóstolo prossegue expressando sua afeição com veemência ainda mais forte, através de sua própria constância em interceder por eles. E uma das grandes provas de sua afeição por eles consiste em que nunca orava ao Senhor sem fazer menção deles. Para que o significado desta frase seja ainda mais claro, tomo a palavra πάντοτε, *sempre*, no sentido de "em todas as minhas orações", ou "sempre que me dirijo a Deus em minhas orações,

---

22 ἐν τῷ εὐαγγελίῳ, "pela pregação do evangelho etc.", *Stuart*. "Ao pregar o evangelho – na pregação do evangelho", *Beza*. "Sirvo a Deus, não ao ensinar ritos legais, mas uma doutrina muito mais celestial", *Grotius*.

faço menção de vós".[23] Ele não está falando aqui de qualquer invocação a Deus, mas daquelas orações a quê os santos espontaneamente se devotam. É provável que o apóstolo exprimisse alguma oração exclamativa, com certa frequência, sem se lembrar dos romanos; mas, sempre que orava a Deus, com deliberada premeditação, lembrava-se tanto deles quanto de outros. Ele fala, portanto, particularmente de orações. É principalmente à oração que os santos deliberadamente se devotam, ainda mais quando vemos que o Senhor mesmo buscava um lugar de retiro para o desempenho de tal propósito. Ao mesmo tempo, contudo, Paulo denota a frequência ou, melhor, a continuidade em seu hábito de orar, afirmando que se devotava à oração *incessantemente*.

10. Em minhas orações em todo tempo. É improvável que nos preocupemos sinceramente em promover o bem-estar daqueles a quem não estamos igualmente dispostos a auxiliar por meio de nossos esforços pessoais. Tendo afirmado, pois, que estava solícito pelo bem-estar dos romanos, Paulo agora acrescenta que está demonstrando seu amor por eles aos olhos de Deus, de outra forma, ou seja requerendo que ele mesmo lhes seja útil. Para que o pleno sentido da passagem se sobressaia, é preciso que se acrescente o termo *também*, ficando assim a leitura: "Fazendo também súplica para que, de alguma forma, eu seja, pela vontade de Deus, bem sucedido na viagem." Ao expressar-se assim, ele mostra que não só esperava ter êxito em sua viagem, favorecido pela graça de Deus, mas que também visualiza o êxito de sua viagem pelo prisma da *aprovação* do Senhor.

11. Pois anseio ver-vos. Embora ausente, ele poderia ter confirmado a fé deles por meio de sua instrução doutrinal; visto, porém,

---

23 A ordem das palavras, como organizadas por *Calvino*, é melhor do que a de nossa versão. Ele conecta "sempre em minhas orações", ou "em todas minhas orações", com "suplicar". A tradução mais simples seria como segue:
    9. Deveras minha testemunha é Deus, a quem sirvo com meu espírito no
    10. evangelho de seu Filho, que faço incessantemente menção de vós, suplicando sempre em minhas orações, para que, de alguma maneira, eu possa agora, por fim, pela vontade de Deus, ter livre curso em ir ter convosco.
"No evangelho." *Hodge* prefere a primeira. A partícula ει significa claramente "que" nesta conexão. Que é usada neste sentido no Novo Testamento não fica nenhuma sombra de dúvida; ver Atos 26.8, 23; Hebreus 7.15.

que aconselhar é sempre melhor tendo a pessoa [aconselhada] presente, Paulo desejava estar [presente] com eles. Ele explica a razão de seu conselho, ou seja para demonstrar que ele queria empreender uma viagem penosa, não em benefício pessoal, e, sim, no deles. Por **dons espirituais**[24] ele quer dizer as habilidades que possuía, seja para a pregação, exortação, ou para a profecia, e que sabia muito bem que os mesmos provinham da graça de Deus. E aqui ele se põe, de uma forma notável, a realçar a utilização lícita desses dons, ao usar o termo *compartilhar*, pois os diferentes dons são dados a cada um individualmente, de modo a poderem todos contribuir generosamente para seus comuns interesses e comunicar uns aos outros os dons possuídos individualmente [Rm 12.3; 1Co 12.11].

12. Para que eu e vós sejamos mutuamente confortados pela fé. Paulo modifica suas palavras acerca do compartilhar, tomando cuidado para não parecer que os considerava como quem não fora ainda instruído nos princípios elementares do evangelho, e quem não fora ainda adequadamente iniciado em Cristo. Ele diz, portanto, que se sentia muitíssimo solícito por ajudá-los exatamente no ponto em que os que já haviam feito grandes progressos ainda necessitavam de assistência, pois todos nós somos carentes de confirmação até que atinjamos "a medida da estatura da plenitude de Cristo" [Ef 4.13]. Não se sentindo satisfeito com esta modesta asseveração, ele a modifica, mostrando que não usurpava a posição de mestre sem desejar também aprender deles, como se quisesse dizer: "Estou ansioso por confirmar-vos segundo a medida da graça a mim conferida, para que vosso exemplo também acrescente coragem [*alacritatem* – alacridade] à minha fé e para que, eu e vós, venhamos a beneficiar-nos mutuamente."

---

24 As palavras τι χάρισμα πνευματικòν, algum dom ou benefício espiritual parece ser de uma natureza geral. Alguns, tais como Chalmers e Haldane, presumiram que um poder miraculoso é aqui pretendido, o qual somente os *Apóstolos* comunicaram, tal como o poder de falar em línguas. Mas a maioria dos comentaristas concorda com o ponto de vista dado aqui. A frase não se encontra em qualquer outro lugar: χάρισμα, no plural, é usada para designar poderes miraculosos [1Co 12.9; e τὰ πνευματικά significa a mesma coisa [1Co 14.1] Aqui, porém, sem dúvida, a expressão inclui qualquer dom ou benefício, quer miraculoso ou ordinário, do qual o Apóstolo se tornou o meio de comunicação.

Notemos a forma tão modesta em que ele expressa seu sentimento de não omitir-se na busca do fortalecimento dos neófitos incipientes. O que ele diz, não o diz falsamente, pois não há ninguém tão destituído de dons na Igreja de Cristo que não possa, em alguma medida, contribuir para nosso progresso espiritual. A indisposição e o orgulho, contudo, nos impedem de extrairmos tais benefícios uns dos outros. Tal é nossa superioridade, e tal o inebriante efeito de nossa estúpida vanglória, que cada um de nós desdenha e desconsidera os demais e ainda acredita que possui suficiente abundância para si próprio. Com Bucer, traduzi o verbo grego mais no sentido de *exortar* do que de confortar, uma vez que o primeiro se ajusta melhor ao contexto.[25]

13. Não quero, irmãos, que ignoreis que muitas vezes propus ir visitar-vos (mas fui impedido até agora), a fim de conseguir algum fruto entre vós também, assim como tenho conseguido entre os demais gentios.	13. Nolo verò vos ignorare, fratres, quod sæpe proposui venire ad vos, et impeditus sum hactenus, ut fructum aliquem haberem in vobis, sicut et in reliquis gentibus.

25 O verbo é συμπαρακληθῆναι, o qual *Grotius* conecta com ἐπιποθῶ no versículo precedente; e acrescenta: "Ele amaina o que dissera, mostrando que não só traria alguma alegria a eles, mas também a ele." "Ut percipiam consolationem – para que receba consolação", *Piscator*; "Ut unà recreemur – para que, juntos, sejamos refrigerados", *Castelio*; "Ad communem exhortationem percipiendam – a fim de receber exortação comum", *Beza*; "Ut gaudium et voluptatem ex vobis percipiam – para que eu receba de vós alegria e deleite"; vel, "Ut mutuo solatio invicem nos erigamus atque firmemus – para que, pelo conforto mútuo, consolemos e fortaleçamos uns aos outros", *Schleusner*.
O verbo com o prefixo συν só é encontrado aqui; mas o verbo παρακαλέω ocorre com frequência, e seu significado comum é implorar, exortar, encorajar e, por esse meio, confortar.
Com respeito a esta passagem, o Professor *Stuart* diz: "Usei a palavra *conforto* em minha tradução só porque não pude encontrar uma palavra equivalente que comunique o pleno sentido do original."
Diz o Professor *Hodge*: "O uso da palavra *conforto* para a tradução do original significa *convidar, exortar, instruir, consolar* etc. Não é fácil decidir qual desses sentidos deva ser o preferido aqui. Mui provavelmente, a intenção do Apóstolo em usar a palavra num sentido amplo, como a expressar a idéia de que ele pudesse ser excitado, encorajado e confortado por sua comunhão com seus irmãos cristãos." Os dois versículos podem ser assim traduzidos:
11. Porque desejo muito ver-vos a fim de comunicar-vos algum benefício espiritual,
12. de modo que sejais fortalecidos; eis *o que* também eu desejo: que sejais encorajados juntamente comigo, através da fé que está em ambos, sim, em vós e em mim.
Grotius observa: "ἐν ἀλλήλοις impropriè dixit pro *in utrisque*, in me et vobis. Dixit sic et Demosthenes, τα πρὸς ἀλλήλοις."

14. Sou devedor tanto a gregos como a bárbaros; tanto a sábios como a ignorantes.
15. Por isso, quanto está em mim, estou disposto a pregar o evangelho também a vós que estais em Roma.

14. Et Græcis et Barbaris et sapientibus et stultis debitor sum.
15. Itaque quantum in me est, paratus sum vobis quoque qui Romæ estis Evangelizare.

13. Não quero, irmãos, que ignoreis. Paulo agora confirma as declarações de que não desistira de seu intento pelo qual apresentava constantes rogos diante do Senhor para que se lhe permitisse visitar os romanos alguma vez, visto que suas promessas pareceriam vazias caso negligenciasse valer-se das oportunidades quando estas se lhe deparassem. Ele diz que fora impedido de executar seu propósito de visitar Roma, não por falta de esforço, mas de oportunidade, a qual sempre aguardava.

Aprendemos disso que o Senhor frequentemente frustra os propósitos de seus santos com o fim de humilhá-los, e através de tal humilhação ensiná-los a sujeitarem-se a sua providência da qual dependem. Estritamente falando, contudo, seus planos não são frustrados, visto que não alimentam nenhum propósito à parte da vontade divina. É blasfema afronta estabelecer alguém planos futuros sem levar em consideração a vontade divina, como se estivesse em nosso poder planejar e executar. Isso é o que Tiago incisivamente reprova [4.13].

Paulo diz que fora *impedido*. Podemos tomar isso no sentido em que o Senhor envolveu o apóstolo numa ocupação mais urgente, à qual não podia ter negligenciado sem prejudicar a Igreja. Dessa forma percebemos que há diferença entre o impedimento dos cristãos e o impedimento dos descrentes, pois estes só encontram obstáculos para a realização de seus propósitos, quando se sentem impotentes debaixo das inexoráveis mãos divinas; enquanto que os cristãos se sentem felizes por ser impedidos por alguma razão genuína, e não permitem que eles mesmos tentem algo que vá além de seus deveres ou que contrarie a edificação da Igreja.

A fim de conseguir algum fruto entre vós. Paulo, indubitavelmente, está fazendo referência àquele fruto em razão do qual os apóstolos foram enviados pelo Senhor a recolherem, a saber: "*Eu vos escolhi e vos designei para que vades e deis fruto, e vosso fruto permaneça*" [Jo 15.16]. Ele considera esse fruto como sendo dele, embora não o tenha ajuntado para si próprio, e, sim, para o Senhor. Não há melhor qualificação de um cristão senão que ele viva para promover a glória do Senhor, glória essa à qual toda sua felicidade se acha conectada. Ele os lembra de que recolhera esse fruto *entre os demais gentios*, a fim de inspirar nos romanos a esperança de que seu encontro com eles não seria improdutivo, visto que o mesmo havia sido muito vantajoso a tantos gentios.

14. Tanto a gregos como a bárbaros. A qualificação de *sábios* e *ignorantes* explica o significado de *gregos* e *bárbaros*. Erasmo o traduziu por *cultos* e *incultos*, o que constitui boa tradução, naturalmente, mas preferi reter as próprias palavras de Paulo. O apóstolo, portanto, argumenta partindo de seu próprio ofício para mostrar por meio de sua firmeza que era capaz de instruir os romanos, contudo muitos dos que excediam em cultura, prudência e habilidade não deviam acusá-lo de arrogância, visto que ao Senhor agradou fazê-lo um devedor até mesmo a sábios.[26]

Há dois pontos a serem considerados aqui. O primeiro consiste em que o evangelho foi destinado e oferecido aos sábios pelo mandamento de Deus, a fim de que o Senhor pudesse sujeitar a si toda a sabedoria deste mundo e levar todo talento e toda espécie de ciência, bem como a sublimidade de todas as artes, a cederem lugar à natureza simples de sua instrução. Os sábios são reduzidos ao mesmo nível com os ignorantes e feitos tão docilmente receptivos, que podem tolerar a posição de

---

[26] *Chalmers* parafraseia o texto assim: "Sinto-me obrigado, ou estou sob obrigação, imposta pelos deveres de meu ofício, de pregar tanto a gregos como a bárbaros; tanto a sábios como a incultos."
Na fraseologia moderna, as palavras podem ser assim traduzidas: "Sou devedor tanto a civilizados quanto a incivilizados; tanto a eruditos quanto a iletrados." Os dois últimos termos não são exatamente paralelos aos dois primeiros, visto existir muitos iletrados entre os gregos, bem como civilizados entre os bárbaros.

condiscípulos sob a égide de seu Mestre, Cristo, a quem, noutro tempo, não se dignaram considerar nem mesmo como aprendizes. Em segundo lugar, os incultos não devem ser excluídos desta escola, nem os cultos devem evitá-la por infundada apreensão. Se Paulo lhes era devedor, – é preciso admitir – devedor de boa fé, ele indubitavelmente já quitou a dívida. Eles, pois, neste caso, descobrirão que serão capazes de desfrutar. Todos os mestres também têm aqui uma regra a seguir, a saber, acomodar-se humilde e cortesmente ao ignorante e inculto. Ao proceder assim, suportarão muito mais pacientemente tanta estupidez de conduta e passarão por alto os inumeráveis exemplos de orgulho, que de outra forma os subjugariam. Entretanto, é dever deles lembrar que suas obrigações para com os ignorantes consistem em que não devem suportar sua ignorância além da moderação.

15. Por isso, quanto está em mim, estou disposto[27] a pregar o evangelho também a vós que estais em Roma. O apóstolo conclui assim seu tema, expressando seu desejo de ir a Roma, visto que isso constituía parte de seu dever de divulgar o evangelho entre eles a fim de colher frutos para o Senhor, solicitamente desejava cumprir a vocação divina até onde o Senhor lhe permitisse.

16. Porque não me sinto envergonhado do evangelho, pois ele é o poder de Deus para a salvação de todo aquele que crê; do judeu primeiro, e também do grego.	16. Non enim pudet me Evangelii Christi, quandoquidem potentia est Dei in salutem omni credenti, Iudæ primum, deinde Græco.
17. Pois nele é revelada a justiça de Deus de fé em fé, como está escrito: Mas o justo viverá pela fé.	17. Nam justitia Dei in eo revelatur e fide in fidem, sicut scriptum es Justus ex fide sua vivet.

16. Não me sinto envergonhado do evangelho [de Cristo]. O apóstolo aqui antecipa uma objeção, declarando de antemão que não se deixava intimidar pelos escárnios dos ímpios. Ao proceder assim

---

27 τὸ κατ' ἐμὲ πρόθυμον, literalmente: "Quanto a mim *há* prontidão"; ou, segundo Stuart, "*H* uma prontidão no que respeita a mim." Mas, "Eu estou pronto", ou "Eu estou preparado comunica suficientemente o significado, sem as outras palavras: "No que me diz respeito Ao dizer que estava preparado, ele notifica que o evento depende de outro, sim, de Deus

no entanto, ele aproveita a oportunidade para enaltecer os méritos do evangelho, a fim de que ele não viesse a ser desdenhado pelos romanos. Ao afirmar que não se sentia envergonhado em relação ao evangelho, ele insinua que o mesmo era de fato desprezível aos olhos do mundo. Dessa forma os prepara para suportarem os sofrimentos provenientes da cruz de Cristo, para que não viessem a subestimar o evangelho ao verem-no exposto à cólera e ao menosprezo dos ímpios. Contudo, em contrapartida o expõe aos cristãos como sendo ele de supremo valor. Se acima de tudo o poder de Deus tem de ser sublimemente considerado, então que se saiba que esse poder emana do evangelho. Se é indispensável que busquemos e amemos a benevolência [divina], então que se saiba que o evangelho é o instrumento dessa benevolência, e é indispensável que o mesmo seja honrado e valorizado, visto que se deve todo respeito ao poder de Deus, e que devemos amá-lo à medida que nossa salvação vai sendo assegurada.

Notemos bem quanto valor Paulo atribui ao ministério da Palavra, ao declarar que Deus exerce seu poder nela para nossa salvação. Ele aqui não está falando de alguma revelação secreta, e, sim, da pregação por meio da expressão verbal que vem dos lábios. Segue-se disso que aqueles que se retraem de ouvir a Palavra proclamada estão premeditadamente rejeitando o poder de Deus e repelindo de si a mão divina que pode libertá-los.

Visto que Deus não opera eficazmente em todos os homens, mas só quando o Espírito ilumina nossos corações como seu Mestre, ele adiciona **todo aquele que crê**. O *evangelho* é deveras oferecido a todos para sua salvação, mas seu *poder* não se manifesta universalmente. O fato de que o evangelho é aroma de morte para os ímpios não vem tanto de sua própria natureza, mas da própria perversidade humana. Ao determinar um *caminho* de salvação, ele elimina a confiança em quaisquer outros caminhos. Quando os homens se retraem desta salvação singular, eles encontram no evangelho uma segura evidência da própria ruína deles. Quando, pois, o evangelho convida a todos a participarem da salvação, sem qualquer distinção, ele é corretamente designado *a* *doutrina da salvação*. Pois Cristo é nele oferecido, cujo ofício particular é salvar aquele que se acha perdido, e aqueles que recusam ser salvos por Cristo encontrarão nele seu próprio Juiz. Na Escritura, a palavra *salvação* é estabelecida em oposição à palavra *morte*; e quando ela ocorre, devemos considerar qual é o tema em discussão. Portanto, visto que o evangelho livra da ruína e da maldição da morte eterna, a salvação que ele assegura não é outra coisa senão a vida eterna.[28]

Do judeu primeiro, e também do grego. Ao termo *grego*, aqui, Paulo inclui todos os gentios, como prova a comparação, pois sua intenção era incluir nas duas classes toda a raça humana. É provável que sua escolha desta nação em particular foi com o intuito de designar outras nações, porque, primeiramente, os gregos foram, depois dos judeus, os primeiros a serem admitidos na participação do evangelho do [novo] pacto; e, segundo, porque os gregos tinham melhor conhecimento que os judeus, em virtude de sua proximidade geográfica e do difuso conhecimento de sua língua. Usando uma figura de linguagem, ele, pois, une gentios e judeus na participação do evangelho, sem privar os judeus de sua eminência e posição, visto que desfrutavam a primazia nas promessas e vocação. Paulo, pois, mantém os judeus em suas prerrogativas, mas imediatamente inclui os gentios como sendo participantes com os judeus nas bênçãos do evangelho, embora em grau inferior.

17. Pois[29] **nele é revelada a justiça de Deus de fé em fé.** Esta é uma explicação e confirmação da cláusula precedente, a qual afirma que o

---

[28] Sobre o *poder de Deus*, observa *Pareus*, o abstrato, segundo a maneira hebraica, é posto em lugar do concreto. *Poder* significa o instrumento do poder de Deus; ou, seja, o evangelho é um instrumento feito eficaz pelo poder divino para comunicar salvação aos crentes. Ou, como diz *Stuart*: "É pela energia poderosa que ele o comunica, e assim passa a chamar *seu poder*." Chalmers elabora esta paráfrase: "Aquilo que, por mais julgado e desprezado pelos homens deste mundo como um instrumento frágil, é aquilo que ele, por seu próprio poder, produz efeito para a descoberta daquela vida que todos os homens têm perdido e perderam em virtude do pecado."
"O evangelho é um *ato divino* que continua operando através de todas as eras do mundo e isso não primeiro externamente, mas internamente, nas profundezas da alma e para propósitos eternos." – *Dr. Olshausen*.

[29] "O causativo γάρ indica uma conexão com o precedente, de que o evangelho é o poder de Deus. A razão é porque, pelo evangelho, é revelada a justiça de Deus, ou, seja, tornar-se conhecido por meio dele é uma maneira de se obter a justiça e a vida diante de Deus, as quais nem a lei, nem a filosofia, nem qualquer outra doutrina foi capaz de demonstrar." – *Pareus*

evangelho é "o poder de Deus para a salvação." Se porventura buscarmos a salvação, ou, seja, a vida com Deus, devemos antes buscar a justiça, por meio da qual possamos reconciliá-lo conosco e tomar posse dessa vida que consiste exclusivamente em sua munificência, a saber, em ser-nos ele favorável. Para sermos amados por Deus, devemos antes ser justos diante de seus olhos, porquanto ele odeia a injustiça. Significa, pois, que não podemos obter a salvação de nenhuma outra fonte senão do evangelho, visto que Deus de nenhuma outra parte nos revelou sua justiça, a qual é a única que nos livra da morte. Esta justiça, a base de nossa salvação, é revelada no evangelho, daí dizer-se que *o evangelho é o poder de Deus para a salvação*! Dessa forma, nosso argumento se move da *causa* para o *efeito*.

Notemos ainda mais quão raro e valioso é o tesouro que Deus nos concede em seu evangelho, ou seja a comunicação de sua justiça. Pela expressão *justiça de Deus* entendo aquela justiça que é aprovada em seu tribunal,[30] ao contrário daquela que é atribuída e reputada

---

[30] "A justiça de Deus", δικαιοσύνη θεοῦ, tem propiciado ocasião de muito labor para os críticos, porém sem razão. O próprio contexto é suficiente para mostrar seu significado, sendo que o evangelho revela, e o que o evangelho revela é sobejamente conhecido à luz de outras passagens. Se dissermos que ele é a justiça que é aprovada por Deus, como diz *Calvino*, ou providenciada por Deus, ou planejada por Deus, ou imputada por Deus, materialmente o significado não difere; e, aliás, todas essas coisas, como se faz evidente à luz das Escrituras, são verdadeiras no que tange a ela.
Há muita dificuldade com as seguintes palavras: ἐκ πίστεως εἰς πίστιν. O ponto de vista que *Calvino* endossa foi adotado por alguns dos pais, tais como *Teofilato* e *Clemente de Alexandria*; e é o de *Melancthon*, *Beza*, *Scaliger*, Locke e muitos outros. Em *Poole* descobrimos que *Crisóstomo* fez esta exposição: "Desde a fé obscura e incipiente do Velho Testamento à fé clara e plena do Novo"; e a exposição de *Ambrósio* foi a seguinte: "Desde a fé ou fidelidade de Deus que promete à fé daquele que crê." Mas em todos esses pontos de vista não há aquilo que se harmonisa com o texto nem a construção é muito inteligível – "revelado da fé", o que pode significar? Para tornar a passagem inteligível, ἐκ πίστεως tem de ser conectado com δικαιοσύνη θεου, como *Hammond* sugeriu, e seguido por *Doddridge* e *Macknight*. Então fica assim: "A justiça de Deus pela fé, ou *a qual* é pela fé." isso é revelado no evangelho "para a fé", ou seja, a fim de que ele seja crido; que é às vezes a força de εἰς antes de um substantivo; como εἰς τήν ἀνομίαν – a fim de praticar a perversidade; ou εἰς ἁγιασμόν – a fim de praticar a santidade [Rm 4.18]. *Chalmers*, *Stuart*, *Barnes* e *Haldane* assumem este ponto de vista. O versículo pode ser assim traduzido:
    Pois a justiça de Deus pela fé é nela revelada a fim de ser crida,
    como está escrito: "O justo pela fé viverá."
A mesma verdade é comunicada no capítulo 3.22; e uma fraseologia similar se encontra em Filipenses 3.9.
Barnes parece expressar plenamente a substância da passagem nestas palavras: "O plano de Deus de justificar os homens é revelado no evangelho, plano esse mediante a fé, e cujos benefícios se estenderão a todos quantos têm fé ou crêem."

como justiça no conceito dos homens; embora seja esta uma mera trivialidade, é geralmente referida como a "justiça dos homens". Paulo, entretanto, indubitavelmente está aludindo às tantas profecias nas quais o Espírito está do começo ao fim estabelecendo a justiça divina no futuro reino de Cristo. Alguns comentaristas explicam o significado como sendo "a justiça que nos é dada por Deus". Certamente concordo que as palavras nos conduzem a este significado, visto que Deus nos justifica por meio de seu evangelho, e assim nos salva. Não obstante, o primeiro sentido parece-me mais adequado, embora não pretenda eu gastar demasiado tempo com esta questão. É da maior importância o fato de que alguns eruditos acreditam que esta justiça consiste não só na livre remissão de pecados, mas, em parte, também na *graça da regeneração*. Eu creio, contudo, que somos restaurados à vida porque Deus gratuitamente nos reconcilia consigo, como mais tarde mostraremos mais amplamente em seu devido lugar.

Em lugar da expressão que usou antes, *a todo aquele que crê*, ele agora diz *pela fé*. A justiça é oferecida por meio do evangelho e recebida por meio da fé. Ele adiciona *a fé*, pois enquanto nossa fé prossegue e nosso conhecimento progride, a justiça de Deus cresce em nós e sua possessão é em certo grau confirmada. Desde o primeiro momento em que provamos o evangelho, contemplamos já o semblante de Deus voltado para nós favoravelmente, ainda que a certa distância. Quanto mais aumenta nosso conhecimento da genuína religião, mais vemos a graça divina com maior nitidez e mais familiaridade, como se ele se achegasse para mais perto de nós. A sugestão de que há aqui uma comparação implícita entre o Velho e o Novo Testamentos é mais sutil do que sólida, porquanto Paulo não está aqui comparando conosco os pais que viveram sob a Lei, senão que está caracterizando o progresso diário de cada cristão.

Como está escrito: Mas o justo viverá pela fé. Ele prova a justiça da fé pela autoridade do profeta Habacuque que, ao predizer a destruição dos soberbos, acrescenta concomitantemente que *o justo viverá pela fé*. A única maneira de vivermos na presença de Deus é por meio da justiça. Portanto, segue-se que nossa justiça depende da fé. O verbo no tempo futuro designa a perpetuidade ininterrupta da vida a que ele está se referindo, como se dissesse: "Ela não continuará por algum tempo, mas durará para sempre." Os ímpios são também inflados com a ilusão de que têm vida, mas "enquanto dizem: Paz e segurança, lhes sobrevirá repentina destruição" [1Ts 5.3]. O que lhes toca, portanto, é uma sombra que dura só por algum tempo, enquanto que a fé dos justos é a única que traz vida perene. Qual é a *fonte* dessa vida senão a *fé* que nos conduz a Deus e faz nossa vida depender dele? A referência que Paulo faz desta passagem de Habacuque seria irrelevante, a menos que o profeta tencionasse que só nos mantemos firmes quando descansamos em Deus, pela fé. E ele certamente atribui vida à fé dos santos, porém só quando eles, renunciando a arrogância do mundo, se resignam à proteção exclusiva de Deus.[31]

É verdade que Habacuque não trata explicitamente só desta questão, e nem faz qualquer menção da justificação gratuita, mas é suficientemente evidente, à luz da natureza da fé, que esta passagem é corretamente aplicável a nosso presente tema. À luz de seu argumento, necessariamente inferimos também a mútua relação entre a fé e o evangelho, porque, visto que se diz que o justo vive por sua fé, também se nos diz que tal vida só pode ser recebida por meio do evangelho.

Veremos agora o ponto principal ou cardinal da primeira parte desta Epístola, a saber: que esta idéia não se acha ainda literalmente expressa por Paulo, mas, pela dedução que se segue, se vê facilmente que a justiça tem seu fundamento na fé, se a mesma estiver apoiada totalmente na misericórdia de Deus.

---

[31] Aqui está um exemplo no qual Paulo cita o Velho Testamento, não exatamente da versão hebraica nem da Septuaginta. O hebraico tem: "O justo – por sua fé viverá", צדיק באמונתו יחיה. E a Septuaginta verte 'sua' para 'minha', ὁ δὲ δίκαιος ἐκ πίστεως μοῦ ζήσεται – "O justo por minha fé viverá"; "por minha fé", ou, seja, segundo o teor da passagem, "pela fé em mim". A passagem é citada por ele duas vezes em Gálatas 3.11 e em Hebreus 10.38, porém exatamente nas mesmas palavras, sem o pronome 'sua' ou 'minha'. Seu objetivo aqui, como em alguns exemplos similares, era declarar a verdade geral contida na passagem, e não fazer uma citação estritamente verbal.

18. Porque a ira de Deus se revela do céu contra toda impiedade e injustiça dos homens que substituem a verdade pela injustiça;
19. porque o que de Deus se pode conhecer é manifesto entre eles, porque Deus lhos manifestou.
20. Pois, desde a criação do mundo, os atributos invisíveis de Deus – seu eterno poder e sua natureza divina – têm sido claramente vistos, sendo percebidos através das coisas criadas, de forma que tais homens são indesculpáveis;
21. porque, tendo conhecimento de Deus, não o glorificaram como Deus, nem lhe deram graças, mas seus pensamentos tornaram-se fúteis, e seus corações insensatos se obscureceram.
22. Dizendo-se sábios, tornaram-se loucos,
23. e trocaram a glória do Deus incorruptível por imagens feitas segundo a semelhança do homem corruptível, bem como de pássaros, quadrúpedes e répteis.

18. Revelatur enim ira Dei e cœlo, super omnem impietatem et injustitiam hominum, veritatem Dei injuste continentium;
19. Quia quod cognoscitur de Deo manifestum est in ipsis: Deus enim illis manifestavit.
20. Si quidem invisibilia ipsius, ex creatione mundi operibus intellecta, conspiciuntur, æterna quoque ejus potentia, et divinitas; ut sint inexcusabiles.
21. Quoniam quum Deum cognovissent, non tanquam Deo gloriam dederunt, aut grati fuerunt; exinaniti sunt in cogitationibus suis, et obtenebratum est stultum coreorum.
22. Quum se putarent sapientes, stulti facti sunt,
23. Et mutaverunt gloriam incorruptibilis Dei similitudine imaginis corruptibilis hominis, et volucrum, et quadrupedum, et serpentum.

18. Porque[32] a ira de Deus se revela do céu contra toda impiedade e injustiça dos homens. O apóstolo apresenta agora um argumento

---

32 A conexão aqui não é considerada muito clara. *Stuart* pensa que este versículo está conectado, como o anterior, ao 16, e que ele inclui uma razão por que o Apóstolo não se envergonhava do evangelho. E *Macknight* parece ter endossado a mesma opinião, porquanto traduz γάρ, *ao lado de*. Neste caso, a revelação da ira, procedente do céu, é a que é feita por meio do evangelho. Isso certamente dá um sentido às palavras "desde o céu" o que dificilmente é feito por qualquer outro ponto de vista. Que o evangelho revela 'ira' bem como 'justiça' a ser obtida pela fé, é o que está subentendido. Salvação para o crente e condenação para o incrédulo é sua suma e substância. A objeção feita por *Haldane* não tem força alguma – que o Apóstolo subsequentemente mostra os pecados da humanidade cometidos contra a luz da natureza, e não contra o evangelho; pois parece ter trazido a lume a evidência da luz da natureza a fim de confirmar a evidência da luz da revelação. A expressão é: "A ira de Deus *é* revelada", e não *foi*. Veja-se Atos 17.30, 31.
Este é o ponto de vista assumido por *Turrettin*; e *Pareus* afirma: "Não há nada que nos impede de atribuir a revelação da ira, como também a revelação da justiça, ao evangelho.

com base numa comparação de opostos a fim de provar que a justiça só pode ser concedida ou conferida pela instrumentalidade do evangelho, pois ele demonstra que sem este todos [os homens] estão condenados. A salvação, pois, será encontrada unicamente no evangelho. A primeira prova confirmativa que ele adiciona consiste no fato de que, embora a estrutura do mundo e a mais esplêndida ordem dos elementos deveriam induzir o homem a glorificar a Deus, todavia não há nada que o desobrigue de seus deveres. Isto é prova de que todos os homens são culpados de sacrilégio e de ignóbil e iníqua ingratidão.

Há quem sugere que esta é a primeira proposição de Paulo, de modo a iniciar seu discurso com o *arrependimento*; sinto, porém, que aqui é onde Paulo começa seu tema polêmico, e que o tema central foi afirmado na cláusula precedente. Seu objetivo é instruir-nos sobre onde a salvação deve ser buscada. Ele garante que só podemos obtê-la por meio do evangelho, mas visto que a carne não se humilhará voluntariamente ao ponto de atribuir o louvor da salvação exclusivamente à graça divina, o apóstolo mostra que o mundo todo é culpado de morte eterna. Segue-se deste fato que devemos reaver a vida por algum outro meio, visto que, por nós mesmos, estamos todos perdidos. Um exame criterioso de cada palavra nos será de grande valia a fim de entendermos o significado da passagem.

Alguns intérpretes fazem distinção entre *impiedade* e *injustiça*, sustentando que impiedade aponta para a profanação do culto divino, enquanto que injustiça aponta para a carência de justiça nos homens. Entretanto, visto que o apóstolo se refere a esta injustiça em imediata relação com a negligência da religião genuína, interpretaremos ambas como tendo o mesmo sentido.[33] Toda impiedade humana deve ser considerada à luz da figura de linguagem chamada *hipálage*, significando a impiedade de todos os homens, ou a impiedade da qual todos os homens se acham convencidos. Uma coisa é designada através de duas expressões distintas, a saber: ingratidão em relação a Deus, visto que

---

33 É verdade que o objeto imediato é a negligência da religião; mas em seguida introduz-se a injustiça humana, e a maioria dos críticos o toma neste sentido.

o injuriamos de duas formas. Ἀσέβεια, *impiedade*, implica na desonra de Deus, enquanto que ἀδικία, *injustiça*, significa que o homem, ao transferir para si o que pertence a Deus, tem injustamente privado a Deus de sua devida honra. O termo *ira*, referindo-se a Deus em termos humanos como é comum na Escritura, significa a vingança de Deus, pois quando ele pune, segundo nosso modo de pensar, ele aparenta estar irado. O termo, pois, revela não a atitude emocional de Deus, e, sim, as sensações do pecador que é punido. Paulo, pois, diz que a ira de Deus é revelada do céu, conquanto a expressão *do céu* é tomada por alguns como um adjetivo, como se ele dissesse: a ira do Deus celestial. Em minha opinião, contudo, é mais enfático dizer: "Para qualquer parte que o homem olhe, ele não encontrará salvação alguma, pois a ira de Deus é derramada sobre o mundo inteiro e permeia toda a extensão do céu."

A *verdade de Deus* significa o genuíno conhecimento de Deus, e substituir a verdade é suprimi-la ou obscurecê-la; daí serem eles acusados de latrocínio. *Em injustiça* é um hebraísmo, e significa *injustamente* [*injuste*], porém levamos em conta sua perspicuidade.[34]

19. Porque o que de Deus se pode conhecer é manifesto entre eles. Paulo assim designa qual a propriedade ou expediente para adquirirmos conhecimento acerca de Deus, e indica tudo o que se presta para anunciar a glória do Senhor, ou – o que é a mesma coisa – tudo quanto deve induzir-nos ou incitar-nos a glorificar a Deus. Isso suben

---

[34] Esta cláusula, τῶν τὴν ἀλήθειαν ἐν ἀδικίᾳ κατεχόντων, é traduzida de forma diferenciada: "Veritatem injuste detinentes – sustendo injustamente a verdade", *Turrettin*; "Que abafam a verdade em injustiça", *Chalmers*; "Que obstaculam a verdade por meio da injustiça", *Stuart*; "Que impiamente se opõem à verdade", *Hogde*; "Que confinam a verdade pela injustiça", *Macknight*.

"Precipitaram-se de ponta cabeça", diz *Pareus*, "na impiedade contra Deus e na injustiça contra uns aos outros, não movidos de ignorância, mas conscientemente; não movidos de fraqueza, mas espontânea e maliciosamente. E isto o Apóstolo expressa fazendo uso de uma metáfora extraordinária, tomada dos tiranos que, contra o direito e a justiça, em violência aberta, oprimem os inocentes, retendo-os com cadeias e detendo-os em prisão. O sentido dado por *Schleusner* e alguns outros, "Qui cum veri Dei cognitione pravitatem vitæ conjungunt – que conectam a vida perversa com um conhecimento do Deus verdadeiro", parece não concordar com o contexto.

"A verdade" significa aquilo que diz respeito ao ser e poder de Deus especificado mais adiante.

tende que não podemos compreender plenamente a Deus, em toda sua grandeza, mas que há certos limites dentro dos quais os homens devem manter-se, embora Deus acomode à nossa tacanha capacidade [*ad modulum nostrum attemperat*] toda declaração que ele faz de si próprio. Portanto, somente os estultos é que buscam conhecer a essência de Deus. O Espírito, o Preceptor da sabedoria plenária, não sem razão chama nossa atenção para o que pode ser conhecido, τό γνωστόν, e o apóstolo logo em seguida explicará como isso pode ser apreendido. A força da passagem é intensificada pela preposição *in* [*in ipsis*, em vez do simples *ipsis*]. Conquanto na fraseologia hebraica, a qual o apóstolo frequentemente usa, a partícula בְּ, *in* [*em*], é às vezes redundante, tudo indica que ele, nesta instância, pretendia indicar uma manifestação do caráter de Deus que é por demais forte para permitir que os homens dela escapem, visto que, indubitavelmente, cada um de nós a sente esculpida em seu próprio coração.[35] Ao dizer: **Deus lhos manifestou**, sua intenção é que o homem foi criado para ser um espectador do mundo criado, e que ele foi dotado com olhos com o propósito de ser guiado por Deus mesmo, o Autor do mundo, para a contemplação de tão magnificente imagem.

20. Pois, desde a criação do mundo, os atributos invisíveis[36] de Deus – seu eterno poder e sua natureza divina – têm sido claramente vistos. Deus, em si mesmo, é invisível, porém, uma vez que sua majestade resplandece em todas suas obras e em todas suas criaturas, os homens devem reconhecê-lo nelas, porquanto elas são uma viva demonstração de seu Criador. Por esta razão o apóstolo, em sua Epístola aos Hebreus, chama o mundo de *espelho* ou *representação* [*specula seu spectacula*] das coisas invisíveis [Hb 11.3]. Ele não apresenta detalhadamente todos os atributos que podem ser considerados

---

35 Alguns tomam ἐν αὐτοῖς no sentido de entre eles, ou, como diz *Stuart*, no meio deles ou diante de seus olhos", isto é, no mundo visível, embora muitos a apliquem, como o faz *Calvino*, ao sentido moral, e que a expressão corresponde àquela "escrito em seus corações".
36 Há uma passagem citada por *Wolfius* de Aristóteles em seu livro *De Mundo*, a qual coincide notavelmente com uma parte do versículo – "πάσῃ θνητῇ φύσει γενομενος ἀθεώρητος ἀπ' αὐτῶν τῶν ἔργων θεορεῖται ὁ θεός – Deus, invisível por qualquer natureza mortal, é visto pelas próprias obras."

pertencentes a Deus, porém nos diz como chegar ao conhecimento de seu eterno poder e divindade.³⁷ Aquele que é o Autor de todas as coisas deve necessariamente ser sem princípio e incriado. Ao fazermos tal descoberta sobre Deus, sua divindade se descortina diante de nós, e esta divindade só existe quando acompanhada de todos os atributos divinos, visto que todos eles se acham incluídos nesta divindade.

Tais homens são indesculpáveis. Isso prova nitidamente o quanto os homens podem lucrar com a demonstração da existência de Deus, ou seja total incapacidade de apresentar qualquer defesa que os impeça de serem justamente acusados diante do tribunal divino. Devemos, pois, fazer a seguinte distinção: a manifestação de Deus, pela qual ele faz sua glória notória entre suas criaturas, é suficientemente clara até onde sua própria luz se manifesta. Entretanto, em razão de nossa cegueira, ela se torna inadequada. Porém não somos tão cegos que possamos alegar ignorância sem estar convictos de perversidade. Formamos uma concepção da divindade e então concluímos que estamos sob a necessidade de cultuar tal Ser, seja qual for seu caráter. Nosso juízo, contudo, fracassa aqui antes de descobrirmos a natureza ou caráter de Deus. Daí o apóstolo, em Hebreus 11.3, atribui à fé a luz por meio da qual uma pessoa pode obter real conhecimento da obra da criação. Ele tem boas razões para agir assim, pois somos, em virtude de nossa cegueira, impedidos de alcançar nosso alvo. E todavia vemos suficientemente bem para ficarmos totalmente sem justificativa. Ambas estas verdades são bem demonstradas pelo apóstolo em Atos 14.16-17, quando diz que o Senhor, em tempos passados, deixou as

---

37 *Divinitas*, θείοτης, somente aqui, e não θεότης, como em Colossenses 1.9. *Elsner* e outros fazem diferença entre essas duas palavras, e dizem que a primeira significa a divindade ou a majestade de Deus, e que a segunda significa sua natureza ou ser. Parece haver a idéia de bondade comunicada na palavra θείοτης; pois no versículo seguinte há duas coisas aplicadas à responsabilidade dos gentios que levam consigo uma referência às duas coisas ditas aqui – não o glorificaram como Deus e nem lhe deram graças. Ele se fez conhecido como Deus por meio do *poder* e pelo exercício benéfico desse poder ele reivindicou a gratidão de suas criaturas. Vejam-se Atos 14.15 e 17.25, 27.

Venema, em sua nota sobre esta passagem, mostra que a bondade era considerada por muitos dentre os pagãos como o atributo primário da Deidade. Entre os gregos, bondade, τὸ ἀγαθὸν, era a expressão pela qual o Ser Supremo se distinguia. E parece evidente, à luz do contexto, que o Apóstolo incluiu esta idéia especialmente na palavra θείοτης.

nações em sua ignorância, entretanto não as deixou sem testemunho (ἀμάρτυροι), visto que lhes deu do céu as chuvas e as estações frutíferas. Esse conhecimento de Deus, portanto, só serve para impedir que os homens se justifiquem, o qual difere grandemente do conhecimento que traz a salvação. Este último [conhecimento] é mencionado por Cristo, e Jeremias nos ensina a nos gloriarmos nele [Jo 17.3; Jr 9.24].

21. Tendo conhecimento de Deus. Ele claramente afirma, aqui, que Deus pôs o conhecimento de si mesmo nas mentes de todos os homens. Em outras palavras, Deus tem assim demonstrado sua existência por meio de suas obras a fim de levar os homens a verem o que não buscam conhecer de sua livre vontade, ou, seja, que existe Deus. O mundo não existe por meios fortuitos nem procedeu de si mesmo. Mas é preciso notar sempre qual o grau de conhecimento em que permaneceram, como veremos a seguir.

Não o glorificaram como Deus. Nenhuma concepção de Deus se pode formular sem que se inclua eternidade, poder, sabedoria, bondade, verdade, justiça e misericórdia. Sua *eternidade* se evidencia mediante o fato de que ele mantém todas as coisas em suas mãos e faz com que todas elas estejam em harmonia com ele. Sua *sabedoria* é percebida no fato de que ele dispôs todas as coisas em perfeita ordem. Sua *bondade* consiste em que não há nenhuma outra causa para que ele criasse todas as coisas, nem existe alguma outra razão que o induza a preservá-las, senão sua bondade. Sua *justiça* se evidencia no modo como ele governa o mundo, visto que pune os culpados e defende os inocentes. Sua *misericórdia* consiste em que ele suporta a perversidade dos homens com inusitada paciência. E sua *verdade* consiste no fato de que ele é imutável. Aqueles, pois, que pretendem formular alguma concepção de Deus, devem tributar-lhe o devido louvor por sua eternidade, sabedoria, bondade, justiça, misericórdia e verdade.

Visto que os homens têm deixado de reconhecer em Deus tais atributos, ao contrário o têm retratado imaginariamente como se fosse um fantasma sem substância, tem-se afirmado, com justiça, que eles o têm impiamente despido de sua glória. Não é sem razão que Paulo adicione que **nem lhe deram graças**,[38] pois não existe ninguém que não esteja endividado para com a infinita munificência divina, e é somente por esta razão que ele nos põe na condição de eternos inadimplentes diante de sua condescendência em revelar-se a nós. **Mas seus pensamentos tornaram-se fúteis,**[39] **e seus corações insensatos se obscureceram**, ou seja renunciaram a verdade de Deus e se volveram para a vaidade de seus próprios raciocínios, os quais são completamente indistinguíveis e sem permanência. Seu *coração insensível*, sendo assim *entenebrecido*, não pode entender nada corretamente, senão que se acha precipitado em erro e falsidade. Esta é a *injustiça* [da raça humana], ou seja que a semente do genuíno conhecimento foi imediatamente sufocada por sua impiedade antes que pudesse medrar e amadurecer.

22. Dizendo-se sábios, tornaram-se loucos. Comumente se infere desta passagem que o apóstolo está fazendo alusão aos filósofos que adotavam exclusivamente para si a fama de sábios. A força de seu argumento é mantida para provar que, quando a superioridade dos grandes é reduzida a nada, o povo comum fica destituído de base

---

38 O conjuntivo ἤ está para ουτε, diz *Piscator*; mas ele é um hebraísmo, pois ı é às vezes usado, em hebraico, sem o negativo, o qual pertence à cláusula anterior.
39 As palavras originais são ἐματαιώθησαν ἐν τοῖς διαλογισμοῖς αὐτῶν – "Vani facti sunt in ratiocinationibus suis – tornaram-se fúteis em seus raciocínios", *Pareus, Beza, Turrettin* e *Doddridge*; "Tornaram-se insensatos por seus próprios raciocínios", *Macknight*.
"Seja qual for a razão correta dentro", diz Pareus, "ou a estrutura do mundo fora, poderia ser uma alusão a Deus, eles se entregaram a agradáveis especulações, a raciocínios capciosos e a conclusões sutis e frívolas; alguns negavam a existência de Deus, como Epicuro e Demócrito – outros duvidavam, como Protágoras e Diágoras – outros afirmavam a existência de muitos deuses; e estes, como os platonistas, mantinham que eles não são corpóreos, enquanto que os gregos e romanos defendiam que o eram, os quais os mortos adoravam, bem como os ímpios, cruéis, impuros e perversos. Havia também os egípcios que adoravam deuses como animais irracionais: bois, gansos, aves, crocodilos, sim, que cresciam em seus jardins: alho e cebola. Alguns pouquíssimos, tais como Platão e Aristóteles, reconheciam um Ser supremo; todavia até mesmo esses o privavam de sua providência. Essas, e tais do mesmo gênero, eram as opiniões monstruosas que os gentios deduziam de seus raciocínios. Tornaram-se *fúteis*, loucos, insensatos.
"E seu coração insensato tornou-se obscurecido" – ἡ ἀσύνετος αὐτῶν καρδία; "cor eorum intelligentia carens – seu coração privado de entendimento"; "seu coração sem inteligência", *Doddridge*. Talvez "coração sem discernimento" seria mais adequado. Veja-se Mateus 15.16. Coração, segundo a maneira dos hebreus, deve aqui ser tomado para toda a alma, especialmente a mente.

para supor que os homens possuem algo digno de louvor. Os intérpretes que defendem este conceito não me convencem de que foram influenciados por um raciocínio suficientemente conclusivo, pois não era peculiar aos filósofos imaginarem que possuíam sabedoria no conhecimento de Deus, mas que tal sabedoria era igualmente comum a todas as nações e classes de homens. Todos os homens têm procurado formar alguma concepção da Majestade de Deus, e imaginá-lo um Deus tal qual sua razão pudesse concebê-lo. Tal pretensão em referência a Deus, afirmo eu, não se aprende nas escolas filosóficas, senão que é algo inato e nos acompanha, por assim dizer, desde o ventre materno. É evidente que este mal tem florescido em todos os tempos, de modo a permitirem os homens a si mesmos total liberdade de engendrar práticas supersticiosas. Portanto, a arrogância que aqui se condena consiste em que, quando os homens deviam humildemente dar glória a Deus, procuraram ser sábios a seus próprios olhos e reduziram Deus ao nível de sua própria condição miserável. Paulo mantém o seguinte princípio: se alguém se aliena do culto divino, a culpa é toda sua, como se quisesses dizer: "Visto que se exaltaram soberbamente, se converteram em loucos pela justiça vingadora de Deus." Há também uma razão óbvia que milita contra a interpretação por mim rejeitada. O erro de formar uma imagem de Deus [*de affingenda Deo imagine*] não teve sua origem nos filósofos, mas foi recebido de outras fontes, recebendo também daí sua própria aprovação.[40]

---

[40] *Calvino* é peculiar em sua exposição deste versículo. A maioria dos críticos concorda em pensar que os aqui referidos eram os reputados eruditos entre todas as nações, como diz Beza: "Tais como os Druídas dos gauleses, os profetas dos toscanos, os filósofos dos gregos, os sacerdotes dos egípcios, os magos dos persas, os gimnosofistas dos indus e os rabinos dos hebreus." Ele considera que o Apóstolo se refere especialmente a homens tais como esses, ainda que fale de todos os homens como que se aparentando muito sábios em seus artifícios insanos quanto ao culto de Deus. Quanto mais sábios pensavam ser, mais insensatos se tornavam. Veja-se Jeremias 8.8, 9; 1 Coríntios 1.19-22.
"Esta é a maior infelicidade do homem, não só por não sentir sua demência, mas também por extrair matéria da soberba daquilo que deveria ser sua vergonha. O que julgam ser sua sabedoria, na verdade era sua loucura." – *Haldane*.
A observação de *Hodge* é justa: "Quanto mais elevado o avanço das nações em refinamento e filosofia, maior, como regra geral, a degradação e loucura de seus sistemas de religião." Como prova, ele menciona os antigos egípcios, gregos e romanos, comparados com os aborígenes da América.

23. E trocaram a glória do Deus incorruptível. Uma vez tendo imaginado Deus segundo o discernimento de seus sentidos carnais, foi-lhes impossível reconhecer o Deus verdadeiro, porém inventaram um deus novo e fictício, ou, melhor, um fantasma mitológico. O que Paulo tem em mente é que *trocaram a glória de Deus*. Da mesma forma como alguém poderia substituir um filho por outro, eles se afastaram do verdadeiro Deus. Nem podem ser escusados sob o pretexto de que crêem, não obstante, que Deus habita o céu, e que não consideram a madeira como sendo Deus, e, sim, como sendo sua imagem ou representação [*pro simulacro*], pois formar tão grosseira idéia de sua Majestade, ao ponto de fazer uma imagem dele, se constitui num terrível insulto dirigido a Deus. Nenhum deles pode isentar-se da blasfêmia de tal pretensão, quer sejam sacerdotes, governantes ou filósofos. Até mesmo Platão, o mais primoroso entre eles, em sabedoria, procurou delinear alguma *forma de Deus* [*formam in Deo*].

A total loucura para a qual voltamos a atenção aqui consiste em que todos os homens têm pretendido fazer para si próprios uma figura de Deus. Esta é uma sólida prova de que suas idéias acerca de Deus são grosseiras e irracionais. Em primeiro plano, eles têm maculado a Majestade divina ao concebê-la de conformidade com a semelhança de *homem corruptível* (prefiro esta tradução em vez de *homem mortal*, adotada por Erasmo), visto que Paulo confrontou não só a mortalidade humana com a imortalidade divina, mas também a glória divina incorruptível com a própria condição deplorável do homem. Além do mais, não se sentindo satisfeitos com tão profunda ofensa, eles ainda desceram às mais vis bestialidades, tornando ainda mais concreta sua estupidez. O leitor poderá ver uma descrição dessas práticas abomináveis em Lactâncio, Eusébio e Agostinho, este último em sua *Cidade de Deus*.

24. Por isso Deus os entregou às luxúrias de seus corações para a [prática da] impureza, para que seus corpos fossem desonrados entre si.	24. Proptereá tradidit illos Deus in cupiditates cordium suorum in immunditiem, ut ignominia afficerent corpora sua in seipsis:

25. Pois trocaram a verdade de Deus pela mentira, e adoraram e serviram à criatura em lugar do Criador, que é bendito para sempre. Amém.

26. Por causa disso Deus os entregou a vis paixões; pois suas mulheres trocaram suas relações sexuais naturais por outras contrárias à natureza.

27. E semelhantemente também os homens, abandonando as relações naturais com as mulheres, se inflamaram em suas luxúrias uns com os outros, cometendo atos indecentes, homens com homens, e receberam em si mesmos a recompensa merecida pelo seu erro.

28. Além do mais, visto que desprezaram o conhecimento de Deus, este os entregou a uma disposição mental reprovável, para praticarem coisas inconvenientes.

29. Encheram-se de toda sorte de injustiça, impiedade, ganância e depravação; cheios de inveja, homicídio, rivalidade, engano, malignidade;

30. são bisbilhoteiros, caluniadores, inimigos de Deus, insolentes, arrogantes, ostensivos, inventores de males, desobedientes aos pais,

31. sem entendimento, desleais, sem afeição natural e sem misericórdia.

32. Conhecendo o decreto de Deus de que aqueles que praticam tais coisas merecem a morte, não só fazem as mesmas, mas também aprovam aqueles que as praticam.

25. Qui transmutarunt veritatem ejus in mendacium et coluerunt ac venerati sunt creaturam supra Creatorem, qui est benedictus in secula: Amem.

26. Propterea, inquam, tradidit illos Deus in passiones ignominiosas: ac enim feminæ ipsorum transmutarunt naturalem usum in eum qui est præter naturam:

27. Similiter et viri quoque, amisso naturali usu feminæ, exarserunt mutua libidine, alii in alios; masculi in masculis fœditatem perpetrantes et quam decebat erroris sui mercedem in seipsis recipientes.

28. Et quemadmodum non probaverunt Deum habere in notitia, tradidit illos Deus in reprobam mentem, ad facienda quæ non decerent;

29. Ul essent pleni omni injustitia, nequitia, libidine, avaritia, malitia; referti invidia, homicidio, contentione, dolo, perversitate; susurrones,

30. Obtrectatores, osores Dei, malefici, contumeliosi, fastuosi, repertores malorum, parentibus immorigeri,

31. Intelligentiæ expertes, insociabiles, affectu humanitatis carentes, fœdifragi, sine misericordiæ sensu;

32. Qui, quum Dei judicium cognoverint, quod qui talia agunt, digni sunt morte, non tantum ea faciunt, sed assentiuntur facientibus.

24. Por isso Deus os entregou. A impiedade é um mal secreto, daí o apóstolo fazer uma demonstração muito enfática a fim de patentear que eles não podem escapar sem justa condenação, já que essa impiedade era seguida dos efeitos que provam a manifesta evidência da ira do Senhor. Entretanto, se a ira do Senhor é sempre justa, segue-se que tem havido algo neles que era digno de condenação. Paulo, portanto, agora usa esses sinais para comprovar a apostasia e deserção dos homens, pois o Senhor pune aqueles que se alienam de sua benevolência, lançando-os de ponta cabeça na destruição e ruína de todo gênero. Ao comparar os vícios de que eram culpados com a impiedade de que os acusara anteriormente, ele mostra que estavam sofrendo castigo proveniente do justo juízo de Deus. Visto que nada nos é mais precioso do que nossa própria honra, é o cúmulo da cegueira não hesitarmos em atrair desgraça sobre nós mesmos. Portanto, é um castigo muitíssimo justo para a desonra praticada contra a Majestade divina. Este é o tema que o apóstolo desenvolve no fim do capítulo, porém lida com ele de várias formas, pois o mesmo requeria considerável ampliação.

Em suma, pois, o que o apóstolo está dizendo significa que a ingratidão humana para com Deus é injustificável. O próprio exemplo deles prova sem rodeios que a ira de Deus contra eles é sem misericórdia. Porque jamais teriam se precipitado, como bestas, em tão detestáveis atos de luxúria, se porventura não houvessem incorrido no ódio e inimizade de Deus em sua Majestade. Portanto, visto que o vício mais flagrante é praticado em todos os lugares, ele conclui que as provas indubitáveis da vingança divina se tornam patentes na raça humana. Ora, se essa vingança divina nunca age sem motivo ou de forma injusta, mas é sempre mantida dentro dos limites da reta justiça, Paulo nos afirma que, à luz desse fato, se faz evidente que tal destruição, não menos certa que justa, ameaça a humanidade toda.

É totalmente desnecessário, aqui, entrar em infindável discussão sobre como Deus *entrega* os homens à vida de iniquidade. É deveras certo que ele não só *permite* que os homens caiam em pecado, aprovando que vivam assim, fingindo não ver sua queda, mas também o *ordena* por seu justo juízo, de modo que são forçosamente conduzidos a tal loucura, não só por seus desejos maus, mas também motivados pelo Diabo. Paulo, pois, adota o termo *entregar* em concordância com o constante uso da Escritura. Aqueles que acreditam que somos levados a pecar tão-somente pela *permissão* divina provocam forte violência contra esta palavra, pois, como Satanás é o ministro da ira divina, bem como seu 'executor', ele também se acha fortemente armado contra nós, não simplesmente na aparência, mas segundo as ordens de seu Juiz. Deus, contudo, não deve ser tido na conta de cruel, nem somos nós inocentes, visto que o apóstolo claramente mostra que somos entregues a seu poder somente quando merecemos tal punição. Uma única exceção deve-se fazer, ou seja que a *causa* do pecado, suas raízes, sempre reside no próprio pecador; não têm sua origem em Deus, pois resulta sempre verdadeiro que *"Tua ruína, ó Israel, vem de ti, e só de mim teu socorro"* [Os 13.9].[41]

Ao conectar os desejos perversos do coração humano com a *impureza*, o apóstolo indiretamente tem em mente o fruto que nosso coração produzirá ao ser entregue a si mesmo. A expressão *entre eles mesmos* é enfática, pois de modo significativo expressa quão

---

[41] Sobre este tema *Agostinho*, citado por Poole, usa uma linguagem mais forte do que a que encontramos aqui: *Tradidit non solum per patientiam et permissionem, sed per potentiam et quasi actionem; non faciendo voluntates malas, sed eis jam malis utendo ut voluerit; multa et intra ipsos et extra ipsos operando, à quibus illi occasionem capiunt graviùs peccandi; largiendo illis admonitiones, flagella, beneficia, &c., quibus quoque eos scivit Deus ad suam perniciem abusuros* – "Ele os entregou, não só por tolerância e permissão, mas por poder e, por assim dizer, por uma operação eficiente; não por fazer os maus sua própria vontade, mas por usá-los, sendo já maus, como bem lhe agradou; operando muitas coisas tanto em seu interior quanto fora deles, do quê aproveitam a ocasião para pecar ainda mais gravemente; ministrando-lhes advertências, açoites e benefícios etc., dos quais Deus sabia que abusariam para sua própria destruição." Este é um ponto de vista terrível do procedimento de Deus para com aqueles que voluntariamente resistem a verdade, porém sem dúvida verdadeiro. Que todos quantos têm a oportunidade de conhecer a verdade tremam ante o pensamento de abrandar tal fato.
A preposição ἐν antes de *desejos* ou luxúrias é usada segundo o costume hebraico, no sentido de *a* ou *para*; pois ב, *beth*, significa *em* e *para* e também *por* ou *através de*; e tal é a importância de ἐν como amiúde usada pelo Apóstolo. Ela é assim usada no versículo precedente: ἐν ὁμοιώματι, à semelhança etc. Então o versículo seria, como no sentido dado por Calvino:
"Deus também por isso os entregou às luxúrias de seu próprio coração para praticarem impurezas, a fim de desonrarem seus corpos entre si."
O papel de εἰς ἀκαθαρσίαν, para a impureza, é sem dúvida praticar impureza; o Apóstolo amiúde usa este tipo de expressão. *Stuart* luta aqui desnecessariamente para mostrar que Deus os entregou, estando em suas luxúrias etc. tomando a cláusula como uma descrição daqueles que foram entregues; mas o sentido mais claro é aquele dado por Calvino.

profundas e indeléveis são as marcas da conduta depravada que trazem impurezas a seus corpos.

25. Pois trocaram a verdade de Deus pela mentira. Ele repete o que havia dito anteriormente, ainda que em termos diferentes, a fim de fixá-lo mais profundamente em nossa mente. Ao trocarem a verdade de Deus pela mentira, a glória divina é obliterada. É verdade que os que têm tentado, não só privar a Deus de sua honra, mas também blasfemar de seu nome, serão cobertos de todo gênero de ignomínia. **E adoraram e serviram à criatura em lugar do Criador.** Elaborei esta tradução a fim de incluir duas palavras numa construção. Paulo apropriadamente realça o pecado de idolatria, pois a honra religiosa não pode ser atribuída à criatura sem usurpar a Deus de maneira indigna e sacrílega. É uma escusa fútil pretender que as imagens sejam adoradas por amor a Deus, visto que este não reconhece tal adoração nem a considera aceitável. Em tal caso, não é de forma alguma o genuíno Deus que é então adorado, e, sim, um falso deus que a natureza carnal engendrou para si.[42] No tocante às palavras acrescidas – **que é bendito eternamente. Amém** –, as interpreto como tendo sido utilizadas com o propósito de expor a idolatria a uma reprovação ainda mais severa, ficando assim o sentido da frase: "Devemos honrar e adorar exclusivamente a Deus, e não nos é permitido usurpar nada dele, ainda que seja um mínimo."

26. Por esta causa Deus os entregou a vis paixões. Tendo introduzido uma cláusula parentética, o apóstolo volta a suas primeiras

---

42 As palavras "a verdade de Deus" e "falsidade" ou mentira são um hebraísmo em seu sentido, significando "o verdadeiro Deus" e "um ídolo". A palavra que significa mentira é às vezes em hebraico aplicada a qualquer coisa feita para ser adorada. Veja-se Isaías 44.17, comparado com o versículo 20; Jeremias 13.25. *Stuart* traduz a sentença assim: "Que trocaram o verdadeiro Deus por um falso." *Wolfius* faz objeção a este ponto de vista, e diz: "Prefiro tomar ἀλήθειαν τοῦ θεοῦ, *pela verdade* feita conhecida *por Deus* aos gentios, para o quê veja-se o versículo 18 e os versículos seguintes; mudaram isto em mentira, ou, seja, naquelas noções insanas e absurdas, às quais foram levados por seus διαλογισμοῖς, raciocínios, versículo 21. A expressão παρὰ τὸν κτίσαντα foi traduzida por *Erasmo*, "acima do Criador"; por *Lutero*, "antes que ao Criador"; por *Beza*, "ao negligenciar o Criador – præterito conditore"; e por *Grotius*, "no lugar do Criador". As duas últimas estão em mais harmonia com o teor geral do contexto; pois as pessoas aqui indicadas, segundo a descrição dada delas, não adoravam a Deus de forma alguma; παρὰ é evidentemente usada no sentido de exclusão e oposição, παρὰ τὸν νόμον – contrário à lei [At 18.13]; παρὰ φύσιν – contrário à natureza [v. 26]. Veja-se Gálatas 1.8.

observações sobre a "vingança do Senhor", e adiciona como sua primeira prova dessa vingança o horrendo crime da concupiscência desnatural. Isso prova que os homens não só se entregaram aos desejos bestiais, mas se tornaram piores que as próprias bestas [selvagens], visto que inverteram toda a ordem da natureza. Ele, pois, cataloga um grande número de vícios [asquerosos] que existiram em todas as épocas, porém, naquele tempo, prevaleciam universalmente sem qualquer restrição.

Não faz qualquer diferença se estavam ou não envolvidos em tão odiosa corrupção; o certo é que, ao reprovar a corrupção humana generalizada, fica suficientemente provado que qualquer pessoa, sem exceção, é forçada a admitir que possui alguma espécie de erro. Devemos, pois, entender que o apóstolo está tratando aqui das práticas monstruosas que têm sido comuns em todas as épocas, e que eram prevalecentes universalmente naquele tempo. É espantoso como frequentemente tais atos abomináveis, pelos quais as próprias feras sentem aversão, eram então [e o são agora] tolerados. Outros tantos vícios eram comumente praticados. O apóstolo então cita um catálogo desses atos vergonhosos, os quais envolvem toda a raça humana. Conquanto todos os homens não sejam ladrões, homicidas ou adúlteros, mesmo assim não há um sequer em quem não seja encontrado algum gênero de corrupção, um ou outro laivo vicioso. O apóstolo faz referência àqueles atos que são em extremo vergonhosos, mesmo na consideração popular, e que trazem desonra ao Ser divino, os quais são qualificados de *vis paixões*.

27. A recompensa merecida pelo seu erro. Aqueles cuja hostilidade os tem impedido de contemplar a glória divina, em razão da tenebrosidade que impede seus olhos de verem a luz que Deus lhes tem oferecido, merecem de fato ser cegos, até que percam a noção de si próprios e não percebam o que é deixado em seu próprio benefício. E aqueles que não se envergonham de extinguir ao máximo que podem a glória de Deus, nossa única fonte de luz, deveras merecem ser cegos mesmo em plena luz meridiana.

28. Além do mais, visto que desprezaram o conhecimento de Deus, este os entregou a uma disposição mental reprovável. À luz destas palavras, é mister que notemos bem a referência que felizmente reitera a justa relação existente entre *pecado* e *punição*. Visto que *desprezaram o conhecimento de Deus*, o único [elemento] que guia nossas mentes à genuína sabedoria, o Senhor os entregou a uma mentalidade pervertida, a qual não consegue escolher nada distintamente.[43] Ao afirmar que *desprezaram*, o apóstolo quer dizer que não buscaram o conhecimento de Deus com aquela atenção que deveriam ter demonstrado, mas que, ao contrário, deliberadamente desviaram seus pensamentos de Deus. O que o apóstolo pretende dizer, pois, é que, mediante uma escolha pervertida, preferiram suas próprias futilidades em vez de Deus. Consequentemente, o erro pelo qual foram condenados foi de sua própria escolha.

Para praticarem coisas inconvenientes. Como Paulo até aqui se referiu a um único exemplo execrável, o qual era comumente praticado por muitos, porém não por todos, ele começa, aqui, enumerando os vícios dos quais ninguém se vê livre. Como já dissemos, mesmo que todos os vícios não apareçam num só indivíduo, todavia todos os homens são cônscios de alguma conduta indigna, e assim todos podem

---

43 Há uma correspondência entre as palavras οὐκ ἐδοκίμασαν, não aprovar ou não achar digno, e ἀδόκιμον, reprovado ou indigno, que é conectada com νοῦν, mente. O verbo significa tentar ou provar uma coisa, como metal pelo fogo, então *distinguir* entre o que é genuíno ou diferente, e também *aprovar* o que é bom e valioso. *Aprovar*, ou pensar ser conveniente ou digno, parece ser o significado aqui. Derivado desse verbo é ἀδόκιμος, que se aplica ao dinheiro não aprovado ou adulterado – a homens não íntegros, inaptos a passar no teste, não genuínos como cristãos [2Co 13.5] – à terra que é inadequada para produzir frutos [Hb 6.8]. A aliteração mais aproximada que, talvez, se pode apresentar é a seguinte: "E como não julgaram dignos de reconhecer a Deus, este os entregou a uma mente indigna", ou, seja, uma mente incapaz de discernir entre o certo e o errado. *Beza* apresenta este significado: "Mentem omnis judicii expertem – uma mente destituída de todo juízo." *Locke*: "mente não penetrante"; e *Macknight*: "mente reprovável"; e *Doddridge*: "mente sem discernimento", não comunicam exatamente a idéia correta, ainda que a última se aproxime mais. É uma mente que não passa no teste, não capaz de conduzir as coisas ao teste – δοκίμιον, incapaz de distinguir entre as coisas da natureza mais clara. "Reconhecer a Deus" literalmente é "ter a Deus em reconhecimento – τὸν θεὸν ἔχειν ἐν ἐπιγνώσει". Diz *Venema* que esta é uma expressão puramente grega, e faz alusão a passagens de *Heródoto* e *Xenofonte*; do primeiro, a seguinte frase: ἐν ἀλογίῃ ἔχειν – ter em desprezo, isto é, desconsiderar ou desprezar.

ser acusados de patente depravação de sua própria parte. Antes de tudo, por *inconvenientes* ele quer dizer que seu comportamento era contrário a toda decisão da razão e inconsistente com a responsabilidade humana. A evidência que ele oferece da perversão da mente consiste em que os homens se entregam sem refletir a toda espécie de crimes que o senso comum deveria repudiar com asco.

Entretanto, é desperdício de esforço relatar esses vícios, bem como conectá-los uns com os outros, já que esse não era o propósito do apóstolo. Ao contrário, seu propósito foi o de apresentá-los tais como lhe ocorriam. De forma bem sucinta, explicarei o significado de cada um.

29. *Injustiça* significa a violação dos direitos humanos, quando cada um deixa de receber o que lhe é devido. Traduzi πονηρίαν por *impiedade*, segundo a opinião de Ammonius, que explica πονηρόν, o *ímpio*, como sendo δραστικὸν κακοῦ, o agente do mal. A palavra, pois, significa atos maliciosos ou licenciosidade irrestrita, porém *malícia* é a depravação e perversão da mente que se empenha por prejudicar nosso próximo.[44] Traduzi πορνείαν de Paulo por *luxúria* [*concupiscência*], ainda que eu não faça objeção alguma em que se traduza o termo por *fornicação*, porquanto o apóstolo aponta para os desejos íntimos e os atos externos.[45] O sentido dos termos *ganância, inveja* e *homicídio* é plenamente correto. A palavra *rivalidade* [*contentione*][46] inclui disputas, peleja e sedição. Traduzimos κακοήθεια por *perversidade* [*perversitatem*],[47] impiedade notória e marcante, quando alguém se torna calejado e empedernido em seus costumes e hábitos pervertidos e na corrupção de seus padrões éticos.

30. O termo θεοστυγεῖς indubitavelmente significa [literalmente] *odiadores de Deus*, pois não há razão para tomá-lo em seu sentido

---

44 As duas palavras são πονηρία e κακία. *Doddridge* as traduz "maldade ou malignidade". *Pareus* diz que κακία é vício, oposto a τῃ αρετῃ, virtude.
45 "Πορνεία tem um sentido extenso, compreendendo toda *relação ilícita*, seja fornicação, adultério, incesto ou algum outro *venus illicita*." – Stuart.
46 Impropriamente traduzida por 'debate' em nossa versão – ἔριδος, 'rivalidade', por *Macknight*, e "contenda', por *Doddridge*.
47 Em nossa versão, 'malignidade'; por *Macknight*, "má disposição"; e por *Doddridge*, "inveteração de hábitos maus"; *Schleusner* pensa que ela significa aqui 'malevolência'.

passivo [*odiados por Deus*], visto que Paulo, aqui, está provando a culpabilidade humana por sua patente perversidade. Por *odiadores* [*inimigos*] *de Deus*, portanto, ele quer dizer aqueles que percebem que a justiça divina se interpõe na vereda de seus atos perversos. *Bisbilhoteiros* e *caluniadores* [*obtrectatores*]⁴⁸ devem ser distinguidos da seguinte forma: os *bisbilhoteiros* destroem as amizades das pessoas boas através de suas acusações secretas, excitam suas mentes à ira, falam contra o inocente e semeiam a discórdia. Os *caluniadores*, com uma malignidade inata, não poupam a reputação de ninguém, e, ao se verem arrebatados pelo impulso da paixão, falam mal das pessoas, injuriam tanto o culpado quanto o inocente. Traduzimos ὑβριστάς por *maléficos* [*insolentes*], pois os escritores latinos habitualmente falam de erros notórios, tais como atos de pilhagem, latrocínio, incêndios e bruxaria como sendo *maleficia*. Foi a esses vícios que o apóstolo quis realçar aqui.⁴⁹ Traduzimos o termo ὑπερήφανους, o qual Paulo usa para *arrogantes*, segundo o significado do grego. A palavra, em sua origem, sugere que os arrogantes são 'exaltados', encarando com desdém a todos quantos se acham abaixo deles, e não conseguem tolerar que alguém seja de seu mesmo naipe. Os *ostentosos* são aqueles que se enchem de vaidade hiperconfiante, e os *inventores de males*⁵⁰ são aqueles que destroem os vínculos de sociedade com seu mau procedimento, ou aqueles em quem não há sinceridade nem constância de fé, os quais podem ser denominados presunçosos.

---

48 Καταλάλους, literalmente contradizentes, ou aqueles que falam contra outros – difamadores, caluniadores; traduzida "que faz ultraje", por *Macknight*.
49 As três palavras, ὑβριστάς, ὑπερήφανους, e ἀλαζόνας parecem designar três propriedades de um espírito soberbo – desdenhoso ou insolente, arrogante e vanglorioso. Os ὑβρισται são aqueles que tratam os outros com petulância, contumélia ou insulto. "Insolente", como descrito por *Macknight*, é a palavra mais adequada. O ὑπερήφανος é alguém que se põe acima dos demais, os vê do alto, que se exibe como superior aos demais. O ἀλαζων é o que se gaba, que assume mais do que lhe permite ou promete, mais do que pode cumprir. Essas três formas de soberba são amiúde vistas no mundo.
50 *Unsociabiles* – ἀσυθέτους 'Infiéis' talvez seja a palavra mais adequada. "Que não se associam aos pactos" é a explicação de *Hesychius*.
Para preservar a mesma negativa de acordo com o que é feito em grego, podemos traduzir assim o versículo 31: "Destituídos de inteligência, infiéis, desnaturais, implacáveis, sem misericórdia".

31. Os que são *sem afeição natural* suprimem e ignoram as afeições primárias e naturais em relação a seus próprios familiares. Visto que Paulo afirma que a carência de misericórdia é uma prova patente da depravação da natureza humana, Agostinho, argumentando contra os estóicos, conclui que a misericórdia é uma virtude cristã.

32. Conhecendo os decretos[51] de Deus de que aqueles que praticam tais coisas merecem a morte, não só fazem as mesmas [coisas], mas também aprovam aqueles que as praticam. Conquanto esta passagem seja explicada de várias maneiras, a seguinte interpretação parece-me a mais verossímil, ou seja os homens se precipitaram totalmente numa licenciosidade desordenada do mal e, ao apagar toda e qualquer distinção entre o bem e o mal, aprovaram, tanto em si mesmos quanto em outros, aquelas coisas que eles sabiam que provocariam desprazer em Deus, as quais serão condenadas por seu justo juízo. É o cúmulo do mal quando o pecador se vê tão completamente destituído de pudor, que não só se compraz com seus próprios vícios, e não tolerará sua condenação, mas também os fomentam em outros por meio de seu consentimento e aprovação. Esta irremediável impiedade é assim descrita na Escritura: "Eles se alegram em fazer o mal" [Pv 2.14]; "A cada canto do caminho edificaste teu altar e profanaste tua formosura, abriste tuas pernas a todo que passava, e multiplicaste tuas prostituições" [Ez 16.25]. O homem em quem o pudor sentido ainda pode ser curado; mas quando o senso de pudor se lhe ausenta, e o que lhe é familiar é a prática do pecado, tal vício, e não a virtude, lhe apraz e goza de sua aprovação, não resta qualquer esperança de emenda. Eis a interpretação que apresento. Paulo, aparentemente, pretendia condenar aqui algo mais grave e ímpio do que a mera perpetração do vício. Não sei o que seria se não víssemos aqui o cúmulo da perversidade, ou seja quando os homens miseráveis, destituídos de todo pudor, promovem o patrocínio do vício em detrimento da justiça divina.

---

[51] *Calvino* tem 'justitiam' aqui, ainda que o texto traga 'judicium'.

Capítulo 2

1. De sorte que és indesculpável, ó homem, quando julgas a outrem; pois naquilo que julgas a outrem, a ti mesmo te condenas, visto que, ao julgares, praticas as mesmas coisas.
2. E sabemos que o juízo de Deus é segundo a verdade, contra os que praticam tais coisas.

1. Propterea inexcusabilis es, O homo, quicunque judicas: in quo enim judicas alterum, teipsum condemnas; eadem enim facis dum judicas.
2. Novimus autem quod judicium Dei est secundum veritatem in eos qui talia agunt.

1. De sorte que és indesculpável, ó homem. Este reproche é dirigido aos hipócritas que atraíam a atenção com suas exibições de santidade externa, e ainda imaginavam que eram aceitos por Deus, como se lhe houvessem oferecido plena satisfação. Paulo, pois, havendo apresentado os vícios mais grosseiros como prova de que ninguém é justo diante de Deus, agora se volta contra essa classe de pessoas que mantêm aparência de santidade, as quais não havia ainda incluído em seu primeiro catálogo. Ora, a inferência é tão clara e simples, que ninguém precisa sentir-se surpreso como o apóstolo engendrou seu argumento. Ele, pois, os torna *indesculpáveis*, visto que conheciam o veredicto divino, e mesmo assim transgrediam a lei. É como se dissesse: "Ainda quando não consintas nos vícios dos outros, e ainda quando, ao contrário, tem-se a impressão de seres um confesso inimigo e reprovador dos mesmos, todavia, visto que não te achas livre deles, se te examinares detidamente, não poderás oferecer defesa alguma em favor de tua conduta."

Pois naquilo que julgas a outrem, a ti mesmo te condenas. Além do elegante realce de dois verbos gregos κρίνειν e κατακρίνειν [*julgar* e *condenar*], é bom notarmos a intensificação que o apóstolo usa ao condená-los. É exatamente como se estivesse dizendo: "Tu és duplamente merecedor de condenação, pois levas a culpa dos mesmos vícios que condenas e reprovas em outrem." É um dito bem notório que aqueles que impõem a outrem uma regra de vida, reivindicam inocência, moderação e toda virtude, e que não merecem perdão algum se cometem os mesmos erros que têm pretendido corrigir em outrem.

Visto que, ao julgares, praticas as mesmas coisas. Esta é a tradução literal, porém o significado é o seguinte: "É verdade que julgas, não obstante fazes o mesmo." Ele afirma que procediam assim em razão de não se acharem em plena sanidade mental, visto que pecado propriamente dito pertence à esfera da mente. E assim, neste aspecto, eles condenam a si próprios porque, ao reprovarem um ladrão, um adúltero ou um caluniador, não estão simplesmente condenando pessoas, e, sim, os vícios que são inseparáveis das pessoas.[1]

2. E sabemos que o juízo de Deus é segundo a verdade, contra os que praticam tais coisas. O propósito do apóstolo é esvaziar os hipócritas de sua ufania, de modo a deixarem de crer que realmente haviam granjeado tudo caso fossem aplaudidos pelo mundo ou estivessem isentos de culpa. Um juízo bem diferente os aguarda no céu. Além do mais, ele os acusa de impureza inerente. Isso, contudo, não pode ser provado nem convencido pelo testemunho humano, visto que se acha oculto dos olhos humanos, e por isso ele apela para o juízo de Deus, aos olhos de quem as próprias trevas não podem ocultar e que necessariamente deve ser sentido pelo próprio pecador, quer queira quer não.

---

1 A maioria confessa que o ilativo, διο, no início do versículo, dificilmente pode ser explicado. A inferência do precedente não é muito evidente. Em minha opinião, aqui temos um caso de hebraísmo; e a referência não é ao que precedeu, mas ao que vem em seguida. Não é propriamente um ilativo, mas antecipa uma razão depois de dada, comunicada por *pois* ou *porque*. Seu sentido será visto na seguinte versão:
Por esta razão, és inescusável, ó homem, quem quer que sejas, que condenas a outrem, porque, no que condenas a outrem, tu condenas a ti mesmo; pois tu que condenas fazes as mesmas coisas.
O verbo κρίνω contém aqui a idéia de condenar ou de declarar juízo; *julgar* não é suficientemente distinto.

A *verdade* deste juízo consiste em dois fatores: primeiro, Deus punirá o pecado sem qualquer parcialidade, não importa em quem ele o detecte. Segundo, ele não leva em conta as aparências externas, nem se satisfaz com qualquer obra, caso não proceda ela de real sinceridade do coração. Segue-se disso que a máscara de uma fingida piedade não o impedirá de aplicar seu juízo à impiedade secreta. A frase *segundo a verdade* é um hebraísmo, visto que *verdade*, em hebraico, às vezes significa a integridade interior do coração, e é, portanto, oposta não só à falsidade palpável, mas também à aparência externa de boas obras. Os hipócritas só serão identificados quando forem informados de que Deus não só não ignorará sua falsa justiça, mas também levará em conta seus sentimentos secretos.[2]

3. E tu, ó homem, que julgas os que praticam tais coisas, e fazes as mesmas, crês que escaparás ao juízo de Deus?

4. Ou desprezas tu as riquezas de sua bondade e paciência e longanimidade,[97] ignorando que a bondade de Deus é que te conduz ao arrependimento?

5. Mas, segundo tua dureza e coração impenitente, entesouras para ti mesmo ira para o dia da ira e da revelação do justo juízo de Deus;

6. o qual retribuirá a cada um segundo suas obras:

7. dará vida eterna aos que, persistindo em fazer o bem, buscam glória, honra e incorruptibilidade;

3. Existimas autem, O homo, qui judicas eos qui talia faciunt, et eadem facis, quod ipse effugies judicium Dei?

4. An divitias bonitatis ipsius tolerantiæque, ac lenitatis[3] contemnis; ignorans quod bonitas Dei te ad pœnitentiam deducit?

5. Sed, juxta duritiam tuam, et cor pœnitere nescium, thesaurizas tibi iram in diem iræ et revelationis justi judicii Dei;

6. Qui redditurus est unicuique secundam ipsius opera:

7. Iis quidem, qui per boni operis perseverantiam, gloriam et honorem et immortalitatem, quærunt, vitam æternam;

---

2 "Segundo a verdade" – κατὰ ἀλήθειαν – significa ao verdadeiro estado do caso, sem qualquer parcialidade, ou segundo o que é justo e equitativo; é assim que *Grotius* o toma. Seu termo correspondente no hebraico, אמת, é às vezes traduzido δικαιοσύνη. Encontra-se oposto a ἀδικία em 1 Coríntios 13.6. A expressão aqui pode ser considerada como significando o mesmo que δικαιοκρισία – juízo justo, no versículo 5.

3 *Lenitatis* – μακροθυμίας, tarditatis ad iram. 'Longanimidade' expressa o significado com exatidão. Há aqui uma graduação – 'bondade' – χρηστότης, benevolência, benignidade, generosidade; 'tolerância' – ἀνοχὴ, recuando, isto é, da ira; então 'longanimidade', ou, seja, suportar os pecados dos homens. 'Riquezas' significa abundância. equivalente a "abundante bondade" etc.

8. mas ira e indignação aos contenciosos, que desobedecem à verdade e obedecem à injustiça.
9. Tribulação e angústia sobre toda alma do homem que faz o mal, primeiramente ao judeu e também ao grego;
10. glória, porém, e honra e paz a todo homem que faz o bem, primeiramente ao judeu e também ao grego.

8. Iis vero qui sunt contentiosi, ac veritati imjstitiæ injstitiæ autem obtemperant, excandescentia, ira, tribulatio,
9. Et anxietas in omnem animam hominis perpetrantis malum, Iudæi primum simul et Græci:
10. At gloria et honor et pax omni operanti bonum, Iudæo primum simul et Græco.

3. E tu, ó homem. É uma regra de retórica evitar-se um reproche veemente até que a ofensa tenha sido provada. Paulo, pois, pode parecer a alguns ter agido imprudentemente aqui, ao fazer tão severa censura antes de ter completado sua pretendida acusação. Entretanto, este não é o caso. Sua prova de que eram culpados de pecado era suficientemente conclusiva, visto que não os acusava diante dos homens, senão que os convencia pelo veredicto da consciência. Paulo claramente acreditava que provava o que pretendia, a saber: que se eles se examinassem e se submetessem ao escrutínio do juízo divino, não seriam capazes de negar sua iniquidade. Não era urgentemente necessário a Paulo denunciar sua fingida santidade de forma tão severa e incisiva, pois homens desse gênero alimentam uma tremenda presunção, a não ser que sejam sacudidos em sua fútil confiança. Lembremo-nos, pois, de que a melhor forma de superar a hipocrisia é evocar seus inebriantes efeitos e trazê-la à luz do juízo divino.

Crês que escaparás ao juízo de Deus? O argumento do apóstolo procede do menor para o maior. Se nossos pecados se acham sujeitos ao juízo dos homens, muito mais estarão sujeitos ao juízo de Deus, que é o único verdadeiro Juiz de todos. É verdade que os homens são guiados por um instinto divino a condenar os feitos malignos, porém isso não passa de uma tênue e obscura imagem do juízo divino. Aqueles que acreditam que escaparão ao juízo divino, ainda que não permitam que outros escapem a seu próprio juízo, são extremamente loucos. Paulo repete a palavra *homem* com o propósito de confrontar o homem com Deus.

4. Ou desprezas as riquezas de sua bondade? Não me parece haver aqui algum dilema, como alguns estudiosos afirmam, mas, antes, a antecipação de uma possível objeção. Visto que os hipócritas se vêem geralmente inflados com a prosperidade, como se merecessem a mercê divina por suas boas obras, e assim se fazem mais empedernidos em seu desdém dirigido a Deus, o apóstolo antecipa sua arrogância. Ele prova, usando um argumento contrário, que eles não têm razão alguma de crer que Deus lhes será propício em razão de sua prosperidade extrínseca, visto que Deus tem um propósito bem diferente em fazer os homens bons, ou seja converter os pecadores a ele mesmo. Onde, pois, o temor de Deus não é prevalecente, a confiança na prosperidade consiste no menosprezo e motejo de sua imensurável munificência. Segue-se disso que aqueles a quem Deus tem poupado nesta vida receberão sobre si a aplicação de um castigo mais severo, visto que têm adicionado sua rejeição do convite paternal de Deus a suas demais perversidades. Ainda que todos os favores divinos sejam inumeráveis provas de sua paternal bondade, todavia, visto que às vezes ele tem diferentes objetivos em vista, os ímpios se equivocam ao vangloriar-se de sua prosperidade, como se fossem os bem-amados de Deus, ao mesmo tempo que este paternal e liberalmente os sustenta.

Ignorando que a bondade de Deus é que te conduz ao arrependimento? O Senhor nos mostra, no exercício de sua bondade, que ele é Aquele a quem devemos converter-nos, caso estejamos ansiosos por nosso bem-estar; e ao mesmo tempo ele desperta nossa confiança a esperar em sua mercê. Se não fizermos bom uso da liberalidade divina para este fim, então faremos mau uso dela, embora nem sempre a receberemos da mesma maneira. Enquanto o Senhor trata seus próprios servos favoravelmente, e lhes distribui bênçãos terrenas, ele faz-lhes sua benevolência conhecida por meio de sinais desse gênero, e ao mesmo tempo os habitua a buscarem unicamente nele a soma de todas as coisas boas. Quando ele trata os transgressores de sua lei com a mesma indulgência, seu objetivo é modificar sua obstinação por meio de sua própria bondade; todavia, ele não declara que se compraz neles, e, sim, que os chama ao arrependimento. Se alguém objetar dizendo que o Senhor está insistindo com ouvidos moucos, enquanto que ele não toca os recessos de seus corações, nossa resposta deve ser que, neste exemplo, é nossa própria natureza perversa que será responsabilizada. Prefiro *conduzir* em vez de *chamar*, pois é mais significativo. Contudo, não o tomo no sentido de *impelir*, mas no sentido de *guiar* pela mão.

5. Mas, segundo tua dureza e coração impenitente, entesouras para ti mesmo. A impenitência vem em seguida quando nos tornamos endurecidos ante as admoestações do Senhor, pois aqueles que não anseiam pelo arrependimento, outra coisa não fazem senão provocar abertamente o Senhor.[4]

Desta notável passagem podemos aprender aquilo sobre o qual já me referi, ou seja que os ímpios não só acumulam para si mesmos, diariamente, o mais pesado juízo divino durante sua existência terrena, mas também os dons divinos, os quais continuamente desfrutam, agravarão sua condenação, visto que serão convocados para que dêem conta dos mesmos. Eles, pois, descobrirão que serão acusados de impiedade máxima, justamente pelo fato de se terem tornado piores ainda em contato com a bondade divina, pois esperava-se que, pelo menos, esta bondade os enternecesse e os corrigisse. Portanto, tomemos cuidado a fim de não acumularmos para nós mesmos este tesouro de desgraças pelo ilícito abuso das bênçãos divinas.

No dia da ira. Literalmente, *introduzido no dia* [grego, εἰς ἡμέραν, *para o dia*]. Os ímpios, agora, amontoam em torno de si a ira divina, cuja força será derramada sobre suas cabeças naquele dia. A destruição virá sobre eles secretamente, a qual será, então, tirada dos tesouros divinos. O dia do juízo final é chamado *o dia da ira*, quando a referência é feita aos ímpios, embora o mesmo será um *dia de redenção* para os cristãos. Semelhantemente, todas as outras visitações de Deus, no tocante aos ím-

---

4 O que se segue no texto, segundo *Calvino*, é isto: "et cor pœnitere nescium – e um coração que não sabe o que é arrepender-se"; καὶ ἀμετανόητον καρδίαν; o que *Schleusner* traduz assim: "animus, qui omnem emendationem respuit – uma mente que rejeita todo e qualquer melhoramento." É alguém que não se arrepende, em vez de "um coração impenitente", isto é, um coração incapaz de arrepender-se. Veja-se Efésios 4.19.

pios, são sempre descritas como sendo horríveis e cheias de ameaças; no tocante aos fiéis, porém, suas visitações são agradáveis e trazem alegria. Daí, sempre que a Escritura faz menção da proximidade do Senhor, o fiel é convidado a exultar com intenso júbilo. Entretanto, quando se dirige aos réprobos, ela os golpeia com nada menos do que terror e medo. Diz Sofonias: "Aquele dia será um dia de indignação, dia de tribulação e de angústia, dia de alvoroço e de assolação, dia de trevas e de escuridão, dia de nuvens e de densas trevas" [Sf 1.15]. Há uma descrição similar em Joel 2.2; e Amós declara: "Ai daqueles que desejam o dia do Senhor! Para que quereis vós esse dia do Senhor? Será de trevas e não de luz" (Am 5.18). Ao adicionar a palavra *revelação*, Paulo indica o que será esse *dia de ira*, ou seja que o Senhor, então, manifestará seu juízo. Embora todos os dias ele dá indicações de seu juízo, todavia suspende e retém a clara e plena manifestação dele até àquele dia quando se abrirão os livros, as ovelhas serão separadas dos cabritos e se limpará o trigo do joio.

6. O qual retribuirá a cada um segundo suas obras. Paulo está a tratar com cegos pretendentes a 'santarrões', que acreditam que a perversidade de seus corações está bem oculta, já que se acha encoberta com pelo menos alguma aparência de obras fúteis. Ele, pois, realça a genuína justiça das obras que Deus leva em conta, caso presumam os homens, com base em sua falsa confiança, que é bastante agradar a Deus pronunciando palavras e meras bagatelas. Esta cláusula, contudo, não é tão difícil como geralmente se pretende. Ao punir a perversidade dos réprobos com justa vingança, o Senhor lhes dará o que realmente merecem; e, finalmente, visto que ele santifica os que previamente resolveu glorificar, ele igualmente coroará suas boas obras, porém não em consideração a algum mérito inerente neles. Esta prova, contudo, não pode ser extraída do presente versículo que, enquanto declara que recompensa as boas obras terão, não afirma, porém, seu valor ou o preço que lhes é estipulado. É uma insensatez concluir que algo possui mérito só porque é recompensado.

7. Dará vida eterna aos que, persistindo em fazer o bem. A versão latina traz *perseverantia*, porém a tradução *patientia* significa mais que perseverança. *Perseverança* significa que alguém não se cansa e nem desiste de fazer o bem. *Paciência*, porém, é também requerida dos santos, por meio da qual eles podem prosseguir resolutos a despeito de suas muitas tribulações. Satanás não permite que tenham fácil acesso ao Senhor, senão que faz tudo para impedi-los com inumeráveis obstáculos e os faz desviar do reto caminho. Ao dizer que os crentes, prosseguindo na prática de boas obras, **buscam glória e honra**, o apóstolo não pretende que eles tenham alguma outra aspiração além de Deus, ou que não podem buscar a Deus sem ao mesmo tempo almejarem atingir a bem-aventurança de seu reino. Tal coisa é aqui descrita na paráfrase dada nestas palavras. O sentido, pois, é que o Senhor dará vida eterna àqueles que se esforçam por alcançar a imortalidade na prática das boas obras.[5]

8. Mas ira e indignação aos contenciosos. Os liames da cláusula são um pouco confusos. Antes de tudo, o sentido geral da passagem é interrompido. O liame do argumento demandaria que a segunda parte da comparação correspondesse à primeira, por exemplo: "O Senhor dará vida eterna aos que, persistindo nas boas obras, buscam glória, honra e incorruptibilidade; porém, aos contenciosos e desobedientes, morte eterna." A conclusão seria, então, completada: "Glória, honra e incorruptibilidade têm sido asseguradas para os primeiros, enquanto que ira e aflição são reservadas para os últimos." Em segundo lugar, as

---

5 Alguns sentem dificuldade em conciliar esta linguagem com a salvação gratuita que o evangelho oferece, e em impedir a conclusão que muitos se dispõem a extrair desta passagem, a saber: que a salvação é tanto pelas obras quanto pela fé.
A esta objeção, *Pareus* responde que o Apóstolo fala aqui de salvação pelas obras da lei, não de fato como algo possível, o que subsequentemente nega, mas como uma declaração do que ela é, para que, com isso, pudesse mostrar a necessidade de uma salvação graciosa que é somente pela fé. E este é o ponto de vista defendido por *Haldane*.
Mas não há necessidade de recorrer a tal hipótese; pois sempre que *o juízo* é expresso mesmo no Novo Testamento, ele é sempre representado da mesma forma, como sendo regulado pela justiça, segundo *as obras* de cada indivíduo. Vejam-se Atos 17.31; 2 Coríntios 5.10; Colossenses 3.24, 25; Apocalipse 20.12; 22.12.
Será um *juízo*, conduzido segundo a perfeita regra da justiça, sem levar em conta pessoas, sem levar em conta indivíduos como tais, seja nobre ou humilde, muito ou pouco favorecido quanto a privilégios externos, mas segundo sua conduta real, sob as circunstâncias de seu caso. A regra, se para pagãos, será a lei da natureza; se para judeus, a lei que lhes foi dada. O juízo, quanto a seu caráter, será ainda o mesmo para aqueles que estão sob o evangelho; será segundo o que o evangelho requer.

palavras *ira, indignação, tribulação* e *angústia*, no contexto, se aplicam a duas classes distintas. Isso, entretanto, de forma alguma confunde o significado da passagem, e devemos aceitar esse fato nos escritos apostólicos. A eloquência poderá ser aprendida de outros escritores; pois aqui, sob um estilo literário singelo, carente de refinamento, deve-se esperar encontrar tão-somente a sabedoria espiritual.[6]

O termo *faccionismo*, aqui mencionado, significa rebeldia e obstinação, pois Paulo se vê contendendo com hipócritas que debocham de Deus, que procedem com base em sua vulgar e insensível indiferença.

---

6 Com respeito à construção desta passagem [vv. 6-11], pode-se observar que ela é formada segundo o método de paralelismo hebraico, muitos exemplos dos quais encontramos mesmo nos escritos de prosa do Novo Testamento. Nenhum dos antigos, tampouco alguns dos modernos, antes do tempo do Bispo *Lowth*, entendeu muito do caráter peculiar do estilo hebraico. Todas as anomalias, notadas por *Calvino*, instantaneamente se desvanecem quando a passagem é assim arranjada para exibir a correspondência de suas diferentes partes. Consiste em duas porções gerais; a primeira inclui estes versículos [6, 7, 8]; a outra, os três versículos restantes. As mesmas coisas estão incluídas principalmente em ambas as porções, somente na última há algumas coisas adicionais e explicativas, e a outra é revertida; de modo que a passagem termina com o que corresponde a seu início. Para ver o todo numa forma conectada, é necessário traçar em linhas da seguinte maneira:
    6. Que retribuirá a cada um segundo suas obras,
    7. Aos que deveras, perseverando em fazer o bem,
    Buscam glória e honra e imortalidade,
    Vida eterna;
    8. Mas haverá para os que são contenciosos,
    E não obedecem à verdade, porém obedecem à iniquidade,
    Indignação e ira.
    Então seguem as mesmas coisas, sendo a ordem revertida:
    9. Infortúnio e angústia estarão
    Sobre a alma do homem que pratica o mal,
    Sobre o judeu primeiro, e então sobre o grego;
    10. Glória e honra e paz, porém,
    Para todos quantos praticam o bem,
    Para o judeu primeiro, então para o grego;
    11. Porque para Deus não há acepção de pessoas.
A idéia na última e na primeira linha é essencialmente a mesma. Esta repetição é com o intuito de produzir uma impressão. O caráter do justo, na primeira parte, é que, perseverando em fazer o bem, busca glória, honra e imortalidade; e sua recompensa será vida eterna. O caráter do ímpio é o de ser contencioso, desobediente à verdade e obediente à injustiça; e sua recompensa será indignação e ira. O caráter do primeiro, na segunda parte, é que pratica o bem; e do outro, que pratica o mal. E a recompensa do primeiro é glória, honra e paz; e a recompensa do outro, infortúnio e angústia, que são os efeitos da indignação e da ira, como a glória, honra e paz são os frutos ou as partes constitutivas da vida eterna. Deve-se observar que a prioridade na felicidade, tanto quanto a prioridade na miséria, é atribuída ao judeu.

Pelo termo *verdade* deve-se entender simplesmente o domínio da vontade divina, a qual é a única luz da verdade. É uma característica comum a todos os incrédulos, que sempre escolhem sujeitar-se à iniquidade em lugar de tomar sobre si o jugo divino, e por mais que pretendam demonstrar obediência, não cessam de protestar e de lutar obstinadamente contra a Palavra de Deus. Enquanto os que são manifestamente maus escarnecem desta verdade, os hipócritas não hesitam em opor-se-lhe sutilmente, estabelecendo sua forma artificial de culto. O apóstolo acrescenta ainda que tais pessoas desobedientes obedecem à *injustiça*. Os que recusam sujeitar-se à lei do Senhor, inevitavelmente cairão na escravidão do pecado. A justa recompensa de tão temerária presunção consiste em que os que se revelam indispostos a render obediência a Deus são mantidos sob o cativeiro do pecado.

Ira e indignação. O significado essencial dos termos depende desta tradução. Θύμος, em grego, significa o que em latim é denominado *excandescentia, indignação* (veja-se Cícero, Tusc. IV), ou seja um súbito acesso de ira. Quanto ao restante, sigo a Erasmo. Note-se, contudo, que das quatro que são aqui mencionadas, as duas últimas são os efeitos das primeiras. Aqueles que experimentam a ira e o desprazer de Deus se sentem imediatamente envergonhados.

Se bem que Paulo poderia ter oferecido uma breve descrição, em duas palavras, da bem-aventurança dos verdadeiros crentes, e bem assim a ruína dos réprobos. No entanto prefere ampliar ambos os temas a fim de despertar os homens mais eficazmente com o temor da ira divina e excitar seu desejo de obter graça por intermédio de Cristo. Jamais temeremos o juízo divino como devíamos, a menos que seja ele vividamente concretizado diante de nossos olhos; nem seremos realmente consumidos por um forte anseio pela vida por vir, a não ser que sejamos profundamente motivados.

9. Do judeu primeiro, e também do grego. É quase certo que *judeu* é aqui contrastado simplesmente com *grego*. Pouco depois Paulo chama de *gentios* àqueles que presentemente chama de gregos. Os judeus, contudo, têm a preeminência nesta instância porque, em preferência aos demais, eles possuem tanto as promessas como as advertências da Lei. É como se Paulo dissesse: "Esta é a lei universal do juízo divino, a saber: ele começará com os judeus e concluirá com o mundo inteiro."

11. Pois em Deus não há parcialidade.	11. Siquidem non est acceptio personarum apud Deum.
12. Porque tantos quantos pecaram sem lei, sem lei também perecerão; e tantos quantos pecaram sob a lei, pela lei serão julgados.	12. Quicunque enim sine Lege peccaverunt sine Lege etiam peribunt; quicunque vero in Lege peccaverunt per Legem judicabuntur.
13. Porque não são os ouvintes da lei a serem justos aos olhos de Deus; mas os que obedecem à lei, estes serão justificados.	13. Non enim Legis auditores justi sunt apud Deum, sed qui Legem faciunt justificabuntur.

11. Pois em Deus não há parcialidade. Até este ponto Paulo, em termos gerais, acusou a humanidade toda de ser culpada, mas agora aponta sua acusação para os judeus e para os gentios em separado. Ao mesmo tempo, lhes informa que não há qualquer distinção que os isente da responsabilidade pela morte eterna. Os gentios alegavam ignorância, em sua defesa; os judeus se gloriavam na honra de ser os depositários da lei. Daqueles, Paulo remove sua tentativa de subterfúgio; e destes, ele remove sua falsa e fútil vanglória.

Toda a raça humana, portanto, está dividida em duas classes, porquanto Deus separou os judeus do resto [do mundo]. Todos os gentios, contudo, receberam o mesmo tratamento. Ele agora nos ensina que tal distinção não constitui razão suficiente para que não sejam envolvidos na mesma culpa. A palavra *pessoa* é usada, na Escritura, em referência a todas as realidades externas que comumente possuem algum valor ou honra. Quando, pois, lemos que Deus não faz acepção de pessoas, devemos entender que o que ele considera é a pureza de coração e a integridade interior, e não as coisas que são geralmente valorizadas pelo ser humano, a saber: família, estado, dignidade, riqueza etc.; de modo que *acepção de pessoas* deve ser tomado aqui como a escolha ou distinção entre as diferentes nações.[7] Se alguém objetar dizendo que não há, portanto, eleição gratuita em Deus, a resposta consiste em que há uma dupla aceitação do homem por parte de Deus, a saber: a primeira, quando, em sua benevolência não motivada, ele nos chama do nada e nos elege, visto não haver *nada* em nossa natureza capaz de merecer sua aprovação; e a segunda, quando ele nos regenera e também derrama sobre nós seus dons, bem como revela que se compraz na imagem de seu Filho, ao reconhecê-la em nós.

12. Porque tantos quantos pecaram sem lei.[8] Na parte anterior desta seção, o apóstolo ataca os gentios que, ainda quando não tiveram nenhum Moisés que promulgasse e ratificasse a lei do Senhor, tal fato, todavia, não impedia que, ao pecarem, deixassem de atrair sobre si a justa sentença de morte. O conhecimento de uma lei escrita por parte daqueles que, por exagerarem a misericórdia, tentam, com base na ignorância, isentar do juízo divino os gentios que são privados da luz do evangelho.

E tantos quantos pecaram sob a lei. Enquanto os gentios, ludibriados pelas falácias de sua razão, mergulham de ponta cabeça na destruição, os judeus, que são detentores da lei, são por ela condenados,[9]

---

7 A palavra προσωποληψία, acepção de pessoas, se encontra em outras três passagens: Efésios 6.9; Colossenses 3.25; Tiago 2.1; e em todas a referência é às condições de vida. Em Atos 10.34, a palavra está em outra forma, προσωπολήπτης, um respeitador de pessoas, e como verbo em Tiago 2.9. A frase completa é πρόσωπον λαμβάνω, como encontrada em Lucas 20.21 e Gálatas 2.6. É uma frase peculiar ao idioma hebraico e significa literalmente *olhar* ou *encarar*, isto é, pessoas, פנים נשא. Vejam-se Levítico 19.15; Deuteronômio 10.17; 2 Crônicas 19.7.
Tem-se tomado daí um argumento para opor-se à doutrina da eleição; mas isso é aplicar a uma coisa particular o que pertence a outra. Isso pertence à administração da justiça; a eleição, porém, é o exercício da misericórdia. Mesmo *Grotius* admite que Deus manifesta certa diferença na concessão de benefícios, porém não no exercício do juízo. Aliás, no presente caso, com respeito ao tema manuseado pelo Apóstolo, havia uma manifesta diferença; o gentio só tinha a lei da natureza, porém o judeu tinha uma lei revelada. Todavia quando conduzidos ao juízo, não havia nenhuma acepção de pessoas; cada uma tinha de ser julgada imparcialmente segundo as circunstâncias de sua condição. E ademais, a eleição não procede do princípio de demonstrar respeito por pessoas, ou, seja, de considerar os homens segundo seus privilégios ou circunstâncias externas, ou parentesco ou relação na vida, ou qualquer coisa no homem; mas sua base ou razão única e exclusiva é o beneplácito de Deus.

8 Ἀνόμως comumente significa *ilicitamente, impiamente, ilegalmente*; aqui, porém, como é evidente à luz do contexto, significa *viver sem lei*. O adjetivo ἄνομος é também usado neste sentido em 1 Coríntios 9.21.

9 A palavra 'condenado' seria melhor no texto do que 'julgado'; então corresponderia mais

pois desde muito foi pronunciada a sentença: "Maldito aquele que não confirmar as palavras desta lei, não as cumprindo" [Dt 27.26]. Portanto, o que aguarda os judeus é uma condição ainda pior, visto que sua condenação já está pronunciada em sua própria lei.

13. Porque os justos não são os simples ouvintes da lei. Paulo antecipa a objeção que os judeus poderiam apresentar. Eles se gloriavam em seu peculiar conhecimento da lei, porque compreendiam que ela era a regra de justiça [Dt 4.1]. Para refutar essa falsa impressão, o apóstolo assevera que ouvir ou conhecer a lei não é suficiente para adquirir-se justiça, senão que é indispensável praticá-la em concordância com o que está escrito: "cumprindo os quais, o homem viverá por eles" [Lv 18.5; cf. Rm 10.5; Gl 3.12]. O sentido deste versículo, portanto, consiste em que, se a justiça for buscada através da lei, então esta precisa ser cumprida, pois a justiça da lei consiste na perfeição das obras. Aqueles que interpretam mal esta passagem com o propósito de construir a doutrina da justificação com base nas obras, merecem a repulsa universal. Portanto, é impróprio e irrelevante introduzir aqui prolongada discussão sobre a justificação para solver um argumento tão fútil. O apóstolo, dirigindo-se aos judeus, insiste somente neste juízo da lei, o qual já mencionara, ou seja não podem ser justificados pela lei, a não ser que a cumpram, e que, se a transgredirem, uma maldição se acha prontamente pronunciada contra eles. Não negamos que a lei é a norma da justiça absoluta; mas, visto que todos os homens estão convencidos de sua transgressão, afirmamos a necessidade de se buscar *outra* justiça. De fato, podemos provar, à luz desta passagem, que ninguém é justificado pelas obras. Se somente aqueles que cumprem a lei são por ela justificados, segue-se, pois, que ninguém é justificado, porque não é possível encontrar alguém que possa vangloriar-se de ter cumprido [perfeitamente] a lei.[10]

---

claramente à primeira parte, onde se usa a palavra 'pereceu'; e que significa 'condenado' é evidente, pois os que têm 'pecado' são as pessoas referidas.

10 Sobre a expressão "ouvintes da lei", *Stuart* faz estas observações: "O Apóstolo aqui fala de οἱ ἀκροαταὶ τοῦ νόμου, porque os judeus estavam acostumados a *ouvir* a leitura pública das Escrituras; muitos deles, porém, não possuíam individualmente cópias do sacro volume que pudessem ler."

14. Porque, quando os gentios, que não têm lei, fazem naturalmente as coisas que são da lei, tornam-se lei para si mesmos, embora não possuam a lei;
15. Nisso eles mostram a obra da lei escrita em seus corações, testificando juntamente sua consciência e seus pensamentos, ora acusando-os, ora defendendo-os;
16. No dia em que Deus julgará os segredos dos homens, segundo meu evangelho, por meio de Jesus Cristo.

14. Quum enim Gentes, quæ Legem non habent, natura quæ Legis sunt faciant, ipsæ, Legem non habentes, sibi ipsæ sunt Lex:
15. Quæ ostendunt opus Legis scriptum in cordibus suis, simul attestante ipsorum conscientia et cogitationibus inter se accusantibus aut étiam excusantibus,
16. In die qua judicabit Deus occulta hominum, secundum Evangelium meum, per Iesum Christum.

14. Porque, quando os gentios, que não têm lei, fazem naturalmente as coisas que são da lei. Ele agora repete a prova da primeira parte da sentença, porquanto não se satisfaz em condenar-nos por mera afirmação e em pronunciar o justo juízo divino sobre nós, senão que diligencia por convencer-nos dele por meio de argumentos, a fim de despertar-nos um grande desejo e amor por Cristo. Ele mostra que a ignorância é apresentada pelos gentios como fútil justificativa, visto que declaram, por seus próprios feitos, que possuem alguma norma de justiça. Não existe nação tão oposta a tudo quanto é humano que não se mantenha dentro dos limites de algumas leis. Visto, pois, que todas as nações se dispõem a promulgar leis para si próprias, de seu próprio alvitre, e sem serem instruídas para agirem assim, é além de toda e qualquer dúvida que elas conservam certa noção de justiça e retidão, ao que os gregos se referem como προλήψεις, e que é implantado por natureza nos corações humanos. Eles, portanto, possuem uma lei, sem a *Lei*; porque, embora não possuam a lei escrita por Moisés, não são completamente destituídos de conhecimento da retidão e da justiça. De outra forma, não poderiam distinguir entre vício e virtude – restringem aquele com castigo, enquanto que a esta exaltam, mostrando-lhe sua aprovação e honrando-a com recompensas. Paulo contrasta a natureza com a lei escrita, significando que os gentios possuíam a luz natural da justiça, a qual supria o lugar da lei [escrita], por meio da qual os judeus são instruídos, de modo a se tornarem *lei para si próprios*.[11]

15. Nisto eles mostram a obra da lei[12] **escrita em seus corações**, ou seja eles provam que há impressa em seus corações certa discriminação e juízo, por meio dos quais podem distinguir entre justiça e injustiça, honestidade e desonestidade. Paulo não diz que a obra da lei se acha esculpida em sua *vontade*, de modo a buscarem-na e perseguirem-na diligentemente, mas que se acham tão assenhoreados pelo poder da verdade, que não têm como desaprová-la. Não teriam instituído ritos religiosos, se não estivessem convencidos de que Deus deve ser adorado; nem se envergonhariam de adultério e de latrocínio, se os não considerassem como algo em extremo nocivo.

Não há qualquer base para deduzir-se desta passagem o poder da vontade, como se Paulo dissesse que a observância da lei é algo que se acha em nosso poder, visto que ele não está falando de nosso *poder* de cumprir a lei, e, sim, de nosso *conhecimento* dela. O termo *corações* não deve ser considerado como a sede das afeições, mas simplesmente como se referindo ao entendimento, como em Deuteronômio 29.4: "Porém, o Senhor não vos deu coração para entender"; e Lucas 24.25: "Ó néscios e tardos de coração para *crer* [*entender*] tudo o que os profetas disseram!"

Não podemos concluir desta passagem que há no ser humano um pleno conhecimento da lei, mas tão-somente que há algumas sementes de justiça implantadas em sua natureza. Isto é evidenciado por fatos como estes, a saber: que todos os gentios, igualmente, instituem ritos

---

11 Quanto à frase, "estes têm para si uma lei", *Venema* apresenta exemplos clássicos – "πᾶν τὸ βέλτιστον φαινόμενον ἔστω σοι νόμος ἀπαράβατος. Seja qual parecer melhor, seja para ti uma lei perpétua." – *Epict. in Ench.*, c. 75. "τὸ μὲν ὀρθὸν νόμος ἐστὶ βασιληκός – O que de fato é correto, uma lei real." – Platão, in Min., p. 317.
Os próprios pagãos reconheciam uma lei da natureza. *Turrettin* cita uma passagem de uma obra perdida de *Cícero*, retida por *Lactâncio*, a qual notavelmente coincide com a linguagem de Paulo aqui.

12 Por obras da lei, τὸ ἔργον τοῦ νόμου, deve-se entender o que a lei requer. A "obra de Deus", em João 6.29, é do mesmo teor, a saber: a obra que Deus requer ou exige; e a mesma palavra é plural no versículo anterior, τὰ ἔργα – "as obras de Deus". Assim aqui, no versículo anterior, é τὰ τοῦ νόμου – "as coisas da lei", daí podermos supor que ἔργα está implícito. A expressão comum, "as obras da lei", tem o mesmo significado, a saber: obras tais como a lei prescreve e requer.

religiosos, promulgam leis para a punição do adultério, do latrocínio e do homicídio, e louvam a boa fé nas transações e contratos comerciais. Assim, eles provam seu *conhecimento* de que Deus deve ser cultuado, que o adultério, o latrocínio e o homicídio são ações perversas, e que a honestidade deve ser valorizada. Não é nosso propósito inquirir sobre que tipo de Deus eles o tomam, ou quantos deuses têm eles inventado. É suficiente saber que acreditam que há um Deus, e que honra e culto lhe são devidos. Pouco importa, também, que não permitam que se cobice a mulher do próximo, possessões, ou alguma coisa que tenham como sua, se toleram as faltas sem rancor e ódio, porque tudo aquilo que julgam como sendo ruim sabem também que não deve ser cultivado.

Sua consciência e seus pensamentos, ora acusando-os, ora defendendo-os. O testemunho de sua própria consciência, que é equivalente a mil testemunhas, era a mais forte pressão que poderia ter causado neles. Os homens são sustentados e confortados por sua consciência e boas ações, porém, interiormente, são molestados e atormentados quando sentem ter praticado o mal – daí, o aforismo pagão de que a boa consciência é um espaçoso teatro, e que a má [consciência] é um dos piores verdugos, e atormenta os perversos com a mais feroz de todas as fúrias. Há, pois, [no homem], um certo conhecimento da lei, o qual confirma que uma ação é boa e digna de ser seguida, enquanto que outra será evitada com horror.

Notemos como Paulo define a *consciência* de forma judiciosa. Adotamos, diz ele, certos argumentos com o fim de defender certo curso de ação que assumimos, enquanto que, por outro lado, há outros que nos acusam e nos convencem de nossos maus feitos.[13] Ele se refere a

---

[13] *Calvino* parece considerar que a última parte do versículo é apenas uma expansão ou uma exposição da cláusula precedente relativa à 'consciência'. Mas tudo indica que ela contém uma idéia distinta. O testemunho da consciência é uma coisa, o que é instantâneo, sem reflexão; e os pensamentos ou os raciocínios – λογισμῶν –, que alternada ou mutuamente se acusam ou se escusam, parecem referir-se a um processo levado a cabo pela mente, por meio do quê a voz inata da consciência se confirma. Este é o ponto de vista assumido por *Stuart* e *Barnes*, e ao qual *Hodge* se inclina.
Outro ponto de vista da última cláusula é exposto por *Doddridge, Macknight, Haldane* e *Chalmers*. O último formula esta paráfrase de todo o versículo: "Pois mostram que a essência da lei está escrita em seus corações – sua consciência testificando o que é certo

estes argumentos de acusação e defesa no dia do Senhor, não só pelo fato de que somente então é que aparecerão, porquanto são constantemente ativos no cumprimento de sua função nesta vida, mas porque, então, também entrarão em vigor. O propósito do argumento de Paulo, aqui, é impedir que alguém menospreze tais argumentos como sendo de pouca importância ou permanente significação. Como já vimos, ele pôs *no dia* em vez de *até ao dia*.

16. No dia em que Deus julgará os segredos dos homens.[14] Esta descrição ampliada do juízo divino é mais apropriada para a presente passagem. Ele informa aos que intencionalmente se ocultam nos refúgios de sua insensibilidade moral, que as intenções mais íntimas, que presentemente se acham inteiramente escondidas no recôndito de seus corações, serão, então, trazidas à plena luz. Assim, em outra passagem, Paulo procura mostrar aos coríntios de quão pouco mérito é o juízo humano que se deixa fascinar pelas aparências exteriores. Ele os conclama a que aguardem até à vinda do Senhor, "o qual não somente trará à plena luz as coisas ocultas das trevas, mas também manifestará os desígnios dos corações" [1Co 4.5]. Ao ouvirmos isto, lembremo-nos daquela admoestação, a saber: se aspiramos a real aprovação por parte de nosso Juiz, empenhemo-nos por cultivar a sinceridade de coração.

Ele adiciona a expressão, **segundo meu evangelho**, para provar que está a oferecer uma doutrina que corresponde aos juízos inatos

---

e errado em sua própria conduta, e seus raciocínios acusando-se ou vindicando-se." Considerar, porém, as duas cláusulas como se referindo à consciência e às obras interiores da mente, parece mais consistente com o contexto. Os gentios são os que estão em pauta: Deus lhes deu, não uma lei externa, mas a lei da natureza, que é interna. Daí, no versículo seguinte ele fala de Deus como julgando "os segredos dos homens", como a lei interna será a regra de julgamento para os gentios.

14 Em concordância com alguns dos pais, *Jerônimo, Crisóstomo, Teofilato* e outros, *Calvino* conecta isto com o versículo imediatamente precedente; porém quase todos os críticos modernos o conectam com o versículo 12, e consideram o que intercala como parentético. Isso confere com nossa versão. No versículo 12, tanto o gentio quanto o judeu estão mencionados, e isso com referência ao juízo. Neste versículo, o tempo e o caráter desse juízo estão em pauta, e seu caráter especialmente quanto ao gentio, como seu caso é particularmente delineado no parêntese. O Apóstolo, pois, no que se segue, se volta para o judeu. "Segundo meu evangelho" devemos entender não como se o evangelho fosse a regra do juízo para o gentio, mas quanto ao fato de que Cristo é designado como o Juiz de todos. Veja-se Atos 17.31.

do gênero humano, e a chama de *meu* evangelho em consideração a seu ministério. Deus verdadeiro é unicamente aquele que possui a autoridade de dar o evangelho aos homens. Os apóstolos só tinham a administração dele. Não carece que fiquemos surpresos de lermos ser o evangelho, em parte, tanto o mensageiro quanto a proclamação do juízo futuro. Se o cumprimento e completação de suas promessas são suspensos até a plena revelação do reino celestial, então tal fato precisa necessariamente ser relacionado com o juízo final. Além do mais, Cristo não pode ser proclamado sem demonstrar ser ele, ao mesmo tempo, ressurreição para alguns e destruição para outros. Ambas estas – ressurreição e destruição – se referem ao dia do juízo. Aplico as palavras **por meio de Jesus Cristo** ao dia do juízo, ainda que haja outras explicações, significando que o Senhor executará seu juízo por meio de Cristo, o qual foi designado pelo Pai para ser o *Juiz* tanto dos vivos como dos mortos. Este juízo por meio de Cristo é sempre posto pelos apóstolos entre os principais artigos do evangelho. Se porventura adotarmos esta interpretação, então a sentença, que de outra forma seria inadequada, ganhará em profundidade.

17. Ora, tu que levas o nome de judeu, e repousas na lei, e te glorias em Deus,	17. Ecce, tu Iudæus cognominaris, et acquiescis in Lege, et gloriaris in Deo,
18. e conheces sua vontade e aprovas as coisas que são excelentes, sendo instruído na lei;	18. Et nosti voluntatem, et probas eximia, institutus ex Lege.
19. se estás convencido de que és guia de cegos, luz para os que estão em trevas,	19. Confidisque teipsum esse ducem cæcorum, lumen eorum qui sunt in tenebris,
20. instrutor de insensatos, mestre de crianças, tendo na lei a forma do conhecimento e da verdade;	20. Eruditorem insipientium, doctorem imperitorum, habentem formam cognitionis ac veritatis in Lege:
21. então tu, que ensinas a outrem, não ensinas a ti mesmo? Tu, que pregas que não se deve furtar, furtas?	21. Qui igitur doces alterum, teipsum non doces; qui concionaris, non furandum, furaris;
22. Tu, que dizes que não se deve cometer adultério, adulteras? Tu, que detestas os ídolos, roubas-lhes os templos?	22. Qui dicis, non mœchandum, mœcharis; qui detestaris idola, sacrilegium perpetras;

23. Tu, que te glorias na lei, desonras a Deus, transgredindo a lei?
24. Como está escrito: O nome de Deus é blasfemado entre os gentios por vossa causa.

23. Qui de Lege gloriaris, Deum per Legis transgressionem dehonestas:
24. Nomen enim Dei propter vos probro afficitur inter gentes, quemadmodum scriptum est.[15]

17. Ora, tu que levas o nome de judeu, e repousas na lei. Alguns manuscritos antigos trazem εἰ δέ. E se esta redação fosse geralmente aceita, então eu a aprovaria. Visto, porém, que a maioria dos manuscritos se opõe a esta redação, e o significado não é nada apropriado, retenho a redação antiga, especialmente em razão de haver apenas uma pequena diferença de uma letra que se acha envolvida.[16]

Uma vez tendo tratado dos gentios, Paulo agora se volta para os judeus; e a fim de refrear seu fútil orgulho com mais eficácia, concede-lhes todos aqueles privilégios que os extasiavam e os enchiam de vanglória. Em seguida lhes mostra quão insuficientes os mesmos são para se alcançar a genuína glória, e deveras o quanto contribuem para sua desonra. Ao título *judeu*, Paulo inclui todos os privilégios da nação que vãmente pretendia esta fossem derivados da lei e dos profetas; e por este termo ele compreende todos os israelitas, todos aqueles de quem eram então, sem distinção, referidos como *judeus*.

É incerto quando este nome se haja originado, porém é indubitável que foi usado pela primeira vez após a dispersão.[17] Josefo, em seu livro, *Antiguidades*, XI, considera que o mesmo originou-se de Judas Macabeus sob cujos auspícios a liberdade e a honra do povo, que haviam por algum tempo perdido a reputação, ficando quase sepultadas, reviveram

---

15 Esses textos são tomados de Isaías 62.5; Ezequiel 36.20.
16 Griesbach desde então descobriu que a maioria dos MSS. é a favor desta redação, e a adotou. Mas a dificuldade é encontrar uma cláusula correspondente. Não há nenhuma, exceto a que começa no versículo 21; εἰ δέ e οὖν não corresponde bem, a não ser que traduzamos a primeira *embora na verdade*, e a outra, *todavia* ou *não obstante*, no sentido de uma adversativa. Ela admitirá este sentido em algumas passagens. Vejam-se Mateus 12.12; 26.54; Romanos 10.14.
17 Isso não é muito correto. Foram chamados *judeus* ainda antes do cativeiro, e durante o cativeiro, porém mais comum e regularmente depois dele. A palavra *judeus* ocorre pela primeira vez em 2 Reis 16.6. Vejam-se Ester 4.3; Jeremias 38.19; Daniel 3.8; Esdras 4.12; Neemias 2.16.

outra vez. Sobre a alegação de que tal sugestão é insatisfatória, ainda que a considere provável, oferecerei minha conjetura pessoal. É certo que me parece provável que, depois de ficarem privados de suas honras em razão das muitas derrotas, e serem espalhados por toda parte, não foram capazes de reter um mínimo de distinção tribal definida. O censo nacional não podia ser processado no tempo designado, e não havia nenhum governo civil em vigor, o qual era indispensável para a preservação de uma ordem desse gênero. Suas habitações se espalharam por toda parte, e as adversidades pelas quais se viam abatidos não deixavam dúvida quanto a suas infrutíferas tentativas de manter seus registros genealógicos. Contudo, se porventura esta hipótese for rejeitada, não se pode negar a plausibilidade de ter havido uma situação tal, por demais confusa e perigosa. Seja, pois, que quisessem garantir-se para o futuro, ou para remediar o mal que já haviam suportado, o fato é que todos eles, presumo, adotaram ao mesmo tempo o nome da tribo na qual a pureza de sua religião fora preservada por mais tempo, e a qual excedia no privilégio único de ser a tribo por meio da qual o Redentor era esperado. Seu último refúgio, em suas extremas experiências, devia ser-lhes um consolo com a expectativa do Messias. Seja o que for, com o nome de *judeus* declaravam ser os herdeiros do pacto que o Senhor fizera com Abraão e sua progênie.

E repousas na lei, e te glorias em Deus. O apóstolo não pretendia dizer que descansavam no estudo da lei, como se tivessem devotado seu coração em observá-la, senão que, ao contrário disso, responsabiliza-os por não atentarem para o fim a que a lei fora dada. Na verdade, haviam negligenciado sua observação, e ainda se inflavam de orgulho simplesmente porque se sentiam persuadidos de que os oráculos divinos lhes pertenciam. Da mesma forma *se gloriavam em Deus*, porém não como o Senhor nos ordenara por intermédio de seus profetas [Jr 9.24], ou seja que devemos humilhar-nos e buscar nossa glória unicamente nele. Sem qualquer conhecimento da benevolência divina, fizeram de Deus sua propriedade particular, embora não tomassem posse dele interiormente, e presumiam que eram seu povo, movidos por fútil ostentação. Esta, pois, não era uma forma sincera de gloriar-se, e, sim, simples ostentação de palavras.

18. E conheces sua vontade, e aprovas as coisas que são excelentes. Ele agora admite que os judeus tinham conhecimento da vontade divina e aprovavam as coisas que [em si mesmas] eram excelentes, as quais granjearam eles do ensino da lei. Existem dois gêneros de aprovação, a saber: um consiste na aprovação da *escolha*, isto é: quando aceitamos e seguimos o que achamos ser bom; o outro consiste na aprovação do *juízo*, pelo qual, ainda que façamos distinção entre o bem e o mal, não nos esforçamos jamais por consegui-lo. Os judeus eram tão instruídos na lei que podiam formular juízo sobre a conduta dos outros, porém não tinham propensão alguma em regular sua própria vida por essa mesma lei. Contudo, à luz do fato de Paulo repreender a hipocrisia deles podemos inferir (contanto que nosso juízo proceda da sinceridade) que somente quando damos ouvidos a Deus é que aprovamos corretamente as coisas que são excelentes. Sua vontade, segundo revelada na lei, é aqui designada como o *guia* e *instrutor* do que deve ser corretamente aprovado.[18]

19. Se estás convicto de que és guia. Ele lhes confere ainda mais, como se não possuíssem apenas o suficiente para si próprios, mas também os meios de enriquecer a outros. Ele admite, de fato, que possuíam uma abundância tal de cultura [espiritual] que podiam contribuir para [o bem de] outros.[19]

---

18 Há duas explicações das palavras δοκιμάζεις τὰ διαφερόντα que podem ser sustentadas segundo o que as palavras significam em outros lugares. A primeira palavra significa provar, testar, ou examinar, bem como aprovar; e a segunda significa coisas que diferem ou coisas que são excelentes. "tu provaste ou distinguiste coisas que diferem" é a tradução de *Beza*, *Pareus*, *Doddridge* e *Stuart*; "tu aprovaste coisas excelentes ou úteis", na tradução de *Erasmo*, *Macknight* e outros. A primeira é a mais adequada ao contexto, como conhecimento, e não aprovação, evidentemente é a intenção, como se prova pela cláusula explicativa que se segue – "sendo instruído na lei."
19 Calvino passou por alto, aqui, várias cláusulas; elas são tão claras que não exigem observações, exceto as duas últimas. "O instrutor dos incultos – insipientium", ἀφρόνων, de tão tolo era em não entender as coisas corretamente. "O mestre dos ignorantes – imperitorum", νηπίων, bebês, isto é, de tão ignorante que se assemelha a bebê. Mas estes e os títulos seguintes, "o guia de cegos" e "luz para os que andam em trevas" eram tais como os doutores judaicos assumiam, e não devem ser considerados como tendo alguma grande diferença em seu significado real. Parece não haver razão para supor-se, com *Doddridge* e alguns outros, que "o cego, o tolo, o ignorante" eram os gentios, porquanto

20. O que se segue – **tendo na lei a forma do conhecimento e da verdade** – tomo no sentido causativo, significando: "porque tens a forma do conhecimento." Eles professavam ser os mestres de outros, visto que simulavam possuir em seu íntimo todos os segredos da lei. O termo *forma* não é usado no sentido de padrão,[20] porque Paulo usou μόρφωσιν, e não τυπόν; senão que pretendia, segundo o entendo, realçar a aparência pomposa de seu ensino, que é comumente denominado 'aparência'. Tudo indica que não possuíam nada daquele conhecimento de que blasonavam. O apóstolo, contudo, ao ridicularizar indiretamente seu inescrupuloso abuso da lei, mostra, em contrapartida, qual o correto conhecimento que deve ser buscado na lei, a fim de que a verdade repouse num fundamento sólido.

21. Então tu, que ensinas a outros, não ensinas a ti mesmo?[21] Ainda

---

os judeus não assumiram a função de instruí-los. Deve-se observar que Paulo, aqui, toma o exemplo, não da pessoa comum, mas do erudito – os mestres.

20 A mesma palavra ocorre somente em 2 Timóteo 3.5: "μόρφωσιν εὐσεβείας a forma de piedade." É tomada aqui no bom sentido, como significando um esquema, um delineamento, um esboço, uma representação ou um sumário. *Chalmers* traduz as palavras assim: "Todo o sumário do conhecimento e da verdade que está na lei." Alguns entendem por *conhecimento* o que se refere à moral ou conduta externa; e por *verdade*, o que deve ser crido. Outros as consideram como um exemplo de hebraísmo, sendo dois substantivos expressos, em vez de um substantivo e um adjetivo; a frase então seria: "verdadeiro conhecimento".

21 Esta cláusula, e aquelas que se seguem, são comumente expressas numa forma interrogativa, isto é, como perguntas. Alguns, porém, como *Teofilato*, *Erasmo* e *Lutero*, traduziram as cláusulas na forma aqui adotada. Não há diferença no significado.

É digno de nota que o apóstolo, segundo a maneira hebraica, reverte a ordem quanto aos pontos que ele menciona; ele, por assim dizer, retrograda e começa agir assim no versículo 21. A passagem poderia ser assim traduzida:

17. Visto, pois, que tu és chamado judeu,
E confias na lei e te glorias em Deus,
18. E conheces sua vontade,
E discernes as coisas que diferem, sendo instruído na lei,
19. E estás confiante de que tu és
Um líder do cego, uma luz para quem está em trevas,
20. Um instrutor do tolo, um mestre de bebês,
Tendo a forma do conhecimento e da verdade segundo a lei:
21. Tu, porém, que ensinas outros, não ensinas a ti mesmo,
Tu, que pregas: "Não furtarás", furtas,
22. Tu, que dizes: "Não cometas adultério", cometes adultério,
Tu, que detestas ídolos, cometes sacrilégio,
23. Tu, que te glorias na lei, transgredindo a lei desonras a Deus;
Porque o nome de Deus, como está escrito, é por teu intermédio blasfemado pelos gentios.

O versículo 21 e parte do 22 se referem ao que está contido nos versículos 19 e 20; e a última parte do 22, ao 18; e o 23, ao 17. A última parte do 22 nos ajuda a fixar o significado da que as excelências (*encomia* – encômios) por ele expressos até agora sejam numerosos, eram tais que os judeus podiam com justiça tomá-los como uma grande honra, uma vez admitido que as marcas do caráter genuíno não estavam ausentes. Entretanto, visto que todas essas marcas outra coisa não eram senão *meios,* ou *graças,* as quais até mesmo os ímpios podem possuir e corromper pelo abuso, nunca são suficientes para que sejam constituídas em verdadeira glória. Paulo, porém, não satisfeito com simplesmente censurar e repreender sua arrogância em confiar tão-somente em tais qualificações, converte suas palavras de louvor em reprovação. Aquele que não só torna inúteis os dons divinos, os quais, por outro lado, são de grande valor e dignidade, mas também os vicia e conspurca por meio de sua depravação, na verdade merece a reprovação máxima. Tal indivíduo é um conselheiro perverso que não atina com seu próprio bem, e é sábio somente em benefício de outros. Paulo, portanto, mostra que o louvor que eles [judeus] apropriaram para si mesmos comprovou ser a própria desgraça deles.

Tu, que pregas que não se deve furtar, furtas? Parece que a alusão do apóstolo, aqui, é ao Salmo 50.16-18, onde Deus diz:

> "Mas ao ímpio, diz Deus:
> Que fazes tu em recitar meus estatutos,
> e em tomar minha aliança em tua boca?
> Visto que odeias a correção,
> e lanças minhas palavras para detrás de ti.
> Quando vês o ladrão, consentes com ele,
> e tens tua parte com adúlteros."

Esta reprimenda era aplicada aos judeus nos dias de outrora, que confiavam no mero conhecimento da lei e viviam pior do que se não tivessem lei alguma. A não ser que tomemos muito cuidado, a lei se

---

última parte do 18; o homem que odeia ídolos e comete sacrilégio prova que não exerce seu presumido poder de fazer distinção própria entre certo e errado. Então o homem de quem se fala no versículo 17, que confia na lei e se gloria em Deus, é culpado, no versículo 23, do pecado de desonrar a Deus por transgredir sua lei.

voltará contra nós, neste presente tempo. De fato, o mesmo pode aplicar-se a muitos que se gabam de algum conhecimento extraordinário do evangelho, e todavia se entregam a toda sorte de devassidão, como se o evangelho não fosse a norma de vida. Portanto, sejamos precavidos em relação a uma atitude de descuido para com o Senhor, tendo em mente o gênero de juízo que ameaça esses charlatães palradores (*logodœdalis* – artífices de palavras), os quais ostentam a Palavra de Deus esgrimindo-a com sua língua bigúmea.

22. Tu, que detestas os ídolos, roubas-lhes os templos? Paulo, habilidosamente, compara *sacrilégio* e *idolatria* como sendo virtualmente a mesma coisa. *Sacrilégio* é simplesmente a profanação da majestade divina, um pecado não ignorado pelos poetas pagãos. Por esta razão, Ovídio [*Metamor.* III] acusa Licurgo de sacrilégio, por desprezar os ritos de Baco; e, em seu *Faustos*, ele se refere às mãos que violaram a majestade de Venus como sendo um ato sacrílego. Entretanto, visto que os gentios atribuíam aos ídolos a majestade de seus deuses, eles consideravam um ato sacrílego somente quando alguém saqueava o que era dedicado em seus templos, nos quais, segundo criam, toda a religião estava centrada. Assim, no tempo presente, quando a superstição prevalece em detrimento da Palavra de Deus, o único gênero de sacrilégio que se reconhece é o furto daquilo que pertence às igrejas, visto que seu único deus está nos ídolos, e sua única religião consiste em fausto e magnificência.[22]

---

22 "Sacrilégio", aqui mencionado, é por alguns tomado literalmente no sentido de roubar a Deus os sacrifícios que ele requeria, bem como a profanação dos ritos sacros. Diz *Turrettin*: "Muitos exemplos dos quais estão registrados pelos profetas, e também por *Josefo*, antes e durante a última guerra." Alguns, porém, estendem seu significado a atos de hipocrisia e impiedade, pelos quais a honra de Deus era profanada e a glória a ele devida era negada. O sacrilégio máximo, sem dúvida, é privar a Deus daquele sincero serviço e obediência que justamente requer. Diz *Pareus*: "Fazer com que o nome e a honra de Deus sejam de várias formas blasfemados por sua ímpia hipocrisia; e daí o apóstolo dizer com razão que eles eram culpados de sacrilégio." Ele então acrescenta: "Devemos notar que a idolatria não é oposta ao sacrilégio, mas mencionada como algo intimamente aliado a ela. Aliás, toda idolatria é sacrílega. Como, pois, podem os monges, os sacerdotes e os jesuítas purificar-se da culpa de sacrilégio? Pois não só amam a idolatria, sendo neste aspecto muitíssimo piores que os hipócritas aqui referidos, mas também avidamente buscam, como estes, as oferendas sacras, e sob pretexto de santidade devoram as casas das viúvas, pilham os cofres dos reis e, o que é ainda mais hediondo, sacrilegamente roubam a Deus de seu devido culto e honra, e os transferem para os santos." Todavia o mundo é tão cego que não vê o real caráter de tais homens!

Aqui somos advertidos, primeiramente, a não incensar a nós mesmos e menosprezar outros quando nada mais fizemos do que observar apenas uma parte da lei; e, em segundo lugar, a não blasonarmos em remover apenas a idolatria externa, enquanto não nos esforçamos em escorraçar e erradicar a impiedade que se aninha nos recessos de nossos corações.

23. Tu, que te glorias na lei, desonras a Deus, transgredindo a lei? Todo transgressor da lei desonra a Deus, visto que todos nascemos com o fim de adorá-lo em santidade e justiça. Paulo, contudo, acusa os judeus justamente, neste aspecto, de uma culpa específica, pois quando proclamavam a Deus como o doador de sua lei, sem se preocuparem demasiadamente em regular suas vidas de conformidade com suas normas, demonstravam vividamente que se importavam mui pouco com a Majestade de Deus, a qual tão facilmente menosprezavam. No presente tempo, igualmente, os que freneticamente discorrem sobre a doutrina de Cristo, enquanto a tripudiam através de sua desenfreada e libertina forma de vida, desonram a Cristo conspurcando seu evangelho.

24. Porque o nome de Deus é blasfemado. Minha conclusão é que esta citação foi tomada de Ezequiel 36.20, e não de Isaías 52.5, visto que em Isaías não se acha presente nenhuma repreensão contra o povo, enquanto que todo o capítulo [36] de Ezequiel está saturado de censura. Alguns eruditos afirmam que este é um argumento do menor para o maior, neste sentido: "O profeta com justa razão repreende os judeus de seu tempo, porque a glória e o poder de Deus eram ridicularizados entre os gentios em razão de seu cativeiro, como se Deus não houvera sido capaz de preservar a nação que havia tomado sob sua proteção. Ora, se ele procedeu assim em relação aos judeus antigos, então tu, muito mais que eles, és uma desgraça para o nome de Deus, pois vives blasfemando de sua religião, a qual é julgada pelos homens de acordo com a tua consumada corrupção moral." Não rejeito esta interpretação, porém prefiro a mais simples, a saber: "Vemos que todas as censuras arremessadas contra o povo de Israel recaem sobre o nome de Deus, porque os judeus, já que são considerados e estimados como o povo de Deus, levam o nome deste gravado em suas frontes. Vangloriam-se do nome de Deus, no entanto o desonram no meio do povo através de sua abjeta conduta." É algo monstruoso que aqueles cuja glória se deriva de Deus sejam veículos de profanação para o seu santo nome. De qualquer forma, ele merecia receber deles uma retribuição muito diferente desta.[23]

25. De fato, a circuncisão será proveitosa se fores observador da lei; porém, se fores um transgressor da lei, tua circuncisão se transformará em incircuncisão.
26. Se, pois, a incircuncisão guarda as ordenanças da lei, não será considerada circuncisão?
27. E a incircuncisão que o é por natureza, se cumprir a lei, não te julgará a ti, que pela letra e circuncisão és transgressor da lei?
28. Porque não é judeu o que o é exteriormente, nem é circuncisão a que o é exteriormente na carne.
29. Mas é judeu o que o é interiormente; e circuncisão a que o é no coração, no espírito, não na letra; cujo louvor não provém dos homens, mas de Deus.

25. Nam circumcisio quidem prodest, si Legem observes; quod si transgressor Legis fueris, circumcisio tua in præputium versa est.
26. Si ergo præputium justitias Legis servarerit, nonne præputium ejus pro circumcisione censebitur?
27. Et judicabit quod ex natura est præputium (si Legem servaverit) te qui per literam et circumcisionem transgressor es Legis?
28. Non enim qui est in aperto Iudæus est; nec quæ in aperto est circumcisio in carne, ea est circumcisio:
29. Sed qui est in occulto Iudæus; et circumcisio cordis in spiritu non litera; cujus laus non ex hominibus est sed ex Deo.

---

23 Sobre esta notável passagem, *Haldane* tem estas observações muito apropriadas, justas e notáveis:
"O Apóstolo, nestes versículos, exibe a vivíssima imagem da hipocrisia. Já houve um véu mais belo do que aquele sob o qual o judeu se apresenta? Ele é um homem de confissão, de louvor, de ação de graças – um homem cuja confiança está na lei, cuja vanglória está em Deus, que conhece sua vontade, que aprova as coisas que são excelentes. Um homem que se denomina de condutor do cego, luz dos que vivem em trevas, um instrutor do ignorante, um mestre de bebês. Um homem que dirige outros, que prega contra o roubo, contra o adultério, contra a idolatria e, sumariando tudo, um homem que se gloria nos mandamentos do Senhor. Quem não diria que este é um anjo manifestado em forma humana – uma estrela desprendida do firmamento e trazida para mais perto a fim de iluminar a terra? Observe-se, porém, o que está oculto sob essa máscara. É um homem que não ensina a si mesmo; é um ladrão, um adúltero, um sacrílego; numa palavra, um perverso que continuamente desonra a Deus pela transgressão de sua lei. É possível imaginar um contraste mais monstruoso do que entre essas aparências e essa terrível realidade?" Certamente que não. Mas é um contraste que ainda existe, com várias modificações, em muitos exemplos. É preciso observar que, quando o autor chama o judeu "um homem de confissão, de louvor, de ação de graças", sua alusão é à essência da palavra *judeu*, em hebraico, que se deriva de um verbo que inclui essas idéias; e alguns supõem que há uma alusão nas últimas palavras do capítulo: "cujo louvor" etc., que é o significado do nome [judeu].

25. De fato, a circuncisão será proveitosa se fores observador da lei. Paulo antecipa a objeção que os judeus poderiam apresentar em oposição a ele, em defesa de sua própria causa. Se a circuncisão era símbolo do pacto do Senhor, por meio do qual ele elegera a Abraão e a sua progênie como seu povo particular, então, por essa conta, aparentemente não era em vão que se vangloriavam. Contudo, visto que negligenciavam aquilo que o sinal significava, e atentavam somente para a aparência externa, o apóstolo responde que não havia razão alguma para firmar suas alegações em algo que não passava de mero sinal. O verdadeiro caráter da circuncisão consistia numa promessa espiritual, a qual requeria fé. Os judeus negligenciavam tanto a promessa quanto a fé; por essa razão, sua confiança era vã. É por conta disso que aqui, como em sua Epístola aos Gálatas, Paulo omite declarar o principal uso da circuncisão e aplica o que diz ao patente erro deles.

Devemos notar tal fato criteriosamente, pois se Paulo estava explicando toda a natureza e propósito da circuncisão, teria sido inconsistente não fazendo menção da graça e da promessa gratuita. Em ambos os casos, contudo, ele fala segundo as exigências de seu tema, e portanto discute só aquela parte que era disputada.

Os judeus acreditavam que a circuncisão era em si mesma suficiente para o propósito de alcançar-se a justiça. Argumentando, pois, com base em seus próprios termos, o apóstolo responde que, se este benefício é esperado da circuncisão, a condição consiste em que o indivíduo circuncidado deve provar ser um consagrado e perfeito adorador de Deus. A circuncisão, pois, requer perfeição. O mesmo pode igualmente dizer-se de nosso batismo. Se alguém põe sua confiança exclusivamente na água do batismo, e acredita estar justificado, como se houvera com isso obtido a santidade da própria ordenança, devemos apresentar em objeção a isso o propósito do batismo, ou seja é por meio dele que o Senhor nos chama à santidade de vida. A graça e a promessa, que o batismo nos testifica e sela, não devem, neste caso, ser mencionadas, visto que temos que tratar com pessoas que se contentam com a simples sombra vazia do batismo, e tampouco ponderam nem consideram o que é de real importância nele. É possível notar que quando o apóstolo fala a cristãos sobre sinais fora do contexto de controvérsia teológica, ele os conecta com a eficácia e cumprimento das promessas que a eles pertencem. Mas quando argumenta contra intérpretes obtusos, que não se acham familiarizados com a natureza dos sinais, ele omite toda e qualquer menção do caráter genuíno e próprio dos sinais, e volta todos seus argumentos contra sua falsa interpretação.

Muitos eruditos, vendo que Paulo se refere à circuncisão antes que a qualquer outra obra da lei, presumem que o apóstolo está eliminando da justiça somente as cerimônias. Os fatos, contudo, são completamente diferentes. Aqueles que ousam estabelecer seus próprios méritos contra a justiça de Deus, sempre se vangloriam em observâncias exteriores mais do que na excelência real. Ninguém, que é seriamente tocado ou movido pelo temor de Deus, jamais ousará erguer seus olhos ao céu, visto que, quanto mais se esforça por obter a genuína justiça, mais claramente perceberá quão longe se acha dela. Com respeito aos fariseus, que se contentam em simular um pretexto de santidade externa, não carece ficarmos surpresos que tão facilmente se iludem. Paulo, pois, não tendo deixado ao judeu nada senão este paupérrimo subterfúgio em vangloriar-se de sua justificação por meio da circuncisão, agora tira deles até mesmo esta vã pretensão.

26. Se, pois, a incircuncisão guarda as ordenanças da lei. O argumento é muito forte. Os meios são sempre inferiores ao fim, e se subordinam a este. A circuncisão tem como referencial a lei, e deve, pois, ser inferior a esta. Consequentemente, é muito mais importante guardar a lei do que a circuncisão, a qual foi estabelecida por causa da lei. Deduz-se disto que, se o incircunciso guarda a lei, então ele é mais excelente do que o judeu com sua infrutífera e inútil circuncisão, caso seja ele transgressor da lei. Embora seja ele poluído por natureza, todavia será santificado pela observância da lei, de tal maneira que a incircuncisão lhe será imputada como circuncisão. O termo *incircuncisão* deve ser tomado em seu sentido próprio na segunda cláusula, porém pejorativamente na primeira, ou, seja, os gentios; o sinal, pelas pessoas.

Deve-se acrescentar, além disso, que ninguém precisa angustiar-se em demasia buscando descobrir quem são os observadores da lei de que se fala aqui, visto que não se pode encontrar um sequer. A intenção de Paulo era simplesmente propor a seguinte hipótese: se porventura algum gentio fosse encontrado com a capacidade de guardar a lei, sua justiça seria mais valiosa sem a circuncisão do que a circuncisão dos judeus sem a justiça. Portanto, com as seguintes palavras: "E a incircuncisão que o é por natureza, se cumpres a lei, não te julgará a ti, que pela letra e circuncisão és transgressor da lei?", não me refiro a pessoas, mas à ilustração que elas fornecem, como quando lemos que a rainha do sul virá [Mt 12.42], e os habitantes de Nínive se levantarão no juízo [Lc 11.32]. As próprias palavras de Paulo nos conduzem a este conceito. O gentio, diz ele, que observa a lei, julgará a ti, que és um transgressor, ainda que seja ele incircunciso e usufruas tu a circuncisão literal.

27. Pela letra e circuncisão és transgressor da lei. O significado, por meio de hipálage,[24] é: *pela circuncisão literal*. Paulo não tem em mente que os judeus violavam a lei em virtude de terem eles a circuncisão literal, mas em virtude de que continuavam, embora de posse do rito externo, a negligenciar a adoração espiritual devida a Deus, a saber: a misericórdia, a justiça, o juízo e a verdade, que são os principais itens da lei.[25]

---

24 *Hipálage*, substituição, figura de linguagem por meio da qual um substantivo ou um adjetivo é expresso numa forma diferente de seu significado óbvio.
25 A tradução desta cláusula é bastante obscura: "que pela letra e circuncisão transgrediste a lei". A preposição διὰ sem dúvida tem o significado de ἐν ou σύν, como em algumas outras passagens, por exemplo, 4.11, δι' ἀκροβυστίας – na incircuncisão –, e em 8.25, δι' ὑπομονῆς – em ou com paciência. Então a versão seria: "que estando com, ou tendo a letra e a circuncisão, transgrediste a lei." A 'letra' significa a lei escrita. Que este é o significado, faz-se evidente à luz do contexto. *Grotius* e *Macknight* apresentam a mesma construção. É melhor tomar em separado 'letra', a lei, e 'circuncisão', do que fundi-las por meio de uma figura de retórica, como é feito por *Calvino* e outros. Hodge diz, com razão, que esta é "mais adequada ao contexto, quando nada se diz aqui de uma circuncisão espiritual". A palavra γράμμα, letra, tem vários significados: 1. O que comumente se chama *letra*, o caracter [Lc 23.38]; 2. O que é escrito, um compromisso ou contrato [Lc 16.6]; 3. No plural, cartas, epístolas [At 28.21]; 4. A lei escrita, como aqui; e no plural, as Escrituras do Velho Testamento [2Tm 3.15]; 5. O que é comunicado por escrito, estudo [Jo 7.15; At 26.24]; e 6. O cumprimento externo da lei, sendo escrita, como oposto ao que é espiritual ou interior, como no último versículo deste capítulo, e em 2 Coríntios 3.6.

28. Porque não é judeu o que o é exteriormente. O significado consiste em que o verdadeiro judeu não será julgado nem por sua linhagem natural, o título de sua profissão [de fé], nem por um símbolo externo; e que a circuncisão que constitui um judeu não consiste apenas num sinal externo, mas que ambos são internos. As observações que Paulo adiciona concernentes à genuína circuncisão são tomadas de diversas passagens da Escritura, bem como de seu ensino geral. Pessoas de todos os rincões são convocadas a circuncidarem seus corações, e tal coisa o Senhor promete que ele mesmo fará. A remoção do *prepúcio* [*fimose do penis*] não significa a destruição de uma pequena parte [do corpo humano], mas uma ruptura da natureza toda. Circuncisão, pois, era a mortificação de toda a carne.

29. As palavras que Paulo adiciona – **no espírito, não na letra** – devem ser assim entendidas: por *letra*, ele quer dizer o *rito externo*, sem vida espiritual; e por *espírito*, ele quer dizer a *substância* [*finem*] deste rito, a qual é espiritual. Visto que toda a importância de sinais e ritos depende de seu *propósito* [*a fine pendeat*], se este propósito é removido, permanecerá tão-somente a letra, que em si mesma é inútil. A razão para Paulo expressar-se assim consiste em que onde a voz de Deus ressoa, tudo o que ele ordena, se os ouvintes não o receberem com sinceridade de coração, ficará na letra, ou, seja, na escrita morta [*in frigida scriptura*]. Entretanto, se sua voz penetra o coração, ela é, em alguma medida, transformada no espírito. Há uma alusão, aqui, à diferença existente entre o antigo e o novo pactos, como observa Jeremias [31.33], numa passagem em que o Senhor declara que ele ratificará e estabelecerá seu pacto, depois que tiver posto sua lei nas regiões internas [do homem] e escrito a mesma em seu coração. Paulo também tinha o mesmo ponto em sua mente, em outro contexto [2Co 3.6], onde compara a lei com o evangelho, e chama de *letra* à primeira, a qual não é meramente morta, mas também *assassina*; enquanto que ao último ele adorna com o título *espírito*. Aqueles que têm tomado *letra* como sendo o significado genuíno, e *espírito*, em sentido alegórico, têm interpretado a passagem de forma completamente equivocada.

Cujo louvor não provém dos homens. Visto que os olhos humanos se acham presos na mera aparência, o apóstolo nega que devamos viver satisfeitos com o que é recomendado pela opinião humana. Esta é, com frequência, iludida pelo esplendor externo. Devemos, antes, nos satisfazer com os olhos de Deus, dos quais os mais profundos segredos do coração não podem ocultar-se. Por isso, o apóstolo convoca os hipócritas, que a si mesmos iludiam com falsas opiniões, a comparecerem perante o tribunal divino.

Capítulo 3

1. Qual é, pois, a vantagem do judeu? ou qual é a utilidade da circuncisão?
2. Muita, sob todos os aspectos. Primeiramente, porque aos judeus foram confiados os oráculos de Deus.

1. Quæ igitur prærogativa[1] Iudæi, aut quæ utilitas circumcisionis?
2. Multa per omnem modum; ac primùm quidem, quòd illis credita sunt oracula Dei.

1. Qual é, pois, a vantagem do judeu? Paulo, admiravelmente, já sustentou que a circuncisão, por si só, não confere aos judeus vantagem alguma. Entretanto, visto que ele não podia negar que houvesse alguma diferença entre os gentios e os judeus, diferença esta que constituía uma marca distintiva conferida pelo Senhor, e visto que era inconsistente negar e invalidar uma distinção determinada por Deus mesmo, restava-lhe remover também esta objeção. Era plenamente óbvio que a ostentação dos judeus com base nesta fonte era equivocada. Havia ainda, contudo, a dúvida concernente ao *propósito* pelo qual Deus estabelecera a circuncisão. O Senhor não a teria designado, caso não a houvera destinado para algum benefício. Ele, então, pergunta, com o fim de satisfazer uma possível objeção, o que tornara os judeus superiores aos gentios. Ao formular esta pergunta, ele amplia seu motivo com outra pergunta adicional: **Qual é a utilidade da circuncisão?** Pois a mesma distinguia os judeus dos demais homens, assim como o apóstolo chama as cerimônias *muro que separa os homens entre si* [Ef 2.14].

---

[1] "Prærogativa – prerrogativa", τὸ περισσὸν, traduzido "preeminência" por *Macknight*; "præstantia – superioridade", por *Beza* e *Pareus*; e "vantagem" em nossa versão e por *Doddridge* e *Stuart*.

2. Muita, sob todos os aspectos. Isto é, muitas e variadas. Ele aqui começa a outorgar ao sacramento seu próprio lugar de honra. Não permite, porém, que os judeus se vangloriem por esta conta. Quando diz que haviam sido marcados com o sinal da circuncisão, por meio do qual eram considerados filhos de Deus, ele não admite que hajam alcançado esta superioridade através de algum mérito ou dignidade propriamente sua, mas através dos benefícios divinos. Portanto, encarados como homens, eles eram, segundo Paulo o demonstra, iguais aos demais homens; se levarmos em conta, porém, os favores de Deus, neste aspecto tinham de ser diferenciados das demais nações, de acordo com a informação do apóstolo.

Primeiramente, porque aos judeus foram confiados os oráculos de Deus. Há comentaristas que defendem a tese de que há aqui um *non sequitur* [*anapodoton*, ou seja: *antecipação*], porque menciona algo que só posteriormente ele explica. Tudo indica que o termo *primeiramente* não indica ordem numérica, mas *principalmente* ou *especialmente*,[2] e deve ser tomado neste sentido: "O fato de Deus haver-lhes confiado os oráculos[3] divinos só pode ser suficiente para assegurar-lhes sua dignidade." É digno de nota o fato de que a vantagem da circuncisão não consiste no mero sinal, mas em que seu valor é derivado da Palavra [de Deus]. Paulo, aqui, está perguntando qual o benefício que o sacramento conferia aos judeus, e ele mesmo responde que Deus havia depositado neles os tesouros da sabedoria celestial. Segue-se deste fato que fora da Palavra não resta excelência alguma. Pelo termo *oráculos*, ele quer dizer o pacto que Deus inicialmente revelou a Abraão e a sua progênie, e mais tarde foi selado e interpretado pela lei e pelos profetas.

---

2 A palavra πρῶτον é assim usada em outros lugares. Vejam-se Mateus 6.33; Marcos 7.27; 2 Pedro 1.20.
3 Λόγια, *oracula*, significa, nos autores gregos, resposta divina. *Hesychius* a explica como θέσφατα – ditames divinos. A palavra é usada quatro vezes no Novo Testamento. Em Atos 7.38, ela significa especificamente a lei de Moisés; aqui, ela inclui todo o Velho Testamento; em Hebreus 5.12 e 1 Pedro 4.11, abarca as verdades do evangelho. O caráter divino das Escrituras é atestado por meio desta palavra; Elas são os oráculos de Deus, seus ditames ou suas comunicações.

Estes oráculos [divinos] foram confiados aos judeus para que os guardassem em segurança, enquanto o Senhor quisesse manter sua glória em seu seio. Sua responsabilidade era publicá-los, e ao tempo da dispensação divina os divulgassem ao mundo todo. E assim os judeus, antes de tudo, foram os depositários dos oráculos de Deus e, em segundo lugar, seus administradores. Se ao Senhor aprouver agraciar uma nação com a dádiva de sua Palavra, tal deve ser considerado como uma incomensurável bênção, e jamais perdoaríamos nossa ingratidão por recebê-la com demasiada negligência e displicência, para não dizer com desdém.

3. Daí, e se alguns não tinham fé? sua falta de fé deixará sem efeito a fidelidade de Deus?	3. Quid enim si quidem fuerunt increduli? num incredulitas eorum fidem Dei faciet irritam?
4. De forma alguma! Que seja Deus verdadeiro, e mentiroso todo homem; como está escrito: Para que sejas justificado em tuas palavras e prevaleças quando vieres a julgar.	4. Ne ita sit; quim sit Deus verax, omnis autem homo mendax; quemadmodum scriptum est, ut justificeris in sermonibus tuis, et vincas quum judicaris.[4]

3. Daí, e se alguns não tinham fé? Como antes, ao focalizar os judeus exultando-se num mero sinal, não lhes concede nem mesmo a menor fagulha de glória, também aqui, ao considerar a natureza do sinal, Paulo testifica que sua virtude [*virtutem*, eficácia] não é destruída nem mesmo pelo fútil orgulho deles. Visto, pois, que aparentemente sugerira acima que, se alguma graça poderia estar presente no sinal da circuncisão, ela havia sido de todo destruída pela ingratidão dos judeus; ele agora, como para satisfazer uma possível objeção, pergunta novamente qual a opinião que formaríamos do assunto. Há aqui uma espécie de reticência, já que o apóstolo queria expressar muito mais do que a frase aparentemente transmite. O que ele realmente quer dizer é que uma grande parte da nação havia renunciado o pacto de Deus. Visto, porém, que tal coisa teria

---

4 As referências na margem são as seguintes: Romanos 9.6; 2 Timóteo 2.13; João 3.33; Salmo 116.11; 51.4.

sido muito ofensiva à mente dos judeus, ele simplesmente menciona *alguns*, com o fim de amenizar a aspereza de sua censura.

Sua falta de fé deixará sem efeito a fidelidade de Deus? Καταργεῖν, propriamente, significa *tornar-se inútil, ineficaz*. Este significado é o mais adequado à presente passagem. A indagação de Paulo é não tanto se a incredulidade dos homens impede a verdade de Deus de permanecer inerentemente inabalável e imutável, mas se seu efeito e cumprimento entre eles podem por isso ser obliterados. Portanto, o significado é o seguinte: "Visto que a maioria dos judeus é violadora do pacto de Deus, este mesmo pacto foi ab-rogado pela perfídia deles, de maneira tal que não mais produz fruto entre eles?" A isto ele responde que é impossível que a verdade de Deus perca sua substância mediante a fraqueza humana. Portanto, ainda que uma grande parte dos judeus haja quebrado o pacto divino, e o haja calcado aos pés, todavia este pacto reteve sua eficácia e exerceu seu poder, se não em todos os homens, universalmente, pelo menos naquela nação. O significado da expressão consiste em que a graça do Senhor, bem como sua bênção para a salvação eterna, prevaleçam entre eles. Isto, contudo, só acontece quando a promessa é recebida pela fé. E somente assim é que o pacto mútuo é confirmado por ambas as partes. Ele quer dizer, pois, que sempre houve alguns, dentre a nação judaica, que, insistindo em crer na promessa, não foram privados dos privilégios do pacto.

4. Que seja Deus verdadeiro, e mentiroso todo homem. Seja qual for a interpretação que outros dêem a este versículo, eu o considero como sendo um argumento extraído da consequência necessária do que é oposto a ele. Por meio desta consequência, Paulo invalida a objeção precedente. Se as duas proposições, a saber: que Deus é verdadeiro e que o homem é mentiroso, permanecem juntas e se harmonizam, segue-se que a verdade de Deus não se invalida pela falsidade humana. Se Paulo não houvera contrastado estes dois princípios aqui, sua tentativa final de refutar o absurdo – como pode Deus ser justo, se ele enaltece sua justiça através de nossa injustiça?

– teria sido sem qualquer efeito. O significado, pois, é plenamente evidente: a fidelidade de Deus, a despeito de ser subvertida pela perfídia e apostasia dos homens, torna-se por isso mesmo mais evidente. *Deus é verdadeiro*, diz ele, não só porque está sempre pronto a permanecer fiel a suas promessas, mas também porque cumpre efetivamente tudo quanto declara em sua Palavra; pois ele diz: "Segundo meu poder, assim também será meu agir." O homem, em contrapartida, é *mentiroso*, não só porque às vezes quebra seus compromissos, mas também porque, por sua própria natureza, corre após a falsidade e foge da verdade.

A primeira proposição é o principal axioma de toda a filosofia cristã. A segunda é tomada do Salmo 116.11, onde Davi confessa que não há no homem, nem dele procede, nada verdadeiro e justo.

Esta passagem é mui notável, e contém uma consolação muitíssimo necessária. Tal é a perversidade humana em rejeitar ou menosprezar a Palavra de Deus, que o homem frequentemente duvidaria de sua veracidade, caso não se lembrasse de que a verdade de Deus não depende da verdade do homem. Mas, como isto se harmoniza com o que Paulo já mencionou previamente, ou seja: que a fim de tornar eficaz a promessa divina, a fé, que a recebe, é exigida dos homens para que a promessa seja eficaz? Fé é o oposto de falsidade. A questão certamente aparenta dificuldade, porém se fará mais simples se compreendermos que o Senhor, a despeito das mentiras dos homens, que de certo modo se constituem em entraves à sua verdade, sempre encontrará um caminho por onde não existe caminho algum, de modo que ele emerja vitorioso ao corrigir em seus eleitos a inerente incredulidade de nossa natureza, e ao subjugar a sua obediência aqueles que aparentavam ser invencíveis. Deve-se salientar que Paulo está, aqui, argumentando sobre a *corrupção* da natureza, e não sobre a *graça* de Deus, a qual é o antídoto para essa corrupção.

Para que sejas justificado em tuas palavras. Eis o significado: Em vez de nossa falsidade e incredulidade destruírem a verdade de Deus, elas a tornam ainda mais evidente e mais proeminente. Davi dá testemunho a este respeito, dizendo que, visto ser ele um pecador, tudo quanto determine Deus fazer-lhe, será ele sempre um Juiz justo e equitativo e dominará todas as calúnias dos ímpios que murmuram contra sua justiça. Pelo termo *palavras* de Deus, Davi quer dizer os *juízos* divinos que Deus pronuncia contra nós. Entender isso como sendo as *promessas* de Deus, como comumente se faz, seria por demais forçado. A partícula *que*, portanto, não é final, e não se refere a uma consequência forçada, mas sugere a conclusão: "Foi somente contra ti que pequei, portanto me punirás com justiça." A objeção imediatamente adicionada – "Como seria possível a justiça de Deus permanecer perfeita se nossa iniquidade realça sua glória?" – prova que Paulo citou esta passagem de Davi em seu sentido genuíno e apropriado. Como já observei, Paulo teria em vão e inoportunamente prendido a atenção de seus leitores nesta dificuldade, se Davi não houvera entendido que Deus, em sua extraordinária providência, fizesse até mesmo os pecados humanos glorificarem sua própria justiça.

Eis a segunda cláusula em hebraico: **E sejas puro em teu julgar**. Esta expressão significa simplesmente que Deus, em todos seus juízos, é digno de louvor, não obstante muitos ímpios bradarem e com furor se esforçarem por extinguir a glória divina por meio de suas murmurações. Paulo seguiu a versão grega [*Septuaginta*], a qual também adaptou a seu melhor propósito aqui. Sabemos que, ao citar a Escritura, os apóstolos às vezes usavam uma linguagem mais livre do que a original, desde que ficassem satisfeitos se o que citavam se aplicasse bem a seu tema, e daí não se preocupavam muito com o uso [rigoroso] das palavras.

Portanto, eis a aplicação da presente passagem: "Se porventura algum dos pecados humanos fizer sobressair a glória do Senhor, e se ele for especialmente glorificado por sua verdade, então segue-se que até mesmo a falsidade humana serve para confirmar – em vez de subverter – sua verdade." Embora a palavra κρίνεσθαι possa ser considerada tanto ativa quanto passivamente, todavia os tradutores gregos indubitavelmente a tomaram num sentido passivo, contrariando o significado do profeta.⁵

---

5 Sempre que haja uma concordância material entre o grego e o hebraico, não devemos agir de outra forma. Se o verbo κρίνεσται, como admitido por muitos críticos, pode ser tomado ativamente, e fosse assim feito para concordar com o hebraico, que razão pode haver para tomá-lo em outro sentido? A única diferença real está numa palavra, entre νικήσῃς, "superaste", e זוכה, "estás limpo"; mas o significado é o mesmo, embora as palavras sejam diferentes. Para superar ou vencer em juízo e ficar limpo em juízo equivale a mesma coisa. O paralelismo do hebraico requer que κρίνεσθαι seja um verbo na voz média, e tenha um significado ativo. As duas linhas no hebraico, como é amiúde o caso na poesia hebraica, contêm o mesmo sentimento em palavras diferentes, a última linha expressando-o mais definidamente; de modo que ser 'justificado' e ser 'purificado' comunica a mesma idéia; e também "em tua palavra", ou dizer בדברך, e "em teu juízo", בשפטך. Em *muitas* cópias ambas essas últimas palavras estão no plural, de modo que a primeira seria estritamente o que é aqui expresso, "em tuas palavras", ou, seja, as palavras que declaraste; e "em teus juízos", ou, seja, aqueles que anunciaste, devem ser plenamente traduzidas por "quando julgaste".
Comentaristas, tanto antigos quanto modernos, têm se diferenciado sobre o significado do verbo em questão. *Pareus, Beza, Macknight* e *Stuart* o tomam num sentido ativo; enquanto que *Erasmo, Grotius, Venema* e outros sustentam o significado passivo. *Drusius, Hammond* e *Doddridge* a traduzem "quando contendes em juízo", ou "quando és convocado a juízo"; sem dúvida que o verbo tem tal significado, segundo Mateus 5.40 e 1 Coríntios 6.1, 6. Neste caso, porém, deve-se considerar especialmente o significado que corresponde ao mais próximo do original hebraico. Alguns têm mantido que "em teu juízo", בשפטך, pode ser traduzido "ao julgar-te"; esta palavra, porém, não só seria incomum e dificilmente faz a frase inteligível, mas também destrói o paralelismo evidente das duas linhas. O versículo como um todo pode ser assim literalmente traduzido do hebraico:
   Contra ti, contra ti somente pequei;
   E diante de teus olhos fiz o que é mau;
   De modo que és justificado em tuas palavras,
   E puro em teus juízos.
A conjunção למען admite ser traduzida *de modo que*; vejam-se Salmo 30.12; Isaías 41.20; Amós 2.7; e ὅπως em muitos casos pode ser assim traduzido; vejam-se Lucas 2.35; Filemom 6; 1 Pedro 2.9. É o que *Schleusner* designa ἐκβατικῶς, significando o resultado ou o acontecimento.
Pareus conecta a passagem de forma diferenciada. Ele considera a primeira parte do versículo como sendo parentética, ou como especificando o que é geralmente afirmado no versículo anterior, o terceiro; e com esse versículo ele conecta esta passagem; de modo que a tradução dos dois versículos ficariam assim:
   3. Pois minha transgressão eu conheço,
   E meu pecado está diante de mim continuamente –
   4. (Contra ti, contra ti somente pequei,
   E diante de ti eu fiz o mau),
   Para que possas ser justificado em tua palavra,
   E puro em teu juízo.
Isso é certamente mais provável do que *Vatablus* e *Houbigant* propõem, os quais conectam a passagem com o segundo versículo: "Lava-me completamente" etc. Mas o sentido dado por *Calvino* é mais satisfatório.

5. Mas, se nossa injustiça faz sobressair a justiça de Deus, que diremos? Porventura é Deus injusto por aplicar sua ira? (Falo como homem!)
6. Certamente que não. Se fosse assim, como iria Deus julgar o mundo?
7. E se por causa de minha mentira fica em relevo a verdade de Deus, para sua glória, por que sou eu ainda julgado como pecador?
8. E por que não dizemos, como alguns caluniosamente afirmam que o fazemos: Pratiquemos males para que venham bens? A condenação destes é justa.

5. Quòd si injustitia nostra Dei justitiam commendat, quid dicemus? num injustus est Deus qui infert iram? Secundum hominem dico.
6. Ne ita sit: nam quomodo judicabit Deus mundum?
7. Si enim veritas Dei per meum mendacium excelluit in ejus gloriam; quid etiamnum et ego velut peccator judicor;
8. Et non (quemadmodum exprobratur nobis, et quemadmodum aiunt quidam nos dicere) Faciamus mala, ut veniant bona? quorum judicium justum est.

5. Mas, se nossa injustiça faz sobressair a justiça de Deus. Embora seja esta uma digressão do tema principal, era necessário que o apóstolo introduzisse este pensamento a fim de não parecer estar propiciando aos mal-intencionados oportunidade de difamar, quando bem sabia ele que estavam sempre prontos a fazê-lo. É evidente que viviam de espreita por uma boa chance para difamarem o evangelho, e tinham no testemunho de Davi os meios disponíveis para arquitetarem sua calúnia, ou seja "Se Deus não faz outra coisa senão buscar nos homens sua glorificação, por que então os pune quando o ofendem, uma vez que ele é glorificado através da ofensa deles? Por certo que ele não tem motivo algum de ofender-se, já que a causa de seu desprazer é oriunda dos meios de sua própria glorificação." Não há dúvida de que esta era uma calúnia trivial, por isso Paulo a enfatiza com frequência, porquanto não poderia de forma alguma deixá-la sem comentário. Porém, para evitar que se pense que aqui ele apenas expressa sua própria opinião, ele prefacia o que vai dizer afirmando que está assumindo o caráter do próprio ímpio. Com uma única frase, ele ferinamente ataca a razão humana, cuja natureza insinua ele, é sempre falar contra a sabedoria divina. Ele não diz que fala *como ímpio*, e, sim, *segundo o hábito dos homens*. De fato é assim que sucede. Visto que todos os mistérios divinos são aos olhos dos mortais tremendos paradoxos, sua audácia chega a tal ponto que não hesitam insurgir-se contra eles e insolentemente os atacam só pelo fato de não entendê-los. Por isso somos lembrados de que, se realmente desejamos ter a capacidade de compreender tais mistérios, então que nos esforcemos para desvencilhar-nos de nossa própria razão, e sejamos devotados e entreguemo-nos de corpo e alma em obediência a sua Palavra. O termo *ira*, usado aqui no sentido de *juízo*, indica punição, como se dissesse: "Deus seria porventura injusto em punir os pecados que põem em relevo sua justiça?"

6. Certamente que não [literalmente: "Deus me livre!", ou: "Deus não o permita!"]. Com o fim de refrear tal blasfêmia, ele não dirige uma resposta frontal à objeção, senão que começa manifestando sua aversão em relação a ela, a fim de que a religião cristã não pareça estar associada a absurdos tão nefandos. Esta expressão de repugnância é muito mais forte do que qualquer simples negação que viesse a adotar, porquanto o que pretende ele aqui é que esta irreverente expressão seja olhada com horror, e nem sequer seja ouvida. Logo a seguir acrescenta o que podemos denominar de *refutação indireta*, porquanto não remove de todo a calúnia, mas afirma, como resposta, que a objeção deles era algo estapafúrdio. Além do mais, ele extrai um argumento de uma das funções do próprio Deus com o fim de provar sua impossibilidade – **Deus julgará o mundo**. Portanto, é impossível seja ele injusto.

Este argumento não está baseado, como alguns o entendem, no mero poder de Deus, e, sim, em seu *poder ativo* [e eficaz], o qual resplandece em todo o curso e ordem de suas obras. O significado é que a função de Deus consiste em julgar o mundo, ou seja em estabelecê-lo por meio de sua justiça e trazer à melhor ordem toda e qualquer desordem que porventura nele exista. Portanto, é impossível que Deus determine algo de forma injusta. Tudo indica que Paulo está fazendo aqui alusão à passagem que se encontra em Moisés [Gn 18.25], na qual lemos que, enquanto Abraão ora a Deus pedindo que não destruísse Sodoma totalmente, ele diz: "Longe de ti o fazeres tal coisa, matares o justo com o ímpio, como se o justo fosse igual ao ímpio; longe de ti. Não fará justiça o Juiz de toda a terra?" Expressão similar se encontra em Jó [34.17]: "Acaso governaria o que aborrece o direito?" Embora juízes injustos são às vezes encontrados entre os homens, isto se deve ou porque, contrariando a lei e a retidão, usurpam sua autoridade, ou porque são elevados a tal posição de poder sem a devida ponderação, ou porque seus padrões se deterioraram. Em Deus, porém, não existe tal deficiência. Portanto, visto que ele é Juiz por natureza, então ele deve ser necessariamente justo, porquanto não pode negar a si mesmo. Paulo, pois, baseando seu raciocínio numa impossibilidade, conclui que é um grande erro acusar a Deus de ser injusto, cuja propriedade e natureza essencial é governar o mundo com justiça e retidão. Ainda que esta doutrina de Paulo se estenda ao governo contínuo de Deus, admito que ela tem uma referência particular ao juízo final, quando, finalmente, uma restauração real à ordem perfeita tomará lugar. Entretanto, se o leitor preferir uma refutação direta, pela qual tais blasfêmias sejam refreadas, este seria o sentido: "Não é da própria natureza da injustiça que a justiça divina se realça mais claramente. Ao contrário, a bondade divina subjuga de tal forma nossa impiedade, que lhe dá uma diretriz nova e distinta."

7. E se[6] por causa de minha mentira fica em relevo a verdade de Deus, para sua glória. Não há dúvida de que esta objeção é apresentada na pessoa do ímpio. É uma explicação do versículo anterior, e teria sido conectada a ele, não tivera o apóstolo sido movido pela afronta feita a Deus, e não tivera quebrado a sentença ao meio. Eis o sentido: se a verdade de Deus é realçada, e em certa medida é ela estabelecida, por meio de nossa falsidade, e por isso mais glória

---

6 Ou, "Porque se" – *si enim* – εἰ γάρ. A partícula γάρ aqui não dá nenhuma razão, mas deve ser vista no sentido de *então*, ou *deveras*, *na verdade*; vejam-se Lucas 12.58; João 11.30; Atos 16.37; Filipenses 2.27. *Stuart* a traduz por *ainda*, e diz que ela "aponta para a conexão com o versículo 5, e denota uma *continuação do mesmo tema*". *Macknight* às vezes a traduz por *demais*, *além de*, e sem dúvida corretamente.

lhe é também atribuída, então é completamente injusto que aquele que tem servido a glória de Deus seja ainda punido como pecador.⁷

8. Pratiquemos males para que venham bens. Esta é uma sentença elíptica, e para compreendê-la é preciso completá-la assim: "*E por que não se diz logo* (*como caluniosamente somos acusados*) *que praticamos o mal para que surja o bem?*" Entretanto, o apóstolo não crê que este vil embuste seja digno de resposta, embora seja ele contestado com justa razão. O pretexto do ímpio consiste simplesmente no seguinte: se Deus é glorificado através de nossa iniquidade, e se nada é mais importante para o homem nesta vida do que promover a glória de Deus, então que pequemos para o triunfo de sua glória! A resposta a isso é simples: o mal, por sua própria natureza, nada pode produzir senão o mal. E se a glória de Deus se torna ainda mais radiante em confronto com nosso pecado, então este fato não é obra do homem, e, sim, de Deus, o qual, como habilidoso artesão, sabe como dominar nossa perversidade e direcioná-la rumo a outro propósito, convertendo-a em algo contrário a nossas maquinações, para a promoção de sua própria glória. Deus prescreveu a piedade como a vereda pela qual ele quer ser por nós glorificado, piedade esta que consiste na obediência à Palavra de Deus; e a pessoa que transgride estes limites não busca a honra de Deus, e, sim, sua desonra. O fato de o resultado ser diferente deve ser atribuído à providência divina, e não à perversidade humana, a qual é fomentada não só para injuriar a majestade divina, como também para destruí-la totalmente.⁸

---

7 É notável como o apóstolo muda suas palavras do terceiro versículo para o final deste, enquanto as mesmas coisas estão essencialmente implícitas. Seu estilo é totalmente hebraísta. *Stuart* faz estas justas observações: "'Ἀδικία é aqui [v. 5] a designação *genérica* de pecado, para o qual um nome específico, ἀπιστία, foi empregado no versículo 3, e ψεῦσμα, no versículo 7. Da mesma maneira δικαιοσύνη no vesículo 5, que é uma designação *genérica*, é expressa por um πίστιν específico, no versículo 3, e por ἀλήθεια no versículo 7. A idéia é substancialmente a mesma, a qual é designada por essas designações respectivamente correspondentes. *Fidelidade*, *retidão*, *integridade* são designadas por πίστιν, δικαιοσύνην e ἀλήθεια; enquanto ἀπιστία, ἀδικία e ψεῦσματι designam *infidelidade*, *falta de retidão* e *falsa conduta*. Todos esses termos têm mais ou menos referência ao ברית, *pacto* ou *compromisso* (por assim dizer) que existe entre Deus e seu antigo povo."

8 Grotius pensa que no início deste versículo há uma transposição, e que ὅτι, depois do parêntese, deve ser construído antes de μὴ que o precede, e que ὅτι é para *cur*, por que –

Como alguns caluniosamente afirmam. Visto que Paulo se expressa com tanta reverência sobre os juízos secretos de Deus, é surpreendente ver como seus inimigos o caluniavam com tanto despudor. Porém, nunca houve reverência ou seriedade suficientemente grande, entre os servos de Deus, que pudesse conter as línguas imundas e virulentas dos homens. Portanto, não é nenhuma novidade que nossa doutrina, a qual sabemos da própria experiência ser o puro evangelho de Cristo (do que todos os anjos e todos os crentes dão testemunho), seja dificultada neste presente tempo por muitas e variadas acusações e se torne odiosa aos olhos de nossos adversários. É possível concebermos algo mais monstruoso do que a acusação que lemos aqui, a qual foi assacada contra Paulo com o propósito de tratar sua doutrina com desdém entre os ignorantes? Que não fiquemos, pois, surpresos se os ímpios pervertem, com suas calúnias, a verdade que pregamos, e não cessemos, por esse motivo, de guardar continuamente a singela confissão da mesma, visto que ela tem suficiente poder para massacrar e dispersar suas insídias. Todavia, seguindo o exemplo do apóstolo, ousemos opor-nos, até onde nos for possível, a seus maliciosos ardis, para que essas miseráveis e dissolutas criaturas não difamem nosso Criador impunemente.

A condenação destes é justa. Há quem tome esta cláusula num sentido ativo, significando que Paulo concorda com eles, de que sua objeção era absurda, com o fim de que ninguém viesse a deduzir que a doutrina do evangelho se achava conectada a tais paradoxos. Prefiro, contudo, o sentido passivo. Teria sido inconsistente meramente expressar aprovação a tais vilanias, as quais mereciam antes severa condenação, e isso, creio eu, foi o que Paulo precisamente fez. Pois sua perversidade devia ser condenada de duas formas: primeira,

---

como em Marcos 9.11 e 28. A versão, então, seria: "e por que não (como somos censurados, e como alguns declaram que dizemos): Façamos o mal para que nos venha o bem?" Esta é a tradução de *Lutero*. Mas *Limborch* e *Stuart* consideram que λέγωμεν deve ser entendido depois de μὴ; e o último toma μὴ, não como negativa, mas como interrogativa, "e diremos?" etc. Entre essas variedades, o núcleo principal da passagem permanece o mesmo.

porque esta impiedade conseguiu conquistar seu assentimento mental; segunda, porque, ao caluniar o evangelho, ousaram extrair sua calúnia desta mesma fonte.

9. Que se conclui? Temos nós qualquer vantagem? não, de forma nenhuma; pois já demonstramos que todos, tanto judeus como gregos, estão debaixo do pecado.

9. Quid ergo? præcellimus?[9] Nequaquam: ante enim constituimus tàm Judæos quàm Græcos, omnes sub peccato esse.

9. Que se conclui? Temos nós qualquer vantagem? Paulo volta da digressão a seu tema. Com o fim de impedir que os judeus reclamassem que estavam sendo privados de seus direitos, o apóstolo menciona, com detalhes, as distinções de honra pelas quais se exaltavam acima dos gentios, ele agora finalmente responde à pergunta se porventura excediam os gentios em algum aspecto. Sua resposta parece ser levemente diferente da que formulara acima, visto que agora despoja de toda e qualquer dignidade àqueles a quem anteriormente concedera tanto. Contudo, não há aqui contradição alguma, pois aqueles privilégios por causa dos quais admitira sua preeminência eram externos para eles mesmos e dependentes da benevolência divina, e não de seus próprios méritos. Paulo inquire se possuíam alguma dignidade em que pudessem gloriar-se. As duas respostas, pois, que apresenta concordam uma com a outra de tal forma que uma flui da outra. Ao enaltecer seus privilégios, incluindo-os entre os benefícios que emanam exclusivamente de Deus, o apóstolo provou que os judeus nada possuíam de seu próprio. A resposta que ele dá, agora, não poderia ter sido deduzida imediatamente desta, pois se a principal excelência deles está no fato de que os oráculos divinos

---

9 "Præcellimus?" προεχόμεθα; "Temos a vantagem?" *Doddridge*; "Levamos vantagem?" *Macknight*; "Temos alguma preferência?" *Stuart*. Ela é assim parafreada por Teodoreto: τί οὖν κατέχομεν περισσόν – "Que vantagem, pois, temos nós?" "Præcellimus" é a tradução de *Erasmo, Pareus* e *Beza*. *Venema* diz que este verbo, só na voz ativa, tem este significado em autores gregos; porém o contexto não pode permitir nenhum outro sentido aqui. *Wetstein* de fato lhe dá um sentido passivo, "an antecellimur – somos excedidos?", mas dificilmente pode caber no núcleo da passagem.

se acham depositados com eles, e se porventura possuem esta preeminência por seus próprios méritos, então não têm motivo para gloriar-se aos olhos de Deus. Note-se, porém, a santa habilidade do apóstolo em dirigir-se aos judeus na terceira pessoa, ao descrever a preeminência deles. Ao despi-los de todo e qualquer privilégio, ele se inclui em seu número com o fim de evitar ofensa.

Pois já demonstramos que todos, tanto judeus como gregos. O verbo grego, αἰτιᾶσθαι, que Paulo usa aqui, é propriamente um termo forense, e portanto preferi traduzi-lo *temos demonstrado*.[10] Diz-se de um querelante que estabelece uma acusação numa ação [judicial] que ele preparou para ser consubstanciada por outros testemunhos e provas. O apóstolo convocou toda a humanidade a comparecer perante o tribunal divino, a fim de incluir todos sob uma única condenação. É fora de propósito argumentar que o apóstolo, aqui, não apresenta meramente uma acusação, senão que apresenta, mais especialmente, a prova. Nenhuma acusação é procedente a menos que esteja baseada em provas sólidas e válidas, assim como Cícero diz quando, em certa passagem, faz distinção entre *acusação* e *reprovação*. Estar **debaixo do pecado** significa que estamos merecidamente condenados diante de Deus como pecadores, ou que estamos mantidos sob a maldição em virtude do pecado. Enquanto que a justiça traz consigo a absolvição, a consequência do pecado é a condenação.

10. Como está escrito: Não há justo, nem um sequer.	10. Sicut scriptum, Quòd non est justus quisquam, ne unus quidem;
11. Não há ninguém que entenda, não há ninguém que busque a Deus.	11. Non est intelligens, non est qui requirat Deum;
12. Todos se extraviaram, e juntamente se fizeram inúteis. Não há quem faça o bem, nem sequer um.	12. Omnes declinarunt, simul facti sunt inutiles; non est qui exerceat benignitatem, ne ad unum quidem:

10 É assim que *Grotius*, *Beza* e *Stuart* traduzem o verbo. *Doddridge* e *Macknight* preservaram nossa versão comum. "Temos antes acusado", *Chalmers*. "Antea idonei argumentis demonstravimus – temos antes provado por meio de argumentos suficientes", *Schleusner*. É obrigação antes que convicção de que o verbo implica, ainda que a última idéia seja também considerada inclusa.

13. Sua garganta é um sepulcro aberto; suas línguas eles as usam enganosamente; veneno de áspides está debaixo de seus lábios,	13. Sepulchrum apertum guttur eorum; linguis dolosè egerunt: venenum aspidum sub labiis eorum:
14. cuja boca está cheia de maldição e amargura.	14. Quorum os execratione et amarulentia plenum:
15. Seus pés são velozes para derramar sangue;	15. Veloces pedes eorum ad effundendum sanguinem;
16. destruição e miséria estão em seus caminhos;	16. Contritio et calamitas in viis eorum;
17. e não conheceram o caminho da paz.	17. Et viam pacis non noverunt:
18. Não há temor de Deus diante de seus olhos.	18. Non est timor Dei præ oculis eorum.[11]

10. Como está escrito. Até aqui Paulo arrazoa com o fim de convencer os homens da iniquidade deles. Agora começa seu argumento a partir da *autoridade*, a qual, para o cristão, é o gênero mais forte de prova, contanto que a autoridade proceda unicamente de Deus. Que os mestres da Igreja aprendam aqui o caráter de seu ofício. Se Paulo não sustenta nenhuma doutrina que não pode ser confirmada pelo sólido testemunho da Escritura, muito menos aqueles que não têm nenhuma outra comissão senão a de pregar o evangelho, o qual receberam através de Paulo e de outros, para que não se aventurem noutra direção.

Não há justo. Fornecendo o sentido em vez de expressões reais, o apóstolo parece ter anunciado, antes de tudo, a posição geral, para em seguida descer a detalhes específicos. Ele define a substância do que o profeta declara pertencer à natureza intrínseca do homem, a saber: que *não há um justo sequer*,[12] em seguida enumera, com detalhes, os frutos dessa ausência de justiça.

---

11 As referências apresentadas na margem são estas: Salmo 14.1-3; 53.3, 9; 14.3; 9.7; Isaías 56.7; Provérbios 1.16; Salmo 36.1.
12 Salmo 14.1. No hebraico temos: "Ninguém há que faça o bem"; e a *Septuaginta*: "Ninguém há praticando a bondade (χρηστότητα), não há sequer um (οὐκ ἔστιν ἕως ἑνός)." De modo que o apóstolo cita o significado, não as palavras.
O versículo 11é do mesmo Salmo; o hebraico, com o qual a *Septuaginta* concorda, exceto que há o disjuntivo ἤ entre as partículas, é o seguinte: "Se não há sequer um que entenda, que vai em busca de Deus."

11. O primeiro efeito consiste em que **não há ninguém que entenda**. Esta ignorância é prontamente atestada por sua impotência em **buscar a Deus**. O homem, em quem não há o conhecimento de Deus, seja qual for a cultura que venha ele de alguma forma possuir, será fútil; e até mesmo as próprias ciências e artes, as quais em si mesmas são boas, tornam-se vazias de conteúdo real quando lhes falta este fundamento.

12. E adiciona:[13] **não há quem faça o bem**, significando que o homem se despiu de todo o senso de humanidade. Assim como nosso melhor laço de comunhão recíproca reside no conhecimento de Deus (visto que, como ele é o Pai comum de todos, nos reconcilia perfeitamente, e fora dele nada existe senão desunião), também a desumanidade geralmente é produto de nossa ignorância de Deus, quando cada um, tratando os demais com desprezo, ama a si próprio e busca seus próprios interesses.

13. E acrescenta mais: **sua garganta é sepulcro aberto**,[14] isto é, abismo devorador dos homens. Isto é muito mais do que se dissesse que eram *antropófagos*, ἀνθρωποφάγους, visto que seria o cúmulo da monstruosidade que uma garganta humana fosse bastante grande para deglutir e digerir completamente os homens. As expressões **suas línguas são cheias** de **engano**, e **veneno de áspides está debaixo de seus lábios** significam a mesma coisa.

14. Adiciona ainda a expressão: **sua boca está cheia de maldição**

---

13 Este versículo é literalmente da *Septuaginta*; e quanto ao significado, uma versão correta do hebraico. "Todos têm se desviado do caminho – πάντες ἐξέκλιναν", no hebraico é הכל סר, "todos eles [ou cada um] têm se desviado", ou revoltado, ou apostatado. Então, "tornaram-se sem proveito" ou inúteis, é נאלחו, "se tornaram pútridos" ou corrompidos, como o fruto ou alimento apodrecido, portanto sem utilidade, não próprio para aquilo a que foi designado – servir a Deus e promover seu próprio bem e o de outros. A idolatria evidentemente era essa podridão.

14 Isso vem do Salmo 5.9, isto é, a primeira parte, e literalmente vem da *Septuaginta*, que corretamente representa o hebraico. A última cláusula vem do Salmo 140.3, e concorda com a *Septuaginta*, e também com o hebraico, exceto "áspides" ou "víboras", que está no singular. *Stuart* dá a essa linguagem figurada uma implicação diferente da de *Calvino*: "Como do sepulcro", diz ele, "emana um vapor ofensivo e pestilencial, assim das bocas das pessoas caluniadoras emanam palavras peçonhentas e pestilenciais. Suas palavras são como o veneno, de suas bocas procedem o veneno da calúnia."

e amargura.¹⁵ Este vício é o oposto do anterior. O significado consiste em que os ímpios irradiam impiedade por todos os poros. Se falam agradavelmente, estão a enganar [alguém], e instilam veneno com suas galanterias. Porém, se expressam o que vai em seus corações, o que emana é maldição.

15, 16. A expressão que Paulo adiciona, procedente de Isaías – **destruição e miséria estão em seus caminhos**¹⁶ –, é a mais notável de todas, pois é uma descrição da ferocidade de imensurável barbárie, a qual produz desolação e devastação ao destruir tudo quanto se acha a sua frente.

17. Em seguida vem a frase: **Desconheceram o caminho da paz**. Vivem tão habituados à rapina, a atos de violência e injustiça, de selvageria e crueldade, que não mais sabem agir de forma humana e fraterna.

18. Em sua conclusão,¹⁷ novamente reitera, em diferentes termos, o que afirmamos no início, a saber: que toda a impiedade emana de uma desconsideração para com Deus. Ao olvidarmos o temor de Deus, que é a parte essencial da sabedoria, não fica nenhum laivo de justiça ou pureza. Sumariando, visto que o temor de Deus é o freio pelo

---

15 Salmo 10.7. Paulo corrige a ordem das palavras como encontradas na *Septuaginta*, e dá ao hebraico mais exatidão; porém restringe a palavra 'amargura', pela qual a *Septuaginta* traduziu מרמה, que significa *engano*, ou, melhor, equívoco fraudulento. Há quem pensa que ela deve ser מרדות, 'amargura'; mas não há cópia em seu favor.

16 Os versículos 15 a 17 são extraídos de Isaías 59.7, 8. O hebraico e a *Septuaginta*, ambos, são semelhantes, porém Paulo as abreviou e mudou duas palavras na versão grega, pondo ὀξεῖς em lugar de ταχινοὶ, e ἔγνωσαν em lugar de οἴδασι, e seguiu essa versão deixando fora 'inocente' depois de 'sangue'.

17 É extraída do Salmo 36.1, e literal da versão grega e estritamente em concordância com o hebraico. É evidente à luz de diversas dessas citações que o objetivo de Paulo, como diz *Calvino*, era representar o significado geral, e não manter-se estritamente às expressões. Há diferença de opinião quanto ao objetivo preciso do apóstolo; não se sabe se nessas citações ele quisesse considerar somente os judeus ou ambos, judeus e gentios. Na introdução, no versículo 9, ele faz menção de ambos, e na conclusão, versículo 19, evidentemente se refere a ambos, nestas palavras: "que toda boca esteja fechada, e *todo o mundo* se reconheça culpado diante de Deus."

O ponto de vista mais consistente parece ser que as passagens citadas se referem tanto a judeus quanto a gentios; as últimas, mais especialmente, aos judeus, enquanto algumas das precedentes têm uma referência especial ao mundo gentílico, particularmente o Salmo 14, quando descreve o caráter dos inimigos de Deus e de seu povo, cuja libertação o salmista faz referência no último versículo.

qual nosso instinto perverso é mantido sob controle, sua remoção desimpede em nós a reação de todo gênero de conduta licenciosa.

Para evitar que alguém considere estas citações como uma distorção de seu sentido original, consideraremos cada uma delas em seu próprio contexto. No Salmo 14.3, Davi afirma que havia uma perversidade tão inerente no homem, que Deus, fazendo um detido exame em todos e individualmente, não consegue encontrar um sequer que seja justo. Daí, segue-se que esta infecção [moral e espiritual] se disseminou por toda a raça humana, já que nada escapa à introvisão divina. É verdade também que no final do Salmo ele fala da redenção de Israel, porém a seguir mostraremos de que forma e em que extensão os santos se desvencilham de tal condição. O salmista, em outros salmos, se queixa da perversidade de seus inimigos, prefigurando, em si e em sua progênie, um tipo do reino de Cristo. Em seus adversários, pois, se acham representados todos quantos, estando alienados de Cristo, não são guiados pelo Espírito Santo. Quanto a Isaías, ele expressamente menciona Israel, porém sua acusação se direciona e se aplica melhor aos gentios. Não há dúvida de que a natureza humana é descrita nestes termos a fim de que aprendamos o que é o homem quando é entregue a si mesmo, visto que a Escritura testifica que todos quantos não são regenerados pela graça de Deus se acham neste estado. A condição dos santos não será em nada melhor, a menos que esta depravação seja corrigida neles. Que se lembrem, contudo, que em sua natureza inerente não são em nada diferentes dos demais. Vão sempre encontrar no que resta de sua natureza carnal, da qual não podem escapar, as sementes desses males que produziriam continuamente seus efeitos neles, não fossem os mesmos refreados através de constante mortificação dessa natureza corrupta. Por isso são devedores à misericórdia de Deus, e não a sua própria natureza. Conforme já observei acima [1.26], podemos acrescentar ainda que, embora todos os vícios aqui enumerados não se fazem evidentes em cada indivíduo, isto não impede de serem eles, com justiça e verdade atribuídos à natureza humana.

19. Ora, sabemos que tudo o que a lei diz, ela o diz aos que se acham debaixo da lei, para que toda boca esteja fechada, e todo o mundo esteja sob o juízo de Deus.
20. Visto que, pelas obras da lei, nenhuma carne será justificada à vista de Deus, pois é através da lei que vem o conhecimento do pecado.

19. Scimus autem quòd quæcunque Lex dicit, iis qui in Lege sunt loquitur; ut omne os obstruatur, et obnoxius fiat omnis mundus Deo.[18]

20. Quoniam ex operibus Legis non justificabitur omnis caro coram ipso; per Legem enim agnitio peccati.

19. Ora, sabemos. Deixando os gentios, o apóstolo, expressamente, dirige estas palavras aos judeus, aos quais subjugar constituía uma tarefa muitíssimo difícil. Pois, sendo eles não menos destituídos da genuína justiça do que os gentios, tomavam o pacto divino como sua cobertura, como se o fato de haverem sido separados do resto do mundo por meio da eleição divina lhes produzisse suficiente santidade. Paulo na verdade menciona os meios de escape que, bem sabia ele, os judeus tinham disponíveis. Todas as expressões desfavoráveis encontradas na lei contra o gênero humano, os judeus geralmente as aplicavam aos gentios, como se *eles* estivessem por isso isentos da condição comum da humanidade. Indubitavelmente, teria sido assim, caso não houvessem eles caído de sua própria posição. Portanto, para impedi-los de alimentar algum falso conceito acerca de sua própria dignidade, bem como de destinar exclusivamente aos gentios o que se aplicava a eles como iguais aos demais, Paulo, aqui, antecipa a objeção e mostra, partindo do escopo da Escritura, que eles não só eram participantes com a grande maioria dos homens, mas também se achavam peculiarmente debaixo da mesma condenação. Percebemos a diligência do apóstolo em refutar essas objeções, pois a quem, senão aos judeus, fora a lei destinada?

---

18 *Obnoxius Deo* – ὑπόδικος ... τῷ θεῷ: "Obnoxius condemnationi Dei – sujeito à condenação de Deus", *Beza*; "Passível de condenação diante de Deus", *Macknight*; "Permanece convicto diante de Deus", *Doddridge*. A palavra significa estar "sob sentença" ou sob condenação, e assim "a Deus", isto é, diante de Deus. *Tillotson* formula sua paráfrase: "Sujeito à justiça divina." Pode ser traduzido assim: "condenado diante de Deus." O significado é que o mundo está sob condenação.

E não fora ela destinada como veículo de sua instrução? Portanto, o que encontramos expresso na lei sobre os demais homens é incidental, ou πάρεργον, segundo o adágio, pois ela aplica seu ensino principalmente a seus próprios discípulos.

Ela diz aos que estão debaixo da lei. Paulo afirma que a lei fora destinada aos judeus. Segue-se daqui que a referência que ela faz é particularmente a eles. Sob o termo *lei* o apóstolo inclui também os profetas, bem como todo o Velho Testamento.

Para que toda boca esteja fechada. Isto é, que toda evasiva, bem como toda ocasião para escusa, sejam eliminadas. A metáfora é extraída dos tribunais de justiça, onde o réu, se tem algo a apresentar em legítima defesa, pede que o deixe falar a fim de eximir-se das acusações com as quais o condenam. Porém, se sua consciência o fustiga, então ele mantém silêncio, e, sem dizer uma palavra sequer, aguarda sua condenação, visto já estar condenado por seu próprio silêncio. A expressão em Jó 40.4 – *Ponho a mão na minha boca* – tem o mesmo significado, pois Jó declara que, embora tenha alguma justificativa, contudo cessaria de justificar-se e submeter-se-ia à sentença pronunciada por Deus. Esta cláusula [segundo nosso texto] contém a explicação, pois a boca se mantém fechada, como alguém que se vê tão subjugado pelo juízo que é lavrado contra ele, que não vê quaisquer meios de escape. Noutras passagens, ficar em silêncio diante da face do Senhor significa tremer diante de sua majestade e sentir-se emudecido ante o pavor causado por sua radiância.[19]

20. Visto que, pelas obras da lei, nenhuma carne será justificada à vista de Deus. Até mesmo entre os mais experientes eruditos há alguma dúvida sobre o que signifique a expressão *as obras da lei*.

---

[19] Para sentirmos a força e o significado deste versículo, é preciso ter mente que a primeira parte foi dita para prevenir os judeus de esquivar-se da aplicação dos testemunhos precedentes; e então as palavras "que toda boca" etc., e "que todo mundo" etc., foram acrescentadas não tanto para incluir os gentios, mas para incluir os judeus que pensavam estar isentos. Sem dúvida os gentios estão incluídos, mas o objetivo especial do apóstolo evidentemente parece impedir os judeus de suporem que não estivessem incluídos. De nenhuma outra forma poderia a conexão entre as duas partes do versículo ser entendida.

Enquanto que alguns as incluem à observância de toda a lei, outros as restringem exclusivamente às cerimônias. A inclusão do termo *lei* induziu Crisóstomo, Orígenes e Jerônimo a aceitarem a última opinião,[20] pois acreditavam que esta inclusão continha uma conotação peculiar, ou seja para impedir que a passagem fosse entendida como a referir-se a *todas as obras*. Esta dificuldade, contudo, é de muito fácil solução. As obras são justas diante de Deus somente na medida em que buscamos, por meio delas, prestar culto e obediência a ele. Portanto, com o fim de remover mais explicitamente de todas as obras o poder de justificação, Paulo usou o nome daquelas obras que têm maior virtude de justificar, se é que tal existe. Pois a lei tem as promessas, sem as quais não haveria valor algum em nossas obras aos olhos de Deus. Vemos, pois, as razões por que Paulo faz menção de *as obras da lei*, pois é à luz da lei que nossas obras são avaliados ou julgadas. Até os escolásticos estavam plenamente conscientes deste fato, pois eles possuíam um surrado chavão sobre a idéia de que as obras são meritórias, não por algum valor intrínseco nelas, mas em virtude do pacto divino. Todavia se vêem equivocados, já que não percebem que nossas obras são sempre poluídas por vícios que as privam de algum mérito. Entretanto, o princípio permanece verdadeiro, ou seja que a recompensa das obras depende da graciosa

---

20 O original é "ut in priorem opinionem concederent". O contexto, porém, mostra claramente que 'priorem' é um erro tipográfico para 'posteriorem'. Além dos autores mencionados aqui se poderiam acrescentar *Ambrósio, Teodoreto, Pelágio, Erasmo* e *Grotius*. E no entanto, não obstante todas essas autoridades, a opinião evocada é totalmente inconsistente com o raciocínio do apóstolo aqui e por toda a Epístola. Aliás, ela tem sido formulada como insustentável por autores modernos da mesma escola, tais como *Locke, Whitby* e *Macknight*.
Para reprovar essa noção é suficiente notar os pecados que o apóstolo evocou; não são aqueles contra a lei cerimonial, mas contra a lei moral, e é por causa da lei moral transgredida que o homem não pode ser justificado.
"Se houvesse alguma lei que o homem tenha perfeitamente guardado, ele poderia sem dúvida ser justificado por ela; e seguramente nenhum homem pode ser justificado por uma lei que o condena por quebrá-la. Pois não existe lei de Deus que alguém tenha guardado; portanto, não existe lei pelos feitos da qual uma pessoa possa ser justificada. O gentio quebranta a lei de sua razão e consciência; o judeu quebranta a lei moral; e mesmo a tentativa de justificar-se pela observância da lei cerimonial contradiz a própria natureza e o intento dela." – *Scott*.

promessa da lei. Paulo, pois, correta e sabiamente, não argumenta com base nas obras, simplesmente, mas faz uma referência distinta e explícita à observação da lei, a qual era propriamente o tema de sua discussão.[21]

Os argumentos exemplificados por outros escolásticos em apoio de sua opinião são mais fracos do que deveriam ser. Sustentam que a menção da circuncisão é oferecida como um exemplo que se relaciona somente com as cerimônias. Entretanto, já explicamos por que Paulo mencionou a circuncisão, pois somente os hipócritas são dominados pela confiança em suas próprias obras, e sabemos o quanto se vangloriam apenas nas aparências externas. A circuncisão, também, segundo o ponto de vista deles, era uma espécie de iniciação na justiça da lei, e portanto parecia-lhes, ao mesmo tempo, uma obra da mais elevada honra, e deveras tornou-se a base da justiça das obras. Eles se opõem à circuncisão baseando-se no que Paulo diz na Epístola aos Gálatas, onde, ao tratar do mesmo tema, faz referência somente às cerimônias. Seu argumento, contudo, não é suficientemente forte para alcançarem o que pretendem. Paulo estava discutindo com aqueles que inspiravam no povo uma falsa confiança nas cerimônias; e, a fim de remover tal confiança, ele não se limita apenas às cerimônias, nem discute especificamente seu valor, senão que inclui toda a lei, como podemos descobrir à luz das passagens que são todas oriundas desta fonte. A disputa mantida pelos discípulos, em Jerusalém, era da mesma natureza.

Temos, contudo, sobejas razões para crer que Paulo está falando, aqui, de toda a lei. Somos fortemente corroborados pelo fio de raciocínio que temos seguido até aqui, ao qual continuaremos a seguir. Há muitas outras passagens que não nos permitem pensar de outra

---

21 O argumento e raciocínio do apóstolo parecem requerer que ἐξ ἔργων νόμου seja traduzido aqui leteralmente: "por obras da lei", sem o artigo, como a palavra 'lei' aparece aqui, segundo o curso do argumento, para significar lei em geral, quer natural, quer revelada; e διὰ νόμου na cláusula do texto deve ser considerado como tendo o mesmo significado; a lei da natureza, tanto quanto a lei escrita, ainda que não na mesma extensão, desmascara o pecado. Este é o ponto de vista assumido por *Pareus, Doddridge, Macknight, Stuart* e *Haldane*.

forma. Portanto, é uma memorável verdade de primeira grandeza, a saber, que ninguém é capaz de alcançar a justiça pela observação da lei. Paulo apresentou sua razão para isso, e no presente texto ele o reiterará, ou seja todos os homens, sem exceção, são culpados de transgressão, e estão todos condenados pela lei como injustos. Estas duas proposições – ser justificado pelas obras e ser culpado de transgressão – são opostas entre si, como veremos mais claramente a seguir. O termo *carne*, se não for particularmente especificado, significa simplesmente *homens*,[22] embora pareça comunicar um sentido um tanto mais geral, assim como é mais expressivo dizer *todos os mortais*, do que dizer *todos os homens*, segundo encontramos em Gálio.

Pois é através da lei que vem o conhecimento do pecado. O apóstolo argumenta partindo dos opostos, ou seja não podemos obter justiça [proveniente] da lei, visto que ela nos convence do pecado e condenação, já que vida e morte não podem resultar da mesma fonte. Seu argumento com base no efeito oposto da lei, de que a mesma não pode conferir-nos justiça, só tem sólido fundamento se sustentarmos que é uma circunstância inseparável e invariável da lei revelar ao homem seu pecado e eliminar sua esperança de salvação. Visto que a lei nos ensina o que é justiça, ela é inerentemente o caminho da salvação; porém, devido a nossa depravação e corrupção, ela deixa de ser-nos de algum valor neste aspecto. Em segundo plano, é necessário acrescentar o seguinte: qualquer pessoa que se sente convicta de pecado é também privada de qualquer justiça. É frívolo inventar, como fazem os sofistas, uma meia-justiça, de modo que a justificação se processe em parte pelas obras. A corrupção humana destrói qualquer possibilidade nessa direção.

---

22 A expressão é ὁυ ... πᾶρα σάρξ – nem todos, isto é, não qualquer carne etc.; a palavra πᾶσα, como כל em hebraico, é usada no sentido de 'qualquer'. A sentença contém uma semelhança que se acha contida no Salmo 143.2: "porque a teus olhos não se achará justo nenhum vivente", ou sequer um vivente, לא...כלחי. A sentença aqui é literalmente "Daí por obras da lei nenhuma carne será justificada diante dele."

21. Mas agora, sem lei, se manifestou a justiça de Deus testemunhada pela lei e pelos profetas,
22. justiça de Deus pela fé em Jesus Cristo, para todos os que crêem; porque não há distinção.

21. Nunc autem sine Lege[23] justitia Dei manifesta est, testimonio comprobata Legis et prophetarum;
22. Justitia, inquam, Dei per fidem Iesu Christi, in omnes et super omnes credentes; non est sanè dstinctio.

21. Mas agora, sem lei. Não fica evidente a razão por que ele denomina a justiça que obtemos por meio da fé de *a justiça de Deus*, seja porque somente ela permanece na presença de Deus, ou porque o Senhor, em sua misericórdia, no-la confere. Visto que ambas as interpretações se ajustam bem, não argumentaremos em prol de [nem contra] nenhuma delas. Esta justiça, portanto, a qual Deus comunica ao homem, e somente a qual ele aceita e reconhece como justiça, foi revelada, diz ele, *sem a lei*, a saber: sem o auxílio da lei. A lei leva o sentido de *obras*, pois ela não se refere propriamente ao ensino, o qual imediatamente cita como sendo testemunha da justiça gratuita que opera por meio da fé. Mostrarei imediatamente que restringir a *lei* a cerimônias é algo estranho e sem flexibilidade. Sabemos, pois, que os méritos das obras são excluídos. Também descobrimos que Paulo não confunde as obras com a misericórdia de Deus, senão que remove e erradica toda e qualquer confiança nas obras e, com exclusividade, estabelece a misericórdia.

Sei muito bem que Agostinho tem uma explicação diferenciada. Ele considera a justiça de Deus como sendo a graça da regeneração. E esta graça é gratuita, afirma ele, porque Deus nos renova, indignos que somos, por meio de seu Espírito. Ele exclui da mesma as obras da lei, ou seja aquelas obras por meio das quais os homens

---

[23] Aqui novamente é melhor e deveras necessário para o argumento do apóstolo traduzir χωρὶς νόμου, "sem lei", isto é, sem qualquer lei, seja natural ou revelada. O mesmo sentimento se encontra em Gálatas 3.21: "Porque se uma lei fosse dada capaz de comunicar vida, os justos realmente teriam sido por meio da lei (ἐκ νόμου)." A versão de *Macknight* parece justa, "Mas agora se descobre uma justiça de Deus sem lei." Mas poderíamos reter o tempo (πεφανέρωται) "tem sido descoberta", ou manifesta, ou se fez conhecer. "Uma justiça de Deus sem lei" é uma frase similar a "a justiça de Deus pela fé", em 1.17. Então na cláusula seguinte a 'lei' significa não especificamente a lei de Moisés, mas o Velho Testamento, excetuando os profetas.

se esforçam por merecer para si mesmos o bem de Deus, sem ser regenerados. Estou também muito bem ciente de que alguns teóricos modernos orgulhosamente se reportam a esta doutrina como se a mesma lhes fosse revelada atualmente. Mas é evidente, à luz do contexto, que o apóstolo inclui todas as obras, sem exceção, até mesmo aquelas que o Senhor produz em seu próprio povo. Abraão foi regenerado e guiado pelo Espírito de Deus na época em que Paulo nega que pudesse ele ter sido justificado pelas obras. Ele, pois, exclui da justificação do homem não somente as obras que são moralmente boas, como são comumente qualificadas e que são praticadas pelo instinto natural, mas também todas aquelas que mesmo os crentes porventura venham a possuir.[24] Além disso, se a definição da justiça [procedente] da fé está compreendida nestas palavras: *Bem-aventurados aqueles cujas iniquidades são perdoadas* [Sl 32.1], não há disputa sobre diferentes tipos de obras, senão que fica abolido o *mérito* [procedente] das obras, e a remissão dos pecados só é estabelecida como a *causa* da justiça.

Ambas as proposições – que o homem é justificado por meio da fé na graça de Cristo, e no entanto é ele justificado pelas obras que procedem da regeneração espiritual – são mantidas na mais plena harmonia, visto que graciosamente nos renova, enquanto que nós, também, recebemos seu dom por meio da fé. Paulo, porém, sugere um princípio bem distinto, a saber: que as consciências dos homens jamais estarão em paz até que descansem tão-somente na misericórdia de Deus.[25] Noutra passagem, tendo-nos ensinado que Deus

---

24 [143] O Prof. *Hodge*, com muito acerto, observa: "Jamais foi a doutrina da Reforma, quer dos doutores luteranos ou calvinistas, que a imputação da justiça afeta o caráter moral dos que a recebem." E acrescenta: "É verdade que, a quem Deus justifica, ele também santifica; justificação, porém, não é o mesmo que santificação, e a imputação da justiça não é a infusão da justiça."

25 "O fundamento de sua confiança diante de Deus deve ser ou sua justiça inteiramente pessoal, ou a justiça inteiramente de Cristo. Se você depende de seus próprios méritos, depende totalmente deles; se você depende de Cristo, depende totalmente dele. Os dois não podem misturar-se; e a tentativa de fazê-lo tem mantido muitos inquiridores com um fardo pesado e exaustos e longe do descanso, bem como longe da verdade do evangelho. É preciso manter uma clara e consistente postura. Não se pode ficar diante de Deus com um pé numa rocha e o outro numa traiçoeira areia movediça. Apelamos para que você

estava em Cristo a fim de justificar os homens, expressa o modo de sua justificação – *não imputando aos homens suas transgressões* [2Co 5.19]. Da mesma forma, em sua Epístola aos Gálatas, ele coloca a lei em oposição à fé no tocante ao efeito da justificação, visto que a lei promete vida aos que fazem o que ela ordena [Gl 2.16], e requer não somente a prática externa de obras, mas também um amor sincero em relação a Deus. Segue-se, portanto, que na justiça procedente da fé não se admite qualquer mérito proveniente das obras. Parece evidente, pois, ser uma objeção frívola dizer que somos justificados em Cristo, visto que, uma vez renovados pelo Espírito, tornamo-nos membros de Cristo; que somos justificados por meio da fé, visto que estamos unidos, pela fé, ao corpo de Cristo; e que somos gratuitamente justificados, visto que Deus nada encontra em nós senão pecado.

Portanto, estamos *em Cristo*, visto que estamos fora de nós mesmos; daí, estamos *na fé*, visto que repousamos tão-somente na misericórdia de Deus e em suas graciosas promessas; e tudo *gratuitamente*, visto que Deus nos reconcilia consigo mesmo ao sepultar nossos pecados. Nem tampouco pode isso restringir-se ao começo da justificação, como alguns intérpretes credulamente supõem, pois a definição: *Bem-aventurados aqueles cujas iniquidades são perdoadas*, foi efetuada em Davi depois de um extenso período de treinamento no serviço de Deus. E Abraão, ainda que um raro exemplo de santidade, trinta anos depois de seu chamamento e ainda não podia contar com obra alguma em que se gloriar diante de Deus, e assim sua fé na promessa lhe foi imputada para justiça. Quando Paulo nos ensina que Deus justifica os homens, não lhes imputando seus pecados, ele cita uma passagem que é diariamente repetida na Igreja. Essa paz de consciência, que é turbada na computação das obras, não é um fenômeno por apenas um dia, mas deve prosseguir ao longo de toda a vida. Segue-se disso que, até nossa morte, somos justificados tão-

---

não dependa demasiadamente do peso do grão ou do escrúpulo de sua confiança em seus próprios feitos – abandone inteiramente essa base e venha apoiar-se inteiramente no fundamento do sangue e da justiça do Redentor." – *Dr. Chalmers*.

-somente pela contemplação de Cristo, em quem Deus nos adotou e agora nos considera aceitos. Também aqueles que falsamente nos acusam de asseverarmos que, segundo a Escritura, somos justificados só pela fé, ainda quando a partícula que denota exclusividade – *somente* – em parte alguma é encontrada na Escritura, são refutados por este mesmo argumento. Porém, se a justificação não depende nem da lei, nem tampouco de nós mesmos, por que ela não deveria ser atribuída somente à misericórdia? E se ela procede somente da misericórdia, então ela procede somente da fé.

A partícula *ora* pode simplesmente ser considerada adversativamente, sem referência temporal, assim como às vezes substituímos *ora* por *mas, porém*.[26] Entretanto, se uma referência temporal é preferível (e de boa vontade o admito com o fim de evitar qualquer suspeita de evasiva), não será preciso entender que se refere somente à revogação de cerimônias, pois a intenção do apóstolo era simplesmente ilustrar, por meio de uma comparação, a graça por meio da qual sobrepujaremos os [antigos] pais. O significado consistirá, portanto, em que a justiça procedente da fé foi revelada pela pregação do evangelho depois do aparecimento de Cristo em carne. Entretanto, não se deduz disso que ela estivera oculta antes da vinda de Cristo, pois uma dupla manifestação deve ser percebida aqui, ou seja a primeira, no Velho Testamento, a qual consistia da palavra e dos sacramentos; a segunda, no Novo testamento, a qual, em adição às cerimônias e promessas, contém seu cumprimento em Cristo. A isso acrescenta-se também uma maior clareza pela pregação do evangelho.

Sendo testemunhada[27] **pela lei e pelos profetas**. O apóstolo acrescenta isto para que não parecesse que o evangelho se opõe à lei em conferir uma justiça que é gratuita. Portanto, como ele

---

26 "As palavras *ora* e *porém* podem ser consideradas meramente como fazendo a transição de um parágrafo para outro, ou como uma designação de tempo; *ora*, isto é, sob a dispensação do evangelho. Em favor desse ponto de vista é a frase "para declarar *neste tempo* sua justiça [v. 26]." – *Hodge*.

27 "Testimonio comprobata" etc., assim traduzem *Beza* e *Pareus* μαρτυρουμένη; "Sendo atestado", *Doddridge*; "Sendo testificado", *Macknight*. *Schleusner* formula uma paráfrase: "Sendo pregado e prometido"; e este é sem dúvida o pleno significado.

negara que a justiça procedente da fé necessita da assistência da lei, então ele insiste que ela é confirmada pelo seu testemunho. E se a lei dá testemunho da justiça gratuita, é evidente que ela não fora dada com o fim de ensinar aos homens como apropriar-se da justiça por meio das obras. Aqueles, pois, que deturpam a lei com este propósito, pervertem-na. E se porventura alguém deseja uma prova deste fato, então que examine, pela ordem, os itens principais do ensino mosaico, e assim descobrirá que no princípio o homem, ao ser lançado para fora do reino de Deus, não pôde contar com outros meios de restauração senão aquele contido nas promessas evangélicas concernentes à bendita semente, por meio da qual foi predito que a cabeça da serpente seria esmagada [Gn 3.15], e na qual uma bênção fora prometida às nações. Nos mandamentos encontraremos prova de nossa iniquidade, e nos sacrifícios e oblações aprenderemos que a satisfação e purificação só serão encontradas em Cristo.[28] Se formos aos profetas, então descobriremos as mais insofismáveis promessas da graciosa misericórdia. Sobre este ponto, vejam-se minhas *Institutas* [*Livro II.vii,x*].

22. Justiça de Deus pela fé em Jesus Cristo.[29] O apóstolo demonstra sucintamente que esta justificação só pode ser encontrada em Cristo e apreendida pela fé. Ao introduzir o nome de Deus, contudo, ele parece fazê-lo o Autor, e não meramente o aprovador da justiça anunciada por ele mesmo, como se dissesse que a mesma emana somente de Deus, ou que sua origem está no céu, mas que nos foi revelada em Cristo.

---

28 Concorrente com o que se diz aqui é esta notável e condensada passagem de *Scott*: "foi testemunhada pela lei e pelos profetas; as testemunhas testificaram; a própria exatidão da lei moral e suas maldições legais, sendo comparadas com as promessas de misericórdia aos pecadores, implícitas nela; as promessas e predições do Messias deram testemunho dela; a fé e a esperança dos crentes antigos a reconhecem; e todo o Velho Testamento, corretamente entendido, ensinou os homens a esperarem e a dependerem dela."

29 As palavras que se seguem, διὰ πίστεως Ἰησοῦ Χριστοῦ, "por ou através da fé de Jesus Cristo", significam não a fé que é sua, mas a fé da qual ele é o objeto. Têm de ser traduzidas "através da fé em Jesus Cristo". O caso genitivo tem às vezes este significado: Ἔχετε πίστιν Θεοῦ – Tenha fé em [de] Deus" [Mc 11.22]; "Ἐν πίστει ζῶ τῇ τοῦ υἱοῦ τοῦ Θεοῦ – Vivo pela fé do Filho de Deus"; seria em nossa linguagem: "Vivo pela fé no Filho de Deus." Este caso genitivo do objeto é um hebraísmo, e é de frequente ocorrência.

Portanto, eis a ordem a ser seguida para a discussão do presente tema: *Primeiro*, a *causa* de nossa justificação não se acha radicada no julgamento humano, e, sim, no tribunal divino, diante do qual só a perfeita e absoluta obediência à lei é computada como justiça, como é evidente das promessas e admoestações da lei. Se não há um sequer que atinja a santidade com tanta precisão, segue-se que todos os homens se acham destituídos de justiça inerente. *Segundo*, é indispensável que Cristo venha em nosso auxílio, pois ele é o único inerentemente justo e capaz de fazer-nos justos, transferindo para nós sua própria justiça. Agora percebemos como a justiça procedente da fé é a justiça de Cristo. Quando, pois, somos justificados, a *causa eficiente* é a misericórdia divina; Cristo é a *substância* [*materia*] de nossa justificação; e a Palavra, juntamente com a fé,[30] são os *instrumentos*. Diz-se-nos, portanto, que a fé justifica, visto ser ela o instrumento por meio do qual recebemos a Cristo, em quem a justiça nos é comunicada. Quando somos feitos participantes de Cristo, somos não só justos em nós mesmos, mas também nossas obras são [agora] consideradas justas aos olhos de Deus, porque quaisquer imperfeições nelas existentes são obliteradas pelo sangue de Cristo. As promessas, que são condicionais, nos são cumpridas também pela mesma graça, visto que Deus galardoa nossas obras como se fossem perfeitas, uma vez que seus defeitos são cobertos pelo perdão gracioso.

Para todos e sobre todos os que crêem.[31] À guisa de ampliação, ele reitera a mesma verdade em diferentes expressões, visando a expressar mais plenamente o que já ouvimos, ou seja o que é aqui requerido é exclusivamente a *fé*, para que os crentes não sejam distinguidos por características externas, e que, portanto, não é importante se são gentios ou judeus.

---

30 No original temos: "Ut ergo justificemur, causa efficient est misericordia Dei, Christus materia, verbum cum fide instrumentum – Quando, pois, somos justificados, a causa eficiente é a misericórdia de Deus; e Cristo, a causa material; a palavra com fé é o instrumento."

31 Εἰς πάντας και ἐπι πάντασ. Ele faz uma diferença semelhante em suas expressões no versículo 30. Esta justiça, como dizem alguns, veio *para* os judeus, como se lhes fora prometida, e *sobre* os gentios, como um dom com o qual não estavam familiarizados, e que lhes foi conferido. Mas a posse era igual e pertencia a todos os que creram, e nenhum outro, quer judeu quer gentio.

23. Porque todos pecaram e foram privados da glória de Deus;
24. sendo justificados gratuitamente por sua graça mediante a redenção que está em Cristo Jesus;
25. a quem Deus apresentou como propiciação, por meio de seu sangue, para manifestar sua justiça, visto ter deixado impunes os pecados anteriormente cometidos, de conformidade com sua tolerância;
26. pois tendo em vista, digo eu, a manifestação de sua justiça no tempo presente, para ele mesmo ser justo e o justificador daquele que tem fé em Jesus.

23. Omnes enim peccaverunt, et destituuntur gloriâ Dei;
24. Justificati gratis ipsius gratiâ per redemptionem quæ est in Christo Iesu:
25. Quem proposuit Deus propitiatorium per fidem in sanguine ipsius, in demonstrationem justitiæ suæ, propter remissionem delictorum,
26. Quæ priùs extiterunt in tolerantiâ Dei; ad demonstrationem justitiæ suæ, in hoc tempore; ut sit ipse justus et justificans eum qui est ex fide Iesu.

23. Porque não há distinção: Todos pecaram e privados estão da glória de Deus. Paulo insiste em que todos, sem distinção, carecem de buscar justiça em Cristo, como se dissesse: "Não há outro caminho para a obtenção desta justiça. Não há um método para justificar alguns, e outro método diferenciado para justificar outros, senão que todos igualmente têm de ser justificados por meio da fé, já que todos são pecadores, e ninguém tem como justificar-se diante de Deus." Ele tem por certo que todo mundo que se aproxima do tribunal divino se conscientiza plenamente de ser pecador, e se sente aniquilado e perdido sob o senso de sua própria culpa. E assim faz-se evidente que nenhum pecador pode suportar a presença de Deus, como se pode ver no exemplo de Adão [Gn 3.8].

O apóstolo ataca novamente com um argumento extraído do oposto; por esta razão é bom notarmos seu raciocínio. Visto que todos os homens são pecadores, daí o apóstolo inferir que todos são deficientes ou desprovidos de todo e qualquer louvor da justiça. Portanto, à luz de seu ensino, não existe justiça senão aquela que é perfeita e absoluta. Se porventura existisse aquilo a que chamam de *meia-justiça*, então não haveria qualquer necessidade de privar o homem, completamente, de toda e qualquer glória por ser ele um pecador. Por isso, a ficção criada por alguns de uma *justiça parcial* é suficientemente refutada. Se porventura tivesse base o conceito de que somos parcialmente justificados pelas obras e parcialmente pela graça de Deus, então este argumento de Paulo, de que todos se acham privados da glória de Deus por serem pecadores, careceria de qualquer força. Portanto, o certo é que não há justiça onde o pecado se faz presente, até que Cristo elimine a maldição. É precisamente isso o que Paulo está a declarar em Gálatas 3.10, a saber: que todos quantos se acham debaixo da lei estão expostos à maldição, e que somos libertados dela somente através da munificência de Cristo. *A glória de Deus* significa a glória que está na presença de Deus, como em João 12.43, onde nos diz nosso Senhor que amaram mais a glória dos homens do que a glória de Deus. Assim o apóstolo nos arrebata do aplauso dos palcos humanos e nos coloca diante do tribunal celestial.[32]

24. Sendo justificados gratuitamente por sua graça. O particípio do verbo é usado aqui de acordo com o costume grego. Eis o significado: visto que não é deixado ao homem, intrinsecamente, senão o fato de que ele perece acossado pelo justo juízo de Deus, por isso é que todos são justificados gratuitamente pela misericórdia divina. Pois Cristo vem em socorro das misérias humanas e se comunica com os crentes, de modo que tão-somente encontrem nele todas as coisas de que carecem. É provável que não haja na Escritura nenhuma outra passagem que ilustre de forma tão extraordinária a eficácia desta justiça, pois demonstra que a misericórdia divina é a *causa eficiente*; Cristo e seu sangue, a *causa material*; a fé, concebida pela

---

[32] *Beza* formula outro ponto de vista, dizendo que o verbo ὑστεροῦνται se refere aos que correm numa corrida e não alcançam o alvo e perdem o prêmio. A "glória de Deus" é a felicidade que ele outorga [veja-se 5.2]; desta toda a humanidade não tem parte, por mais que alguns pareçam lutar tanto por ela; e a mesma só pode ser obtida pela fé. *Pareus*, *Locke* e *Whitby* dão o mesmo parecer. Outros consideram ser ela "a glória" devida a Deus – a qual não se obtém senão através do serviço e honra que ele justamente demanda e requer. Assim pensam *Doddridge*, *Scott* e *Chalmers*. Mas *Melancthon*, *Grotius* e *Macknight* pareciam ter concordado com *Calvino* em considerar 'glória' aqui como o louvor ou a aprovação que vem de Deus. O segundo ponto de vista parece o mais apropriado, segundo o que se diz em 1.21: "não o glorificaram como Deus."

Palavra [Rm 10.17], a *causa instrumental*; e a glória, tanto da justiça divina quanto da munificência divina, a *causa final*.

Com respeito à *causa eficiente*, o apóstolo diz que somos *justificados gratuitamente*, e que somos justificados – o que reforça ainda mais – por sua graça. Assim, ele usou duas vezes a expressão para que se saiba que tudo vem de Deus, e nada de nós mesmos. Teria sido suficiente confrontar *graça* e *mérito*; porém, para impedir que entretivéssemos a idéia de uma justiça truncada, ele firmou ainda mais nitidamente seu significado por meio de repetição, e assim reivindicou para a misericórdia de Deus, exclusivamente, todo o efeito de nossa justiça, a qual os sofistas dividem em duas partes e mutilam, com o fim de não se sentirem constrangidos a admitir sua própria pobreza.

Mediante a redenção que está em Cristo Jesus. Esta é a *causa material*, a saber: o fato de que Cristo, mediante sua obediência, satisfez o juízo do Pai; e ao tomar sobre si nossa *causa*, livrou-nos da tirania da morte, por meio da qual fomos mantidos em cativeiro. Nossa culpa é cancelada pelo sacrifício expiatório por ele oferecido. Aqui, novamente, a ficção daqueles que fazem da justiça uma qualidade [humana] recebe sua melhor refutação. Se somos considerados justos diante de Deus em razão de sermos redimidos mediante um preço, certamente recebemos de outra fonte o que não possuímos. O apóstolo, logo a seguir, explica mais claramente o valor e objetivo desta redenção, ou seja ela nos reconcilia com Deus, pois ele chama Cristo de *propiciação* ou (prefiro usar a alusão a uma figura mais antiga) *propiciatório*. O que ele pretende é que somos justos somente até onde Cristo reconcilia o Pai conosco. Mas devemos agora examinar o que ele diz.[33]

---

[33] Sobre esta palavra ἱλαστήριον, tanto *Venema*, em suas notas sobre o comentário de *Stephanus* de Brais sobre esta Epístola, quanto o prof. *Stuart*, têm longas observações. Ambos concordam quanto ao significado da palavra como se acha na Septuaginta e nos autores gregos, porém discordam quanto à implicação aqui. Ela significa invariavelmente na Septuaginta o propiciatório, כפרה, e como está na forma de um adjetivo, tem pelo menos uma vez [x 25.17] ἐπίθεμα, *cobrir*, acrescido. Nos clássicos, porém, significa um

25. A quem Deus apresentou como propiciação. O verbo grego, προτίθεναι, às vezes significa *predeterminar* e às vezes *apresentar*. Se porventura preferirmos o primeiro significado, então Paulo está a referir-se à graciosa misericórdia de Deus em haver designado Cristo como nosso Mediador a fim de reconciliar o Pai conosco por meio do sacrifício de sua morte. Não é um encômio comum da graça de Deus o fato de que, de seu próprio beneplácito, ele encontrou uma forma pela qual pudesse remover nossa maldição. Na verdade, tudo indica que a presente passagem concorda com aquela que se acha em João 3.16: "Deus amou o mundo de tal maneira, que deu seu Filho unigênito." Entretanto, se adotarmos o segundo significado, o sentido será o mesmo, a saber: que, a seu próprio tempo, Deus o *apresentou*, a quem designou *Mediador*. Há, creio eu, na palavra ἱλαστήριον, como já disse, uma alusão ao antigo propiciatório, pois o apóstolo nos informa que em Cristo foi exibido em realidade, aquilo que, para os judeus, foi dado figuradamente. Entretanto, visto que o outro ponto de vista não pode ser descartado, caso o leitor prefira aceitar o sentido mais simples, então deixarei a questão em aberto.

---

sacrifício propiciatório, a palavra θῦμα, um sacrifício, estando subjacente. Mas por si mesma é usada como outras palavras de terminação semelhante. Encontra-se também em *Josefo* e em *Macabeus* neste sentido. Parece que *Orígenes*, *Teodoreto* e outros pais, bem como *Erasmo*, *Lutero* e *Locke* assumiram o primeiro significado: *propiciatório*; e que *Grotius*, *Elsner*, *Turrettin*, *Bos* e *Tholuck*, assumiram o segundo significado: *um sacrifício propiciatório*. Ora, como ambos os significados são legítimos, qual deles preferiríamos? *Venema* e *Stuart* realçam uma coisa que muito favorece o último ponto de vista, isto é, a frase ἐν τῳ αἵματι αὐτοῦ; e o último diz que seria incongruente representar Cristo mesmo como sendo o propiciatório, e representá-lo também como que aspergindo seu próprio sangue; mas que é apropriado dizer que um sacrifício propiciatório foi feito com seu sangue. O verbo προέθετω, *apresentar*, que se acrescenta, parece apoiar o mesmo ponto de vista. Para exibir um *propiciatório* é certamente uma linguagem não adequada nesta conexão.
Pareus a traduz "placamentum – expiatório", *hoc est*, 'placatorem', isto é, 'expiar' ou 'expiatório'. A versão de *Beza* é a mesma – 'placamentum'; *Doddridge* tem 'propiciação', e *Macknight*, 'propiciatório' e *Schleusner*, "expiatorem – expiatório".
A palavra ocorre em um único outro lugar com o artigo neutro, τὸ ἱλαστήριον [Hb 9.5]; onde claramente significa propiciatório. É sempre acompanhada de artigo na Septuaginta [Lv 16.2, 13-15]; aqui, porém, está sem o artigo e pode ser considerada como um adjetivo dependente de ὅν, 'a quem', e traduzida propiciatório. Se propiciatório estivesse em pauta, teria sido τὸ ἱλαστήριον.

O significado específico do apóstolo, aqui, se faz ainda mais evidente se atentarmos para o que ele diz, ou seja que Deus, à parte de Cristo, está sempre irado conosco, e que somos reconciliados com ele quando somos aceitos por meio de sua justiça. Deus não nos odeia na qualidade de feituras suas, ou, seja, pelo fato de nos ter criado como seres viventes, mas o que ele odeia em nós é a impureza, a qual extinguiu a luz de sua imagem. Quando esta [impureza] é removida, então ele nos ama e nos abraça como feituras suas, próprias e puras.

Como propiciação pela fé em seu sangue. Prefiro esta retenção literal da linguagem de Paulo, visto que, segundo meu modo de pensar, sua intenção era usar uma única idéia ao declarar que se reconcilia conosco tão logo pomos nossa confiança no sangue de Cristo. Porque é pela fé que tomamos posse deste benefício. Ao mencionar somente o *sangue*, ele não pretendia excluir as outras partes da redenção; ao contrário, pretendia incluir tudo numa única palavra, e fez menção do sangue porque é nele que somos lavados. E assim toda a nossa expiação é compreendida no ato de se tomar a parte pelo todo. Havendo uma vez afirmado que Deus nos reconciliou em Cristo, ele agora adiciona que esta reconciliação é processada através da fé, ao mesmo tempo que, olhar para Cristo, constitui o principal objetivo de nossa fé.

Visto ter deixado impunes os pecados[34] **anteriormente cometidos.** A preposição causal [*visto que*] é equivalente a *por causa da remissão* ou *com o fim de apagar nossos pecados*. Esta definição ou explicação confirma novamente o que tenho reiteradamente aludido, ou seja que os homens são justificados não pelo que são na realidade

---

[34] As palavras são διὰ τὴν πάρεσις. Parecem conectadas, não com a primeira cláusula, mas com aquela imediatamente precedente; e διὰ pode ser traduzida aqui *em*; veja-se a nota em 2.26; ou, talvez mais apropriadamente, *por conta de*. "Para uma prova de sua própria justiça *em* passar por alto os pecados" etc., *Macknight*; "A fim de declarar sua justificação *com respeito* ao cometimento de pecados", *Stuart*.
O que significa a 'justiça' de Deus aqui tem sido explicado variadamente. Alguns a consideram sua justiça em cumprimento de suas promessas, como *Beza*; outros, sua justiça em Cristo para os crentes, mencionada em 1.17, como *Agostinho*; e outros, sua justiça como o Deus de retidão e justiça, como *Crisóstomo*.

mas por *imputação*. Somente ele usa várias formas de expressão com o propósito de fazer mais evidente que não há mérito algum inerente em nós concernente a esta justiça. Se a obtemos pela remissão dos pecados, concluímos que ela se acha além de nós mesmos; e mais: se a remissão em si é um ato exclusivo da liberalidade divina, então todo mérito cai por terra.

Pode-se, contudo, perguntar por que o apóstolo restringe o perdão aos pecados passados. Embora esta passagem seja explicada de várias formas, penso ser provável que o apóstolo estivesse pensando nas expiações legais, as quais eram na verdade evidências da satisfação futura, mas que não possuíam os meios de aplacar a Deus. Em Hebreus 9.15, temos uma passagem similar, na qual se declara que a redenção das transgressões que restavam sob o antigo pacto foi produzida por Cristo. Entretanto, não temos que entender que só as transgressões daqueles tempos foram expiadas pela morte de Cristo. Esta é uma idéia completamente sem sentido, a qual alguns extremistas têm extraído de uma visão distorcida desta passagem. Paulo ensina simplesmente que, até a morte de Cristo, não fora pago nenhum preço para satisfazer a Deus, e que isso não fora realizado nem consumado pelos tipos legais – por isso a verdade fora adiada até que chegasse a plenitude dos tempos. Podemos dizer mais, que aquelas coisas que nos envolvem em culpa têm de ser consideradas pelo mesmo prisma, porquanto só há uma única propiciação para todos.

A fim de evitar inconsistência, alguns eruditos têm mantido que os pecados anteriores são perdoados, com o fim de não parecer que se dava permissão para pecar-se no futuro. Sem dúvida que é verdade que nenhum perdão é oferecido exceto para os pecados já cometidos, não porque o valor da redenção se extinga ou se perca, caso pequemos no futuro – segundo o conceito de Novato e seus sequazes –, mas porque a dispensação do evangelho consiste em pôr o pecador diante do juízo e da ira de Deus, e em pôr a misericórdia divina diante do pecador. Contudo, o verdadeiro sentido está no que já havia explicado.

A frase adicional, de que esta remissão teve por base a *longanimidade* de Deus, significa simplesmente *bondade*. Esta serviu para restringir o juízo divino, e o impediu de inflamar-se para nossa destruição, até que fôssemos finalmente recebidos em seu favor. Não obstante, para não parecer que esta idéia foi posta aqui à guisa de antecipação com o fim de evitar-se a objeção de que esta graça surgiu somente em última instância, Paulo nos instrui que isso constitui uma evidência da longanimidade [divina].

26. Tendo em vista a manifestação de sua justiça. A reiteração desta cláusula é enfática e revela a intenção deliberada do apóstolo, visto que a mesma era muito necessária. Não há dificuldade maior do que persuadir alguém a privar-se de toda honra e atribuí-la a Deus; mesmo assim, o apóstolo intencionalmente menciona esta nova demonstração da justiça divina, visando a que os judeus abrissem seus olhos para ela.

No tempo presente. O apóstolo, corretamente, aplica ao período em que Cristo se revelou o que existira em todos os tempos, pois Deus manifestou publicamente em seu Filho o que anteriormente fora conhecido de forma obscura e em meio às sombras. Desta forma, a vinda de Cristo se deu no tempo do beneplácito divino e no dia da salvação [Is 49.8; 2Co 6.1,2]. Deus, em todas as épocas, havia dado provas de sua justiça; mas, ao nascer o *Sol da Justiça*, a mesma [justiça] despontou com maior resplendor. Portanto, observemos bem a comparação entre o Velho e o Novo Testamentos, porque a justiça de Deus só se revelou claramente no tempo em que Cristo apareceu.

Para ele mesmo ser justo e o justificador daquele que tem fé em Jesus. Esta é uma definição daquela justiça que, como disse Paulo, foi revelada no tempo em que Cristo se manifestou, e que, segundo nos ensinou no primeiro capítulo, se fez conhecida no evangelho. Ele afirma que ela consiste de duas partes: a primeira consiste em que Deus é justo, não propriamente *um* entre muitos, mas o *único* que possui inerentemente toda a plenitude da justiça. Ele recebe o pleno e perfeito louvor que só a ele é devido, como o único que detém o nome e a honra de ser justo, ao mesmo tempo em que toda a raça humana se acha condenada por sua injustiça [inerente]. A segunda parte refere-se à comunicação da justiça, pois Deus de forma alguma oculta suas riquezas em seu Ser, senão que as derrama sobre todo o gênero humano. A justiça divina, pois, resplandece em nós na medida em que Deus nos justifica por meio da fé em Cristo, pois este haveria sido dado em vão, para nossa justiça, caso não o usufruíssemos, por meio da fé. Segue-se disso que todos os homens, inerentemente, são injustos e estão perdidos, até que o remédio celestial lhes seja oferecido.[35]

27. Onde, pois, a vanglória? Está excluída. Por que gênero de lei? das obras? Não, pelo contrário, pela lei da fé.
28. Concluímos, pois, que o homem é justificado por meio da fé, independentemente das obras da lei.

27. Ubi ergo gloriatio?[36] exclusa est. Per quam legem? operum? Nequaquam; sed per legem fidei.
28. Constituimus ergo, fide justificari hominem sine operibus Legis.

27. Onde, pois, a vanglória? Tendo uma vez privado todos os homens da confiança nas obras, com razões suficientemente conclusivas, o apóstolo agora os reprova em face de sua vaidade. Sua exclamação, neste ponto, era indispensável, pois teria sido insuficiente, neste caso, que lhes ministrasse seu ensino, se o Espírito Santo não bombardeasse nosso orgulho com fulminante veemência, com o fim de lançá-lo abaixo. A vanglória, diz ele, é, sem sombra de dúvida, de

---

[35] Uma passagem paralela a esta, inclusive os dois versículos, 25 e 26, se encontra em Hebreus 9.15; onde uma referência, como aqui, é feita ao efeito da morte de Cristo quanto aos santos sob o Velho Testamento. A mesma verdade está implícita em outras partes da Escritura, mas não tão expressamente declarado.
Stuart faz aqui uma importante observação, dizendo que a morte de Cristo é considerada só como a de um mártir ou como um exemplo de constância, como, pois, poderia sua eficácia apontar para "os pecados já passados"? De nenhuma outra forma, senão como uma morte vicária, poderia possivelmente ter algum efeito sobre os pecados passados, não punidos através da paciência de Deus.

[36] *Gloriatio* – καύχησις – se gloriando – se gabando ou se regozijando. "O resultado do plano evangélico da salvação é obliterar toda auto-aprovação, autogratificação e exaltação por parte do pecador." – *Hodge*.

todo excluída, visto não podermos produzir nada por nós mesmos que mereça a aprovação ou o louvor de Deus. Contudo, se mérito é uma questão de vanglória, quer a chamemos de 'mérito côngruo' ou 'mérito condigno', por meio do qual alguém pode reconciliar Deus consigo mesmo, vemos que ambos são aqui destruídos. Paulo não está preocupado com a diminuição ou moderação do mérito, senão que não deixa ficar uma só partícula dele. Além disso, se a fé remove a ostentação das obras, de tal forma que não pode ser proclamado puramente sem privar totalmente os homens de todo e qualquer louvor, ao atribuir tudo à misericórdia de Deus, segue-se que obra alguma é de algum valor para obter-se a justiça.

Das obras? Em que sentido o apóstolo nega, aqui, que nossos méritos estão excluídos pela lei, quando, antes, provou nossa condenação pela lei? Se a lei entrega a todos nós à morte, que glória poderíamos obter dela? Ao contrário, não priva ela, a todos nós, de nos gloriarmos, e não nos cobre ela de opróbrio? Ele demonstrou, pois, que nosso pecado está exposto pelo juízo da lei, visto que todos nós deixamos de observá-la. O que ele tem em mente, aqui, é que, se a justiça consistisse na lei das obras, então nossa vanglória não seria excluída; porém, visto que ela procede da fé somente, então não há nada que possamos reivindicar como nosso, porquanto a fé recebe tudo de Deus, e não apresenta nada senão uma humilde confissão de carência.

Deve-se observar cuidadosamente este contraste entre *fé* e *obras*, porquanto as obras são aqui mencionadas universalmente sem qualquer adição. Ele, pois, está se referindo não apenas a observâncias cerimoniais, nem especificamente a algumas obras externas, porém inclui todos os méritos provenientes das obras que se possam porventura imaginar.

O termo *lei* é aqui impropriamente aplicado à fé, porém isso de forma alguma obscurece a intenção do apóstolo. Ele tem em mente que, quando se busca o domínio da fé, toda e qualquer ostentação posta nas obras fica destruída. É como se estivesse dizendo que a justiça procedente das obras é de fato recomendada na lei, mas aquela que procede da fé tem sua própria lei, a qual não deixa espaço algum para a justiça procedente das obras.³⁷

28. Concluímos, pois, que o homem é justificado pela fé. O apóstolo expõe sua principal proposição como sendo, neste ponto, indisputável, e adiciona uma explicação, pois quando as obras são expressamente excluídas, muita luz é jorrada sobre a justificação pela fé. Por essa razão, nossos oponentes despendem os mais ingentes esforços em suas tentativas de envolver a fé nos méritos das obras. Na verdade concordam que o homem é justificado *pela fé*, mas *não só* pela fé. De fato, concedem ao *amor* o poder da justificação, embora, ao falarem, a atribuem à fé. O apóstolo, porém, afirma nesta passagem que a justificação é gratuita, de tal modo que ela não pode, de forma alguma, ser associada com os méritos das obras. Já expliquei por que ele se reporta às obras como sendo da lei, e ao mesmo tempo já provei que é um completo absurdo restringir as obras às observâncias cerimoniais. É igualmente um sério equívoco entender o termo *obras da lei* como sendo aquelas obras provenientes da *letra*, as quais são realizadas sem o Espírito de Cristo. Ao contrário, o termo *lei* que o apóstolo adiciona é equivalente ao termo *obras meritórias*, visto referir-se à recompensa prometida na lei.³⁸

Quando Tiago afirma que o homem não é justificado só pela fé, mas também pelas obras, isso de forma alguma contradiz o conceito precedente. A melhor forma de conciliar os dois conceitos é levando em conta a *natureza* do argumento utilizado por Tiago. A questão consiste não em *como o homem pode obter a justiça* para si mesmo

---

37 *Grotius* explica 'lei', aqui, como "vivendi regula – norma de vida"; *Beza*, "doctrina – doutrina ou ensino", segundo o sentido da palavra תורה em hebraico; e *Pareus*, "a lei de obras", metonimicamente, pelas próprias obras, e "a lei da fé", para a própria fé; e cita estas palavras de *Teofilato*: "O apóstolo chama a lei fé porque a palavra *lei* era de alta veneração entre os judeus." Ele usa o termo *lei* de uma maneira semelhante em 8.2: "A lei do espírito de vida" etc. "Aqui ele chama o evangelho "a lei da fé" porque a fé é a condição do pacto evangélico, como a perfeita obediência era a condição do pacto da natureza e o mosaico (conditio fœderis naturalis et fœderis Mosaici)." – *Turrettin*.

38 À frase χωρίς ἔργων νόμου pode ser traduzida "sem as obras da lei", isto é, quer natural ou revelada; pois os gentios, tanto quanto os judeus, são aqui contemplados.

na presença de Deus, e, sim, *como pode provar* a seus iguais que ele está justificado. Tiago está refutando os hipócritas que faziam um fútil estardalhaço para provar que tinham fé. Portanto, é uma grosseira falta de lógica não admitir que o termo *justificar* é tomado por Tiago em sentido distinto do de Paulo, visto que ambos tratam de temas também distintos: O termo *fé* está também sujeito a vários significados, e tal ambiguidade deve ser levada em conta para um correto juízo sobre a questão. Tiago, como podemos averiguar à luz do contexto, não pretendia dizer nada mais, nada menos, que o homem não deve ser tido por justo por meio de uma fé fictícia ou morta, a menos que ele prove sua justiça por meio de atos. Sobre esta questão, vejam-se minhas *Institutas* [*Livro III.iii.12*].

29. Ou porventura seria ele somente o Deus dos judeus? Ele não é também o Deus dos gentios?	29. Num Iudæorum Deus tantùm? an non et Gentium? certè et Gentium.
30. Sim, também dos gentios, visto que Deus é um só, o qual justificará por fé o circunciso, e através da fé o incircunciso.	30. Quandoquidem unus Deus[39], qui justificabit cirumcisionem ex fide, et præputium per fidem.

29. Ou porventura seria ele somente o Deus dos judeus? A segunda proposição consiste em que esta justiça não pertence mais aos judeus do que aos gentios. Era de grande importância que este ponto fosse enfatizado, a fim de que o livre ingresso para o reino de Cristo pudesse ser feito através do mundo todo. Portanto, ele não pergunta simples ou precisamente se Deus era o criador dos gentios – tal coisa era admitida sem contestação –, mas se ele se declararia também o Salvador deles. Depois de haver nivelado toda a raça humana e reduzido todos à mesma condição, qualquer distinção porventura existente entre eles deveria vir de Deus e não deles próprios, pois todos se achavam no mesmo nível. Mas, se é verdade que Deus deseja fazer a todos os povos da terra co-participantes de sua misericórdia, então a salvação (bem como a justiça que se

---

39 Εἶς ὁ θεος – *unus Deus*. Εἶς aqui significa a mesma coisa; veja-se 1 Coríntios 3.8.

faz necessária à salvação) se estende a todos. Portanto, pelo nome *Deus* é comunicada a mútua relação que com frequência se menciona na Escritura: "Vós sereis o meu povo, e eu serei o vosso Deus" [Jr 30.22]. O fato de que, por um certo tempo, Deus escolheu para si um povo particular, não invalidou o princípio da criação, de que toda a humanidade fora formada segundo a imagem de Deus e foi sendo educada no mundo para a esperança de uma eternidade feliz.

30. Justificará[40] por fé o circunciso, e através da fé o incircunciso. Ao dizer que alguns são justificados *pela* fé, e outros, *através da* fé, é provável que tenha permitido uma variedade de expressões com o fim de enfatizar a mesma verdade, visando a tocar de passagem a insensatez dos judeus que imaginavam haver certa distinção onde há tão grande similaridade. Sou, portanto, de opinião que as palavras expressam ironia, como se dissesse: "Se porventura alguém deseja fazer alguma diferença entre gentios e judeus, que seja a seguinte: os judeus obtêm a justiça *pela* fé, e os gentios, *através da* fé." Entretanto, é possível que a seguinte distinção seja preferível, a saber: que os judeus são justificados *pela* fé em razão de terem nascido como os herdeiros da graça, quando o direito de adoção lhes é transmitido através dos pais; porém, no tocante aos gentios, são eles justificados *através da* fé em razão de o pacto ter-lhes vindo de fora.

31. Anulamos, pois, a lei, pela fé? Não, de maneira nenhuma, antes confirmamos a lei.	31. Legem igitur irritam facimus per fidem? Ne ita sit: sed Legem stabilimus.

31. Anulamos, pois, a lei, pela fé? Quando a lei é confrontada com a fé, a carne imediatamente suspeita de haver alguma incompatibilidade entre ambas, como se uma fosse contrária à outra. Este mal-entendido prevalece particularmente entre aqueles cujas mentes

---

[40] O futuro cede lugar ao presente – "quem justifica"–, segundo o modo da linguagem hebraica, ainda que alguns considerem que o dia do juízo esteja em pauta; mas ele parece falar de um ato presente, ou, como diz *Grotius*, de um ato contínuo, o qual os hebreus expressavam pelo tempo futuro.

são enganadas por um falso conceito de lei, e que, desconsiderando as promessas, não buscam na lei outra coisa senão unicamente a justiça procedente das obras. Por essa razão, os judeus atacavam severamente não só a Paulo, mas também a nosso Senhor mesmo, como se toda sua pregação não almejasse outra coisa senão a anulação da lei – daí o protesto que o Senhor pronuncia: "Eu vim não para destruir [a lei], mas para cumprir" [Mt 5.17].

Esta suspeita se estendeu tanto à lei moral quanto à cerimonial; pois, visto que o evangelho põe fim às cerimônias mosaicas, então sua intenção se estende também à destruição do ministério de Moisés. E mais: visto que o evangelho oblitera toda a justiça procedente das obras, criam que isso era contrário a todas as cerimônias da lei, nas quais o Senhor afirma que ele prescreveu o caminho da justiça e da salvação. Portanto tomo esta defesa do apóstolo como se referindo não só às *cerimônias*, nem ao que chamam de *preceitos morais*, mas a toda a lei em sentido universal.[41]

Antes confirmamos a lei. O fato é que a lei moral é confirmada e estabelecida através da fé em Cristo, já que ela foi dada para ensinar o homem acerca de sua iniquidade e para guiá-lo a Cristo, sem o qual a lei não seria cumprida. Em vão a lei proclama o que é reto,

---

41 A lei aqui, sem dúvida, significa a lei da qual se faz menção nos versículos anteriores – a lei pelas obras das quais não podemos ser justificados –, a lei que é, neste aspecto, oposta à fé. Atribuir seu significado aos versículos 20 e 21, como faz *Stuart*, "é totalmente sem justificativa", bem como dizer que ela significa o Velho Testamento. Pois fazer isso é separá-la de sua conexão imediata sem qualquer razão plausível. Além disso, tal interpretação oblitera uma importante doutrina, a saber: que a fé não invalida nem anula a autoridade, o uso e sanções da lei moral, mas, ao contrário, os sustenta e os confirma. Embora ela [a fé] faça o que a lei não faz, e não pode fazer, visto que ela salva o pecador a quem a lei condena, todavia ela efetua isso sem relaxar ou desonrar a lei, porém de uma maneira que a torna, o quanto possível, mais obrigatória e mais honrada e mais eminente. Só faz a passagem mais difícil incluir a lei cerimonial (pois possui em si mais de fé do que de lei), à qual não se faz nenhuma referência no contexto. Mas parece não haver nenhuma objeção incluir a lei da consciência, tanto quanto a lei escrita. Pois a fé confirma ambas, e a palavra 'lei' é aqui sem o artigo, ainda que isso, em si mesmo, não é decisivo. A lei moral, pois, tanto quanto a lei da consciência, é o que está em pauta aqui; pois a autoridade de ambas é confirmada e corroborada pela fé.

e todavia não faz outra coisa senão fomentar os desejos desordenados, a fim de finalmente trazer sobre o homem maior condenação. Entretanto, ao dirigirmo-nos a Cristo, primeiramente encontramos nele a perfeita justiça da lei, e a mesma se torna também nossa por imputação. Em segundo lugar, encontramos nele a santificação, por meio da qual nossos corações são moldados a fim de guardarem a lei. É verdade que guardamo-la imperfeitamente, mas pelo menos ansiamos por guardá-la. O argumento é o mesmo no caso das cerimônias. Estas cessam e se desvanecem quando Cristo chega, mas são verdadeiramente confirmadas por ele. Intrinsecamente, não passam de figuras vãs e sombras furtivas, e só possuirão realidade quando em referência a uma finalidade superior. Sua mais elevada confirmação, pois, está no fato de que alcançaram seu propósito em Cristo. Portanto, lembremo-nos também de pregar o evangelho de tal forma que estabeleçamos a lei pela nossa maneira de pregar, contanto que o único fundamento de nossa pregação seja a fé em Cristo.

Capítulo 4

1. Que diremos, pois, ter alcançado Abraão, nosso pai segundo a carne?
2. Porque, se Abraão foi justificado por obras, tem de que se gloriar, mas não em relação a Deus.
3. Pois, que diz a Escritura? Abraão creu em Deus, e isso lhe foi imputado para justiça.¹⁶¹

1. Quid ergo dicemus, invenisse Abraham patrem nostrum secundum carnem?
2. Si enim Abraham ex operibus justificatus est, habet quo glorietur, sed non apud Deum.
3. Quid enim Scriptura dicit? Credidit Abraham Deo, et imputatum est illi in justitiam.¹

1. Que diremos, pois? O apóstolo confirma seu argumento usando um exemplo, e sua prova é suficientemente conclusiva, visto que, seja em conteúdo, seja em pessoa, os pontos de correspondência são muito parecidos. Abraão foi o pai dos fiéis. Devemos todos nós conformar-nos a ele. Porém, só há um meio, e não mais que um, pelo qual todos podem alcançar a justiça. Em muitas outras questões, um só exemplo não seria suficiente para fazer dele uma regra geral. Contudo, visto que na pessoa de Abraão foi exibido um *espelho* ou *padrão* de justiça, o qual pertence comumente a toda a Igreja, Paulo corretamente aplica o que fora escrito acerca dele somente em relação a todo o corpo da Igreja. Ao mesmo tempo, também refreia os judeus, os quais não tinham base mais plausível para gloriar-se

---

1 Este capítulo, como observa *Turrettin*, se divide em três partes. A *primeira*, de 1 a 12 inclusive; a *segunda*, de 13 a 17 inclusive, na qual se prova que as promessas feitas a Abraão não dependiam da lei; e a *terceira*, de 18 até o final, na qual a fé de Abraão é enaltecida, e a fé cristã sucintamente indicada.
Pareus, porém, faz uma divisão diferente: 1. Quatro provas da justificação pela fé, de 1 a 16; 2. A dispensação de Abraão, de 17 a 22; 3. A aplicação do tema, de 23 a 25.

do que vangloriar-se de serem eles filhos de Abraão; pois jamais ousariam atribuir a si próprios mais santidade do que a que atribuíam ao santo patriarca. Portanto, uma vez havendo ele sido justificado gratuitamente, então sua posteridade, que reivindica uma justiça sua por direito, procedente da lei, deve cobrir-se de vergonha e ficar em silêncio.

Segundo a carne. Entre esta frase e a palavra *pai* acha-se inserido no texto de Paulo o verbo εὑρηκέναι, assim; "Que diremos nós ter Abraão, nosso antepassado, *encontrado* segundo a carne?" Por essa conta, alguns intérpretes põem a questão assim: "O que Abraão *obteve* segundo a carne?" Se esta exposição é satisfatória, as palavras *segundo a carne* significarão *por natureza* ou *por si mesmo*. Entretanto, é provável que devam ser conectadas com a palavra *antepassado* [*pai*][2] como um epíteto. Visto que são geralmente mais influenciados por exemplos familiares, a dignidade de sua raça, na qual os judeus se orgulhavam tanto, é outra vez expressamente mencionada. Alguns consideram isto como havendo sido acrescentado à guisa de escárnio. Os filhos de Adão são geralmente denominados de *carnais*, neste sentido, porque não são espirituais ou legítimos. Acredito, porém, que a expressão foi usada porque ela pertencia peculiarmente aos judeus, pois era uma honra muito maior ser filhos de Abraão por natureza ou por descendência carnal do que por mera adoção, contanto que houvesse também fé. Ele, pois, concede aos judeus um laço de união mais estreito, mas somente com o fim de

---

2 Assim fizeram todos os pais, segundo *Pareus*, e assim faz a *Vulgata*. Mas comentaristas mais recentes têm tomado as palavras como estão, e com boa razão, pois do contrário a correspondência entre este e o versículo seguinte não seria patente. *Beza, Hammond* e *Macknight* tomam as palavras em sua própria ordem; e isso é o que fazem as versões Siríaca e Arábica.
Κατὰ σάρκα é traduzido por *Grotius* e *Maknight*, "por [*per*] a carne." Alguns entendem pela palavra 'carne', a circuncisão, como *Vatablus*; Outros, faculdades naturais, como *Grotius*. Mas *Beza* e *Hammond* pensam que o significado é o mesmo que "por obras" no versículo seguinte; e 'carne' evidentemente tem esse significado. Significa às vezes a realização do que a lei requer, a observância não só dos deveres cerimoniais, mas também dos deveres morais. Veja-se Gálatas 3.3; 6.12; e especialmente Filipenses 3.3, 4; onde Paulo renuncia "toda confiança na *carne*", e enumera, entre outras coisas, sua estrita conformidade com a lei.

imprimir-lhes mais profundamente a consciência de que não deviam afastar-se do exemplo de seu pai.

2. Pois se Abraão foi justificado por obras. O argumento[3] é incompleto e precisa ser posto na seguinte forma: "Se Abraão foi justificado por obras, então ele pode vangloriar-se em seu próprio mérito, porém não tem razão alguma de vangloriar-se na presença de Deus. Portanto, ele não é justificado por obras." Assim, a frase **porém não em relação a Deus** constitui a proposição menor do silogismo, e a esta deve acrescentar-se a conclusão que já expus, ainda que a mesma não esteja expressa por Paulo. Ele dá o título de 'gloriar-se' quando pretendemos ter algo propriamente nosso que no juízo de Deus mereça recompensa. Quem dentre nós reivindicará para si a mínima partícula de mérito, quando o mesmo foi negado a Abraão?

3. Pois, o que diz a Escritura? Esta é a prova de sua proposição ou hipótese menor, na qual ele negou possuísse Abraão alguma base para gloriar-se. Se Abraão foi justificado em razão de haver abraçado a munificência divina, mediante a fé, segue-se que ele não tem por que gloriar-se, visto que não traz nada propriamente seu exceto o reconhecimento de sua própria miséria que clama por misericórdia. O apóstolo está pressupondo que a justiça procedente da fé é o referencial de socorro e refúgio para o pecador que se acha destituído de obras. Se houvesse alguma justiça procedente da lei ou das obras, então ela residiria no

---

3 *Epicheirema*; em grego, ἐπιχείρεμα, um processo de raciocínio experimentado, porém não concluído. Não é necessário introduzir este gênero de silogismo, não é o caráter da Escritura, bem como de qualquer outro escrito, discutir assuntos dessa forma.
A palavra para 'gloriar', aqui, καύχημα, é diferente daquela de 3.27, καύχησις, e significa razão, motivo ou causa para gloriar-se, e é traduzida por *Grotius* "unde laudem speret – pelo qual ele pode esperar louvor"; e por *Beza* e *Piscator* "unde glorietur – pelo qual ele pode gloriar-se." Para completar a cláusula seguinte, a maioria repete as palavras ἔχει καύχημα – Mas ele não tem motivo para gloriar-se diante de Deus." *Vatablus* apresenta outro significado: "Mas não com respeito a Deus", ou, seja, com respeito ao que ele disse em sua Palavra; e este ponto de vista é confirmado pelo que imediatamente se segue: "Pois, o que diz a Escritura?" Neste caso, não há nada implícito. Que πρὸς θεόν é usado de uma forma semelhante torna-se evidente à luz de outras passagens: τα πρὸς θεόν – "coisas que pertencem a Deus", ou, seja, à obra ou ao serviço de Deus. Veja-se Hebreus 2.17; 5.1.

próprio homem. Todavia, este busca na fé o que não encontra em nenhum outro lugar. Por esta razão é que corretamente se intitula: *justiça imputada pela fé*.

A passagem citada é extraída de Gênesis 15.6, na qual o verbo *crer* não deve ser restringido por alguma expressão particular, mas refere-se ao pacto da salvação e à graça da adoção como um todo, os quais diz-se ter Abraão apreendido pela fé. Há mencionada ali, é verdade, a promessa de uma progênie futura, porém a mesma teve por base a adoção graciosa.[4] Deve-se notar, contudo, que a salvação não é prometida independentemente da graça de Deus, nem a graça de Deus, independentemente da salvação. Igualmente, não somos chamados à graça de Deus, ou à esperança da salvação, sem que a justiça nos seja ao mesmo tempo oferecida.

Se assumirmos esta postura, torna-se evidente que aqueles que pensam estar Paulo arrancando a declaração mosaica de seu contexto, não entendem os princípios da sã teologia. Visto haver uma promessa específica afirmada na passagem, então entendem que Abraão agiu correta e honrosamente ao crer nela, e que por isso recebeu a aprovação divina. Sua interpretação, porém, é equivocada, aqui; primeiro, porque não percebem que *crer* se estende a todo o contexto, e não deve, portanto, restringir-se a uma única cláusula. O principal equívoco, contudo, está em sua falha em começar com o que se acha asseverado sobre a graça de Deus. Este conferiu a Abraão sua graça com o fim de fazê-lo ainda mais convicto da adoção divina e do favor paternal de Deus, nos quais se acha inclusa a salvação eterna através de Cristo. Por esta razão Abraão, ao crer, abraçou nada mais nada menos que a graça a ele oferecida, para que seu crer não fosse destituído de efeito.

---

4 A adoção é evidentemente incluída nas palavras que se acham no primeiro versículo deste capítulo: "Eu sou teu escudo e tua recompensa excessivamente grande." O que se segue é conectado a isso, e a promessa de uma numerosa descendência surgiu do que Abraão disse em relação a ela. Sua convicção de que tinham um especial respeito para com a primeira promessa, como a segunda, referente a sua 'semente', era só, por assim dizer, uma amplificação da primeira, ou uma adição a ela.

Se isso lhe foi imputado para justiça, segue-se que a única base de sua justiça consistia em sua confiança na munificência divina e em sua ousadia em esperar todas as coisas como provindas de Deus. Moisés não relata o que os homens pensavam de Abraão, mas, sim, o *caráter* que ele possuía diante do tribunal divino. Abraão, pois, apoderou-se da bondade divina que lhe era oferecida na promessa, e por meio da qual percebeu que a justiça lhe estava sendo comunicada. A fim de determinar o significado de justiça, é indispensável que se entenda esta relação entre *promessa* e *fé*, porquanto existe a mesma relação entre *Deus* e *nós*, assim como judicialmente existe entre o *doador* e o *recipiente*. Alcançamos a justiça somente porque ela nos é comunicada pela promessa do evangelho, e assim discernimos que a possuímos pela fé.[5]

Já expliquei, e pretendo explicar mais plenamente, se porventura o Senhor mo permitir, quando tratar da Epístola de Tiago, como devemos conciliar a presente passagem com aquela epístola, como se houvesse entre elas alguma contradição. Cabe-nos simplesmente notar que aqueles a quem a justiça é imputada são justificados, visto que Paulo usa estas duas expressões como sinônimas. Concluímos daqui que a questão não é *o que* os homens inerentemente são, e, sim, *como* Deus os considera, não porque pureza de consciência e integridade de vida sejam distintas do gracioso favor de Deus, mas porque, quando se busca a razão pela qual Deus nos ama e por que ele nos reconhece, é necessário que Cristo seja contemplado como *Aquele* que nos veste com sua própria justiça.

---

[5] s observações precedentes contêm um lúcido e satisfatório ponto de vista do caráter da fé de Abraão, perfeitamente consistente com o que Paulo diz dela neste capítulo e na epístola aos Gálatas. Alguns pensam que o *princípio* da fé era a única coisa que o apóstolo tinha em vista ao reportar à fé de Abraão, e que não tinha uma consideração especial pelo objeto da fé que justifica, ou, seja, Cristo. Mas que Cristo lhe foi, em certa medida, revelado é evidente à luz do relato dado em Gênesis e à luz do que Cristo mesmo disse, a saber: que Abraão viu seu dia e se regozijou [Jo 8.56]. Ao mesmo tempo, foi a promessa de graciosa misericórdia, como *Calvino* sugere, que formou o mais distintivo objeto da fé de Abraão: a promessa de um livre arrependimento, sem qualquer consideração para com as obras. Há duas coisas que o apóstolo claramente queria mostrar – que a imputação da justiça é um ato de favor gratuito; e que ela é adquirida tão-somente pela fé.

4. Ora, ao que trabalha, o salário não é considerado como favor, e, sim, como dívida.
5. Mas, ao que não trabalha, porém crê naquele que justifica o ímpio, sua fé lhe é creditada para justiça.

4. Ei quidem qui operatur merces non imputatur secundum gratiam, sed secundum debitum:
5. Ei verò qui non operatur, credit autem in eum qui justificat impium, imputatur fides sua in justitiam.

4. Ora, ao que trabalha. Pela expressão, "ao que trabalha", Paulo não tem em mente a pessoa que vive na prática de boas obras, ocupação esta que deve ser zelosamente desenvolvida por todos os filhos de Deus, mas aquele que merece algo por seus próprios empreendimentos. Semelhantemente, pela expressão, "ao que não trabalha", ele pretende ensinar sobre alguém a quem nada se deve pelos méritos de suas realizações. Deus não procura crentes que sejam indolentes, senão que simplesmente os proíbe de serem mercenários, a exigirem de Deus alguma coisa que lhes pertença por direito.

Já afirmamos que a discussão, aqui, não é *como* devamos nós regulamentar nossa vida, mas, antes, se preocupa com nossa salvação. O argumento do apóstolo parte dos opostos, ou seja que Deus não comunica justiça como *dívida*, mas no-la concede como *dádiva*. Concordo com Bucer que prova que a forma do argumento de Paulo não se deriva de uma única expressão, mas de toda uma sentença, assim: "Se existe alguém que mereça algo como pagamento por seu trabalho, o qual não lhe é gratuitamente imputado, senão que se paga o que lhe é devido." A fé é computada como justiça, não porque ela extraia de nós algum mérito, mas porque repousa na munificência divina. Portanto, a justiça não é um crédito em nosso favor; é, ao contrário, algo graciosamente concedido. Visto que Cristo nos justifica por meio da fé, segundo seu próprio beneplácito, Paulo sempre vê nisto nossa renúncia, pois em que cremos senão que Cristo é nossa expiação para reconciliar-nos com Deus? A mesma verdade é apresentada com termos distintos em Gálatas 3.11 e 12, onde lemos: "E é evidente que pela lei ninguém é justificado diante de Deus, porque o justo viverá pela fé. Ora, a lei não procede de fé, mas: Aquele que observar seus preceitos, por eles viverá." Visto que a lei promete uma recompensa para as obras, Paulo conclui deste fato que a justiça [procedente] da fé, que é gratuita, não se harmoniza com a justiça [procedente] das obras. Outro seria o caso se a fé justificasse com base nas obras. É preciso observar atentamente estas comparações, as quais removem inteiramente todo e qualquer mérito.

5. Mas crê naquele que justifica o ímpio. Eis aqui a mais excelente perífrase. Nela Paulo expressa a substância e natureza tanto da fé quanto da justiça. Ele claramente mostra que a fé nos traz a justiça, não porque seja a mesma uma virtude meritória, mas porque ela obtém para nós a graça de Deus.[6] Paulo não só afirma que Deus é o Doador da justiça, mas também nos acusa de injustiça com o fim de nos mostrar que a liberalidade divina pode auxiliar-nos em nossas necessidades. Em suma, somente aqueles que têm consciência de que, por natureza, são ímpios é que alcançarão a justiça [procedente] da fé. Esta perífrase deve ser considerada à luz do tema da passagem, ou seja que a fé nos adorna com a justiça de outra pessoa, a qual a recebe de Deus. Aqui, novamente, diz-se que Deus nos justifica quando ele gratuitamente perdoa os pecadores e agracia com seu amor àqueles com quem poderia, com justa razão, estar irado, ou, seja, quando sua misericórdia abole nossa injustiça.

6. E é assim que também Davi pronuncia bênção sobre o homem a quem Deus atribui justiça, independentemente de obras,	6. Quemadmodum etiam David finit beatudinem hominis, cui Deus imputat justitiam absque operibus,

---

[6] Há quem tem tropeçado nesta sentença: "sua fé é considerada para justiça", e a tem aplicado mal, como se a fé em si mesma fosse a causa da justiça, e daí um ato meritório e não o caminho e meio de se obter a justiça. Sentenças condensadas não resistirão as regras da lógica, porém devem ser interpretadas segundo o contexto e outras exposições. "Sua fé" significa, sem dúvida, sua fé na Promessa, ou no Deus que promete, ou naquele que, como se diz neste versículo, "justifica o ímpio". Daí o que é crido, ou o objeto da fé, é o que é contado para justiça. Isso concorda com as declarações de que "o homem é justificado por meio da fé" [3.28]; e que "a justiça de Deus" é "mediante a fé" [3.22]. Se é mediante a fé, então a própria fé não é aquela justiça.

7. dizendo: Bem-aventurados são aqueles cujas iniquidades são perdoadas, e cujos pecados são cobertos;
8. bem-aventurado é o homem a quem o Senhor jamais atribuirá pecado.

7. Beati quorum remissæ sunt iniquitates, et quorum tecta sunt peccata:
8. Beatus vir, cui non imputavit Dominus peccatum.

6. E é assim que também Davi pronuncia bênção. Daqui vemos que aqueles que restringem as obras da lei às cerimônias estão simplesmente cavilando, visto que o que o apóstolo referiu antes como *obras da lei*, ele agora simplesmente, e sem qualquer adição, chama de *obras*. Se há concordância em linguagem simples e irrestrita que encontramos nesta passagem deva ser entendida como que aplicando-se, sem distinção, a toda obra, então a mesma deve ser levada em conta ao longo de todo o argumento. Não há nada mais inconsistente do que remover a virtude da justificação somente das cerimônias, visto que Paulo exclui todas as obras, sem distinção. A isto acrescenta-se a cláusula negativa, ou seja que Deus justifica os homens em razão de *não* imputar-lhes seus pecados. À luz destas palavras, também aprendemos que *justiça*, para Paulo, é nada mais nada menos que a *remissão* de pecados, e, finalmente, que esta remissão é igualmente imerecida, visto que ela é imputada independentemente de obras, como o próprio termo *remissão* o indica. O débito não é remitido quando o credor é ressarcido, e, sim, quando o credor, espontaneamente, cancela a dívida movido puramente por sua generosidade. Não é o caso daqueles que nos ensinam a *comprar* o perdão de nossos pecados por meio de satisfações. Paulo extrai seu argumento deste tipo de remissão a fim de provar que o dom da justiça é gratuito.[7] Como é possível que concordem com

---

7 Falando dessa justiça, *Pareus* afirma: "Ela não é nossa, do contrário Deus não a imputaria gratuitamente, mas a concede como uma questão de direito; nem é um hábito ou qualidade, pois é sem as obras e imputada aos *ímpios*, que habitualmente nada têm senão iniquidades; porém é uma remissão gratuita, uma cobertura, uma não-imputação de pecados."
É uma prova notável do que o apóstolo tinha em vista aqui, a saber: que ele interrompe e não cita o versículo todo do Salmo 32.2. Ele elimina: "e em cujo espírito não há dolo"; e por quê? Evidentemente, porque seu tema é a justificação, e não a santificação. Ele assim caracterizou mais claramente a diferença entre as duas.
Pode-se dizer que os pecados são 'perdoados' ou remitidos, porque são dívida; e 'co

Paulo? Dizem que temos de satisfazer a justiça divina por meio de nossas obras para que obtenhamos o perdão de nossos pecados. Paulo, aqui, argumenta, ao contrário, que a justiça [procedente] da fé é gratuita e independente das obras, visto que a mesma depende da remissão de pecado. Seu argumento seria certamente falso caso fossem requeridas certas obras na remissão de pecado.

As ridículas afirmações dos escolásticos acerca de uma meia-remissão são igualmente refutadas pelas mesmas palavras de Davi. Eles defendem o absurdo de que, embora a falta seja perdoada, o castigo é mantido por Deus. Mas o salmista declara não só que nossos pecados são cobertos, ou, seja, removidos de diante de Deus, mas também acrescenta que os mesmos não são imputados. Como seria possível que Deus ainda exigisse o castigo referente aos pecados que ele não mais imputa? Permaneça, pois, conosco aquela gloriosa afirmação de que aquele que é purificado diante de Deus, pela remissão gratuita dos pecados, é justificado mediante a fé. Deste fato podemos também deduzir a infindável permanência da justiça gratuita ao longo de toda nossa vida. Quando Davi, exaurido pelo prolongado tormento de sua consciência, dá vazão a esta declaração, ele está seguramente falando de sua própria experiência. Ele havia adorado e servido a Deus ao longo de muitos anos. Tendo feito grande progresso, então finalmente experimentou a miséria de todos aqueles que são convocados a comparecerem diante do tribunal de Deus, e declara que não há outro caminho de se alcançar a felicidade senão aquele em que o Senhor nos recebe em sua graça, não nos imputando nossos pecados. Dessa forma também se refuta a falácia daqueles que absurdamente imaginam que a justiça [procedente] da fé não passa de um ato inicial, e que depois os crentes, por meio de suas obras, retêm a posse daquela justiça que inicialmente alcançaram sem quaisquer méritos propriamente seus.

---

bertos', porque são imundos e abomináveis aos olhos de Deus; e lemos que "não são imputados", ou não são postos na conta, a fim de comunicar a certeza de que são totalmente removidos, e não mais serão lembrados.

O fato de que às vezes se declara que as obras, e igualmente outras bênçãos, são imputadas para justiça, de forma alguma enfraquece o argumento de Paulo. No Salmo 106.30 se acha escrito que a ação de Finéias, o sacerdote do Senhor, lhe foi imputada para justiça, por ter ele vingado o opróbrio de Israel ao castigar um adúltero e uma meretriz. Sabemos muito bem que um homem realizou uma ação justa, mas também sabemos que uma só ação não justifica a ninguém. O que se requer é obediência, perfeita e completa em todas as suas partes, de acordo com a promessa: "Portanto meus estatutos e meus juízos guardareis; cumprindo-os, o homem viverá por eles" [Lv 18.5; Rm 10.5]. Como, pois, pode tal vingança por ele infligida ser-lhe imputada para justiça? Era-lhe necessário que antes fosse justificado pela graça de Deus, pois aqueles que já se acham vestidos com a justiça de Cristo têm a Deus não só em favor deles mesmos, mas também em favor de suas obras. As manchas e defeitos dessas obras são cobertos pela pureza de Cristo, a fim de que não se apresentem para juízo; e se não são encontradas com alguma mancha, são por isso consideradas justas. É plenamente evidente que sem tais abstenções, nenhuma obra humana poderia agradar a Deus. Mas se a justiça [procedente] da fé é a única razão por que nossas obras são consideradas justas, quão absurdo é o argumento daqueles que dizem que a justiça não é tão-só pela fé, visto que ela é atribuída às obras. Minha resposta a esta questão consiste no indisputável argumento de que todas as obras seriam condenadas como injustas, se porventura a justificação não fosse exclusivamente por meio da fé.

O mesmo podemos dizer acerca da felicidade. Ela é para aqueles que temem ao Senhor e andam em seus caminhos [Sl 128.1]; aqueles que meditam na lei divina dia e noite [Sl 1.2]. Sobre esses se pronuncia a bem-aventurança [veja-se Mt 5.1-12]. Entretanto, visto que ninguém procede assim tão perfeitamente quanto deveria, satisfazendo plenamente a exigência divina, todas as bênçãos deste gênero são inúteis, até que sejamos abençoados com a purificação e lavagem provindas da remissão dos pecados. É desta forma que nos tornamos qualificados para usufruir as beatitudes que o Senhor promete a seus servos que levam em conta sua diligente atenção voltada para a lei e para as boas obras. A justiça [procedente] das obras, portanto, é o resultado da justiça [procedente] da fé, e a beatitude procedente das obras é o resultado da beatitude que consiste na remissão dos pecados. Se a causa não deve e nem pode ser destruída por seus próprios efeitos, as intenções daqueles que se esforçam em destruir a justiça [procedente] da fé em favor [da justiça procedente] das obras estão completamente equivocadas.

Alguém poderia perguntar: "Por que não podemos usar tais citações como prova de que o homem é justificado e abençoado pelas obras? Porquanto os termos da Escritura declaram que o homem é justificado e abençoado tanto pelas obras quanto pela fé e misericórdia de Deus." Consideremos aqui tanto a ordem das causas como a dispensação da graça de Deus. Nenhuma declaração, seja sobre a justiça [procedente] das obras, seja sobre a bem-aventurança oriunda de sua prática, tem qualquer efeito a não ser que esta justiça tão-somente cumpra todas suas funções. Portanto, eis o que se deve sustentar e estabelecer, para que a justiça procedente das obras possa crescer e revelar a justiça procedente da fé, como o fruto revela a árvore.

9. Esta bênção, pois, é pronunciada exclusivamente[8] sobre os circuncisos, ou também sobre os incircuncisos? visto que dizemos: A fé foi imputada a Abraão para justiça.

10. Como, pois, lhe foi imputada? estando ele já circuncidado ou ainda incircunciso? Não no regime da circuncisão, e, sim, quando incircunciso.

9. Beatudo ergo ista in circumcisionem modò, an et in præputium competit? Dicimus enim quòd imputata fuit Abrahæ fides in justitiam.

10. Quomodo igitur imputata fuit? in circumcisione quum esset, an in præputio? non in circumcisione, sed in præputio.

---

8 Este 'exclusivamente' não está no original, mas é usado pala maioria dos comentaristas; contudo não é necessário, nem faz consistente o significado com o que se segue no versículo 10.

Visto que Paulo menciona somente *circuncisão* e *incircuncisão*, muitos intérpretes insensatamente concluem que a questão em pauta consiste na obtenção da justiça por meio das cerimônias da lei. Mas é preciso que consideremos a classe de homens a quem Paulo está arguindo, pois sabemos que, enquanto os hipócritas geralmente se vangloriam das obras meritórias, também disfarçam sua conduta em seus aspectos externos. Os judeus também tinham uma razão particularmente sua para alienar-se em demasia daquela verdadeira e genuína justiça mediante um abuso tão grosseiro da lei. Paulo disse que somente aqueles a quem Deus reconcilia com ele mesmo por meio do perdão gratuito é que são abençoados. Segue-se disso que todos aqueles cujas obras vêm a juízo são amaldiçoados. O princípio a ser aqui estabelecido é o seguinte: os homens são justificados pela misericórdia divina, e não por sua própria dignidade. Mas até mesmo isso ainda não é suficiente, a menos que a *remissão* dos pecados anteceda a todas as obras. Destas, a primeira era a circuncisão, a qual iniciava o povo judeu na obediência a Deus. O apóstolo, portanto, prossegue demonstrando isso também.

Devemos lembrar, igualmente, que a circuncisão é aqui considerada como a 'iniciação' [dos judeus] à obra da justiça da lei. Os judeus não se orgulhavam dela como símbolo da graça de Deus, e, sim, em sua observância meritória da lei e em considerar-se como sendo superiores aos demais com base na possessão de superior excelência diante de Deus. Agora percebemos que a disputa não consistia em um único rito, senão no fato de que toda a obra da lei se acha inclusa nesta classe, ou seja toda obra que deve receber recompensa. A circuncisão é particularmente mencionada por ser a base da justiça [procedente] da lei.

Paulo argumenta partindo do oposto, a saber: se a justiça de Abraão consiste na remissão dos pecados (e ele pressupõe isso), e se ele alcançou isso antes da circuncisão, então segue-se que a remissão dos pecados não é comunicada com base em méritos antecipados. Vemos, pois, que o argumento é extraído da ordem de causa e efeito, pois a causa sempre precede o efeito; e Abraão possuía a justiça antes que a circuncisão houvesse sido estabelecida.

11. E recebeu o sinal da circuncisão como selo da justiça da fé que teve quando ainda se achava no regime da incircuncisão; para vir a ser o pai de todos os que crêem, embora já no regime da circuncisão, para que a justiça pudesse ser-lhes imputada;

12. e pai da circuncisão, isto é, daqueles que não são apenas circuncisos, mas também andam nas pisadas da fé que teve nosso pai Abraão antes de ser circuncidado.

11. Et signum accepit circumcisionis, sigillum justitiæ fidei quæ fuerat in præputio; ut esset pater omnium credentium per præputium, quo ipsis quoque imputetur justitia;

12. Et pater circumcisionis non iis qui sunt ex circumcisione tantum, sed qui insistunt vestigiis fidei, quæ fuit in præputio patris nostri Abrahæ.

11. E recebeu o sinal. Com o propósito de antecipar uma objeção, Paulo mostra que, embora não tivesse poder para justificar, a circuncisão não era destituída de proveito e nem supérflua, visto que tinha outra utilidade muito mais excelente, a saber: a função de selar e ratificar a justiça [procedente] da fé. Entrementes, ele sugere, a partir do próprio propósito da circuncisão, que ela não era a *causa* da justiça, embora tende a confirmar a justiça [procedente] da fé já obtida quando ainda no regime da incircuncisão. Portanto, nada se acrescenta nem diminui desta justiça.

Esta é uma passagem mui notável no tocante aos benefícios gerais dos sacramentos. Segundo Paulo testifica, estes são selos pelos quais as promessas de Deus são de certa forma impressas em nossos corações, e a certeza da graça é confirmada. Embora eles, inerentemente, são de nenhum proveito, todavia Deus os designou para que fossem instrumentos de sua graça, e pela graça secreta de seu Espírito promovem o bem dos eleitos através de seus efeitos. Ainda que para os réprobos eles sejam símbolos inanimados e inúteis, todavia retêm sempre seu poder e seu caráter. Mesmo que nossa descrença nos prive de seus efeitos, todavia tal fato não debilita nem extingue a verdade de Deus. Portanto, o seguinte princípio permanece, a saber: os símbolos sagrados são testemunhas pelas quais Deus sela sua graça em nossos corações.

Deve-se afirmar, particularmente, que uma dupla graça foi representada pelo sinal da circuncisão. Deus prometeu a Abraão uma progênie que seria abençoada. Era através desta progênie que a salvação seria contemplada pelo mundo inteiro. Deste fato depende a promessa: "Estabelecerei minha aliança entre mim e ti e tua descendência no decurso de suas gerações, aliança perpétua, para ser o teu Deus, e o de tua descendência" [Gn 17.7]. Portanto, neste sinal estava inclusa a reconciliação gratuita com Deus, e a analogia correspondia ao sinal suficientemente para que os crentes pudessem olhar para a progênie prometida. Deus, de sua parte, exigia integridade e santidade de vida, e mostrou pelo símbolo como isso podia ser alcançado, ou seja por meio da circuncisão de algo muito importante no homem que é nascido da carne, visto que toda sua natureza é corrupta. Deus, pois, instruiu a Abraão, por meio do sinal externo, a circuncidar espiritualmente a corrupção de sua carne. Moisés também fez alusão a isso em Deuteronômio 10.16. Com o fim de mostrar que tal coisa não era uma obra do homem, e, sim, de Deus, ele ordenou a circuncisão dos recém-nascidos que, em razão de sua idade, não podiam cumprir esse mandamento. Moisés expressamente mencionou a circuncisão espiritual como uma obra do poder divino, como vemos em Deuteronômio 30.6, onde se afirma: "O Senhor circuncidará teu coração." Os profetas, mais tarde, explicaram esta mesma idéia muito mais claramente.

Concluindo, como hoje no batismo há duas partes, assim antigamente, na circuncisão, houve as duas partes que testificavam tanto da novidade de vida quanto do perdão dos pecados. Ainda que no caso de Abraão a justiça precedeu a circuncisão, nem sempre é assim no caso dos sacramentos, como vemos em Isaque e sua posteridade. Deus, entretanto, quis desde o início instituir este ato para servir de exemplo, e para que a salvação não se restringisse a sinais externos.⁹

Para vir a ser o pai de todos os que crêem. Notemos bem agora como a circuncisão de Abraão confirma nossa fé na justiça gratuita. A circuncisão é o ato de selar a justiça [procedente] da fé, a fim de que esta justiça pudesse ser-nos também imputada, nós que cremos. Assim, com inusitada habilidade, Paulo volta contra seus oponentes as mesmas objeções que poderiam ter-lhe lançado em rosto. Se a própria verdade e a significação da circuncisão podem ser encontradas na incircuncisão, então não há base alguma para que os judeus ostentem tanta soberba contra os gentios.

Entretanto, fica ainda uma possível dúvida: Devemos nós também seguir o exemplo de Abraão e confirmar a mesma justiça por meio do sinal da circuncisão? Se a resposta for positiva, por que então o apóstolo deixou de mencionar tal coisa? Certamente porque ele entendeu que suas observações estabeleciam a questão. Ao ficar estabelecido que a circuncisão serve somente para selar a graça de Deus, segue-se que ela não nos é de nenhum proveito hoje, pois temos um sinal divinamente instituído em seu lugar. Portanto, visto que agora a circuncisão não é mais necessária onde existe o batismo, Paulo não se sentia disposto a enfrentar uma disputa supérflua sobre um assunto que já estava estabelecido, ou seja por que a justiça da fé não deveria

---

9 A palavra 'sinal', nesta passagem, σημεῖον, não parece significar um emblema externo de algo interno, mas uma marca, a própria circuncisão, que era impressa, por assim dizer, como uma marca na carne. Assim *Macknight* a traduz: "A marca da circuncisão." É evidente que a circuncisão era um sinal ou símbolo do que era espiritual. Mas isso não é o que se ensina aqui. A circuncisão é expressamente chamada "um emblema" ou um sinal em Gênesis 17.11; mas lemos que ela era "um emblema do pacto", isto é, uma prova e uma evidência dele. O *sinal* da circuncisão é expresso pela próxima palavra, σφραγίδα, *selo*. Este às vezes significava o instrumento [1Rs 21.8]; e às vezes a impressão [Ap 5.1]; e a impressão era usada para vários propósitos – fechar um documento; assegurar uma coisa; e também confirmar um acordo. É tomada aqui no último sentido. A circuncisão era um 'selo', uma confirmação, uma evidência, uma prova, ou um penhor: "da justiça" obtida "pela fé". Em Gênesis não encontramos alguma afirmação distinta desse tipo; isso é o que o apóstolo tinha deduzido, e corretamente deduzido, do relato que nos deu do que aconteceu entre Deus e Abraão.

ser selada em relação aos gentios da mesma forma que o foi em relação a Abraão? Crer pelo prisma da *incircuncisão* significa que os gentios não introduzem o selo da circuncisão, visto sentir-se satisfeitos com sua própria condição. A preposição διά [*por*] é assim posta para ἐν [*em*].[10]

12. Daqueles que não são apenas circuncisos. O termo *são* deve ser tomado aqui no sentido de *são considerados*, pois Paulo está fazendo alusão aos descendentes físicos de Abraão, os quais tinham a posse somente da circuncisão externa e se gloriavam confiadamente nela. Entretanto, negligenciavam um outro ponto que era o primordial, a saber: imitar a fé de Abraão, a qual era a única segurança de sua salvação. Daqui percebemos o quanto Paulo era cuidadoso em distinguir entre *fé* e *sacramento*, não para que alguém ficasse satisfeito com um e excluísse o outro, como se bastasse um para a justificação de alguém, mas também para provar que a fé sozinha pode cumprir toda a condição essencial. Enquanto admite que os judeus circuncidados são justificados, expressamente excetua a circuncisão, contanto que se sigam o exemplo de Abraão em sua fé pura. O que a fé no âmbito da *incircuncisão* significa, senão para mostrar que ela sozinha é suficiente sem qualquer outro auxílio? Não devemos, pois, confundir os dois modos da justificação, desmembrando uma da outra.

O dogma escolástico, por meio do qual os sacramentos do Velho e do Novo Testamentos são distinguidos, é refutado pelo mesmo argumento. Os escolásticos negam aos primeiros o poder de justificar, conferindo-o aos últimos. Contudo, se Paulo é correto em seu argumento, provando que a circuncisão não justifica em razão de Abraão haver sido justificado pela fé, o mesmo argumento é também válido com referência a nós. Negamos, portanto, que os homens sejam justificados pelo batismo, visto que os mesmos são justificados pela mesma fé que Abraão recebeu.

---

10 Veja-se um exemplo semelhante em 2.27.

13. Não foi por intermédio da lei que a Abraão ou a sua descendência coube a promessa de ser herdeiro do mundo; e, sim, mediante a justiça da fé.

13. Non enim per Legem promissio Abrahæ et semini ejus data est, ut esset hæres mundi; sed per jutitiam fidei.

13. Não foi por intermédio da lei que ... coube a promessa. Paulo, aqui, repete com mais nitidez o contraste existente entre a lei e a fé, o qual havia apresentado antes. Devemos observar isso cuidadosamente; pois se a fé não recebe nada da lei a fim de justificar, então entendemos que ela se acha vinculada tão-somente à misericórdia de Deus. A tola fantasia dos que entendem isso como a referir-se às observâncias cerimoniais é facilmente desfeita, pois se as obras, de alguma forma, contribuíram para a justificação, então o apóstolo não teria dito *por intermédio da lei [escrita]*, e, sim, *por intermédio da lei da natureza*. Ele não contrapõe santidade espiritual de vida a cerimônias, e, sim, fé a justiça das obras. A conclusão, pois, é que a herança fora prometida a Abraão, não porque a merecesse por observar ele a lei, mas porque já havia obtido a justiça que vem da fé. A consciência humana, é certo (como Paulo acrescentará), só desfruta a genuína paz quando ela sente que está recebendo graciosamente aquilo que não é seu por direito legal.[11]

Daqui deduzimos também que os gentios participam desse benefício da mesma forma que os judeus, porque a causa donde emana pertence a todos igualmente; pois se a salvação do homem tem por base unicamente a munificência divina, então aqueles que excluem delas os gentios estão restringindo e impedindo seu curso tanto quanto lhes é possível fazê-lo.

---

11 Os críticos têm diferido quanto ao disjuntivo ἤ, *ou*, "ou sua semente". Alguns pensam que ele é expresso em lugar de καὶ, *e*; mas *Pareus* pensa que ele tem um significado especial, com a intenção de antecipar uma objeção. Os judeus poderiam ter dito: "Se o caso de Abraão como se afirma, não é o caso de sua descendência que recebeu a lei." Sim, diz Paulo, não há diferença: "A promessa feita a Abraão, ou a sua descendência, a quem a lei foi realmente dada, não foi por meio da lei."
Hammond traduz todo o versículo mais literalmente do que em nossa versão: "A promessa feita a Abraão ou a sua descendência, de que ele seria o herdeiro do mundo, não foi por meio da lei, mas através da justiça da fé."

A promessa de ser herdeiro do mundo.[12] Visto que o assunto agora é a salvação eterna, o apóstolo parece ter guiado seus leitores ao conceito de *mundo* um tanto inoportunamente. Por este termo, *mundo*, porém, ele inclui geralmente a restauração que era esperada de Cristo. Enquanto que a restauração da vida dos crentes era de fato o objetivo primordial, contudo era necessário que o estado corrompido de todo o mundo fosse reparado. Em Hebreus 1.2, o apóstolo chama Cristo de herdeiro de todas as bênçãos divinas, visto que a adoção que temos procurado por sua graça nos restaurou a posse da herança da qual perdemos em Adão. Porém, visto que sob o tipo da terra de Canaã não só era a esperança da vida celestial mostrada a Abraão, mas também a plena e perfeita bênção de Deus, o apóstolo corretamente nos ensina que o domínio do mundo lhe fora prometido. Os fiéis têm uma demonstração disso nesta vida, quando às vezes se encontram oprimidos por necessidade e pobreza. Todavia, visto que, com a consciência tranquila, compartilham daquelas coisas criadas por Deus para seu uso, e desfrutam das bênçãos terrenas oriundas do favor e beneplácito do Pai como penhores e prelibações da vida eterna, sua pobreza não os impede de reconhecerem a terra, o mar e o céu como sendo seus por direito.

---

12 Não há em Gênesis nenhuma expressão comunicada nessas palavras; mas a probabilidade é que ele quisesse expressar de outra forma o que distintamente cita no versículo 17: "Eu te fiz pai de muitas nações."
A palavra 'pai', neste caso, tem sido comumente entendida no sentido de líder, padrão, modelo, um exemplar, um precursor, como Abraão que foi o primeiro crente justificado pela fé, de quem existe um registro expresso. Mas a idéia parece ser algo diferente. Ele foi um pai como o primeiro possuidor de uma herança que devia chegar a todos seus filhos. A herança lhe foi dada pela graça mediante a fé, era no tocante a toda sua posteridade legal, a toda sua semente legítima, isto é, a todos os que possuíam a mesma fé que ele. Ele é, portanto, o pai de muitas nações, porque muitas nações viriam a ser seus herdeiros legítimos por tornar-se crentes; e no mesmo sentido se deve considerar a expressão aqui, "o herdeiro do mundo"; ele foi o representante de todo o mundo crente, e feito herdeiro de uma herança que viria para o mundo em geral, para os judeus crentes e para os gentios crentes. Ele foi o herdeiro, o primeiro possuidor, que devia tocar ao mundo sem qualquer diferença. Ele foi o herdeiro do mundo no mesmo sentido que foi "o pai de todos os que crêem", como disse no versículo 11.
A herança era sem dúvida a vida eterna ou o reino celestial, o país lá do alto, do qual a terra de Canaã era um tipo e penhor. Veja-se Hebreus 11.12, 13, 16.

Embora os ímpios abocanhem as riquezas do mundo, todavia não podem reivindicar nada como sendo propriamente seu, senão que, ao contrário, arrebatam secretamente o que possuem, porquanto o usurpam sob a maldição divina. É um grande conforto para os fiéis em sua pobreza saber que, embora vivam frugalmente, todavia não vivem a esbulhar nada do que pertence a outrem, senão que recebem licitamente sua subsistência das mãos de seu Pai celestial, até que se vejam em plena posse de sua herança, quando então todas as criaturas lhes servirão em sua glória. Tanto o céu como a terra serão renovados para o cumprimento deste propósito, para que possam, em sua própria medida, contribuir para tornar o reino de Deus muito mais glorioso.

14. Pois se aqueles que são da lei é que são os herdeiros, anula-se a fé e invalida-se a promessa,
15. porque a lei suscita a ira; mas onde não há lei, também não há transgressão.

14. Si enim ii qui sunt ex Lege hæredes sunt, exinanita est fides et abolita est promissio:
15. Nam Lex iram efficit; siquidem ubi non est Lex, neque etiam transgressio.

14. Pois se aqueles que são da lei é que são os herdeiros. O apóstolo argumenta, a partir de uma posição insustentável ou absurda, que a graça obtida por Abraão, procedente de Deus, não lhe fora prometida por meio de um acordo legal, ou com base nas obras. Ele procedeu assim porque, se essa fora a condição para que concedesse a honra da adoção a quem a mereça, ou a quem pratique a lei, ninguém ousaria nutrir qualquer confiança naquela adoção que lhe fora aplicada. E quem está consciente de tal perfeição que possa determinar que a herança lhe é devida pela justiça [procedente] da lei? Sua fé, portanto, seria anulada, porquanto a impossível condição não só manteria a mente humana em suspenso e ansiedade, mas também a golpearia com o temor e o tremor. Dessa forma, o efeito das promessas se desvaneceria, visto que as mesmas são de nenhum valor exceto quando recebidas pela fé. Se nossos adversários tivessem condição de atentar para esta única razão, então a controvérsia suscitada entre nós seria facilmente elucidada.

O apóstolo se posiciona de forma axiomática, afirmando que as promessas de Deus serão ineficazes caso não as recebamos em plena convicção. O que aconteceria, porém, se a salvação tivesse por base a observância da lei? A consciência humana não teria certeza alguma, senão que viveria atribulada com incessante intranquilidade, e finalmente sucumbiria em desespero. A promessa mesma, cujo cumprimento dependeria de uma impossibilidade, se desvaneceria sem produzir um fruto sequer. Fora, pois, com aqueles que ensinam deploravelmente ao povo a procurar para si salvação nas obras humanas, visto que Paulo expressamente declara que a promessa seria abolida caso dependesse ela das obras [humanas]. Reconheçamos, pois, que quando pomos nossa confiança nas obras, a fé é reduzida a zero. Daqui também aprendemos o que é fé e o caráter que a justiça procedente das obras deve exibir, caso os homens sejam capazes de confiar nela em plena certeza.

O apóstolo nos afirma que a fé perece se porventura nossa alma não repousar serenamente na munificência divina. A fé, pois, não consiste no mero reconhecimento de Deus ou de sua verdade, nem mesmo consiste na simples persuasão de que existe um Deus e de que sua Palavra é a verdade, senão que consiste no sólido conhecimento da divina misericórdia que se recebe do evangelho, e imprime a paz de consciência na presença de Deus e nele repousa. Portanto, a súmula desta questão é: se porventura a salvação depende da observância da lei, então não é possível que a mente repouse confiante nela; e deveras todas as promessas oferecidas a nós por Deus não terão qualquer efeito. E assim estaremos numa condição perdida e deplorável, se porventura formos remetidos às obras para encontrar nelas a causa ou a certeza da salvação.

15. Porque a lei suscita a ira. Esta é uma confirmação do último versículo, e é considerado pelo prisma do efeito oposto da lei. Visto que ela nada produz senão vingança, então não pode transmitir graça. É verdade que a lei tem o propósito de apontar ao homem o caminho da virtude e integridade; visto, porém, que ela ordena ao pecador corrupto a cumprir seus deveres sem supri-lo com o poder de fazê-lo, então o que ela faz é conduzi-lo a juízo, como culpado, perante o tribunal divino. Tal é a corrupção de nossa natureza, que quanto mais somos ensinados no que é certo e justo, mais abertamente nossa iniquidade e particularmente nossa obstinação são detectadas; e, assim, o juízo divino cai sobre nós de forma ainda mais inexorável.

Pelo termo *ira* devemos entender o juízo divino, e frequentemente leva esse significado. Aqueles que acreditam que a lei inflama a ira do pecador porque este odeia e execra o Legislador, sabendo que o mesmo se opõe a suas depravações, são em extremo ingênuos no que afirmam, porém seus argumentos não são suficientemente relevantes para a passagem em apreço. O uso comum da expressão, bem como a razão que Paulo imediatamente adiciona, põem em evidência que Paulo quer dizer simplesmente que é só condenação o que a lei traz sobre todos nós.

Mas onde não há lei, também não há transgressão. Esta é a segunda prova pela qual ele confirma sua declaração. De outro modo teria sido difícil perceber como a ira de Deus se inflama contra nós em virtude da lei, se a razão para tal não fosse bastante evidente. A razão consiste em que, quando recebemos o conhecimento da justiça divina pela instrumentalidade da lei, a mínima escusa agrava ainda mais o pecado contra ele. Aqueles que fogem de conhecer a vontade de Deus, merecidamente sofrem um castigo muito mais severo do que aqueles que o ofendem movidos pela ignorância. O apóstolo, contudo, não está a referir-se àquela mera transgressão da justiça da qual ninguém se vê isento; ao contrário, pelo termo *transgressão* ele quer dizer que o homem, havendo sido ensinado sobre o que agrada ou desagrada a Deus, consciente e voluntariamente transpõe as fronteiras prescritas pela Palavra de Deus. Numa só frase, *transgressão*, aqui, não é mera ofensa, mas significa uma obstinação espontânea em violar a justiça.[13] A partícula οὗ, *onde*, que tomo como

---

13 É melhor tomar esta sentença "Onde não há lei, não há transgressão", segundo seu significado óbvio; como se adapta melhor à frase anterior. O raciocínio parece ser este: "A

advérbio, é traduzida por alguns comentaristas como *cujus, do qual*; a primeira tradução, porém, é mais apropriada e mais geralmente aceita. Qualquer tradução que seguirmos, o significado permanece o mesmo, ou seja aquele que não é instruído pela lei escrita também não é culpado de transgressão demasiado séria, como aquele que obstinadamente quebra e transgride a lei de Deus.

16. Esta é a razão por que provém da fé, para que seja segundo a graça, a fim de que seja firme a promessa para toda a descendência; não somente ao que está no regime da lei, mas também ao que é da fé que recebeu Abraão, que é o pai de todos nós

17. (como está escrito: Por pai de muitas nações te constituí), perante aquele em quem creu, o Deus que vivifica os mortos e chama à existência as coisas que não existiam.

16. Propterea ex fide, ut secundum gratiam, quo firma sit promissio universo semini non ei quod est ex Lege solùm, sed quod est ex fide Abrahæ, qui est pater omnium nostrûm,

17. (Sicut scriptum est, Quòd patrem multarum gentium possui te,) coram Deo, cui creditit, qui vivificat mortuos et vocat ea quæ non sunt tanquàm sint.

16. Esta é a razão por que provém da fé. A finalização do argumento pode ser assim sumariada: Se nos tornamos herdeiros da salvação proveniente das obras, então a fé em nossa adoção se dissipará e a promessa dela será abolida. É necessário, porém, que tanto a fé quanto a promessa sejam garantidas. Nossa adoção, portanto, nos vem através da fé; por isso é que ela nos reveste de certeza, visto estar baseada unicamente na munificência divina. Assim vemos que o apóstolo avalia a fé por sua inabalável certeza e considera a hesitação e a dúvida como sinônimas de incredulidade, as quais abolem a fé e cancelam a promessa. Esta, entretanto, é a

promessa é pela fé, e não pela lei; pois a lei traz ira ou condenação; mas onde não há lei não há transgressão que ocasiona ira." A mesma idéia é essencialmente comunicada no versículo 16, onde lemos que a promessa é segura, porque é através da fé e pela graça. Tivesse sido pela lei, teria havido transgressão e ira, e daí a perda da promessa.
Este versículo é conectado com o 13 em vez de com o 14. Ele contém outra razão, além da que o versículo 14 apresenta, em confirmação do que está expresso no 13. Daí *Macknight* traduzir γὰρ, neste versículo, 'pai', que torna a conexão mais evidente. "Onde não há lei não há transgressão, e portanto não há ira nem castigo; mas onde está a lei, aí está transgressão, a ira e o castigo." – *Pareus*.

dúvida que os escolásticos chamam de *conjectura moral*, pela qual eles substituem a fé.

Para que seja segundo a graça. O apóstolo aqui primeiramente mostra que nada, senão a simples graça, é posto antes da fé. O objeto da fé é pura e simplesmente a graça. Caso a graça receba mérito em sua conta, então seria errônea a afirmação de Paulo de que tudo quanto ela obtém para nós é imerecido. Reiterarei isso em diferentes termos: Se graça é tudo quanto obtemos por meio da fé, então cessa toda e qualquer consideração pelas obras. A seguinte passagem remove toda e qualquer ambiguidade muito mais nitidamente ao demonstrar que a promessa é finalmente assegurada quando ela repousa na graça. A expressão de Paulo confirma o estado de incerteza em que os homens são postos à medida em que dependem das obras, visto que se privam do fruto das promessas. Daqui também se pode deduzir que a graça significa, não o dom da regeneração, como o supõem alguns, mas o favor imerecido; pois a regeneração nunca é perfeita e jamais suficiente para apaziguar suas consciências, nem por si só ratificar a promessa.

Não somente ao que está no regime da lei. Ainda que esta expressão, em outros lugares, se aplique aos fanáticos zelosos da lei, os quais se curvam a seu jugo e se gloriam na confiança que depositam nela, aqui ela significa simplesmente a nação judaica, à qual a lei do Senhor havia sido confiada. Paulo nos informa, em outra passagem, que todos aqueles que permanecem jungidos ao domínio da lei estão sujeitos a uma maldição, e portanto certa é a sua exclusão da participação na graça. Portanto, aqui ele não está se reportando aos servos da lei que, tendo aderido à justiça das obras, renunciam a Cristo, mas, sim, aos judeus que haviam sido instruídos na lei, e que depois se tornaram seguidores de Cristo. A sentença se fará ainda mais clara se a lermos assim: "Não somente aos que são da lei, mas a tantos quantos imitam a fé de Abraão, mesmo quando ainda não possuíam a lei."

Que é o pai de todos nós. O relativo [*que*] tem a função de uma partícula causativa. O apóstolo deseja mostrar que os gentios eram partipantes desta graça, visto que foram recebidos em sua família pela mesma profecia que conferiu a herança de Abraão a sua progênie. Afirma-se que Abraão foi designado o pai não só de uma nação, mas de muitas. Por isso a futura extensão da graça, que naquele tempo se restringia exclusivamente a Israel, era prefigurada, porquanto não podiam ser contados como família de Abraão a não ser que a bênção prometida fosse estendida também a eles. O tempo passado do verbo, segundo o uso comum da Escritura, denota a infalibilidade do desígnio divino. Embora não houvesse naquele tempo a mínima evidência que reforçasse tal coisa, todavia, visto que o Senhor o havia assim decretado, diz-se corretamente que Abraão fora designado o pai de muitas nações. Coloquemos entre parênteses a declaração de Moisés, de modo que esta sentença seja lida sem interrupção: "Que é o pai de todos nós diante daquele em quem ele creu, sim, em Deus." Era necessário explicar também a forma daquela relação, ou seja para que os judeus não viessem a gloriar-se excessivamente em seu descendente físico. Ele, pois, diz que Abraão é "o pai de todos nós diante de Deus", significando "nosso pai espiritual", pois ele desfruta este privilégio, não através de sua relação física conosco, mas mediante a promessa de Deus.[14]

17. Perante aquele em quem creu, isto é, o Deus que vivifica os mortos. O propósito desta perífrase, na qual se expressa a própria

---

14 Transparece de *Pareus* e *Hammond* que alguns dos pais, tais como Crisóstomo e Teofilato, consideravam κατέναντι no sentido de ὁμοίως, *como*, e traduziram a passagem assim: "como Deus, em quem ele creu"; isto é, visto que Deus não é parcial, mas o Pai de todos, assim Abraão também foi. Mas esse significado não é consistente com o sentido de κατέναντι, nem com o contexto. A preposição se encontra em outros quatros lugares, Marcos 11.2; 12.41; 13.3; Lucas 19.30, e invariavelmente significa *antes de, diante de,* ou *ao contrário, contra*. A *Septuaginta* a usa em Números 25.4, no sentido de *antes de,* κατέναντι τοῦ ἡλίου – "antes do sol", "não ao contrário do ou *contra o* sol", como em nossa versão pois a palavra no hebraico é נֶגֶד, *coram, in conspectu*. O contexto também requer esse significado. Abraão foi um pai de muitas nações *diante de* Deus, ou à vista de ou em consideração a Deus, e não à vista e estima dos homens, porque Deus, como já se disse no final do versículo, considera as coisas que não são como se fossem. Daí Abraão já era à vista de Deus, segundo seu propósito, o pai de muitas nações.
A colocação das palavras, diz *Wolfius*, é um exemplo de classicismo, sendo a palavra θεοῦ separada de sua preposição; e οὗ é expressa em lugar de ᾧ pela lei gramatical de atração e *Stuart* apresenta três exemplos similares do ser relativo regulado pelo caso de seu substantivo, ainda que o precedendo na sentença [Mc 6.16; At 21.16; e Rm 6.17].

substância da fé de Abraão, consiste em prover uma transição para os gentios a partir de seu exemplo. Abraão tinha que alcançar a promessa que ouvira da boca do Senhor de forma tão inusitada, já que não houve nenhum sinal da promessa. A ele fora feita a promessa de uma descendência, como se estivesse virilmente em pleno vigor. Entretanto, tinha-lhe passado o tempo de procriação, portanto era-lhe indispensável que elevasse seus pensamentos para o poder de Deus a fim de que desse vida ao morto. Não há, pois, nenhum absurdo se os gentios, que de outra forma são estéreis e mortos, são conduzidos à comunhão. Aqueles que negam que os gentios são capazes de obter a graça estão imputando erro a Abraão, cuja fé era sustentada pela convicção de que não faz qualquer diferença se aqueles que são chamados à vida, pelo Senhor, estão ou não mortos. Pois seu poder pode, sem qualquer dificuldade, ressuscitar o que está morto, simplesmente com uma palavra de ordem. Além do mais, temos aqui o tipo e padrão de nosso chamamento geral, pelo qual nosso ponto de partida inicial é posto diante de nossos olhos (não aquele que se relaciona com nosso primeiro nascimento, mas aquele que se relaciona com a esperança da vida por vir), isto é, quando somos chamados por Deus, saímos do nada. Seja qual for o caráter que pareçamos possuir, o fato é que não temos uma fagulha sequer de bem que nos faça qualificados para o reino de Deus. A única maneira de ouvirmos o chamado de Deus é morrendo completamente para nós mesmos. A condição de nosso divino chamamento consiste em que os mortos sejam ressuscitados pelo Senhor, e os que nada são comecem, pelo divino poder, a ser alguma coisa.

E chama à existência as coisas que não existiam. O termo *vocação* [*chamamento*] não deve restringir-se à pregação, mas é preciso considerar o sentido usual da Escritura, ou seja *ressuscitar dentre os mortos*. É que o termo expressa muito mais fortemente o poder de Deus que, com um só gesto, ressuscita aqueles que ele quer.[15]

---

5 A idéia de ordenar a existência ou de efetuar é dada por muitos comentaristas à palavra καλοῦντος; mas isso parece desnecessário. A noção simples de chamar, nomear, considerar ou representar é mais consistente com a passagem e com a construção da sentença; e os modos de traduzi-la, que os críticos têm proposto, tem surgido de não tomar a palavra em seu significado mais óbvio. A versão literal é: "e que chama as coisas não existentes

18. Abraão, na esperança, creu contra a esperança, para vir a ser o pai de muitas nações, segundo lhe fora dito: Assim será tua descendência.

18. Qui præter (vel supra) spem super spe credidit, ut esset[16] pater multarum gentium, secundum quod dictum erat, Sic erit semen tuum.

18. Abraão, na esperança, creu contra a esperança. Se adotarmos esta tradução, o sentido será: quando não havia razão alguma – aliás, quando toda a razão era contra ele –, todavia ele continuou crendo. Não há nada mais prejudicial à fé do que fechar os olhos do entendimento, de modo a buscarmos a substância de nossa esperança nas coisas que vemos. É possível também a leitura: "acima de toda esperança", o que talvez seja mais apropriado, como se dissesse: por meio de sua fé, Abraão excedera muitíssimo a qualquer concepção que pudesse ter ele imaginado. Se nossa fé não voar com asas celestiais, de modo a vermos muito além de todas as sensações da carne, apodreceremos nos lamaçais deste mundo. Paulo usa o termo *esperança* duas vezes na mesma sentença. No primeiro caso, significa a esperança que pode originar-se da natureza e da razão carnal; no segundo, refere-se à fé que é dom de Deus.[17] O significado é o seguinte: quando se viu destituído de qualquer base para esperar,

---

como se existissem" – καὶ καλοῦντος τὰ μὴ ὄντα ὡς ὄντα. A referência é evidentemente à declaração: "Eu te fiz o pai de muitas nações." Isso não teve, pois, existência real; mas Deus o representa como já tendo existência. Às vezes são adotados significados artificiais, quando o mais claro e mais óbvio é ignorado.

16 "Ut esset": isto pode de fato ser traduzido de acordo com nossa versão, "para que ele viesse a ser"; mas o curso do comentário parece favorecer o outro ponto de vista, de que ele creu que seria, e não que creu a fim de ser, ou que pudesse ser o pai de muitas nações εἰς τὸ γενέσται ἀυτόν; "que ele seria" é a tradução de *Hammond*, *Doddridge* e *Stuart* e de fato a que é consistente com o curso da passagem, e com o que está registrado em Gênesis. *Wolfius* diz que εἰς, aqui, não significa a causa final, mas o sujeito ou o objeto da fé e esperança; Abraão creu na promessa de que ele seria o pai de muitas nações.

17 Este é um notável exemplo da amplitude do significado que algumas palavras têm na Escritura. Aqui esperança, no primeiro caso, significa a *base* da esperança; e no segundo, o *objeto* da esperança. Assim a fé, no versículo 5 e em outros lugares deve ser considerada como incluindo seu objeto, a graciosa promessa de Deus; pois do contrário ela seria um ato meritório, a mesma coisa que o apóstolo repudia totalmente com respeito à justificação do homem. A fé, como aderida à promessa de Deus de livre aceitação e perdão, se pode, na própria natureza das coisas, ser imputada para justiça; não é indispensavelmente necessário que o caminho, ou o meio, ou a causa meritória da aceitação e perdão, seja claramente conhecida e distintamente vista; a promessa graciosa de Deus é suficiente, de modo que a fé pudesse tornar-se uma fé justificadora.

Abraão ainda assim ousou confiar na promessa de Deus. Ele considerou que o fato de o Senhor haver prometido era base suficiente para esperar, por mais incrível o fato pudesse ser em si mesmo.

Segundo lhe fora dito. Preferi esta tradução a fim de reportar ao tempo de Abraão. O que o apóstolo tinha em mente é que quando inúmeras tentações lhe vinham em direção com o fim de roubar-lhe a esperança e precipitá-lo em desespero e fracasso, Abraão volvia sua mente para a promessa que lhe fora dada por Deus: "Tua descendência será como as estrelas do céu e como a areia do mar." O apóstolo, deliberadamente, usou apenas parte da citação, a fim de estimular-nos a ler as Escrituras. Em todas suas citações da Escritura o apóstolo tomou escrupuloso cuidado de despertar-nos para que cultivemos o hábito de examiná-la com o maior cuidado.

19. E, sem se enfraquecer na fé, embora levasse em conta seu próprio corpo amortecido, sendo já de cem anos, e a idade avançada de Sara,
20. não duvidou da promessa de Deus, por uma atitude de incredulidade; mas pela fé se fortaleceu, dando glória a Deus,
21. estando plenamente convicto de que ele era poderoso para cumprir o que prometera.
22. Pelo que isso lhe foi também imputado para justiça.

19. Ac fide minimè debilitatus, non consideravit suum ipsius corpus jam emortuum, centenarius quum ferè esset, nec emortuam vulvam Saræ:
20. Nec vero in Dei promissionem per incredulitatem disquisivit; sed roboratus est fide, tribuens gloriam Deo;
21. Ac certè persuasus, quod ubi quid promisit, possit etiam præstare.
22. Ideo et imputatum illi est in justitiam.

19. Sem se enfraquecer na fé. Alternativamente, omitindo uma das negações podemos traduzir a passagem assim: "Nem ele, embora fraco na fé, levou em conta seu próprio corpo." Isso, porém, não afeta o sentido. Ele agora mostra mais diretamente as circunstâncias que poderiam ter impedido, e deveras totalmente interrompido, Abraão de receber a promessa. O herdeiro lhe fora prometido tendo Sara como instrumento, num ponto do tempo em que, por natureza, lhe era impossível reproduzir e Sara de conceber. Tudo o que via em si ou em sua volta contribuía para impossibilitar o cumprimento da promessa. Ele, pois, desistiu de pensar sobre o que via, e, por assim dizer, esqueceu-se de si mesmo a fim de dar lugar à verdade de Deus. Entretanto, não devemos concluir que não tivesse qualquer consideração para com seu próprio corpo, agora impossibilitado de reproduzir, visto que a Escritura afirma, ao contrário disso, que ele arrazoava consigo mesmo: "A um homem de cem anos há de nascer um filho? dará Sara à luz com seus noventa anos?" [Gn 17.17.] Mas, visto que ele pôs de lado tais considerações, e visto que entregou ao Senhor toda sua dificuldade em julgar, o apóstolo diz que ele "não levou em conta seu próprio corpo". Era um sinal maior de constância desviar sua atenção do fato óbvio que se precipitou sobre ele do que se jamais houvera contemplado algo de tal natureza.

Tanto esta passagem como Gênesis 17 e 18 comprovam plenamente que o corpo de Abraão se incapacitara de reproduzir em razão de sua idade, antes de receber a bênção do Senhor. Não podemos, pois, concordar com a opinião de Agostinho, que declara em uma passagem ser o impedimento unicamente da parte de Sara. O absurdo da objeção que o induziu a buscar recurso para esta solução não deve influenciar-nos. Agostinho sustenta que é algo ridículo qualificar Abraão incapaz de reprodução em seus cem anos, visto que ele mesmo gerou muitos filhos em tempos posteriores. Ora, este fato vem demonstrar mais plenamente o poder de Deus. Quando Abraão, que antes fora como que uma árvore seca, sem vida, agora é revitalizado pela bênção celestial, ele não só recebe a virtude de gerar Isaque, mas também de ter sua idade viril restaurada, a qual tornou-se capacitada para a produção de outra progênie. Alguém pode objetar dizendo que ser contrário à ordem da natureza que um homem gere filhos nessa idade. Embora eu admita que tal coisa não chega a ser um prodígio, todavia não está longe do miraculoso. Mas ainda temos de levar em conta o volume de trabalhos, de sofrimentos, de andanças e de ansiedades, com os quais se fatigara aquele santo ao longo de toda sua vida. É preciso admitir ainda que ele fora tão desgastado e vivera tão exaustivamente em meio a tantas lutas quantos eram seus anos. Finalmente, seu corpo não é qualificado de improdutivo sem qualquer critério, mas comparativamente. Não se assemelhava a alguém que no pleno vigor de sua vida fosse incapaz de reprodução, e que de repente começasse, precisamente quando sua virilidade entrou em decadência.

A expressão *sem se enfraquecer na fé* deve ser entendida no sentido em que Abraão não hesitou, nem vacilou, como sucede conosco em tempos de incertezas. A fé enfrenta uma dupla fraqueza [em nós]: uma é aquela que sucumbe às tentações provindas das adversidades [exteriores], e nos leva a nos afastarmos do poder de Deus; a outra é aquela que surge de [nossas próprias] imperfeições, mas que não extingue a fé propriamente dita. A mente nunca está tão iluminada que impeça resquícios de ignorância; e o coração nunca está tão estabelecido que impeça algum laivo de dúvida. Portanto, os fiéis estão continuamente em conflito com a ignorância e com a dúvida, que são vícios da carne. Neste conflito, sua fé é às vezes abalada e afligida, mas que, finalmente, emerge vitoriosa, de modo que, em sua própria fraqueza, os fiéis recordem que é nas fraquezas que eles encontram sua maior força.

20. Não duvidou da promessa de Deus, por uma atitude de incredulidade. Tenho boas razões para minha tradução, embora não tenha seguido nem a Vulgata e nem a Erasmo. Tudo indica que a intenção do apóstolo era dizer que Abraão não pesava a evidência na balança da incredulidade para ver se o Senhor cumpriria ou não sua promessa. Averiguação adequada, em qualquer assunto, significa que o examinamos com imparcialidade, e recusamos admitir qualquer coisa que aparente credibilidade sem completa investigação.[18]

---

18 O verbo é διεκρίθη, o qual *Calvino* traduz por 'disquisivit'. O significado mais comum do verbo é hesitar, duvidar; tem o sentido de explorar e examinar, na voz ativa, como em 1 Coríntios 11.31, mas não na voz passiva. Vejam-se Mateus 21.21; Marcos 11.23; Atos 10.20. A versão de *Pareus* é "non disceptavit – ele não disputou", e também de *Macknight*. Mas os pais, e muitos modernos, tais como *Beza, Hammond, Stuart* e outros, têm traduzido a sentença assim: "Ele não duvidou." *Phavorinus* diz, como citado por *Poole*, que διακρίνεσθαι é duvidar, hesitar, disputar, desconfiar (*diffidere*).

À semelhante da Virgem Maria [Lc 1.34], quando inquiriu do anjo como sua mensagem se concretizaria, e a tantos outros exemplos similares registrados na Escritura, Abraão perguntou como tal coisa se concretizaria, porém foi a pergunta de uma pessoa profundamente assustada ante o inusitado. Assim, pois, quando aos santos se transmite alguma mensagem em relação às obras de Deus, cuja grandeza excede muitíssimo à compreensão deles, os mesmos se sentem impelidos por expressões de espanto, porém de um espanto que logo passa e cede lugar à contemplação do poder de Deus. Os ímpios, contudo, em suas indagações, motejam e rejeitam tudo como algo de natureza mítica. Podemos averiguar que este foi precisamente o caso dos judeus, ao perguntarem a Cristo como seria possível dar ele sua carne para ser deglutida [Jo 6.52]. Pela mesma razão foi que Abraão não foi reprovado quando riu e indagou como seria possível a um homem de cem anos e uma mulher de noventa nascer um filho; pois, em seu assombro, ele, não obstante, se rendia ao poder da Palavra de Deus. Em contrapartida, um riso e uma indagação similares, por parte de Sara, foram censurados, visto que ela acusara as promessas de Deus de simples quimeras.

Se estas observações forem aplicadas ao nosso presente tema, ficará evidente que a justificação de Abraão e a dos gentios tiveram exatamente a mesma fonte. Os judeus, portanto, insultam a seu próprio pai, quando insistem em chamar a vocação dos gentios de absurda. Recordemos também que todos nós estamos na mesma condição de Abraão. Nossas circunstâncias se acham todas em oposição às promessas de Deus. Ele nos promete imortalidade: todavia nos achamos cercados de mortalidade e corrupção. Ele declara que nos tem na conta de justos: todavia nos achamos cobertos de pecados. Ele testifica que se faz propício e benevolente para conosco: todavia os sinais externos suscitam sua ira. O que fazer, pois? Devemos fechar nossos olhos, não fazendo conta nem de nós mesmos nem das demais coisas a nós relacionadas, de modo que nada venha impedir-nos ou embaraçar-nos de crer que Deus é verdadeiro e fiel.

Mas pela fé se fortaleceu. Isto é confrontado com a frase anterior, na qual Paulo disse que Abraão não fraquejou na fé, subentendendo com isso que ele subjugara a incredulidade mediante a constância e firmeza de sua fé.[19] O único capaz de emergir vitorioso dessas lutas é aquele que extrai sua defesa e força da Palavra de Deus. Quando Paulo adiciona: **dando glória a Deus**, é indispensável observarmos que não há maior honra a ser conferida a Deus do que quando selamos sua verdade com nossa fé. Em contrapartida, não há maior insulto a ele dirigido do que o de rejeitar a graça que ele mesmo nos oferece, ou empobrecer a autoridade de sua Palavra. Por esta razão, o principal elemento que constitui a adoração devida a Deus consiste em abraçarmos suas promessas em plena obediência. A genuína religião começa com a fé.

21. Estando plenamente convicto de que ele era poderoso para cumprir o que prometera. Visto que todos os homens reconhecem o poder de Deus, Paulo, aparentemente, nada diz de extraordinário sobre a fé de Abraão. A experiência, porém, revela que uma das tarefas mais difíceis para nós consiste em atribuir ao poder de Deus a honra que o mesmo merece. Não há obstáculo, por mais insignificante que seja, que não leve a carne a pressupor que a mão divina está impedida de realizar sua obra. Como resultado, ao enfrentarmos as mais leves provações, vemos as promessas divinas fugirem de nós. Como já disse, é um fato consumado que ninguém nega a onipotência divina; porém, tão logo nos surge algum obstáculo a obstruir o curso normal das promessas divinas, passamos a degradar seu poder. Devemos, pois, formar o seguinte veredicto ao fazermos esta comparação, a fim de que o poder de Deus receba de nós uma honra justa, ou seja o poder de Deus é tão necessário para se vencer os obstáculos do mundo como os fortes raios solares o são para dissipar as nuvens. Nossa tendência é sempre nos desculparmos dizendo que nossas

---

19 "A dúvida", diz *Pareus*, "tem dois argumentos: Deus *fará* isso? e Deus *pode* fazer isso? A fé também tem dois argumentos: Deus o *fará*, porque ele prometeu; e ele *pode* fazê-lo, porque ele é onipotente."

frequentes dúvidas em relação às promessas de Deus não detrai nada de seu poder, visto que a suposição de que Deus promete em sua Palavra mais do que pode cumprir (o que constitui uma injustiça e franca blasfêmia contra Deus), de forma alguma é a causa de nossa hesitação, senão que é a deficiência que sentimos em nós mesmos. Não exaltaremos suficientemente o poder de Deus, caso não o consideremos como sendo muito maior que nossas próprias fraquezas. Portanto, a fé não deve atentar para nossas fraquezas, nossas misérias e nossos defeitos; ela deve fixar toda sua atenção só no poder de Deus. Se porventura ela dependesse de nossa justiça ou dignidade, então jamais atingiria a consideração do poder de Deus. A evidência de nossa incredulidade, a qual o apóstolo mencionou antes, está em medirmos o poder do Senhor de acordo com nossos padrões. A fé não pressupõe que Deus pode fazer todas as coisas enquanto nos ínterins permanece inativo. Ao contrário, ele situa seu poder em sua atividade contínua, e o aplica particularmente ao que é efetuado em sua Palavra. A mão de Deus, portanto, está sempre pronta a pôr em ação o que sua boca falou.

Parece-me estranho que Erasmo haja preferido considerar o relativo como masculino. Ainda que o sentido não seja alterado com a mudança de gênero, todavia prefiro valer-me mais dos termos gregos usados por Paulo. Sei que o verbo é passivo,[20] mas uma leve mudança diminuiria a aspereza.

22. Pelo que isso lhe foi imputado[21] **para justiça**. Torna-se mais evidente agora por que e como a fé trouxe justiça a Abraão – foi porque ele dependia da Palavra de Deus e não rejeitou a graça que

---

20 O verbo é ἐπήγγελται, usado aqui, e talvez em um outro lugar [Hb 12.26], num sentido ativo. Geralmente se encontra, no sentido de prometer, na voz média, como em Marcos 14.11; Atos 7.5; Hebreus 6.13; etc. É uma anomalia que o mesmo seja às vezes encontrado em autores gregos.

21 Como no caso anterior, no versículo 3, não há caso normativo para este verbo; ele é completado pela sentença. Este é um caso frequente nas línguas, tais como grego e hebraico, nas quais a pessoa é incluída no próprio verbo.
"É bem verdade, como diz Paulo aos Romanos, que Abraão foi justificado pela fé, e não pela *obediência*; mas é justo e verdadeiro o que ele diz aos Hebreus, que foi pela fé que Abraão obedeceu." – *Chalmers*.

Deus prometera. Esta relação entre a fé e a Palavra deve ser cuidadosamente conservada e confiada à memória, porque a fé não nos pode conferir mais do que haja recebido da Palavra. O homem, pois, que chega à conclusão de que Deus é verdadeiro, tendo em sua mente apenas um conhecimento geral e confuso de Deus, não será imediatamente justificado, a menos que repouse seguro na promessa de sua graça.

23. Ora, não somente por causa dele está isso escrito que lhe foi levado em conta,	23. Non est autem scriptum propter ipsum tantùm, imputatum fuisse illi;
24. mas também por nossa causa, posto que a nós igualmente nos será imputado, a saber, a nós que cremos naquele que ressuscitou dentre os mortos a Jesus, nosso Senhor,	24. Sed etiam porpter nos, quibus imputabitur credentibus in eum, qui excitavit Iesum Dominum nostrum ex mortuis:
25. o qual foi entregue por causa de nossas transgressões, e ressuscitou por causa de nossa justificação.	25. Qui traditus fuit propter delicta nostra, et excitatus propter nostram jutificatitionem.

23. Ora, não somente por causa dele está isso escrito. Como anteriormente já lembramos os leitores, visto que a prova fornecida por um só exemplo nem sempre é conclusiva, para evitar que sua afirmação se transformasse em polêmica, o apóstolo expressamente afirma que na pessoa de Abraão fora exibido um exemplo de uma justiça comum que é aplicada igualmente a todos.

Somos lembrados, nesta passagem, do dever de extrair benefícios dos exemplos bíblicos. E de fato os escritores pagãos têm declarado que a história é a mestra da vida; porém, não há ninguém que faça um progresso saudável nela quando a mesma nos é transmitida por eles. Somente a Escritura pode reivindicar com justiça uma função desse gênero. Primeiramente, ela prescreve regras gerais pelas quais podemos testar todas as demais histórias, e assim fazê-las reverter-se em nosso proveito. Em segundo lugar, ela claramente distingue quais as ações devemos seguir e de quais devemos fugir.

No que diz respeito à doutrina, porém, que é sua área específica, ela é o elemento exclusivo para revelar-nos a providência, a justiça e a munificência de Deus em favor de seu povo, bem como seus juízos contra os ímpios.

Portanto, a tese do apóstolo é que o registro da vida de Abraão não foi feito unicamente por sua causa. A referência não é à vocação individual de uma pessoa em particular, e, sim, uma descrição do caminho de se obter a justiça que é única e imutável entre todos os crentes. É esta a justiça exibida no pai de todos os fiéis, o qual deve desfrutar o respeito universal.

Portanto, se porventura tivermos que fazer um uso correto e apropriado das histórias sacras, então que nos lembremos de que devemos usá-las de tal forma que extraiamos delas o fruto da sã doutrina. Elas nos instruem em como dar consistência a nossa vida, em como fortalecer nossa fé e em como despertar em nós próprios o temor do Senhor. O exemplo dos santos será assistencial na ordenação de nossas vidas, caso aprendamos nelas a sobriedade, a castidade, a paciência, a moderação, o desprezo ao mundo bem como outras virtudes. O socorro divino, que esteve sempre presente com eles, contribuirá para a confirmação de nossa fé; sua proteção e seu cuidado paternais que exerceu sobre eles nos transmitirão consolação em tempos de adversidade. Os juízos divinos, bem como suas punições infligidas contra os ímpios, também nos serão de caráter assistencial, contanto que inspirem em nós o temor que encha nossos corações de reverência e devoção.

Pela expressão *não somente por causa dele* parece sugerir que foi em parte escrito por causa dele. Por essa razão, alguns intérpretes entendem que o que Abraão obteve pela fé foi registrado para seu louvor, já que o Senhor deseja que seus servos sejam eternamente lembrados, segundo diz Salomão: "A memória do justo é abençoada" [Pv 10.7]. Entretanto, não poderíamos tomar as palavras *não somente por causa dele* meramente neste sentido: que não foi só em consideração a Abraão, como se fosse algum privilégio singular que não pudesse ser adequadamente introduzido como exemplo, mas foi relatado para nossa instrução, visto que devemos ser justificados da mesma maneira? Este, certamente, seria um significado muito mais adequado.

24. Que cremos naquele que ressuscitou a Jesus nosso Senhor. Já conscientizei meus leitores do valor destas perífrases inseridas por Paulo. Ele as introduz em concordância com o contexto geral das passagens com o fim de fornecer-nos diferentes ângulos da substância de nossa fé. A ressurreição de Cristo é a mais importante parte desta [fé], porquanto ela é o fundamento de nossa esperança na vida por vir. Houvera ele dito simplesmente que cremos em Deus, não teria sido tão fácil deduzirmos como isso poderia servir na obtenção da justiça. Porém, quando se manifesta e nos oferece uma garantia segura de vida em sua própria ressurreição, percebemos claramente de que fonte emana a imputação de nossa justiça.

25. O qual foi entregue por causa de nossas transgressões.[22] Ele prossegue e ilustra extensivamente a doutrina a que já fiz referência. É-nos da maior importância não só termos nossas mentes voltadas para Cristo, mas também termos um nítido quadro de como ele granjeou nossa salvação. Embora a Escritura, no que se refere a nossa

---

22 É διὰ τὰ παραπτώματα ἡμῶν, "por nossas ofensas", e διὰ τὴν δικαίωσιν ἡμῶν, "para nossa justificação." A preposição διὰ tem aqui claramente dois significados: o primeiro, significa a *razão* por que; e o segundo, o *fim* para o qual. Como isso pode ser conhecido? Pelo caráter da sentença, bem como pelo que é ensinado em outro lugar. *Porque*, ao que Johnson anexa quarenta significados, é comumente entendido aqui como tendo um sentido diferente; e isso é suficientemente indicado pelo que está conectado a ele. Mas no caso de surgir uma dúvida, só temos que consultar outras passagens nas quais o tema é examinado.
Tome-se o primeiro exemplo: "por nossas ofensas." Há quem diz que διὰ, aqui, significa *por causa de*, ou *por conta de*; e isso para impedir a idéia de uma propiciação. A preposição, sem dúvida, tem esse sentido; mas é esse seu sentido aqui? Se a sentença em si for julgada insuficiente para determinar a questão, vejamos o que se diz em outro lugar sobre a morte de Cristo em conexão com nossos pecados ou ofensas. Ele mesmo disse que veio "para dar sua vida em resgate (λύτρον um preço redentor) por muitos" [Mt 20.28]. Diz-se que ele "se deu em resgate (ἀντίλυτρον – um preço redentor por outros) por todos" [1Tm 2.6]. Declara-se expressamente que "Cristo ofereceu-se uma vez para tirar os pecados de muitos" [Hb 9.28). E ainda mais ao propósito, se possível, é o testemunho de João, quando diz que Cristo "é a propiciação (ἱλασμός – expiação) por nossos pecados" [1Jo 2.2]. Ora, é possível darmos outro significado ao texto além de que Deus entregou seu Filho como sacrifício por nossas ofensas? Essa é a doutrina expressa em toda a Escritura.

salvação, se detém só na morte de Cristo, todavia, no presente caso, o apóstolo vai além; e como propôs apresentar um relato mais explícito da *causa* de nossa salvação, então alinha as duas partes dela. Ele diz, primeiramente, que nossos pecados foram expiados pela morte de Cristo; e, em segundo lugar, que nossa justiça foi adquirida através de sua ressurreição. A súmula consiste no fato de que, quando possuímos o benefício da morte e ressurreição de Cristo, a justiça é consumada em todas suas partes. Não há dúvida de que, ao separar a morte de Cristo de sua ressurreição, Paulo está acomodando sua linguagem à nossa ignorância, porque, por outro lado, é verdade que a nossa justiça fora granjeada pela obediência de Cristo demonstrada em sua morte, como o apóstolo nos ensinará no próximo capítulo. Entretanto, visto que Cristo nos fez conhecer o quanto ele realizou em sua morte, ressuscitando dos mortos, esta distinção também nos ensinará que nossa salvação começou pelo sacrifício por meio do qual nossos pecados foram expiados, e finalmente o mesmo foi completado por sua ressurreição. O início da justiça é nossa reconciliação com Deus, e sua completação é o reinado da vida quando a morte houver sido destruída. Paulo, pois, ensina que a satisfação para os nossos pecados foi consumada na cruz, pois a destruição de nossos pecados por Cristo era necessária a fim de que ele pudesse restaurar-nos ao favor do Pai. Isto só podia ser realizado sofrendo ele, em nosso lugar, o castigo que não seríamos capazes de suportar. "O castigo que nos traz a paz", diz Isaías, "estava sobre ele" [Is 53.5]. O apóstolo diz que ele [Cristo] foi *entregue*, antes que fosse morto, visto que a expiação depende do beneplácito eterno de Deus, que escolheu essa forma de reconciliação.

E ressuscitou para nossa justificação. Não teria sido suficiente que Cristo se expusesse à ira e ao juízo divino, bem como arcar com a maldição devida a nossos pecados, a não ser que ele também emergisse como vitorioso sobre a maldição; e tendo sido recebido na glória celestial, reconciliou Deus conosco por sua intercessão. O poder da justificação, portanto, que subjugou a morte, é atribuído a sua ressurreição, não porque o sacrifício da cruz, por meio do qual somos reconciliados com Deus, de forma alguma contribuiu para nossa justificação, mas porque a perfeição desta graça é revelada mais claramente em sua nova vida.

Não posso concordar com aqueles que relacionam esta segunda frase com a novidade de vida, pois o apóstolo não partiu deste ponto. É também verdade que ambas as frases têm o mesmo ponto de referência. Se, pois, a justificação significa novidade de vida, então sua morte para [tirar] nossos pecados significaria que ele adquiriu-nos graça para a mortificação da carne – sentido este que ninguém admite. Portanto, como disse Paulo que Cristo morreu para [tirar] nossos pecados, visto que libertou-nos da calamidade da morte ao sofrê-la como punição para [tirar] nossos pecados, ele agora diz ter ressuscitado para [consumar] nossa justificação, visto que ele restaurou-nos plenamente a vida por meio de sua ressurreição. Ele primeiramente foi golpeado pela mão divina, de modo que, na pessoa de um pecador [*in persona peccatoris*], ele pudesse aliviar a miséria do pecado, e em seguida foi exaltado ao reino da vida, de modo a poder graciosamente conceder a seu povo a justiça e a vida. Paulo, pois, está ainda falando da *justificação imputativa*. A passagem que vem imediatamente no próximo capítulo confirmará tal fato.

Capítulo 5

1. Justificados, pois, mediante a fé, tenhamos paz com Deus, por meio de nosso Senhor Jesus Cristo;	1. Iustificatus ergo ex fide pacem habemus apud Deum per Dominum nostrum Iesum Christum;
2. por intermédio de quem obtivemos igualmente acesso, pela fé, a esta graça na qual estamos firmes; e gloriamo-nos na esperança da glória de Deus.	2. Per quem accessum habuimus fide in gratiam istam in qua stetimus, et gloriamur super spe gloriæ Dei.

1. Justificados, pois, mediante a fé. O apóstolo começa a elucidar, por seus efeitos, suas afirmações até este ponto concernentes à justiça [procedente] da fé. O todo deste capítulo, portanto, consiste em ampliar o que o apóstolo afirmara. Essas ampliações, contudo, não só explicam seu argumento, mas também o confirmam. Ele defendera a tese dizendo que, se a justiça é buscada nas obras, então a fé é abolida, pois as almas, desgraçadamente, não possuindo em si mesmas persistência alguma, serão atribuladas por constante inquietação. Paulo, entretanto, então nos ensina que, ao alcançarmos a justificação mediante a fé, nossas almas são tranquilizadas e pacificadas.

Tenhamos paz com Deus, por meio de nosso Senhor Jesus Cristo. Este é o fruto particular da justiça [procedente] da fé, e qualquer desejo de buscar a tranquilidade de consciência por meio das obras (o que percebemos entre os religiosos e os ignorantes) perderá seu tempo, porque, ou o coração se acha adormecido em razão da negligência, ou a pessoa faz ouvidos moucos aos juízos divinos, ou se deixa dominar pelo temor e tremor até que repouse em Cristo, o único que é nossa paz.

Paz, portanto, significa serenidade de consciência, a qual tem sua origem na certeza de haver Deus nos reconciliado consigo mesmo. Esta serenidade é possuída ou pelos fariseus, que se inflavam com uma falsa confiança em suas obras, ou pelo pecador insensível que, uma vez intoxicado com os prazeres produzidos por seus vícios, não sente qualquer carência de paz. Embora nenhuma dessas pessoas aparente estar em franco conflito com Deus, ao contrário da pessoa que se vê abalada pelo senso do pecado, todavia, visto que ela não se aproxima realmente do tribunal de Deus, jamais experimentou verdadeiramente a harmonia com ele. Uma consciência entorpecida implica na alienação de Deus. Paz com Deus é o oposto da serenidade produzida pela carne entorpecida, visto ser de suprema importância que cada um se desperte para prestar contas de sua vida. Ninguém que não tenha o temor de Deus se manterá em sua presença, a não ser que se refugie na graciosa reconciliação, pois enquanto Deus exercer a função de Juiz, todos os homens devem encher-se de medo e confusão. A mais forte prova disso é o fato de nossos oponentes outra coisa não fazerem senão brandir à toa as palavras de um lado para outro, enquanto reivindicam justiça por conta de suas obras. A conclusão de Paulo tem por base o princípio de que as almas desditosas estarão sempre desassossegadas, a menos que repousem na graça de Cristo.

2. Por intermédio de quem obtivemos igualmente acesso,[1] pela

---

[1] *Calvino* deixa fora καί, 'também'. *Greiesbach* a retém. A omissão é só de um manuscrito e nas versões siríaca e etiópica. *Teodoreto* a traduz por νυν. Mas seu significado aqui parece não ser 'também', mas 'ainda' ou 'sim'. Pois este versículo contém em parte a mesma verdade que o anterior. O estilo de Paulo é às vezes bem semelhante ao dos profetas, isto é, o arranjo de suas sentenças amiúde segue seu modelo. Nos profetas, e também nos Salmos, encontramos amiúde dois dísticos, e às vezes dois versos contendo o mesmo sentimento, só o último dístico declarando-o de forma diferenciada e lhe acrescentando algo. Veja-se, por exemplo, Salmo 32.2. Tal é exatamente o caso aqui. "Justificado pela fé" e "esta graça na qual estamos firmes", são o mesmo. "Através de nosso Senhor Jesus Cristo" e "através de quem obtivemos acesso" são idênticos em seu conteúdo. A idéia adicional no segundo versículo é a última frase. Para que vejamos como o todo corresponde ao estilo profético, os dois versículos serão apresentados em linhas:

fé, a esta graça. Nossa reconciliação com Deus está subordinada a Cristo. Ele é o único Filho Bem-amado; todos nós, por natureza, somos filhos da ira. Porém, esta graça nos é comunicada pelo evangelho, visto ser ele o ministério da reconciliação. Nosso ingresso no reino de Deus é através do benefício desta reconciliação. Paulo, pois, corretamente põe diante de nossos olhos a promessa certa, em Cristo, da graça de Deus, com o fim de afastar-nos mais eficientemente da confiança em nossas obras. Ele nos ensina, por meio da palavra *acesso*, que a salvação tem sua origem em Cristo, e assim exclui as preparações por meio das quais os tolos acreditam poder antecipar a misericórdia divina. É como se dissesse: "Cristo encontra o indigno, e estende-lhe sua mão para libertá-lo." E imediatamente acrescenta que é pela continuação da mesma graça que nossa salvação permanece firme e segura. Com isso ele quer dizer que nossa perseverança não se acha fundamentada em nosso próprio poder ou empenho, mas tão-somente em Cristo. Mas quando ele, ao mesmo tempo, diz **na qual estamos firmes**, o sentido equivale a isto: quão profundamente radicado deve estar o evangelho nos corações dos piedosos, de modo a se sentirem fortalecidos por sua verdade e bem solificados contra todas as astúcias da carne e do Diabo. Pelo termo *firmes* ele quer dizer que a fé não é a persuasão fugaz de um dia, senão que se acha tão radicada e submersa em nossa mente, que o seu prosseguimento se faz seguro ao longo de toda nossa vida.

---

1. Tendo sido, pois, justificados mediante a fé,
Temos paz com Deus,
Através de nosso Senhor Jesus Cristo;
2. Através de quem temos tido, sim, o acesso pela fé
A esta graça, na qual estamos firmes,
E exultamos na esperança da glória de Deus.

O ilativo *pois* deve ser preferido a *portanto*, visto ser uma inferência, não de um versículo ou frase particular, mas do que o Apóstolo vem ensinando. Na frase "a glória de Deus" está implícita a glória que Deus concede; usando as palavras do Prof. *Stuart*, ela é "genitivus auctoris".

A palavra 'acesso', προσαγωγὴν, tem dois significados: introdução (adductio) e acesso (accessio). O verbo προσάγειν é usado em 1 Pedro 3.18 no sentido de introduzir, liderar ou conduzir. Assim Cristo, como observa *Wolfius*, pode ser considerado sendo aqui representado como o introdutor e reconciliador, através de quem os crentes vão a Deus e mantêm comunhão com ele. 'Introdução' é a versão de *Macknight*; e *Doddridge* também adotou esta idéia.

O homem, pois, cuja fé lhe assegura um lugar entre os fiéis, jamais é levado a crer por um súbito impulso, mas permanece naquele lugar divinamente designado para ele, com uma persistência tal, e com tal imperturbabilidade, que jamais deixa de ser fiel a Cristo.

E gloriamo-nos na esperança da glória de Deus. A razão, não só para a emergência da esperança da vida por vir, mas também para nossa participação em sua alegria, é que descansamos no sólido fundamento da graça de Deus. O que Paulo tem em mente é o seguinte: embora os cristãos sejam agora peregrinos na terra, não obstante, por sua confiança, se elevam acima dos céus, de modo que afagam em seu peito sua futura herança com tranquilidade. Esta passagem demole as duas mais perniciosas doutrinas dos sofistas, a saber: primeiro, ordena aos crentes a se contentarem com conjetura moral, discernindo a graça de Deus em favor deles; segundo, ensina que todos nós nos achamos em estado de incerteza acerca de nossa perseverança final. Porém, caso não haja conhecimento seguro *agora*, nem qualquer persuasão consistente e inabalável quanto ao futuro, quem ousará gloriar-se? A esperança da glória de Deus nos resplandece do evangelho, o qual testifica que seremos participantes da natureza divina, pois quando virmos a Deus face a face então seremos como ele é [2Pe 1.4; 1Jo 3.2].

3. E não somente isso, mas também nos gloriamos em nossas tribulações, sabendo que a tribulação produz a paciência;

4. e a paciência, a experiência; e a experiência, a esperança.

5. Ora, a esperança não confunde, porque o amor de Deus é derramado em nossos corações pelo Espírito Santo, que nos foi outorgado.

3. Neque id modò, sed gloriamur[2] etiam in afflictionibus; scientes quòd tribulatio patientiam efficiat;

4. patientia verò probationem; probatio autem spem:

5. Porrò spes non pudefacit, quoniam dilectio Dei diffusa est in cordibus nostris per Spiritum sanctum, qui datus est nobis.

---

2 Gloriamur – καυχώμεθα. O mesmo que no versículo precedente, e traduzido 'gloriar-se' por *Macknight*, e no versículo anterior por *Doddrigdge*; e aqui, 'glória'. 'Gloriar-se' é certamente uma palavra própria, pois é comumente usada em sentido negativo. 'Regozijar-se' é indistinto demais, pois significa exultação e triunfo.

3. E não somente isso, mas também nos gloriamos. O apóstolo antecipa possíveis escárnios dirigidos aos cristãos que, devido a sua exultação, são inusitadamente molestados e afligidos nesta vida, parecendo estar longe de uma condição abençoada. Ele declara que suas calamidades, longe de impedirem sua felicidade, até mesmo promovem sua glória. Com o fim de provar sua tese, ele argumenta a partir dos efeitos. Emprega um admirável clímax no qual, finalmente, conclui que todas as aflições que sofremos contribuem para nossa salvação e felicidade última.

Sua afirmação de que os santos se gloriam em suas tribulações não deve ser entendida como se não temessem nem fugissem da adversidade, ou não sentissem a dor das aflições e amarguras quando elas lhes sobrevêm (pois a paciência não resultaria de suas dificuldades, caso não vivessem conscientes de suas amarguras). Entretanto, o apóstolo diz corretamente que eles se gloriam, visto que em sua tristeza e dor são profundamente consolados pela antevisão de que todos seus sofrimentos são-lhes destinados para que se transformem num grande bem provindo das mãos do mais indulgente de todos os pais – o Pai celestial. Os crentes têm sempre suficientes razões para se gloriarem quando sua salvação é promovida.

Daqui aprendemos, pois, qual é o propósito de nossas tribulações, caso almejemos mostrar que somos filhos de Deus. Estes devem exercitar-se na paciência, do contrário nossa depravação tornaria a obra do Senhor vazia e ineficiente. Como prova de que a adversidade não constitui obstáculo para a glorificação dos crentes, ele evoca o fato de que eles experimentam o socorro divino, o qual nutre e confirma sua esperança, quando pacientemente suportam suas adversidades. É verdade, pois, que aqueles que não aprendem a paciência também não fazem bom progresso. Não há contradição quando a Escritura registra as murmurações dos santos ao se virem dominados pelo desespero. Em tais ocasiões, o Senhor acossa e esmaga seu povo de tal modo que, por algum tempo, mal lhes permite respirar ou lembrar-se de sua fonte de consolação. No entanto, de repente ele restaura à vida aqueles a quem quase submergira nas densas trevas da morte. Então a afirmação de Paulo é sempre cumprida neles: "Em tudo somos atribulados, porém não angustiados; perplexos, porém não desanimados; perseguidos, porém não desamparados; abatidos, porém não destruídos" [2Co 4.8,9].

A tribulação produz a paciência. Este não é o efeito natural da tribulação, a qual, como já vimos, leva uma grande porção do gênero humano a murmurar contra Deus, e até mesmo a amaldiçoá-lo. Mas quando aquela submissão interior que é infundida pelo Espírito de Deus, e aquela consolação, que é comunicada pelo mesmo Espírito, assumem o lugar de nossa obstinação, então as tribulações, as quais na teimosia só podem produzir indignação e descontentamento, tornam-se meios de gerar a paciência.

4. E a paciência, a experiência. Num clímax similar, Tiago aparentemente segue uma ordem invertida, pois ele diz que *a experiência produz a paciência*. Entretanto, conciliaremos as duas se entendermos que o significado dos termos é diferente. Paulo quer dizer pelo termo *provação* a experiência que os cristãos têm da proteção garantida de Deus, quando, confiando em seu auxílio, suplantam todas as dificuldades. Mantendo-se firmes e suportando tudo pacientemente, experimentam a resistência do poder do Senhor que prometeu estaria sempre presente no seio de seu povo. Tiago usa o mesmo termo no sentido de *tribulação* propriamente dita, segundo o uso comum da Escritura, visto que, por meio das tribulações, Deus prova e julga seus servos – por isso, tribulações são também com frequência chamadas *tentações*.[3]

---

3 A palavra em Tiago é δοκίμιον, enquanto aqui é δοκιμή. A primeira significa um teste ou o ato de testar – provação; e a segunda, o resultado do teste: experiência, e é traduzida em nossa versão 'prova' [2Co 2.9]; 'experiência' [2Co 9.13]; 'provação' [2Co 8.2], que equivale a experiência. *Beza* diz que a primeira mantém com a segunda uma relação similar como a mantém a causa com o efeito. Uma coisa é o teste ou provação; e outra é a experiência que daí se adquire.
A palavra é aqui traduzida não mui inteligivelmente – 'provação' –, tanto por *Macknight* quanto por *Stuart*; mas bem corretamente – 'experiência' – por *Beza* e *Doddridge*.

À luz da presente passagem, portanto, fazemos progresso positivo na paciência quando a consideramos como havendo sido estabelecida para nós, pelo poder de Deus, e assim, quanto ao futuro, ela nutre a esperança de que jamais estaremos sem a graça de Deus, a qual sempre nos socorre em nossas necessidades. Paulo, portanto, acrescenta que a esperança emana da experiência, porquanto seríamos ingratos diante dos benefícios que temos recebido caso não confirmássemos nossa esperança no futuro, evocando-os em nossa lembrança.

5. Ora, a esperança não confunde.[4] Ou, seja, ela tem nossa salvação como um fato consumado. Isso mostra claramente que a aflição é usada pelo Senhor para provar-nos, de modo que nossa salvação possa assim progredir gradualmente. Portanto, aquelas *misérias*, que a seu próprio modo são os suportes de nossa felicidade, não podem transformar-nos em *miseráveis*. E assim a tese de Paulo fica provada, ou seja que os piedosos contam com bases sólidas para gloriar-se no meio de suas aflições.

Porque o amor de Deus é derramado em nossos corações. Não me refiro só à última frase, mas ao todo dos dois versículos precedentes. Somos estimulados à paciência pela instrumentalidade da tribulação, e a paciência é para nós a prova do auxílio divino. Este fato robustece um tanto mais a nossa esperança; pois, por mais que sejamos acossados e nos pareçamos desgastados, não cessamos de sentir a munificência divina em nosso favor. Esta é a mais rica consolação, e muito mais abundante do que quando tudo parecia ir-nos bem. Uma vez que o que se nos afigura como felicidade não passa de miserável quimera, quando Deus nos hos-

---

[4] *Chalmers* observa que há duas esperanças mencionadas nesta passagem: a esperança [procedente] da fé, no segundo versículo, e a esperança [procedente] da experiência. "A esperança do quarto versículo", diz ele, "é distinta de e posterior à esperança da segunda; e também parece derivar-se de outra fonte. A primeira esperança é a esperança em crer, uma esperança que pende diretamente para o testemunho de Deus ... A segunda esperança se fundamenta em considerações distintas – não no que o crente vê estar no testemunho de Deus, mas no que vê estar em si mesmo. É o fruto não da fé, mas da experiência; e se deduz não da palavra que está fora, mas do sentimento do que se passa no íntimo."

tiliza e se revela descontente conosco, assim também, quando ele se mostra favoravelmente disposto para conosco, nossas próprias calamidades indubitavelmente nos resultarão em prosperidade e alegria. Todas as coisas devem servir a vontade do Criador, porque, segundo seu paternal favor para conosco (conforme Paulo o reiterará no capítulo 8), ele reverte todas as provações oriundas da cruz em nossa salvação. Este conhecimento do amor divino para conosco é instilado em nossos corações pelo Espírito de Deus, pois as boas coisas que Deus preparou para aqueles que o adoram estão ocultas dos ouvidos, dos olhos e das mentes dos homens, e o Espírito é o único que no-las pode revelar. O particípio *derramado* é bastante enfático, e significa que a revelação do amor divino para conosco é tão copiosa que enche nossos corações. Sendo assim derramado, e permeando cada parte de nosso ser, não só mitiga nosso sofrimento na adversidade, mas também age como um agradável condimento a transmitir graça a nossas tribulações.[5]

Ele diz mais que o Espírito é *outorgado*, ou, seja, ele nos é concedido pela munificência divina, cuja motivação não se acha em nós, e

---

[5] "O amor de Deus" nesta passagem pode significar ou o amor do qual Deus é o objeto – amar a Deus – ou o amor que ele possui – o amor de Deus por nós. O *usus loquendi* admitiria qualquer desses significados; e daí os comentaristas têm diferido sobre o ponto. A expressão τὴν ἀγάπην τοῦ θεοῦ, em Lucas 12.42, João 5.42 e em outros lugares, significa "amar a Deus"; e ἡ ἀγάπη τοῦ θεοῦ, em 1 João 4.9, significa claramente o amor de Deus por nós. O significado, pois, só pode ser averiguado pelo contexto e pelo vocabulário da sentença. Ele está conectado com as graças cristãs, paciência e esperança; e isso favorece o primeiro ponto de vista de que é o amor por Deus produzido interiormente pelo Espírito. Então o verbo ἐκκέχυται, é *derramado*, parece mais adequado à idéia de amor sendo comunicado como um dom, ou como um sentimento santo no íntimo. É além disso o que impede a esperança de ser frustrada; é algum bem ou desfruto que ora fortalece e satisfaz a esperança; e amar o Deus que primeiro nos amou é compreender em certa medida o que a esperança espera; e quando se diz que ela é difusa pelo Espírito, devemos lembrar do que Paulo diz em Gálatas 5.22, que o 'amor' é um dos frutos do Espírito. Mas, em contrapartida, pode-se alegar que o versículo está conectado com o que vem em seguida, como o próximo versículo começa com 'porque', e que o contexto subsequente se refere mais claramente ao amor de Deus por nós; e isso evidentemente decide a questão.
O primeiro ponto de vista, nosso amor por Deus, foi adotado por *Agostinho, Mede, Doddridge, Scott* e *Stuart*; e o outro, o amor de Deus por nós, por *Crisóstomo, Beza, Pareus, Grotius, Hodge* e *Chalmers*, bem como por *Schleusner*, que apresenta esta paráfrase: "Amor Dei abundè nobis declaratus est – o amor de Deus nos é ricamente declarado."

nem nos foi conferida com base em nossos méritos, conforme a feliz observação de Agostinho. Contudo, o mesmo Agostinho equivocou-se em sua interpretação do amor de Deus. Eis sua explicação: visto que suportamos as adversidades com persistência, então somos confirmados em nossa esperança; e visto que fomos regenerados pelo Espírito Santo, então amamos a Deus. Este pode ser um sentimento piedoso, mas não justifica a intenção de Paulo. O amor não pode ser considerado aqui em sentido ativo, mas passivo. É certo também que o que Paulo nos ensina aqui consiste em que a genuína fonte de todo o amor está na convicção que os crentes nutrem do amor divino por eles. Esta não é uma leve persuasão a imprimir-lhes certos matizes [na vida], senão que suas mentes são completamente permeadas por ele.

6. Porque Cristo, quando nós ainda éramos fracos, morreu a seu tempo pelos ímpios.
7. Dificilmente alguém morreria por um justo; pois poderá ser que pelo bom alguém se anime a morrer.
8. Mas Deus prova seu amor para conosco, pelo fato de ter Cristo morrido por nós, sendo nós ainda pecadores.
9. Logo, muito mais agora, sendo justificados por seu sangue, seremos, por intermédio dele, salvos da ira.

6. Christus enim, quum adhuc essemus infirmi secundum rationem temporis, pro impiis mortuus est:
7. Vix sanè pro justo quis moriatur; nam pro bono forsan aliquis etiam mori audeat.
8. Confirmat autem erga nos charitatem Deus quòd peccatores quum adhuc essemus, Christus pro nobis mortuus est:
9. Multo igitur magis, justificati nunc per sanguinem ejus, servabimur per ipsum ab ira.

6. Cristo morreu pelos ímpios. Em minha tradução, não aventurei conceder-me a liberdade de traduzir esta frase: "quando nós ainda éramos fracos", embora tenho preferido este sentido. O presente argumento procede do maior para o menor, e Paulo, em seguida, o adotará mais extensivamente. Embora ele não componha os liames de seu discurso de maneira distinta, a irregularidade de sua estrutura não afetará o significado. "Se Cristo", diz ele, "teve misericórdia do ímpio; se reconciliou seus inimigos com o Pai; se realizou isto pela virtude de sua morte, então agora, muito mais facilmente, os salvará quando forem justificados, e guardará em sua graça àqueles a quem restaurou à graça, especialmente pelo fato de que a eficácia de sua vida é agora acrescentada à virtude de sua morte."[6] Há intérpretes que defendem a tese de que o tempo de fraqueza significa aquele período em que Cristo começou a manifestar-se ao mundo; e consideram aqueles que eram *ainda fracos* como aqueles que, em sua infância [espiritual], viviam sob a tutela da lei. A expressão, contudo, defendo eu, se refere ao próprio cristão crente, e o tempo referido é o período que precede a reconciliação de cada um com Deus. Todos nós nascemos filhos da ira, e somos mantidos sob esta maldição até que nos tornemos participantes de Cristo. Pela expressão, aqueles que são *fracos*, ele quer dizer aqueles que não possuem nada em si mesmos senão pecado, pois imediatamente a seguir ele os chama de *ímpios*. Não há nada fora do comum considerar *fraqueza* neste sentido, visto que em 1 Coríntios 12.22 ele chama as partes menos nobres do corpo de *frágeis*; e em 2 Coríntios 10.10, ele chama sua própria presença física de *fraca*, visto não possuir qualquer dignidade. Recorreremos a este significado um pouco mais adiante. Quando, pois, éramos *fracos*, ou, seja, quando éramos completamente indignos e desqualificados para merecermos a consideração divina, nesse mesmo tempo Cristo morreu em favor dos ímpios. A fé é o início da piedade, à qual eram estranhos todos aqueles por quem Cristo morreu. Isso é também válido para os antigos pais, os quais obtiveram a justiça antes da morte de Cristo, pois este benefício eles o extraíram da morte do Cordeiro que ainda estava por vir.[7]

---

6 Sobre o argumento deste versículo, e sobre o que se segue ao décimo versículo, o Prof. *Stuart* faz esta observação: "A passagem que se acha diante de nós parece ser mais direta com respeito à *perseverança dos santos* do que quase qualquer outra passagem nas Escrituras que posso achar. O sentimento aqui não depende da *forma* de uma expressão particular (como parece ser algumas outras passagens); mas é fundamentalmente conectada com a própria natureza do argumento."

7 Outros, como faz *Calvino*, tais como *Crisóstomo* e *Erasmo*, conectaram κατὰ καιρὸν com as palavras precedentes, e não com as seguintes. *Pareus*, que aderiu ao mesmo ponto de vista, apresenta esta explicação: "Ele distingue a primeira forma do presente estado, como se dissesse: 'Nós, que agora somos justificados pela fé, anteriormente éramos ímpios'".

7. Dificilmente alguém morreria por um justo. A razão me compele a expor a partícula γὰρ em sentido afirmativo ou declarativo, antes que causativo, ficando assim o sentido: "De fato é uma ocorrência muito rara entre homens a morte de alguém em favor de um justo, embora ocasionalmente seja possível acontecer. Mas, mesmo admitindo que tal coisa seja possível, não se achará ninguém que esteja disposto a morrer por um ímpio, como Cristo o fez."[8] Deste modo, a passagem emprega uma comparação a fim de ampliar o que Cristo fez por nós, visto não existir no seio da humanidade um exemplo tal de bondade como a que Cristo nos demonstrou.

8. Mas Deus prova seu amor para conosco. O verbo συνίστησι contém mais de um significado. O mais adequado aqui é o que denota confirmação. Não é o propósito do apóstolo despertar-nos para ações de graças, e, sim, estabelecer a confiança e a segurança de nossas almas. Deus, pois, *confirma*, ou, seja, declara que seu amor para

---

Crisóstomo se refere ao tempo da lei, e considera a fraqueza aqui sendo a do homem sob a lei. Isso dá um significado enfático ao 'fraco', que de outra forma não parece ter, e é aprovado pelo que se diz em 8.3, onde lemos que a lei é fraca, porém fraca no que diz respeito à fraqueza da carne. Ao mesmo tempo é preciso observar que a maioria dos comentaristas, como *Beza*, conecta as palavras κατὰ καιρὸν, com a morte de Cristo, como tendo se concretizada "no devido tempo", designada por Deus e pré-significada pelos profetas, segundo o que lemos em Gálatas 4.4.

8 *Calvino* omitiu o que se diz do homem 'bom', por quem, diz-se, talvez alguém ousasse morrer. O 'justo', δίκαιος, é aquele que age segundo o que a justiça requer e segundo o que os rabinos dizem: "O que é meu é meu; e o que é teu é teu", שלי שלי ושלך שלך; o 'bom', ἀσεβής, porém, é o bondoso, o benevolente, o beneficente, chamado טוב, em hebraico; que é descrito por *Cícero* como alguém que faz o bem a quem ele possa fazer (vir bonus est is, qui prodest quibus potest).

Há aqui um evidente contraste entre essas palavras e aquelas empregadas nos versículos 6 e 8, para designar o caráter daqueles por quem Cristo morreu. Justo, δίκαιος, é o oposto de 'ímpio', ἀσεβής, que, por não adorar e honrar a Deus, é culpado de injustiça do mais grave gênero, e neste sentido de ser injusto se encontra em 4.5, onde lemos que Deus "justifica o ímpio", ou, seja, aquele que é injusto por privar a Deus da homenagem que justamente lhe pertence. *Phavorinus* dá ἀθέμιτος, ilícito, injusto, como um de seus significados. O que forma um contraste com 'bom' é pecador, ἁμαρτωλός, que às vezes significa perverso, vicioso, alguém que se entrega ao vício de fazer o mal. *Suidas* descreve ἁμαρτωλοί, como os que determinam viver em transgressão, οἱ παρανομίᾳ συζῆν προαιρούμενοι; e *Schleusner* tem "scelestus – perverso", "glagitiosus – cheio de maldade", como sendo às vezes seu significado.

Mas a descrição avança mais, pois no versículo 10 a palavra 'inimigos', ἐχθροὶ, é introduzida a fim de completar o caráter daqueles por quem Cristo morreu. Eram não só 'ímpios', e portanto injustos para com Deus, e 'perversos', dados a todo tipo de males, mas também 'inimigos', nutrindo ódio por Deus e declarando guerra, por assim dizer, contra ele.

conosco é muitíssimo sólido e verdadeiro, visto que não poupou a Cristo, seu próprio Filho, por amor aos ímpios. Nisso se manifestou seu amor, ou seja sem ser influenciado por nosso amor, ele nos amou mesmo antes de usar seu próprio beneplácito em nosso favor, como João mesmo nos diz [Jo 3.16]. O termo *pecadores* (como em muitas outras passagens) significa aqueles que são completamente corruptos e entregues ao pecado – veja-se João 9.31: "Deus não ouve a pecadores", ou seja o ímpio e o culpado. A "mulher pecadora" significa uma mulher que vivia vida vergonhosa [Lc 8.37]. Isso se torna ainda mais claro a partir do contraste que se segue imediatamente, ou seja **Muito mais agora, sendo justificados por seu sangue**. Visto que ele contrasta estes dois elementos, e faz referência àqueles que são libertados da culpa de seu pecado, como sendo *justificados*, segue-se necessariamente que o termo *pecadores* significa aqueles que são condenados por suas ações perversas.[9]

A súmula de tudo consiste em que, se Cristo obteve justiça para os pecadores, pela instrumentalidade de sua morte, então agora os protegerá muito mais da destruição, já que são justificados. Na última frase ele aplica a sua própria doutrina a comparação entre o menor e o maior. Não teria sido suficiente que Cristo houvesse uma vez por todas granjeado a salvação para nós, se porventura não a mantivesse ilesa e segura até o fim. Isso é o que o apóstolo agora assevera, declarando que não temos razão para temer que Cristo não conclua a concessão de sua graça destinada a nós antes que tenha chegado nosso fim predeterminado. Tal é nossa condição, visto que ele nos reconciliou com o Pai, ou seja que ele propôs estender-nos sua graça de forma mais eficaz e fazê-la aumentar dia a dia.

---

9 O significado dado a συνίστησι não é peculiar. É usado com um acusativo em dois sentidos – enaltecer, louvar, como em 16.1; 2 Coríntios 3.1; 5.12, 18; e também provar, demonstrar, mostrar, tornar manifesto ou indubitável, e assim confirmar, como em 3.5; 2 Coríntios 6.4; 7.11; Gálatas 2.18. *Schleusner* se reporta a esta passagem como um exemplo do último significado. Que Deus provou, ou tornou manifesto, ou mostrou claramente seu amor parece ser a idéia mais adequada, como a prova ou evidência se declara nas palavras que se seguem. A versão siríaca dá o sentido de mostrar ou provar". *Beza*, 'enaltece', como em nossa versão, e *Macknight*; *Doddridge*, 'recomenda'. *Hodge*, 'tornar conspícuo'.

10. Porque, se nós, quando inimigos, fomos reconciliados com Deus mediante a morte de seu Filho, muito mais, estando reconciliados, seremos por ele salvos por sua vida.

10. Si enim quum inimici essemus, reconciliati sumus Deo per mortem Filii ejus; multo magis, reconciliati, servabimur per vitam ipsius.

10. Esta é uma explicação do versículo anterior, ampliado aqui ao fazer uma comparação entre a vida de Cristo e sua morte. Éramos inimigos, diz ele, quando Cristo apresentou-se ao Pai como instrumento de propiciação. Somos agora feitos amigos pela instrumentalidade de sua reconciliação; e se isso foi consumado por sua morte, então sua vida[10] será de muito maior poder e eficácia. Temos, pois, ampla comprovação para fortalecer nossas mentes com sólida confiança em nossa salvação. Fomos reconciliados com Deus pela morte de Cristo, reitera Paulo, visto que o seu sacrifício, pelo qual o mundo foi reconciliado com Deus, era de caráter expiatório, como já demonstrei no capítulo 4.

O apóstolo, contudo, parece aqui contradizer-se. Se a morte de Cristo foi um *penhor* do amor divino para conosco, segue-se que desde então nos tornamos aceitáveis a ele. Agora, porém, nos diz que éramos *inimigos*. Minha resposta a esta questão é a seguinte: visto que Deus odeia o pecado, somos igualmente odiados por ele enquanto permanecermos pecadores. Mas assim que nos recebe no corpo de Cristo por seu secreto desígnio, então cessa de odiar-nos. Nosso retorno à graça, contudo, nos será desconhecido, enquanto não a alcançarmos pela fé. Com respeito a nós mesmos, portanto, seremos sempre inimigos, até que a morte de Cristo se interponha para propiciar a Deus. Este duplo aspecto deve ser bem observado. De nenhuma outra forma reconheceremos misericórdia gratuita de Deus a não ser que sejamos persuadidos de sua recusa em poupar seu Filho Unigênito, visto que ele nos amou quando havia ainda

---

10 "Por sua vida", o abstrato pelo concreto; significa: "por ele estar vivo", estando à destra de Deus, tendo todo poder a ele confiado e fazendo intercessão por nós [8.34]. "Porque eu vivo, vós também vivereis" [Jo 14.19].

discordância entre nós e Deus. Além disso, não entenderemos suficientemente o benefício a nós conferido pela morte de Cristo, a não ser que esta seja o início de nossa reconciliação com Deus, de modo a sermos convencidos de que é pela expiação que Deus, que antes nos era hostil, agora se nos torna propício. Portanto, visto que nossa recepção em seu favor é atribuída à morte de Cristo, o significado é que a culpa, pela qual de outra forma seríamos punidos, foi removida.

11. E não apenas isto, mas também nos gloriamos em Deus por nosso Senhor Jesus Cristo, por intermédio de quem acabamos de receber a reconciliação.	11. Non solùm autem, sed etiam gloriamur in Deo per Dominum Iesum Christum, per quem nunc reconciliationem accepimus.

11. E não apenas isto. Ele agora se eleva ao mais alto grau de glorificação, pois quando nos gloriamos no fato de Deus ser nosso, então toda bênção concebível ou desejável é obtida e flui desta fonte. Deus é não só a mais sublime de todas as bênçãos, mas também contém em si mesmo a soma e todas as partes dessas bênçãos; e ele mesmo se torna *nosso* por intermédio de Cristo. Portanto, pelo benefício de nossa fé alcançamos a posição na qual nada nos falta de tudo quanto é necessário para nossa felicidade. A defesa da reconciliação reiterada por Paulo não é sem fundamento. Primeiramente, somos ensinados a fixar nossos olhos na morte de Cristo, no que diz respeito a nossa salvação. Em segundo lugar, descobrimos que temos de pôr nossa confiança em nada mais senão na expiação de nossos pecados.

12. Portanto, assim como por um só homem entrou o pecado no mundo, e pelo pecado a morte, assim também a morte passou a todos os homens, porque todos pecaram. 13. Porque até ao regime da lei havia pecado no mundo, mas o pecado não é levado em conta quando não há lei.	12. Quamobrem sicut per unum hominem peccatum in mundum introiit, et per peccatum mors; atque ita in omnes homines mors pervagata est, quandoquidem omnes peccaverunt: 13. Nam usque ad legem peccatum erat in mundo; peccatum autem non imputatur, quum non est lex:

14. Entretanto reinou a morte desde Adão até Moisés, mesmo sobre aqueles que não pecaram à semelhança da transgressão de Adão, o qual prefigurava aquele que havia de vir.

14. Sed regnavit mors ab Adam usque ad Mosen, etiam in eos qui non peccaverunt ad similitudinem prævericationis Adam, qui est figura futuri.

12. Portanto, assim como por um só homem entrou o pecado no mundo. Ele agora começa a ampliar a mesma doutrina através da comparação de opostos. Se o propósito da vinda de Cristo era redimir-nos da calamidade em que Adão caiu, e levou toda sua progênie com ele na hecatombe, uma concepção mais clara do que possuímos em Cristo só pode vir quando nos é mostrado o que perdemos em Adão. A comparação, contudo, não é semelhante em todos os aspectos. Paulo, pois, faz uma correção, a qual discutiremos em seu lugar apropriado. Realçaremos também alguma diferença que possa ocorrer. A falta de continuidade da frase a torna um tanto obscura, visto que a segunda frase da comparação, que equilibra a primeira, não é expressa. Entretanto, nos esforçaremos por elucidá-las quando tratarmos da dita passagem.[11]

---

11 O início deste versículo tem ocasionado grande volume de conjeturas, tanto sobre a conexão como sobre a frase correspondente à primeira sentença. A maioria concorda essencialmente com *Calvino* sobre estes dois pontos. *Hodge* apresenta um ponto de vista semelhante quanto à conexão nestas palavras: "A idéia de homens sendo considerados e tratados, não segundo seu próprio mérito, mas segundo o mérito de outro, é contrária ao modo comum de raciocínio entre os homens. O Apóstolo a ilustra e reforça apelando para o grande fato análogo na história do mundo."
Quanto à frase correspondente, que se encontra no versículo 18, há um consenso comum: *Pareus, Willet, Grotius, Doddridge, Scott, Stuart, Chalmers* e outros; os versículos intermediários são vistos como parentéticos.
A frase, διὰ τοῦτο, e também διὰ e οὖν, são às vezes usadas anticipativa e retrospectivamente, como sendo suas partículas correspondentes frequentes em hebraico. Veja-se a nota sobre 2.1. Que Paulo usa διὰ τοῦτο dessa forma parece evidente à luz de 4.16; 13.6; 1 Coríntios 11.10. Antecipa aqui, como imagino, o que é em seguida expresso por εφ' ᾧ, como em 4.16; por ἵνα, em 13.6; por γὰρ, em 1 Coríntios 11.10; por διὰ, diante dos anjos. Então o significado do versículo seria comunicado pela seguinte tradução:
> 12. Por esta razão – como por um só homem o pecado entrou no mundo, e através do pecado, a morte, assim também a morte passou todos os homens, porque todos têm pecado.

Segundo este ponto de vista, a frase correspondente está no próprio versículo. O sentimento da passagem é este: através de um só homem o pecado entrou e seguiu-se a morte; e a morte atingiu toda a humanidade, porque todos pecaram. Então, segundo seu modo costumeiro, o Apóstolo constrói o último tema, 'pecado', resultando na morte de todos; e no fim do versículo 14, ele retrocede a "o homem" Adão, o qual ele diz ter sido um tipo

Entrou o pecado no mundo. Notemos a ordem que ele segue aqui. Diz que o pecado veio antes, e que a morte veio em seguida. Certos intérpretes defendem a tese de que tal foi nossa ruína em consequência do pecado de Adão, que perecemos, não por alguma culpa propriamente nossa, mas simplesmente como se ele tivesse pecado por nós. Paulo, contudo, expressamente afirma que o pecado atingiu a todos os que sofrem o castigo devido ao pecado. Insiste de forma ainda mais enfática quando logo a seguir aponta a razão por que toda a progênie de Adão está sujeita ao domínio da morte. É porque todos nós pecamos. *Pecar*, como o termo é usado aqui, é ser corrupto e viciado. A depravação natural que trazemos do ventre de nossa mãe, embora não produza seus frutos imediatamente, é, não obstante, pecado diante de Deus, e merece sua punição. Isto é o que se chama *pecado original*. Assim como Adão, em sua criação primitiva, recebeu tanto para sua progênie quanto para si mesmo os dons da divina graça [*divinae gratiae dotes*], também, ao rebelar-se contra o Senhor, inerentemente corrompeu, viciou, depravou e arruinou nossa natureza – tendo perdido a imagem de Deus [*abdicatus a Dei similitudine*], e a única semente que poderia ter produzido era aquela que traz a semelhança consigo mesmo [*sui simile*]. Portanto, todos nós pecamos, visto que nos achamos saturados da corrupção natural, e por esta razão somos ímpios e perversos. A tentativa dos pelagianos, nos dias de outrora, de esquivar-se das palavras de Paulo, dizendo que não passou de uma frivolidade enganosa o ensino de que o pecado provindo da imitação de Adão se estendeu a toda a raça humana, visto que nesse caso Cristo teria sido apenas um *exemplo* e não a *causa* da justiça. Além do mais, a inferência é igualmente clara de que Paulo não está tratando, aqui, com o pecado atual, pois se cada pessoa fosse responsável por sua própria culpa, por que então

---

do outro. E esta sentença faz com que o contexto siga até o final do versículo 19. Tendo antes se reportado ao estado de coisas antes da 'lei', nos dois versículos restantes ele se reporta ao procedimento da lei em seu tema, e mostra que há em Cristo uma abundante provisão pelo aumento do pecado ocasionado pela lei.

Tão abundante é a graça, que é plenamente suficiente para remover o pecado *original*, os pecados *atuais* – seus frutos – e os pecados descobertos pela lei e por seus meios aumentados e agravados. Daí atribuir-se superabundância à graça.

Paulo compara Adão com Cristo? Segue-se, pois, que a alusão aqui é à nossa depravação inerente e hereditária.[12]

13. Porque até ao regime da lei havia pecado no mundo. Este parêntese antecipa uma possível objeção. Visto que aparentemente não houve transgressão sem a lei, pode ficar a dúvida se o pecado existiu antes da lei. Sua existência depois da lei era indiscutível. O único problema está no tempo anterior à lei. Paulo, pois, responde que, embora Deus não tivesse, naquele tempo, aplicado o juízo com base na lei escrita, a raça humana ainda estaria sob a maldição, desde o ventre materno. Portanto, aqueles que levaram uma vida ímpia e réproba antes que a lei fosse promulgada, não estavam de forma alguma absolvidos da condenação do pecado, pois houve sempre um Deus a quem a adoração era devida, bem como algumas normas de justiça em existência. Esta interpretação é tão lógica e clara que fornece suficiente refutação a qualquer explicação contrária.

Mas o pecado não é levado em conta quando não há lei. Se a lei não nos reprova, permanecemos adormecidos em nossos pecados; e ainda quando somos plenamente cônscios de nossas más ações, não obstante suprimimos, tanto quanto podemos, o conhecimento do mal que se nos impõe, ou o obliteramos esquecendo-o rapidamente. Quando a lei nos convence e reprova, somos instigados a levar a sério o juízo divino. O apóstolo, pois, nota que a perversidade humana, quando não despertada pela lei, descarta em grande medida a distinção existente entre o bem e o mal, acomodando-se em suas paixões sem qualquer recato, como se o juízo divino fosse algo inexistente. O castigo de Caim, o dilúvio que destruiu o mundo inteiro, a subversão de Sodoma e a punição infligida contra Faraó e Abimeleque por causa de Abraão e, finalmente, as pragas derra-

---

12 As partículas ἐφ' ᾧ, no final deste versículo, têm sido traduzidas bem variadamente, sem muita mudança no significado. "In quo – no qual", ou seja, pecado, *Agostinho*; "in quo – em quem", ou, seja, o homem, *Crisóstomo* e *Beza*; "per quem – por ou através de quem", *Grotius*; "propterea quod", vel, "quia", vel, "quoniam – porque", *Lutero*, *Pareus* e *Raphelius*; que é o mesmo de *Calvino*. Vejam-se Mateus 26.50; 2 Coríntios 5.4; Filipenses 3.12.
Wolfus cita uma passagem singular de um rabino judeu, *Moses Tranensis*, "No pecado que o primeiro homem pecou, o mundo inteiro através dele (ou nele, בו) pecou; pois ele era o homem todo, ou toda a humanidade – כי זה כל אדם". A idéia é exatamente a mesma do apóstolo.

madas sobre os egípcios testificam que Deus tem responsabilizado os homens por suas iniquidades. As muitas censuras e repreensões com que os homens acusam uns aos outros de iniquidade; e em contrapartida as defesas com que cuidadosamente justificam sua conduta, provam também que eles se acusam reciprocamente de erro. Há uma infinidade de exemplos que podemos evocar como prova de que todos os homens têm vivido conscientes tanto do bem quanto do mal. Para a maioria, contudo, são coniventes em seus próprios feitos perversos, de modo a não imputarem a si mesmos nenhum pecado, a menos que sejam forçados a fazê-lo. Portanto, quando Paulo assevera que o pecado não é imputado sem a lei, ele está falando em termos comparativos, visto que, quando os homens não se obrigam a agir pela lei, então caem na indolência.[13]

Paulo, sabiamente, introduziu essa frase a fim de que os judeus pudessem aprender mais claramente da gravidade de suas ofensas ao serem publicamente condenados pela lei. Se aqueles a quem Deus jamais citou como culpados diante de seu tribunal não estavam imunes de punição, o que será dos judeus, a quem a lei, semelhante a um arauto, declara culpados – aliás, os ameaça de juízo? Podemos oferecer ainda outra razão por que Paulo expressamente afirma que o pecado reinou antes da lei sem ter sido imputado. Ele assim procede a fim de levar-nos a saber que a causa da morte não procede da lei, senão que a morte é apenas demonstrada na lei. Ele declara, pois, que todos os homens ficaram miseravelmente perdidos logo

---

[13] Este versículo, em apoio do argumento, pode ser avaliado de uma forma diferente. Este e o versículo seguinte contêm uma explicação ou ilustração do 12. Ele declara neste versículo duas coisas: um fato e um princípio geral; o fato é que o pecado, o primeiro pecado em seus efeitos evidentes (pois ele *não fala de nenhum outro pecado* de Adão a produzir a morte), foi dado ao mundo antes da lei de Moisés; e o princípio geral declarado é que nenhum pecado é imputado onde não existe lei. Tendo feito tal admissão, ele prossegue no versículo 14, dizendo que "não obstante" a morte, o efeito do pecado, prevaleceu no mundo, e prevaleceu mesmo quanto aos que não pecaram *real* ou *pessoalmente* como fez Adão. Ele não leva em conta os pecados pessoais, porque seu objetivo era mostrar os efeitos do primeiro pecado. E então diz que, neste aspecto, Adão foi um tipo, uma figura, um represente de Cristo que haveria de vir; e nos três versículos seguintes, 15 - 17, os traços de semelhança entre os dois, realçando ao mesmo tempo a diferença, que em cada caso está em favor do último Adão. Que τύπος significa aqui semelhança e não identidade, é bem certo, qualquer que seja seu significado comum, porque sua essência é exemplificada e ilustrada nos versículos que se seguem.

após a queda de Adão, embora sua destruição fosse finalmente revelada pela lei. O contexto se adequará melhor à tradução de δέ, 'embora', como adversativa. O significado, então, será: embora os homens sejam tolerantes consigo mesmos, não podem escapar ao juízo divino, mesmo quando a lei não os convença.

14. A morte reinou de Adão até Moisés. Paulo explica mais claramente que a vida negligente e dissoluta que os homens levavam desde Adão até ao tempo em que a lei foi promulgada não lhes foi de nenhuma valia. A distinção entre o bem e o mal fora repudiada, e portanto sem a advertência da lei a lembrança do pecado ficava sepultada, visto que o pecado ainda insistia em condená-los. A morte, pois, reinou então visto que o juízo de Deus não podia ser anulado pela cegueira nem pela dureza do coração do gênero humano.

Mesmo sobre aqueles que não pecaram à semelhança de Adão. Esta passagem é geralmente aplicada às criancinhas que, sem serem culpadas de qualquer transgressão real, morrem em decorrência do pecado original. Prefiro, contudo, interpretá-la em termos gerais como uma referência a todos aqueles que pecaram sem a lei [escrita]. Este versículo deve ser conectado com as palavras precedentes, nas quais ficou afirmado que aqueles que não tinham nenhuma lei não atribuíam pecado uns aos outros. Não pecavam, pois, *na forma da transgressão de Adão*, visto que não alcançaram o conhecimento da vontade de Deus através de uma revelação expressa como teve Adão. O Senhor proibira Adão de tocar o fruto da árvore do conhecimento do bem e do mal. No tocante a eles, contudo, o único mandamento que lhes fora dado consistia no testemunho da consciência. O apóstolo, pois, insinua que esta diferença entre Adão e sua progênie não os isentava da condenação. As criancinhas estão também compreendidas no catálogo universal.

O qual prefigurava aquele que havia de vir. Esta frase é posta em lugar de uma segunda frase. Somente uma parte da comparação é expressa; a outra é omitida por *anacoluto*,[14] ficando assim o significado:

---

14 'Ανακόλουθον, não consequente. Uma figura gramatical, quando uma palavra ou uma frase requerida pela anterior não é expressa.

"Assim como por um só homem entrou o pecado no mundo inteiro, e a morte entrou através do pecado, também por meio de um só homem a justiça retornou, e a vida retornou através da justiça." A afirmação de Paulo de que Adão foi um tipo de Cristo não deve surpreender-nos, pois até as coisas que parecem contraditórias conservam entre si alguma semelhança. Portanto, visto que estamos todos perdidos através do pecado de Adão, e restaurados através da justiça de Cristo, então Adão não é impropriamente chamado *tipo de Cristo*. Notemos, contudo, que Adão não é chamado *tipo do pecado*, nem Cristo é chamado *tipo da justiça*, como se eles nos tivessem precedido só através de seu exemplo. Ambos são, ao contrário, contrastados, e devemos notar isso a fim de evitarmos cair no mal-entendido e deveras tão terrível erro de Orígenes, que teoriza sobre a corrupção da humanidade em termos filosóficos e não cristãos. Ao proceder assim, ele não simplesmente enfraquece, mas quase destrói inteiramente a graça de Cristo. Erasmo deve ser ainda menos perdoado, visto que se esforçou por justificar tão grosseiro equívoco.

15. Todavia, não é assim o dom gratuito como a ofensa; porque, se pela ofensa de um só morreram muitos, muito mais a graça de Deus, e o dom pela graça de um só homem, Jesus Cristo, foi abundante sobre muitos.	15. Sed non sicut delictum, ita et donum; nam si unius delicto[15] multi mortui sunt, multo magis gratia Dei et donum Dei em gratia, quæ fuit unius hominis Christi, in multos abundavit.

---

15 Delicto – falta, παράπτωμα – erro, queda, transgressão. Talvez a última seja a palavra preferível aqui. Às vezes é traduzida no plural, 'transgressões [Mt 18.35; 2Co 5.19; Ef 2.1]. *Macknight* a traduz aqui por 'queda', mas a maioria por 'ofensa'. A comparação aqui é entre o pecado de *um*, que produziu morte, e a graça de Deus através de *outro*, que traz o 'dom' da vida; E a diferença, "muito mais", parece referir-se à exuberância da graça pela qual o homem é soerguido a um estado mais elevado que aquele do qual Adão caiu. "Um pouco abaixo dos anjos" ficou o homem em sua primeira criação; ele é, pela exuberância da graça, soerguido a um estado tão sublime como o dos anjos, se não mais elevado; ou podemos tomar "muito mais" como presumindo o poder mais elevado da graça em recuperar o que fora destruído. O pecado é o ato do homem, e resulta em morte; mas a graça é o ato de Deus, e portanto, com maior certeza, resultará em vida.
"A vida de Adão depois de sua queda foi mesmo como um morrer lento, o qual alcançou sua completação em sua morte física; O ζωοποίησις da humanidade de Cristo é também gradual, a importância do qual está na glorificação do corpo." – *Olshausen*.

15. Todavia, não é assim o dom gratuito como a ofensa. Ele agora dá seguimento às correções da comparação que introduzira acima. Entretanto, não discute tão minuciosamente os pontos de diferença entre Cristo e Adão, enquanto se opõe aos erros nos quais seus leitores poderiam tão facilmente cair. Acrescentaremos o que ele deixa de dizer em sua explicação. Embora mencione com frequência a diferença entre Adão e Cristo, em todas as suas reiteradas afirmações falta uma frase de harmonização, ou, no mínimo, são elípticas. Na verdade estas são as falhas em sua linguagem, mas que de forma alguma ofuscam a majestade daquela sabedoria celestial que nos é transmitida pelo apóstolo. Ao contrário, a singular providência de Deus nos transmitiu estes profundos mistérios nas roupagens de pobres estilos[16] [humanos], para que nossa fé não se apoiasse no poder da eloquência humana, mas tão-somente na eficácia do Espírito.

Ele nem mesmo declara expressamente a razão para as correções que faz; simplesmente nos informa que a graça que se adquire por meio de Cristo pertence a um universo muito mais amplo do que a condenação contraída pelo primeiro homem. Não sei se todos meus leitores concordarão com os que crêem que Paulo aqui está simplesmente debatendo uma tese. Podemos apropriadamente inferir daqui que, se a queda de Adão teve o efeito de produzir a ruína de muitos, então a graça de Deus é muito mais eficaz em beneficiar a muitos, visto que ela garantiu que Cristo se revelasse muito mais poderoso

---

6 "Sub contemptibili verborum humilitate." Esta sorte de linguagem derrogatória quanto ao estilo da Escritura, evidentemente *Calvino* aprendeu dos pais. *Crisóstomo* e *Jerônimo* às vezes diziam coisas muito injustificáveis neste aspecto, e que em grande medida porque não entendiam o estilo do Novo Testamento, e em parte com vistas a rebater, por uma omissão, a força das objeções alegadas por admiradores da dicção grega e refinada. O estilo do Novo Testamento é aquele do Antigo; e dificilmente algum dos pais, com exceção de *Orígenes* e *Jerônimo*, conhecia o hebraico, e o último o aprendeu somente depois de idoso, de modo que ele não podia ter percepção profunda de suas peculiaridades. Crisóstomo, por exemplo, educado nos refinamentos da literatura grega, era um juiz pouco apto no estilo do Novo Testamento, e por isso é que os críticos dos pais gregos em geral são comparativamente de bem pouco valor.

A totalidade desta passagem, 12 a 19, é construída segundo o modelo do estilo hebraico; e quando corretamente entendido, parecerá nada conter daqueles defeitos a ele atribuídos.

para salvar do que Adão para destruir. Mas, já que o argumento daqueles que não querem aceitar a passagem nestes termos não pode ser descartado, deixo a meus leitores a liberdade de escolher qual das duas interpretações prefiram. A passagem em seguimento não pode ser considerada como uma inferência lógica, não obstante seguir o mesmo argumento. É provável, pois, que Paulo esteja simplesmente conectando ou modificando por meio de uma exceção o que disse sobre a semelhança existente entre Cristo e Adão.

Devemos observar, contudo, que o apóstolo aqui não contrasta *o maior número* [*plures*] com *os muitos* [*multis*], pois ele não está falando do grande número de seres humanos, mas argumenta: visto que o pecado de Adão destruiu a *muitos*, a justiça de Cristo não será menos eficaz para a salvação de *muitos*.[17]

Ao dizer que **pela ofensa de um só morreram muitos**, ele quer dizer que a corrupção procedeu de Adão para nós. Não é culpa dele se perecemos, como se nós mesmos não fôssemos responsáveis. Paulo, porém, atribui nossa ruína a Adão, visto que seu pecado é a causa de nosso pecado. Pela expressão *nosso pecado* está implícito o pecado que nos é natural e inerente.

A graça de Deus, e o dom pela graça. *Graça* é precisamente o oposto de *ofensa*; e o *dom* que procede da graça, o oposto de *morte*.

---

17 É evidente que "os muitos", οἱ πολλοί, incluem aqueles conectados com os dois partidos – os muitos descendentes de Adão e os muitos crentes em Cristo. E "os muitos" foram adotados para formar um contraste com o "um só".
"Os muitos" são expressos como "todos" no versículo 18, e novamente "os muitos", no versículo 19. Eles são chamados "os muitos" e "todos" igualmente em relação a Adão e a Cristo. Alguns mantêm que os termos são co-extensivos nos dois casos. Não pode haver dúvida de que toda a raça humana está implícita num caso; e há alguma razão por que toda a raça humana não deva ser incluída na segunda? Mui evidentemente que há. O apóstolo fala de *Adão* e de sua posteridade, e também de *Cristo* e seu povo, ou aqueles "que recebem abundância de graça", ou "são feitos justos"; e "os muitos" e "os todos" são evidentemente os que pertencem a cada um separadamente. As palavras não podem ser entendidas consistentemente de nenhuma outra forma. Todos os que caíram em Adão certamente não "recebem a abundância de graça", e nem são "feitos justos". E não é possível, como observa o Prof. *Hodge*, "significar enfraquecer tais declarações como estas, ao ponto de fazê-las conter nada mais que a chance de salvação que é oferecida a todos os homens. Isso é deveras contrário aos fatos evidentes. Tampouco podem significar que abriu-se um caminho de aceitação, o qual é franco a todos; pois embora isso seja correto, todavia não pode ser seu significado aqui. Daí, "os muitos" e "os todos", quanto a Adão, são todos seus descendentes; e "os muitos" e "os todos", quanto a Cristo, são os que crêem.

Graça, portanto, significa a perfeita munificência de Deus, ou seu amor imerecido, pelo qual ele nos deu uma viva demonstração, em Cristo, a fim de livrar-nos de nossa miséria. O *dom* é o fruto desta misericórdia que nos alcançou, ou seja a reconciliação pela qual obtivemos vida e salvação. Ele é também justiça, novidade de vida e muitas outras bênçãos similares. Isso claramente revela a definição absurda de graça engendrada pelos escolásticos, ou seja que a graça não é outra coisa senão uma *qualidade infusa* nos corações dos homens. A graça, propriamente dita, está em Deus, e ela é a causa da graça que está em nós. O apóstolo diz que ela procedeu de *um*, visto que o Pai o fez a *Fonte* donde se pode extrair toda a plenitude. E assim ele nos ensina que nem mesmo uma só gota de vida pode ser encontrada fora de Cristo; e nem pode haver qualquer outro remédio para nossa pobreza e carência além daquele que ele nos oferece de sua própria abundância.

16. O dom, entretanto, não é como no caso em que somente um pecou;[18] porque o julgamento derivou de uma só ofensa, para condenação; mas a graça transcorre de muitas ofensas, para a justificação.	16. Et non cicut per unum qui peccaverat, ita donum; judicium enim ex uno in condemationem, donum autem ex multis delictis in justificationem.

16. Eis a particular razão para sua correção do confronto que fez entre Adão e Cristo – a culpa prevaleceu de uma ofensa para nossa condenação universal; a graça, porém, ou, melhor, o dom gratuito, é eficaz para justificar-nos de nossas muitas ofensas. Esta é uma explicação da frase anterior, visto que ele não tinha ainda expresso

---

18 Muitas cópias trazem ἁμαρτήματος – pecado; mas é uma redação julgada por *Greisbach* de menos autoridade que o texto aceito, ἁμαρτήσαντος – pecar. Mas há bons manuscritos em seu favor, e várias versões, especialmente a *Siríaca* e a *Vulgata*, e a passagem requer que esta redação seja a preferível. Então a tradução seria a seguinte:
E não como por um só pecado é o dom gratuito – (δώρημα); porque o juízo deveras provém de um só *pecado* para a condenação, mas o favor gratuito (χάρισμα) provém de muitas transgressões para a justificação.
É o caráter do estilo do apóstolo mudar suas palavras, quando amiúde pretende a mesma idéia. A comparação aqui é entre *um só* pecado que resulta em condenação e as *muitas* transgressões ou ofensas, das quais uma justificação é o favor obtido.

como ou em que aspecto Cristo sobrepujou Adão. Se admitirmos esta distinção entre Cristo e Adão, então se descobrirá que aqueles que ensinaram que o que recebemos de Cristo não é outra coisa senão a libertação do pecado original, ou a corrupção contrastado com Adão, de fato sustentaram uma tese blasfema. Note-se também que as numerosas ofensas, das quais ele garante que somos purificados pelos benefícios de Cristo, devem ser compreendidas não só das transgressões que cada um de nós tenha cometido antes do batismo, mas também dos pecados por meio dos quais os santos diariamente contraem nova culpa, e que merecidamente os sujeitam à condenação caso não fossem constantemente socorridos por esta graça.

Ao contrastar *dom* com *juízo*, o apóstolo quer dizer pelo último a estrita justiça; e, pelo primeiro, o perdão gratuito, porquanto a condenação procede da estrita justiça, enquanto que a absolvição procede do perdão. Expondo de uma forma diferente: se Deus nos tratasse segundo sua reta justiça, então estaríamos todos perdidos. Entretanto, ele nos justifica gratuitamente em Cristo.

17. Porque, se pelo delito de um, reinou a morte através de um só, muito mais os que recebem a abundância da graça e o dom da justiça reinarão em vida por meio de um só, a saber, Jesus Cristo.)[19]	17. Si enim unius delicto mors regnavit per unum; multò magis, qui exuberantiam gratiæ et doni justitiæ acceperunt, in vita regnabunt per unum Iesum Christum.)

17. Porque, se pelo delito de um. Paulo novamente corrige, em termos gerais, a comparação que fizera, e insiste nela um pouco mais. Seu propósito, inicialmente, não era levar ao término cada assunto particular, mas determinar os pontos principais. Ele afirmara que o poder da graça fora mais pleno do que o poder do pecado, e sobre esta base ele consola e confirma os crentes e, ao mesmo tempo, os

---

19 Este versículo, segundo a maneira usual do Apóstolo, cujo estilo é o dos Profetas, inclui as duas idéias principais dos dois versículos precedentes, em outra forma, e numa ordem invertida, como se refere primeiro a *uma só ofensa* e então a *um só homem*, na primeira frase; e a mesma ordem é seguida na segunda; "a exuberância de graça" é cobrir as *muitas ofensas* antes mencionadas, como opostas a *uma só ofensa*, e *um só homem* é oposto a *um só* Cristo Jesus.

estimula e os encoraja a ponderarem sobre a munificência divina. Sua intenção nesta enérgica reiteração consiste em que os homens proclamem com dignidade a graça de Deus, e sejam conduzidos da autoconfiança à confiança em Cristo, de modo que, quando tivermos obtido sua graça, venhamos a desfrutar de plena certeza e segurança. Esta enfim é a fonte de nossa gratidão. O significado da passagem como um todo é o seguinte: visto que Cristo suplantou a Adão, o pecado deste é absorvido pela justiça de Cristo. A maldição de Adão é destruída pela graça de Cristo, e a vida que Cristo conquistou tragou a morte que procedeu de Adão. Entretanto, as partes desta comparação não se correspondem. O apóstolo deveria ter dito que a bênção da vida reina e floresce mais e mais através da plenitude da graça; em vez disso, ele diz que "os crentes reinarão". Contudo, o sentido é o mesmo, pois o reino dos crentes está na vida, e o reino da vida está nos crentes.

Dignas de nota são também as duas diferenças existentes entre Cristo e Adão, as quais o apóstolo omitiu, não porque as considerasse como sendo destituídas de importância, mas porque não tinham qualquer conexão com seu presente argumento para que as mencionasse.

A primeira diferença consiste em que somos condenados pelo pecado de Adão, não só por imputação, como se estivéssemos sendo punidos pelo pecado de outrem; sofremos, porém, seu castigo em razão de sermos também culpados, visto que Deus julga nossa natureza culpada de iniquidade, a qual foi corrompida em Adão. Mas a justiça de Cristo nos restaura para a salvação de um modo distinto. Não somos tidos por justos porque temos justiça inerente em nós, mas porque possuímos Cristo mesmo com todas suas bênçãos, os quais nos foram outorgados pela liberalidade do Pai. O dom da justiça, pois, não significa uma qualidade com que Deus nos dotou – pois tal conceito seria um grave equívoco –, mas consiste naquela graciosa imputação da justiça. O apóstolo está expandindo sua interpretação do termo *graça*.

A segunda diferença consiste em que o benefício de Cristo não é concedido a todos os homens da mesma maneira como Adão envolveu toda sua progênie na condenação. A razão para isso é plenamente óbvia. Visto que a maldição oriunda de Adão nos é comunicada pela natureza, não precisamos ficar surpresos com o fato de que ela inclua todo o gênero humano. Entretanto, a fim de tornarmo-nos participantes da graça de Cristo, temos antes de ser enxertados nele por meio da fé. Portanto, o mero fato de ser humano é suficiente para vincular participação na desditosa herança do pecado, porquanto carne e sangue constituem o ser humano. Contudo, para desfrutar a justiça de Cristo é indispensável ser crente, posto que nossa *comunhão* [*consortium*] com ele é alcançada pela fé. Esta mesma comunhão com Cristo é comunicada às crianças de maneira peculiar. Elas desfrutam o direito de adoção no pacto, por meio do qual elas passam a uma participação com Cristo[20] [*in Christi communionem*]. Estou referindo-me aos filhinhos dos fiéis, a quem a promessa da graça é dirigida. Os demais não se acham de forma alguma isentos da sorte comum [do gênero humano].

18. Pois, assim como por uma só transgressão veio o juízo sobre todos os homens para condenação, assim também, por um só ato de justiça, veio a graça sobre todos os homens para a justificação da vida.	18. Itaque quemadmodum, per unius delictum, in omnes homines in condemnationem, sic et per unius justificationem, in omnes homines in justificationem vitæ.

18. Assim como por uma só transgressão. A frase é defectiva, porém será completada pela inclusão dos termos *condenação* e *justificação* no caso nominativo. Temos de proceder assim para completar o sentido. O versículo é também a conclusão geral da comparação precedente, pois Paulo omite a menção da correção que inserira, e agora completa a comparação. "Assim como pela ofensa de um só homem nos tornamos [*constituti*] pecadores, tam-

---

20 O original é: "Habent enim in fœdere jus adoptionis, quo in Christi communionem transeunt."

bém a justiça de Cristo é eficaz para justificar-nos." Contudo, ele não diz que a *justiça* [δικαιοσύνη] de Cristo é por isso eficaz, e, sim, sua *justificação* [δικαίωμα].[21] Cristo, nos lembra Paulo, não era privativamente justo em consideração a si mesmo, senão que a justiça com que fora ele dotado era de caráter mais extensivo, a fim de que pudesse enriquecer os crentes com o dom que lhe fora conferido. Paulo torna a graça comum a todos os homens, não porque de fato e em verdade *se estenda* a todos, senão porque ela é *oferecida* a todos. Embora Cristo sofreu pelos pecados do mundo, e é oferecido pela munificência divina, sem distinção, a todos os homens, todavia nem todos o recebem.[22]

As duas palavras constantemente usadas por ele – *juízo* e *graça* – podem ser também repetidas nesta forma: "Assim como pelo juízo de Deus o pecado de um só homem resultou na condenação de muitos, assim também a graça será eficaz para a justificação de muitos." Segundo o meu critério, *justificação para a vida*, ou *justificação vivificante*,[23] significa o perdão que nos restaura à vida. Nossa esperança de salvação é oriunda do fato de Deus nos ser propício, e não podemos ser aceitos por ele a menos que sejamos justos. Portanto, a vida tem sua origem na justificação.

---

21 O significado desta palavra é evidente aqui; pois ela se põe em contraste com παράπτωμα – ofensa ou transgressão – na primeira cláusula, e é idêntica em sentido com ὑπακόν – obediência – no próximo versículo. Significa o que é *designado* e julgado correto; e daí ser traduzida 'ordenança' [Lc 1.6]; 'juízo' [Rm 1.32]; e versículo 16 deste capítulo, 'justificação', quando se opõe a κατάκριμα – condenação – e significa absolvição, quitação, como a determinação do juiz. Aqui significa que o que Cristo fez foi segundo a designação divina; foi algo diretamente contrário à ofensa ou transgressão; e o que ela foi está explicado no próximo versículo pela palavra 'obediência'. *Wolfus* diz que δικαίωμα é a satisfação de Cristo, ou sua obediência ativa e passiva [v. 19] – que δικαιοσύνη é o mérito de Cristo, obtido por sua morte e a nós aplicada por meio da fé [3.22] –, e que δικαίωσις é o ato de justificação que se segue da satisfação de Cristo, apreendida por meio da fé.

22 "Nam etsi passus est Christus pro peccatis totius mundi, atque omnibus indifferenter Dei benignitate offertur; non tamen omnes apprehendum." Desta sentença parece que *Calvino* defendia a redenção geral.

23 É uma forma hebraística de expressão, *genitivus effectûs*. Seu significado consiste em que é uma justificação para a vida, cujo fim é a vida, ou que resulta em vida, ou, seja, vida eterna, segundo seu conteúdo no versículo 17, quando reinar em vida – ἐν ζωῃ – é a intenção. E a palavra 'eterna' lhe é adicionada no último versículo. Esta vida começa com a justificação, e portanto este ponto de vista inclui o que *Calvino* diz, ainda que mais extenso.

19. Porque, como pela desobediência de um só homem muitos se tornaram pecadores, assim também por meio da obediência de um só muitos se tornarão justos.

19. Quemadmodum enim per disobedientiam unius hominis peccatores constituti sunt multi; sic et per obedientiam unius justi constituentur multi.

19. Isto não constitui uma tautologia, e, sim, uma explicação necessária do versículo precedente. Paulo mostra que a ofensa de um só homem é de uma gravidade tal que nós mesmos nos fazemos culpados. Ele previamente dissera que estamos condenados, porém, para evitar que alguém alegue inocência, quis acrescentar também que todo mundo está condenado, visto que somos *todos* pecadores. Quando ele, subsequentemente, afirma que nos tornamos justos pela obediência de Cristo, daqui deduzimos que Cristo, ao satisfazer o Pai, granjeou justiça para nós. Segue-se disso que aquela justiça inerente a Cristo é uma qualidade, mas aquela justiça que propriamente lhe pertence [por conquista] nos é imputada. Ao mesmo tempo, ele expõe o caráter da justiça de Cristo ao referir-se a ela em termos de *obediência*. Notemos aqui o que se nos demanda trazer à presença de Deus, caso queiramos ser justificados pelas obras, a saber: obediência à lei; não uma obediência parcial, mas uma *obediência absoluta* em todos os aspectos. Se um justo cai, absolutamente nada de sua justiça anterior é lembrado. Devemos aprender também disto que os homens fazem pressão sobre Deus, com artimanhas egoístas, com o pretexto de satisfazer a justiça divina. Só quando seguimos o que Deus nos ordenou é que verdadeiramente o adoramos e rendemos obediência a sua Palavra. Portanto, não tenhamos nada a ver com aqueles que, confiadamente, reivindicam a justiça procedente das obras, a qual só pode existir depois de cumprirmos plena e cabalmente a observância que a lei prescreve. Tal coisa, com certeza, não existe em parte alguma. Semelhantemente, deduzimos que aqueles que se vangloriam diante de Deus com base em obras de sua própria invenção, as quais Deus estima como sendo de menos importância que o esterco, não conseguem atinar que a *obediência* é superior ao *sacrifício*.

20. Sobreveio a lei para que o delito sobressaísse; mas, onde o pecado transbordou,[24] a graça se plenificou infinitamente,
21. para que, como o pecado reinou para a morte, assim também reinasse a graça pela justiça para a vida eterna, através de Jesus Cristo, nosso Senhor.

20. Lex verò intervenit, ut abundaret delictum; ubi verò abundavit delictum, superabundavit et gratia.
21. Quò, sicut regnavit peccatum per mortem, sic et gratia regnet per justitiam in vitam æternam per Iesum Christum Dominum nostrum.

20. Sobreveio a lei para que o delito sobressaísse. O que o apóstolo afirma aqui depende de sua observação anterior, ou seja: que o pecado existiu antes que a lei fosse promulgada. Quando este ponto é estabelecido, então surge imediatamente a pergunta: "Então, com que propósito a lei nos foi dada?" Portanto, era indispensável que esta dificuldade fosse também resolvida. Contudo, visto que não tivera oportunidade, naquela ocasião, de apresentar uma digressão mais extensa, então prorrogou sua consideração para a presente passagem. Ele agora mostra, suficientemente, que a lei entrou[25] [em cena] a fim de que o pecado pudesse sobressair. Ele não está aqui a descrever todo o uso e função da lei, mas trata só daquela parte que servia a seu presente propósito. A fim de estabelecer a graça de Deus, ele afirma que era indispensável que a destruição dos homens fosse-lhes mais nitidamente revelada. Em verdade, os homens já

---

24 Πλεονάση, que significa crescer mais e mais, aumentar, multiplicar. É um verbo diferente daquele da última frase. O que ele chama 'ofensa' ou 'queda' neste membro da sentença, ele chama 'pecado' na próxima. É ainda 'a queda' ou 'o pecado' que o causou; pois esse é o pai de todos os demais pecados.
25 "Intercessisse legem – para que a lei viesse entre", isto é, Adão e Cristo; παρεισῆλθεν, de παρά, com *junto de*, ou entre; e εἰσέρχομαι, entrar. Ocorre em outro lugar somente em Gálatas 2.4, onde é traduzida: "veio secretamente", como o contexto requer. Mas não pode ser traduzida assim aqui. *Schleusner* diz que simplesmente significa entrar, e é assim usada por *Filo*. É assim traduzida pelas versões Siríaca e Arábica. Erasmo tem "obiter subiit, *vel*, irrepsit – veio, ou entrou furtivamente a propósito"; *Hammond* tem a mesma coisa; *Beza*, porém, adere à idéia de junto a παρά – "prætera introiit – entrou ao lado de", isto é, em adição à doença sob a qual todos os homens lutaram, tendo sido contaminados por aquela do primeiro pecado. "Intervenit – interveio", é a tradução de *Grotius*; isto é, a lei interveio entre o princípio do pecado e o princípio da nova justiça. "A lei", diz *Hodge*, "foi acrescentada num plano já estabelecido. Não foi designada para a concretização da salvação do homem, isto é, para sua justificação ou santificação, mas para a concretização de uma parte bem subordinada no grande esquema da misericórdia."

se achavam naufragados antes mesmo que a lei fosse promulgada; porém, visto que eles aparentemente sobreviviam, mesmo em sua destruição, achavam-se submersos nas profundezas, a fim de que seu livramento parecesse ainda mais extraordinário quando, ao contrário da expectativa humana, emergissem dos dilúvios que os subvertiam. Não é ilógico concluir que a lei fora em parte promulgada em razão de poder ela outra vez condenar as mesmas pessoas que uma vez já estavam condenadas. Seremos plenamente justificados em usar todos e quaisquer meios para trazer os homens, e até mesmo forçá-los pela comprovação de sua culpabilidade, a ter consciência de sua própria impiedade.

Onde o pecado transbordou. É bem notório o método geral de interpretar-se esta passagem desde os tempos de Agostinho. Quando a concupiscência é reprimida pelas restrições da lei, a mesma é intensamente estimulada. Há no homem inerente tendência de esforçar-se por fazer aquilo que lhe é proibido. Mas acredito que aqui a referência é simplesmente ao aumento do conhecimento e à intensificação da obstinação, porquanto o pecado fica, pela lei, exposto aos olhos humanos, de modo que são constantemente compelidos a ter consciência da condenação que lhes está reservada. Assim o pecado, que de outra forma seria por eles completamente desdenhado, toma posse de suas consciências. Agora que a lei já foi promulgada, e a vontade de Deus, que brutalmente pisoteavam sob a planta de seus pés, se torna conhecida; aqueles que antes simplesmente desrespeitavam as fronteiras da justiça, agora chegam ao cúmulo de desdenhar a autoridade divina. Segue-se disso que o pecado é intensificado pela lei, visto que a autoridade do Legislador é então menosprezada e sua majestade, degradada.[26]

---

26 *Crisóstomo* considerava ἵνα aqui como que denotando não a *causa final*, mas o *evento*, e pensava que o significado fosse que a lei entrou, de modo que o efeito ou evento era que o pecado aumentou. Sua tradução então seria *de modo que*. E esse parece ser o significado dado a ela por *Calvino*. A lei não gera o pecado, porém o faz conhecido; e, ao descobri-lo, aumentou sua culpa quando persistiu nele, e ao descobri-lo mostrou a necessidade de um Salvador.

A graça se plenificou infinitamente. A graça veio em auxílio do gênero humano depois que o pecado subjugou a todos, e a todos manteve sob seu domínio. Paulo, pois, nos ensina que a extensão da graça é ainda mais admiravelmente revelada, visto ser derramada mui copiosamente à medida que o pecado permeia tudo, não só para conter a avalanche do pecado, mas também para que ela o destrua completamente.[27] Aprendemos deste fato que nossa condenação não nos é exibida pela lei com o propósito de fazer-nos continuar nele, mas com o fim de familiarizar-nos intimamente com nossa própria miséria, bem como para guiar-nos a Cristo, o qual nos foi enviado como Médico ao encontro de nossa enfermidade; como Libertador, ao encontro de cativos; como Consolador, ao encontro de aflitos; e como Defensor, ao encontro de oprimidos [Is 61.1].

21. Para que, como o pecado reinou para a morte, assim também reinasse a graça através da justiça. Como o pecado é descrito em termos de aguilhão da morte, visto que esta não tem poder algum sobre os homens exceto em decorrência do pecado, assim ele executa seu domínio por meio da morte. É por isso que se nos diz que ele exerce seu domínio por meio da morte. Na última frase, a ordem das palavras é confusa, porém não involuntariamente. Se Paulo houvera dito "a fim de que a justiça viesse a reinar por meio de Cristo", seu contraste teria sido direto. Entretanto, ele não se sentia satisfeito em comparar os opostos, e então acrescenta a palavra *graça*, de modo a imprimir ainda mais profundamente em nossa memória a verdade de que toda nossa justiça não procede de nossos próprios méritos, e, sim, da divina munificência.[28] Ele previamente dissera que a morte

---

27 A superabundância tem uma referência ao agravo do pecado causado pela lei. A graça não só plenificou ao ponto de ser remédio suficiente para o primeiro pecado e os pecados que o seguiram; porém ela plenificou ainda mais, de modo a ser uma provisão adequada para o pecado quando agravado pela lei, através da perversidade da natureza humana.
28 [210] A antítese para 'pecado' é propriamente 'justiça'; mas, como observa *Calvino*, a 'graça' lhe está conectada. Para preservar o contraste, a sentença pode ser traduzida assim: "graça através da justiça"; e então mostra o meio ou canal através do qual esta "graça através da justiça" deve reinar de modo a resultar em "vida eterna", acrescenta-se: "através de Jesus Cristo nosso Senhor". De modo que nesta única sentença temos a origem, 'graça', o meio ou a causa meritória, 'justiça', o agente ou fomentador dela, 'Jesus Cristo',

mesma havia reinado. Agora atribui ao pecado o conceito de *reinado*. Mas o fim ou efeito do pecado é a morte. Afirma que ele *reinou* no passado, não porque cessou de reinar naqueles que são nascidos somente da carne, senão que distingue entre Adão e Cristo de tal forma como a designar a cada um seu próprio tempo. Portanto, tão logo a graça de Cristo começa a prevalecer nos indivíduos, o reinado do pecado e da morte também cessa.

---

e o fim, 'vida eterna'. Há quem toma 'graça' como antítese de pecado, e conecta 'justiça' com 'vida eterna', e a traduz por 'justificação'; mas isso não preserva bem o caráter antitético da frase. Os que a traduzem por 'santidade' confundem completamente o curso da passagem.
A primeira parte é traduzida de uma forma diferente: em vez de 'para a morte', *Hammond* a traduz, como *Calvino*, 'através da morte'; e Grotius, 'pela (*per*) morte'. A preposição é ἐν, e não εἰς, e seu significado comum é 'em', e pode ser aqui traduzida 'em morte'; ou, seja, num estado de morte. O reinado do pecado foi o de morte e miséria; o reinado da graça, através da justiça de Cristo, é o de vida e felicidade, o qual jamais terá fim.

Capítulo 6

1. Que diremos, pois? Continuaremos em pecado, para que a graça venha a ser mais abundante?
2. De modo nenhum. Como viveremos ainda no pecado, nós os que para ele morremos?

1. Quid ergo dicemus? manebimus in peccato, ut gratia abundet?
2. Ne sit ita: qui mortui sumus peccato, quomodo adhuc vivemus in eo?

1. Que diremos, pois? Ao longo deste capítulo, o apóstolo defende a tese de que aqueles que imaginam que Cristo nos comunica a justificação gratuita, sem comunicar igualmente a novidade de vida, dilaceram ignominiosamente a Cristo. Contudo, ele avança um pouco mais e propõe a seguinte objeção: se os homens continuam em pecado, tal coisa aparentemente põe diante de nós uma grande oportunidade para que a graça seja ostentada. Temos experiência de como a carne é inclinada a apresentar alguma justificativa para sua indiferença. Satanás também vive sempre pronto a engendrar todo gênero de calúnia com o fim de lançar ao descrédito a doutrina da graça. Não devemos deixar-nos dominar pelo espanto quando, ao ouvir acerca da justificação pela fé, a carne com frequência se choca contra diferentes obstáculos, visto que toda verdade proclamada referente a Cristo é completamente paradoxal pelo prisma do juízo humano. Entretanto, nosso dever é prosseguir em nossa rota. Cristo não deve ser suprimido só porque para muitos ele não passa de pedra de ofensa e rocha de escândalo. Ao mesmo tempo que ele prova ser destruição para os ímpios, em contrapartida ele será sempre ressurreição para os fiéis. Teremos sempre que encontrar respostas às questões transcendentais, a fim de que a doutrina cristã não seja envolvida em aparentes absurdos.

O apóstolo sai no encalço da objeção que é mais comumente assacada contra a proclamação da graça divina. Ou seja se porventura for verdade que a graça de Deus nos assistirá muito mais liberal e abundantemente à medida que nos sentimos sobrecarregados com um fardo de pecados sempre mais pesado, então nada melhor que provocarmos a ira de Deus, submergindo-nos no abismo do pecado e perpetrando-o cada vez mais com novas ofensas, pois só assim experimentaremos a graça mais abundantemente, visto que ela se constitui no maior benefício que porventura venhamos a desejar. Veremos mais adiante como podemos refutar um conceito tão estapafúrdio e virulento.

2. De modo nenhum [*que Deus nos livre!*]. Certos intérpretes defendem a tese de que o único desejo do apóstolo era reprovar com indignação uma atitude tão irracional e fútil. Contudo, outras passagens provam que frequentemente Paulo mostra ao longo de seu argumento quão corriqueira era tal atitude. Aqui também contesta, com muito tato e de forma breve, a calúnia contra sua doutrina da graça. Em primeiro lugar, contudo, ele rejeita tal calúnia com uma negativa saturada de indignação, com o fim de advertir seus leitores que não há maior contradição do que nutrirmos nossos vícios a pretexto da graça de Cristo, visto que ela é o único meio de restaurar nossa justiça.

Nós os que para ele morremos? Agora ele extrai seu argumento da posição contrária. Porquanto, quem peca, vive para o pecado. No entanto, pela graça de Cristo estamos mortos para o pecado. Portanto, é falso sustentar que aquilo que abole o pecado lhe injeta maior força. A verdade, ao contrário disto, reside no fato de que os crentes nunca são reconciliados com Deus sem que recebam antes o dom da regeneração. Deveras, somos justificados com este mesmo propósito, a saber: que em seguida adoremos a Deus em pureza de vida. Cristo nos lava com seu sangue e faz Deus propício para conosco através de sua expiação, fazendo-nos participantes de seu Espírito, o qual nos renova para um viver santo. Portanto, seria a mais absurda inversão da obra divina se o pecado recebesse força por meio da graça que nos é oferecida em Cristo. A medicina não tem por alvo tornar a doença ainda mais grave, quando sua meta é destruí-la.[1] É bom que tenhamos bem firmado em nossa mente o que já referi anteriormente, ou seja que Paulo não está aqui tratando do estado em que Deus nos encontra ao chamar-nos à comunhão de seu Filho, e, sim, o estado em que nos achávamos quando ele nos revelou sua misericórdia e graciosamente nos adotou. Ao fazer uso de um advérbio que denota futuro, Paulo mostra o gênero de transformação que deve seguir a justificação.

3. Ou porventura ignorais que todos os que fomos batizados em Cristo Jesus, fomos batizados em sua morte? 4. Fomos, pois, sepultados com ele na morte através do batismo; para que, como Cristo foi ressuscitado dentre os mortos pela glória do Pai, assim também andemos nós em novidade de vida.	3. Num ignoratis quòd quicunque baptizati sumus in Christum, in mortem ejus baptizati sumus? 4. Consepulti ergo sumus ei per baptismum in mortem; ut quemadmodum suscitatus est Christus ex mortuis per gloriam Patris, sic et nos in novitate vitæ ambulemus.

3. Ou porventura ignorais? Paulo prova sua tese anterior de que Cristo destrói o pecado em seu povo a partir do efeito do batismo, por meio do qual somos iniciados na fé nele [Cristo]. É além de qualquer dúvida que nos vestimos de Cristo, no batismo, e que somos batizados com base neste princípio, a saber: para que nos tornemos um só com ele. Paulo agora assume o segundo princípio, a

---

1 [211] Esta frase, "morto para o pecado", é evidentemente mal interpretada por *Haldane*. Tendo sido ofendido por uma expressão imprudente e errônea de *Stuart*, derivada de *Crisóstomo*, bem como pela falsa tradução de *Macknight*, ele foi para o outro extremo, e sustenta que morrer ou ser morto para o pecado significa ser isentado de sua culpa, enquanto que todo o contexto prova que significa livramento de seu poder como um verdugo, da servidão ou escravidão do pecado. Viver nele não significa viver sob sua culpa, mas a seu serviço e sob seu poder governante; e isso é o que o apóstolo representa como um contraste de estar morto para o pecado. Não 'servir ao pecado', no versículo 6, é sua verdadeira explicação. Vejam-se também os versículos 11, 12 e 14.

saber: só crescemos verdadeiramente no corpo de Cristo [*in Christi corpus vere coalescere*] quando sua morte produz em nós seus frutos. Ele deveras nos ensina que esta comunhão em sua morte é o ponto central do batismo. Ele não pressupõe uma simples *lavagem*, mas sobretudo a *mortificação* e o *despimento* do velho homem, os quais são ali estabelecidos. É evidente que a eficácia da morte de Cristo só se manifesta no momento em que somos recebidos em sua graça. A eficácia da comunhão na morte de Cristo é descrita imediatamente.[2]

4. Fomos, pois, sepultados com ele. Ele então começa a mostrar o que está compreendido em nosso batismo na morte de Cristo, embora não nos apresente ainda uma explicação satisfatória. O batismo significa que, ao sermos mortos para nós mesmos, nos tornamos novas criaturas. Paulo corretamente passa da comunhão na morte de Cristo para a participação de sua vida. Visto que estas duas se acham inseparavelmente entrelaçadas, nosso velho homem é destruído pela morte de Cristo, a fim de que sua ressurreição venha a restaurar nossa justiça e nos transformar em novas criaturas. E visto que Cristo nos foi dado para a vida, por que devemos morrer com ele, senão para que ressuscitemos para uma vida muito melhor? Cristo, pois, expõe à morte o que é mortal em nós, a fim de verdadeiramente restaurar-nos à vida.

---

2 "Batizados em [εἰς] Cristo", "batizados em [εἰς] Moisés" [1Co 10.2], "batizados em [εἰς] um só corpo" [1Co 12.13] são todas as mesmas formas de expressão e devem significar que, pelo rito do batismo, faz-se uma união professada, e, nos dois primeiros exemplos, devota-se a uma submissão à autoridade exercida. Por "batizados em sua morte" devemos entender 'batizados' a fim de morrer com ele, ou morrer como ele morreu; não que a morte seja a mesma; pois ela é uma morte semelhante, como se expressa no versículo 5, como a ressurreição é uma ressurreição semelhante. Sua morte foi natural, a nossa é espiritual; a mesma diferença se mantém quanto à ressurreição. É a *semelhança* que deve ser totalmente considerada; e essa é a chave de toda a passagem. É verdade que só através da eficácia da morte de Cristo é que a morte de seu povo se concretiza, bem como através da operação de seu Espírito; porém o desígnio do apóstolo não é ensinar isso aqui; seu objetivo parece ser meramente mostrar que ocorre uma mudança em cada cristão genuíno, simbolizada pelo batismo, e que essa mudança contém uma semelhança com a morte e ressurreição de nosso Salvador. Ele fala de batismo aqui não meramente como um símbolo, mas como que incluindo o que ele simboliza; como faz numa passagem semelhança [Cl 2.11, 12], onde ele se refere a essa mudança, primeiro sob o símbolo da circuncisão, e então do batismo; o que claramente prova que a mesma coisa está implícita por ambos.

Notemos, além do mais, que o apóstolo aqui não nos exorta simplesmente a imitar a Cristo, como se nos quisesse dizer que a morte de Cristo é um exemplo apropriado para que todos os cristãos o sigam. Indubitavelmente, ele tem em mente algo muito mais elevado. Na verdade, ele está propondo uma doutrina que mais tarde usará como base hortativa. Sua doutrina, como podemos claramente ver, consiste em que a morte de Cristo é eficaz para destruir e subjugar a depravação de nossa carne; e sua ressurreição, para renovar em nós uma natureza muito superior. Também afirma que, por meio do batismo, somos admitidos à participação de sua graça. Tendo lançado esta proposição básica, Paulo pode mui apropriadamente exortar os cristãos a envidarem todo esforço para que vivam de uma forma que corresponda a seu chamamento. É irrelevante argumentar se este poder não se evidencia em todos os que são batizados, porquanto Paulo, visto estar falando a crentes, conecta a *realidade* e o *efeito* com o sinal externo [*substantiam et effectum externo signo coniungit*], segundo sua maneira usual de argumentar. Pois sabemos que pela fé é confirmado e ratificado neles tudo quanto o Senhor oferece por meio do símbolo visível. Em suma, ele nos ensina em que consiste a verdade do batismo quando corretamente recebido. Assim testifica que todos os gálatas, os quais haviam sido batizados em Cristo, haviam se revestido dele [Gl 3.27]. Devemos usar sempre estes termos quando a instituição do Senhor e a fé dos crentes correspondem, pois jamais possuímos símbolos nus e vazios [*nuda et inania symbola*], exceto quando nossa ingratidão e impiedade obstruem a operação da divina munificência.[3]

---

3 Alguns teólogos vêem no verbo 'sepultados' uma alusão ao *modo* do batismo, *imersão*, tais como *Crisóstomo, Agostinho, Hammond, Pareus, Mede, Grotius, Doddridge, Chalmers* e outros; enquanto que alguns, tais como *Scott, Stuart* e *Hodge* não consideram como sendo necessariamente essa a intenção; e que o verbo 'sepultados' foi adotado para expressar mais plenamente o que está implícito por estando 'mortos', e sendo usado ali outro verbo, 'plantados', para comunicar a mesma idéia, a qual não pode ser aplicada ao rito do batismo. "Sepultados com ele" significa sepultados como ele, ou de forma semelhante; e assim "crucificados com ele" [v. 6] é o mesmo: συν, prefixado aos verbos, tem claramente esse significado. Vejam-se 8.17; Colossenses 3.1; 2 Timóteo 2.11. "Para a morte" não deve ser conectado com 'plantados', mas com 'batismo'; foi "um batismo para a morte", isto é, que representava a morte, inclusive a morte para o pecado.

Pela glória do Pai. Ou seja pelo esplêndido poder por meio do qual ele declarou-se verdadeiramente glorioso e exibiu a magnificência de sua glória. Por isso, o poder de Deus, na Escritura, que se fez ativo na ressurreição de Cristo, é às vezes apresentado em termos de muita sublimidade, e com sobejas razões. É de grande importância que enalteçamos a Deus, fazendo menção explícita de seu incomparável poder, não apenas por nossa fé na ressurreição final, a qual excede a toda e qualquer percepção da carne, mas também pelos demais benefícios que recebemos da ressurreição de Cristo.[4]

5. Porque, se fomos unidos com ele na semelhança de sua morte, certamente o seremos também na semelhança de sua ressurreição;	5. Nam si insistitii facti sumus similitudini mortis ejus, nimirum et resurrectionis participes erimus:
6. sabendo isto, que foi crucificado com ele nosso velho homem, para que o corpo do pecado seja destruído, e não mais sirvamos o pecado como escravos.	6. Illud scientes, quòd vetus noster homo simul cum ipso crucifixus est, ut aboleretur corpus peccati, ut non ultrà serviamus peccato.

5. Porque, se fomos unidos com ele na semelhança de sua morte. O apóstolo confirma o argumento que previamente apresentara, fazendo uso de expressões mais claras. A comparação que introduz remove toda e qualquer ambiguidade, visto que nosso enxerto significa não só nossa conformidade com o exemplo de Cristo, mas também com a união secreta [*arcanam coniunctionem*], por meio da qual crescemos unidos a ele, de tal forma que nos revitaliza pela instrumentalidade de seu Espírito e transfere para nós seu poder. Portanto, assim como o elemento enxertante tem a mesma vida ou morte do ramo no qual é enxertado, também é razoável que sejamos

---

4 Beza toma διά, *por*, diante da 'glória', no sentido de εἰς, *para*, "para a glória do Pai"; mas isso é incomum. Parece ser uma metonímia, o efeito em lugar da causa: foi feito pelo poder que se manifestou e redundou para a glória de Deus. A palavra 'glória', δόξα, é usada para poder em João 11.40. A palavra hebraica עֹז, força, poder, é às vezes traduzida δόξα pela Septuaginta; vejam-se Salmo 67.34; Isaías 12.2; 45.24. O poder de Deus é amiúde mencionado expressamente em conexão com a ressurreição. Vejam-se 1 Coríntios 6.14; 2 Coríntios 13.4; Colossenses 1.11.

plenamente participantes tanto da vida quanto da morte de Cristo. Se formos enxertados na semelhança [*in similitudinem*] da morte de Cristo, visto que sua morte é inseparável de sua ressurreição, então a nossa morte seguirá nossa ressurreição. No entanto, as palavras podem ser interpretadas de duas formas, a saber: ou que somos enxertados em Cristo na semelhança de sua morte, ou que somos simplesmente enxertados em sua semelhança. A primeira redação exigiria que o dativo grego, ὁμοιώματι, se refira ao modo de nosso enxerto. Não nego que isso tenha um sentido mais profundo, visto, porém, que o outro significado é mais apropriado à simplicidade da expressão, preferi usá-la aqui. Faz pouca diferença, entretanto, visto que ambas equivalem à mesma idéia. Crisóstomo sustenta que, pela expressão "em semelhança de homem" [Fp 2.7], ele quer dizer "sendo feito homem". Parece-me, contudo, que existe na expressão mais importância do que simplesmente isso. Além de referir-se à *ressurreição*, parece achar-se implícita a idéia de que não passaremos pela morte natural à semelhança de Cristo, mas que existe esta similitude entre nossa morte e a dele – assim como Cristo morreu na carne que recebera de nós, também morremos em nós mesmos, a fim de que possamos viver nele. Nossa morte, pois, não é a mesma [morte] de Cristo, senão que é semelhante à dele, pois devemos notar a analogia [*analogia*] entre a morte nesta presente vida e nossa renovação espiritual.

Fomos unidos [*insiticii facti*]. Esta palavra [*unidos* ou *enxertados*] recebe grande ênfase e revela nitidamente que o apóstolo não nos está *exortando*, e, sim, *ensinando* acerca do benefício que derivamos de Cristo. Ele não está requerendo de nós algum dever que nossa prudência ou diligência pode realizar, mas está falando do *enxerto* que é efetuado pela mão divina. Não há razão para forçosamente aplicar a metáfora ou comparação a cada detalhe, pois a disparidade entre o enxerto de árvores e o nosso enxerto espiritual prontamente se evidencia. No enxerto de árvores, a parte enxertada extrai sua nutrição das raízes, mas que retém sua propriedade natural no fruto que serve de alimento. No enxerto espiritual, contudo, não só derivamos o vigor e a seiva da vida que fluem de Cristo, mas também transmitimos de nossa própria natureza para a sua. O apóstolo desejava simplesmente realçar a eficácia da morte de Cristo, a qual manifestou-se na destruição de nossa carne, e também a eficácia de sua ressurreição que nos renova interiormente segundo a natureza superior do Espírito.⁵

6. Sabendo isto, que nosso velho homem foi crucificado com ele. O 'velho' homem é assim chamado à semelhança do 'Velho' Testamento que é também assim chamado em relação ao 'Novo' [Testamento]. Ele começa a ser 'velho' quando sua regeneração tem início, e sua velha natureza é gradualmente destruída. Paulo está referindo-se a toda nossa natureza, a qual trazemos do ventre materno, e a qual é tão incapaz de receber o reino de Deus, que precisa morrer na mesma proporção que somos renovados para a verdadeira vida. Este 'velho homem', diz ele, é pregado na cruz com Cristo, porque, por seu poder, ele jaz morto. Paulo faz referência à cruz a fim de mostrar mais distintamente que a única *fonte* de nossa mortificação é nossa participação na morte de Cristo. Não concordo com aqueles intérpretes que explicam que Paulo usou o termo *crucificado*, em vez de *morto*, porque nosso velho homem está ainda vivo, e em certa medida ainda cheio de vigor. A interpretação está plenamente certa, mas dificilmente é relevante para o nosso presente texto. O *corpo do pecado*, ao qual faz menção um pouco depois, não significa carne e ossos, e, sim, toda a massa de pecado, pois o homem, quando abandonado à sua própria natureza, não passa de uma massa de pecado.⁶ A expressão, *e não sirvamos*

---

5   A palavra σύμφυτοι é traduzida por *Calvino* por *insititii*, e também por *Erasmo*, *Pareus* e *Hammond*. A *Vulgata* tem "complantati – plantados juntamente"; *Beza*, "cum eo plantati coaluimus – sendo plantados com ele, crescemos juntamente"; *Doddridge*, "crescemos juntamente"; e *Macknight*, "plantados juntos". A palavra significa propriamente crescer juntamente, nascer juntamente; e φύω nunca significa enxertar. Ela é encontrada somente aqui; e é aplicada pela Septuaginta em Zacarias 11.2 a uma floresta que cresce juntamente.
6   *Pareus* e outros pensam que 'corpo', aqui, aponta para o 'pecado', em alusão à crucificação que é mencionada como um corpo nesse caso é fixado na cruz, e que significa todos

o *pecado como escravos*, realça o propósito de sua destruição. Segue-se que até onde somos filhos de Adão, e nada mais além de homens, somos tão completamente escravos do pecado que nada mais podemos fazer senão pecar. Mas quando somos enxertados em Cristo, somos libertados desta miserável compulsão, não porque cessamos definitivamente de pecar, mas para que finalmente sejamos vitoriosos no conflito.

7. Porquanto, quem morreu, justificado está do pecado.
8. Ora, se já morremos com Cristo, cremos que também com ele viveremos;
9. sabendo que, uma vez tendo Cristo ressuscitado dentre os mortos, já não morre: a morte já não tem domínio sobre ele.
10. Pois, quanto a ter morrido, de uma vez para sempre morreu para o pecado; mas, quanto a viver, vive para Deus.
11. Assim também vós, considerai-vos mortos para o pecado, mas vivos para Deus em Cristo Jesus.

7. Qui enim mortuus est, justificatus est à peccato.
8. Si verò mortui sumus cum Christo, credimus quòd et vivemus cum eo;
9. Scientes quòd Christus suscitatus ex mortuis, ampliùs non moritur, mors illi ampliùs non dominatur:
10. Quòd enim mortuus est, peccato mortuus est semel; quòd autem vivit, vivit Deo.
11. Sic et ipsi æstimate vosmet esse mortuos quidem peccato, viventes autem Deo in Christo Iesu Domino nostro.

7. Porquanto, quem morreu, justificado está do pecado. Este é um argumento derivado da natureza inerente ou efeito da morte. Se a morte destrói todas as ações da vida, então nós, que já morremos para o pecado, devemos cessar com aquelas ações que o pecado exerce durante a trajetória de sua existência [terrena]. O termo *justificados*, aqui, significa libertados ou recuperados da escravidão. Assim como o prisioneiro que é absolvido da sentença do juiz, se vê

---

os congêneres ou, como Calvino o chama, toda a massa de pecados, tal como o orgulho, a paixão, a lascívia etc. Mas a razão para o uso da palavra 'corpo' é mais provavelmente esta, porque ele chamou pecado inato, o homem – "o velho homem" –, e o que propriamente pertence ao homem é o corpo. O "corpo do pecado" é um hebraísmo, e significa um corpo pecaminoso.

livre do vínculo de sua acusação, também a morte, livrando-nos desta presente vida, nos faz livres de todas nossas responsabilidades.⁷

Além do mais, embora este seja um exemplo que não pode ser encontrado em parte alguma entre os homens, contudo não há razão para considerar esta afirmação como uma especulação fútil, nem razão para desespero por não figurarmos no número daqueles que crucificaram completamente sua carne. Esta obra divina não se completou no momento em que teve início em nós, mas se desenvolve gradualmente, e diariamente avança um pouco mais até chegar a sua plena consolidação. Podemos sumariar este ensino de Paulo da seguinte forma: "Se porventura és cristão, então deves revelar em ti mesmo pelo menos um sinal de tua comunhão na morte de Cristo [*communionis cum morte Christi*]; e o fruto disto consiste em que tua carne será crucificada juntamente com todos os desejos dela. Não deves presumir, contudo, que esta comunhão não é real só porque ainda encontras em ti traços de carnalidade em plena atividade. Mas é forçoso que continuamente encontres também traços de crescimento em tua comunhão na morte de Cristo, até que alcances o alvo final." Já é suficiente que o crente sinta que sua carne está sendo continuamente mortificada, e ela não avança mais enquanto o Espírito Santo tem sob seu controle o miserável reinado exercido por ela [carne]. Há ainda outra comunhão [*communicatio*] na morte de Cristo, da qual o apóstolo fala com frequência, como

---

7 Este versículo tem ocasionado várias explicações. O significado mais óbvio da primeira frase é que 'morrer', aqui, significa morrer com ou de uma maneira semelhante a Cristo, pois no próximo versículo, onde a idéia é resumida, 'com' ou como 'Cristo' é expressamente afirmada. O verbo δεδικαίωται, 'é' ou foi 'justificado', tem sido considerado pelos primeiros comentaristas e a maioria dos últimos no sentido de ser *isentado* ou libertado. Este é o ponto de vista, entre outros, de *Crisóstomo, Basílio, Ecumênio, Beza, Pareus, Hammond, Grotius, Doddridge* e *Macknight*. Deve-se acrescentar, porém, que é significado do qual não há outro claro exemplo no Novo Testamento, ainda que o verbo ocorra com frequência. *Scott*, ciente disso, lhe dá um significado comum, 'justificado'; e ainda que ele não assuma o ponto de vista de *Venema, Chalmers* e *Haldane*, quanto à implicação da primeira parte deste capítulo, todavia considera que ser "justificado do pecado", aqui, é ser justificado de sua culpa e pena. Tampouco é irrelevante ao tema em pauta referir-se à justificação, porquanto é uma verdade muito importante declarar que morrer para pecado é uma evidência de ser justificado de sua culpa.

em 2 Coríntios 4.10-18, a saber: o suportar a cruz, ação esta seguida de nossa participação [*consortium*] na vida eterna.

8. Ora, se já morremos com Cristo, cremos que também com ele viveremos. Seu único propósito em reiterar esta afirmação consiste em adicionar a declaração que vem em seguida, ou seja que *havendo Cristo ressuscitado dentre os mortos, já não morre*. Com isso ele deseja ensinar-nos o dever imposto aos cristãos de perseguirem esta nova forma de vida ao longo de toda sua vida. Se têm de levar em si a imagem de Cristo, seja por meio da mortificação da carne, seja por meio do viver no Espírito, esta mortificação da carne deve ser concretizada de uma vez por todas, enquanto a vida no Espírito jamais deve cessar. Isso não acontece, como já declaramos, porque nossa carne é mortificada em nós instantaneamente, mas porque não podemos retroceder de conduzi-la à destruição até a morte. Se porventura voltarmos a nossas próprias imundícies, então negamos a Cristo, pois a condição para termos comunhão com ele é tão-somente pelo caminho da novidade de vida, assim como ele mesmo vive uma vida incorruptível.

9. A morte não mais tem domínio sobre ele. Paulo parece dar a entender que a morte uma vez exerceu domínio sobre Cristo. E deveras, quando entregou-se à morte em nosso favor, em certa medida ele entregou-se e sujeitou-se a seu poder, na condição, contudo, de que era-lhe impossível ser detido ou vencido pelas dores mortais ao ponto de sucumbir ou ser totalmente absorvido por ela [At 2.24]. Portanto, ao submeter-se a seu domínio por um breve momento, ele a destruiu para sempre. Entretanto, traduzindo em termos mais simples, o *domínio* da morte é uma referência à condição voluntária da morte de Cristo, o qual expirou com a ressurreição dele [Cristo]. O significado aponta para o fato de que Cristo, que agora comunica vida aos crentes por meio de seu Espírito, ou inspira sua própria vida neles por seu secreto poder que promana do céu, ficou livre do domínio da morte quando ressuscitou dentre os mortos, a fim de libertar todo seu povo desse mesmo domínio.

10. Ele morreu uma vez por todas. O apóstolo afirmara que, em consequência do exemplo de Cristo, ficamos para sempre livres do jugo da morte. Ele agora aplica sua afirmação, declarando que não estamos mais sujeitos à tirania do pecado [2Tm 1.10]. Ele prova isso a partir da causa final da morte de Cristo, pois ele morreu com o fim de destruir o pecado. Devemos notar também a referência a Cristo nesta forma de expressão. Ele não afirma estar morto para o pecado com o propósito de não mais cometê-lo – como diríamos em nosso próprio caso –, mas porque ele morreu em relação ao pecado, de modo que, ao constituir-se um resgate [ἀντίλυτρον], ele aniquilou o poder e autoridade do pecado.[8] O apóstolo diz que Cristo morreu *uma única vez* [Hb 10.14], não só porque tenha ele santificado os crentes para sempre pela redenção eterna que granjeou por sua única oblação, e porque consumou a purificação dos pecados deles por meio de seu sangue, mas também com o propósito de estabelecer a semelhança comum entre nós e o Redentor [*ut in nobis quoque mutua similitudo respondeat*]. Ainda que a morte espiritual faça contínuo progresso dentro de nós, todavia pode-se propriamente dizer que morremos uma vez, a saber: quando Cristo nos reconcilia com seu Pai por meio de seu sangue, e também nos regenera concomitantemente pelo poder de seu Espírito.

Mas, quanto a viver, vive para Deus. Quer leiamos *com Deus* ou *em Deus*, o sentido permanece o mesmo. Paulo está mostrando que Cristo agora possui, no reino imortal e incorruptível de Deus, uma vida não mais sujeita à mortalidade. Um tipo desta vida imortal evidencia-se na regeneração dos piedosos. Devemos reter em nossa

---

8 Esta diferença pode ser deduzida do teor geral de toda a passagem; pois lemos que sua morte e a nossa têm uma *semelhança*, e, não são a mesma coisa. E mais, ao mencionar nossa morte nesta conexão, no próximo versículo, ele muda sua fraseologia; é νεκροὺς εἶναι e não ἀποθάνειν, significando os que são privados da vida – está morto. "Os mortos [νεκροὺς] em delitos e pecados" são aqueles que não têm vida espiritual; e ser morto para o pecado significa não ter vida para o pecado, estar isento de seu poder governante. Veja-se o versículo 8.

É comum o costume do apóstolo de adotar a mesma forma de palavras com sentidos diferentes, o que só pode ser distinguido pelo contexto ou por outras partes da Escritura, como já se observou numa nota sobre 4.25.

mente, aqui, a palavra *semelhança*. Paulo não diz que vivemos no céu, como Cristo vive, mas ele faz com que a nova vida que vivemos na terra, em consequência de nossa regeneração, seja *igual* [*conformem*] a sua vida celestial. Sua afirmação de que *morremos para o pecado* em consequência do exemplo de Cristo, não significa que nossa morte seja exatamente como a dele, pois morremos para o pecado quando o pecado morre em nós. No caso de Cristo existe uma diferença, pois foi através de sua morte que ele destruiu o pecado. O apóstolo declarou anteriormente que cremos que seremos participantes da vida de Cristo. A palavra *crer* claramente mostra que ele está falando da graça de Cristo. Estivesse ele apenas nos advertindo em relação a nosso dever, então teria expressado assim: "Visto que morremos com Cristo, devemos, então, viver uma vida semelhante à dele." O verbo *crer* denota que o apóstolo está aqui tratando da doutrina da *fé*, que é encontrada nas promessas, como se dissesse: "Os crentes devem estar seguros de que sua mortificação na carne, através dos benefícios de Cristo, é tal que ele mesmo manterá a novidade de vida deles até o fim." O tempo futuro do verbo *viver* não se refere à ressurreição final, mas simplesmente denota o curso contínuo de nossa nova vida em Cristo, enquanto formos peregrinos na terra.

11. Assim também vós, considerai-vos mortos para o pecado. Ele agora adiciona a definição de sua analogia [*analogiae definitio*] a que tenho referido. Ele nos aplica as duas afirmações concernentes ao fato de Cristo morrer para o pecado uma vez por todas e viver eternamente para Deus, e nos instrui em como devemos agora morrer enquanto vivemos, ou seja pela renúncia do pecado. Entretanto, ele não omite a outra parte da analogia, isto é, como vamos viver depois de termos uma vez para sempre abraçado a graça de Cristo mediante a fé. Embora a mortificação de nossa carne esteja apenas começando em nós, todavia a vida de pecado está destruída por este mesmo expediente, de modo que nossa renovação espiritual, a qual é de caráter divino, continue para sempre. Se Cristo por fim não destruísse o pecado em nós, então sua graça seria destituída de estabilidade e continuidade.

Portanto, o significado desta passagem é o seguinte: "Eis a posição que deves assumir, em teu caso: assim como Cristo, uma vez por todas, morreu para destruir o pecado, também deves morrer uma vez por todas a fim de que, no futuro, cesses de pecar. De fato, deves progredir diariamente na mortificação de tua carne, a qual já teve início em ti, até que o pecado seja de vez erradicado. Assim como Cristo ressuscitou para uma vida incorruptível, também deves ser regenerado pela graça de Deus, a fim de seres guiado por toda tua vida em santidade e justiça, visto que o poder do Espírito Santo, por meio do qual foste renovado, é eterno e florescerá para sempre." Prefiro, contudo, reter as palavras de Paulo, *em Cristo Jesus*, em vez da tradução de Erasmo, *por Cristo Jesus*, visto que aquela comunica mais claramente o ato de enxertar, pelo qual somos feitos *um* com Cristo.

12. Não reine, portanto, o pecado em vosso corpo mortal, de maneira que obedeçais a suas paixões;	12. Ne ergo regnet peccatum in mortali vestro corpore, ut illi obediatis in cupiditatibus suis:
13. nem ofereçais ao pecado os membros de vosso corpo, como instrumentos de iniquidade; mas apresentai-vos a Deus como ressurretos dentre os mortos, e vossos membros, a Deus, como instrumentos da justiça.	13. Neque exhibeatis membra vestra arma injustitiæ peccato; sed exhibeatis vosmetipsos Deo, tanquam ex mortuis viventes, et membra vestra arma justitiæ Deo.

12. Não reine, portanto, o pecado em vosso corpo mortal. Ele agora dá início a sua exortação, a qual é a consequência natural da doutrina que pronunciara com referência a nossa comunhão com Cristo. Embora o pecado ainda resida em nós, seria algo ridículo caso ele viesse exercer domínio sobre nós, porquanto o poder de santificação tem de ser superior ao pecado, de modo que nossa vida tenha como comprovar que verdadeiramente somos membros de Cristo.

O vocábulo *corpo*, como já afirmamos antes, não deve ser considerado no sentido de carne, pele e ossos, mas no sentido de todo o corpo da existencialidade humana.⁹ Certamente que podemos, com segurança, inferir isto da presente passagem, pois a outra frase, a qual ele resumidamente acrescentará concernente às partes do corpo, estende-se também à alma. Paulo, portanto, está a referir-se depreciativamente ao homem terreno, pois a corrupção de nossa natureza nos embaraça em nossas aspirações de tudo quanto é digno de nossa origem. O mesmo também diz Deus em Gênesis 6.3, quando se queixa de que o homem, à semelhança dos brutos, se tornou carnal, e nele nada mais resta senão uma natureza terrena. A afirmação de Cristo de que o que é nascido da carne é carne [Jo 3.6] nos leva à mesma idéia. A objeção de que há diferença no caso da alma é facilmente respondida pela afirmação de que, em nosso presente estado de degenerescência, nossas almas estão voltadas para a terra, e se acham tão escravizadas a nossos corpos que perdeu de vista sua própria excelência. Numa palavra, a natureza do homem é chamada *corpórea* [ou *material*], visto que ele tem sido privado da graça celestial [*privatus coelesti gratia*] e não passa de uma sombra ou imagem ilusória [*fallax tantum umbra vel imago*]. Existe o fato adicional de que este corpo é desdenhosamente referido por Paulo como *mortal* com o propósito de ensinar-nos que toda a natureza humana está entregue à morte e destruição. Ele agora denomina o pecado como sendo aquela depravação original que habita em nossos corações, e o qual nos impele a pecar e do qual propriamente fluem todas nossas ações negativas e ímpias. O apóstolo situa a concupiscência entre o pecado e nós, de modo que o pecado, por assim dizer, se assenhoreia de nós, enquanto nossos desejos desordenados são decretos e mandamentos do pecado.

---

9 Ou, seja, como um ser corrupto. Literalmente, "por toda a massa do homem". O 'corpo', aqui, pode ter a mesma equivalência que "o velho homem" do versículo 6; e a palavra para 'concupiscência', ἐπιθυμίαις, é às vezes aplicada para designar os desejos da mente tanto quanto das luxúrias do corpo natural. A palavra θνητω, 'mortal', neste caso significaria condenado a morrer, tendo sido crucificado; é um corpo no processo de extinção. O pecado inato é aqui personificado como um rei, um governante, e, como tendo um corpo, ele é "o velho homem"; e esse corpo é representado como que pertencendo aos cristãos – 'seu', como o velho homem é – '*nosso*' velho homem."

13. Nem ofereçais ao pecado os membros de vosso corpo. Uma vez que o pecado haja adquirido o domínio de nossa mente, todas nossas faculdades são imediatamente aplicadas a seu serviço. O apóstolo, pois, descreve aqui o reinado do pecado através de suas consequências a fim de enfatizar mais nitidamente que curso devemos seguir, caso desejemos desvencilhar-nos de seu jugo. Ao referir-se a nossos membros como *instrumentos* [*arma*].[10] o apóstolo está usando uma metáfora militar, como se quisesse dizer que assim como um soldado tem seus braços sempre em prontidão para fazer uso deles sempre que seu general lhe ordene, mas que jamais os usa a não ser que receba ordem de assim o fazer, também os cristãos devem considerar todos seus membros como armas de guerra espiritual. Se, pois, impedem o uso apropriado de qualquer de seus membros, então se acharão engajados no serviço do pecado. Todavia, eles fizeram um voto de servir a Deus e a Cristo, e se vêem atados ao mesmo. Acham-se, pois, sob a obrigação de refrear toda sua conduta nas esferas do pecado. Então, que todos aqueles, cujos membros se acham plenamente dispostos a cometer todo gênero de abominação, como se fossem eles prostitutas de Satanás, considerem aqui com que direito reivindicarão ainda o nome de cristãos.

Ao contrário disso, o apóstolo nos convida a nos dedicarmos totalmente a Deus, de modo a podermos refrear nossos corações e mentes de vaguearem por onde as luxúrias da carne queiram conduzir-nos. Nossa busca deve voltar-se exclusivamente para a vontade de Deus, sendo solícitos em receber seus mandamentos e estando sempre preparados a obedecer a suas ordens. Nossos membros, igualmente, devem ser dedicados e consagrados à sua vontade, de modo que todas nossas faculdades, tanto de nossa alma como do

---

10 A idéia de um rei, um governante, ou um tirano é apresentada por toda parte. O pecado inato é um governante a declarar guerra, e portanto ele emprega armas. No versículo precedente são mencionadas as gratificações com que ele poupa seus súditos – 'luxúrias' –, aqui as armas pelas quais ele defende seu reino e leva a cabo uma guerra ofensiva, cometendo atos de perversidade e injustiça – "armas de injustiça, ἀδικίας". "Aquele que peca", diz um antigo escritor, "comete injustiça contra si mesmo ou contra seu próximo porém sempre contra Deus."

corpo, aspirem tão-somente sua glória. E há razão para tal atitude, ou seja visto que nossa vida anterior foi destruída, não foi em vão que o Senhor nos criou outra, para que nossas ações estejam em harmonia com ela.

14. Porque o pecado não terá domínio sobre vós,[11] pois não estais debaixo da lei, e, sim, da graça.
15. E daí? Havemos de pecar porque não estamos debaixo da lei, e, sim, da graça? De modo nenhum.
16. Não sabeis que daquele a quem vos ofereceis como servos para obediência, desse mesmo a quem obedeceis sois servos, seja do pecado para a morte, ou da obediência para a justiça?
17. Mas graças a Deus porque, outrora escravos do pecado, contudo viestes a obedecer de coração à forma de doutrina a que fostes entregues,
18. e, uma vez libertados do pecado, fostes feitos servos da justiça.

14. Peccatum enim vobis non dominabitur, non enim estis sub Lege, sed sub gratiâ.
15. Quid ergo? peccabimus, quia non sumus sub Lege, sed sub gratiâ? Absit:
16. Nescitis quòd cui exhibuistis vos servos in obedientiam, ejus servi estis cui obeditis, sive peccati in mortem, sive obedientiæ in justitiam?
17. Gratia autem Deo, quòd fuistis servi peccati, obedistis verò ex animo typo doctrinæ in quem traducti estis:
18. Manumissi verò peccato, servi facti estis justitiæ.

14. Porque o pecado não terá domínio sobre vós. Não é necessário gastar muito tempo reiterando e refutando as interpretações que têm pouca ou nenhuma evidência de verdade. Entretanto, há uma interpretação que pode ser mantida com mais probabilidade do que as demais, ou seja *debaixo da lei* significa *estar sujeito à letra da lei*, a qual não tem a virtude de renovar a mente; enquanto que, em contrapartida, estar *debaixo da graça* implica em viver livre dos desejos depravados, mediante a operação do Espírito da graça. Não sou, contudo, totalmente favorável a esta interpretação, pois se adotarmos tal sentido, qual seria o objetivo da pergunta que vem a seguir,

---

1 "Vobis non dominabitur"; ού κυριεύσει – não será um senhor sobre vós, não terá poder ou autoridade ou controle sobre vós; ou, poderia significar, não terá domínio sobre vós, ao ponto de reter-vos, como que por força, sob seu poder. E a razão dada favorece esta idéia; pois ele diz: "Vós não estais sob a lei, mas sob a graça." A lei é a força do pecado; e pela lei ele mantém seus súditos sob seu serviço.

ou seja: "Pecaremos, só porque não nos achamos sujeitos à lei?". O apóstolo jamais teria formulado tal pergunta, se não entendesse que estamos livres do rigor da lei, de modo que Deus não mais trata conosco de acordo com a mais séria exigência da justiça. Portanto, é fora de qualquer dúvida que ele pretendia, aqui, indicar algum gênero de livramento da escravidão da própria lei do Senhor. Explicarei sucintamente meu ponto de vista, sem entrar em controvérsia.

Em primeiro lugar, temos aqui, creio eu, uma palavra de ânimo para o conforto dos crentes, a fim de que não percam o ânimo em seus esforços por alcançar a santidade pela conscientização de sua própria fragilidade. Ele os exortara a que exercitassem todas suas faculdades em obediência à justiça, mas já que levavam em si ainda certos resquícios da natureza carnal, não podiam fazer outra coisa senão experimentar sensações de insegurança. Portanto, receando que viessem a perder o espírito de confiança à vista de suas próprias fraquezas, e caíssem em desespero, ele aproveita a oportunidade para injetar-lhes um novo ânimo diante da reconfortante idéia de que suas obras não são agora consideradas pelo prisma da estrita norma da lei; ao contrário, Deus perdoa sua impureza e os aceita com benevolência e longanimidade. O jugo da lei não pode ser conduzido sem machucar e oprimir àqueles que o levam. Portanto, aos crentes não fica outra alternativa senão fugir para o seio de Cristo e implorar-lhe seu socorro como Defensor da liberdade deles; porquanto é este seu papel. Cristo submeteu-se à escravidão da lei, embora não fosse de modo algum um devedor a suas exigências, a fim de que pudesse, segundo as palavras do apóstolo, ser o Redentor daqueles que se acham debaixo da lei [Gl 4.5].

Assim, pois, não estar *debaixo da lei* significa que ela não passa de letra morta a condenar-nos, uma vez que não temos nenhuma capacidade de praticá-la. Significa também que não mais nos achamos sujeitos à lei no que se refere ao fato de ela exigir de nós perfeita justiça e de pronunciar morte contra todos aqueles que transgridem qualquer parte dela. Além do mais, pelo vocábulo *graça* entendemos as duas partes da redenção, ou seja o *perdão* dos pecados, por meio do qual Deus nos imputa justiça; e a *santificação* procedente do Espírito, por meio da qual ele nos renova para as boas obras. A partícula adversativa [*pois*], em minha opinião, é causal, como sucede com muita frequência, e significa: "Uma vez que nos achamos debaixo da graça, portanto não estamos mais debaixo da lei." Agora o significado fica plenamente nítido. O apóstolo se sente solícito em confortar-nos e evitar que nos sintamos cansados de continuar na prática do que é direito, já que ainda sentimos em nós mesmos o volume de nossas imperfeições. Entretanto, embora muitos estiletes do pecado ainda possam alfinetar-nos, todavia não podem subjugar-nos, visto que recebemos do Espírito de Deus a capacidade de vencê-los. Já que estamos sob o domínio da graça, também estamos livres das severas exigências da lei. Além do mais, é preciso compreender que o apóstolo, aqui, dá como consumado o fato de que aqueles que não se acham sob o domínio da graça de Deus estão jungidos ainda ao jugo da lei e estão sujeitos a sua condenação. Dessa forma, em contrapartida podemos argumentar que, enquanto os homens estiverem debaixo da lei, também se acham sujeitos ao domínio do pecado.[12]

15. E daí? Havemos de pecar? Visto que a sabedoria carnal está sempre vociferando contra os mistérios de Deus, Paulo adicionou esta afirmação com o fim de evitar uma possível objeção. Já que a lei é a norma do bom viver, e foi promulgada a fim de governar a humanidade, cremos que, se ela for desfeita, toda disciplina definitivamente virá abaixo; as restrições serão esfaceladas; e, finalmente, não restará nenhuma diferença ou distinção entre o bem e o mal. Todavia, nosso equívoco aqui se deve ao fato de presumirmos que a justiça que Deus aprova em sua lei é abolida quando a lei é revogada. E esta revogação, contudo, de forma alguma se aplica aos preceitos que nos ensinam a maneira correta de vivermos bem, pois Cristo

---

[2] A palavra 'lei', aqui, é tomada por *Scott* e outros indefinidamente, no sentido de lei como base do pacto das obras, escrita ou não; e a tradução literal é: "debaixo da lei" – ὑπὸ νόμου; e o mesmo se dá no próximo versículo: "debaixo da lei". "

confirma e sanciona os mesmos e não permite que sejam eles revogados. A devida solução à objeção consiste em que a única parte da lei que é removida é a maldição [procedente de sua quebra], à qual estão sujeitos todos aqueles que não se acham sob o domínio da graça de Cristo. Embora o apóstolo não o afirme expressamente, contudo o insinua.

16. De modo nenhum [literalmente, **Deus me livre!**]. **Não sabeis...?** Esta não é uma mera negação como se pode supor, como se Paulo preferisse expressar sua repugnância por tal pergunta em vez de simplesmente reprová-la, visto que ele passa imediatamente a refutar a objeção, partindo da natureza do contraste que estava fazendo, talvez neste sentido: "Há uma diferença tão grande entre o jugo de Cristo e o [jugo] do pecado, que ninguém é capaz de suportar ambos simultaneamente. Se pecamos, entregamo-nos ao serviço do pecado. Os crentes, em contrapartida, foram redimidos da tirania do pecado a fim de servirem a Cristo. Portanto, é impossível que ainda se mantenham jungidos ao pecado." Será melhor examinar mais detidamente a ordem que Paulo tinha em mira ao desenvolver seu argumento.

A quem vos ofereceis como servos para obediência. O relativo *a quem* pode ser tomado aqui no sentido causal, como sucede com frequência. Portanto, pode-se dizer: "Não existe perversidade por demais terrível para o parricida *que* não se sente constrangido em cometer o pior de todos os crimes, ato este do qual até mesmo as feras selvagens dele fogem." O apóstolo extrai seu argumento em parte dos efeitos e em parte da natureza dos correlativos. Em primeiro lugar, sua obediência, para o apóstolo, é uma indicação de que são *servos*, visto que a obediência prova que o poder de ordenar pertence àquele que assim obriga a outrem a sujeitar-se a ele. O argumento, aqui, é tomado do efeito da escravidão. Uma segunda verdade segue-se desta, ou seja: se somos escravos, então significa que o pecado exerce domínio sobre nós.

Ou da obediência para a justiça. A fraseologia não é estri tamente correta. Se Paulo quisesse contrabalançar os membros da sentença, então deveria ter dito: *ou da justiça para a vida*.[13] Contudo, visto que a mudança nas palavras não altera o sentido da passagem, preferi expressar a natureza da justiça pela palavra *obediência*. Entretanto, isso denota, pelo uso de metonímia, os próprios mandamentos de Deus. Seu uso da palavra sem qualquer adição indica que somente Deus é que tem autoridade sobre as consciências humanas. Embora o nome de Deus não seja mencionado, a obediência é, não obstante, com referência a Deus, visto que a mesma não pode ser uma obediência dividida.

17. Mas graças a Deus. O apóstolo aplica sua comparação ao caso que se acha diante dele. Ainda que a única verdade da qual seus leitores precisavam lembrar era o fato de que não mais eram servos do pecado, ele adiciona um gesto de agradecimento [a Deus]. Ele procede assim visando, principalmente, a ensinar-lhes que seu livramento do pecado não era atribuível a seus próprios méritos, e, sim, à singular mercê divina. Ao mesmo tempo, contudo, sua própria gratidão deveria ensinar-lhes quão imensa é a munificência divina. Isso, portanto, deveria despertá-los ainda mais vigorosamente para odiarem o pecado. A atitude de Paulo em dar graças tem por base o livramento deles do domínio do pecado, o qual se deu quando cessaram de ser o que haviam sido antes, e não tem referência alguma ao período em que foram servos do pecado. A comparação

---

[13] A observação de *Beza* sobre isso é esta: a obediência não é a causa de vida, como o pecado é de morte, mas é o caminho para a vida. E daí a falta de correspondência nas duas frases. Outros, porém, como *Venema*, *Turrettin* e *Stuart*, consideram que as frases realmente se correspondem. Eles tomam εἰς θάνατον – "para a morte" – como significando para a condenação; e εἰς δικαιοσύνην, traduzem "para a justificação"; e ὑπακοή, 'obediência', em sua visão, é a obediência da fé. Essa construção poderia ser admitida, não fosse pela última frase do versículo 18, onde temos: "Viestes a ser servos da justiça", a mesma palavra, δικαιοσύνη; *a não ser que* a consideremos também, como faz *Venema*, no sentido de justiça da fé por uma sorte de personificação. E se esse for o caso, devemos dar o mesmo significado à 'justifica', δικαιοσύνη, do versículo 19, que resulta em santidade; e também à 'justiça', δικαιοσύνη, no versículo 20. Como o apóstolo personifica o pecado, também poderíamos presumir que ele personifica a justiça, isto é, a justiça da fé. Nesse caso, podemos reter a palavra 'justiça', neste versículo, e não justificação. Pois a correspondência nos termos seria ainda essencialmente preservada, como se acha inseparavelmente conectada a justiça da fé com a vida eterna.

implícita entre seu primeiro e seu último estado é enfática. Ele lança um repto àqueles que caluniavam a graça de Cristo, mostrando que, quando a graça cessa de dominar, toda a raça humana se faz cativa sob o domínio do pecado; mas que o reinado do pecado chega ao fim assim que a graça manifesta seu poder.[14]

Deduzimos disso que não somos libertados da escravidão da lei para vivermos em pecado, visto que a lei não perde seu domínio até que a graça de Deus nos reclame para ele com o fim de renovar sua justiça em nós. É impossível, pois, que vivamos sujeitos ao pecado depois que a graça de Deus passou a reinar em nosso ser interior. Como já afirmamos, o espírito de regeneração está incluso no conceito *graça*.

Contudo viestes a obedecer de coração. Aqui, o apóstolo compara também o poder secreto do Espírito com a letra externa da lei, como a dizer: "Cristo molda o interior de nossos corações muito melhor do que faz a compulsão da lei com suas ameaças e terrores." Isso destrói a calúnia daqueles que afirmam: se, pois, Cristo nos livra da sujeição à lei, então ele nos conduz à liberdade para pecarmos. Cristo, contudo, não livra seus seguidores para entregá-los a uma desenfreada licenciosidade, de maneira que corram sem freios como corcéis livres nos campos; mas para conduzi-los a uma forma responsável de viver. Erasmo, seguindo a Vulgata, decidiu traduzi-lo pelo termo *forma*; porém me senti compelido a reter a palavra *tipo*, a mesma que Paulo usa. A palavra *padrão*[15] pode, talvez, ser preferível, pois acredito que Paulo está se referindo à expressa imagem da

---

14 Nossa versão deste versículo comunica a idéia de que o apóstolo rende graças porque eles tinham sido servos do pecado; mas ὅτι é às vezes traduzida *porque*, como em Mateus 5.3, 4; Lucas 10.13; e em Mateus 6.5, seguido por δέ, como aqui no versículo 6. A tradução pode ser esta:
Mas graças a Deus porque fostes servos do pecado, mas que, depois, obedecestes à forma de doutrina na qual fostes instruídos.

15 A versão de Calvino é: "Obedīstis verò et animo typo doctrine in quem traductis estis." A palavra τύπος é traduzida em João 20.25, *marca*, isto é, dos cravos – em Atos 7.43, no plural, *figuras*, isto é, imagens; em Atos 7.44, *forma*, isto é, padrão ou modelo; em Hebreus 8.5, *padrão*; em Atos 23.25, *modo*, isto é, forma; em Romanos 5.14, *figura*, isto é, representação; em Tito 2.7, *padrão*; e em todos os demais casos em que ocorre, exceto neste caso traduz-se por *exemplo*, e no plural, *exemplos*, como oferecidos pela conduta de outros, ou por acontecimentos; vejam-se 1 Coríntios 10.6, 11; Filipenses 3.17; 1 Tessalonicenses 1.7; 2 Tessalonicenses 3.9; 1 Timóteo 4.12; 1 Pedro 5.3. A idéia de *molde*, que alguns lhe dão, não conta com nenhum exemplo no Novo Testamento.

justiça que Cristo imprime em nossos corações. Isso corresponde à norma prescrita da lei, segundo a qual todas nossas ações devem ser conformadas, de tal sorte que não se virem nem para a direita nem para a esquerda.

18. Uma vez libertados do pecado. O sentido consiste no absurdo de alguém continuar na escravidão depois de haver conquistado sua liberdade. O cristão deve manter o estado de liberdade que recebeu. Portanto, não é coerente que os crentes sejam mantidos novamente sob o domínio do pecado, do qual já foram postos em liberdade por Cristo. O argumento aqui se deriva da *causa eficiente*, e o argumento que segue se deriva da *causa final*, a saber: "Foste libertado da escravidão do pecado a fim de te converteres em reino da justiça. É justo, pois, que te esqueças completamente do pecado, e te voltes de todo teu coração para a justiça, ao serviço da qual foste engajado."

Deve-se notar que ninguém pode servir à justiça a não ser que seja antes libertado da tirania do pecado, pelo poder e benevolência de Deus, como Cristo mesmo testifica: "Se, pois, o Filho vos libertar, verdadeiramente sereis livres" [Jo 8.36]. Se o início da virtude depende do ato de livramento que somente a graça divina pode efetuar, como nos prepararemos para receber esta graça pelo poder de nosso livre-arbítrio?

19. Falo como homem, por causa da fraqueza de vossa carne. Assim como oferecestes vossos membros para a escravidão da impureza, e da iniquidade para a iniquidade, assim oferecei agora vossos membros como servos da justiça para a santificação.

19. Humanum dico propter infirmitatem carnis vestræ, quemadmodum exhibuistis membra vestra serva immunditiæ et iniquitati in iniquitatem, sic et nunc exhibite membra vesta serva justitiæ in sanctificationem.

19. Falo como homem. Ele afirma que está se expressando à maneira dos homens no tocante à *forma*, mas não à *substância*. Assim também Cristo, em João 3.12, diz que se referia às coisas terrenas, ao falar dos mistérios celestiais. Contudo, ele não diz isso com tanta sublimidade quanto requeria a dignidade de seu tema, visto que se acomodava à capacidade de pessoas ignorantes e simplórias. O apóstolo fala assim à guisa de prefácio, para melhor provar o grosseiro e vil caráter dos caluniadores que imaginavam que a liberdade obtida por Cristo nos dá permissão para pecarmos. Ao mesmo tempo, também admoesta os crentes, dizendo que não há maior absurdo – para não dizer maior desonra e ignomínia – do que a graça espiritual de Cristo exercer menos influência sobre eles que a liberdade terrena. Como a dizer: "Ao comparar *pecado* e *justiça*, estou vos demonstrando sobre quão maior deve ser o entusiasmo que demonstrais ao serdes atraídos ao serviço da justiça do que o que demonstrais em vossa obediência ao pecado. Porém omito tal comparação, para revelar complacência por vossa fraqueza. Contudo, para que eu vos trate com a mais profunda indulgência, seguramente me sinto obrigado a exigir de vós pelo menos que não pratiqueis a justiça de uma forma mais fria ou menos cuidadosa do que servis ao pecado." Paulo evita aqui declarar o seu significado pleno, como quando alguém deseja ser entendido mais do que as palavras exprimem. Entretanto, ele ainda os exorta, quando suas palavras não parecem exigir tanto,[16] a obedecerem à justiça com mais cuidado, visto que ela é mais digna de ser servida do que o pecado.

Assim oferecei agora vossos membros. Ou seja antes, a prontidão com que todas vossas faculdades obedeciam ao pecado claramente evidenciava quão lamentável condição a depravação de vossa carne vos mantinha em prisão e em servidão. Sede agora, portanto, não menos solícitos e prontos a pordes em prática os mandamentos de

---

16 A frase é tomada indiferentemente: ’Ανθρώπινον λέγω. – "Falo o que é humano", isto é, o que proporciona força ao homem, diz *Crisóstomo* – o que se faz e se conhece na vida comum, como em Gálatas 3.15, ou o que é moderado, diz *Hammond* – o que está no nível intelectual do homem, diz *Vatablus*. O primeiro que *Hammond* propõe é o significado mais adequado aqui; pois o apóstolo previamente usara razões e argumentos, bem como similitudes sacras; porém ele agora chega ao que é conhecido na vida comum entre os homens, a conexão entre donos e escravos, e fez isso em condescendência por suas fraquezas, o que ele chama fraqueza da carne, isto é, a fraqueza da qual a carne, depravada por natureza, era a causa; era a fraqueza oriunda da carne.

Deus; e vossa atividade na prática do bem não seja menos agora do que quando vivíeis na prática do pecado. Paulo não observa, como o faz em 1 Tessalonicenses 4.7, a mesma ordem nas antíteses ao contrastar *impureza* com *santidade*; todavia, seu significado é plenamente óbvio.

Em primeiro lugar, ele sustenta que há duas espécies de pecado, a saber: *impureza* e *iniquidade*. Destas, a primeira é contrastada com castidade e santidade, enquanto que a segunda consiste nas injúrias infligidas contra nosso próximo. Também repete a palavra *iniquidade* duas vezes, num sentido distinto. Na primeira instância, significa pilhagem, fraude, perjúrio e erros de todo gênero; na segunda, [significa] a universal corrupção da vida. É como se dissesse: "Tendes prostituído vossos membros ao cometerdes obras de impiedade, fazendo o reino da iniquidade prevalecer em vós."[17] Pelo termo *justiça* entendo ser a lei e a norma do justo viver, cujo propósito é a santificação, de modo que os crentes se consagrem com pureza [de vida] para o serviço de Deus.

20. Porque, quando éreis servos do pecado, estáveis isentos em relação à

---

[17] As diferentes frases deste versículo têm sido um nó górdio para todos os comentaristas. Provavelmente o apóstolo não tencionava manter um curso regular de antíteses, o tema não admitindo isso; porque o progresso do mal e o progresso de seu remédio podem ser diferentes, e parece ser assim no presente caso. O pecado é inato e interior, e seu caráter, como aqui representado, é maldade e iniquidade, e ele se prorrompe em atos de iniquidade. Ele não repete o outro caráter, a maldade; mas quando chega ao contraste, faz menção da santidade, e não adiciona qual é a antítese da iniquidade. Este é um caso notável de estilo elíptico do apóstolo. Não é negligência ou descuido, mas sem dúvida uma omissão intencional; sendo o caráter de seu modo de escrever, o que ele tinha em comum com os antigos profetas.

Então vem a palavra 'justiça', a qual estou disposto a crer ser aquilo que todos têm expresso como sendo a justiça da fé; esta não é inata, não interior, mas procede de fora e é apreendida pela fé, pela qual os pecados são perdoados e o favor de Deus é obtido; e os que se tornam servos desta cultivam a santidade, tanto interior quanto exterior; devem apresentar todos seus membros, isto é, todas suas faculdades, ao serviço deste Senhor, para que se tornem santos na forma de sua conversação.

Mas se esse tipo de justiça não for aprovado, podemos ainda explicar a aparente irregularidade na construção da passagem. É o caso de uma ordem inversa, muitos exemplos que se encontram mesmo nesta Epístola. Ele começa com 'impureza' e termina com 'santidade', e então as palavras intermediárias de contraste correspondem: 'iniquidade' e 'justiça'. Aqui há também uma inversão no significado: 'impureza' é o princípio, e 'santidade' é a ação; enquanto que 'iniquidade' é a ação, e 'justiça' é o princípio. Se este ponto de vista está certo, temos aqui um caso singular de paralelismo invertido, ambos no tocante às palavras e ao significado.

justiça.
21. Naquele tempo, que frutos colhestes, a não ser as coisas de que agora vos envergonhais? Porque o fim delas é morte.
22. Agora, porém, libertados do pecado e transformados em servos de Deus, tendes vosso fruto para a santificação, e por fim a vida eterna.
23. Porque o salário do pecado é a morte; mas o dom gratuito de Deus é a vida eterna em Cristo Jesus, nosso Senhor.

20. Quando enim servi fuistis peccati, liberi fuistis justitiæ.

21. Quem ergo fructum habuistis tunc in iis, de quibus nunc erubescitis? siquidem finis eorum mors.

22. Nunc vero manumissi a peccato, Deo autem in servitutem addicti, habetis fructum vestrum in sanctificationem, finem vero vitam æternam.

23. Stipendia enim peccati, mors; donum vero Dei, vita æterna, in Christo Iesu Domino nostro.

20. Porque, quando éreis servos do pecado. O apóstolo reitera a distinção entre o jugo do pecado e o [jugo] da justiça que mencionara anteriormente. *Pecado* e *justiça* são tão opostos um ao outro, que qualquer pessoa que se devote a um deles, também deve ficar longe do outro. Paulo compara a ambos com o fim de, ao examiná-los separadamente, fazer-nos ver mais detida e nitidamente o que se deve esperar de cada um deles. A comparação serve para lançar mais luzes em nossa consideração da natureza de algum tema que porventura viermos discutir. Paulo, pois, pesa *pecado* e *justiça*, confrontando um com o outro. Uma vez feita tal distinção, então passa a mostrar o que podemos esperar de cada um deles.

Lembremo-nos, portanto, que o apóstolo está ainda argumentando com base nos opostos. "Enquanto éreis escravos do pecado, estáveis eliminados da justiça. Entretanto, agora a situação foi revertida, e é dever vosso servir à justiça, uma vez que fostes libertados do jugo do pecado." Pela expressão, **estáveis isentos em relação à justiça**, ele tem em mente aqueles que não se acham obrigados pelas restrições da obediência de servir à justiça. A liberdade da carne, em contrapartida, nos livra da obediência a Deus, com o intuito de submeter-nos à servidão do Diabo. Portanto, eis aqui uma desditosa e amaldiçoada liberdade, a qual triunfa em nossa destruição com uma desenfreada e impetuosa violência.

21. Que frutos colhestes? Ele poderia ter expresso seu significado com mais força apenas apelando à consciência deles, bem como confessando a vergonha que sentia, como se estivesse na própria pessoa deles. Tão logo os fiéis começam a receber a iluminação do Espírito de Cristo e a pregação do evangelho, também espontaneamente reconhecem que toda sua vida pregressa, a qual viveram sem Cristo, é de fato digna de condenação. Em vez de tentarem desculpar-se, na verdade execram a si mesmos. Na verdade vão ainda mais longe, ou seja: sentem em suas mentes contínua desdita, de tal modo que, envergonhados e confusos, sincera e voluntariamente se humilham diante de Deus.

As palavras, **agora vos envergonhais**, são mui importantes. Quão cego é o amor próprio que nos aflige quando nos achamos tão enredados nas trevas de nossos pecados que deixamos de considerar a extensão da impureza que está em nós! A luz do Senhor é a única que pode abrir nossos olhos para a contemplação da imundícia que se acha oculta em nossa carne. Somente aqueles, pois, que hajam atentamente aprendido a viver profundamente insatisfeitos consigo mesmos, e se vêem confusos e envergonhados à vista de sua miséria, é que se conscientizam dos princípios da filosofia cristã.

Porque o fim delas é a morte. Paulo, finalmente, mostra ainda mais claramente, à luz do que se segue, o quanto os crentes devem sentir-se envergonhados ao entenderem como viveram tão próximos da destruição, e na própria câmara da morte. Na verdade, já teriam entrado pelos portões da morte, não tivessem sido puxados pela mercê divina.

22. Tendes vosso fruto para a santificação. Paulo já havia dito que o pecado traz duas consequências. Agora também afirma que o mesmo se dá com a justiça. O *pecado*, nesta vida, produz em nós o tormento de uma má consciência, e, após esta vida, nos traz morte eterna. Quanto à *justiça*, ajuntamos os frutos que ela produz nesta vida, a saber: a santificação. Quanto ao futuro, esperamos a vida eterna. A visão desta – a menos que sejamos miseravelmente estúpidos! – deve criar em nossas mentes ódio e horror ao pecado, bem como amor e anelo pela justiça. Alguns traduzem τέλος como 'tributo', porém não creio ser este o significado que Paulo pretendia expressar. Embora seja verdade que a morte é o castigo que devemos suportar por conta do pecado, o termo 'tributo' não se adequará à outra frase que Paulo lhe tem aplicado, pois ele não poderia dizer que a vida é o tributo da justiça.

23. Porque o salário do pecado é a morte. Alguns intérpretes defendem a tese de que, ao comparar a morte com os soldos distribuídos aos soldados, Paulo se põe a referir-se sarcasticamente à deprimente natureza dos salários que são pagos aos pecadores, porque a palavra grega é às vezes tomada no sentido de *soldos militares*. Entretanto, aparentemente ele deseja, antes, fazer uma referência indireta aos cegos apetites daqueles que são levados à destruição, seduzidos pelos engodos do pecado, como peixes atraídos pelo anzol. Contudo, será mais simples traduzir a palavra por 'salário', pois *morte*, seguramente, é uma recompensa suficientemente ampla para os ímpios. Este versículo constitui a conclusão do anterior e, por assim dizer, um epílogo a ele. Todavia, Paulo não reitera em vão a mesma idéia com diferentes palavras, pois sua intenção era fazer o pecado ainda mais detestável, duplicando seu terror.

Mas o dom gratuito de Deus é a vida eterna. É errôneo traduzir esta afirmação por *a vida eterna é o dom de Deus*, como se a justiça fosse o sujeito, e o dom de Deus, o predicado. Este sentido não preserva o contraste. O pecado, como Paulo já nos ensinou, produz somente a morte. Ele agora adiciona que este dom de Deus, ou seja, nossa justificação e santificação, nos traz a bem-aventurança da vida eterna. No entanto, podemos expressá-lo da seguinte forma: "Como a causa da morte é o pecado, assim a justiça, que é o dom de Cristo para nós, restaura a vida eterna em nós."

Daqui podemos deduzir, com total segurança, que nossa salvação procede inteiramente da graça e da infinita munificência divina. Paulo poderia ter afirmado alternativamente que o salário da justiça é a vida eterna, contrabalançando assim as duas frases; porém, percebia que é através do dom divino que se obtém a vida, e não através de nossos próprios méritos. Este dom também não é único e solitário, porque, visto que nos achamos vestidos com a justiça do Filho, estamos reconciliados com Deus e renovados pelo poder do Espírito de santidade. E adicionou, *em Cristo Jesus, nosso Senhor*, a fim de subtrair de nós qualquer conceito voltado para nossa própria dignidade.

Capítulo 7

1. Porventura ignorais, irmãos (pois falo aos que conhecem a lei), que a lei tem domínio sobre um homem enquanto viver?
2. Ora, a mulher casada está ligada, pela lei, ao marido enquanto ele vive; mas, se o marido morrer, ficará desobrigada da lei conjugal.
3. De sorte que será considerada adúltera se, vivendo ainda o marido, unir-se a outro homem; porém, se o marido morrer, estará livre da lei, e não será adúltera se contrair novas núpcias.
4. Assim, meus irmãos, também vós morrestes relativamente à lei, por meio do corpo de Cristo, para vos unirdes a outro, a saber, àquele que ressuscitou dentre os mortos, e desse modo frutifiquemos para Deus.

1. Num ignoratis fratres (scientibus enim Legem loquor) quod Lex dominatur homini quamdiu vivit?
2. Nam viro subjecta mulier, viventi viro alligata est per Legem; quod si mortuus fuerit vir, soluta est a Lege viri.
3. Proinde vivente marito, si alteri viro conjucta fuerit, adultera vocabitur: quod si mortuus fuerit vir, liberata est a Lege ne amplius sit adultera si alteri nupserit.
4. Itaque fratres mei, vos quoque mortui estis Legi per corpus Christi, ut posthac alterius sitis, ejus qui ex mortuis suscitatus est, ut fructificemus Deo.[1]

Mesmo o apóstolo apresentando uma adequada (embora sucinta) explicação no tocante à revogação da lei, a questão ainda traz em si alguma dificuldade, e poderia ter gerado ainda outras. Portanto, ele agora considera em maior extensão de que maneira a lei é revogada em relação a nós. Ele então mostra como poderemos beneficiar-nos desse fato de maneira extraordinária, pois enquanto a

---

1 Ou, seja, a lei pela qual ela estava jungida a seu marido; ou, a lei pela qual ele veio a ser seu marido. É um exemplo da latitude na qual o caso genitivo é usado.

lei nos mantém cativos fora de Cristo, outra coisa ela não faz senão condenar-nos. Portanto, para evitar que alguém venha a acusar a lei por essa conta, ele, nesta notável passagem, admite e refuta as objeções carnais, onde também expressa de forma admirável a utilidade da lei.[2]

1. Porventura ignorais, irmãos? A proposição geral do apóstolo consiste em que a lei fora promulgada e entregue aos homens com o fim de governá-los nesta presente vida. Depois da morte, ela não terá mais lugar. A isto ele mais tarde acrescentará a hipótese de que estamos mortos para a lei, no corpo de Cristo. Alguns intérpretes entendem que o domínio da lei continuará a cegar-nos enquanto seu uso estiver em vigor. Este ponto de vista, contudo, é antes obscuro e não se harmoniza bem com a proposição que vem imediatamente a seguir. Prefiro, pois, seguir aqueles que consideram a afirmação como que referindo-se à vida humana, e não a existência da lei. A pergunta de Paulo é mais enfática em confirmar a infalibilidade de seu tema. Revela que o mesmo não lhes era nem novo e nem desconhecido, senão que era reconhecido igualmente por todos.

(Pois falo aos que conhecem a lei). Este parêntese e a sua proposição têm a mesma referência. O apóstolo sabia que não eram tão inexperientes na lei, senão que tinham algumas dúvidas concernentes ao tema em questão. Embora a proposição e o parêntese possam, ambos, ser entendidos como abrangendo todas as leis, é melhor tomá-los como referindo-se à lei de Deus, a qual é o tema ora em questão.

É muitíssimo pueril imaginar que Paulo está atribuindo aos romanos o conhecimento da lei, em razão de uma grande parte do mundo

---

2 A conexão do início deste capítulo com o versículo 14 do capítulo anterior merece observação. Ele diz aqui que o pecado não terá domínio sobre nós, *porque* não estamos debaixo da lei, e, sim, debaixo da graça. Então pergunta, no versículo 15: "Pecaremos só porque não estamos debaixo da lei, e, sim, da graça?" Ele compõe *primeiro* este último tema, segundo seu modo usual, e o discute até o final do capítulo; e então neste capítulo ele reassume o primeiro tema – libertação da lei. Este é notável exemplo da maneira de escrever do Apóstolo, completamente diferente do que ocorre conosco na atualidade. Ele menciona duas coisas; ele prossegue com o último e então volta ao primeiro.

achar-se sob suas normas e governo. Ele está, em parte, dirigindo-se aos judeus, ou a outros estrangeiros; e, em parte, ao povo comum e àqueles que viviam na obscuridade. Ele está, deveras, pensando particularmente nos judeus, pois que estava envolvido com eles numa controvérsia acerca da revogação da lei. Para evitar, pois, que pressupusessem que os tratava com capciosidade, ele mostra que estava focalizando um princípio comum e universalmente conhecido, o qual era bem familiar aos que haviam sido conduzidos desde a infância na doutrinação da lei.

2. Ora, a mulher casada está ligada pela lei ao marido, enquanto ele vive. A metáfora paulina prova que estamos livres da lei, de tal modo que, com propriedade e por direito, não mais retém nenhum de seus poderes sobre nós. Ele poderia ter provado este ponto de outra forma, mas, visto que o exemplo do matrimônio era muito mais adequado para ilustrar seu tema, ele introduziu esta metáfora em vez de apresentar evidência para confirmar sua tese. Talvez os leitores se sintam confusos porque as diferentes partes da oração gramatical, que são comparadas umas com as outras, não se correspondem perfeitamente. Devemos lembrar, contudo, que o apóstolo deliberadamente pretendia evitar a aspereza de uma expressão mais forte, ao fazer uma pequena mudança. Para preservar a ordem da metáfora, ele deveria ter dito que a mulher, depois da morte do marido, está livre dos laços matrimoniais. A lei, que assume a posição de um cônjuge em relação a nós, está morta. Estamos, pois, livres de sua autoridade. Houvesse Paulo afirmado que a lei estava morta, e teria ofendido os judeus com uma linguagem por demais abrupta. Portanto, a fim de evitar tal ofensa, ele inverteu sua expressão, dizendo que *estamos mortos para a lei*.[3] Alguns estudiosos concluem que

---

3   Esta é a razão plausível, derivada de *Teodoreto* e *Crisóstomo*; mas dificilmente necessária. Os comentaristas têm sentido muito embaraço em aplicar a ilustração dada aqui. A mulher, pela morte do marido, fica livre; o crente, porém, é representado como livre por morrer. Isso não tem correspondência: se a esposa atende ao que diz o Apóstolo aqui, veremos que ele não contemplou tal correspondência. Notemos como ele introduz a ilustração: "a lei", diz ele no primeiro versículo, "governa, ou exerce autoridade, sobre um homem enquanto vive"; e então observemos a aplicação no versículo 4, onde ele fala

Paulo está argumentando do menor para o maior. Receio, contudo, que este modo de interpretar seja por demais forçado, e assim sou levado a preferir o primeiro sentido, que é mais simples. Portanto, o argumento como um todo segue este rumo: Uma mulher, de acordo com a lei, está sujeita ao seu esposo, enquanto este vive; de sorte que não pode tornar-se esposa de outro. Depois da morte de seu esposo, contudo, ela se vê livre das amarras da lei, de tal sorte que pode, livremente, casar-se com quem quiser. A aplicação disto é como segue:

> A lei era nosso 'esposo', sob cujo jugo fomos mantidos, até ao tempo em que ela morreu em relação a nós.
>
> Depois da morte da lei, Cristo nos recebeu em seu seio, ou seja, nos libertou da lei e nos uniu a ele.
>
> Estando, pois, unidos a Cristo, o qual ressuscitou dos mortos, devemos viver ligados exclusivamente a ele.
>
> E assim como a vida [humana] de Cristo é eterna depois de sua ressurreição, então nunca mais haverá divórcio entre nós e ele, no porvir.

Além disso, o termo *lei*, aqui, não é usado por todos e em todo lugar no mesmo sentido. Em um lugar, significa os direitos recíprocos da vida conjugal; em outro, a autoridade de um esposo a quem a esposa se acha sujeita; e ainda em outro, o ensino de Moisés. Devemos ter em mente que o apóstolo está se referindo, aqui, somente àquela parte da lei que se relaciona especificamente com o ministério

---

de nosso morrer para a lei. O principal desígnio da ilustração, pois, era mostrar que não há isenção de uma lei senão pela *morte*; de modo que não há necessidade de uma correspondência nas demais partes. Como no caso do homem e da esposa, a morte destrói o vínculo do matrimônio; assim no caso de um homem e a lei, isto é, a lei como a condição de vida, tem de haver uma morte; do contrário não haverá isenção. Há, porém, uma coisa na ilustração, a qual o Apóstolo adota, a saber: a liberdade de casar-se com outro cônjuge quando a morte livre, o elo de conexão é quebrado, a união com outro é legítima. Até aqui só o exemplo aduzido pode ser aplicado – a *morte* põe fim ao direito e autoridade da lei; e então a parte livre pode licitamente formar outra conexão. É a tentativa de fazer todas as partes da comparação corresponder que ocasionou toda a dificuldade.

de Moisés. Não devemos jamais concluir que a lei esteja de alguma forma revogada em relação aos Dez Mandamentos, nos quais Deus nos ensinou o que é justo e bom à nossa vida, visto que a vontade de Deus deve prevalecer para sempre. A desobrigação aqui mencionada – devemos observar com muito cuidado – não é em relação à justiça que nos é ensinada na lei, e, sim, em relação às rígidas ordenanças da lei e da maldição procedente de suas exigências. Portanto, o que é revogado não são as normas do bom viver que a lei prescreve, mas aquela condição que é contrária à liberdade que alcançamos através de Cristo, ou seja: a exigência de uma perfeição absoluta. Uma vez que não dispomos de tal perfeição, então nos achamos na condição de réus de morte eterna. Paulo, contudo, não desejava determinar, aqui, o verdadeiro caráter dos direitos matrimoniais. E assim não se preocupava em passar revista às causas que fazem uma mulher livre de seu esposo. Por isso, seria um grande erro buscar extrair desta fonte alguma doutrina segura.

4. Por meio do corpo de Cristo. Em primeiro lugar, Cristo hasteou o estandarte de sua Cruz e triunfou sobre o pecado. E para realizar tal façanha, era indispensável que o registro [judicial], ao qual nos achamos atados [legalmente], fosse cancelado [Cl 2.14]. Este registro é a lei, a qual, enquanto estiver em pleno vigor, nos mantém no rol dos inadimplentes em relação ao pecado.[4] É precisamente por esta razão que ele [o registro] é denominado *o poder do pecado*. Portanto, à vista do cancelamento deste registro, somos transferidos para o corpo de Cristo, mesmo quando ainda pregado na cruz.[5] O apóstolo, contudo, avança mais e diz que as amarras da lei foram rompidas, todavia não como se pudéssemos viver segundo os ditames de nossa própria vontade, à semelhança de uma viúva que passa a viver como bem quer durante o período de sua viuvez. A verdade é que agora nos achamos atados a outro esposo. Passamos de um lado para

---

4 "Obæratos" – devedores obrigados a servir a seus credores até que o pagamento seja feito.
5 Que está em pauta seu corpo crucificado é evidente à luz do que se segue; pois ele está falando de como ter "ressuscitado dos mortos".

outro – passamos da lei para Cristo. Não obstante, Paulo ameniza a aspereza da expressão, dizendo que Cristo nos livrou do jugo da lei, a fim de enxertar-nos em seu próprio corpo. Embora, por algum tempo, tenha se submetido voluntariamente à lei, não era lícito que a lei mantivesse domínio sobre ele. Ele comunica esta liberdade também aos seus próprios membros, liberdade esta que era propriamente sua. Não carece, pois, que fiquemos surpresos se ele isenta do jugo da lei àqueles que une a si mesmo pelos laços sagrados [*sacro nexu*], para que venham a formar um só corpo com ele.

Àquele que ressuscitou dentre os mortos. Já dissemos que Cristo foi posto no lugar da lei, de modo que não é possível conceber-se algum gênero de liberdade fora dele, ou que alguém ouse divorciar-se da lei sem antes morrer para si mesmo. Paulo, contudo, empregou esta paráfrase para denotar a eternidade daquela vida que Cristo conquistou por meio de sua ressurreição, a fim de que os cristãos estivessem conscientes de que esta união com Cristo é de caráter eterno. O matrimônio espiritual que se dá entre Cristo e sua Igreja é melhor descrito em Efésios 5.

E deste modo frutifiquemos para Deus. O apóstolo está sempre a acrescentar uma causa final, visando a que ninguém alegue que Cristo nos livrou da servidão da lei com o intuito de liberar-nos à licenciosidade da carne. Cristo nos ofereceu, juntamente com ele, em sacrifício ao Pai, e nos regenera a fim de que produzamos frutos para Deus, e para que nos apresentemos em novidade de vida. Os frutos que nosso Pai celestial espera de nós, como bem o sabemos, são a santidade e a justiça. Entretanto, se somos servos de Deus, isto de forma alguma prejudica a nossa liberdade. Se porventura aspiramos deveras usufruir os grandes benefícios que emanam de Cristo, o nosso único dever daqui em diante será ponderarmos em como vamos promover a glória de Deus, em virtude da qual Cristo nos recebeu para sermos exclusivamente dele. De outra forma, permaneceremos escravizados, não só à lei, mas também ao pecado e à morte.

5. Porque, quando vivíamos na carne, as paixões pecaminosas, postas em realce pela lei, operavam em nossos membros a fim de frutificarem para a morte.

6. Agora, porém, desvencilhados da lei, estamos mortos para aquilo a que estávamos sujeitos, de modo que servimos em novidade de espírito e não na caducidade da letra.

5. Quum enim essemus in carne, affectus peccatorum qui sunt per Legem, in membris nostris operabantur ad fructificandum morti:

6. Nunc verò soluti sumus a Lege, mortui ei in qua detinebamur; ut serviamus in novitate spiritus, et non in vetustate literæ.

5. Porque, quando vivíamos na carne. Paulo mostra, usando de um contraste ainda mais vívido, quão equivocados estão os que são zelosos pela lei, pretendendo manter os crentes sob o domínio dela. Enquanto o ensino literal da lei estiver em vigor e dominar, sem qualquer conexão com o Espírito de Cristo, a concupiscência da carne não será refreada; ao contrário, crescerá cada vez mais. Segue-se deste fato que o reino da justiça só será estabelecido quando Cristo emancipar-nos da lei. Ao mesmo tempo, Paulo nos lembra aquelas obras que fazem parte de nossa vida prática, quando somos emancipados da lei. Portanto, enquanto o homem estiver sob o jugo da lei, não obterá nada para si, senão a morte que procede do contínuo pecar. Se a servidão da lei só produz pecado, então a liberdade, que é o oposto de escravidão, se inclina para a justiça. Se a escravidão nos conduz à morte, então a liberdade nos conduz à vida. Todavia, atentemos bem para o sentido das palavras de Paulo.

Ao descrever nossa condição durante o tempo em que estivemos sob o domínio da lei, o apóstolo afirma que estivemos *na carne*. Disto entendemos que o único benefício obtido por todos aqueles que se acham debaixo da lei consiste em que seus ouvidos ouvem um som externo, mas que não produz qualquer fruto ou efeito, visto que são intimamente destituídos do Espírito de Deus. Devem, pois, permanecer completamente pecaminosos e perversos, até que um remédio muito mais excelente surja para a cura de sua enfermidade. Note-se também a expressão comum da Escritura: *estar na carne* – o que significa ser dotado somente com os dons naturais, sem a graça particular com que Deus favorece seu povo eleito. Se este estado de vida é totalmente pecaminoso, é evidente que nenhuma parte de nossa alma é inerentemente pura, e que o único poder que nosso livre-arbítrio possui é o de exteriorizar suas vis paixões como dardos lançados em todas as faculdades da alma.[6]

As paixões pecaminosas[7] **postas em realce pela lei**. Isto é, a lei excitou vis paixões em nós, as quais produziram seus efeitos em todo o nosso ser. Na ausência do Espírito, nosso Mestre íntimo [*interior Magister*], a obra da lei consiste em inflamar ainda mais os nossos corações, de tal forma que nossos desejos libidinosos irrompem em borbotões. Deve-se notar que Paulo, aqui, compara a lei com a natureza corrupta do homem, cuja perversidade e concupiscência irrompem com grande fúria, por mais que seja ele detido pelos freios da justiça. Ele ainda adiciona que, enquanto nossas paixões carnais se agitam sob a lei, outra coisa não produzem senão frutos de morte. Paulo assim prova que a lei, por sua própria natureza, era destrutiva. Segue-se que aqueles que, com ímpeto, preferem a escravidão que resulta em morte são completamente loucos.

6. Agora, porém, desvencilhados da lei. Ele dá seguimento a seu argumento a partir de opostos. Se a coibição da lei surtiu tão pouco efeito em subjugar a carne que nos despertava antes a pecar, então devemos desvencilhar-nos da lei para que deixemos de pecar. Se somos libertados da servidão da lei a fim de podermos servir a Deus [livremente], então aqueles que derivam

---

6 Estar "na carne" tem dois significados: não ser regenerado e viver em nosso estado natural corrupto, como diz *Calvino* [8.8]; e estar sujeito a ritos e cerimônias externos, como o eram os judeus [Gl 3.3; Fp 3.4]. Seu significado aqui, segundo *Beza* e *Pareus*, é o primeiro; segundo *Grotius* e *Hammond*, o segundo; e segundo *Turrettin* e *Hodge*, ambos estão inclusos, como o contexto, no ponto de vista deles, evidentemente mostra.

7 "*Affectus peccatorum* – afeições de pecados"; τα παθήματα etc. – "*cupiditates* – desejos", ou luxúrias, *Grotius*. A palavra é comumente tomada passivamente, como significando aflições, sofrimentos [8.18; 2Co 1.5; Cl 1.24]; aqui, porém, e em Gálatas 5.24, evidentemente significa excitamentos, comoções, emoções, concupiscências, luxúrias. "Paixão", em nosso idioma, admite dois significados similares: sofrimento e um sentimento excitado, ou uma comoção íntima.

deste fato sua licença para pecar, e aqueles que nos ensinam que devemos soltar as rédeas e nos entregarmos à luxúria, também estão equivocados. Note-se, pois, que só somos libertados da lei quando Deus nos livra de suas rígidas exigências e de sua maldição, dotando-nos com o Espírito Santo a fim de podermos trilhar seus santos caminhos.[8]

Estamos mortos para aquilo a que estávamos sujeitos. Esta é uma parte explicativa, ou, antes, sugere de que forma fomos feitos livres. A lei, no que nos diz respeito, é revogada a fim de não mais sermos oprimidos sob seu fardo insuportável e não sermos encontrados sob seu inexorável rigor a subjugar-nos com sua maldição.[9]

Servimos em novidade de espírito. Paulo contrasta *espírito* e *letra*. Antes de nossa vontade ser conformada com a vontade de Deus por meio da operação do Espírito Santo, não encontramos nada na lei senão a letra externa. Esta, é verdade, refreia nossas ações externas, porém não pode refrear um mínimo sequer da fúria de nossa concupiscência. Ele atribui ao Espírito nossa *novidade*, visto que ela sucede ao velho homem, assim como a letra é denominada de caduca, já que ela perece ao ser renovada pelo Espírito.

7. Que diremos, pois? É a lei pecado? De modo nenhum. Mas eu não teria conhecido o pecado, senão por intermédio da lei; pois não teria eu conhecido a cobiça, se a lei não dissera: Não cobiçarás.	7. Quid ergo dicemus? Lex peccatum est? Absit: sed peccatum non cognovi nisi per Legem: concupiscentiam enim non noveram, nisi Lex diceret, Non concupisces.

---

8 Que a lei moral, e não a lei cerimonial, é o que está implícito aqui, o que é incontestavelmente evidente à luz do que o Apóstolo acrescenta nos versículos seguintes. Ele cita a lei moral no versículo seguinte; ele denomina a lei, no versículo 10, o mandamento, την εντολήν o qual era para a vida [Mt 19.16]; e diz que "por meio dela" o pecado o "matou", o que não se pode dizer da lei cerimonial.
9 Nossa versão comum é evidentemente incorreta quanto a esta frase. O pronome αὐτῷ ou ἐκείνῳ precisa ser suprido. Há uma elipse exatamente similar em 6.21. Beza e vários outros, bem como nossa versão, seguiram a redação ἀποθανόντος, a qual *Griesbach* desconsidera como sem autoridade; e é inconsistente com a fraseologia usual do Apóstolo. Vejam-se versículo 4 e Gálatas 2.19.

8. Mas o pecado, tomando ocasião pelo mandamento, despertou em mim toda sorte de cobiça.¹⁰	8. Occasione autem sumpta, peccatum per mandatum effecit in me omnem concupiscentiam.

7. Que diremos, pois? É a lei pecado? Já que havia dito que precisamos livrar-nos da lei para que possamos servir a Deus em novidade do Espírito, pode ficar a impressão de que a força que nos impele a pecar é algo inerente à lei. Todavia, visto que tal fato seria o pior dos absurdos, o apóstolo, com toda razão, empreende aqui a tarefa de refutá-lo. Ao perguntar: *É a lei pecado?*, ele está querendo dizer: "A culpa da existência do pecado deve ser lançada sobre a lei?".

De modo nenhum. Mas eu não teria conhecido o pecado, senão por intermédio da lei. Portanto, o pecado reside em nós, e não na lei. A causa do pecado consiste no desejo corrupto de nossa carne. Chegamos à consciência dele através de nosso conhecimento da justiça de Deus que nos é declarada na lei.¹¹ Não devemos chegar à conclusão de que não houve qualquer distinção entre certo e errado fora do âmbito da lei, senão que à parte da lei nos achamos ou completamente obscurecidos para discernir nossa própria depravação, ou que nos tornamos inteiramente privados de senso em virtude de nosso envaidecimento.

---

10 Talvez a sentença deva ser traduzida: Porque, se eu não tivera conhecido a lascívia [concupiscentiam], se a lei não me dissesse: Não desejarás [non concupisces]. Então a palavra 'cobiçar', no próximo versículo, seria 'lascívia' (concupiscentiam). Mas, "não cobiçarás" é um mandamento; e para reter a similaridade da idéia, para a falta de uma palavra mais adequada, parece necessário ter cobiçar, visto que a cobiça não tem o significado aqui pretendido. Há a mesma correspondência nas palavras em grego como no latim de *Calvino*. O substantivo, 'lascívia', em nossa versão, é traduzido primeiro, e então 'concupiscência'; e o mesmo é feito por *Doddridge*; o "desejo forte" de *Macknight* não se adequa; o "desejo desordenado" de *Stuart* é melhor, ainda que "Não desejarás" não possa ser aprovado. Por ἐπιθυμία, desejo, se quer dizer a propensão íntima para o que é pecaminoso. É chamado 'pecado' na cláusula precedente; e, segundo o estilo usual do Apóstolo, a intenção era mostrar o que é pecado, por isso o chama desejo aqui; então é pecado no desejo, na inclinação ou disposição íntima. E esse *desejo* muito pecaminoso o décimo mandamento distintamente proíbe.

11 Foi o dito de *Ambrósio*: "Lex index peccati est, non genitrix – a lei é o revelador, não o gerador do pecado." "A lei", diz *Pareus*, "proíbe o pecado; não é então a causa dele. O pecado se faz conhecido mediante a lei; não é então produzido pela lei."

Pois não teria conhecido a cobiça. Esta, pois, é uma explicação da cláusula anterior, na qual ele mostra que a ignorância quanto ao pecado, da qual já nos falou, se deve ao impedimento de alguém perceber sua própria concupiscência. O apóstolo, deliberadamente, insiste sobre este gênero de pecado, no qual a hipocrisia é o fator especialmente dominante, e o qual está sempre conectado à excessiva tolerância e à falsa confiança. Os homens nunca se acham tão desprovidos de juízo que são impedidos de fazer distinção entre as obras externas. Aliás, na verdade são sempre compelidos a condenar os conselhos ímpios e vícios congêneres. Entretanto, não podem fazer isso sem antes conferir o devido louvor a uma mente honesta. O pecado da concupiscência é algo muito mais secreto e profundamente oculto. Eis a razão por que os homens nunca levam isso em conta, enquanto julgarem segundo seus próprios sentimentos. Não é preciso pressupor que Paulo se vangloriasse de ter vivido completamente isento de concupiscência. Pois ele nunca foi tão condescendente consigo mesmo que deixasse de perceber que tal pecado estivesse sempre à espreita em seu coração. Embora, por algum tempo, vivesse enganado, visto que não cria que sua justiça pudesse ser obstruída por sua concupiscência, todavia percebeu, finalmente, que era um pecador, quando descobriu que a concupiscência, da qual nenhum ser humano escapa, era na verdade proibida pela lei.

Agostinho afirma que Paulo, nesta expressão, incluiu todo o conteúdo da lei. Isto, se for corretamente entendido, é verdadeiro. Moisés, depois de mostrar quais as ações que devemos evitar a fim de não errarmos contra o nosso próximo, adiciona esta proibição concernente à concupiscência que vemos referida em todas as suas proibições. É plenamente certo que nos mandamentos precedentes Moisés haja condenado todas as tendências corruptas que concebemos em nossos corações. Entretanto, existe uma grande diferença entre um propósito deliberado e os desejos pelos quais somos tentados. Deus, portanto, neste último mandamento, exige de nós uma integridade tal que não devemos permitir que nenhum anelo corrupto nos mova em direção ao mal, e nem mesmo obtenha ele o nosso consentimento. Foi precisamente por isso que eu disse que o pensamento de Paulo, aqui, vai além da comum capacidade humana de entender. As leis civis irrestritamente punem as *intenções* [*consilia*] e não os eventos. Os filósofos, com grande refinamento, localizavam tanto os vícios quanto as virtudes na *vontade* [*in animo*]. Deus, contudo, neste preceito, penetra o próprio coração de nossa concupiscência, a qual, visto ser mais escondida que a vontade, não é considerada como vício. Não só era tolerada pelos filósofos, mas em nossa época os papistas ferozmente ensinam que nos regenerados ela não é pecado.[12] Paulo, contudo, diz que encontrara nesta *enfermidade secreta* a fonte de seu pecado. Conclui-se deste fato que aqueles que se vêem contaminados por ela não têm, de forma alguma, como justificar-se, a não ser que Deus perdoe sua culpa. Entretanto, é indispensável que façamos distinção entre os desejos depravados que contam com nosso consentimento e a concupiscência que tenta e afeta os nossos corações de tal sorte que se interpõe como empecilhos para nos forçar a pecar.

8a. Mas o pecado, tomando ocasião pelo mandamento, despertou em mim toda sorte de cobiça. Todo mal, pois, procede do pecado e da corrupção da carne. A lei não passa de ocasião do mal. Aparentemente, o apóstolo está a falar somente do excitamento pelo qual a lei desperta nossa concupiscência para jorrar imundícia em grandes borbotões. Entretanto, em minha opinião, ele pretendia expressar aquela consciência do pecado que a lei comunica, como se dissesse: "A lei descobriu em mim toda a minha concupiscência

---

12 Como um exemplo do modo frívolo e pueril de raciocínio adotado pelos papistas, pode-se aduzir o seguinte: ao citar Tiago 1.15: "Depois, havendo a concupiscência concebido, dá à luz o pecado; e o pecado, sendo consumado, gera a morte", eles arrazoam assim: "A lascívia não é simplesmente pecado, pois ela o produz; e quando é pecado, não é pecado mortal, pois ela em seguida produz morte." Tirando vantagem de uma metáfora, eles a aplicam estrita e literalmente, sem levar em conta o fato de que o Apóstolo está apenas exibindo a origem, o progresso e a terminação 'do quê?', sem dúvida do pecado. A semelhança produz semelhança. Se a lascívia não era pecaminosa, não poderia gerar o que é pecaminoso. Tal infantilidade e profano raciocínio é um ultraje tanto ao sendo comum quanto à religião.

que, enquanto se mantinha oculta, parecia nem mesmo existir." Contudo, não nego que a carne é mais vivamente estimulada para a concupiscência por intermédio da lei, e que é desta forma que ela também se manifesta. Este pode igualmente ter sido o problema de Paulo. No entanto, acredito que tudo o que tenho dito acerca da manifestação do pecado se adequa melhor ao contexto,[13] porquanto Paulo imediatamente adiciona:

Porque sem lei o pecado está morto.[14]	Sine Lege enim peccatum est mortuum:
9. Outrora, sem a lei, eu estava vivo; mas, sobrevindo o preceito, reviveu o pecado, e eu morri.	9. Ego autem vivebam sine Lege aliquando;[15] adveniente autem mandato, peccatum revixit.
10. E o mandamento que me fora para vida, verifiquei que este mesmo se me tornou para morte.	10. Ego autem mortuus sum; et deprehensum est a me mandatum quod erat in vitam, cedere in mortem.
11. Porque o pecado, achando ocasião, através do mandamento me enganou e me matou.	11. Peccatum enim, occasione sumpta per mandatum, abduxit me a via et per illud occîdit:
12. Por conseguinte, a lei é santa; e o mandamento, santo e justo e bom.	12. Itaque Lex quidem sancta, et mandatum sanctum, et justum et bonum.

8b. Porque sem lei o pecado está morto. O apóstolo expressa nos termos mais claros possíveis o significado das palavras supra transcritas. É como se ele quisesse dizer que sem a lei o conhecimen-

---

13 A maioria dos comentaristas assume o ponto de vista oposto, de que a irritação do pecado ocasionado pela lei é mais especialmente implícito aqui. As duas idéias, o conhecimento e o excitamento, ou a fomentação do pecado pela lei, são sem dúvida referidos pelo Apóstolo nestes versículos.

14 Esta cláusula é corretamente separada do versículo anterior; pois claramente anuncia o que é ilustrado nos versículos seguintes. "Sem a lei" significa sem o conhecimento da lei. A lei é conhecida e ainda não conhecida.

15 "Aliquando"; ποτε, anteriormente, quando ele era ainda um fariseu, quando ele cria ser irrepreensível. Os críticos costumam criar dificuldades quando não existem. O que lemos aqui, de viver sem lei, ou quando a lei não é ainda conhecida, e do mandamento que se pressupõe ser para a vida, e descobre-se ser para a morte, é ainda exemplificado no caráter dos homens, e se concretiza na experiência de todos os que são tirados das trevas, como Paulo o foi, para a maravilhosa luz. A experiência é com frequência o melhor expositor.

Para entender esta passagem não é mais necessário do que ler o que Paulo diz de si mesmo em Filipenses 3.4-9; e também em Gálatas 2.19.

to do pecado jaz sepultado. Esta é uma observação geral, a qual presentemente ele aplica à sua experiência pessoal. Portanto, sinto-me surpreso com o que os tradutores tinham em mente ao comporem a passagem no tempo imperfeito, como se Paulo estivesse falando de si mesmo. É evidente que o seu propósito era iniciar com uma proposição de caráter universal, para em seguida explicar o tema pelo prisma de sua própria experiência.

9. Sem a lei, eu estava vivo. A intenção de Paulo é subentender que houve um tempo em que o pecado estava morto para ele ou nele. Não é preciso entender que ele viveu em alguma época sem lei. Esta frase, *eu estava vivo*, contudo, tem uma conotação específica. Significa que a ausência da lei foi a razão de ele estar vivo, ou seja: embora se inflasse de vanglória em sua própria justiça, ele pretendia estar vivo, enquanto que, na verdade, estava morto. A frase ficará mais clara se a construirmos assim: "Na época em que eu estava sem a lei, eu estava vivo." Já disse que esta expressão é enfática, pois ao pretextar ser justo, também pretendia estar vivo. O significado, pois, é o seguinte: "Quando eu pecava, desvencilhando-me do conhecimento da lei, meu pecado que eu deixava de perceber era tão próprio para me embalar e me fazer dormir que até parecia estar quase morto. Em contrapartida, uma vez que não me considerava um pecador, vivia satisfeito comigo mesmo, supondo estar bem vivo." A morte do pecado é a vida do homem; em contrapartida, a vida do pecado é a morte do homem.

Eis a questão: quando Paulo esteve vivo em razão de sua ignorância ou (como ele mesmo diz) pela ausência da lei? É verdade que ele fora instruído, desde a infância, na doutrina da lei. Esta, contudo, era uma 'teologia da letra', a qual não humilha seus discípulos. Como ele mesmo diz alhures, um véu era interposto a fim de evitar que os judeus viessem a ver na lei a luz da vida [2Co 3.14]. Também em sua experiência, enquanto seus olhos se achavam velados devido à ausência do Espírito de Cristo, vivia satisfeito com sua própria *máscara* [=*larva*] de justiça. Portanto, ele se refere à lei como estando ausente, já que, embora estivesse ante seus olhos, não imprimia nele um senso grave do juízo do Senhor. Assim os olhos dos hipócritas se acham velados por um véu que os impede de perceber o quanto nos é exigido pelo preceito que nos proíbe de cobiçarmos.

Sobrevindo o preceito, reviveu o pecado, e eu morri. Por outro lado, o apóstolo agora se refere à lei como *sobrevindo*, ao começar a ser verdadeiramente entendida. Então 'acordou' o pecado do reino dos mortos, visto que ele revelou a Paulo quão profunda era a depravação que permeava todos os recessos mais profundos de seu coração, e ao mesmo tempo o matou. Tenhamos sempre em mente que Paulo está falando da confiança intoxicante em que os hipócritas repousam ao vangloriar-se, visto que não percebem qualquer vestígio de seus pecados.

10. E o mandamento que me fora para vida, verifiquei que este mesmo se me tornou para morte. Paulo, aqui, afirma duas coisas, a saber: (1) O mandamento nos aponta o caminho da vida na justiça de Deus, e nos foi entregue a fim de alcançarmos a vida eterna pela observância da lei do Senhor, a não ser que seja impedido pela corrupção que se acha presente em todos nós. (2) Nenhum de nós, contudo, obedece à lei; ao contrário, nos precipitamos precisamente naquela direção contra a qual a lei nos adverte. E esta não tem nada a nos oferecer senão a morte. É indispensável, pois, que façamos esta distinção entre a natureza da lei e a nossa própria impiedade. Segue-se disto que é acidental que a lei inflija em nós uma ferida mortal, algo como uma doença incurável que aumenta e piora à medida que o remédio curativo é aplicado. O acidente, admito eu, é inseparável da lei, e por essa razão ela [a lei], ao ser comparada com o evangelho, é alhures referida como "ministério de morte" [2Co 3.7]. Entretanto, o ponto em questão é o seguinte: a lei não nos faz injúria por sua própria natureza, senão porque nossa corrupção provoca e atrai sua maldição sobre nós.

11. Porque o pecado, achando ocasião, através do mandamento me enganou e me matou. É verdade que, enquanto a vontade de

Deus se nos mantém oculta, e nenhuma doutrina ilumina nossa vereda, toda a vida humana está perdida e mergulhada em erro. Aliás, não sabemos fazer outra coisa senão errar, enquanto a lei não nos revelar a vereda do reto viver. Paulo, porém, está certo em dizer que descobrimos os nossos desvios assim que o pecado é iluminado pela lei, visto que somente quando o Senhor nos convence francamente a encarar a lei é que temos consciência de nossos erros. O verbo ἐξαπατᾷν, portanto, deve ser entendido não da lei propriamente dita, mas de nosso *conhecimento* da lei, visto que ela nos revela o quanto nos desviamos do curso certo. Portanto, é preciso que traduzamos o verbo [*enganar*] da seguinte forma: *o pecado nos desviou do caminho*, pois é a partir da lei que os pecadores, que anteriormente seguiam seu caminho displicentemente, aprendem a viver desgostosos e insatisfeitos consigo mesmos, porque, assim que a lei revelou a imundícia do pecado, foram apressados para a morte. O apóstolo novamente introduz o termo *ocasião*, para que saibamos que a lei não é em si mesma causa de morte, senão que sua conexão com a morte é adventícia e contingente de outros fatores.[15]

12. Por conseguinte, a lei é santa. Alguns intérpretes acreditam que há uma duplicação das palavras *lei* e *mandamento*. Concordo[16]

---

15 Este versículo será melhor entendido se o considerarmos como sendo de certo modo uma repetição, em outra forma, do que contém o versículo anterior, e isso é perfeitamente consistente com o costume usual do Apóstolo. Seu objetivo parece ter sido de prevenir uma má interpretação do que ele dissera, a saber: que o mandamento que era para a vida, provou ser para a morte. Ele então diz que o pecado se valeu do mandamento e por meio dele o enganou, ou seja, lhe prometeu vida, e então o matou, ou seja, provou ser-lhe fatal. Há uma correspondência de significado entre o mandamento para a vida e enganar, e entre a morte e matar. No versículo 8, o pecado, como uma pessoa, diz-se tirar vantagem do mandamento para operar todo tipo de desejos pecaminosos; aqui, porém, que tirar esse proveito é enganá-lo, prometendo-lhe vida e então destruindo-o, expondo-o e sujeitando-o à morte e miséria.

16 Isso é sem dúvida verdadeiro; e é um exemplo de que o modo de o Apóstolo escrever aquele dos antigos profetas. Quão variadas são as palavras usadas no Salmo 119 para designar a lei ou a vontade revelada de Deus, sendo duas palavras diferentes às vezes usadas no mesmo versículo.
Havendo falado da lei em conexão com o pecado, o Apóstolo poderia supor ter tido caráter do pecado em vista ao caracterizar a lei. O pecado opera desejos e lascívias depravados; a lei é *santa*; o pecado engana e age como traidor; a lei é franca e *justa*; conduz à morte e miséria; a lei é *boa* e conduz à felicidade. O último contraste é evidente à luz do que se segue no próximo versículo: "O que é bom se me tornou em morte?"

com eles, mas creio que estes dois termos são repetidos à guisa de ênfase. A lei em si mesma é *santa*, e tudo quanto é ordenado nela é igualmente *santo*, e precisa, pois, receber a máxima consideração e honra. Sua ordenança é *justa*, e não pode, portanto, ser acusada de qualquer injustiça. E é *boa*, e, portanto, é pura e livre de toda e qualquer falha. Paulo, assim, defende a lei contra toda e qualquer acusação, para que ninguém tenha a ousadia de atribuir-lhe algo que seja contrário à bondade, à justiça e à santidade.

13. Acaso o bom se me tornou em morte? De modo nenhum. Pelo contrário, o pecado, para revelar-se como pecado, por meio de uma coisa boa causou-me a morte; a fim de que, pelo mandamento, se mostrasse excessivamente maligno.

13. Quod ergo bonum est mihi in mortem cessit? Absit: imò peccatum, ut appareat peccatum, per bonum operatur mihi mortem: ut fiat super modum peccans peccatum per mandatum.

13. Acaso o bom se me tornou em morte? Paulo até aqui defendeu a lei de todas as más interpretações, mas de tal maneira que ainda permanecia alguma dúvida se porventura seria ela a causa de morte. A mente humana se sente perplexa diante do problema, como é possível que um benefício divino tão especial não traga outra coisa [à humanidade] senão destruição. O apóstolo, pois, responde agora esta objeção, negando que a morte tenha sua origem na lei, não obstante ter trazido sobre nós, por intermédio do pecado, a ocasião da lei. Esta resposta, aparentemente, contradiz sua afirmação anterior, quando diz que descobrira que o mandamento, o qual fora dado para a vida, se lhe tornara em morte. Entretanto, não existe aqui nenhuma contradição. Na primeira passagem, Paulo quis dizer que a nossa depravação é a causa de fazermos mau uso da lei para nossa destruição, indo de encontro à própria natureza da lei. Mas aqui ele nega que a lei é a *causa material* da morte, de tal modo que esta não pode ser atribuída àquela. O apóstolo fala mais espontaneamente da lei em 2 Coríntios 3.7, onde a denomina de 'ministério de morte'. Contudo, ele assim procede em concordância com a prática usual em torno de um tema em disputa, visto que ele não está aqui considerando a *natureza* da lei, e, sim, a *falsa opinião* de seus oponentes.[17]

Pelo contrário, o pecado. Sem pretender associar o ponto em questão a outros, sou de opinião que a passagem deveria ser lida como a traduzi. Portanto, seu significado é como segue: "Antes de ser descoberto pela lei, o pecado é, em certa medida, justificado. Contudo, ao ser revelado pela ocasião da lei, então ele fica definitivamente caracterizado como *pecado*, e revela ser algo muito mais ímpio e 'pecaminoso' – se porventura me é lícito usar tal expressão –, visto converter a benevolência universal da lei em nossa própria destruição. Algo inerentemente mui saudável, mas que de outra forma se nos transforma em um elemento nocivo, então se nos afigura assustador." O significado, pois, é o seguinte: era indispensável que a atrocidade do pecado fosse detectada pela lei. Se o pecado não tivesse afluído com monstruoso e desastroso excesso, o mesmo não seria reconhecido como pecado. Tal excesso, contudo, aflui com uma profusão de feroz violência, ao converter a vida em morte. Remove-se, pois, toda e qualquer base para justificativa.[18]

14. Porque bem sabemos que a lei é espiritual; eu, todavia, sou carnal, vendido ao pecado.	14. Scimus enim quòd Lex spiritualis est: ego autem carnalis sum, venditus sub peccato.
15. Porque nem mesmo compreendo o meu modo de agir, pois o que não quero fazer, isso pratico; o que odeio, é isso mesmo que faço.	15. Quod enim operor, non intelligo; siquidem non quod volo, hoc ago: sed quod odi, hoc facio.

17 Isso dificilmente se pode admitir. O Apóstolo em Coríntios evidentemente afirma um fato, como amiúde faz, sem entrar em explicação; e o fato era que a lei provou ser a ministração de morte. Ela, porém, provou ser assim através do pecado e da perversidade do homem.

18 *Erasmo, Beza, Pareus* e outros elaboram a elipse: "se me tornou em morte" depois de 'pecado'. Porém não há necessidade de adicionar nada. A sentença toda é totalmente hebraísta. O que parcialmente se anuncia nas palavras: "para que o pecado aparecesse" é mais plenamente afirmado na última cláusula; e a partícula, 'operando' – κατεργαζομένη, é usada no lugar de um verbo, estando subentendido o verbo auxiliar. Vejam-se exemplos semelhantes em 14.9-13. A versão de *Calvino* é sem dúvida correta. O que segue o último ἵνα explica mais plenamente o que vem depois do primeiro.

16. Ora, se faço o que não quero, consinto com a lei, que é boa.
17. Neste caso, quem faz isto já não sou eu, mas o pecado que habita em mim.

16. Si verò quod nolo, hoc facio, consentio Legi Dei quòd sit bona.
17. Nunc verò non jam illud operor ego, sed quod habitat in me peccatum.

14. Porque bem sabemos que a lei é espiritual. Paulo, agora, passa a fazer uma comparação mais estreita entre a lei e a natureza humana, com o propósito de fazer a origem da impiedade que nos conduz à morte mais claramente assimilável. Então põe diante de nós o exemplo de um homem regenerado, em quem os resíduos da carne ainda divergem da lei do Senhor, mas de maneira que o espírito pode obedecê-la de bom grado. Como ponto de partida, contudo, Paulo, por assim dizer, apresenta uma simples comparação entre a natureza e a lei. Visto que não pode haver maior discordância, em questões relativas ao homem, do que a que existe entre *espírito* e *carne* (pois a lei é espiritual e o homem é carnal), que acordo, pois, pode haver entre a natureza do homem e a lei? O mesmo que existe entre trevas e luz. Além do mais, ao qualificar a lei de *espiritual*, o apóstolo não tem em mente que a lei exige afetos íntimos do coração, como o explicam alguns intérpretes, mas, à guisa de contraste, tem ela também o sentido oposto da palavra *carnal*.[19] Aqueles intérpretes que mencionamos acima explicam a expressão – *a lei é espiritual* – no sentido em que ela não ata pés e mãos, no que diz respeito às obras externas, mas ela também se aplica aos afetos do coração, e requer sincero temor de Deus.

Aqui se acha expresso o contraste entre carne e espírito. O mesmo aparecerá de forma suficientemente clara do contexto, e em certa medida já ficou demonstrado que o termo *carne* inclui tudo quanto os homens trazem consigo do ventre materno. 'Carne' é a designação aplicada aos homens tais como nascem e até onde

---

19 Este é evidentemente o caso aqui. Como *carnal* significa o que é pecaminoso e corrupto, assim *espiritual* implica aquilo que é santo, justo e bom. Como as obras da carne são obras más e depravadas, assim os frutos do Espírito são frutos bons e santos. Veja-se Gálatas 5.19, 22, particularmente João 3.6.

retêm suas características naturais, visto que são todos corruptos, cuja reputação, e cujos desejos, nada mais são senão imundícies grosseiras e terrenas. O *espírito*, em contrapartida, é chamado *renovação de nossa natureza corrupta*, quando Deus nos conforma com sua própria imagem. Paulo adota este estilo de linguagem porque a novidade que é operada em nós é um dom do Espírito Santo.

Por isso, a perfeição da doutrina da lei é, aqui, contrária à natureza corrupta do homem. Portanto, o significado fica sendo: "A lei requer uma justiça que é celestial e angélica, na qual não se vê qualquer mancha e a qual requer nada mais nada menos que perfeita pureza. Todavia, sou carnal, e nada posso fazer senão lutar contra ela."[20] A interpretação de Orígenes, ainda que antigamente aprovada por muitos, nem mesmo é digna de refutação. Ele afirma que a lei é qualificada por Paulo como sendo espiritual, uma vez que a Escritura não pode ser entendida literalmente. O que isto tem a ver com o presente tema?

Vendido ao pecado. Por meio desta expressão, Paulo mostra a força que o pecado inerentemente possui. E o homem, inerentemente, não é menos escravo do pecado do que os escravos a quem seus senhores compram e tratam consoante seu bel-prazer, como

---

20 "Ele é 'carnal' na exata proporção do grau em que ele fracassa de ser *perfeito* de conformidade com a lei de Deus." – *Scott*.
Tem sido costumeiro entre certa classe de doutores, tais como *Hammond* e *Bull*, afirmar que todos os Pais antes de *Agostinho* consideravam Paulo aqui não a falar de si mesmo. Mas isso é claramente contraditório à luz do que *Agostinho* declara de si mesmo em várias partes de seus escritos. Em seu *Retratações*, B. i. capítulo 23, ele se refere a alguns autores de discursos sacros (*quibusdam divinorum tractatoribus eloquiorum*) por cuja autoridade ele foi induzido a mudar sua opinião e a considerar Paulo aqui como a falar dele mesmo. Ele faz alusão outra vez, em sua obra contra *Juliano*, um advogado do pelagianismo, B. 6, capítulo 11, a essa mesma mudança em seu ponto de vista, e a atribui à leitura das obras daqueles que eram melhores e mais inteligentes do que ele (*melioribus et intelligentioribus cessi*). Então faz referências a eles nominalmente, e diz: "Daí foi que eu vim a entender essas coisas, como Hilário, Gregório, Ambrósio e outros santos e renomados doutores da Igreja, sim, por eles entendi que o Apóstolo pessoalmente lutou exaustivamente contra os desejos carnais, os quais ele não queria ter e no entanto tinha, e que deu testemunho quanto a esse conflito nestas palavras" (referindo-se a este mesmo texto): *Hinc factum est, ut sic ista intelligerem, quemadmodum intellexit* **Hilarius, Gregorius, Ambrosius**, *et cæteri Ecclesiæ sancti notique doctores, qui et ipsum Apostolum adversus carnales concupiscentias, quas habere nolebat, et tamen habebat, strenue conflixisse, cundemque conflictum suum illis suis verbis contestatum fuisse senserunt.*

se os mesmos fossem bois ou asnos. Somos tão completamente manipulados pelo poder do pecado, que toda a nossa mente, todo o nosso coração e todas as nossas ações se acham inclinados para o pecado. Sempre excluo a compulsão, visto que pecamos de nosso próprio arbítrio. Pecado não seria propriamente pecado se porventura não fosse cometido voluntariamente. Entretanto, estamos tão afeitos ao pecado, que nada fazemos de nosso próprio arbítrio senão pecar. Porque a maldade que exerce domínio em nosso íntimo nos leva a isso. Portanto, esta compulsão não significa, por assim dizer, coibição forçada, e, sim, obediência voluntária, à qual uma servidão congênita nos inclina.

15. Porque nem mesmo compreendo o meu próprio modo de agir. Ele agora nos conduz a um exemplo mais específico de alguém que já passou pela regeneração.[21] Em tal indivíduo, os dois objetivos intencionados por Paulo surgem com mais clareza, ou seja: a grande diferença existente entre a lei de Deus e a natureza humana, bem como a impossibilidade de a lei, por inerência, produzir morte. O homem carnal se precipita para o pecado em total obediência à inclinação de sua mente, aparentemente pecando de sua livre escolha, como se estivesse em seu poder o governar-se. Esta mui perniciosa opinião tem sido quase universalmente aceita, ou seja: que o homem, por suas próprias faculdades naturais, e sem a assistência da graça divina, pode escolher qualquer conduta que porventura deseje. Todavia, quando a vontade do crente é direcionada pelo Espírito de Deus, para a prática do bem, a depravação da natureza [humana] surge nele nitidamente, resistindo e reagindo obstinadamente contra tudo quanto se lhe opõe. O indivíduo regenerado, portanto, produz o mais oportuno exemplo para inteirar-nos de quão extensa é a desarmonia existente entre nossa natureza e a justiça da lei. O

---

21 Deste fato transparece que *Calvino* não disse as palavras precedentes: "Eu sou carnal, vendido ao pecado", da mesma forma. Mas elas, evidentemente, estão conectadas entre si. São deveras palavras fortes, e alguns as explicam de uma maneira que as tornam totalmente inadequadas a uma pessoa renovada; Devemos, porém, tomar a explicação como dada pelo próprio Apóstolo no que se segue, pois ele trabalha o tema até o final do capítulo.

mesmo exemplo também fornece uma prova mais adequada da outra cláusula do que a mera consideração da natureza humana. A lei, visto que só pode produzir morte no homem, em virtude de ser ele inerentemente carnal, é mais facilmente censurada neste respeito, uma vez que a fonte do mal é obscura. Num indivíduo regenerado, a lei produz frutos sazonados. Isto prova que é tão-somente a carne que impede a lei de comunicar vida. A lei, por inerência, está longe de produzir a morte.

Portanto, a fim de entendermos todos os liames deste argumento com mais certeza e fidelidade, é indispensável observar que este conflito, mencionado pelo apóstolo, não existe no homem até que seja ele santificado pelo Espírito de Deus. Quando o homem é deixado ao sabor de sua própria natureza, ele se vê completamente à deriva, fustigado por suas concupiscências, sem qualquer resistência. Ainda que os ímpios sejam atormentados pelos aguilhões da consciência, e não consigam deleitar-se em seus vícios sem que experimentem um certo laivo de amargura, todavia não podemos deduzir disto, nem que odeiam o mal, nem que amam o bem. O Senhor assim lhes permite suportar tais tormentos com o fim de revelar-lhes, de alguma forma, os seus juízos, porém não para movê-los, quer com amor pela justiça, quer com ódio pelo pecado.

Existe, pois, esta diferença entre os incrédulos e os crentes. Estes jamais se sentem tão cegos e empedernidos em suas mentes que se poupem de condenar seus crimes, ao memorizá-los no escrutínio de suas próprias consciências. O discernimento nunca é completamente extinto neles; ao contrário, eles sempre retêm a distinção entre o certo e o errado. Às vezes são também abalados pelo horror causado pela visão interior de seus pecados, de tal forma que experimentam uma certa dose de condenação ainda nesta vida. Não obstante, consentem no pecado de todo o seu coração, e assim se rendem a ele sem qualquer senso de genuína repugnância. Os aguilhões da consciência, pelos quais são afligidos, procedem antes da contradição de seu juízo do que do desejo contrário de sua vontade.

Em contrapartida, entre os piedosos a regeneração de Deus já teve início. Entretanto, sentem-se tão divididos que, embora aspirem a Deus com especial devoção em seus corações, embora busquem a justiça celestial e odeiem o pecado, todavia sentem-se atraídos para as coisas terrenas por causa dos resíduos de sua carne. Consequentemente, neste estado de distração, lutam contra sua própria natureza e sentem-na lutar igualmente contra eles. Condenam seus pecados, não só porque são compelidos pelos juízos da razão, mas porque os aborrecem com genuíno sentimento do coração detestando sua conduta na concretização do pecado em si mesmos. Esta é a guerra que o cristão trava entre a carne e o espírito, da qual Paulo fala em Gálatas 5.17.

Portanto, tem-se dito bem que o homem carnal se precipita para o pecado com o consentimento e concorrência de toda a sua alma, mas que inicia-se um forte conflito tão logo é chamado pelo Senhor e renovado pelo Espírito. Nesta presente vida, a regeneração só começa. Os resíduos da carne, que ainda ficam, vão acompanhar sempre as inclinações corruptas, e por isso uma verdadeira batalha travar-se-á contra o Espírito.

Os inexperientes, que não levam em consideração o tema tratado aqui pelo apóstolo, ou o plano que ele está a seguir, supõem que é a natureza humana que ele está descrevendo. É verdade que entre os filósofos encontramos tal descrição da capacidade humana. A Escritura, contudo, é muito mais profunda em sua própria filosofia, pois ela vê que nada, senão perversidade, permaneceu no coração humano desde que Adão ficou privado da imagem divina. Portanto, quando os sofistas desejam definir o livre-arbítrio, ou avaliar a capacidade da natureza humana, eles se apegam a esta passagem. Paulo, porém, como já afirmei, não está, aqui, descrevendo a mera natureza humana, senão que está representando, em sua própria pessoa, o caráter e extensão da fragilidade dos crentes. Agostinho, por algum tempo, se viu envolvido no mesmo erro; porém, após um exame mais acurado da passagem, não só retratou-se do falso ensino que havia ministrado, mas também, em seu primeiro livro a Bonifácio, provou, através de muitos e poderosos argumentos, que a mesma só pode ser compreendida pelo prisma do homem regenerado. O nosso esforço será no sentido de fazer com que nossos leitores vejam claramente que este é precisamente o caso.

Nem mesmo compreendo. O que ele tem em mente é que não reconhece como suas as obras que realizou através da fragilidade da carne, já que as odeia. E assim Erasmo ofereceu uma tradução tolerável, usando o verbo *aprovar*: "Eu não aprovo" [*non probo*].[22] Todavia, visto que o mesmo pode tornar-se ambíguo, preferi reter o verbo *compreender*. Daqui deduzimos que a doutrina da lei é tão conformada com o reto juízo, que os crentes repudiam a transgressão como algo sub-humano. Todavia, visto que aparentemente Paulo admite que o seu ensino se acha em conflito com o que a lei prescreve, muitos intérpretes têm-se equivocado, imaginando que ele está a referir-se a um caráter distinto – daí o erro comum de afirmar que todo este capítulo descreve a natureza do homem não regenerado. Contudo, pela expressão, 'transgressão da lei', Paulo está a indicar todos os deslizes dos fiéis, os quais não os privam do temor de Deus nem do zelo pela prática do bem. Paulo, portanto, nega que esteja fazendo o que a lei manda, visto que ele não a satisfaz em todas as suas partes, mas que prossegue um tanto exausto em seus esforços.

Pois o que não quero fazer, isso faço. Não é necessário concluir que o apóstolo fora sempre incapaz de fazer o bem. Simplesmente se queixa de sua inabilidade de fazer o que desejava – ir no encalço do bem com toda diligência –, visto achar-se como que atado. Também se queixa de que fracassava onde menos desejava fracassar, e isto pelo fato de sempre tropeçar na debilidade da carne. O coração pio, portanto, não faz o bem que tanto deseja, visto não ser acompanha-

---

22 "Pii quod perpetrant non agnoscunt, non approbant, non excusant, non palliant" – "O que os santos fazem [erroneamente], eles não sabem, não aprovam, não justificam, não mitigam." – *Pareus*.
O verbo γινώσκω é usado aqui no sentido do verbo hebraico, ידע, o qual é às vezes assim traduzido pela Septuaginta. Vejam-se Salmo 1.6; Oséias 8.4; e Mateus 7.23.

do do devido empenho. Faz o mal que detesta fazer, visto que se esforça por manter-se firme, porém fracassa, ou pelo menos vacila. As expressões *quero* e *não quero* devem aplicar-se ao espírito, o qual deve ser mantido em primeiro plano entre os crentes. Naturalmente que a carne também possui sua própria vontade; porém, pelo termo *vontade* Paulo tem em mente aquela que ele buscava com particular inclinação de seu coração. Aquilo que contendia contra ele, referia como sendo contrário à sua vontade.

A dedução lógica que podemos extrair daqui é o que já afirmamos anteriormente, ou seja: Paulo está falando, aqui, dos crentes,[23] nos quais a graça do Espírito se faz presente, a qual demonstra a harmonia existente entre a mente sã e a justiça da lei, já que a carne não odeia o pecado.

16. Ora, se faço o que não quero, consinto com a lei, que é boa. Ou seja: "Quando meu coração consente com a lei e desfruta de sua justiça (e assim sucede quando ele odeia a transgressão da lei), sente e reconhece a bondade da lei no fato de sermos suficientemente convencidos, quando a experiência nos ensina que mal algum deve ser atribuído à lei. Na verdade, a lei traria salvação aos homens, se porventura encontrasse corações retos e puros." Este consentimento não deve ser tomado no sentido em que é usado pelos descrentes, que dizem: "Vejo o melhor caminho e o aprovo, porém sigo o pior"; ou, ainda: "Seguirei o que me prejudica, porém evitarei o que acredito ser-me proveitoso." Tais incrédulos agem porque são compelidos,

---

[23] Como o Apóstolo era muito mais iluminado e humilde do que os cristãos em geral são, sem dúvida esse trambolho (o pecado habitante) era mais difícil para ele do que para eles, embora a maioria de nós acha sua vida às vezes profundamente amarga. De modo que essa linguagem enérgica que muitos imaginam descrever uma experiência não estabelecida do crente, ou mesmo a de um homem não convertido, parece ter resultado do extraordinário grau da santificação de Paulo, e a profundeza de seu auto-aviltamento e ódio pelo pecado; e a razão de não o entendermos prontamente parece advir do fato de que estamos muito aquém dele em santidade, humildade, familiaridade com a espiritualidade da lei de Deus e o mal de nossos próprios corações e em nosso grau de aversão pela lei moral." – *Scott*.
"O que alguns vêem erroneamente como evidência de um declínio espiritual da parte do Apóstolo, na verdade era a evidência de seu crescimento. É a efusão de uma sensibilidade mais rápida e cultivada do que a que caiu por sorte para os homens ordinários." – *Chalmers*.

visto que subscrevem a justiça de Deus, ainda que são, por outro lado, completamente estranhos a ela. A pessoa piedosa, contudo, consente com a lei seriamente e com a maior solicitude, porquanto o seu único desejo é chegar ao céu.[24]

17. Neste caso, quem faz isto já não sou eu. Esta não é a súplica de uma pessoa que está a desculpar-se, como se não fosse culpada, à semelhança de tantos vadios que acreditam que possuem uma defesa justa com que cobrir seus atos de perversidade, ao atribuí-los à carne. Ao contrário, é uma declaração da extensão da desarmonia existente entre suas inclinações espirituais e as de sua carne, porquanto os crentes são trazidos à obediência a Deus com um tal fervor de espírito que chegam a negar sua própria carne.

Esta passagem é também uma prova clara de que Paulo está aqui abordando somente a pessoa que já foi alcançada pela regeneração. Enquanto o indivíduo conservar sua natureza não transformada, sendo sempre ele mesmo, deve ser, com razão, considerado como corrupto. Porém, Paulo nega, aqui, que fosse completamente possuído pelo pecado; ele, de fato, se isenta da servidão ao pecado. Este permanece somente em uma parte de sua alma, quando se esforça em direção à justiça de Deus e aspira adequar-se a ela desde o profundo de seu coração, dando prova que de fato a leva inscrita dentro de si.[25]

18. Porque eu sei que em mim, isto é, na minha carne, não habita bem nenhum: pois querer o bem está em mim, não, porém, o praticar.	18. Novi enim quòd habitat[26] in me (hoc est, in carne mea) bonum: siquidem velle adest mihi, sed ut perficiam bonum non reperio.
19. Porque não faço o bem que prefiro, mas o mal que não quero, esse faço.	19. Non enim quod volo facio bonum; sed quod nolo malum, id ago.
20. Mas, se eu faço o que não quero, já não sou eu quem o faz, e, sim, o pecado que habita em mim.	20. Si verò quod nolo ego id facio, non jam ego operor illud, sed quod habitat in me peccatum.

---

24 "Eu consinto – consentio – συμφημι, eu digo com assentimento, concordo com, confirmo."
25 [253] A última cláusula deste versículo é digna de nota, como a expressão "pecado habitante" parece ter surgido das palavras ἡ οἰκουσα ἐν ἐμοὶ – "que habita em mim". O pecado era nele como uma casa ou moradia; era um pecado em habitação, ou aquilo que é permanente ou residente.
26 Non habitat ... bonum – οὐκ οἰκει ... ἀγαθόν.

18. Porque eu sei. Então diz que nenhum bem habita nele no tocante à natureza. **Em mim**, portanto, significa "no que me diz respeito". No início de seu discurso, ele se condena por ser completamente corrupto, ao confessar que nenhum bem habitava nele. Então adiciona um corretivo, para não ser encontrado insultando a graça de Deus que também habitava em seu íntimo, mas que não fazia parte de sua carne. Aqui também confirma que não se referia a toda a humanidade, senão somente ao crente que se acha dividido em si mesmo por conta [do conflito] dos resíduos da carne e da graça do Espírito. Qual o propósito de tal corretivo senão que alguma parte estava isenta de depravação, e, portanto, não era carnal? Sob o termo *carne*, Paulo sempre inclui todos os dotes da natureza humana e tudo quanto está no homem, exceto a santificação do Espírito. Assim, pelo termo *espírito*, o qual é geralmente contrastado com carne, ele tem em mente a parte da alma que o Espírito de Deus já purificou do mal e já se acha conformada à imagem de Deus, que agora refulge nele. Ambos os termos, pois, *carne* e *espírito*, são aplicados à alma. Um se relaciona à parte que já se acha regenerada, e o outro se relaciona à parte que ainda conserva sua inclinação natural.[27]

Pois o querer está em mim. Sua intenção não era dizer simplesmente que possuía um desejo ineficaz, e, sim, negar que a eficácia de suas obras corresponda à sua vontade, visto que a carne o impedia da perfeita execução do que fazia. As palavras que se seguem, **não, porém, fazer o bem**, também devem ser tomadas neste sentido,

---

27 O Apóstolo aqui é seu próprio intérprete. Ele explica quem é o *Eu* que faz o que o outro *Eu* reprova, e quem é o *Eu* que odeia o que o outro *Eu* faz. Ele nos diz aqui que não é o mesmo *Eu*, embora anunciado a princípio como se fosse o mesmo. Ele nos informa aqui que um *Eu* era sua carne, seu pecado ou corrupção inerente, e nos diz no versículo 22 que o outro *Eu* era "o homem interior", sua nova natureza. O "homem interior", como *Calvino* nos dirá presentemente, não é a alma como distinta do corpo, ma o homem renovado como distinto da carne. É o mesmo que "o novo homem" como distinto de "o velho homem". Vejam-se Efésios 4.22, 24; Romanos 6.6; 2 Coríntios 5.17. Mas "o homem interior" e "o homem exterior", em 2 Coríntios 4.16, são a alma e o corpo; e "o homem interior", em Efésios 3.16, a mesma expressão que se encontra no versículo 22, significa a alma, como é evidente à luz do contexto. O mesmo é implícito por "o homem oculto do coração" em 1 Pedro 3.4.

visto que a carne não só impede os crentes de correrem com rapidez, mas também põe muitos obstáculos em seu caminho para que tropecem. Portanto, não fazem o que devem, visto que não o fazem com prontidão. Daí, esta *vontade* de que faz menção consiste na prontidão da fé, quando o Espírito Santo molda os fiéis a fim de que sejam prontos e solícitos a entregar seus membros obedientes a Deus. Entretanto, visto que sua capacidade não se harmoniza com seus desejos, então o apóstolo diz que não encontra o que queria, ou seja, a realização do bem que desejava.

19. O constante neste versículo se refere à mesma questão. O bem que ele quer fazer, não o faz; o mal que não quer, é precisamente o que faz. Porque, por mais corretamente sejam os crentes influenciados, ainda têm consciência de sua própria debilidade, e não consideram nenhuma de suas obras como sendo isenta de falha. Paulo não está tratando, aqui, com uns poucos erros dos fiéis, senão que está descrevendo de forma geral todo o curso de suas vidas. Concluímos, pois, que suas melhores obras são sempre corrompidas por alguma marca de pecado, de forma que não alimentam nenhuma esperança de recompensa, exceto até onde Deus os perdoa.

20. Finalmente, ele reitera a afirmação de que, até onde se vê dotado com a luz celestial, ele é uma genuína testemunha e aprovador da justiça da lei. Segue-se disto que, se a integridade de nossa natureza permanecer pura, a lei não nos trará morte, nem se oporá ao homem de mente saudável e que se desvencilha do pecado. Nossa saúde é procedente do Médico celestial.

---

21. Então, ao querer o bem encontro a lei de que o mal reside em mim.	21. Reperio igitur Legem volenti mihi facere bonum quòd mihi malum insideat.[28]
22. Porque, no tocante ao homem interior, tenho prazer na lei de Deus;	22. Consentio enim Legi Dei secundum interiorem hominem.

---

28 "Insideat" – παράκειταί; o mesmo verbo no versículo 18 é traduzido *adest* – é presente Significa estar perto, estar à mão.

23. mas vejo nos meus membros outra lei que, guerreando contra a lei da minha mente, me faz prisioneiro da lei do pecado que está nos meus membros.

23. Video autem alterum Legem in membris meis, repugnantem[29] legi mentis meæ, et captivum me reddentem legi peccati, quæ est in membris meis.

21. Encontro a lei. Paulo defende aqui a existência de uma lei quádrupla. Há *a lei de Deus*, que é a única que merece ser assim chamada, visto ser ela a norma de justiça pela qual nossa vida é corretamente moldada. A esta ele adiciona *a lei da mente*. Por esta ele designa a prontidão da mente fiel em obedecer à lei divina. Esta consiste em nossa conformidade com a lei de Deus. Oposta a esta temos *a lei da justiça*. Por esta Paulo designa o poder que a iniquidade exerce, não só no indivíduo ainda não regenerado, mas também na carne do regenerado. Mesmo as leis de tiranos, por mais iníquas que possam ser, são ainda chamadas de *leis*, ainda que incorretamente. A esta lei Paulo faz corresponder *a lei em seus membros*, ou seja: a concupiscência que reside em seus membros. Ele assim procede em virtude da concordância que existe entre ela e a iniquidade.

Com referência à primeira cláusula, muitos intérpretes tomam o termo *lei* em seu sentido próprio, e deve ser entendida como κατὰ ou διὰ. Assim Erasmo traduz *pela lei* como se Paulo houvesse dito que descobrira que seu erro era inato à luz da instrução e diretriz da lei de Deus. Entretanto, a frase ficará melhor redigida sem qualquer preposição, ou seja: "Quando os crentes se esforçam após o que é bom, encontram em si mesmos uma lei tirânica, visto que uma tendência viciosa, a qual resiste e se opõe à lei de Deus, é implantada nos ossos e na medula."

---

29 "Repugnantem" – ἀντιστρατευόμενον, pôr-se em formação de batalha, lutar ou guerrear contra, tomando o campo ou marchando contra um inimigo. Então segue 'tomando' um inimigo 'cativo', αἰχμαλωτίζοντα. Há duas sortes de cativos, o voluntário e o involuntário. O último é o caso aqui; pois o Apóstolo se compara a cativos de guerra, os quais são feitos assim pela força. O mesmo se acha implícito na expressão "vendido ao pecado" [v. 14] – a constrangedora condição de estar sujeito, durante a vida, aos molestamentos, às tentações, seduções e poder mortífero da corrupção inerente.

22. Tenho prazer[30] **na lei de Deus**. Vemos aqui, pois, a natureza do conflito existente nas mentes piedosas, cuja luta entre o espírito e a carne deu origem ao que Agostinho alhures denomina de "a batalha cristã". A lei convoca o homem para o governo da justiça; a iniquidade, que é a lei tirânica de Satanás, desperta-o para a [prática da] perversidade. O espírito o conduz a render obediência à lei divina; a carne o atrai a uma direção oposta. Visto sentir-se embalado por variados desejos, o homem é agora uma criatura dupla. Todavia, uma vez que seu espírito deve exercer a soberania, ele julga e estima a si mesmo por esse prisma. O apóstolo diz que ele é mantido prisioneiro de sua carne. Porque, diante do fato de ser ainda tentado e incitado pelos maus desejos, tal se deve ao constrangimento em relação ao desejo espiritual que se lhe opõe inteiramente.[31]

---

30 "Consentio", συνήδομαι: não é o mesmo verbo do versículo 16; este significa mais que consentir, pois inclui satisfação e deleite. Veja-se Salmo 1.2. O verbo se encontra somente aqui. A versão de *Macknight*: "Eu estou satisfeito com", é muito frágil e inexpressiva; a de *Stuart* é melhor: "Eu tenho prazer em"; nossa versão comum, porém, é melhor: "Eu me deleito em."
A γὰρ aqui seria melhor traduzida "na verdade". O Apóstolo faz uma declaração quanto a seu princípio mais elevado; e então no versículo seguinte ele declara mais plenamente o que dissera no versículo 21. Isso corresponde exatamente ao seu modo usual em discutir temas. Primeiro ele declara uma coisa em termos gerais; e em seguida em termos mais particulares, ou mais específicos, e com algo adicional.

31 Há quem considera a conclusão do versículo 23: "à lei do pecado que está em meus membros", como uma paráfrase para "a si mesmo", como o Apóstolo a descreve no início como a lei em seus membros. E a razão que se pode alegar para a repetição é dupla: preservar a distinção entre ela e "a lei da mente" na cláusula precedente; e dar-lhe um caráter mais distintivo, denominando-a "a lei do pecado". De fato encontramos uma gradação no modo em que ela é apresentada. No versículo 21, ele a chama simplesmente "uma lei"; neste versículo ele primeiro a chama "outra lei em seus membros", e então "a lei do pecado em seus membros".
A construção do versículo 21 é difícil. *Pareus* cita *Crisóstomo*, a qual supõe que σύμφηναι do versículo 16 deve ser entendido segundo "a lei", de modo que faz esta tradução: "Descubro, pois, que a lei concorda comigo em desejar fazer o bem" etc., ou, seja, que a lei de Deus estava de seu lado, "ainda que o mal estivesse presente com ele". Ele, pois, apresenta seu próprio ponto de vista, sendo em essência aquele de *Agostinho*. Ele supõe que ὅτι καλὸς, do versículo 16, deva ser entendido segundo "a lei", e que ὅτι, na última cláusula, deva ser construída "ainda que". Então o versículo deve ser traduzido assim: "Descubro, pois, que a lei é boa e faz desejar fazer o bem, ainda que o pecado esteja presente comigo." O versículo tomado sozinho pode apresentar um bom sentido, porém nenhum que se harmonize com o contexto, ou que forme parte do argumento do Apóstolo. A outra única construção que merece ser notada é a de nossa versão e a de Calvino, e é a única que corresponde ao contexto. Foi adotada por *Beza*, *Grotius*, *Venema*, *Turrettin*, Doddridge e outros.

23. Notemos atentamente o significado de *homem interior* e *membros*. Muitos têm deixado de entender estas expressões. O *homem interior*, pois, não significa simplesmente a alma, mas a parte espiritual da alma que foi regenerada por Deus. *Membros* significam as outras partes restantes. Como a alma é a parte mais excelente, e o corpo é a parte inferior do homem, assim o espírito é superior à carne. O espírito assume o papel da alma, no homem; mas a carne, que é a alma corrompida e deteriorada, assume o lugar do corpo. Por esta razão, pois, aquele é denominado *o homem interior*, e esta, *os membros*. O homem interior tem um sentido distinto daquele de 2 Coríntios 4.16, mas as circunstâncias da presente passagem requerem a interpretação que tenho apresentado. É denominado o homem interior por excelência [*par excellence*], porque possui o coração e os afetos secretos, enquanto os apetites da carne vagueiam fora do homem. É como comparar o céu e a terra, pois Paulo está usando a palavra *membros* à guisa de depreciativo desdém, com o fim de designar tudo o que é evidente no homem, para melhor mostrar que a nossa renovação secreta foge e esconde-se de nossos sentidos, exceto até ao ponto em que é apreendido pela fé.

Visto que *a lei da mente* indubitavelmente significa os afetos bem dirigidos, é evidente que é errôneo arrancar esta passagem de seu contexto e aplicá-la àqueles que não são ainda regenerados. Paulo nos ensina que estes são privados de entendimento, visto que sua alma perdeu a razão [*anima a ratione degenerat*].

24. Miserável homem que sou! quem me livrará do corpo desta morte?	24. Miser ego homo! quis me eripiet à corpore mortis hoc?
25. Graças a Deus por Jesus Cristo, nosso Senhor. De maneira que eu, de mim mesmo, com a mente sou escravo da lei de Deus, mas, com a carne, da lei do pecado.	25. Gratias ago Deo per Iesum Christum Dominum nostrum: itaque idem ego mente servio Legi Dei, carne autem legi peccati.

24. Miserável homem que sou! O apóstolo conclui seu argumento com uma exclamação apaixonada, pela qual ele nos ensina não só que vivemos a digladiar contra nossa carne, mas também vivemos continuamente a lamentar e a deplorar em nosso mundo interior e na presença de Deus, em razão de nossa desditosa condição. Ele não cogita sobre quem o livrará, como se alimentasse alguma dúvida, segundo a atitude dos incrédulos, os quais não compreendem que só existe um libertador. Sua linguagem é a de um homem ofegante e quase moribundo, já que não consegue perceber que o seu auxílio está mui perto.[32] O apóstolo, pois, usou o verbo *livrar*[33] com o fim de mostrar que o seu livramento esperava no extraordinário poder de Deus.

Pela expressão **o corpo desta morte** ele quer dizer a massa de pecado, ou as partes constitutivas que pervadem o homem todo, exceto que em seu caso só ficou um resquício de pecado, que o mantém cativo. O pronome τούτου, *esta*, procedimento este que segui a Erasmo ao aplicá-lo ao *corpo*, também concorda com morte, mas que o sentido geral permanece o mesmo. Paulo tencionava nos ensinar que os olhos dos filhos de Deus se acham abertos, de modo a discernir com prudência, à luz da lei de Deus, a corrupção de sua natureza e a morte que procede dela. O termo *corpo* significa o mesmo que *homem exterior* e *membros*, visto que o apóstolo faz notar que a origem do pecado consiste em que o homem se apartou da lei de sua criação, e assim tornou-se carnal e terreno. Ainda que ele exceda os brutos, sua verdadeira excelência foi-lhe arrebatada, e o que ainda resta se acha saturado de infindas corrupções, de modo que, enquanto sua alma não for regenerada, pode-se dizer com razão que ela se converteu em seu corpo. Por isso diz Deus em Gênesis 6.3: "O meu Espírito não agirá para sempre no homem, pois que este é carnal." O homem é aqui privado de sua excelência espiritual e, à guisa de reprovação, comparado aos animais.[34]

---

32 Ταλαίπωρος, miser, ærummosus, diz *Schleusner*, "denota alguém que está alquebrado e abatido sob os mais graves labores." É usado pela Septuaginta para a palavra שדוד, consumido, espoliado, desolado. Vejam-se Salmo 137.8; Isaías 33.1.
33 "Eripere" – arrancar, resgatar, tirar à força; ῥύσεται – extrairá, resgatará ou soltará; significa um ato enérgico, efetuado pela força.
34 "Este corpo de morte" é uma evidência de hebraísmo, significando "este corpo mortal ou mortífero"; o qual não é um corpo material, mas o corpo de "o velho homem" [v. 6]

Esta passagem de Paulo é digna de nota no que serve para destruir toda a glória da carne. Ela nos ensina que mesmo os mais perfeitos estão sujeitos à miséria enquanto habitam na carne, porquanto se acham entregues à morte. Deveras, quando se examinam detidamente, não encontram nada em sua própria natureza senão miséria. Além do mais, o apóstolo os incita, através de seu próprio exemplo, a clamarem com ansiedade e dor, procurando impedi-los de caírem na apatia, e os proíbe de buscarem a morte, ao longo de sua permanência neste mundo, como se esta fosse o único remédio para os seus males. Este é o objetivo correto de se desejar a morte. O desespero às vezes leva os profanos ao mesmo desejo, só que erram em buscar a morte se são motivados apenas pelo enfado de sua presente vida, e não porque se sintam enojados de suas iniquidades. É preciso adicionar ainda que, embora os crentes olhem para o genuíno alvo, contudo, ao suspirarem pela morte, não são arrebatados por descontrolada paixão, e, sim, se submetem à vontade de Deus, em função de quem devemos viver ou morrer. Por esta razão, não se deixam dominar de indignação contra Deus, senão que, humildemente, recostam em seu seio e aí depositam suas ansiedades, porquanto não se demoram em meditar sobre sua miséria sem temperar suas tristezas com regozijo, recordando daquela graça que já receberam. Percebemos isto claramente na frase que se segue.

25. Graças a Deus por Jesus Cristo, nosso Senhor. O apóstolo, pois, imediatamente adiciona esta ação de graças com o fim de evitar que alguém concluísse que ele estivesse renitentemente murmurando contra Deus em suas queixas. É de nossa experiência quão facilmente sucede, mesmo naquelas tristezas que merecemos, de cairmos em profundo descontentamento ou impaciência. Portanto, ainda que Paulo lamente seu estado e suspire por sua partida, ao mesmo tempo confessa que repousa na graça de Deus. Ao fazerem um detido

---

chamado o "corpo do pecado", quando seu caráter é descrito, e o "corpo de morte", quando o resultado ao qual ele conduz está em pauta: ele conduz à morte, à condenação e à miséria.

exame de seus defeitos, os santos não devem jamais esquecer o que já receberam das mãos de Deus.³⁵ Além do mais, a lembrança de já haverem sido recebidos na proteção divina, de que jamais perecerão e de que já produziram os frutos do Espírito, os quais solidificam sua esperança direcionada para a herança eterna, é suficiente para refrear sua impaciência e cultivar a paz de espírito. Embora ainda não usufruam da prometida glória celestial, todavia, uma vez que se sentem felizes com aquela medida que já obtiveram, nunca vivem destituídos de suficientes razões para o cultivo da alegria.

De maneira que eu, em mim mesmo, com a mente sou escravo da lei de Deus. Neste breve epílogo, Paulo nos ensina que os crentes jamais alcançam a meta da justiça enquanto habitam a carne, senão que prosseguirão em seu curso até despirem-se do corpo. Ele novamente aplica a palavra *mente*, não aquela parte racional da alma tão celebrada pelos filósofos, mas, sim, aquela parte que é iluminada pelo Espírito de Deus, para que possam compreender e querer corretamente. O apóstolo não só menciona o entendimento, mas também o relaciona com o sincero desejo do coração. Com esta exceção, ele confessa que se sente devotado a Deus, sim, mas de tal maneira que, enquanto viver neste mundo, é ainda contaminado com muitas e variadas corrupções. Esta passagem é mui notável para condenar aqueles dogmas perniciosos oriundos dos *puristas* [*cathari*], os quais alguns espíritos subversivos e turbulentos procuram reativar nesta presente época.³⁶

---

35 Há uma redação diferente para a primeira cláusula deste versículo: χάρις τῳ θέῳ, "graças a Deus". *Griesbach* diz que é quase igual ao texto aceito. E há umas poucas cópias que trazem ἡ χάρις κυρίου, "a graça de nosso Senhor" etc. O que apresenta uma resposta direta à pergunta anterior. Mas um número mais considerável tem ἡ χάρις του θέου, "a graça de Deus".

36 "Idem ego – o mesmo *Eu*", ou: "*Eu* o mesmo"; αὐτὸς ἐγὼ *Beza* faz a mesma tradução: "idem ego", e faz esta observação: "Isso era adequado ao se segue, pelo qual um homem parece ter sido dividido em dois." Outros o traduzem "ipse ego – Eu mesmo", e dizem que Paulo usou essa dicção de forma enfática para que ninguém suspeitasse que ele falava na pessoa de outro. Vejam-se 9.3; 2 Coríntios 10.1, 12, 13. A frase implica isto: "Eu mesmo, e nenhum outro."

Ele intitula seu pecado inerente de "a carne". Pelo termo carne, diz *Pareus*, "não se quer dizer fisicamente a substância muscular, mas teologicamente a depravação da natureza: não apenas a sensualidade, mas a razão, a vontade e as afeições não regeneradas."

Capítulo 8

1. Agora, pois, já nenhuma condenação há para os que estão em Cristo Jesus [os quais andam não segundo a carne, mas segundo o Espírito¹].
2. Porque a lei do Espírito de vida em Cristo Jesus te livrou da lei do pecado e da morte.
3. Porquanto o que a lei não podia fazer, no que estava enferma pela carne, isso fez Deus enviando seu próprio Filho em semelhança de carne pecaminosa como oferenda pelo pecado; e, com efeito, condenou Deus, na carne, o pecado,
4. a fim de que o preceito da lei se cumprisse em nós, que não andamos segundo a carne, mas segundo o Espírito.

1. Nulla igitur condemnatio est iis qui sunt in Christo Iesu, qui non secundum carnem ambulant, sed secundum Spiritum.
2. Lex enim Spiritus vitæ in Christo Iesu, liberum me reddidit à lege peccati et mortis.
3. Quod enim impossibile erat Legi, eò quòd infirmabatur per carnem, misso Deus Filio suo in similitudine carnis peccati, etiam de peccato damnavit peccatum in carne;
4. Ut justificatio Legis impleretur in nobis qui non secundum carnem ambulamus, sed secundum Spiritum.

1. Agora, pois, já nenhuma condenação há para os que estão em Cristo Jesus. Havendo descrito o crente como a digladiar continuamente contra sua própria carne, o apóstolo agora volta à consolação que havia antes mencionado, a qual lhes era muitíssimo indispensável. Mesmo quando se viam ainda cercados pelo pecado, contudo eram livres do poder da morte e da própria maldição, contanto que não vivessem segundo os ditames da carne, e, sim, do Espírito. Paulo

---

1 Esta cláusula, "que não anda" etc., é considerada como espúria por *Griesbach*. Uma vasta quantidade de autoridades em manuscritos é contra ela; e seu lugar próprio parece ser no final do quarto versículo. Sendo colocada aqui, não interfere, contudo, no significado.

enfeixa estas três idéias: a *imperfeição* sob a qual os crentes sempre labutam; a *misericórdia* divina que perdoa e esquece o pecado; e a *regeneração* operada pelo Espírito. Esta é mencionada por último, para que o homem não se envaideça com vãs imaginações, como se estivesse livre da maldição para, entrementes, consentir com sua carne sem qualquer recato. Portanto, quando o homem carnal se gaba vãmente, se, no que diz respeito a emendar sua vida, ele promete a si mesmo impunidade a pretexto desta graça, assim as consciências trementes dos piedosos contam com uma defesa invencível. Sabem muito bem que, enquanto permanecerem em Cristo, estarão além do alcance de todo e qualquer risco de condenação. A seguir, ocupar-nos-emos em considerar o significado das expressões.

Pela expressão, **andar segundo o Espírito**, o apóstolo tencionava referir-se não àqueles que se despiram completamente dos sentidos carnais, de modo que sua vida toda não exibe nada mais além de perfeição celestial, mas, sim, àqueles que diligentemente labutam por subjugar e mortificar sua natureza carnal, de sorte que se veja reinar neles o ardente amor pela genuína religião. Esta classe de crentes não anda segundo a carne, visto que, sempre que floresce neles o sincero temor de Deus, privam a carne de seu domínio, ainda que não hajam sido abolidas todas as suas depravações.

2. Porque a lei do Espírito de vida. Esta é uma prova da cláusula anterior. É preciso observar o significado das palavras para que sejam compreendidas. Paulo inusitadamente chama o Espírito de Deus de *a lei do Espírito*. Este Espírito asperge nossas almas com o sangue de Cristo, não apenas para purificar-nos das manchas do pecado em relação à nossa culpa, mas também para santificar-nos para a genuína pureza. O apóstolo aduz que o Espírito é *vivificante*. O caso genitivo, segundo o uso hebraico, deve ser considerado como um adjetivo. Segue-se disto que aqueles que atam alguém à letra da lei o fazem sujeito à morte. Entretanto, em contrapartida Paulo qualifica o domínio da carne e a tirania da morte que dela procede de **a lei do pecado e da morte**. A lei de Deus é posta, por assim dizer, no meio. Embora ensine a justiça, contudo não a pode conferir, senão que, ao contrário, nos mantém sob a servidão do pecado e da morte por meio de cadeias ainda mais fortes.

Portanto, o significado da cláusula é o seguinte: A lei de Deus condena os homens porque, enquanto permanecerem sob a obrigação da lei, são oprimidos pela escravidão do pecado, e assim se vêem culpados de morte. O Espírito de Cristo, contudo, abole em nós a lei do pecado, ao corrigir os desejos desordenados da carne, e ao mesmo tempo nos livra da culpa de morte. Pode-se objetar que neste caso o perdão, pelo qual nossas ofensas são sepultadas, depende de nossa regeneração. Isto é facilmente respondível. Paulo não está aqui determinando a *razão*, mas simplesmente especificando a *maneira* como somos isentos de culpa. Ele nega que obtemos o livramento pelo ensino externo da lei. Ao sermos renovados pelo Espírito de Deus, contudo, somos ao mesmo tempo também justificados mediante o perdão gracioso, de sorte que a maldição oriunda do pecado não pode mais nos ferir. A cláusula, pois, tem o mesmo significado como se Paulo estivesse dizendo que a graça da regeneração jamais vem dissociada da imputação da justiça.

Não ouso, como o fazem alguns intérpretes, considerar *a lei do pecado e da morte* no mesmo sentido que *lei de Deus*. Tal expressão parece por demais abrupta. Ainda que pelo aumento do pecado a lei pode produzir a morte, Paulo, acima, deliberadamente declinou de usar esta expressão hostil. Ao mesmo tempo, contudo, não posso compartilhar da opinião dos que explicam *a lei do pecado* como sendo a concupiscência da carne, como se Paulo houvesse dito que a havia vencido. Segundo creio, logo se evidenciará plenamente que Paulo está falando da absolvição imerecida, a qual nos traz aquela imperturbável paz com Deus. Preferi conservar a palavra *lei*, em vez de traduzi-la, como o fez Erasmo, por *direito* ou *poder*. Paulo não faz alusão à lei de Deus sem a devida ponderação.[2]

---

2 *Calvino*, em sua exposição deste versículo, seguiu *Crisóstomo*, e o mesmo ponto de vista foi assumido por *Beza, Grotius, Vitringa, Doddridge, Scott* e *Chalmers*. Mas *Pareus*, seguindo

3. Porquanto o que fora impossível à lei. Segue-se agora uma elaboração ou ilustração de sua prova, ou seja: o Senhor nos justificou em Cristo, movido por sua soberana misericórdia. Tal coisa é impossível à lei fazer. Todavia, visto que esta cláusula é por demais notável, examinemos cada uma de suas partes.

Podemos inferir da cláusula final, na qual ele adiciona *nós que não andamos segundo a carne, mas segundo o Espírito*, que Paulo está aqui tratando da justificação gratuita, ou do perdão pelo qual Deus nos reconcilia consigo mesmo. Se ele pretendesse ensinar-nos que somos instruídos, por meio do Espírito de regeneração, como vencer o pecado, por que então ele adiciona esta frase? Entretanto, é muito apropriado que, tendo prometido aos crentes graciosa remissão, então o apóstolo teria que limitar esta doutrina àqueles que juntam arrependimento à fé, e não abusam da misericórdia divina por satisfazerem a carne. Devemos, em seguida, considerar a razão que é oferecida. O apóstolo nos ensina como a graça divina nos absolve de nossa culpa.

Ora, com respeito à expressão: τὸ ἀδύνατον, a impossibilidade da lei, as palavras indubitavelmente significam *defecção* ou *inabilidade*, como se Paulo houvesse dito que Deus descobrira um antídoto pelo qual a carência de poder por parte da lei fosse removida. Erasmo traduziu a partícula ἐν ᾧ por *ea parte qua* – 'naquela parte em que'. Contudo acredito que a mesma é causal e, portanto, preferi traduzi-la: *eo quod* – 'porque'. Ainda que tal frase talvez não ocorra entre os bons autores da língua grega, todavia, visto que o apóstolo está

Ambrósio, assumiu outro ponto de vista, o qual *Haldane* defendeu valentemente e com considerável poder de raciocínio, ainda que, como alguns poderiam talvez imaginar, sem sucesso. A exposição é esta: "A lei do espírito de vida" é a lei da fé, ou o evangelho, o qual é a ministração do Espírito; e "o espírito de vida" significa ou o espírito doador de vida, ou o espírito que comunica a vida que está em Cristo Jesus. Então, "a lei do pecado e morte" é a lei moral, assim chamada porque desvenda o pecado e denuncia morte. Diz-se que este ponto de vista corresponde à "não condenação" no primeiro versículo e à palavra 'lei' no versículo seguinte, que é sem dúvida a lei moral, e à verdade que este versículo exibe. Acrescenta-se também que a isenção ou livramento da lei do pecado, visto como o poder do pecado, é inconsistente com a última parte do capítulo anterior; e que a lei da fé, que através do Espírito comunica vida, nos faz livres da lei moral como a condição de vida, é o ensino uniforme de Paulo. "Esta liberdade", diz *Pareus*, "é atribuída a Deus, a Cristo e ao evangelho – a Deus como o autor [7.25]; a Cristo como o mediador, e ao evangelho como o instrumento. E a maneira desse livramento é mais claramente explicado no versículo que se segue."

sempre fazendo uso de frases hebraicas, esta interpretação não me parece desagradável.³ Os leitores intuitivos não terão dúvida em concordar que o que Paulo expressou aqui é a causa da defecção, como afirmaremos novamente de forma breve. Ora, ainda que Erasmo supra o verbo principal, o texto parece a mim ficar melhor sem ele. A copulativa καί, 'e', levou Erasmo a errar, fazendo-o inserir o verbo *praestitit* – 'realizou'. Entretanto, acredito que a copulativa foi posta à guisa de ampliação, a menos que, talvez, alguém aprove a conjectura do comentarista grego, que liga a expressão 'e para o pecado' com as palavras precedentes: "Deus enviou seu próprio Filho em semelhança de carne pecaminosa e como oferta pelo pecado". Tenho, entretanto, seguido o que entendo ser o sentido real de Paulo. Agora passo a tocar o tema propriamente dito.⁴

---

3 *Calvino* não é singular nesta tradução. *Pareus* e *Grotius* têm "quia vel quandoquidem – porque ou visto que"; e o último diz que ἐν ᾧ é um hebraísmo para ἐφ' ᾧ; veja-se 5.12. *Beza* se refere a Marcos 2.19 e a Lucas 5.34, como exemplos onde ela significa *quando* ou *enquanto*, e diz ser usada em grego para designar não só um determinado tempo, mas também um determinado estado ou condição. A tradução de *Piscator* é "eo quod – porque".

4 O início deste versículo, ainda que a implicação geral dele seja evidente, todavia apresenta algumas dificuldades quanto à construção. A cláusula como formulada por Calvino é: "Quod enim impossibile erat legi" – τὸ γὰρ ἀδύνατον του νόμου. *Pareus* supõe que διὰ subentendia "Por conta da impotência da lei" etc. *Stuart* concorda com *Erasmo* e *Lutero*, e supre o verbo 'fez' ou efetuou – "Pois o que a lei não pôde efetuar ... Deus ... efetuou" etc. Mas a construção mais simples é: "Por isso" [isto é, isenção do poder do pecado e da morte, mencionada no versículo anterior], *sendo* impossível à lei" etc. É um exemplo do caso nominativo absoluto, o qual às vezes ocorre no hebraico. O caso possessivo, como diz *Grotius*, amiúde significa para o homem." A τὸ tem às vezes o sentido de τοτον; é separada por γὰρ do adjetivo. Alguns afirmam que é para ὅτι γὰρ: "Porque era impossível para a lei" etc. Porém mudanças desse tipo nunca são satisfatórias. A tradução de todo o versículo pode ser feita assim:

> 3. Por isso, *sendo* impossível para a lei, porque fora enfraquecida pela carne, tendo Deus enviado seu próprio Filho na semelhança de carne pecaminosa e por conta do pecado, condenou o pecado na carne.

Deus enviou seu Filho naquela carne que fora contaminada pelo pecado, ainda que a carne de seu próprio Filho, isto é, na natureza humana, era destituída de pecado; e ele o enviou por conta daquele pecado que reinou na natureza ou carne humana; e para esse fim condenar, isto é, destinar à ruína, sentenciar à destruição, o pecado que governava na carne, isto é, na natureza humana como apostatada e corrupta. Esse parece ser o significado. Então no versículo seguinte o desígnio dessa condenação do pecado é declarada: para que a justiça da lei, ou o que a lei requer, fosse feito por nós. Sem isenção do poder do pecado, nenhum serviço poderia ser prestado a Deus. É a destruição do poder do pecado, e não a remoção da culpa, o que é aqui contemplado; o texto de toda a passagem está caminhando após a carne e caminhando após o Espírito.

O apóstolo afirma em termos claros que os nossos pecados foram expiados pela morte de Cristo, visto que era impossível que a lei nos conferisse a justiça. Daqui se infere que muito mais nos é ordenado na lei do que somos capazes de fazer. Se fôssemos capazes de cumprir a lei, não teria sido necessário buscar remédio em outra fonte. Portanto, é simplesmente absurdo medir a força humana pelos preceitos da lei, como se Deus, ao ordenar o que é justo, houvera considerado o caráter e a extensão de nossas faculdades.

No que estava enferma pela carne. Para que ninguém imaginasse que o apóstolo estava sendo irreverente, acusando a lei de enferma, ou restringindo-a às simples observâncias cerimoniais, ele expressamente afirma que esta defecção não era devido a alguma falha na lei, e, sim, às corrupções de nossa carne. É preciso admitir que, se alguém pudesse satisfazer a lei divina em termos absolutos, então o mesmo seria justo diante de Deus. Portanto, o apóstolo não nega que a lei seja suficiente para justificar-nos no que respeita à doutrina, visto que a mesma contém a norma perfeita de justiça. Contudo, visto que nossa carne não atinge essa justiça, todo o poder da lei falha e se desvanece. Por isso não é difícil refutar o erro ou, antes, a ilusão daqueles que imaginam que Paulo está privando somente as cerimônias da virtude de justificar. Porquanto Paulo expressamente põe a culpa em nós mesmos, e declara que ele não encontra falha na própria doutrina da lei.

Além do mais, é preciso que entendamos a *enfermidade* da lei no sentido em que o apóstolo usualmente toma a palavra ἀσθενέας, a qual significa não simplesmente uma leve fraqueza, e, sim, *impotência*. Ele adota este sentido com o fim de enfatizar que justificar[5] não é absolutamente a função da lei. Vemos, pois, que estamos inteiramente excluídos da justiça de Cristo, visto que não pode haver justiça em nós mesmos. Tal conhecimento é

---

5 O adjetivo τὸ ἀσθενὲς se aplica ao mandamento em Hebreus 7.18. "Impotente, ineficaz" são termos usados por *Grotius*; "destituído de força", por *Beza*; e "fraco", por *Erasmo*.

especialmente necessário, porque jamais seremos vestidos com a justiça de Cristo, a menos que antes saibamos com certeza que não possuímos em nós qualquer justiça que mereça chamar-se *nossa*. A palavra *carne* é sempre usada no mesmo sentido, significando nós próprios. A corrupção, pois, de nossa natureza torna a lei de Deus de nenhuma utilidade para nós. Embora nos mostre o caminho da vida, ela não nos impede de nos precipitarmos de ponta cabeça na morte.

Isso fez Deus enviando seu próprio Filho. Ele agora mostra a maneira como nosso Pai celestial nos restaurou à justiça por intermédio de seu Filho. O Pai condenou o pecado na carne de Cristo, ou seja: ao cancelar o escrito de dívida [Cl 2.14], ele aboliu a *culpa* que nos mantinha condenados na presença de Deus. A condenação proveniente do pecado nos trouxe para a justiça, porque, visto que nossa culpa foi desfeita, estamos absolvidos, de sorte que Deus nos considera justos. Em primeiro lugar, contudo, Paulo afirma que Cristo foi *enviado*, a fim de lembrar-nos que a justiça de forma alguma reside em nós, já que devemos buscá-la *nele*. É em vão que os homens confiam em seus próprios méritos, porquanto são justos somente através do beneplácito de *outro*, ou se apropriam da justiça procedente da expiação que Cristo efetuou em sua carne. Cristo, diz ele, veio *na semelhança de carne pecaminosa*. Embora a carne de Cristo fosse incontaminada por qualquer mancha, ela tinha a aparência de pecaminosidade, visto que levava em si o castigo devido aos nossos pecados. Certamente, a morte manifestava, na carne de Cristo, cada partícula de seu poder, como se sua carne se sujeitasse [espontaneamente] à morte. Visto que nosso Sumo Sacerdote tinha que aprender, de experiência própria, o que significa participar da fraqueza [Hb 4.15], aprouve a Cristo carregar nossas enfermidades, a fim de poder inclinar-se para nós com mais compaixão. Neste aspecto, também, transpareceu nele uma certa semelhança [*imago*] com a nossa natureza pecaminosa.

E, com efeito, condenou Deus, na carne, o pecado. Já mencionei que isto é explicado por alguns como sendo a *causa* ou *propósito* pelo qual Deus enviou seu Filho, ou seja, para fazer indenização pelo pecado. Crisóstomo, e muitos outros depois dele, entenderam esta frase num sentido bastante estranho, ou seja: o pecado foi condenado por causa do pecado [*de peccato*], visto que ele açambarcou Cristo injusta e contrariamente ao que de fato merecia. Concordo que o preço de nossa redenção foi pago com este recurso, visto que um justo e inocente suportou o castigo em favor de pecadores, porém não posso induzir-me a pensar que a palavra *pecado* haja sido usada, aqui, em algum outro sentido além de uma *vítima expiatória*, a qual é chamada אשם [*ashem*], em hebraico,[6] assim como os gregos chamavam κάθαρμα a um sacrifício sobre o qual é lançada uma maldição. O apóstolo diz a mesma coisa em 2 Coríntios 5.21: "Aquele que não conheceu pecado, ele o fez pecado por nós, para que nele fôssemos feitos justiça de Deus." A preposição περί é aqui tomada num sentido causal, como se houvesse dito: "*Sobre o sacrifício, ou por causa do peso do pecado posto sobre Cristo*, o pecado foi derrubado de seu poder, a fim de não mais nos sujeitarmos a ele." Paulo diz metaforicamente que foi *condenado*, como aqueles que perderam sua causa, visto que Deus não mais reputa como culpados aqueles que obtiveram absolvição através do sacrifício de Cristo. Se dissermos que o reinado do pecado, no qual fomos oprimidos, foi destruído, o significado será o mesmo. Assim Cristo tomou para si mesmo o que

---

6 A referência ficaria melhor se feita a חטאה, uma oferta pelo pecado, assim chamada porque חטא, pecado, era imputado ao que era oferecida, e era aceita como uma expiação. Vejam-se Levítico 1.4; 4.3, 4, 15; 16.21. Veja-se também Êxodo 30.10. A *Septuaginta* adotou a mesma maneira, e traduziu oferta pelo pecado em muitos exemplos por ἁμαρτία, pecado; e Paulo fez o mesmo em 2 Coríntios 5.21; Hebreus 9.28. Que 'pecado' deve ter dois diferentes significados no mesmo versículo ou na mesma cláusula é o que está perfeitamente consoante ao modo de escrever do Apóstolo; ele parece deleitar-se nesse gênero de contrastar o significado enquanto usa as mesmas palavras, dependendo do contexto da explicação. Ele usa a palavra *esperança*, neste capítulo e em 4.18, da mesma maneira. E isso não é peculiar a Paulo; é o que observamos em todas as partes da Escritura, tanto no Novo quanto no Velho Testamento. Um notável exemplo disso, quanto à palavra 'vida', ψυχή, se encontra em Mateus 16.25, 26, sendo no último versículo traduzida impropriamente para 'alma'.

era nosso a fim de que nos transferisse o que era propriamente seu; pois ele tomou sobre si nossa maldição, e assim nos tem conferido suas bênçãos.

O apóstolo ainda acrescenta: **na carne**, a fim de intensificar a certeza de nossa confiança, quando vemos que o pecado foi vencido e abolido em nossa própria natureza. Assim, segue-se que nossa natureza é realmente feita partícipe da vitória de Cristo, como Paulo presentemente também declara.

4. Para que o preceito da lei se cumprisse em nós. Os intérpretes que entendem que os que foram renovados pelo Espírito de Cristo cumprem a lei, introduzem um falso conceito que é completamente estranho ao pensamento de Paulo. Enquanto os crentes forem peregrinos no mundo, não atingirão um progresso tal que cheguem a cumprir a lei de forma plena. Devemos, pois, aplicar esta frase ao *perdão*, pois quando a obediência de Cristo nos é comunicada, a lei é satisfeita, de sorte que passamos a ser considerados justos. A perfeição que a lei exige foi exibida na carne por esta razão, a saber: que sua rigorosa exigência não mais tem o poder de condenar-nos. Mas, visto que Cristo comunica sua justiça somente àqueles a quem ele une a si pelos laços de seu Espírito, Paulo menciona novamente a *regeneração*, para que Cristo não seja considerado ministro do pecado. É uma tendência comum aplicar a doutrina da tolerância paternal de Deus à concupiscência da carne, enquanto que outros, maliciosamente, caluniam esta doutrina, como se a mesma extinguisse a busca do reto viver.[7]

---

[7] Os comentaristas estão divididos quanto ao significado deste versículo. Este e o segundo parecem manter uma relação em sentido um com o outro. De modo que, se o segundo versículo se refere à jutificação, este também se refere a ele; mas se a isenção do *poder* do pecado e da morte é o que se ensina no versículo anterior, o cumprimento real ou pessoal da lei é o que se pretende aqui. Alguns, tais como *Pareus* e *Venema*, consideram a justificação como sendo o tema de ambos os versículos; e outros, tais como *Scott* e *Doddridge*, consideram-no como sendo a santificação. Porém *Beza*, *Chalmers* e *Calvino*, um tanto inconsistentemente, consideram o segundo versículo como que falando da isenção do poder ou domínio do pecado, e não de sua culpa ou condenação, e este versículo como que falando da justiça de Cristo imputada, e não daquela justiça que os crentes recebem capacitação para exercer pelo auxílio e influência do Espírito. Os versículos parecem tão conectados ao argumento, que uma dessas duas idéias deve ser mantida totalmente.

5. Porque os que se inclinam para a carne, cogitam das coisas da carne; mas os que se inclinam para o Espírito, [cogitam] das coisas do Espírito.
6. Porque a mente da carne conduz à morte, mas a [mente] do Espírito [conduz] à vida e paz.
7. Por isso a mente da carne é inimizade contra Deus, pois não está sujeita à lei de Deus, deveras nem mesmo pode estar.
8. Portanto, os que estão na carne não podem agradar a Deus.

5. Qui enim secundum carnem sunt, ea quæ carnis sunt cogitant; qui verò secundum Spiritum, ea quæ sunt Spiritus.
6. Cogitatio certè carnis, mors est; cogitatio autem Spiritus, vita et pax:
7. Quandoquidem cogitatio carnis, inimicitia est adversus Deum; nam Legi Dei non subjicitur, nec enim potest.
8. Qui ergo in carne sunt, Deo placere non possunt.

5. Porque os que se inclinam para a carne. O apóstolo introduz esta distinção entre a *carne* e o *espírito*, não só para confirmar sua afirmação anterior de que a graça de Cristo pertence tão-somente aos que, uma vez regenerados pelo Espírito, se esforçam por uma vida de inocência, mas também viver para ajudar os crentes com uma consolação oportuna, para que não se desesperem ante a consciência de suas muitas enfermidades. Visto que excetuara da maldição somente os que vivem uma vida espiritual, poderia parecer estar eliminando toda a humanidade da esperança da salvação. Quem se encontrará neste mundo adornado com pureza angelical, de modo a não mais ter nada a ver com a carne? Era, pois, indispensável que Paulo adicionasse esta definição do que se acha subentendido nas expressões: *estar na carne* e *andar segundo a carne*. A princípio, ele não faz esta distinção em termos tão precisos. Entretanto, como veremos mais adiante, seu propósito é inspirar os crentes com esperança inabalável, não obstante estejam ainda atados à sua carne. Contudo não se entregam ao domínio da concupiscência, mas se confiam à diretriz do Espírito Santo.

Quando diz que os *homens carnais cuidam* ou *vivem a cogitar* das coisas da carne, ele declara que não considera *carnais* àqueles que aspiram a justiça celestial, e, sim, àqueles que são completamente devotados ao mundo. Portanto, traduzi φρονοῦσιν por uma palavra de sentido mais amplo – 'mente' [*cogitant*] –, visando a que os leitores viessem compreender que ele se refere somente aos que são excluídos do número dos filhos de Deus, aqueles que se entregam às fascinações da carne e aplicam suas mentes e zelos aos desejos depravados.[8] Ora, na segunda cláusula, ele reanima os crentes para que alimentem firme esperança, para que se sintam estimulados a meditar sobre a justiça [procedente[do Espírito. Sempre que o Espírito reina, é um sinal da graça salvífica de Deus, assim como a graça de Deus não existe onde o Espírito é extinto e o reino da carne prevalece. Reiterarei sucintamente, aqui, a admoestação a que me referi antes, a saber: *estar na carne*, ou *viver segundo a carne*, significa o mesmo que privar-se do dom da regeneração.[9] Todos aqueles que continuam a viver como 'homens carnais', para usar uma expressão popular, na verdade tal é o seu estado.

6. Porque a mente da carne conduz à morte. Erasmo traduz 'afetos' [*affectum*] para *cogitatio*; a Vulgata, 'prudência' [*prudentiam*]. Contudo, visto ser indiscutível que a expressão de Paulo, τὸ φρόνημα, é a mesma usada por Moisés quando fala da *imaginação* [*figmentum*] do coração [Gn 6.5; 8.21], e que esta palavra inclui todos os sentidos da alma, desde a razão e o entendimento até aos afetos, parece-me que 'mente' [*cogitatio*] é mais adequada à passagem.[10] Embora Paulo

---

8 O verbo φρονέω, como *Leigh* com razão observa, inclui a ação da mente, vontade e afeições, porém na maior parte da Escritura ele expressa a ação da vontade e das afeições. Significa entender, desejar e apreciar ou deleitar-se em algo. É traduzido aqui por *Erasmo* e *Vatablus* "curant – preocupar-se com"; por *Beza*, *Pareus* e a *Vulgata*, "sapiunt – apreciar ou saborear"; por *Doddridge* e *Macknight*, 'mente', como em nossa versão; e por *Stuart*, "interessar-se por". Evidentemente significa atenção, respeito, busca e deleite – o ato da vontade e das afeições, antes que da mente.
"O verbo", diz *Turrettin*, "significa não só pensar em, entender, atentar para uma coisa; mas também mentalizá-la, valorizá-la e ter grande deleite nela."
9 *Jerônimo* diz que estar *na carne* é estar num estado conjugal! Como a superstição perverte a mente! E então a mente pervertida perverte a Palavra de Deus.
10 É difícil achar uma palavra para expressar a idéia aqui tencionada. É evidente que τὸ φρόνημα τῆς σαρκὸς é o abstrato de "pensar nas coisas da carne", no versículo precedente. Seria mais correto dizer *inclinação* do que meditação na carne. Mas a frase é sem dúvida um hebraísmo, o adjetivo assumindo o lugar do substantivo no caso genitivo, de modo que a versão correta é: "A mente carnal"; e 'mente' deve ser tomada no sentido amplo do verbo, incluindo toda a alma, entendimento, vontade e afeições. A frase é assim apresentada no versículo seguinte em nossa versão; e é a tradução mais correta. A mente da carne são

tenha usado a partícula γὰρ, estou certo de que esta é confirmativa, pois existe um gênero de concessão aqui. Tendo apresentado uma breve definição do que *estar na carne* significa, ele agora adiciona o fim que aguarda a todos quantos se entregam à carne. Ele assim prova por meio de contraste que aqueles que permanecem na carne não podem ser participantes da graça de Cristo, pois ao longo de todo o curso de sua vida não fazem outra coisa senão precipitar-se para a morte.

Esta é uma passagem mui notável. Aprendemos dela que, ao seguirmos o curso da natureza, damos um mergulho no abismo da morte, porquanto não produzimos outra coisa para nós mesmos senão a destruição. Paulo logo adiciona uma cláusula contrastante com o fim de ensinar-nos que, se alguma parte de nós tende para a vida, é o Espírito que manifesta seu poder, já que nem mesmo uma única fagulha de vida procede de nossa carne. Paulo a chama de vida devotada às coisas espirituais, visto que ela é vida vivificante, ou que conduz à vida. Pelo termo *paz* ele quer dizer, segundo o costume hebraico, tudo quanto faz parte do bem-estar. Cada ação do Espírito de Deus, em nosso íntimo, visa à nossa bem-aventurança. Entretanto, não há razão para atribuir a salvação às obras, por este motivo, porque, embora Deus inicie nossa salvação e finalmente a complete ao renovar-nos segundo a sua imagem, todavia a única causa de nossa salvação está em seu beneplácito, pelo qual ele nos faz participantes de Cristo.

7. Porque a mente da carne[11] **é inimizade contra Deus**. Ele adiciona uma prova da proposição que oferecera, ou seja: nada,

---

seus pensamentos, desejos, gostos e deleites. Essa mente da carne é morte, isto é, morte espiritual agora, conduzindo àquilo que é eterno; ou morte, como estando sob condenação e produzindo infortúnio e miséria; é também inimiga de Deus, incluindo em seu próprio espírito ódio e antipatia de Deus. Em contrapartida, "a mente espiritual" é 'vida', isto é, uma vida divina, um princípio vivo de santidade acompanhado de 'paz', que é a verdadeira felicidade; ou vida por meio da justificação, e 'paz' com Deus como o fruto dela.

A palavra φρόνημα só é encontrada em um outro lugar, no versículo 27 deste capítulo – "a mente", vontade ou desejo "do Espírito".

11 A *ordem* que o Apóstolo observa deve ser notada. Ele começa no versículo 5, ou no final do versículo 4, com dois caracteres – o *carnal* e o *espiritual*. Ele toma primeiro o *carnal* porque é o primeiro em relação a nós na ordem do tempo. E aqui ele não reverte a ordem como às vezes faz, quando o caso o admite, mas continua primeiro com o homem carnal e então, nos versículos 9 a 11, descreve o espiritual.

senão a morte, procede dos labores de nossa carne, visto que os mesmos são hostis à vontade de Deus. Ora, a vontade de Deus é a norma da justiça. Segue-se que tudo quanto seja contrário a ela é injusto; e se é injusto, também traz, ao mesmo tempo, a morte. Contemplamos a vida em vão, caso Deus nos seja contrário e hostil, pois a morte, que é a vingança da ira divina, deve necessariamente seguir de imediato a ira divina.

Observemos aqui que a vontade humana é em todos os aspectos oposta à vontade divina, pois assim como há uma grande diferença entre nós e Deus, também deve haver entre a depravação e a retidão.

Pois não está sujeita à lei de Deus. Esta é uma interpretação da cláusula anterior. Ela mostra que todas as cogitações da carne estão em guerra contra a vontade divina, pois esta só pode ser buscada onde Deus a tenha revelado. Na lei, Deus nos mostra o que lhe agrada. Aqueles, pois, que desejam perscrutar acuradamente qual o grau de sua harmonia com Deus, então devem testar todos os seus propósitos e práticas por este padrão. Ainda que nada é executado neste mundo senão pelo domínio secreto da providência divina, usar isto como escusa, e dizer que nada acontece sem sua aprovação, não passa de intolerável blasfêmia. Que temeridade e que estultícia é buscar num profundo labirinto a diferença entre o certo e o errado, quando a lei já o pôs diante de nossos olhos de forma nítida e distinta. O Senhor, como já disse, deveras tem o seu conselho secreto, pelo qual ele ordena todas as coisas como lhe apraz; porém, visto que o mesmo é incompreensível ao nosso entendimento, devemos estar cônscios de que somos impedidos de ter acesso a ele pela nossa tão curiosa investigação. Numa palavra, que esta verdade permaneça inalterável, a saber: só a justiça agrada a Deus, e só através da lei, na qual ele tem testificado o que aprova e o que desaprova, é que podemos formar um juízo correto acerca de nossas obras.

Nem mesmo pode estar. Isto deveria bastar para [calar] o poder do livre-arbítrio, o qual os sofistas não podem satisfatoriamente exalar. Paulo, indubitavelmente, está aqui explicitamente afirmando o que eles francamente detestam, ou seja: que nos é impossível fazer com que nossos afetos sejam obedientes à lei. Vangloriam-se de que o coração é plenamente governável, contanto que seja assistido pela influência do Espírito; e que se acha em nosso poder a livre escolha do bem ou do mal, bastando que o Espírito nos dê sua colaboração. Quanto à capacidade de escolher ou rejeitar, é algo inteiramente nosso. Acreditam, também, que dentro de nós há inclinações positivas, pelas quais somos preparados para pormos em ação o nosso livre-arbítrio. Paulo, em contrapartida, declara que o nosso coração se acha tão entumecido de uma obstinação inflexível e inquebrantável, que jamais se move de forma natural com o fim de sujeitar-se ao jugo divino. Ele não está argumentando sobre um ou outro dos afetos, senão que usa uma expressão definitiva para envolver todas as emoções que acordam dentro de nós.[12] Portanto, que o coração cristão fique longe de tal filosofia pagã no tocante ao livre-arbítrio, e que cada um de nós saiba conhecer-se tal como realmente é, ou seja: *servo* do pecado [Jo 8.34], e que só pode ser posto em liberdade e viver realmente livre pela graça de Cristo [Jo 8.32,36].

8. Portanto, os que estão na carne não podem agradar a Deus. Tenho propositadamente explicado a partícula δὲ como causal, pois o apóstolo deduz do que tem dito que todos os que se entregam para

---

12 *Stuart* tenta escapar desta conclusão, porém por um caminho bastante antigo. Todo o equivalente como ele parece dizer, do que o Apóstolo declara é que este φρόνημα σαρκός em si mesmo não está sujeito, e nem pode estar, à lei de Deus; mas se o pecador que o nutre "é impelido por outros princípios e motivos", a expressão, diz ele, não parece satisfatoriamente determinar. Daí ele estigmatizar com o título de "raciocínio metafísico" a doutrina da incapacidade moral do homem, sem a graça de Deus, para converter-se a Deus – doutrina essa que *Lutero*, *Calvino* e nossos próprios reformadores igualmente sustentavam. O Apóstolo não está falando somente em termos abstratos, mas aplica o que ele antecipa para os indivíduos e conclui dizendo: "Assim, pois, aqueles que estão na carne não podem agradar a Deus." Quem ou o quê pode tirá-los desse estado? A influência de "outros princípios e motivos", ou a graça de Deus? Esta não é uma pergunta metafísica, e a resposta determina o ponto. Nosso outro irmão americano, *Barnes*, parece também desprezar esta doutrina da incapacidade moral, e faz distinções sem propósito tentando separar a mente carnal daquele em quem ela existe, como se o homem pudesse ter um estado neutro, nem na carne nem no espírito. É como nosso terceiro irmão americano, Hodge, com razão observa: "É uma expressão aplicada a *todas* as pessoas não regeneradas, bem como àquelas que não estão na carne, mas no Espírito."

que sejam governados pela concupiscência da carne são abomináveis aos olhos de Deus. Ele, pois, tem sobejamente confirmado a verdade de que todos quantos não andam de acordo com o Espírito estão alienados de Cristo, visto que carecem de vida celestial.

9. Vós, porém, não estais na carne, mas no espírito, se de fato o Espírito de Deus habita em vós. E se alguém não tem o Espírito de Cristo, esse tal não é dele.
10. Se, porém, Cristo está em vós, o corpo está morto por causa do pecado, mas o espírito é vida por causa da justiça.
11. Mas se habita em vós o Espírito daquele que ressuscitou a Jesus dentre os mortos, esse mesmo que ressuscitou a Jesus Cristo dentre os mortos vivificará também os vossos corpos mortais, por meio do seu Espírito, que em vós habita.

9. Vos autem non estis in carne, sed in Spiritu, siquidem Spiritus Dei habitat in vobis: si quis verò Spiritum Christi non habet, hic non est ejus.
10. Si verò Christus in vobis est, corpus quidem mortuum est propter peccatum, Spiritus autem vita est propter justitiam.
11. Si inquam Spiritus ejus qui suscitavit Iesum ex mortuis, habitat in vobis, qui suscitavit Christum ex mortuis, vivificabit et mortalia corpora propter Spiritum suum in vobis habitantem.

9. Vós, porém, não estais na carne. O apóstolo aplica, hipoteticamente, uma verdade geral àqueles a quem está escrevendo, não meramente com o intuito de influenciá-los mais poderosamente, dirigindo seu discurso particularmente a eles, mas também visando a que sua definição, a eles apresentada, os conduzisse à inabalável conclusão de que de fato pertenciam ao número daqueles de quem Cristo removera a maldição [procedente] da lei. Ao mesmo tempo, contudo, ele os exorta a que cultivassem uma nova vida, explicando que o poder do Espírito de Deus está presente nos eleitos, e que esse poder produz seus frutos.

Se de fato o Espírito de Deus habita em vós. O apóstolo adiciona uma correção apropriada a fim de despertá-los para um exame mais detido de si mesmos, para que não se deixassem levar por falsas pretensões em nome de Cristo. A marca mais garantida pela qual os filhos de Deus devem distinguir-se dos filhos deste mundo é a *regeneração* operada neles pelo Espírito de Deus para sua inocência e santidade. Seu propósito, contudo, não é tanto corrigir a hipocrisia quanto sugerir as razões para gloriar-se contra os absurdos daqueles que são conhecidos como zelosos pela lei, que consideravam a letra morta como sendo de mais importância do que o poder interno do Espírito, o mesmo que comunica vida à lei.

Esta passagem também nos ensina que, pelo termo *espírito*, Paulo não chegou ainda ao ponto de significar a *mente* ou o *entendimento*, que os advogados do livre-arbítrio denominam como sendo a parte superior da alma, mas, sim, o dom celestial. Ele explica que aqueles a quem Deus governa pelo seu Espírito é que são espirituais, e não aqueles que obedecem à razão seguindo seus próprios impulsos. Não significa, contudo, que vivem eles 'segundo o Espírito' por se acharem plenificados com o Espírito de Deus (o que hoje não sucede a ninguém), mas porque possuem o Espírito como habitante neles, mesmo que sejam encontrados neles ainda alguns resíduos da carne. O Espírito, contudo, não pode habitá-los sem exercer soberania sobre suas faculdades. Deve-se notar que o homem é designado desde a parte principal de sua natureza.

E se alguém não tem o Espírito de Cristo, esse tal não é dele. Ele adiciona este elemento com o fim de mostrar quão necessário é que os cristãos neguem a carne. O domínio do Espírito consiste na abolição da carne. Aqueles em quem o Espírito não reina não pertencem a Cristo; portanto, aqueles que servem à carne não são cristãos, pois os que separam Cristo de seu Espírito fazem dele uma imagem morta, ou um cadáver. Devemos ter sempre em mente o conselho do apóstolo, ou seja: que a graciosa remissão de pecados não pode ser desmembrada do Espírito de regeneração. Tal coisa seria o mesmo que fazer Cristo em pedaços.

Se tal coisa é verdadeira, então é estranho que sejamos acusados pelos adversários do evangelho como sendo arrogantes, visto que ousamos confessar que o Espírito de Cristo habita em nós. Na verdade devemos, ou negar a Cristo, ou então confessar que fomos feitos cristãos por intermédio de seu Espírito. É deveras espantoso ouvir que os homens tenham se apartado tanto da Palavra do Senhor, que não só se vangloriam de ser cristãos sem o Espírito de Deus, mas também ridicularizam a fé daqueles que o têm. E a despeito de tudo, esta é precisamente a filosofia dos papistas.

Chamamos a atenção de nossos leitores para que observem aqui o fato de que o *Espírito* é às vezes referido como o Espírito de Deus o Pai e às vezes como o Espírito de Cristo, sem qualquer distinção. Este fato não se deve apenas porque toda a sua plenitude foi derramada sobre Cristo como nosso Mediador e Cabeça, de maneira que cada um de nós pode agora receber dele sua própria porção, mas também porque o mesmo Espírito é comum ao Pai e ao Filho, o qual é com eles de uma só essência e possui a mesma *Deidade* eterna. Entretanto, visto não termos comunicação com Deus a não ser por meio de Cristo, o apóstolo sabiamente desce do Pai a Cristo, pelo fato de haver entre o Pai e nós uma grande distância.

10. E se Cristo está em vós. Ele agora aplica a Cristo suas prévias afirmações concernentes ao Espírito, com o fim de significar a maneira como Cristo habita em nós. Pois assim como pelo Espírito ele nos sacraliza como templos particularmente seus, também, pelo mesmo Espírito, ele nos habita. O apóstolo agora explica mais distintamente o que já aludimos, ou seja: que os filhos de Deus não são tidos como espirituais com base em uma perfeição plena e final, mas somente em razão da nova vida que teve início neles. Ele aqui antecipa uma dúvida, que de outra forma poderia causar-nos preocupação, ou seja: embora o Espírito possua parte de nós, não obstante vemos outra parte sendo ainda retida pela morte. Ele responde, dizendo que há no Espírito de Cristo o poder vivificante que é capaz de absorver nossa mortalidade. E conclui deste fato que devemos esperar com paciência até que os resíduos do pecado sejam por fim inteira e finalmente abolidos.

Que os leitores se lembrem de que mencionamos o fato de que o termo *Espírito* não significa a alma, e, sim, o Espírito de regeneração. O apóstolo diz que este Espírito de regeneração é *vida*, não só porque ele vive e esplende em nós, mas também porque nos vivifica pelo seu poder, até que destrua nossa carne mortal, e por fim nos renove em plena perfeição. Em contrapartida, também o termo *corpo* significa a massa estólida ainda não purificada pelo Espírito de Deus daquelas contaminações terrenas, as quais satisfazem somente o que é bruto. De outra forma, seria absurdo atribuir ao corpo a culpa pelo pecado. Além disso, a alma está longe de ser vida, pois que nem por si mesma tem vida. Portanto, o que o apóstolo quer dizer é que, embora o pecado nos condene à morte, enquanto que a corrupção de nossa primeira natureza ainda permanece em nós, todavia o Espírito de Deus é vitorioso. Não constitui um obstáculo que apenas as primícias nos tenham sido concedidas, porquanto uma só fagulha do Espírito basta para ser uma semente de vida.[13]

---

13 Há principalmente duas explicações deste versículo e do seguinte, com algumas nuanças de diferença. Uma é feita aqui, segundo a qual "o corpo" e 'corpos' são tomados em termos figurativos para natureza corrompida pelo pecado; o 'corpo', como é carne ou corrompido, está 'morto', está crucificado ou destinado a morrer "por causa do pecado"; e esse 'corpo', ou esses 'corpos', que estão mortos, especialmente quanto a sua corrupção, serão vivificados e feitos subservientes à vontade de Deus. Esse parece ser essencialmente o ponto de vista adotado por *Crisóstomo*, bem como por *Erasmo*, *Locke*, *Marckius* e por *Stuart* e *Barnes*. Dizem que νεκρόν e θνητα têm o mesmo significado que 'crucificado' e 'destruído' [6.6], e 'mortos' [6.7, 8, 11] e 'mortal' [6.12]. E quanto ao significado de ζωοποιήσει, 'vivificará', indicam Colossenses 2.12, 13; Efésios 1.19, 20; 2.5, 6. Acrescentam também que as palavras "mortificar os feitos do corpo" [v.13] confirma esse ponto de vista.

A outra explicação, adotada por *Agostinho*, bem como por *Pareus*, *Vitringa*, *Turrettin*, *Doddridge*, *Scott*, *Chalmers*, *Haldane* e *Hodge*, é a seguinte: O 'corpo' e 'corpos' devem ser tomados literalmente, e o espírito no versículo 10 é o homem renovado, ou a alma renovada, que tem ou possui 'vida' através da justiça de Cristo, ou é levada a desfrutar vida através da justiça implantada pelo Espírito. O significado, pois, é este: "O corpo está morto através do pecado, está condenado a morrer por causa do pecado; mas o espírito é vida através da justiça, a alma renovada tem vida através da justiça de Cristo. Mas o corpo destinado a morrer, agora habitado pelo Espírito, também será vivificado e feito imortal através do onipotente poder do Espírito divino." Assim a salvação será completa quando a "redenção do corpo" chegar. Veja-se o versículo 23.

Embora os dois pontos de vista sejam teologicamente corretos, o último é aquele que está em mais harmonia com a fraseologia usual da Escritura, ainda que a primeira pareça mais adequada ao contexto. O tema evidentemente é a obra do Espírito em mortificar o pecado e em conceder e sustentar a vida espiritual. A inferência no próximo versículo parece favorável a este ponto de vista.

11. Se o Espírito habita em vós. Paulo extrai do último versículo sua confirmação derivada da *causa eficiente*, da seguinte forma: "Se Cristo ressuscitou pelo poder do Espírito de Deus, e se o Espírito retém o poder eterno, então ele também enxertará esse mesmo poder em nós." Ele tem como certo que na pessoa de Cristo fora exibido um exemplo do poder que pertence a todo o corpo da Igreja. Visto que Deus é reconhecido como o autor da ressurreição, o apóstolo atribui ao Espírito a função de doar vida.

Esse mesmo que ressuscitou a Cristo Jesus. Ele descreve Deus usando uma paráfrase, a qual adequou-se ao seu presente propósito melhor do que se simplesmente chamasse Deus pelo nome. Pela mesma razão atribui ao Pai a glória de ter ressuscitado a Cristo. Esta atitude ofereceu uma prova mais forte daquilo que propusera dizer do que se houvera atribuído a Cristo sua própria ressurreição. A objeção que se levanta é esta: de fato Cristo era capaz de ressuscitar a si mesmo com um poder que nenhum homem possuía? Mas quando Paulo diz: "Deus ressuscitou a Cristo pelo poder do mesmo Espírito que também vos comunicou", tal fato não pode ser contraditado, visto que Deus tem tornado a ressurreição uma certeza para nós. Este fato de forma alguma contradiz a passagem que se acha em João, a saber: "Ninguém a tira de mim; pelo contrário, eu espontaneamente a dou" [Jo 10.18]. Cristo certamente ressuscitou por si mesmo e pelo seu próprio poder, mas como costumava atribuir ao Pai o poder divino que possuía, então o apóstolo apropriadamente transferiu para o Pai aquilo que era em Cristo uma obra própria de sua divindade.

Por *corpos mortais* o apóstolo quis dizer tudo quanto existe em nós que ainda permanece sujeito à morte. A prática geral de Paulo consiste em aplicar este designativo àquela parte mais grosseira que existe em nós. Concluímos disto que ele não está falando da ressurreição final, a qual se dará num dado momento, mas, sim, àquela operação contínua do Espírito, por meio da qual ele gradualmente mortifica os resíduos da carne e renova em nós a vida celestial.

12. Assim, pois, irmãos, somos devedores, não à carne,
13. para vivermos segundo a carne. Porque, se viverdes segundo a carne, morrereis; mas, se pelo Espírito mortificardes os feitos do corpo, vivereis.
14. Pois tantos quantos são guiados pelo Espírito de Deus são filhos de Deus.

12. Itaque fratres, debitores sumus, non carni, ut secundum carnem vivamus.
13. Si enim secundum carnem vixeritis, moriemini: si verò Spiritu facta carnis[14] mortificaveritis,, vivetis.
14. Quicunque enim Spiritu Dei aguntur, ii filii Dei sunt.

12. Assim, pois, irmãos, somos devedores. Esta é a conclusão das afirmações precedentes. Se temos que renunciar a carne, então não devemos abrir-lhe concessão alguma. Além disso, se o Espírito tem de reinar em nós, então é absurdo não percebermos sua permanência em nós. Esta cláusula é defectiva, pois o apóstolo omite a outra parte de seu contraste, ou seja: que somos devedores ao Espírito. O sentido, contudo, não é de forma alguma obscuro.[15] Esta conclusão tem a força de uma exortação, segundo o costume de Paulo de sempre extrair da doutrina uma oportuna exortação. Assim nos exorta noutra passagem: "E não entristeçais o Espírito Santo de Deus, no qual fostes selados para o dia da redenção" [Ef 4.30]. E outra vez: "Se vivemos no Espírito, andemos também no Espírito" [Gl 5.25]. Isto fazemos, quando renunciamos os desejos carnais a fim de devotarmo-nos à justiça de Deus como nosso sacro dever. Este é o raciocínio que devemos seguir, não segundo a prática comum de alguns blasfemos que ociosamente declaram que não necessitamos fazer absolutamente nada, visto que não possuímos poder algum [para agir]. No entanto teremos que lutar contra Deus, por assim dizer, se porventura extinguirmos, com desdém e negligência, sua graça que nos é oferecida.

---

14 "Feitos do *corpo*" é nossa versão; e o volume de autoridade, segundo *Griesbach*, está em seu favor, ainda que admita que a outra redação, τῆς σαρκὸς, é quase igual a ela, e merece mais pesquisa.
15 Ele não mencionou a outra parte, diz *Pareus*, "porque era muito evidente". Além disso, o que ele já havia declarado, e o que ele continua a declarar, são tantas evidências de nossas obrigações de viver segundo o Espírito, que não se fazia necessário fazer tal adição.

13. Porque, se viverdes segundo a carne, morrereis. Ele adiciona uma advertência com o fim de abalar com mais severidade a indolência deles. Com isso também, com proveitosa refutação, desvanece a vanglória daqueles que defendem uma justificação pela fé à parte do Espírito de Cristo. Sua própria consciência, contudo, mais que suficientemente os convence, visto que não há confiança em Deus onde não há amor pela justiça. É certamente verdade que somos justificados em Cristo tão-somente pela misericórdia divina, mas é igualmente verdade e correto que todos quantos são justificados são chamados pelo Senhor para que vivam uma vida digna de sua vocação. Portanto, que os crentes aprendam abraçá-lo, não somente para a justificação, mas também para a santificação, assim como ele se nos deu para ambos os propósitos, para que não venham a mutilá-lo com uma fé igualmente mutilada.

E se pelo Espírito mortificardes os feitos do corpo, vivereis. Paulo, portanto, modera sua opinião a fim de evitar que os fiéis se sentissem desesperados, os quais ainda tinham consciência de suas muitas enfermidades. Ainda que realmente continuamos sujeitos a pecar, não obstante sua promessa continua fiel de que nos abençoará a vida, desde que nos esforcemos por mortificar a carne. Ele não requer estritamente a destruição da carne, mas tão-somente nos ordena que envidemos todos os esforços para reprimir suas concupiscências.

14. Pois todos os que são guiados pelo Espírito de Deus são filhos de Deus. Esta é a prova do que acaba de ser expresso. O apóstolo nos ensina que somente aqueles que são finalmente considerados filhos de Deus é que são governados por seu Espírito, visto que por este sinal Deus reconhece os que são seus. Isto destrói a fútil ostentação dos hipócritas que usurpam o título sem a realidade, de modo que os crentes são incitados a alimentar dúvida de sua própria salvação. A substância destas afirmações equivale ao seguinte: todos aqueles que são guiados[16] pelo Espírito de Deus é que são os filhos

---

16 Αγονται – são guiados ou conduzidos: "Uma metáfora tomada do cego ou dos que andam em trevas, que não sabem como prosseguir sem um condutor. Então temos necessidade

de Deus; todos os filhos de Deus são igualmente herdeiros da vida eterna; e, portanto, todos os que são guiados pelo Espírito de Deus devem ter certeza da vida eterna. A premissa ou hipótese média é omitida por ser ela de caráter axiomático.

Entretanto, é oportuno observar que a ação do Espírito é variada. Existe sua ação universal, pela qual todas as criaturas são sustentadas e se movem. Há também as ações do Espírito que dizem respeito particularmente aos homens, e elas são igualmente variadas em seu caráter. Mas, pelo termo *Espírito,* Paulo, aqui, significa a *santificação*, com a qual o Senhor a ninguém mais favorece senão somente a seus eleitos, ao separá-los para si mesmo como seus filhos.

15. Porque não recebestes o espírito de escravidão para viverdes outra vez atemorizados, mas recebestes o espírito de adoção, baseados no qual clamamos: Aba, Pai.	15. Et enim non accepistis spiritum servitutis iterum in terrorem: sed accepistis Spiritum adoptionis, per quem clamamus, Abba, Pater.
16. O próprio Espírito testifica com o nosso espírito que somos filhos de Deus.	16. Ipse enim Spiritus simul testificatur spiritui nostro quòd sumus filii Dei:
17. E se somos filhos, então somos herdeiros, herdeiros de Deus e co-herdeiros com Cristo; se com ele sofrermos, para que também com ele sejamos glorificados.	17. Si verò filii, etiam hæredes; hæredes quidem Dei, cohæredes autem Christi: siquidem compatimur, ut et unà glorificemur.
18. Porque considero que os sofrimentos do tempo presente não são dignos de ser comparados com a glória por vir a ser revelada em nós.	18. Existimo certè non esse pares afflictiones hujus temporis ad futuram gloriam quæ revelabitur erga nos.

15. Porque não recebestes o espírito de escravidão. O apóstolo agora confirma a certeza daquela confiança na qual ele recentemente ordenara aos crentes que descansassem em segurança. Ele procede assim ao mencionar o efeito especial produzido pelo Espírito. Este

---

de ser guiados pelo Espírito na vereda da verdade, porque somos cegos e não vemos a luz. Ou é uma metáfora extraída das crianças que dificilmente andam sem um guia, pois os regenerados são como criancinhas recém-nascidas. E assim somos lembrados de nossa miséria e fraqueza; e não devemos atribuir a nós mesmos conhecimento ou força à parte do Espírito de Deus."

não foi dado para molestar-nos com o medo ou atormentar-nos com a ansiedade, mas, ao contrário, para acalmar nossa intranquilidade, para trazer nossas mentes a um estado de paz e incitar-nos a clamar a Deus com confiança e liberdade. O apóstolo, pois, não só prossegue o argumento no qual tocara de leve, mas também insiste mais sobre a outra causa que, ao mesmo tempo, conectara com esta, ou seja: aquela que trata da complacência paternal de Deus, pela qual ele perdoa em seu povo as enfermidades da carne e os pecados sob os quais eles ainda labutam. Nossa confiança nessa clemência divina, ensina-nos Paulo, se converte naquela certeza de que o Espírito de adoção opera em nós, o qual não nos obrigaria a viver em oração sem antes selar-nos com o perdão gracioso. Para que este ponto fosse ainda mais evidente, o apóstolo afirma que há dois espíritos. A um ele chama *o espírito de escravidão*, o qual podemos receber da lei; e o outro, *o espírito de adoção*, o qual procede do evangelho. O primeiro, afirma ele, foi outrora concedido para produzir temor; o segundo é agora concedido para proporcionar segurança. A certeza de nossa salvação, a qual ele deseja confirmar, desponta, como podemos ver,[17] com grande nitidez daquela comparação de opostos. A mesma comparação é usada pelo autor da Epístola aos Hebreus, ao dizer que não temos que aproximar-nos do Monte Sinai, onde tudo é por demais terrível, e onde o povo, assombrado como que diante de uma declaração de morte, implorou que a palavra não lhes fosse proferida, e quando o próprio Moisés confessou que se sentia dominado pelo terror, "senão que nos acheguemos ao monte

---

17 Pelo termo Espírito, πνεῦμα (sem o artigo), *Agostinho*, *Beza* e outros entendem como sendo o Espírito Santo; e assim também *Calvino*. Então "o Espírito de escravidão" significa a ação do Espírito em cuja administração era escravidão; e "o Espírito de adoção" deve significar o Espírito, aquele que concede a adoção. Mas podemos tomar espírito, aqui, em ambos os exemplos, como é amiúde tomado, no sentido de disposição ou sentimento; segundo a expressão: "o espírito de mansidão" – πνεύματι πραότητος [1Co 4.21], e "o espírito de temor" – πνεῦμα δειλίας [2Tm 1.7]. A palavra para adoção, υἱοθεσία, pode ser traduzida por filiação, como Lutero prefere. E como o espírito de mansidão significa um espírito manso, assim podemos traduzir as duas cláusulas aqui "um espírito servil" e "um espírito filial". Ao mesmo tempo, pode ser preferível tomar o 'espírito' totalmente como o Espírito divino, como em vários exemplos ele deva evidentemente ser tomado.

Sião, e à cidade do Deus vivente, e à Jerusalém celestial... e a Jesus, o Mediador de uma nova aliança" [Hb 12.18-24].

À luz do advérbio *novamente,* ou *outra vez,* aprendemos que o apóstolo, aqui, está comparando a lei com o evangelho. Este é aquele inestimável benefício que o Filho de Deus nos trouxe através de seu advento, a saber: que não mais precisamos nos prender à condição servil da lei. Não devemos, contudo, inferir daqui, ou que ninguém foi dotado com o Espírito de adoção antes da vinda de Cristo, ou que todos quantos receberam a lei eram escravos, e não filhos. Paulo compara o *ministério* da lei com a *dispensação* do evangelho, e não *pessoas* com *pessoas.* Admito que os crentes são aqui advertidos sobre quão mais liberalmente Deus os trata agora do que antigamente tratou os pais sob o Velho Testamento. Levo em conta, contudo, a dispensação externa, e só neste aspecto é que os sobrepujamos, pois a fé de Abraão, de Moisés e de Davi era mais excelente que a nossa. Não obstante, até ao ponto em que Deus os conservou sujeitos a 'tutores', não alcançaram aquela liberdade que a nós foi concretizada.

Entretanto, devemos ao mesmo tempo observar que o apóstolo faz aqui, por causa dos falsos apóstolos, um deliberado contraste entre discípulos liberais da lei e crentes, a quem Cristo, seu Mestre celestial, não só se lhes dirige com as palavras de seus próprios lábios, mas também os instrui interior e eficazmente pela instrumentalidade de seu Espírito.

Ainda que o pacto da graça se acha contido na lei, não obstante Paulo o remove de lá; porque, ao contrastar o evangelho com a lei, ele leva em consideração somente o que fora peculiar à lei em si mesma, ou seja: a *ordenança* e a *proibição*, refreando assim os transgressores com ameaça de morte. Ele atribui à lei suas próprias qualificações, mediante as quais ela difere do evangelho. Contudo, pode-se preferir a seguinte afirmação: "Ele só apresenta a lei no sentido em que Deus, nela, pactua conosco em relação às obras." Portanto, nossa opinião no tocante a pessoas seria: "Quando a lei foi promulgada no seio do povo judeu, e mesmo depois de ser promulgada, os crentes foram iluminados pelo mesmo Espírito de fé. Assim a esperança da herança eterna, da qual o Espírito é o penhor e selo, foi selada em seus corações. A única diferença é que o Espírito é mais profusa e liberalmente derramado no reino de Cristo." Entretanto, se considerarmos a própria administração da doutrina, perceberemos que a salvação foi primeiro revelada de forma plena quando Cristo manifestou-se em carne, tão profunda era a obscuridade em que todas as coisas se achavam envolvidas no período do Velho Testamento, quando comparado com a clara luz do evangelho.

Finalmente, a lei, considerada em si mesma, outra coisa não pode fazer senão cegar os que se acham sujeitos à sua desgraçada servidão, dominados pelo horror da morte, visto que ela não promete nada senão sob condições, e só pronuncia morte a todos os transgressores. Portanto, enquanto que sob a lei se achava o espírito de servidão, o qual oprimia a consciência com o medo, também sob o evangelho se acha o Espírito de adoção, o qual alegra nossas almas com o testemunho de nossa salvação. Note-se que o apóstolo conecta *medo* com *servidão*, visto que a lei não pode fazer nada senão molestar e atormentar nossas almas com um miserável descontentamento, enquanto exercer seu domínio. Portanto, não há nenhum outro remédio para pacificar nossas almas além do antídoto divino que cura nossos pecados e nos trata com aquela benevolência com que um pai trata seus filhos.

Baseados no qual clamamos: Aba, Pai. O apóstolo alterou a pessoa [singular para plural] com o fim de expressar a sorte comum de todos os santos. Eis o que ele quer dizer: "Recebestes o Espírito, através de quem vós e todo o restante de nós, crentes, clamamos...". A imitação da linguagem usada por um filho a seu pai é muito enfática, visto que o apóstolo usa a palavra *Pai* em relação a todos os crentes. A repetição do título, empregando termos diferentes, tem um caráter ampliativo. O que o apóstolo quer dizer é que a misericórdia divina tornou-se disseminada pelo mundo todo, numa extensão tal que, como observa Agostinho, Deus chegou a ser louvado em todas as línguas,[18] sem qualquer distinção. O objetivo de Paulo, pois, era expressar o consenso existente entre todas as nações. Segue-se disto que não há agora nenhuma diferença entre judeus e gregos, visto que ambos se têm desenvolvido lado a lado. O profeta Isaías diz algo distinto quando declara que a língua de Canaã seria comum a todos os povos [Is 19.18]. O significado, contudo, é o mesmo. Ele não refere formas externas de linguagem, e, sim, harmonia do coração em adoração a Deus, e ao mesmo zelo singelo em professar seu culto genuíno e puro. O verbo *clamar* é usado para expressar confiança; como a dizer: "Nossa oração não expressa dúvida, senão que ergue ao céu um brado confiante."

Os crentes também chamam Deus de *Pai* sob o regime da lei, porém não com esta confiança tão espontânea, visto que o véu os mantinha fora do santuário. Mas agora, quando a entrada já nos foi amplamente aberta pelo sangue de Cristo, podemos dar glória de maneira familiar e em voz altissonante, anunciando que somos filhos de Deus. Daí a razão desse grito. E a profecia de Oséias é assim também cumprida: "Semearei Israel para mim na terra, e compadecer-me-ei da Desfavorecida; e a Não-meu-povo, direi: Tu és o meu povo; e ele dirá: Tu és o meu Deus!" [Os 2.23]. A promessa mais evidente consiste em que maior será nossa liberdade na oração.

16. O próprio Espírito testifica com o nosso espírito. Ele não diz simplesmente que o Espírito de Deus é uma testemunha em relação ao nosso espírito, senão que usa um verbo composto, o qual foi traduzido para o latim pelo termo *contestatur* ['contestar'],

---

18 *Wolfius* faz uma citação do Talmude, à luz da qual parece que aos 'servos' ou escravos, e às 'servas' ou escravas, não era permitido, entre os judeus, chamar seu senhor de *Abba* (אבא), nem sua ama de *Aima* (אימא), sendo o uso desses nomes permitido somente às crianças. E *Selden* diz que há uma evidente alusão nesta passagem a esse costume entre os judeus. Sob a lei, o povo de Deus era servo, porém sob o evangelho se converte em filho; e daí o privilégio de chamar a Deus de *Abba*. *Haldane*, citando *Claude*, faz a mesma explicação. A repetição da palavra é por causa da ênfase, e é dada como uma expressão de afeto caloroso, ardente e intenso. Veja um exemplo disso na oração de nosso Salvador no jardim [Mc 14.36], e no que ele disse na cruz [Mt 27.46]. A idéia mencionada por *Calvino*, derivada dos Pais, parece não ser bem fundamentada.

não que o termo latino *contestatio* contenha um sentido distinto. A intenção de Paulo é que o Espírito de Deus nos comunica seu testemunho de que ao nosso espírito é assegurada a adoção divina, tão logo se torna o nosso Guia e Mestre. Nossa mente, por iniciativa própria, jamais nos comunicaria tal segurança se o testemunho do Espírito não a precedesse. Temos aqui, também, uma explicação da cláusula anterior, pois quando o Espírito nos testifica que somos filhos de Deus, ele, ao mesmo tempo, imprime esta confiança em nossos corações, para que ousemos invocar a Deus como nosso Pai. E assim é, porquanto, visto que tão-somente a confiança do coração pode abrir nossos lábios, nossas línguas serão mudas para pronunciar orações, a não ser que o Espírito dê testemunho ao nosso coração a respeito do amor paternal de Deus. E assim devemos manter firme o princípio de que não podemos orar a Deus apropriadamente se não formos persuadidos pela certeza de nossos corações de que ele é nosso Pai quando o invocarmos como tal. Junto a este princípio há outro, ou seja: nossa fé só pode ser comprovada pelo ato de invocarmos a Deus. Portanto, não é sem razão que o apóstolo nos lembra este teste e nos mostra que é somente quando os que abraçaram a promessa da graça se exercitam na oração é que percebem quão séria é a fé de cada crente.[19]

A presente passagem se presta como excelente refutação dos sombrios argumentos dos sofistas relativos à *conjectura moral*, a qual outra coisa não é senão a incerteza e ansiedade da mente, ou, antes, insegurança e frustração. Ao mesmo tempo, apresenta-se aqui uma resposta à sua objeção, quando perguntam: como é possível a alguém ter plena certeza de conhecer a vontade de Deus? Entretanto, esta certeza não vem do próprio indivíduo, senão que procede do testemunho do Espírito de Deus, como o apóstolo

---

19 As palavras αὐτὸ τὸ πνεῦμα parecem significar o Espírito divino. A referência é a "o Espírito de Deus" no versículo 14; "Este mesmo Espírito" ou "Ele o Espírito"; pois assim pode ser traduzido αὐτός, ou αὐτο, especialmente quando o artigo interfere entre ela e seu substantivo. Vejam-se Lucas 24.15; João 16.27.

discute mais plenamente na primeira Epístola aos Coríntios. Esta Epístola também produz uma explicação mais plena da presente passagem. Portanto, a proposição permanece: ninguém pode ser chamado filho de Deus se não se reconhece como tal. A este reconhecimento João chama de *conhecimento*, a fim de denotar sua certeza [1Jo 5.19,20].

17. E se somos filhos, então somos herdeiros. O apóstolo prova, a partir de um argumento extraído de circunstâncias relacionadas com o que havia dito ou que se segue dele, que nossa salvação consiste em termos Deus como nosso *Pai*. É a filhos que uma herança se destina. Quando, pois, Deus nos adotou como seus filhos, também, ao mesmo tempo, destinou-nos uma herança. Ele, pois, indica que sorte de herança é esta, ou seja: é celestial e, portanto, incorruptível e eterna, como uma herança que nos foi manifestada em Cristo. Por meio desta manifestação, não só se remove toda e qualquer incerteza, mas a excelência desta herança, da qual compartilhamos com o Unigênito Filho de Deus, é também enaltecida. O propósito do apóstolo, contudo, que em seguida surgirá mais claramente, é enaltecer supremamente a herança que nos foi prometida, de modo que, vivendo satisfeitos com ela, desprezemos com ousadia e determinação as atrações deste mundo, e suportemos com paciência todas aquelas tribulações que porventura nos sobrevenham em nossas andanças pelas veredas deste mundo.

Se com ele sofrermos. Esta passagem oferece várias interpretações; porém, o sentido que apoio, antes que qualquer outro, é este: "Somos co-herdeiros com Cristo, desde que caminhemos com ele naquela vereda para a qual nos guiou, discernindo a natureza de nossa herança." Ele fez esta menção de Cristo porque pretendia passar para esta exortação seguindo estes passos: "A herança é nossa, uma vez que fomos adotados como seus filhos pela instrumentalidade de sua graça. A fim de remover qualquer dúvida, a posse dela já foi entregue a Cristo, de quem somos agora participantes. Mas foi na cruz que Cristo tornou-se merecedor dela para nós, e é desta mesma forma[20] que também tomamos posse dela." Não tenhamos receio, como alguns o fazem, de que Paulo esteja assim atribuindo ao nosso labor a causa de glória eterna. Esta forma de expressão é comum na Escritura. Não obstante, ele está enfatizando a *ordem* que o Senhor segue ao ministrar-nos a salvação, e não a *causa* da mesma. Ele já defendeu suficientemente a graciosa mercê divina contra os méritos das obras. Agora, ao exortar-nos à paciência, não argumenta quanto à *fonte* de nossa salvação, e, sim, quanto ao *método* que Deus emprega em governar seu povo.

18. Porque[21] considero que os sofrimentos do tempo presente não são dignos de ser comparados. Embora seja plenamente apropriado tomar esta expressão como uma espécie de correção, prefiro considerá-la como uma ampliação de sua exortação, à guisa de antecipar uma objeção, neste sentido: "Não deve preocupar-nos se temos de passar para a glória celestial através de muitas aflições, visto que estas, comparadas com a grandeza daquela glória, se tornam de diminuta importância." O apóstolo acrescenta: **com a glória por vir a ser revelada em nós** em lugar de *eterna glória*, da mesma forma que refere os sofrimentos do mundo que passam rapidamente como *os sofrimentos deste tempo presente*.

Disto se faz evidente que esta passagem foi completamente mal interpretada pelos escolásticos, os quais têm extraído dela suas distinções frívolas, ou seja: entre *congruidade* e *condignidade*. O apóstolo não está comparando cada um desses elementos, e, sim, está amenizando o peso da cruz ao compará-la com a grandeza da glória, com o fim de confirmar em paciência as mentes dos crentes.

---

20 A partícula εἴπερ é traduzida aqui da mesma forma por *Ambrósio* e *Beza*: "si modo – se nesse caso"; por *Crisóstomo* e Peter *Martyr*, porém, no sentido de ἐπειδάν, "quandoquidem – desde que"; "desde que soframos juntos a fim de que possamos também ser juntamente glorificados." A Vulgata tem "si tamen – se, contudo". Pode ser adequadamente traduzido "contanto que".

21 A partícula γάρ não pode ser causal aqui. Seu sentido primário é *verdadeiramente, deveras* ou *na verdade*, ainda que comumente tenha seu sentido secundário, *pois, porque, por isso*. O contexto é nosso guia. Quando não se diz nada previamente, pelo quê se dá uma razão, então ela não tem nenhum sentido afirmativo; ou, como pensam alguns, deve ser considerada como uma partícula de transição, ou significando uma adição, e pode ser traduzida *além de, além do mais, demais*. Talvez este significado seja adequado aqui.

19. Pois a ardente expectativa da criação aguarda a revelação dos filhos de Deus.
20. Porque a criação está sujeita à vaidade, não voluntariamente, mas por causa daquele que a sujeitou,
21. na esperança de que a própria criação será também libertada do cativeiro da corrupção, para a liberdade da glória dos filhos de Deus.
22. Porque sabemos que toda a criação geme e suporta angústia até agora.

19. Siquidem intenta expectatio creaturæ, revelationem filiorum Dei expectat:
20. Vanitati enim creatura subjecta est non volens, sed propter eum qui subjecit ipsam in spe;
21. Quoniam ipsa quoque creatura asseretur à servitute corruptionis in libertatem gloriæ filiorum Dei.
22. Novimus enim quòd creatura universa congemiscit, et ad hunc diem parturit.

19. A ardente expectativa da criação. O apóstolo nos instrui no sentido de que temos, até mesmo nas próprias criaturas mudas, um exemplo desta paciência sobre a qual nos exortara. Omitindo as diversas interpretações da passagem, entendo-a no seguinte sentido: "Não há elemento algum em parte alguma do mundo que, despertado pelo conhecimento de sua presente miséria, não se concentre na esperança da ressurreição." Paulo, aqui, afirma duas verdades, ou seja: todas as criaturas labutam, no entanto são mantidas pela esperança. Destes fatos também percebemos quão imenso é o valor da glória eterna, a qual é capaz de excitar e levar todas as coisas a desejá-la.

Além do mais, a expressão, *ardente expectativa*, embora pouco usual, possui um significado bastante adequado. O que o apóstolo tinha em mente é que as criaturas, sentindo uma forte ansiedade, e mantidas em suspenso por um profundo anelo, aguardam aquele dia em que publicamente será exibida a glória dos filhos de Deus. Ele denomina de *a revelação dos filhos de Deus* o momento em que nos assemelharmos a Deus, segundo a expressão de João: "Agora somos filhos de Deus, e ainda não se manifestou o que haveremos de ser" [1Jo 3.2]. Retive as palavras de Paulo, visto que a versão de Erasmo – *até que os filhos de Deus se manifestem* – foi, penso eu, mais audaz do que a passagem permite, sem expressar suficientemente o pensamento do apóstolo. Este não pretendia dizer que os filhos de Deus se manifestarão no último dia, e, sim, que lhes será, pois, manifesto quão desejável e feliz é sua condição ao despir-se de sua corrupção e vestir-se da glória celestial. Ele atribui esperança às criaturas irracionais, para que os crentes possam abrir bem seus olhos e contemplar a vida invisível, enquanto permanece ainda oculta sob uma humilde roupagem.

20. Pois a criação está sujeita à vaidade. Ele declara o objetivo da expectativa a partir de seu oposto. Visto que as criaturas que se acham sujeitas à corrupção não podem ser renovadas até que os filhos de Deus sejam todos renovados, enquanto aguardam sua renovação suspiram pela manifestação do reino celestial. Ele diz que a criação se fez *sujeita à vaidade*, visto que não experimenta estabilidade e segurança, senão que, sendo transitória e inconstante, passa com muita rapidez. Indubitavelmente, Paulo está aqui a contrastar vaidade com perfeição natural.

Não voluntariamente. Visto que tais criaturas são destituídas de inteligência, devemos, pois, tomar *vontade* [*voluntas*] no sentido de inclinação natural, segundo a qual toda a natureza das coisas tende para sua própria preservação e perfeição. Portanto, tudo quanto se vê sujeito à corrupção sofre violência contra o propósito da natureza e em oposição a ela. Através de *personificação* [κατὰ προσωποποίαν], Paulo representa todas as partes do mundo como sendo dotadas de sentimento e inteligência, para que pudéssemos sentir-nos ainda mais envergonhados de nossa estupidez, se porventura não nos elevássemos a um nível muito mais sublime através de certa flutuação deste mundo visível.

Mas por causa daquele que a sujeitou. Ele põe diante de nós um exemplo de obediência em todas as criaturas, e acrescenta que esta procede da *esperança*. É da esperança que nos vem a velocidade do sol, da lua e de todas as estrelas em seu imutável curso; a contínua obediência da terra em produzir seus frutos; o incansável movimento do ar; e a força impetuosa das águas a fluírem. Deus concedeu a cada um a sua própria tarefa, e não só deu uma ordem precisa de obediência à sua vontade, mas, ao mesmo tempo, implantou interiormente a esperança de renovação. Todo o mecanismo do mundo deixaria de funcionar a quase todo instante, e cada uma de suas partes, afetada pela dolorosa confusão que se seguiu à queda de Adão, se faria caótica, não fosse algo secreto que vem em seu socorro.

Seria, pois, muitíssimo deprimente se porventura este antegozo do Espírito produzisse menos efeito nos filhos de Deus do que o instinto secreto produz nas partes inanimadas da criação. Seja como for, pois, que as coisas criadas sejam inerentemente inclinadas a uma ou a outra direção, não obstante, uma vez que, segundo o beneplácito divino ficaram sujeitas à vaidade, elas obedecem à sua ordem; e porque ele lhes deu esperança de uma condição melhor, então se mantêm com isto, e adiam sua ansiosa expectativa até àquela interrupção que lhes prometeu seria revelada. Paulo lhes atribui esperança à guisa de *personificação* [*prosopopéia*], assim como antes lhes atribuíra *querer* e *não querer*.

21. Na esperança de que a própria criação será libertada do cativeiro da corrupção. Ele mostra como as criaturas se fizeram sujeitas à vaidade *na esperança*. Mas o tempo virá quando serão libertadas, como Isaías o testifica [Is 65.17] e Pedro ainda mais claramente o confirma [2Pe 3.13].

É preciso que consideremos agora quão terrível é a maldição que temos merecido, já que todas as criaturas inocentes da terra e do céu são punidas por nossos pecados. A culpa é nossa se lutam em sujeição à corrupção. A condenação da raça humana é por isso impressa nos céus e na terra e em todas as criaturas. Além disso, esta passagem nos revela a que imensurável excelência de glória os filhos de Deus deverão ser exaltados, e todas as criaturas serão renovadas a fim de magnificar e declarar seu esplendor.

A intenção de Paulo não é ensinar que todas as criaturas serão participantes da mesma glória com os filhos de Deus, mas que participarão, a seu próprio modo, de um estado muitíssimo superior, visto que Deus restaurará o presente mundo degenerado a uma condição de perfeição em concomitância com a raça humana. Não é conveniente e tampouco correto inquirir com excessiva curiosidade sobre a perfeição que é evidenciada pelos animais, plantas e metais, visto que a parte principal da corrupção é a decomposição. Alguns comentaristas, tão sagazes quanto desequilibrados, perguntam se todas as espécies de animais serão imortais. Se dermos livres rédeas a tais especulações, aonde finalmente nos levariam? Portanto, contentemo-nos com esta simples doutrina: sua constituição será tal, e sua ordem tão completa, que não se verá nenhuma aparência de deformidade ou de passageiro.

22. Porque sabemos. Ele reitera a mesma proposição com o fim de transitar para o nosso próprio caso, ainda que o que agora diz tem o efeito e a forma de conclusão. Visto que as criaturas estão sujeitas à corrupção, não por sua inclinação natural, senão pela determinação divina, tendo a esperança de no futuro apagar todo e qualquer vestígio de corrupção, deduzimos que gemem como uma parturiente até que sejam finalmente libertados. Esta é uma comparação muitíssimo apropriada para informar-nos que o gemer de que o apóstolo fala não é debalde nem sem efeito. Ele finalmente produzirá frutos de deleite e felicidade. Em resumo, as criaturas não se sentem bem com sua presente condição, e contudo não se acham tão abatidas que se vêem irremediavelmente consumidas. Entretanto, estão com dores de parto, visto que aguardam ser renovadas para um estado muitíssimo superior. Ao dizer que *a um só tempo gemem*, ele não pretende ensinar que se acham ligadas por comum ansiedade, senão que está a conectá-las conosco como nossas companheiras. A partícula *até agora*, ou *até este dia*, serve para reduzir a natureza exaustiva do aborrecimento que experimentamos a cada dia. Se as criaturas têm prosseguido com seus gemidos por tantas eras, nossa lentidão ou indolência será inescusável se porventura desfalecermos no breve curso de nossas vidas sombrias.²²

---

22 As diversas opiniões que se têm apresentado sobre estes versículos são atribuídas em alguma extensão a *Stuart*; e ele enumera não menos de *onze*, porém considera somente *duas* como dignas de especial atenção – a *criação material*, animada e inanimada, como sustentado aqui por *Calvino*, e a *criação racional*, inclusive a humanidade, com a exceção dos cristãos, que ele mesmo sustenta. Em favor da primeira ele evoca *Crisóstomo, Teodoreto, Teofilato, Ecumenio, Jerônimo, Ambrósio, Lutero, Koppe, Doddridge* (este não é certo), *Flatt* e *Tholuck*; aos quais podemos acrescentar *Scott, Haldane* e *Chalmers*, ainda que *Scott*, bastante inconsistente com as palavras do texto, se a criação material significa a inclusão dos animais, considera uma quiméria sua ressurreição; veja-se versículo 21.

Depois de um minuto de discussão de vários pontos, *Stuart* confessa sua preferência à opinião de que a 'criatura' significa o *gênero humano em geral*, como sendo a menos passível de objeções; e menciona como seus advogados a *Lightfoot, Locke, Turrettin, Semler, Rosenmuller* e outros. Ele poderia ter adicionado *Agostinho*. Para o significado da palavra 'criatura' faz-se referência a Marcos 16.15; Colossenses 1.23; e 1 Pedro 2.13.

Transparece de *Wolfius* que a maior parte dos doutores luteranos e reformados tem aceito a primeira opinião de que 'criatura' significa o mundo, racional e animal; ao que ele mesmo principalmente acede; e o que ele considera em seguida a isso, como a mais sustentável, é a noção de que 'criatura' significa os fiéis, que "os filhos de Deus" são os bem-aventurados no céu, e que os Apóstolos e homens apostólicos eram os que desfrutaram "as primícias do Espírito".

Esta última opinião nos poupa das dificuldades que força todas as demais exposições; e pode ser desenredada das objeções que se lhe têm feito; só a última sentença não precisa ser introduzida. Toda a passagem, desde o versículo 18 até o final do versículo 25, está em sintonia com o estilo usual do Apóstolo. Ele termina a primeira parte com versículo 22; e então, na segunda parte, ele anuncia a mesma coisa numa forma diferente, em termos mais explícitos, e com algumas adições. O 'aguardando' do versículo 19 tem uma correspondência com o 'aguardando' do versículo 23; e "a esperança" do versículo 20 tem outra 'esperança' a corresponder no versículo 24; e corresponder também é "a manifestação dos filhos de Deus" no versículo 19, e "a redenção de nosso corpo" no versículo 23. Reiterar a mesma verdade de uma forma diferente era provocar uma profunda impressão e que fosse correspondente à maneira de escrever do Apóstolo. Ele começa a segunda vez, depois do versículo 22, no qual declara a condição do *mundo inteiro*; e é só em contraste com isso que o versículo 23 deve ser considerado, o qual relaciona e explica o que foi dito previamente; de modo que "as criaturas" somos "nós mesmos"; e o Apóstolo prossegue com o tema até o final do versículo 25. Exemplos da mesma sorte de arranjo serão encontrados no capítulo 2.17-24; 11.33-36.

O versículo 21 pode ser considerado como apenas uma explicação da 'esperança', no final do versículo 20; "Porque ainda as criaturas", ainda que sujeitas à vaidade, "serão libertadas da escravidão da corrupção"; que significa o mesmo que "este corpo de morte" [7.24].

A palavra κτίσις significa 1. a criação, o mundo [Mc 10.6; 13.19; Rm 1.20; 2Pe 3.4]; 2. o que é criado – criatura que é formada – um edifício, que é instituído – uma ordenança [Rm 1.25; 8.39; Hb 4.13; 9.11; 1Pe 2.13]; 3. a humanidade, o mundo dos homens [Mc 16.15; Cl 1.23]; 4. o homem renovado, ou a natureza renovada – os cristãos [2Co 5.17; Gl 6.15]. Há somente outros dois lugares onde ela é encontrada, e é traduzida em nossa versão 'criação' [Cl 1.15 e Ap 3.14].

23. E não somente ela, mas também nós que temos as primícias do Espírito, igualmente gememos em nosso íntimo, aguardando nossa adoção, a saber, a redenção de nosso corpo.
24. Porque na esperança fomos salvos. Ora, esperança que se vê não é esperança; pois o que alguém vê, como o espera?
25. Mas, se esperamos o que não vemos, então com paciência o aguardamos.

23. Non solum autem, sed ipsi quoque qui primordia Spiritus habemus; nos inquam ipsi in nobis ipsis gemimus, adoptionem expectantes, redemptionem corporis nostri.
24. Spe enim salvi facti sumus; spes vero quæ conspicitur, non est spes; quod enim conspicit quis, quomodo etiam speret?
25. Si ergo non quod non conspicimus, speramus, per patientiam expectamus.

23. E não somente ela, mas também nós. Há quem pense que o apóstolo, aqui, pretendia exagerar a dignidade de nossa futura bem-aventurança, visto que todas as coisas, não simplesmente as esferas irracionais da criação, mas também nós mesmos, que fomos regenerados pelo Espírito de Deus, olhamos para ele com ardente anseio. Este ponto de vista pode ser defendido, porém Paulo, parece-me, está comparando o maior com o menor, como a dizer: "A excelência de nossa glória futura é de tal importância, mesmo para os próprios elementos que carecem de sentido e razão, que as criaturas ardem de anseio por ela. Portanto nós, que fomos iluminados pelo Espírito de Deus, aspiramos e nos esforçamos por alcançar tão excelente bem, tanto pela firmeza de nossa esperança quanto pela diligência de nosso zelo." Paulo evoca dois gêneros de comoção nos crentes. Eles *gemem*, visto que se sentem sobrecarregados com o senso de sua presente miséria, e contudo *aguardam* pacientemente seu livramento. Ele deseja que se ergam pela expectativa da bem-aventurança futura e superem todos os seus atuais sofrimentos, tendo sua mente posta acima de sua imediata condição, de maneira que não considerem o que são agora, e, sim, o que serão depois.

Mas também nós que temos as primícias do Espírito. Não me sinto de todo feliz com a interpretação daqueles que explicam a palavra *primícias* [*primitias*] como a significar uma excelência rara e notável. Portanto, a fim de evitar ambiguidade, preferi traduzir a palavra como *começos* [*primordia*]. Não considero a expressão como havendo sido aplicada unicamente aos apóstolos, como fazem esses intérpretes, mas a todos os crentes que são aspergidos neste mundo com apenas umas poucas gotas do Espírito, ou ainda àqueles que tenham feito excelente progresso, mas que, embora dotados com certa medida do Espírito, estão ainda longe da perfeição.

Esses, pois, para o apóstolo, são os começos ou primícias, os quais são contrastados com a colheita completa. Visto que a plenitude do Espírito ainda não nos foi concedida, não é de estranhar que sejamos movidos com inquietude. Paulo reitera *nós mesmos* ou *em nós mesmos* à guisa de ênfase, a fim de expressar nossos desejos com mais ardor. Entretanto, ele não o qualifica simplesmente de desejo, e, sim, *gemido*, visto que sempre que tivermos consciência de nossa miséria, também *gememos*.

Aguardando nossa adoção. O apóstolo inusitadamente refere aqui a nossa *adoção* como o desfruto da herança na qual fomos adotados. Contudo, ele teve boas razões para proceder assim, pois tem em mente que o decreto eterno de Deus seria invalidado, a menos que a ressurreição prometida, que é o efeito do decreto, fosse igualmente concretizada.[23] Através deste *decreto*, Deus nos elegeu como seus filhos antes da fundação do mundo; através do *evangelho*, ele nos dá testemunho acerca dele; e por meio de seu *Espírito*, ele sela em nossos corações a fé nele. Por que razão seria Deus nosso Pai, senão para podermos receber uma herança celestial após o término de nossa peregrinação terrena?

A frase que vem imediatamente a seguir – **a redenção de nosso corpo** – tem a mesma referência. O preço de nossa redenção foi pago por Cristo, mas de tal sorte que a morte ainda nos mantém presos em suas cadeias, e deveras ainda a levamos presente em

---

[23] A impropriedade que *Calvino* nota está em harmonia com a fraseologia usual da Escritura. O que começa neste mundo e é completado no futuro é chamado pelo mesmo nome. A palavra salvação é usada dessa forma como que designando seu começo e seu progresso, bem como sua completação. Além disso, a adoção aqui tem uma consideração particular ao *corpo*, como já explicado pelas palavras que se seguem.

nosso íntimo. Segue-se disto que o sacrifício da morte de Cristo seria infrutífera e supérflua, a menos que seu fruto fosse exibido em nossa renovação celestial.

24. Porque na esperança fomos salvos. Paulo confirma sua exortação por meio de outro argumento, visto que nossa salvação não pode ser separada da aparência de morte. Ele prova isto a partir da natureza da esperança. Visto que esta se estende às coisas que ainda não fazem parte de nossa experiência, e representam às nossas mentes a imagem de coisas que se acham ocultas e por demais remotas, tudo quanto salta aos olhos ou é sentido pelo contato da mão não pode ser esperado. Paulo toma por garantida a inegável verdade: enquanto vivermos neste mundo, nossa salvação reside na esperança. A nossa dedução, pois, é que ela se acha conservada na presença de Deus, muito longe de nossos sentidos. Ao dizer que *a esperança que se vê não é esperança*, ele usa uma expressão incisiva, porém sem obscurecer a idéia. Simplesmente deseja ensinar-nos que, embora a *esperança se* refira a um bom futuro e não a um bom presente, jamais está conectada a uma plena e evidente possessão. Portanto, se tais gemidos se constituem num fardo para alguns, estão necessariamente lançando por terra a ordem estabelecida por Deus, ou seja: que não chama seu povo a triunfar antes de exercitá-lo na batalha do sofrimento. Porém, visto que a Deus aprouve guardar nossa salvação encerrada em seu seio, é-nos proveitoso neste mundo lutar, sofrer opressão, aflição, gemer, chorar até à languidez como pobres moribundos. Os que buscam uma salvação visível, na verdade rejeitam-na quando renunciam a esperança; porquanto esta foi designada por Deus como guardiã da salvação.[24]

25. Mas, se esperamos o que não vemos, então com paciência o aguardamos. O argumento é derivado do precedente para o conseqüente, porque da esperança se segue necessariamente a paciência. Se

---

[24] Quando lemos que somos salvos pela esperança, o significado é que não estamos plena ou perfeitamente salvos agora, e que isso é o que esperamos. Não temos ainda "a salvação eterna", diz *Grotius*, "porém a aguardamos." Há a salvação atual, mas aquela que é perfeita é ainda futura. A Escritura fala de salvação agora, vejam-se Efésios 2.8; Tito 3.4, 5; e de salvação futura, vejam-se Marcos 13.13; 10.9.

é penosa a ausência de um bem que tanto desejamos, desmaiaríamos de desespero caso não fôssemos sustentados e confortados pela paciência. A esperança, pois, sempre teve a paciência em sua companhia. A conclusão do apóstolo é, portanto, mui apropriada, a saber: tudo quanto o evangelho promete concernente à glória da ressurreição se desvaneceria caso não gastássemos nossa presente vida em carregar pacientemente a cruz e as tribulações. Se nossa vida é invisível, então é mister ter sempre a morte diante de nossos olhos; mas se nossa glória é invisível, então o nosso presente estado é a ignomínia. Se porventura quisermos sumariar toda esta passagem em poucas palavras, podemos organizar os argumentos de Paulo desta forma: "A salvação está guardada na esperança para todos os santos, porém aquela qualidade de esperança que se acha concentrada nos benefícios futuros estão ausentes. Portanto, a salvação dos crentes está escondida. No momento, a esperança é sustentada somente pela paciência. É só por meio da paciência que a salvação dos crentes é consolidada."

Temos aqui, pode-se acrescentar, uma notável passagem que revela que a paciência é companheira inseparável da fé. A razão para isso é evidente, ou seja: quando somos consolados com a esperança de uma condição muito melhor, a consciência de nossas presentes misérias é suavizada e mitigada, para que as mesmas sejam enfrentadas com menos dificuldades.[25]

26. Também o Espírito, semelhantemente, nos assiste em nossa fraqueza, porque não sabemos orar como convém; mas o mesmo Espírito intercede por nós com gemidos inexprimíveis.	26. Similiter[26] verò Spiritus etiam coopitulatur infirmitatibus nostris; non enim quid oraturi sumus quemadmodum oportet, novimus; verùm Spiritus ipse intercedit pro nobis gemitibus imnarrabilibus.

25 "Paciência", diz *Pareus*, "se faz necessária por três razões: 1. o bem esperado está ausente; 2. há a demora; 3. a interferência de muitas dificuldades."
26 A conexão aqui não é muito evidente: Ὡσαύτως – "similiter – de igual modo", por *Calvino*; "itidem – igualmente", por *Pareus* e *Beza*; "præterea – além disso", por *Grotius*; "demais", por *Doddridge*. A palavra geralmente significa, na mesma ou de igual maneira; mas as duas últimas parecem torná-la adequada a este lugar; pois o que se segue é mencionado em adição ao que foi afirmado acerca da esperança e paciência.

27. E aquele que sonda os corações sabe qual é a mente do Espírito; porque, segundo a vontade de Deus é que ele intercede pelos santos.

27. Qui verò scrutatur corda, novit cogitationem Spiritus, quòd secundum Deum intercedit pro sanctis.

26. Também o Espírito, semelhantemente, nos assiste em nossa fraqueza. Com o fim de evitar que os crentes aleguem que são demasiadamente frágeis para serem qualificados a suportar fardos tão pesados, o apóstolo põe diante deles o auxílio do Espírito, o qual é plenamente suficiente para vencer todas as dificuldades. Não há, pois, razão alguma para que nos queixemos de que *carregar a cruz* é algo que está além de nossas forças, uma vez que somos fortalecidos com o poder celestial. A palavra grega συναντιλαμβάνεται é muito forte. O Espírito mesmo toma parte em levar o fardo que debilita nossas forças e aumenta nossa debilidade, e não só nos fornece ajuda e socorro, mas também nos soergue, como se ele mesmo *aguentasse* o fardo conosco.[27] A palavra *enfermidades* [*fraquezas*], no plural, aumenta a força da expressão. Visto que a experiência nos revela que, a não ser que sejamos protegidos pela mão divina, somos por demais oprimidos por inúmeros males, Paulo nos admoesta que, embora sejamos fracos em cada parte e diversas enfermidades ameacem fazer-nos cair, há suficiente proteção no Espírito de Deus para impedir-nos de sermos sempre destruídos ou de vivermos desanimados por algum acúmulo de males. Mas estes recursos do Espírito nos instruem com mui sólida certeza de que é pelo desígnio divino que nos esforçamos com gemidos e suspiros em razão de nossa redenção.

---

[27] *Pareus* diz que este verbo é tomado no sentido metafórico de assistência oferecida a criancinhas não aptas ao auto-sustento, ou enfermas, titubeantes e dificilmente capazes de andar.
"Coopitulatur" é o latim de *Calvino* – "co-assistente"; "una sublevat de *Beza* – levantar juntos", isto é, juntamente com aqueles que labutam sob enfermidades. A *Vulgata* tem "adjuvat – auxílios", como nossa versão. *Schleusner* diz que ela significa socorrer àqueles cuja força é insuficiente para carregar seu fardo sozinhos. Ela se encontra em um outro lugar [Lc 10.40]. É dada pela *Septuaginta* no Salmo 89.21, para אמץ – fortalecer, revigorar"; e em Êxodo 18.22, para נשא אתך – 'suportar', isto é, "um fardo contigo" – a mesma idéia que parece ter aqui.

Porque não sabemos orar como convém. Paulo havia falado acerca do testemunho do Espírito, pelo qual ficamos sabendo que Deus é nosso Pai e no qual ousamos confiadamente invocá-lo como nosso Pai. O apóstolo agora reitera a segunda parte relativa à invocação, e diz que somos ensinados pelo mesmo Espírito como devemos orar a Deus e o que devemos pedir-lhe em nossas orações. Paulo, apropriadamente, conectou orações com os anseios dos fiéis, visto que Deus não os aflige com misérias a fim de recompensá-los interiormente com tristezas secretas, mas para que sejam aliviados por meio da oração e assim exercitem sua fé.

Embora esteja eu consciente da existência de várias explicações desta passagem,[28] Paulo, creio eu, simplesmente quis dizer que somos como que cegos quando oramos a Deus, visto que, embora aliviados de nossos males, nossas mentes se acham tão perturbadas e confusas em fazer a escolha certa do que nos convém, ou do que necessitamos. Se alguém alega que temos uma regra prescrita na Palavra de Deus para nós, respondo que nossos afetos permanecem sobrecarregados com trevas a despeito disto, até que o Espírito os guie com sua luz.

Mas o mesmo Espírito intercede[29] por nós com gemidos inexprimíveis. Ainda quando não pareça que nossas orações tenham sido realmente ouvidas por Deus, Paulo conclui que a presença da graça celestial já se manifesta no próprio zelo pela oração, visto que ninguém, de seu próprio arbítrio, conceberia que suas orações

---

28 As opiniões de *Crisóstomo*, *Ambrósio* e *Orígenes* são dadas por *Pareus*; e elas são todas diferentes, e não vêm muito a calhar. O ponto de vista que *Agostinho* defende é substancialmente o que é declarado aqui. Ele dá um sentido causativo ao verbo na próxima cláusula: "Interpellare nos facit – ele nos faz perguntar."

29 "Intercedit – ὑπερεντυγχάνει – intercede abundantemente", pois ὑπερ, prefixado aos verbos, comumente é traduzido. Esta é ação própria de um advogado, um título dado ao Espírito por nosso Salvador, ἄλλον παράκλητον – "outro advogado", não 'consolador', como em nossa versão; e Cristo é chamado pelo mesmo título em 1 João 2.1, e a mesma obra, 'intercedendo', lhe é atribuída [Hb 7.25]. Mas aprendemos em João 14.16 que o Espírito é um advogado *junto a nós* – "para que ele habite *convosco* para sempre"; e em 1 João 2.1, que Cristo é um advogado no céu – "junto ao Pai". O mesmo título e a mesma obra são atribuídas a ambos. Alguns, como *Doddridge*, para evitar a fusão dos ofícios dos dois, traduziram o verbo aqui por um termo diferente, porém não sabiamente.

são sinceras e piedosas. É verdade que os incrédulos engendram irrefletidamente suas orações, mas o que fazem é zombar de Deus, visto que não há sinceridade ou seriedade neles ou um padrão corretamente ordenado. O Espírito, portanto, é quem deve prescrever a forma de nossas orações. O apóstolo chama de *inexprimíveis* os gemidos que irrompem de dentro de nós ao impulso do Espírito, visto que vão muito além da capacidade de nosso intelecto.[30] Diz-se que o Espírito de Deus *intercede*, não porque ele porventura se humilhe como um suplicante a orar e a gemer, mas porque inspira em nossos corações as orações que são próprias para nos achegarmos a Deus. Em segundo lugar, ele afeta de tal forma os nossos corações que estas orações, pelo seu fervor, penetram o próprio céu. Paulo assim se expressou com o propósito de atribuir a totalidade da oração mais significativamente à graça do Espírito. Somos incitados a clamar [Mt 7.7]. Mas ninguém, por sua própria iniciativa, pronunciaria uma só sílaba, com discernimento, se Deus não ouvisse o clamor de nossas almas que cedem ao impulso secreto de seu Espírito, e não abrisse nossos corações para ele mesmo.

27. E aquele que sonda os corações sabe qual é a mente do Espírito. O fato de Deus nos ouvir quando oramos através de seu Espírito é uma notável razão para confirmar nossa confiança, pois ele pessoalmente está intimamente familiarizado com nossas orações, como se fossem os pensamentos de seu próprio Espírito. É preciso notar bem, aqui, a propriedade do termo *sondar*, o qual significa que Deus não toma conhecimento daqueles afetos do Espírito como se fossem uma novidade ou incomuns, nem os rejeita

---

30 Ou, "a compreensão de nossa mente – ingenii nostri captum." *Schleusner* diz que a palavra ἀλάλητος tem sido traduzida impropriamente por inefável ou inexprimível, e que a palavra para expressar tal idéia é ἀνεκλάλητος [1Pe 1.8], e que à luz da analogia do idioma grego significaria "o que não é pronunciado ou expresso pela boca"; e ele dá ἀκίνητον, "o que não se move", como um exemplo. *Bos* e *Grotius* dão o mesmo significado, "sine voce – sem voz"; e o último diz que isso foi expressamente dito em função de os judeus entreterem a noção de que não podia haver oração a não ser que seja pronunciada pelos lábios. Entretanto, considera-se que a maioria tem o significado apresentado aqui: "inexprimível" ou inefável.

como se fossem irracionais, senão que os reconhece, e ao mesmo tempo bondosamente os recebe como lhe sendo mui conhecidos. Portanto, porque Paulo já havia recentemente declarado que Deus nos auxilia ao levar-nos para o seu seio, também agora adiciona outra consolação. Nossas orações, as quais ele regula, não serão de forma alguma frustradas. O apóstolo também apresenta imediatamente a razão para isto, porque, ao proceder assim, ele nos conforma à sua vontade. Segue-se disto que aquilo que é agradável à sua vontade, por meio da qual as coisas são governadas, não pode deixar de surtir efeito. Aprendamos também deste fato que a primeira parte da oração consiste em consentir na vontade do Senhor, a qual de forma alguma é forçada pelos nossos desejos. Devemos, pois, *rogar* a Deus que regule nossas orações de conformidade com sua vontade, caso nosso desejo seja que ele aceite.

28. E sabemos que todas as coisas cooperam juntamente para o bem daqueles que amam a Deus, daqueles que são chamados segundo o seu propósito.

29. Porquanto aos que de antemão conheceu, também os predestinou para serem conformes à imagem de seu Filho, a fim de que ele seja o primogênito entre muitos irmãos.

30. E aos que predestinou, a esses também chamou; e aos que chamou, a esses também justificou; e aos que justificou, a esses também glorificou.

28. Novimus autem quòd iis qui diligunt Deum omnia cooperantur in bonum, iis scilicet qui secundum propositum vocati sunt sancti.

29. Quoniam quos præcognovit etiam præfinivit conformes imaginis Filii sui, ut sit ipse primogenitus inter multos fratres:

30. Quos vero præfinivit, eos et vocavit; et quos vocavit, eos etiam justificavit; et quos justificavit, eos etiam glorificavit.

28. E sabemos. À luz de sua afirmação anterior, o apóstolo agora conclui que os sofrimentos desta vida longe estão de obstruir nossa salvação; antes, ao contrário, são seus assistentes. O uso que faz da partícula conclusiva [*e portanto*] não apresenta nenhuma objeção, pois ele tinha o costume de empregar também advérbios indiscriminadamente da mesma forma. Sua conclusão, contudo, inclui ao mesmo tempo sua antecipação a uma [possível] objeção. O juízo carnal reclama que Deus definitivamente não parece ouvir nossas orações, visto que nossas aflições prosseguem sem intermitência. O apóstolo, pois, antecipa esta reclamação, e diz que, embora Deus não socorra prontamente a seu povo, contudo jamais o abandona, pois, através de um maravilhoso dispositivo, ele de tal forma converte suas aparentes perdas em meios que promovam sua salvação. Não faço objeção se alguém prefere ler esta cláusula isoladamente, como se Paulo procurasse provar, usando um novo argumento, que não devemos alimentar tristeza ou pesar por termos que suportar as adversidades que, ao mesmo tempo, prestam assistência à nossa salvação. Entrementes, o propósito de Paulo é evidente. Embora os eleitos e os réprobos se vejam expostos, sem distinção, aos mesmos males, todavia existe uma enorme diferença entre eles, pois Deus instrui os crentes pela instrumentalidade das aflições e consolida sua salvação.

Devemos, contudo, ter em mente que o apóstolo está falando apenas de adversidades, como a dizer: "Tudo quanto sobrevem aos santos é de tal forma controlado por Deus, que o resultado final revela que aquilo que o mundo tem como nocivo, para os santos é bênção." Agostinho ousa dizer que até mesmo os pecados dos santos, até onde eles sirvam aos propósitos da providência divina, se lhes afiguram como que colaboradores em sua salvação. Esta afirmação, contudo, ainda que verdadeira, não se relaciona com a presente passagem, a qual está a tratar da cruz. Deve-se observar que o apóstolo incluiu no amor de Deus a totalidade da verdadeira religião. Toda a meta da justiça deveras depende disto.

Aqueles que são chamados segundo o seu propósito. Tudo indica que esta cláusula foi adicionada à guisa de correção. Ninguém deve concluir que, em razão de os crentes amarem a Deus, eles gozam da vantagem de colher de suas adversidades grande contingente de frutos, e isso por seus próprios méritos. Pois é de nossa experiência que quando as pessoas passam a discutir sobre a salvação, começam alegremente a falar de si próprias e se enveredam em direção às antecipações da graça divina. Paulo, pois, nos instrui que aqueles sobre quem fez referência como adoradores de Deus foram eleitos antecipadamente por ele. É verdade que o apóstolo estabelece certa ordem, para que saibamos que o fato de tudo acontecer aos santos, visando a sua salvação, depende da graciosa adoção divina como sua causa primeira. Deveras, o apóstolo mostra que os crentes não amam a Deus antes de serem chamados por ele, como nos lembra alhures que os gálatas eram conhecidos de Deus antes que o pudessem conhecer [Gl 4.9]. É de fato verdade, como diz o apóstolo, que as aflições têm seu valor no âmbito da salvação só no que diz respeito àqueles que de fato amam a Deus; mas a afirmação de João não é menos verdadeira, ou seja: que só começamos a amar a Deus quando [descobrimos que] ele graciosamente nos amou primeiro [1Jo 4.10].

Além do mais, o chamamento de que o apóstolo fala aqui tem uma referência muito mais ampla. Ele não deve limitar-se ao âmbito da eleição, a qual mencionará logo a seguir, mas é simplesmente o oposto do curso seguido pelo homem. "Os crentes", diz Paulo, "não granjeiam piedade por sua própria engenhosidade, senão que, ao contrário, são guiados pela mão divina, visto que Deus os elegeu para que fossem sua propriedade particular." O termo *propósito* exclui terminantemente tudo quanto os homens acreditam poder permutar, como se Paulo quisesse negar que as causas de nossa eleição devessem ser buscadas em algum outro lugar senão exclusivamente no beneplácito secreto de Deus. Isto aparece mais nitidamente em Efésios 1 e 2 Timóteo 1, onde o contraste entre este *propósito* e a *justiça humana* é também explicitamente estabelecido.[31] Contudo,

---

31 *Hammond* tem uma longa nota sobre a expressão κατὰ πρόθεσιν, e cita *Cirilo* de Jerusalém, *Clemente* de Alexandria e *Teofilato* que traduzem as palavras "segundo *seu* propósito", isto é, daqueles que amam a Deus – construção essa por si só estranha e totalmente alheia a todo o teor da passagem, bem como ao uso da palavra em muitos outros exemplos. Paulo nunca usou a palavra, a não ser em um único caso [2Tm 3.10], porém com referência ao propósito ou decreto de Deus [vejam-se 9.11; Ef 1.11; 3.11; 2Tm 1.9]. Parece que *Crisóstomo*, *Orígenes*, *Teodoreto* e outros Pais fizeram a mesma explicação singularmente estranha. Mas, em oposição aos mesmos, *Poole* menciona *Ambrósio*, *Agostinho* e ainda *Jerônimo*, os quais consideram "o propósito" aqui como sendo o de Deus; no que concorda a opinião de quase todos os doutores modernos.

não há dúvida de que o apóstolo expressamente afirmou aqui que a nossa salvação tem por base a eleição divina, a fim de poder transitar daqui para o tema que adicionou imediatamente, ou seja: que as aflições que nos identificam com Cristo nos foram destinadas pelo mesmo decreto celestial. O propósito de Paulo em proceder assim consistia em conectar nossa salvação com o levar a cruz, como que por uma cadeia de necessidades.

29. Porquanto aos que de antemão conheceu, também os predestinou. Paulo mostra, portanto, pela própria ordem da eleição, que todas as aflições dos crentes são simplesmente os meios pelos quais são identificados com Cristo. Ele previamente declarara a necessidade disto. As aflições, portanto, não devem ser um motivo para nos sentirmos entristecidos, amargurados ou sobrecarregados, a menos que também reprovemos a eleição do Senhor, pela qual fomos predestinados para a vida, e vivamos relutantes em levar em nosso ser a imagem do Filho de Deus, por meio da qual somos preparados para a glória celestial.

O conhecimento antecipado de Deus, mencionado aqui pelo apóstolo, não significa mera *presciência*, como alguns neófitos tolamente imaginam, mas significa, sim, a *adoção*, pela qual o Senhor sempre distingue seus filhos dos réprobos.[32] Neste sentido, Pedro diz

---

Grotius mui corretamente observa que κλητοί, os chamados, segundo a linguagem de Paulo, significa aqueles que obedecem ao chamado (*qui vocanti obediunt*), e se refere a 1.6; 1 Coríntios 1.24; Apocalipse 17.14. E *Stuart* diz que a palavra tem este significado por todo o Novo Testamento, exceto em dois casos: Mateus 20.16 e 22.14, onde significa convidou. Portanto, ele a considera como equivalente a ἔκλεκτοι, escolhido, eleito ou cristãos verdadeiros.

32 Muita controvérsia se tem inflamado em torno do significado do verbo προέγνω, neste lugar. Muitos dos Pais, tais como *Jerônimo*, *Crisóstomo* e *Teodoreto* o consideravam no sentido de mera presciência, como tendo referência aos que creriam e obedeceriam ao evangelho. O verbo se encontra somente neste lugar e nas seguintes passagens: 11.2; Atos 26.5; 1 Pedro 1.20; e 2 Pedro 3.17. Na segunda e na última passagem, ele significa meramente um conhecimento ou familiaridade prévia, e se refere aos homens. Em 1 Pedro 1.20, ele se aplica a Cristo como tendo sido "preordenado", segundo nossa versão, "antes da fundação do mundo". Nesta Epístola, 11.2 se refere a Deus – "Deus não rejeitou seu povo a quem de antemão conheceu"; e, segundo o contexto, ele significa o mesmo que eleito; pois o Apóstolo fala do que Deus fez "segundo a eleição da graça", e não segundo a fé prevista.
O substantivo derivado dele se encontra em dois lugares: Atos 2.23 e 1 Pedro 1.2. No primeiro, evidentemente significa decreto, preordenação; e, no segundo, a mesma coisa,

que os crentes foram eleitos para a santificação do Espírito segundo a presciência divina [1Pe 1.2]. Aqueles, pois, a quem me refiro aqui, tolamente concluem que Deus não elegeu a ninguém senão àqueles a quem previu seriam dignos de sua graça. Pedro não incensa os crentes como se fossem todos eles eleitos segundo seus méritos pessoais, senão que, ao remetê-los ao eterno conselho de Deus, declara que estão todos inteiramente privados de qualquer dignidade. Nesta passagem, Paulo também reitera, em outras palavras, as afirmações que já havia feito concernentes ao propósito divino. Segue-se disto que este conhecimento depende do beneplácito divino, visto que, ao adotar aqueles a quem ele quis, Deus não teve qualquer conhecimento antecipado das coisas fora de si mesmo, senão que destacou aqueles a quem propôs eleger.

O verbo προορίζειν, que é traduzido por *predestinar*, aponta para as circunstâncias desta passagem em pauta. O apóstolo quer dizer simplesmente que Deus determinara que todos quantos adotasse levariam a imagem de Cristo. Não diz simplesmente que deveriam ser conformados a Cristo, e, sim, *à imagem de Cristo*, com o fim de ensinar-nos que em Cristo há um vivo e nítido exemplo que é posto diante dos filhos de Deus para que imitem. A súmula da passagem consiste em que a graciosa adoção, na qual nossa salvação consiste, é inseparável deste outro decreto, a saber: que ele nos designou para que levemos a cruz. Ninguém pode ser herdeiro do reino celestial

---

onde se diz que os destinatários do Apóstolo eram eleitos "segundo a presciência de Deus, κατὰ πρόγνωσιν θεοῦ, pela santificação do Espírito para obediência"; não foram, pois, eleitos segundo a presciência ou preordenação de Deus *por causa* de sua obediência. Isso subverte inteiramente a glosa posta sobre o verbo nesta passagem.

O significado usual dado ao verbo aqui é pré-aprovado ou escolhido. *Grotius, Turrettin* e outros consideram que γινώσκω tem o mesmo significado que o verbo ידע, em hebraico, que é às vezes aquele de aprovar ou favorecer, ou considerar com amor e aprovação. Assim o verbo composto pode ser traduzido aqui "a quem ele pré-aprovou, ou pré-conheceu", como os objetos de sua escolha. E esta idéia é a única que concorda com o restante da passagem.

Stuart prefere outro significado, e aquele que parece ter em 1 Pedro 1.20: 'preordenados'. Ele diz que γινώσκω às vezes significa querer, determinar, ordenar, decretar e apresenta exemplos de *Josefo, Plutarco* e *Políbios*. Então o verbo composto seria aqui "a quem ele preordenou", ou predeterminou.

sem que antes seja conformado ao Filho Unigênito de Deus.

A fim de que ele seja [ou, fosse] o primogênito entre muitos irmãos. O infinitivo grego, εἶναι, pode ser traduzido de outra forma, porém preferi esta. Ao chamar Cristo de *o primogênito*, Paulo quis simplesmente expressar que, se Cristo possui a preeminência entre todos os filhos de Deus, então, com razão, ele nos foi dado como exemplo, de modo que não devemos recusar nada de tudo quanto agradou-lhe suportar. Portanto, o Pai celestial, a fim de mostrar, por todos os meios, a autoridade e a excelência que conferiu a seu Filho, deseja que todos aqueles a quem adota como herdeiros de seu reino vivam de conformidade com o seu exemplo.

Embora a condição dos santos difira na aparência (assim como há diferença entre os membros do corpo humano), todavia há certa conexão entre cada indivíduo e sua cabeça. Como, pois, o primogênito leva o nome da família, assim Cristo é colocado numa posição de preeminência, não só para que sua honra seja enaltecida entre os crentes, mas também para que ele inclua todos os crentes em seu seio sob o selo comum de fraternidade.

30. E aos que predestinou, a esses também chamou. Paulo agora emprega um clímax a fim de confirmar, por meio de uma demonstração mais clara, quão verdadeiramente a nossa conformidade com a humildade de Cristo efetua a nossa salvação. Daqui ele nos ensina que a nossa participação na cruz é tão conectada com a nossa vocação, justificação e, finalmente, nossa glória, que não podem ser desmembradas.

A fim de que os leitores possam melhor entender a intenção do apóstolo, é bom que se lembrem de minha afirmação anterior, ou seja: que o verbo *predestinar*, aqui, não se refere à eleição, mas ao propósito ou decreto divino pelo qual ordenou que seu povo levasse a cruz. Ao ensinar-nos que agora são *chamados*, o apóstolo tencionava que Deus não oculta mais o que determinara fazer com eles, mas que o revelou a fim de que pudessem levar com equanimidade e paciência a condição a eles imposta. A *vocação*, aqui, é distinguida da eleição secreta, como sendo inferior a ela. Pode-se alegar que ninguém tem conhecimento algum da condição que Deus designou a cada indivíduo. Portanto, para evitar isto, o apóstolo diz que Deus, através de seu chamado, testifica publicamente de seu propósito oculto. Este testemunho, contudo, não consiste só na pregação externa, mas tem também o poder do Espírito conectado a ela, pois Paulo está tratando com os eleitos, a quem Deus não só *compele* por meio de sua Palavra falada, mas também *convence* interiormente.

A *justificação*, aqui, pode muito bem ser entendida como que incluindo a continuidade do favor divino desde o tempo da vocação do crente até sua morte. Mas, visto que Paulo usa esta palavra ao longo da Epístola, no sentido da imerecida imputação da justiça, não há necessidade de nos apartarmos deste significado. O propósito de Paulo é mostrar que a compensação que nos é oferecida é por demais preciosa para permitir-nos enfrentar com ânimo as aflições. O que é mais desejável que ser reconciliado com Deus, de modo que nossas misérias não mais sejam sinais da maldição divina, nem nos conduzam à destruição?

O apóstolo acrescenta que aqueles que se vêem oprimidos pela cruz serão *glorificados*, de modo que seus sofrimentos e opróbrios não lhes produzam dano algum. Embora a glorificação só foi exibida em nosso Cabeça, todavia, visto que agora percebemos nele a herança da vida eterna, sua glória nos traz uma segurança tal de nossa própria glória, que a nossa esperança pode muito bem ser comparada a uma possessão já presente.

Deve-se acrescentar ainda que o apóstolo empregou um hebraísmo e usou o tempo passado dos verbos, em vez do tempo presente.[33] O que ele pretende é, quase certo, um ato contínuo; por exemplo: "Aqueles a quem Deus agora educa sob a cruz, segundo seu conselho, ele chama e justifica, ato contínuo, para a esperança da salvação;

---

33 Turrettin apresenta uma razão um pouco diferente: "Paulo fala dessas coisas como passadas, porque elas são como se já estivessem cumpridas no decreto de Deus e a fim de mostrar a certeza de seu cumprimento."

de modo que, em sua humilhação, não perdem nada de sua glória. Embora seus sofrimentos atuais a deformem aos olhos do mundo, todavia, diante de Deus e dos anjos, ela está sempre a brilhar em perene perfeição." O que Paulo, pois, pretende mostrar, por este clímax, é que as aflições dos crentes, as quais são a causa de sua atual humilhação, têm como único propósito fazê-los entender que possuem a glória do reino celestial e que vão alcançar a glória da ressurreição de Cristo, com quem já se acham crucificados.

31. Que diremos, pois, à vista destas coisas? Se Deus é por nós, quem será contra nós?

32. Aquele que não poupou a seu próprio Filho, antes por todos nós o entregou, porventura não nos dará também, graciosamente, com ele todas as coisas?

33. Quem intentará acusação contra os eleitos de Deus? É Deus quem os justifica.

34. Quem os condenará? É Cristo Jesus quem morreu, ou, antes, quem ressuscitou, o qual está à direita de Deus, e também intercede por nós.

31. Quid ergo dicemus ad hæc?[34] Si Deus pro nobis, quis contra nos?

32. Qui proprio Filio non pepercit, sed pro nobis omnibus tradidit, quomodo non etiam cum eo donaret nobis omnia?

33. Quis intentabit crimina[35] adversùs electos Dei? Deus est qui justificat.

34. Quis ille qui condemnet? Christus est qui mortuus est, quin potius etiam suscitatus, qui et in dexterâ Patris est, qui et intercedit pro nobis.

31. Que diremos, pois? Havendo provado suficientemente seu tema, Paulo agora se prorrompe numa série de exclamações, por meio das quais expressa a grandeza de alma que os crentes devem possuir quando as adversidades insistem em fazê-los desesperar-se. Ele nos ensina, através dessas palavras, que a coragem inquebran-

---

34 "Ad hæc" – πρὸς ταῦτα. *Wolfius* diz que deve ser "de his – destas coisas"; e Hebreus 4.13 é citado como um exemplo, πρὸς ὅν ἡμῖν ὁ λόγος – de quem falamos."

35 "Quis intentabit crimina – quem acusará de crimes"; "τίς ἐγκαλέσει κατὰ ἐκλεκτῶν θεοῦ – quem pleiteará ou apresentará acusação contra os eleitos de Deus?" Veja-se Atos 19.38. Muitos, tais como *Agostinho*, *Grotius*, *Locke*, *Doddridge* e *Griesbach* têm feito da próxima cláusula também uma pergunta; bem como as cláusulas do próximo versículo.

33. Quem fará acusação contra os eleitos de Deus? Deus o justificador?
34. Quem é aquele que condena? Cristo que morreu, ou, antes, quem ressuscitou, que também está à destra de Deus e que intercede por nós?

O que favorece esta construção é o fato de que o Apóstolo prossegue no mesmo diapasão.

tável que suplanta a todas as tentações reside no paternal e divino favor. A única maneira pela qual nosso julgamento do amor ou da ira de Deus é comumente formado, como sabemos, é pela avaliação de nosso estado atual. É por isso que as coisas às vezes vão mal, a tristeza toma posse de nossas mentes e afasta-se de nós toda confiança e consolação. Paulo, contudo, exclama que um princípio mais profundo deve ser buscado, e que, portanto, os que se limitam a fitar o triste espetáculo de nossa batalha laboram em erro. Admito que os açoites divinos devam ser corretamente considerados, em si mesmos, como sendo sinais da ira divina; mas, visto que eles se acham sacralizados em Cristo, Paulo ordena aos santos que ponham o amor paternal de Deus acima de tudo mais, de modo que, ao buscar nele seu refúgio, venham confiadamente a triunfar sobre todo o mal. Constitui-se-nos numa muralha de bronze o fato de Deus nos ser favorável e nos fazer seguros contra todo perigo. Paulo, contudo, não pretende ensinar-nos que jamais enfrentaremos qualquer oposição, senão que nos promete vitória sobre toda classe de inimigo.

Se Deus é por nós, quem será contra nós? Este é o principal e, portanto, o único suporte a sustentar-nos em cada tentação. Se porventura Deus não nos fosse propício, nenhuma confiança sólida poderia ser concebida, ainda quando tudo pareça sorrir-nos. Entretanto, em contrapartida, o amor divino não só é suficientemente grande consolação em toda e qualquer dor, mas também suficientemente forte proteção contra todas as tormentas de infortúnio. Há sobejos testemunhos na Escritura com referência a esta verdade, onde os santos, confiando tão-somente no poder divino, ousam menosprezar todo gênero de adversidade com que se deparam no mundo. "Ainda que eu ande pelo vale da sombra da morte, não temerei mal algum" [Sl 23.4]. "Em Deus ponho minha confiança, e nada temerei; que me poderá fazer o homem?" [Sl 56.11.] "Não tenho medo de milhares do povo que tomam posição contra mim de todos os lados" [Sl 3.6]

Não há poder abaixo do céu ou acima dele que possa resistir braço de Deus. Se porventura o temos como nosso Defensor, entã não precisamos recear mal algum. Ninguém, pois, demonstrará possuir verdadeira confiança em Deus, senão aquele que se satisfaz com sua proteção, que nada teme nem perde sua coragem. Certamente que os crentes às vezes tremem, porém nunca ficam irremediavelmente destruídos. Em suma, o objetivo do apóstolo era mostrar que a alma piedosa deve manter firme o testemunho interior do Espírito, e não depender de nada que seja externo.

32. Aquele que não poupou a seu próprio Filho. Visto que é algo de incomensurável importância que estejamos profunda e plenamente persuadidos do amor paternal de Deus, que continuemos a gloriar-nos nele sem temor, Paulo reitera o valor de nossa reconciliação a fim de confirmar os favores divinos para conosco. É uma notável e brilhante prova de seu inestimável amor, que o Pai não hesitou em entregar seu Filho para nossa salvação. Paulo, pois, extrai seu argumento do maior para o menor, ou seja: visto que nada é mais querido, mais precioso ou mais excelente do que seu Filho, então ele não negligenciará nada que perceba ser-nos proveitoso.[36]

Que esta passagem sirva para admoestar-nos e excitar-nos a considerar o que Cristo traz consigo para nós, pois como ele é o penhor do amor solícito de Deus para conosco, então ele não foi enviado para que vivêssemos privados de quaisquer bênçãos ou para chegar-se a nós de mãos vazias, mas cheias de todos os tesouros celestiais, de modo que aqueles que os possuem não sentem carência de coisa alguma que lhes seja necessária para sua plena felicidade. *Entregar*, aqui, significa expor à morte.

33. Quem intentará acusação contra os eleitos de Deus? A primeira e principal consolação dos santos, nas adversidades, é serem eles persuadidos da munificência paternal de Deus. Daqui procede tanto a certeza da salvação quanto a tranquila segurança da alma,

---

[36] *Calvino* traduz χαρίσεται por 'donaret'; *Capellus*, mais plenamente, "gratis donabit – dará graciosamente". Cristo mesmo, e tudo o que vem com ou através dele, é um favor gratuitamente concedido, e não o que merecemos. Isso encerra, como *Pareus* observa, tudo o que é meritório da parte do homem. Tudo é graça. O "todas as coisas" inclui cada coisa necessária para a salvação – cada graça agora e a eterna glória por vir.

pelas quais as adversidades são suavizadas, ou, pelo menos, a crueza da dor é mitigada. Portanto, dificilmente existe uma exortação à paciência mais apropriada do que quando entendemos que Deus nos é propício. E é por isso que Paulo faz desta confiança o princípio da consolação, por meio do qual os crentes devem ser fortalecidos contra todos os males. Visto que a salvação do homem é assaltada, primeiramente por meio de acusações, e em seguida destruída por meio de condenação, Paulo antes remove o perigo que a acusação traz, pois só existe um Deus perante cujo tribunal devemos nos pôr. Portanto, visto que é ele quem nos justifica, então não há lugar para acusação. Aparentemente, as cláusulas contrastadas não se acham dispostas com exatidão. As duas partes que Paulo deveria contrastar são: "Quem acusará?" e "é Cristo quem intercede". Ele deveria, pois, ter adicionado as outras duas cláusulas: "Quem nos condenará? É Deus quem justifica." À absolvição divina corresponde a condenação, e à defesa de Cristo corresponde a acusação. Mas Paulo tinha razão para fazer tal transposição, visto que queria armar os filhos de Deus com aquela sólida confiança que é capaz de guardá-los de quaisquer ansiedades e temores. Sua conclusão, pois, de que os filhos de Deus não estão sujeitos a acusações, visto que é Deus quem os justifica, é muito mais enfática do que se dissera que Cristo é o nosso Advogado; pois, ao proceder assim, ele expressa mais claramente que a via de acesso para o julgamento é completamente obstruída quando o juiz pronuncia estar o prisioneiro completamente isento de culpa, diante dos acusadores que exultariam em vê-lo definitivamente condenado.

O mesmo argumento se aplica igualmente à segunda cláusula. Paulo nos mostra que os crentes não mais estão sob o risco de sofrer condenação, visto que Cristo, ao expiar seus pecados, antecipou o julgamento divino; e, através de sua intercessão, não só aboliu a morte, mas também lançou nossos pecados ao olvido, de modo que não mais são levados em conta [contra o crente].

A substância do argumento consiste em que somos não só isentos do terror mediante a disponibilidade de antídotos, ao chegarmo diante do tribunal divino, mas que Deus mesmo vem antecipadamente em nosso socorro, a fim de poder munir-nos com uma confiança muito mais sólida.

Entretanto, é preciso notar aqui o que temos afirmado sempre, ou seja: que, segundo Paulo, ser *justificado* significa ser considerado justo mediante a absolvição da sentença divina. Não é difícil provar isto na passagem em apreço, na qual Paulo argúi com base em uma só proposição com o fim de anular a proposição oposta. Absolver e acusar são opostos entre si. Portanto, Deus não permitirá qualquer acusação que se levante contra nós, visto que já nos absolveu de toda culpa. O Diabo, certamente, vive a acusar todos os santos [Ap 12.10]; e a lei de Deus, por sua própria natureza, bem como a própria consciência humana, igualmente nos reprovam. Todavia, nenhum destes elementos tem qualquer influência sobre o Juiz que nos justifica. Nenhum adversário, pois, pode abalar, muito menos destruir, nossa salvação.

Paulo igualmente faz referência a eles como *eleitos*, de maneira tal que remove qualquer dúvida de fazer ele parte de seu número. Ele não possuía tal conhecimento com base – como caluniam os sofistas – em uma salvação especial, e, sim, com base naquela percepção comum a todos os santos. Portanto, a afirmação, aqui, com referência ao eleito pode, segundo o exemplo de Paulo, ser aplicada por todos os santos a si mesmos. Também, tivesse ele sepultado a eleição no secreto conselho de Deus, e seria ela uma doutrina não apenas carente de calor, mas também sem vida. Porém, visto que Paulo, aqui, está deliberadamente introduzindo algo que todos os santos devem aplicar a si próprios, não há dúvida de que todos nós somos levados a examinar nossa vocação, a fim de podermos determinar se de fato somos filhos de Deus.

34. Quem os condenará? Visto que ninguém terá êxito em sua acusação diante da absolvição do juiz, assim também qualquer condenação não prevalecerá quando as leis são satisfeitas e a dívida, quitada. Cristo é aquele *Único* que sofreu o castigo que era nosso, e por isso declarou que tomou o nosso lugar a fim de pôr-nos em liberdade. Portanto, qualquer um que quiser condenar-nos terá que matar o próprio Cristo novamente. Porém, ele não só já morreu, mas também ressurgiu como vencedor da morte, e assim triunfou sobre o seu poder mediante sua ressurreição.

Paulo adiciona algo mais, ou seja: Cristo, declara ele, está agora assentado à mão direita do Pai. Este fato o fez dominador do céu e da terra, e com autoridade plenária governa todas as coisas, de acordo com sua afirmação em Efésios 1.20. Finalmente, ele nos ensina que Cristo está assim entronizado com o fim de ser o eterno Advogado e Intercessor em prol de nossa salvação. Segue-se disto que, se alguém desejar condenar-nos, terá não só que invalidar a morte de Cristo, como terá também que lutar contra o incomparável poder com o qual o Pai honrou ao Filho e com o qual conferiu-lhe soberana autoridade. Esta sólida segurança que ousa triunfar sobre o Diabo, a morte, o pecado e as portas do inferno deve estar profundamente implantada no coração de todos os santos, porquanto nossa fé não seria nada, se porventura não nos persuadisse com plena certeza de que Cristo é nosso, e que o Pai se nos fez propício em seu Filho. Portanto, para longe toda concepção perniciosa ou destrutiva com a qual os dogmas escolásticos minam a certeza de nossa [inabalável] salvação.

E também intercede por nós. O apóstolo insistiu em fazer esta adição explícita com o fim de evitar que a divina Majestade de Cristo viesse a terrificar-nos. Portanto, ainda que Cristo mantenha todas as coisas em sujeição sob a planta de seus pés, assentado em seu trono de soberania, Paulo o apresenta como Mediador, cuja presença seria simplesmente absurda caso nos aterrasse, visto que não só nos con vida para ele com gesto benevolente, mas também comparece diant do Pai por nós no exercício de Intercessor infalível. Não temos com medir esta intercessão pelo nosso critério carnal, pois não podemo pensar do Intercessor como humilde suplicante diante do Pai, co os joelhos curvados e com as mãos estendidas. Cristo, contud com razão intercede por nós, visto que comparece continuamente diante do Pai, como morto e ressurreto, que assume a posição de eterno Intercessor, defendendo-nos com eficácia e vívida oração para reconciliar-nos com o Pai e levá-lo a ouvir-nos com prontidão.

35. Quem nos separará do amor de Cristo? Será tribulação, ou angústia, ou perseguição, ou fome, ou nudez, ou perigo, ou espada?	35. Quis nos dirimet[37] à dilectione Christi? tribulatio, an angustia, an persequutio, an fames, an nuditas, an periculum, ann gladius?
36. Como está escrito: Por tua causa enfrentamos a morte todo o dia; fomos considerados como ovelhas para o matadouro.	36. Quemadmodum scriptum est, Quòd propter te morimur quotidie, reputati sumus tanquam oves mactationi destinatæ:
37. Em todas estas coisas, porém, somos mais que vencedores, por meio daquele que nos amou.	37. Sed in iis omnibus supervincimus per eum qui dilexit nos.

35. Quem nos separará do amor de Cristo? Ele agora dá mais amplitude a esta segurança, levando-a para a esfera dos seres inferiores. Aqueles que se deixam persuadir pela divina benevolência em seu favor são capazes de manter-se firmes nas mais variadas e prementes aflições. Estas atormentam o ser humano numa extensão muito ampla, seja porque não consideram que estas coisas procedem da providência divina, ou porque interpretam-nas como sinais da ira divina, ou porque acreditam que Deus esqueceu-se deles, ou porque não conseguem divisar o propósito delas, ou porque não conseguem meditar sobre uma vida melhor, ou por outras razões similares. Mas quando a mente se vê purgada de erros dessa espécie, então facilmente mergulhará em perene placidez. O sentido das palavras consiste em que, seja o que for que nos aconteça, devemos permanecer firmes na confiança de que Deus, que uma vez por todas um dia

---

37 "Dirimet – corta-nos", divide-nos ou parte-nos; χωρίσει – pôr à parte, desunir, separar: τίς 'quem' pode ser traduzido 'o que', como מ em hebraico. Pode ser do gênero neutro por causa do gênero dos substantivos que o seguem. Como os hebreus amiúde usam o futuro do modo potencial, assim pode ser o caso aqui – "O que pode separar-nos do amor de Cristo? tribulação, ou angústia?" etc. É preciso acrescentar também que o verbo 'separar' é usado para designar divórcio ou separação entre o homem e sua esposa. Vejam-se Mateus 19.6; 1 Coríntios 7.20, 11, 15.

nos envolveu em seu amor, jamais deixará de cuidar de nós. Paulo não diz simplesmente que não existe nada que dissuada Deus de seu amor por nós, e, sim, que deseja que o conhecimento e o vívido senso do amor sejam tão fortes em nós que o mesmo venha a vicejar em nossos corações, de uma maneira tal, que sempre triunfe em meio às trevas de nossas aflições. Tal como as nuvens, embora escureçam passageiramente a clara visão do sol, não nos privam totalmente de sua luz, também a nós, em nossas adversidades, Deus nos envia os raios de sua graça através de nossas trevas, a fim de que a tentação não nos vença e nos faça mergulhar em desespero. Deveras, nossa fé deve ascender com asas, movidas pelas promessas divinas, e penetrar o próprio céu, vencendo todos os obstáculos que tentam obstruir nossa jornada. A adversidade, é verdade, considerada em sua própria natureza, é um sinal da ira divina; mas quando o perdão e a reconciliação a tenham precedido, então passamos a compreender que, embora Deus nos puna, todavia jamais se esquecerá de exercer sua mercê em nosso favor. Paulo nos lembra o que realmente merecemos, mas enquanto insiste em nossa necessidade de exercer arrependimento, também testifica não menos que a nossa salvação é especial objeto do cuidado divino.

Ele fala de *o amor de Cristo*, porque o Pai, em Cristo, revelou sua compaixão para conosco. Portanto, visto que o amor de Deus não deve ser visto fora de Cristo, então Paulo corretamente nos lembra esta verdade, para que a nossa fé possa contemplar o sereno semblante do Pai através dos fulgurantes raios da graça de Cristo.

Sumariando, nenhuma adversidade deve minar nossa confiança de que, quando Deus nos é propício, nada poderá ser contra nós. Há quem tome o amor de Cristo em sentido passivo, pelo amor por meio do qual o amamos, como se Paulo quisesse munir-nos de uma coragem invencível.[38] Mas este equívoco é facilmente desfeito pelo

---

[38] Segundo *Poole*, alguns dos Pais defendiam esta opinião, tais como *Orígenes*, *Crisóstomo*, *Teodoreto* e *Ambrósio*. Mas, mesmo *Hammond* e *Grotius*, grandes admiradores dos Pais, consideravam este amor como aquele de Deus ou de Cristo por nós. *Wolfius* diz que todos os doutores luteranos apresentavam essa exposição. É deveras impossível considerar

contexto todo, e o apóstolo, aqui, também remove toda possível dúvida mediante uma definição mais clara desse amor.

Será tribulação, ou angústia, ou perseguição? O pronome masculino usado por Paulo, aqui, contém uma ênfase oculta. Quando poderia ter dito no gênero neutro: "O que nos separará?", ele preferiu personificar seres inanimados a fim de enviar-nos à competição com tantos campeões quantos diferentes gêneros de tentações há que propõem abalar nossa fé.

Estas três tentações diferem da segunda forma: *tribulação* inclui todo gênero de sofrimento ou perdas, mas *angústia* é o sentimento interno, quando as dificuldades nos enfraquecem para não divisarmos qual o curso a seguir. Tal era a ansiedade de Abraão e Ló, quando um deles foi constrangido a expor sua esposa à prostituição, e o outro, suas filhas, visto que, em suas dificuldades e perplexidades, não viam uma via de escape. Perseguição, propriamente dita, denota a violência tirânica pela qual os filhos de Deus são imerecidamente atormentados pelos ímpios. Embora em 2 Coríntios 4.8 Paulo negue que os filhos de Deus são στενοχωρούμενοι ['apertados'], ele não se contradiz, pois não os faz simplesmente imunes de solicitude ansiosa, mas significa que são libertados dela, como o exemplo de Abraão e Ló também revela.

36. Como está escrito. Esta citação é de grande importância na consideração do tema em pauta. Paulo insinua que o terror da morte está longe de ser uma razão para nossa apostasia, que é quase sempre a porção dos servos de Deus ter a morte diante de seus olhos.

---

corretamente toda a passagem sem perceber que esta explicação é a genuína. No versículo 32, é incontestavelmente evidente que o amor de Deus por nós é o que está aqui expresso. Então, no versículo 37, diz expressamente: "por meio daquele que nos amou"; e o último versículo parece suficiente para remover toda dúvida possível. A dificuldade de *Barnes* é que ele não achava "concebível como as aflições teriam alguma tendência para alienar *de nós* o amor de Cristo", surgindo daí uma concepção errônea. Pois quando falamos que não seremos separados do amor de Cristo, o significado óbvio é que nada pode impedir-nos de participar dos efeitos de seu amor; que ele, em virtude de seu amor, nos sustentará em meio às tribulações mais intensas e nos faz "mais que vencedores". A substância do que se diz aqui está contida na última cláusula do versículo 32 – "Como ele não nos dará graciosamente com ele todas as coisas?" Foi a certeza desta verdade que levou o Apóstolo a obviamente no-la comunicar.

É provável que este Salmo [44.23] descreva a miserável opressão do povo sob a tirania de Antíoco, pois afirma-se expressamente que ele agia com terrível crueldade contra os adoradores de Deus, não por alguma outra razão senão porque odiava a verdadeira religião. Ele adiciona uma gloriosa afirmação, dizendo que mesmo assim os crentes não se separaram do pacto divino. Era isso mesmo, creio eu, que Paulo tinha particularmente em vista. Não há objeção alguma de que os santos, neste salmo, se queixam da calamidade com que foram então afligidos além dos sofrimentos rotineiros. Visto que primeiramente declararam sua inocência, e mostraram que se achavam sobrecarregados com tantos males, podemos argumentar adequadamente, deste fato, que não há nada novo em o Senhor permitir que os santos sejam imerecidamente expostos à crueldade dos ímpios. Faz-se evidente, porém, que tal só sucede visando ao seu bem, visto que a Escritura nos ensina que é inconsistente com a justiça divina que Deus destrua o justo juntamente com o ímpio [Gn 18.23]. Ao contrário, é razoável que ele pague com aflição aos que afligem e com descanso aos que são afligidos [1Ts 1.6,9]. Então afirmam que sofrem pelo Senhor, e que Cristo declara bem-aventurados aqueles que sofrem por causa da justiça [Mt 5.10]. Dizer que *morrem durante o dia* significa que a morte os ameaça de uma forma tal que pouca diferença há entre essa espécie de vida e a própria morte.

37. Somos mais que vencedores. Ou seja: lutamos sempre, mas também vencemos sempre. Retive a palavra usada por Paulo,[39] ainda

---

39 "Supervincimus" – ὑπερνικῶμεν; a versão de *Beza* é: "amplius quam victores sumus"; a de *Macknight*: "fazemos mais do que vencer"; *Schleusner* apresenta esta como uma de suas explicações: "plenissime vincimus – vencemos mais plenamente". Paulo comumente usa ὑπερ num sentido enfático; de modo que a versão pode ser: "vencemos abundantemente", como se quisesse dizer: "Recebemos força que excede em muito ao poder dos maus". Alguns dizem que os fiéis vencem abundantemente, porque não sofrem perdas reais; mas que, como a prata no forno, só perdem seus refugos. E não só isso, mas também levam, como se estivessem no campo de batalha, ricos despojos – os frutos da santidade e justiça [Hb 12.10, 11]. E diz mais que a vitória será esta: que Cristo, que os tem amado, os ressuscitará dentre os mortos e os adornará com aquela glória com a qual todos os males desta vida não são dignos de comparação.
Beza diz: "Não apenas não ficaremos prostrados por tantos males e desalentos, mas até mesmo nos gloriamos na cruz."

que em latim [*supervincimus*] seu uso não seja frequente. Às vezes sucede que, aparentemente, os crentes são vencidos e entregues ao cansaço, visto que o Senhor não só os acossa com dureza, mas também os humilha. Entretanto, há um resultado que lhes é infalível, ou seja: que o Senhor sempre lhes garante que por fim sairão ilesos.

Não obstante, a fim de que viessem a reconhecer a fonte deste poder invisível, o apóstolo mais uma vez reitera sua afirmação anterior. Não só nos ensina que, em razão de Deus nos amar, ele estende sua mão para nossa proteção, mas também confirma sua mesma declaração concernente ao amor de Cristo. Esta única palavra é uma prova mais do que suficiente de que o apóstolo não está falando, aqui, do fervor do amor com que somos atraídos para Deus, mas da munificência de Deus ou de Cristo para conosco. A certeza disto, esculpida nos profundos recessos de nossos corações, sempre nos arrancará do inferno para a luz da vida, bem como nos servirá de força e de apoio.

38. Porque eu estou bem certo de que nem morte, nem vida, nem anjos, nem principados, nem coisas do presente, nem do porvir, nem poderes,	38. Persuasus enim sum, quòd neque mors, neque vita,[40] neque angeli, neque principatus, neque virtutes, neque præsentia, neque futura,
39. nem altura, nem profundidade, nem qualquer outra criatura poderá separar-nos do amor de Deus, que está em Cristo Jesus, nosso Senhor.	39. Neque altitudo, neque profunditas, neque ulla alia creatura, poterit nos dirimere à charitate Dei, quæ est in Christo Iesu.

38. Para que fôssemos mais fortemente confirmados nas coisas que experimentamos, o apóstolo agora prorrompe em hipérboles. *Tudo*, diz ele, seja na vida, seja na morte, parece querer rasgar-nos de Deus, porém não o conseguirá! Sim, ainda os próprios anjos, se tentarem arrancar-nos deste fundamento, serão frustrados, pois não nos causarão qualquer dano. Isto não contradiz o fato de que os anjos são espíritos ministradores, designados para a salvação dos

---

40 Nem a *morte* ameaçada pelos perseguidores, nem a *vida* prometida em troca de retratação.

eleitos [Hb 1.14], porquanto Paulo, aqui, está argumentando a partir do pressuposto de coisas que possivelmente não nos acontecerão, como em Gálatas 1.8. É imprescindível que observemos bem, sobre este aspecto, quão indignas as coisas devem parecer aos nossos olhos quando comparadas com a glória de Deus, visto ser-nos lícito ludibriar os próprios anjos com o propósito de defender a verdade divina.[41] Pelos termos *principados* e *potestades*,[42] devemos incluir também os anjos, os quais são assim denominados em razão de serem eles os mais proeminentes instrumentos do poder divino. Estes dois termos foram adicionados para que, se a palavra *anjos* nos soasse de forma insignificante, então algo mais ficasse expresso. Pode-se preferir a seguinte interpretação: "Nem anjos, nem quaisquer outros poderes elevados que porventura existam." Essa é a nossa maneira de expressar quando nos referimos a coisas que nos são desconhecidas, as quais excedem à nossa compreensão.

Nem coisas do presente, nem coisas do porvir. Embora Paulo esteja usando uma linguagem hiperbólica, de fato ele nos assegura que não existe qualquer extensão de tempo que possa, porventura, separar-nos da graça divina. Era imprescindível que ele adicionasse este elemento, visto não termos de lutar somente contra as dores que sentimos dos males atuais, mas também contra os temores e ansiedades com que os perigos nos ameaçam infligir.[43] O significado, pois, consiste em que não devemos temer que nossa fé em nossa

---

41 Alguns dos Pais, *Jerônimo, Crisóstomo* e outros, assumiram o mesmo ponto de vista, considerando o Apóstolo como que falando dos anjos bons, como se fosse em termos hipotéticos, como em Gálatas 1.8. *Grotius*, porém, e muitos outros, consideram que os anjos maus é que estão implícitos. Provavelmente que os anjos é que estão em pauta, sem qualquer consideração pelo que são.

42 *Grotius* considera as palavras de seu caráter abstrato para o concreto, Príncipes e Potentados; sendo chamados ἀρχαὶ, como pensam alguns, como sendo os primeiros, os principais em autoridade, e δυνάμεις, como tendo poder. "Por meio dessas palavras", diz Beza, "Paulo costuma designar o caráter dos espíritos – dos bons, em Efésios 1.21; Colossenses 1.16; e dos maus, em Efésios 6.12; Colossenses 2.15." Daí a probabilidade ser que as palavras designam diferentes hierarquias entre os poderes angélicos, sem qualquer referência a seu caráter, quer bom ou mau.

43 "Nem os males que ora sentimos, nem aqueles que podem aguardar-nos." – *Grotius*; antes: "Nem as coisas que ora existem, nem as coisas que virão à existência."

adoção seja destruída pelos males contínuos, mesmo quando nos pareçam demasiadamente renitentes.

Esta passagem contraria frontalmente os escolásticos que tolamente sustentam que ninguém pode ter certeza da perseverança final, exceto quando favorecido por uma revelação especial; e isto, garantem eles, é algo mui raro. Um dogma como esse destrói completamente a fé; e essa não tem garantia alguma se porventura não avançar para além da morte. Ao contrário, é indispensável que estejamos persuadidos de que aquele que começou em nós uma boa obra, a completará até ao dia de nosso Senhor Jesus.⁴⁴

39. Que está em Cristo Jesus. Ou seja: do qual Cristo é o vínculo. Ele é o Bem-amado Filho em quem o Pai tem todo prazer [Mt 3.17]. Se, pois, aderimos a Deus por meio dele [o Filho], nos asseguramos da bondade imutável e incansável de Deus para conosco. Assim, o apóstolo, ainda com maior clareza, põe no Pai a fonte do amor, afirmando que a mesma flui através de Cristo.

---

44 As palavras "nem altura, nem profundidade" não deixam sem observação, ὕψωμα, βάθος. A primeira, diz *Mede*, significa prosperidade; e a última, adversidade. *Grotius* crê que o que está implícito é a *altura* da honra, e a *profundidade*, da desgraça. "Nem céu nem inferno", dizem outros; "nem céu nem terra", segundo *Schleusner*. "As coisas do céu e as coisas da terra", é a explicação de *Crisóstomo*. A primeira, ὕψωμα, só é encontrada aqui e em 2 Coríntios 10.5. Como מרום em hebraico significa o que é alto ou elevado, e pode às vezes significar céu; e βάθος não é terra, mas o que é mais profundo; significa um solo profundo [Mt 13.5]; o mar profundo [Lc 5.4]; e no plural, coisas profundas e inescrutáveis [1Co 2.10]; portanto pode ser tomada aqui mui apropriadamente por inferno.

Capítulo 9

1. Digo a verdade em Cristo, não minto, testemunhando comigo, no Espírito Santo, a minha própria consciência:
2. que tenho grande tristeza e incessante dor no coração;
3. porque eu mesmo desejaria ser anátema, separado de Cristo, por amor de meus irmãos, meus compatriotas, segundo a carne,
4. [Que] são israelitas; pertence-lhes a adoção, bem como a glória, as alianças, a legislação, o culto divino e as promessas;
5. deles são os patriarcas e também deles descende Cristo, segundo a carne, o qual é sobre todos, Deus bendito para todo o sempre. Amém.

1. Veritatem dico in Christo, non mentior, testimonium simul mihi reddente mea conscientia cum Spiritu sancto.
2. Quòd dolor sit mihi magnus, et assiduus cruciatus cordi meo:
3. Optarim enim ego ipse anathema esse à Christo pro fratribus meis, cognatis inquam meis secundum carnem;
4. Qui sunt Israelitæ, quorum est adoptio, et gloria, et testamenta, et legislatio, et cultus, et promissiones;
5. Quorum sunt Patres, et ex quibus est Christus secundum carnem, qui est super omnia Deus benedictus in secula. Amen.

Neste capítulo, o apóstolo começa a evitar as ofensas que poderiam desviar de Cristo a mente humana. Porque os judeus, para quem [Cristo] fora designado através do pacto da lei, não só o rejeitavam ou menosprezavam, senão que a maioria o detestava. Uma de duas conclusões pode-se deduzir deste fato: ou que não existe verdade alguma na promessa divina, ou que o Jesus, então proclamado por Paulo, de forma alguma era o Cristo do Senhor, que fora particularmente prometido aos judeus. Em suas afirmações subsequentes, Paulo oferece uma excelente solução para ambas essas dificuldades.

Ele trata este tema, não obstante, com uma habilidade tal que desfaz aquela aspereza que poderia transparecer aos judeus, evitando que viessem a sentir algum rancor. Ele, contudo, não lhes oferece nada que significasse prejuízo para o evangelho, senão que lhes confirma seus privilégios de uma forma tal que não constituísse, também, qualquer prejuízo para a pessoa de Cristo. Mas ele passa à discussão do presente tema de uma forma tão abrupta que parece não haver conexão alguma com seu discurso anterior,[1] e no entanto começa sua nova exposição como se não fosse qualquer novidade. Eis a razão para tal procedimento: havia ele completado a discussão da doutrina que estivera defendendo, e quando volve sua atenção para os judeus, sente-se atônito com a incredulidade deles, como se para eles isso fosse algo inusitado; e então, de súbito, se deixa impelir por veemente protesto, como se estivesse tratando do mesmo tema que já havia discutido. Ninguém evitaria automaticamente este pensamento: "Se esta é a doutrina da lei e dos profetas, como é possível que os judeus a rejeitem tão obstinadamente?" Existe também o fato notório de que os judeus sentiam profundo ódio por tudo quanto Paulo ensinava a respeito da lei de Moisés e da graça de Cristo, para que viessem oferecer seu apoio à fé dos gentios, em concordância com Paulo. Era indispensável, pois, que este escândalo fosse removido, a fim de que o curso do evangelho não sofresse qualquer sorte de interrupção.

1. Digo a verdade em Cristo. Uma vez suposto pela maioria que Paulo se declarara inimigo de sua própria nação, de maneira que

---

1 A conexão parece ser esta: ele esteve falando da impossibilidade de separar o povo de Deus da influência protetora e poder preservador de seu amor. Ele demonstrou claramente que nenhum divórcio ou separação pode ocorrer em quaisquer circunstâncias possíveis. Então os judeus podiam dizer: "Se este é o caso, então estamos seguros, somos ainda o povo de Deus." Daí ele passa a remover esta objeção, e a fim de preparar sua mente para receber o que ele está para dizer e provar fala primeiramente de sua profunda preocupação com seu bem-estar; e então resume a doutrina que tocara nos versículos 28-30 sobre o caráter anterior e o ilustra fazendo uso de uma referência ao trato passado de Deus com os judeus, e o prova fazendo também uso de passagens dos antigos profetas. Ele mostra que o povo de Deus é chamado segundo seu propósito, e não todos os que usam o símbolo externo de seu concerto.

de alguma forma se fizera suspeito – até mesmo para os próprios domésticos da fé – de ensiná-los a apostatarem de Moisés, então ele prepara a mente de seus leitores, à guisa de preâmbulo, antes de entrar na discussão de seu tema proposto. Neste preâmbulo, ele se desvencilha da falsa suspeita de ser hostil para com os judeus. Visto que o tema carecia do apoio de um juramento, e visto que ele percebia que sua afirmação, em contrapartida, dificilmente seria crível em razão da opinião negativa que já haviam concebido sobre ele, então jura estar falando a verdade.

Esse, e exemplos afins (como já lembrei a meus leitores no primeiro capítulo), devem ensinar-nos que os juramentos são lícitos, ou seja aqueles que tornam uma verdade aceita, cujo conhecimento se faz proveitoso e que de outra forma não seria crida.

A expressão **em Cristo** significa *segundo Cristo*.[2] Ao acrescentar: **não minto**, ele afirma que está falando sem falsidade nem dissimulação. **Testemunhando comigo minha própria consciência**. Com estas palavras, ele cita sua própria consciência diante do tribunal divino, visto que invoca o **Espírito Santo** como testemunha de sua declaração. Ele insere o nome do Espírito com o propósito de testificar mais plenamente de que era isento e puro de qualquer sentimento pervertido de má intenção, e que se pusera em defesa da causa de Cristo sob a direção e orientação do Espírito de Deus. Uma vez estando cegos pelos afetos da carne, os homens com

---

[2] "Idem valet ac secundum Christum – é o mesmo que segundo Cristo"; "λέγω ἐν Χριστῳ – Eu falo em Cristo", isto é, como um cristão; estar em Cristo e ser um cristão é a mesma coisa. Esta idéia apoia a substância da passagem mais que qualquer outra. É como se ele dissesse: "Ainda que eu esteja em Cristo ou seja um cristão, todavia lhes digo isso como a verdade ou o fato, e tenho o testemunho da consciência iluminada pelo Espírito, de que tenho profunda tristeza e incessante dor por sua causa." Os judeus tinham a impressão de que o apóstolo, havendo se tornado um seguidor de Cristo, teria ncessariamente nutrido ódio por eles, e portanto não tinha nenhuma preocupação por eles; pois este é realmente o caso com todos os apóstatas reais, ou, seja, com aqueles que abandonaram a verdade pelo erro, porém não com aqueles que abandonam o erro pela verdade. Obviar esta impressão parece ter sido o objetivo aqui. Como a idéia de um juramento se harmoniza com o que se segue é difícil dizer. Não é um argumento dizer que ἐν aqui significa o mesmo que em Mateus 5.34, onde segue o verbo 'jurar'. Há uma passagem semelhante a esta em Efésios 4.17; mas ἐν κυρίῳ ali claramente significa "pela autoridade do Senhor". Podíamos acrescentar que jurar por Cristo não teria tido nenhuma influência sobre os judeus.

frequência obscurecem a luz da verdade, consciente e voluntariamente, ainda que não seja com a intenção direta de enganar. *Jurar pelo nome de Deus*, no estrito sentido do termo, significa invocá-lo como testemunha para a confirmação daquilo que desperta dúvida, e ao mesmo tempo para sujeitarmo-nos a seu veredicto, caso o que dizemos seja falso.

2. Que tenho grande tristeza. É bastante habilidosa a interrupção que o apóstolo faz de seu discurso antes de declarar o tema. Não era ainda oportuno mencionar abertamente a destruição da nação judaica. Pode-se igualmente adicionar que, ao proceder assim, ele está demonstrando um profundo grau de tristeza, visto que expressões elípticas geralmente indicam profunda comoção. Mas, oportunamente declarará a causa de sua tristeza, assim que tiver confirmado mais satisfatoriamente sua sinceridade.

A agonia que o apóstolo sentia tão profundamente por causa da destruição dos judeus, a qual, sabia ele, procedia da vontade e providência de Deus, nos ensina que a obediência que prestamos à providência divina não nos impede de sentirmos tristezas pela perdição de indivíduos dissolutos, ainda que saibamos que são condenados à ruína [eterna] pelo justo juízo de Deus. A mesma mente é capaz de experimentar estas duas emoções, ou seja ao olhar para Deus, se compraz com a ruína daqueles a quem ele determinou destruir; porém, ao volver seus pensamentos para os homens, condói-se deles, ao mirar sua miséria. Portanto, enganam-se completamente os que exigem dos santos uma indiferença estóica ante o sofrimento, e mórbida insensibilidade ante a dor, ἀπάθειαν καὶ ἀναλγησίαν, para não dizer que estão a resistir ao decreto divino.

3. Porque eu mesmo desejaria ser anátema. O apóstolo não poderia ter expressado seu amor com mais intensa veemência do que o faz à luz da presente afirmação. Este é o amor perfeito, o qual não foge nem mesmo de sua própria morte em favor da salvação de um amigo. Mas a palavra que ele adiciona – *anathema* – revela que sua referência não se limita só à morte temporal, mas também abrange a morte eterna. Ele explica seu conteúdo, ao dizer: **separado de Cristo** – pois *anathema* tem o sentido de *separação*. E separação de Cristo não significa precisamente ser excluído de toda e qualquer esperança de salvação? Assim, pois, tal atitude era uma prova do mais ardente amor, a saber: que ele nem mesmo hesitou em evocar sobre si a condenação que via pendente sobre os judeus, visando a que viesse, de alguma forma, livrá-los. Não há contradição no fato de que ele sabia que sua salvação se achava radicada na eleição divina, a qual não podia de forma alguma ser desfeita. As emoções mais profundas irrompem impetuosamente sem levar em conta, ou sem considerar nada, senão o objeto sobre o qual se fixaram. Paulo, pois, não adicionou a eleição divina à sua oração; ao contrário, deixou-a fora de suas cogitações, volvendo sua atenção unicamente para a salvação dos judeus.

Muitos de fato têm dúvida se este era um desejo lícito; mas tal dúvida pode ser assim removida: "A fronteira estabelecida é o amor que vai até onde a consciência permite."[3] Se, pois, nosso amor está em Deus, e não fora de Deus, então ele nunca será demais. Tal era o amor de Paulo, porquanto via sua própria raça revestida com tantas bênçãos divinas, e ele mesmo havia recebido os dons divinos por intermédio deles, e a eles mesmos em razão dos dons divinos. Daí a razão de seu profundo sofrimento, ao ver que estes dons pereceriam. E assim, como que fora de si e com o espírito em confusão, ele se prorrompe em ardente desejo.[4]

---

3 "Ut ad aras usque procedat." *Ainsworth* formula uma frase semelhante e explica a razão disso: "Usque ad aras amicus – Até onde a consciência permite", *Gell.*, porque ao jurar eles seguravam as pontas do altar.

4 A maioria dos que assumem este ponto de vista da passagem expressa a condição implícita mais distintamente do que é feito aqui. Consideram o desejo neste sentido: "Eu poderia desejar o que fosse certo ou lícito." Assim pensavam *Crisóstomo, Photius, Teofilato, Lutero, Pareus, Beza, Estius, Lightfoot, Witsius, Mede, Whiby* e outros. As palavras de *Photius* são dadas por *Wolfius*: "Ele não diz: Eu desejo ser separado, mas eu poderia desejar, isto é, que fosse possível – ηὐχόμην ἄν, τουτ' ἐστιν, εἰ δυνατὸν ἦν" *Stuart* e *Hodge* adotam o mesmo ponto de vista. "Era um desejo condicional", diz *Pareus*, "como o de Cristo em Mateus 26.39. Cristo sabia, e Paulo sabia, que não era possível ser concedido, e todavia ambos expressaram seu forte desejo." Veja-se xodo 32.32.

E por isso rejeito a opinião daqueles que acreditam que o apóstolo pronunciou estas palavras unicamente do prisma divino, e não do prisma humano. Tampouco concordo com outros que dizem que ele levou em conta só o amor aos homens, sem qualquer consideração para com a pessoa de Deus. Quanto a mim, faço uma conexão do amor em relação aos homens com o zelo em relação à glória de Deus.

Não obstante, ainda não expliquei o ponto principal do apóstolo, ou seja que os judeus são aqui considerados como que adornados com suas características distintivas, as quais os distinguiam do resto da raça humana. Deus, mediante seu pacto, os exaltara tão sublimemente que, se porventura fracassassem, então a fidelidade e a verdade de Deus mesmo também fracassariam no mundo. O pacto foi invalidado, o qual, por assim dizer, deveria manter-se firme enquanto o sol e a lua brilhassem no céu [Sl 72.7]. Assim, a abolição do pacto seria tão estranha quanto o mundo inteiro se voltando contra si mesmo numa espantosa e angustiosa sublevação. Paulo, pois, não faz aqui uma mera comparação entre os homens, porque, embora fosse melhor que um só membro perecesse do que todo o corpo, ele demonstra uma elevada consideração pelos judeus, visto que os reveste com o caráter e qualidade de um povo eleito. Isso surgirá com maior evidência do próprio contexto, como logo veremos no devido lugar.

Embora as palavras, **meus compatriotas, segundo a carne**, não signifiquem nada novo, contudo contribuem grandemente para ampliar o significado da passagem. Em primeiro lugar, para prevenir que alguém concluísse que, premeditada, ou instintivamente, ele buscava oportunidade para provocar controvérsia com os judeus, então notifica que não se despira do sentimento de humanidade para que não se sentisse afetado pela terrificante destruição de sua própria carne. Em segundo lugar, visto ser necessário que o evangelho, do qual era arauto, surgisse de Sião, não é sem razão que insista tanto em seus encômios dirigidos a sua raça sem qualquer propósito em vista. A expressão qualificativa, **segundo a carne**, não é, em minha opinião, adicionada com o propósito de humilhar os judeus, mas para, ao contrário, gerar neles confiança na pessoa do apóstolo. Ainda que os judeus houvessem deserdado a Paulo, ele não oculta o fato de que sua origem está radicada nesta nação, cuja eleição perpetuou vigorosamente na raiz, mesmo quando os ramos haviam murchado. A interpretação de Budaeus acerca do termo *anathema* contradiz Crisóstomo, que confundiu ἀνάθεμα com ἀνάθημα.

4. [Que] são israelitas. Ele agora explica por que a destruição de seu povo lhe causara tanto infortúnio que se sentia até mesmo disposto a redimi-lo com sua própria morte. Eles eram *israelitas*. O pronome relativo [*que*, subentendido] substitui um advérbio causal. Esta é a mesma angústia que atormentava Moisés quando desejou ser eliminado do livro da vida, contanto que a raça eleita e santa de Abraão não se reduzisse a nada [x 32.32]. Além do afeto humano, o apóstolo assinala outras razões de maior importância que o obrigavam a amar os judeus. O Senhor lhes dera o elevado privilégio de serem separados da ordem comum do gênero humano. Estes sublimes louvores emanados de seus lábios, dirigidos à dignidade deles, são provas de seu amor. Geralmente, só dirigimos expressões amorosas a quem realmente amamos. Ainda que os judeus, apesar de sua ingratidão, fossem célebres por esses dons divinos, mesmo não os merecendo, Paulo não cessa de dedicar-lhes o devido respeito. Daqui aprendemos dele que os ímpios não podem corromper os sublimes dons divinos, de tal maneira que deixem de ser sempre merecidamente dignos dos mais elevados encômios e de serem tidos na mais elevada estima, mesmo quando os que os usam deles abusem, sem nada derivar dos mesmos senão ainda maior infâmia. Assim como não devemos menosprezar os dons divinos nos ímpios, com base no ódio deles para conosco, assim, ao contrário, devemos usar de prudência a fim de que nossa bondosa estima e consideração por eles não lhes inflame o orgulho, e muito menos adquiram nossos louvores a aparência de bajulação. Imitemos a Paulo, que confirmou os privilégios dos judeus de uma forma tal que a seguir declara que sem Cristo não existe nada que mereça algum valor. Ao incluir-se no rol dos israelitas, nos louvores de seus privilégios, não o faz sem qualquer propósito, pois Jacó orou para que fossem chamados por seu nome [Gn 48.16], e exigiu isso como sendo a mais sublime das bênçãos.

Pertence-lhes a adoção. A intenção de Paulo, em todo seu discurso, consiste em que, não obstante haver os judeus se separado de Deus de forma blasfema, por sua apostasia, contudo a luz da graça divina não se extinguira definitiva e completamente deles, como disse em Romanos 3.3. Embora fossem incrédulos e houvessem quebrado o pacto divino, contudo sua perfídia não anulara a fidelidade divina, não só porque Deus houvera preservado para si, em sua progênie, um remanescente dentre toda a multidão, mas também porque o título *igreja* ainda continuava em seu seio por direito de herança.

Os judeus haviam, então, despojado a si mesmos de todos os privilégios, de modo que desvaneceu-se-lhes toda e qualquer vantagem o título *filhos de Abraão*. Não obstante, visto que corria-se o risco de os gentios fazerem pouco da majestade do evangelho através da fé judaica, Paulo não leva em conta o que de fato mereciam, mas encobre sua conduta vil e desonrosa ao lançar sobre eles muitos véus, assim os gentios foram plenamente persuadidos de que o evangelho originara-se-lhes de uma fonte celestial, do santuário de Deus e de uma nação eleita. Pois o Senhor passou por todas as demais nações e selecionou os judeus como um povo que lhe fosse particular, e adotou-os como seus filhos, segundo ele mesmo testifica pela boca de Moisés e dos profetas. E não contente em simplesmente chamá-los de *filhos*, às vezes os chama de *meu primogênito*, e às vezes de *meu amado*. Assim diz o Senhor em Êxodo 4.22-23: "Israel é meu filho, meu primogênito." "Porque sou pai para Israel, e Efraim é meu primogênito" [Jr 31.9]. E outra vez: "Não é Efraim meu precioso filho? filho de minhas delícias? Pois tantas vezes quantas falo contra ele, tantas vezes me lembro dele com compaixão" [Jr 31.20].

Com tais expressões, sua intenção era não só exibir sua indulgência para com Israel, mas, acima de tudo, exibir o poder da adoção, na qual a promessa de herança celestial se acha contida.

Glória significa a excelência com que o Senhor exaltou este povo acima de todas as demais nações, tanto pelas muitas e diferentes formas como pela habitação em seu seio. Além dos muitos sinais de sua presença, ele anteriormente exibiu uma singular prova dessa glória na arca, da qual ele tanto respondeu como ouviu a seu povo, a fim de demonstrar seu poder através de seu socorro. Foi por essa razão que recebeu ela o nome "a glória de Deus" [1Sm 4.22].[5]

Visto que Paulo fez aqui distinção entre **pactos**[6] e **promessas**, é mister que notemos a existência da seguinte diferença: um *pacto* é aquilo que é exprimido com palavras expressas e solenes, e contém uma obrigação mútua. Por exemplo, o pacto feito com Abraão. As *promessas*, porém, são encontradas em diversos lugares na Escritura. Pois assim que Deus fazia um pacto com seu antigo povo, não mais cessava de oferecer-lhe sua graça, de tempo em tempo, por meio de promessas renovadas. Segue-se que as promessas se acham relacionadas com o pacto, como sua única fonte, da mesma maneira que o socorro especial, por meio do qual Deus declara aos crentes seu amor, emana da mesma e única fonte da eleição. E visto que a lei era simplesmente a renovação daquele pacto, para assegurar que ele seria lembrado mais plenamente, tudo indica que **legislação** aqui deve restringir-se particularmente às coisas que a lei decretara. Para os judeus, ter Deus como o Legislador era uma honra mui singular. Se outras [nações] se

---

5 *Vitringa* pensa que 'a glória' era uma coluna de fogo e da nuvem no deserto. *Beza, Grotius* e *Hammond*, porém, concordam com *Calvino* de que o que está implícito é a arca. Veja-se Salmo 78.61. A referência parece ser aquelas manifestações que ocorriam no tabernáculo, e mais tarde no templo, por meio de esplendor ou refulgência peculiar. Vejam-se Êxodo 40.34; 1 Reis 8.11. Esse esplendor ou glória significava a presença de Deus, um privilégio peculiar aos israelitas.

6 Por que ele faz menção de 'pactos', αἱ διαθῆκαι, no plural tem sido explicado de várias formas – havia várias coisas inclusas – a terra de Canaã, prosperidade e o sacerdócio – havia três leis – a moral, a cerimonial e a judicial – havia diversas repetições do pacto feito com os patriarcas." Mas se lermos Gálatas 3.17, veremos a verdadeira razão para o apóstolo fazer ali uma diferença distina entre o pacto abraâmico e o mosaico; mas ambos esses pertenceram aos judeus. Veja-se também Efésios 2.12.

gloriavam de seus Sólons ou de seus Licurgueses, quanto mais razão há para se gloriar na lei! Lemos disso em Deuteronômio 4.32.

Pelo termo **cultos**, Paulo tinha em mente aquela parte da lei na qual a forma legítima de se cultuar a Deus é prescrita, tal como os ritos e as cerimônias. Estes teriam que ser considerados *legítimos* por conta da ordenação divina, sem a qual toda e qualquer invenção humana outra coisa não seria senão profanação da religião.

5. Deles são os patriarcas. É igualmente de alguma importância descender-se de santos e de pessoas amadas de Deus, visto que este prometera aos pais piedosos usar de misericórdia para com seus filhos, ainda até mil gerações, particularmente nas palavras dirigidas a Abraão, Isaque e Jacó [Gn 17.4] e a outros. Não faz diferença alguma se o afastamento do temor e santidade de vida torna sem efeito ou sem proveito o pacto, inerentemente, pois vemos a mesma coisa no culto e na glorificação de Deus, como é demonstrado em passagens dos profetas, especialmente Isaías 1.11; 60.1, bem como Jeremias 7.4. Contudo, visto que Deus enaltece essas coisas com algum grau de honra, quando são unidas para o cultivo da piedade, Paulo, apropriadamente, as considera como que figurando entre os privilégios dos judeus. Eles são chamados **herdeiros das promessas** em razão de descenderem dos patriarcas [At 3.25].

Também deles descende o Cristo. Não há motivo para relacionar esta descendência com os patriarcas, como se Paulo tencionasse apenas dizer que Cristo descendeu deles. Seu objetivo era concluir seu relato da preeminência dos judeus, declarando, em seu encômio, que Cristo procedia deles. Achar-se unido ao Redentor do mundo, pelos laços sanguíneos, é uma honra sem fronteira! Se ele honrou toda a raça humana, relacionando-se conosco pela participação de nossa natureza, muito mais honra desfrutam os judeus, com quem quis ter um estreito laço de afinidade. Devemos, contudo, ter sempre em mente que, se esta relação estabelecida pela graça for separada da piedade, longe de ser ela uma bênção, ao contrário nos conduz a uma mais grave e merecida condenação.

Temos aqui uma passagem mui notável. Paulo distingue as duas naturezas em Cristo, mas de forma que as mantém, ao mesmo tempo, unidas em uma mesma pessoa. Ao dizer que Cristo descendeu dos judeus, o apóstolo declara sua autêntica humanidade. Ao adicionar as palavras, **segundo a carne**, denota que Cristo possuía algo superior à carne. Tudo indica que o apóstolo estivesse aqui fazendo uma nítida distinção entre *humanidade* e *divindade*; porém, finalmente ele une ambas quando diz que Cristo mesmo, que nasceu dos judeus segundo a carne, é **Deus bendito para sempre**.[7]

É mister observar mais que esta atribuição de louvor pertence unicamente ao único e eterno Deus. Em outra passagem [1Tm 1.17], Paulo afirma que há um só Deus, a quem se devem honra e glória. Separar esta sentença do resto do contexto, com o propósito de privar a Cristo deste claro testemunho de sua divindade, é uma audaciosa tentativa de criar-se trevas onde só existe luz meridiana. As palavras são plenamente claras: "Cristo, que procede dos judeus segundo a carne, é Deus bendito para sempre." Não tenho dúvida alguma de que Paulo, que experimentou dificuldade no tratamento da *pedra de tropeço* que existia contra ele, deliberadamente fez emergir seus pensamentos e os alçou rumo à glória de Cristo, não tanto por ele mesmo, mas com o propósito de reanimar a outrem por meio de seu exemplo, para que pudessem também fazer o mesmo.

---

[7] *Stuart* tem, de uma maneira muito convincente, vindicado o verdadeiro e óbvio significado desta frase. Não existe redação de alguma autoridade, nem de alguma versão antiga, que afete a genuinidade do texto aceito; e é notável a engenhosidade exercida por vários críticos de se evadirem da clara construção da passagem – memorável exemplo do poder degradante de noções preconceituosas. É bastante singular também que alguns que confessam pelo menos a doutrina da divindade de Cristo, tais como *Erasmo*, *Whitby* e *Locke*, tenham tentado fazer mudanças no texto, e aqueles que, em defesa de conjeturas, por quem o significado óbvio é totalmente alterado.

É bem claramente demonstrado por *Stuart* que a própria posição das palavras, e sua conexão com o contexto, não admitirá nenhuma outra construção além daquela contida em nossa versão.

É bem notório que em hebraico a palavra 'bem-aventurado' ou 'bendito' é *sempre* posta antes de 'Deus' ou Jehovah, quando ela é uma atribuição de louvor; e parece que a Septuaginta tem mais de *trinta* exemplos seguidos na mesma ordem, e de fato em todo exemplo com a exceção de um [Sl 67.19], e que evidentemente é um erro tipográfico. O mesmo se dá com *todos* os exemplos no Novo Testamento. De modo que, se a frase aqui era uma doxologia, teria sido escrito εὐλογητὸς ὁ θεός.

6. Mas não significa que a palavra de Deus haja falhado, porque nem todos os de Israel são de fato israelitas;
7. nem por serem descendentes de Abraão são todos seus filhos; mas: Em Isaque será chamada tua descendência.
8. Isto é, os filhos de Deus não são propriamente os da carne, e, sim, os filhos da promessa é que devem ser considerados sua descendência.
9. Porque a palavra da promessa é esta: Por esse tempo virei, e Sara terá um filho.

6. Neque tamen, quasi exciderit verbum Dei: non enim omnes qui sunt ex Israele sunt Israelitæ:
7. Nec qui sunt semen Abrahæ, ideo omnes filii; sed in Isaac vocabitur tibi semen:
8. Hoc est, non qui sunt filii carnis, ii filii sunt Dei; sed qui sunt filii promissionis, censebuntur in semen:
9. Promissionis enim verbum hoc est, Secundum hoc tempus veniam, et erit Saræ filius.

6. Mas não significa que a palavra de Deus haja falhado. Paulo fora trazido a um estado de profunda comoção pela intensificação de sua oração. Ansioso, pois, de voltar a sua tarefa de instrução, ele adiciona o que se pode considerar uma afirmação qualificativa, como que impedindo-se de atingir excessiva angústia. Seu ato de deplorar a destruição de seu povo pareceu produzir a absurda posição de que o pacto que Deus fizera com Abraão havia fracasso (porque a graça de Deus não podia deixar os israelitas sem abolir o pacto). Então aproveita a oportunidade para antecipar este absurdo, e mostra que a graça de Deus estivera em constante atividade entre o povo judeu, de tal modo que a verdade do pacto permanecia firme, apesar da profunda cegueira deles.

Alguns lêem: "Mas não é possível...", como se o grego fosse οἷόντε.[8] Porém, visto que esta redação não se encontra em qualquer manuscrito, prefiro a redação comum: "Não que haja falhado", no seguinte sentido: "Ao deplorar a destruição de minha nação, não significa que creio que a promessa de Deus, outrora dirigida a Abraão, esteja agora sem efeito."

---

8 Fosse esse o caso, o verbo que se segue, como diz *Wolfius*, e prova com um exemplo, teria sido no modo infinitivo. *Piscator* diz o mesmo. Mas *Pareus* e *Beza* tomam este como seu significado; e assim procede *Macknight*: "Ora, não é possível que a promessa de Deus falhasse."

Porque nem todos os de Israel são de fato israelitas. A tese de Paulo tem por base o fato de que a promessa foi dada a Abraão e a sua progênie, porém de modo que esta herança não esteja [automaticamente] relacionada com todos seus descendentes, sem distinção. Segue-se que a apostasia de alguns não impedirá que o pacto permaneça imutável e inabalável.

Entretanto, para que fique mais evidente em que condição o Senhor adotou a progênie de Abraão como povo de sua propriedade exclusiva, devemos considerar dois pontos aqui. Primeiro, a promessa de salvação, dada a Abraão, pertence a todos que reconhecem sua descendência natural nele, visto que ela é oferecida a todos sem exceção. Por esta razão são eles corretamente intitulados *herdeiros* e *sucessores* do pacto feito com Abraão, ou, segundo afirma a Escritura, os *filhos da promessa*. Visto ser da vontade do Senhor que seu pacto fosse selado, tanto em Ismael e Esaú, como em Isaque e Jacó, é evidente que isso não lhe era de todo estranho, a não ser, talvez, por uma desconsideração da circuncisão, a qual lhes fora comunicada por mandamento divino. Mas não podemos manter esta posição sem desonrar a Deus. O apóstolo afirmara antes que os pactos lhes pertenciam, mesmo que não cressem [3.3]. Em Atos 3.25, Pedro diz: "Vós sois os *filhos* dos profetas e *da aliança* que Deus estabeleceu com vossos pais", já que eram os descendentes dos profetas. O segundo ponto a ser considerado consiste em que o título 'filhos da promessa' pertence propriamente àqueles em quem se encontram o poder e a eficácia de Deus. Segundo esta opinião, Paulo aqui assevera que nem todos os filhos de Abraão são de fato filhos de Deus, ainda que o Senhor haja firmado com eles um pacto, visto que poucos continuaram firmes na fé do pacto. Deus mesmo, não obstante, testifica em Ezequiel 16, que todos eles são seus filhos. Sumariando, quando o povo todo é chamado a herança de Deus e povo de sua propriedade particular, significa que eles foram escolhidos pelo Senhor, quando a promessa de salvação lhes fora oferecida e confirmada pelo símbolo da circuncisão. Não obstante, visto que muitos deles rejeitam esta adoção, movidos por sua ingratidão, e assim deixam de desfrutar seus benefícios em qualquer grau, outra diferença suscita-se entre eles com relação ao cumprimento da promessa. Para evitar que alguém pensasse quão estranho era que o cumprimento da promessa não se evidenciasse em muitos dos judeus, Paulo, pois, nega que estivessem incluídos na verdadeira eleição divina.

Podemos, caso se prefira, colocar de outra forma, ou seja "A eleição geral do povo de Israel não impediu Deus de separar para si, em consonância com seu secreto conselho, aqueles que lhe aprouve eleger." A condescendência divina em fazer Deus um pacto de vida com uma única nação é deveras um exemplo notável de sua imerecida mercê; sua graça oculta, porém, é mais evidente na segunda eleição, a qual é restrita a apenas uma parte da nação.

Ao dizer que *nem todos os de Israel são de fato israelitas*, e que *nem por serem descendência de Abraão são todos seus filhos*, Paulo está usando uma figura de linguagem conhecida como *paronomásia*. Na primeira sentença, ele inclui todos os descendentes; na segunda, menciona somente os filhos legítimos que não apostataram de sua posição.

7. Em Isaque será chamada tua descendência. O apóstolo ressalta este fato com o propósito de mostrar que a eleição secreta de Deus prevalece sobre a vocação externa. De forma alguma é ela contrária a esta vocação, senão que, antes, a confirma e a completa. Portanto, a fim de provar ambas as proposições, ele pressupõe, em primeiro lugar, que a eleição divina não se confina à descendência [carnal] de Abraão, nem se compreende nas condições do pacto. Para confirmar isso, ele então emprega uma ilustração muito oportuna. Se porventura houver algum legítimo descendente de Abraão que não apostatou do pacto, então deve ser ele o primeiro a apropriar-se do privilégio. Mas quando descobrimos que um dos primeiros filhos de Abraão se separou da linha de descendentes, mesmo quando Abraão ainda vivia e a promessa era nova, o que dizer, pois, daqueles seus descendentes mais distantes? Esta profecia é extraída de Gênesis 17.20, onde o Senhor diz, em resposta a Abraão, que ouvira sua oração em favor de Ismael, porém não haveria de ser em *outro* que a bênção prometida repousaria. Segue-se que algumas pessoas são eleitas dentre o povo escolhido por meio de um privilégio especial, e que nestas a adoção comum se converte em adoção eficaz e válida.

8. Isto é, os filhos de Deus não são propriamente os da carne. Ele agora deduz da profecia uma afirmação que inclui a totalidade daquilo que propusera provar. Se a progênie [de Abraão] é designada em Isaque, e não em Ismael, e Isaque não é menos filho de Abraão do que Ismael, é preciso entender, pois, que nem todos os filhos naturais seriam considerados como sua descendência, senão que a promessa se cumpre de uma forma especial somente em alguns, e que não pertence *igual* e *comumente* a todos. Aos que não passam de descendentes naturais, Paulo os chama de *filhos da carne*, justamente como os que são peculiarmente selados pelo Senhor são chamados de *filhos da promessa*.

9. Porque a palavra da promessa é esta. Ele adiciona outro testemunho da Escritura, em cuja aplicação podemos ver a intensidade de seu cuidado e a habilidade com que manuseia a Escritura. Quando o Senhor disse que viria, e a Abraão e a Sara nasceria um filho, ele comunicou que sua bênção ainda não fora conferida, mas que ainda viria.[9] Mas Ismael já havia nascido quando disse isso.

---

9 Gênesis 18.10. A citação não é da Septuaginta, mas é muito mais próxima de uma versão literal do hebraico. A única diferença material está nas palavras "neste tempo", em vez de "conforme o tempo de vida." As palavras em formas diferentes ocorrem *quatro* vezes: Gênesis 17.21; 18.10, 14; 21.2; encontramos as mesmas palavras em 2 Reis 4.16, 17. Parece que o apóstolo aqui tirou esta expressão, "neste tempo", de Gênesis 17.21, enquanto ele seguiu principalmente o texto de Gênesis 18.10. O significado da frase: "conforme o tempo de vida", como apresentada em Gênesis e em Reis, evidentemente é o tempo da gestação, que se passa entre a concepção e o nascimento. Isso foi reiteradamente mencionado a fim de mostrar que o curso usual da natureza seria seguido, embora a concepção fosse miraculosa; a criança a nascer devia ser nutrida no tempo usual no ventre materno – "conforme o tempo de produzir vida", ou de gestação. A exposição de *Gesenius*, adotada por *Tholuck* e *Stuart*, "quando o tempo for renovado", não comporta na passagem, visto que introduz uma tautologia. *Hammond* diz que os hebreus interpretam a expressão em Reis no sentido de tempo entre a concepção e o parto.

Portanto, a bênção divina não se endereçava a Ismael. Podemos observar igualmente, de passagem, de quanta cautela o apóstolo se reveste aqui, procurando não exasperar os judeus. Em primeiro lugar, pois, simplesmente afirma os fatos, porém oculta a razão. Então, passa a abrir a fonte.

10. E não ela somente, mas também Rebeca ao conceber de um só, Isaque, nosso pai.
11. Porque as crianças não eram ainda nascidas, nem tinham praticado o bem ou o mal, para que o propósito de Deus quanto à eleição prevalecesse, não por obras, mas por aquele que chama,
12. já lhe fora dito: O mais velho será servo do mais moço.
13. Como está escrito: Amei a Jacó, porém odiei a Esaú.

10. Non solum autem hic, sed et Rebecca, quæ ex uno conceperat, patre nostro Isaac:
11. Quum enim nondum nati essent pueri, nec quidpiam boni aut mali egissent, ut secundum electionem propositum Dei maneret,

12. Non ex operibus, sed ex vocante, dictum est ei, Major serviet minori;
13. Quemadmodum scriptum est, Jacob dilexi, Esau autem odio habui.

10. E não ela somente. Neste capítulo, algumas frases são incompletas; por exemplo: *mas também Rebeca ao conceber de um só, Isaque, nosso pai*. O apóstolo se interrompe abruptamente antes de chegar ao verbo principal. O significado, não obstante, consiste não só em que esta diferença quanto à herança da promessa pode ser vista nos filhos de Abraão, mas também em que há um exemplo muito mais claro em Jacó e Esaú. No caso dos primeiros [Ismael e Isaque], alguém pode alegar que sua condição era desigual, visto que um era filho de uma serviçal. Jacó e Esaú, porém, nasceram da mesma mãe. Na verdade, eram gêmeos. Todavia, um é rejeitado e o outro escolhido pelo Senhor. É evidente disto que a promessa não se cumpre em todos os filhos segundo a carne sem qualquer distinção.

Uma vez que Paulo está se referindo àquelas pessoas a quem Deus revelou seu conselho, prefiro tomar um pronome masculino em lugar de um neutro, como o faz Erasmo. O significado consiste em que a eleição especial de Deus fora revelada não só a Abraão, mas também, mais tarde, a Rebeca, enquanto levava os gêmeos em seu ventre.¹⁰

11. E as crianças não eram ainda nascidas. Ele agora começa a pôr-se mais a descoberto, a fim de mostrar a razão desta diferença, a qual, nos informa ele, deve ser encontrada unicamente na eleição divina. Inicialmente notara, de forma sucinta, que havia certa diferença entre os filhos naturais e os de Abraão, ou seja ainda que, pela circuncisão, todos haviam sido adotados na participação do pacto, todavia a graça divina não fora eficaz em todos eles. Portanto, aqueles que desfrutam dos benefícios divinos são os filhos da promessa. Paulo, não obstante, ou guardara silêncio, ou no mínimo fizera uma alusão um tanto velada sobre a *causa* desta ocorrência. Mas agora ele faz uma clara referência a toda a *causa* da eleição imerecida de Deus, a qual em hipótese alguma depende do homem. Na salvação dos santos não temos que buscar uma causa maior fora da munificência divina, e nenhuma causa maior na destruição dos réprobos além de sua justa severidade.

A primeira proposição de Paulo, pois, é a seguinte: "Como a bênção do pacto separa o povo de Israel de todas as demais nações, assim também a eleição divina faz distinção entre as pessoas desta nação, ao tempo em que predestina alguns para a salvação e outros para a condenação eterna." Eis a segunda proposição: "Não há outro fundamento para esta eleição senão unicamente a munificência divina, bem como sua mercê [revelada] desde a queda de Adão, a qual abraça todos aqueles de quem ele se agrada, sem nenhuma consideração por

---

10 Aqui está um notável exemplo de uma dificuldade quanto à construção, enquanto que o significado da passagem como um todo é bem evidente. A elipse tem sido complementada de forma variada: "e não somente *isto*", ou, seja, o que eu declarei; "e não somente *ele*", ou, seja, Abraão a quem se fez a primeira comunicação; "e não somente *ela*", ou, seja, Sara, mencionada no versículo precedente; "mas também Rebeca é outro exemplo". Mas poderia ser assim complementado: "e não somente *assim*", ou, seja, quanto à palavra da promessa; "mas também Rebeca *teve uma palavra*", ou uma mensagem a ela comunicada. Que o versículo tem em si um significado distinto, é bem evidente, pois o seguinte começa com um γὰρ, 'pois'; e concluir o versículo 11 em um parêntese não parece de forma alguma satisfatório.

suas obras, quaisquer que sejam elas." Eis a terceira: "O Senhor, em sua eleição totalmente imerecida, é livre e isento da necessidade de conceder igualmente a todos a mesma graça. Ao contrário, ele ignora a quem quer, e escolhe a quem lhe apraz." Paulo, sucintamente, enfeixa todas estas proposições numa só sentença, e em seguida considerará os pontos restantes.

Ao afirmar: **E as crianças não eram ainda nascidas, nem tinham praticado o bem ou o mal**, está a demonstrar que Deus, ao fazer a diferença entre eles, não poderia ter levado em conta quaisquer obras que não haviam ainda vindo à existência. Os que apresentam um argumento contrário, dizendo que isso não constitui razão para a eleição divina não fazer diferença entre os homens segundo os méritos de suas obras – porquanto Deus prevê as obras futuras, as quais os farão ou não dignos ou merecedores de sua graça –, não conseguem perceber com a mesma lucidez de Paulo, porém se prejudicam pelo primeiro princípio de teologia, o qual deve ser bem mais conhecido dos cristãos, ou seja: que Deus não pode ver nada [de positivo] na natureza corrompida do homem, tal como demonstrado na pessoa de Jacó e Esaú, que o possa induzir a demonstrar seu favor. Quando, pois, Paulo diz que nem um deles, naquele tempo, havia feito qualquer bem ou mal, devemos adicionar, ao mesmo tempo, seu pressuposto de que eram ambos filhos de Adão, pecadores por natureza, sem a posse de uma única fagulha de justiça.

Não insisto na explanação destes pontos, porque o pensamento do apóstolo é obscuro. Entretanto, visto que os sofistas não se mostram satisfeitos com a simples afirmação de Paulo, e tentam escapar com distinções frívolas, então empenhei-me por mostrar que ele não estava de forma alguma sem informação sobre os argumentos que alegavam, mas que eles mesmos eram cegos em relação aos princípios elementares da fé.

Além disso, ainda quando a corrupção que se difundiu por toda a raça humana é por si só suficiente para trazer condenação, mesmo antes de revelar sua natureza em feitos ou atos, segue-se deste fato que Esaú merecia ser rejeitado, porquanto era, por natureza, filho da ira. Não obstante, a fim de evitar ainda alguma sombra de dúvida, como se a condição de Esaú fosse pior em razão de algum vício ou deformação, era conveniente que Paulo excluísse os pecados não menos que as virtudes. É verdade que a *causa* imediata de reprovação consiste na maldição que todos nós herdamos de Adão. Não obstante, o apóstolo nos poupou deste conceito, até que aprendamos a descansar exclusiva e simplesmente no beneplácito divino e até que ficasse estabelecida a doutrina de que Deus tem uma causa suficientemente justa para situar a *eleição* e a *reprovação* em sua própria vontade.[11]

Para que o propósito de Deus quanto à eleição prevalecesse. Em quase cada palavra ele insiste com seus leitores sobre a soberania da eleição divina. Caso as obras tivessem algum espaço, então ele teria dito: "para que a remuneração esteja relacionada com as obras". Não obstante, ele põe em confronto as *obras [humanas]* e o *propósito divino*, o qual se acha contido exclusivamente em seu próprio beneplácito. E para que não houvesse motivo para contenda sobre o tema, ele removeu toda e qualquer dúvida ao acrescentar outra sentença: **segundo a eleição**, e então uma terceira: **não por obras, mas por aquele que chama**. Portanto, consideremos o contexto mais detidamente. Caso o propósito divino segundo a eleição fosse estabelecido em razão de que, mesmo antes que os irmãos houvessem nascido e

---

[11] *Usher* formula a pergunta: "Deus, antes de haver feito o homem, determinou salvar alguns e rejeitar outros?" A isso ele formula esta resposta: "Sim, certamente; antes que tivessem feito o bem ou o mal, Deus, em seu eterno conselho, os separou." É o mesmo sentimento enunciado aqui por *Calvino*. Mas deduzir isso do que foi dito de Jacó e Esaú não parece legítimo, visto que estavam por natureza numa condição apóstata, e a referência, evidentemente, é feita a nada praticado pessoalmente por eles. A eleição e reprovação mui claramente pressupõe o homem como caído e perdido; é daí, aliás, que as palavras derivam seu significado. Que foi o eterno propósito de Deus escolher alguns dentre a raça caída do homem e deixar outros perecerem nos é claramente ensinado; mas esta é uma questão diferente daquela focalizada aqui – que esse propósito era independente da queda do homem –, sentimento esse que, até onde eu o vejo, não é reconhecido nem ensinado na Escritura. E não só *Calvino*, mas muitos outros doutores, tanto antes como depois dele, parecem ter ido nessa direção um tanto além dos limites da revelação. É procedente, por um processo de raciocínio aparentemente óbvio; mas quando começamos a arrazoar sobre este sublime e misterioso tema, nos vemos logo desnorteados e perdidos em labirintos de dificuldades.

pudessem praticar o bem ou o mal, um é rejeitado e o outro, eleito, então querer atribuir a *causa* da diferença entre ambos a suas obras é subverter o propósito divino. Ao adicionar, *não por obras, mas por aquele que chama*, sua intenção não era levar em conta as obras, e, sim, unicamente a *vocação* [divina]. O que Paulo pretende é excluir toda e qualquer consideração pelas obras. A perseverança de nossa eleição se acha total e exclusivamente compreendida no propósito divino. Os méritos [humanos] não são de nenhum proveito aqui, pois eles resultam somente em morte. A dignidade [humana] é desconsiderada, porque não existe nenhuma, senão que a munificência divina é a única que reina. Portanto, é falsa e contrária à Palavra de Deus a doutrina de que Deus ou elege ou reprova com base em sua *previsão*, se cada um é ou não digno de seu favor.[12]

12. O mais velho será servo do mais moço. Observe-se bem como o Senhor faz distinção entre os filhos de Isaque, quando ainda se acham no ventre de sua mãe. O oráculo divino então aponta para Jacó. Segue-se disso que a vontade divina era mostrar ao filho mais jovem um favor particular, o qual negou ao mais velho. Ainda que esta promessa tivesse que ver com o direito de primogenitura, não obstante Deus declara sua vontade nele como um tipo de algo maior. Podemos ver isso mais claramente levando em conta quão pouca vantagem, em relação à carne, Jacó obteve de sua primogenitura. Por causa dela, ele se viu exposto a um grande perigo. A fim de escapar do perigo, se viu obrigado a deixar seu lar e seu país, bem como se viu ameaçado, em seu exílio, a viver de uma forma desumana. Em seu retorno, cheio de tremores e de incertezas no tocante a sua vida, prostrou-se aos pés de seu irmão, humildemente rogou perdão para

---

[12] Nada se pode conceber mais conclusivo em questão de argumento do que o que se acha contido aqui. A idéia de obras previstas, como a razão ou a base da eleição, é totalmente excluída. A escolha com base nas obras é expressamente negada, e é expressamente atribuída à soberana vontade de Deus.
"Ele não contrapõe *obras* à *fé*, mas àquele que chama, ou à vocação que precede a fé, àquela vocação que é segundo o propósito de Deus. Paulo quer dizer que a diferença entre Jacó e Esaú foi feita unicamente através da vontade e beneplácito de Deus, não através da vontade ou obras deles, existentes ou previstas." – *Poli Syn.*

suas ofensas, e só escapou da morte porque seu irmão, Esaú, lhe concedeu o perdão. Onde vamos encontrar o domínio de Jacó sobre seu irmão, de quem se viu obrigado a buscar sobrevivência agora tão ameaçada? Há, portanto, na resposta apresentada pelo Senhor, algo muito maior do que a primogenitura prometida.

13. Como está escrito: Amei a Jacó. O apóstolo confirma, usando um testemunho ainda mais forte, o quanto a promessa feita a Rebeca se relaciona com seu presente tema. A condição espiritual de Jacó era testemunhada por seu *domínio*, e a de Esaú, por sua *servidão*. Jacó também obteve este favor pela munificência divina, e não por seu próprio mérito. Esta declaração do profeta, portanto, revela por que o Senhor conferiu a primogenitura a Jacó. Ela é extraída de Malaquias 1, onde o Senhor declara sua benevolência para com os judeus, antes de reprová-los por sua ingratidão. "Eu vos amei", diz ele. E então acrescenta a fonte da qual seu amor fluía. "Não era Esaú irmão de Jacó?" – como a dizer: "Que privilégio tinha ele [Jacó] para que eu lhe preferisse a seu irmão? Nenhum! Seus direitos eram iguais, exceto que o mais jovem devia, por direito natural, estar sujeito ao mais velho. No entanto, escolhi a Jacó e rejeitei a Esaú, movido a proceder assim unicamente pela minha misericórdia, e não por alguma dignidade que porventura houvesse em suas obras. E então vos adotei para que fôsseis meu povo, e assim pudesse mostrar-vos a mesma benevolência que revelei a Jacó. Contudo rejeitei os edomitas, descendentes de Esaú. Portanto, sois muitíssimo piores, visto que a lembrança deste grande favor não pôde motivar-vos a adorar minha majestade."[13] Ainda quando Malaquias menciona também as bênçãos terrenas que Deus derramara sobre os israelitas, não devem ser consideradas em nenhum outro sentido senão como sinais de sua munificência. Onde a ira divina for encontrada, a morte também estará presente. Mas onde o amor divino é encontrado, a vida igualmente se faz presente.

---

13 O significado das palavras 'amar' e 'odiar' é aqui corretamente explicado. É comum na Escritura expressar uma preferência por termos como estes. Vejam-se Gênesis 29.31; Lucas 14.26; João 12.25.

14. Que diremos, pois? Há injustiça da parte de Deus? De modo nenhum.
15. Pois ele diz a Moisés: Terei misericórdia de quem me aprouver ter misericórdia,
16. e compadecer-me-ei de quem me aprouver ter compaixão.
17. Assim, pois, não depende de quem quer, ou de quem corre, mas de usar Deus sua misericórdia. Porque a Escritura diz a Faraó: Com este mesmo propósito te levantei, para mostrar em ti meu poder, e para que meu nome seja publicado por toda a terra.
18. Por isso, ele tem misericórdia de quem quer, e a quem quer endurece.

14. Quid ergo dicemus? num injustitia est apud Deum? Absit:
15. Moses enim dicit, Miserebor cujus miserebor, et miserebor quem miseratus fuero.
16. Ergo non volentis neque currentis, sed miserentis est Dei.
17. Dicit enim Scriptura Pharaoni, In hoc ipsum excitavi te, ut ostendam in te potentiam meam, et ut prædicetur nomen meum in universa terra.
18. Ergo cujus vult miseretur, et quem vult indurat.

14. Que diremos, pois? A carne não pode ouvir a sabedoria divina sem sentir-se profundamente perturbada com perguntas perplexivas e sem se fatigar pedindo que Deus lhe dê explicação. Daí depararmo-nos com o apóstolo – toda vez que trata de algum mistério mui elevado – a responder aos muitos absurdos com os quais, sabia ele, a mente humana vive ocupada. O ser humano tropeça em muitas e mesquinhas dificuldades, principalmente quando ouvem o que a Escritura ensina acerca da predestinação.

A predestinação divina constitui realmente um labirinto do qual a mente humana é completamente incapaz de desembaraçar-se. Mas a curiosidade humana é tão insistente que, quanto mais perigoso é um assunto, tanto mais ousadamente ela se precipita para ele. Daí, quando a predestinação se acha em discussão, visto que o indivíduo não pode conter-se dentro de determinados limites, imediatamente, pois, mergulha nas profundezas do oceano de sua impetuosidade. Que remédio, pois, haverá para a mente pia? Deve ela evitar toda e qualquer expressão sobre a predestinação? De forma alguma. Já que o Espírito Santo não nos ensinou outra coisa senão o que visa a nosso interesse saber, tal conhecimento nos será indubitavelmente benéfico, contanto que não se ultrapassem os limites da Palavra de Deus. Portanto, que esta seja nossa regra sacra: não procurar saber nada mais, senão o que a Escritura nos ensina. Onde o Senhor fecha seus próprios lábios, que igualmente impeçamos nossas mentes de avançar sequer um passo a mais. Não obstante, visto que as perguntas fúteis virão naturalmente a nosso encontro, sendo nós o que somos, ouçamos de Paulo como as mesmas devem ser satisfeitas.

Há injustiça da parte de Deus? A maldade da mente humana é certamente insondável. Ela está sempre mais disposta a acusar a Deus de injustiça do que a responsabilizar-se por sua própria cegueira. Paulo não tinha a menor intenção de sair de seu caminho em busca de um tema com o qual pudesse confundir seus leitores, senão que põe ele em discussão a irreverente dúvida que gira nos pensamentos de muitos, tão logo ouvem que Deus determina a condição de cada indivíduo em consonância com sua vontade. O tipo de injustiça que a carne imagina é aquele em que Deus é visto a considerar uma pessoa e a ignorar a outra.

A fim de remover esta dificuldade, o apóstolo divide todo o tema em duas partes. Na primeira, ele trata dos *eleitos*; e na segunda, dos *réprobos*. No caso dos eleitos, ele nos leva a contemplar a mercê divina; porém no caso dos réprobos, devemos reconhecer o justo juízo de Deus. Em primeiro lugar, portanto, sua resposta consiste em que é detestável o conceito de que há injustiça em Deus. Ele, pois, mostra que é impossível haver qualquer injustiça em Deus, quer no caso dos eleitos, quer no caso dos réprobos.

Entretanto, antes de prosseguir, esta objeção claramente prova que a razão por que Deus elege uns e rejeita outros deve ser encontrada unicamente em seu *propósito*. Se a diferença entre os dois [grupos] fosse baseada, levando-se em conta suas obras, não haveria razão para discutir esta questão da injustiça divina, porquanto nenhuma suspeita de injustiça pode surgir quando Deus trata a cada um de acordo com seus méritos. É digno de nota, também, em segundo lugar, que embora Paulo visse que esta parte da doutrina não podia ser discutida sem imediatamente suscitar terríveis contradições e vociferantes blasfêmias, no entanto a introduziu francamente e sem dissimulação. De fato, ele não esconde o fato de quanta ocasião para distúrbio e ódio se nos proporciona em nosso aprendizado, ou seja que antes mesmo de nascerem, a porção dos homens lhes é designada, a cada um, pela secreta vontade divina. Não obstante, ele prossegue, e declara sem tergiversação, que aprendeu estas coisas do Espírito Santo. Segue-se disso ser algo em extremo intolerável à sensibilidade daqueles que afetam uma aparência de maior prudência que a do próprio Espírito Santo, em remover ou resolver ofensas. Para que Deus não seja acusado, é uma questão de fé para eles simplesmente confessar que a salvação ou a destruição dos homens depende da sua soberana eleição. Se fossem menos curiosos, e se refreassem suas línguas de desenfreada licenciosidade, sua modéstia e sobriedade seriam dignas de aprovação. Porém, que audácia é essa de tentar amordaçar ao Espírito Santo e a Paulo! Portanto, que floresça suficiente grandeza de alma no seio da Igreja de Deus, para que se evite que seus santos mestres se sintam envergonhados diante da profissão singela das sãs doutrinas, ainda que isso lhes pareça desagradável; e que estejam preparados a fim de refutar todas as calúnias provenientes dos ímpios.

15. Pois ele diz a Moisés.[14] No tocante aos eleitos, Deus não pode ser acusado da mais leve injustiça, porquanto os favorece com sua mercê em consonância com seu beneplácito. Contudo, aqui também a carne encontra razões para queixa, pois ela não pode permitir que Deus mostre favor a um e a outro não, a menos que a *causa* se faça

---

14 A citação é de Êxodo 33.19, e literalmente da Septuaginta. O verbo ἐλεέω deve ser tomado aqui no sentido de mostrar favor antes que misericórdia, de acordo com o significado da palavra hebraica; pois a idéia de misericórdia é a que comunica o outro verbo, οἰκτείρω. *Schleusner* o traduz aqui e em algumas outras passagens neste sentido. A tradução pois, seria: "Favorecerei a quem eu favorecer", isto é, a quem eu decidir favorecer; "terei compaixão de quem eu tiver compaixão", ou, seja, de quem eu decidir ter compaixão. O último verbo em ambas as frases em hebraico está no tempo futuro, mas traduzido apropriadamente em grego no presente, quando ele comumente expressa um ato presente.

evidente. Portanto, visto parecer absurdo que alguns sejam preferidos a outros, sem [levar em conta] qualquer mérito, a impudência humana entra em controvérsia com Deus, como se ele mostrasse mais respeito por alguns do que o permitiria o direito. É necessário ver agora como Paulo defende a justiça divina.

Em primeiro lugar, o apóstolo não pretende de forma alguma obscurecer ou ocultar o que viu, como se fosse algo aversivo, mas persiste em asseverá-lo com determinada constância. Em segundo lugar, não busca paliativos para encontrar razões com quê suavizar as asperezas da doutrina, senão que se contenta em reprimir as objeções ofensivas e atrevidas através do testemunho da Escritura.

A apologia de Paulo, de que Deus não é de forma alguma injusto, só porque é misericordioso em relação àqueles de quem se agrada, pode aparentar carência de entusiasmo. Mas visto que Deus considera somente sua autoridade como suficiente, de modo a não necessitar de nenhum outro defensor, o apóstolo se sentia satisfeito com o fato de Deus ser o defensor de seu próprio direito. O apóstolo aqui apresenta a resposta que Moisés recebeu do Senhor, quando orou pela salvação de todo o povo. "Terei misericórdia de quem eu quiser ter misericórdia, e me compadecerei de quem eu quiser me compadecer" [x 33.19]. Por esta declaração, o Senhor afirmou que não era devedor a ninguém, e que tudo lhes concedera em razão de sua graciosa benevolência. Em segundo lugar, que esta liberalidade é gratuita, de modo que a confere a quem quiser conferir. E, finalmente, nenhuma razão mais elevada do que sua própria vontade pode ser concebida, pela qual ele deve fazer o bem e revelar sua graça apenas a alguns, e não a todos. As palavras realmente significam: "Jamais retirarei minha misericórdia da pessoa em favor de quem uma vez propus demonstrá-la; e concederei contínua liberalidade àquele em favor de quem determinei ser liberal." Deus assim fixa como a *causa primeira* para conceder a graça seu próprio propósito soberano, e ao mesmo tempo ratifica que determinara ter misericórdia particularmente de alguns. A linguagem específica usada aqui exclui todas as causas externas, como quando, ao reivindicar em nosso favor liberdade de ação, dizemos: "Eu farei o que pretendi fazer." O pronome relativo [*quem*] expressamente denota que a misericórdia não será estendida indiscriminadamente a todos. Somos privados desta liberdade quando restringimos a eleição divina às causas externas.

A única *causa* genuína da salvação é expressa nas duas palavras usadas por Moisés. חָנַן significa *favorecer* ou *mostrar liberalidade gratuita* e *abundantemente*; רָחַם *ser tratado com misericórdia*. Paulo assim estabelece o que pretendera provar, ou seja que a misericórdia divina, sendo gratuita e soberana, não está obrigada nem restringida a nada e a ninguém, senão que se volve para onde lhe apraz.[15]

16. Assim, pois, não depende de quem quer. Paulo deduz desta afirmação a indisputável conclusão de que nossa eleição deve ser atribuída, não a nossa diligência, nem a nosso zelo, nem tampouco a nossos esforços, senão inteiramente ao conselho divino. Que ninguém conclua que os eleitos o são em virtude de serem eles merecedores, ou porque de alguma forma conquistaram para si o favor divino, ou ainda porque possuíam alguma semente de dignidade pela qual Deus pôde ser movido a agir. A idéia simples, que devemos levar em conta, é esta: o fato de sermos contados entre os eleitos independe tanto de nossa *vontade* quanto de nossos *esforços* – pois o apóstolo substituiu *correr* por *esforço* ou *diligência*. Ao contrário, deve ser atribuído totalmente à benevolência divina, a qual, por si só, recebe graciosamente aqueles que nada empreendem, nem se esforçam, nem mesmo tentam. É estulto o argumento daqueles que concluem desta passagem que possuímos a capacidade de envidar

---

15 Estas duas palavras claramente mostram que a eleição considera o homem como apóstata; pois favor é o que se mostra ao que nada merece, e misericórdia, ao desventurado e miserável, de modo que a escolha que se faz é da massa corrupta da humanidade, contemplada nesse estado, e não como num estado de inocência. Diz Agostinho: "Deus alios facit vasa iræ secundum meritum; alios vasa misericordiæ secundum gratiam – Deus faz alguns vasos de ira segundo seu mérito; outros vasos de misericórdia segundo sua graça." Em outro lugar ele diz: "Deus ex eadem massa damnata originaliter, tanquam figulus, fecit aliud vas ad honorem, aliud in contumeliam – Deus, como um oleiro, fez da mesma massa originalmente condenada um vaso para honra, e outro para desonra." "Deus forma da grande massa da humanidade apóstata duas sortes de vasos ." – *Henry*.

esforços por alcançar nossa própria eleição, mas que esta capacidade não efetua nada por si mesma, senão que recebe o auxílio da misericórdia divina. O apóstolo não está tentando mostrar a *capacidade* que porventura poderíamos ter, e, sim, está excluindo todos nossos empenhos. Dizer que *queremos* ou *corremos* para alcançar a eleição é pura cavilação, visto que Paulo nega que o homem que quer e corre seja capaz de concretizar a eleição. O que ele tem em mente é simplesmente que nem o *querer* nem o *correr* podem efetuar algo.

Entretanto, aqueles que, em contrapartida, prosseguem em sua ociosidade e inatividade, sob a alegação de deixar à graça divina a liberdade de ação, também devem ser condenados. Ainda que nossos próprios esforços não realizem nada, todavia o esforço que é inspirado por Deus não fica sem efeito. Portanto, não dizemos isso com o intuito de fazer que nossa capciosidade e indolência extingam o Espírito de Deus, quando ele acende em nós algumas centelhas, mas para que possamos entender que o que temos procede dele, e para atribuir-lhe a existência de todas as coisas, e sinceramente desenvolver nossa salvação com temor e tremor [Fp 2.12].

Pelágio tentou evadir-se desta sentença do apóstolo, substituindo-a por outro sofisma completamente indigno. Ele defendeu a tese de que nossa eleição não depende *somente* de quem quer ou de quem corre, visto que a misericórdia divina nos assiste. Agostinho, contudo, o refutou eficiente e astuciosamente, dizendo: Quando se nega que a vontade humana é a causa da eleição, por ser ela apenas uma parte e não a única causa, também podemos, em contrapartida, afirmar que a eleição não depende da misericórdia divina, e, sim, de quem quer ou de quem corre. Onde há mútua cooperação, também deve haver louvor recíproco. Mas esta última proposição parece indisputável por sua própria obscuridade. Determinemos, pois, atribuir à misericórdia a salvação daqueles a quem Deus propôs salvar, de uma maneira tal que nada reste à inventividade humana.[16]

---

16 Os termos 'querer' e 'correr' evidentemente se derivam das circunstâncias conectadas à história de Esaú. Diz Turrettin: "Esaú buscou a bênção em vão. Em vão Isaque apressou-

Na opinião de alguns intérpretes, estas palavras foram expressas na pessoa do ímpio. Contudo, tal coisa nada contém de plausível. Seria consistente torcer textos da Escritura, nos quais a justiça divina é proclamada, com o propósito de censurá-lo com tirania? Além disso, seria provável que Paulo houvesse permitido que a Escritura fosse tratada com grosseiro desdém, quando poderia pronta e facilmente ter refutado seus oponentes? Mas estes são meios de escape dos quais se apoderam aqueles que medem este incomparável mistério divino por seus próprios critérios, tacanhos e confusos. A seus delicados e sensíveis ouvidos, esta doutrina era por demais dissonante para ser considerada digna do apóstolo. E ter-lhes-ia sido mais proveitoso se sujeitassem sua obstinação à obediência do Espírito, a fim de não virem a ser tão lamentavelmente contaminados por suas próprias e grosseiras mentiras.

17. Porque a Escritura diz a Faraó. Paulo, então, chega à segunda parte, ou seja: *a rejeição do ímpio*. Visto haver aqui, aparentemente, certo fator menos racional, ele se empenha muito mais a esclarecer como Deus, ao rejeitar a quem ele quer, não só permanece irrepreensível, mas também permanece excelsamente maravilhoso em sua sabedoria e retidão. O apóstolo, pois, extrai seu texto-prova de Êxodo 9.16, onde o Senhor declara que foi ele mesmo quem levantou Faraó

-se em concedê-la e em vão Esaú correu em busca de churrasco para seu pai; nem a vontade do pai nem a pressa do filho tiveram algum proveito. O favor de Deus subjugou a todos." Mas o tema em pauta é a soberania de Deus na manifestação de seu favor e graça. Esaú foi apenas um tipo dos judeus incrédulos, quando o evangelho foi proclamado, bem como dos milhares que também são cristãos nominais. Há alguma sorte de 'querer' e uma grande medida de 'correr', e no entanto a bênção não é alcançada. Houve muito de aparente querer e correr no estrito formalismo e zelo do fariseísmo, e há muito do mesmo tempo ainda nas austeridades e culto mecânico de superstição, e também nos esforços e devoções da autojustiça. A palavra ou a vontade revelada de Deus é em todos esses exemplos mal-entendida e negligenciada.

A 'disposição' de Isaque em dar a bênção a Esaú, não obstante anúncio feito em seu nascimento, e a conduta de Rebeca em assegurá-la a Jacó, são singulares exemplos das imperfeições humanas e do irresistível poder de Deus. Isaque agiu como se houvera esquecido o que Deus expressara como sendo sua vontade; e Rebeca agiu como se Deus não pudesse efetuar seu propósito sem a interferência dela, e uma interferência também de uma forma muitíssimo imprópria e pecaminosa. Era a prova da fé, e a fé de ambos excessivamente claudicante; mesmo assim o propósito de Deus se cumpriu, porém de maneira imprópria, quando ela foi mais tarde visitada pelo desprazer de Deus.

precisamente para aquela finalidade, com o propósito de provar por meio de sua imperfeição e subjugação, ao empenhar-se obstinadamente por destruir o poder divino, quão invencível é o braço de Deus. Nenhuma força humana é capaz de detê-lo, muito menos quebrá-lo. Note-se o exemplo que o Senhor quis oferecer no caso de Faraó.[17]

Portanto, consideremos dois pontos aqui: primeiro, a predestinação de Faraó para a destruição, a qual se relaciona com o justo e secreto conselho de Deus; segundo, o propósito desta predestinação, que era o de proclamar o nome de Deus. É sobre este que Paulo particularmente insiste. Se o endurecimento do coração de Faraó foi de tal vulto que trouxe notoriedade para o nome de Deus, então é blasfemo acusá-lo de injustiça.

Visto que muitos intérpretes destroem igualmente o significado desta passagem, na tentativa de amenizar sua aspereza, é indispensável observar que no hebraico a expressão *eu te levantei* [*excitavi*] é *eu te designei* [*constitui*] Deus está aqui desejoso de mostrar que a obstinação de Faraó não o impediria de livrar seu povo. Ele afirma não simplesmente que *previra* a violência de Faraó, e que ele tinha em mãos os meios de restringi-la, mas, sim, que também a *ordenara* para esse propósito, com o expresso intuito de fazer uma demonstração mais notável de seu poder.[18] É, pois, um mal-entendido traduzir a

---

17 "Porque", no início deste versículo, o conecta com o 14; é a segunda razão dada para o que este versículo contém. Isso está de acordo com o modo de Paulo escrever, e pode ser traduzido aqui além do mais ou além disso ou demais. *Macknight* o traduz "além de". Se γάρ fosse traduzido assim em muitos casos, o significado seria muito mais evidente.

18 É algo notável que Paulo, ao citar esta passagem [x 9.16], substitui a frase pela primeira que é dada pela *Septuaginta*; em vez de ἕνεκεν τούτο διετηρήθης – foi por isso que foste preservado", ele dá "εἰς αὐτὸ τοῦτο ἐξήγειρά σε – para este mesmo fim eu te levantei." O hebraico é: "E deveras para este fim foi que te mantive, העמדתיך" O verbo usado por Paulo se encontra somente num outro lugar no Novo Testamento [1Co 6.14; onde se refere à ressurreição. Na *Septuaginta* ocorre com frequência, mas nunca, como nos informa *Stuart*, no sentido de *criar* ou *trazer à existência*, mas no de *excitar*, *despertar* do sono ou *tornar-se ativo*. Referências são feitas a Gênesis 28.16; Juízes 5.12; Salmo 7.7; Jeremias 1.41; Joel 3.9; etc. Daí ser por ele traduzido aqui: "Eu te levantei." Fazer, porém, o verbo hebraico ter este sentido não é de forma alguma fácil. Os três lugares indicados, Neemias 6.7 e Daniel 11.11 e 13 não parecem oferecer uma prova satisfatória. O Salmo 107.25 vem mais a propósito. Seu primeiro significado é fazer permanecer, e então apresentar pessoas [Nm 13.6] – estabelecer ou tornar forte um reino ou uma cidade [1Rs 15.4] – fixar pessoas num ofício [2Cr 35.2] – erguer ou edificar uma casa [Ed 9.9] – designar mestres [Ne 6.7] – e organizar ou pôr em ordem um exército [Dn 11.13].

passagem, como o fazem alguns escolásticos, no sentido em que Faraó fora preservado por um período de tempo, visto que a discussão aqui, ao contrário, se refere ao que aconteceu no início. Visto que muitos acidentes costumam sobrevir ao ser humano, procedentes de várias direções com o fim de retardar seus propósitos e impedir o curso normal de suas ações, Deus diz que Faraó era produto da eleição divina, e que seu caráter lhe fora dado por Deus mesmo. As palavras *eu te levantei* se adequam muito bem a esta interpretação.

Mas para que ninguém concluísse que Faraó fora divinamente compelido por um impulso universal e confuso a precipitar-se de ponta-cabeça naquela violenta conduta, Paulo nota a *causa* ou *desígnio* específico de sua ação. É evidente que Deus sabia o que Faraó estava para fazer, mas deliberadamente o nomeara para este propósito. Já que é inútil discutir com Deus, como se fosse ele obrigado a apresentar razão daquilo que procede de sua soberania, o apóstolo antecipa esta objeção, declarando que os réprobos, em quem Deus deseja que seu poder se faça notório, são procedentes da fonte secreta de sua providência.

18. Logo, tem ele misericórdia de quem quer. A consequência com respeito tanto aos eleitos quanto aos réprobos é aqui apresentada. É preciso que compreendamos esta expressão como sendo a conclusão do apóstolo, pois ele prontamente entra em discussão com seus oponentes, e começa a trazer a lume as objeções que poderiam apresentar-se do lado de lá. Não há dúvida, pois, como já sugerimos, de que Paulo está expressando sua própria opinião, ao dizer que Deus favorece com sua misericórdia a quem ele quer, consoante sua própria vontade, e que revela a severidade de seu juízo contra qualquer pessoa, como ele bem quer. O propósito de Paulo é levar-nos a aceitar o fato de que pareceu bem a Deus iluminar alguns a fim de que viessem a ser salvos, e cegou a outros a fim de que viessem a ser destruídos; para que em nossas mentes fiquemos satisfeitos com a diferença que se evidencia entre os eleitos e os réprobos, e não busquemos a *causa* em qualquer outra parte, senão na vontade divina. Notemos particularmente as expressões *de quem quer* e a *quem lhe apraz*. Paulo não permite que avancemos além disso.

O termo *endurecer*, quando aplicado a Deus, na Escritura, implica não mera permissão (como alguns exegetas fracos o interpretariam), mas também a ação da ira divina. Todas as circunstâncias que contribuem para a cegueira dos réprobos são instrumentos de sua ira. Satanás mesmo, que opera interiormente com seu poder compelidor, é ministro de Deus, de tal maneira que ele só age em obediência à ordem divina.[19] A evasiva trivial sustentada pelos escolásticos com respeito à presciência cai, portanto, por terra. Paulo não nos informa que a ruína dos ímpios é *prevista* pelo Senhor, e, sim, que é *ordenada* por seu conselho e vontade. Salomão igualmente nos ensina que a destruição dos ímpios não foi apenas conhecida antecipadamente, mas que os ímpios mesmos foram criados com o propósito específico de perecerem [Pv 16.4].

19. Tu, porém, me dirás: De que se queixa ele ainda? Pois quem jamais resistiu a sua vontade?	19. Dices itaque mihi, Quid adhuc conqueritur? voluntati ejus quis restitit?
20. Quem és tu, ó homem, para discutires com Deus?! Porventura pode o objeto perguntar a quem o fez: Por que me fizeste assim?	20. Atqui, O homo, tu quis es qui contendis judicio cum Deo! num dicit fictile figulo, cur me sic fecisti?

---

[19] Muito se tem desnecessariamente escrito sobre este tema do *endurecimento*. Lemos várias vezes que Faraó endureceu seu próprio coração, e lemos várias vezes que Deus também o endureceu. A Escritura, em muitos casos, não faz nenhuma distinção, porque estes podem ser facilmente reunidos do teor geral de seu ensino. Deus é em sua natureza santo, e portanto endurecer como um ato seu não pode ser pecaminoso; e visto ser santo, ele odeia o pecado e o castigo; e com esse propósito ele emprega homens ímpios, e até mesmo o próprio Satanás, como no caso de Acabe. Como castigo, ele oferece ocasiões e oportunidades aos obstinados para aumentarem seus pecados, e assim, de um modo indireto, ele os endurece em sua rebelião e resistência a sua vontade. E este foi exatamente o caso de Faraó. Esta, diz *Calvino*, foi a operação ou obra da ira divina. A história de Faraó é uma explicação suficiente do que se diz aqui. Ele era um tirano e opressor cruel; e Deus, em sua primeira mensagem a Moisés, disse: "Estou certo de que o rei do Egito não os deixará ir, nem mesmo com mão poderosa." Deus poderia de fato ter abrandado seu coração e o disposto a permitir que partissem; mas aprouve-lhe agir de outra forma e manifestar seu poder e sua grandeza de outra forma; de modo que, "a quem ele quer, favorece; e a quem ele quer, endurece"; e por razões só dele conhecidas.

21. Ou não tem o oleiro direito sobre a massa, para do mesmo barro fazer um vaso para honra e outro para desonra?

21. An non habet potestatem figulus luti ex eadem massa, faciendi, aliud quidem vas in honorem, aliud in contumeliam?

19. Tu, porém, me dirás. Neste ponto em particular a carne se enfurece, ao ouvir que a predestinação para a morte, daqueles que perecem, é atribuída à vontade divina. O apóstolo, portanto, tenta outra vez antecipar as objeções de seus oponentes, visto perceber que as bocas dos ímpios não poderiam ser impedidas de violentar a justiça divina com suas ruidosas vociferações. Ele expressa, igualmente, de forma admirável, os sentimentos deles. Não satisfeitos em defender-se, eles fazem a Deus culpado em lugar deles próprios. Então, uma vez pondo em Deus a responsabilidade da própria condenação deles, dão rédeas à indignação ante o formidável poder de Deus.[20] É verdade que se vêem obrigados a render-se; porém, movidos de ressentimento, não capitulam, visto que se sentem incapazes de resisti-lo; e quando atribuem-lhe o domínio, acusam-no de tirania. Assim também procedem os sofistas em suas escolas, os quais palreiam sobre o que chamam de *justiça absoluta*, como se Deus olvidasse sua própria justiça e pusesse em ação sua [arbitrária] autoridade, lançando tudo em confusão. Os ímpios, pois, se reportam a este efeito na presente passagem: "De que se queixa ele ainda? Pois quem jamais resistiu a sua vontade?" "O que o leva a irar-se conosco, visto haver ele nos transformado no que somos, e nos leva para qualquer parte ao sabor de sua vontade? Ao destruir-nos, que outra coisa faz senão infligir castigo sobre a obra de suas próprias mãos? Nossa parte outra não é senão contentar-nos com a sorte que ele nos destinou, pois além de não podermos resisti-lo, ainda nos terá na palma de sua mão. Se, pois, nos condena, seu juízo

---

20 A frase traduzida por *Calvino*, "Quid adhuc conqueritur – por que ele ainda se queixa?" é traduzida por *Beza*, "Quid adhuc succenset – por que ele ainda se ira?" Nossa versão comum é a melhor, e é seguida por *Doddridge*, *Macknight* e *Stuart*. O γὰρ, na próxima frase é omitido por *Calvino*, porém diz *Griesbach* que ele deve ser retido.

será injusto, e o poder que agora usa contra nós não passa de um abuso e não pode ser detido." Que resposta Paulo tem para este amontoado de indignação?

20. Quem és tu, ó homem, para discutires com Deus?[21] Visto que no grego há um particípio que também pode ser posto no tempo presente, podemos ler: *que discutes*, ou *contestas*, ou *te empenhas a opor-te a Deus*? A expressão grega contém o seguinte significado: "Quem és tu que demonstras tanto interesse em discutires com Deus?" O sentido, porém, não leva grande diferença.[22] Nesta primeira resposta, Paulo simplesmente restringe a irreverência da blasfêmia, arguindo a partir da condição humana. Agora apresentará outra resposta, por meio da qual isentará a justiça divina de toda e qualquer acusação.

É evidente que o apóstolo não encarece nenhuma outra causa acima da vontade de Deus. A solução óbvia para o problema estava nas bases justas para a diferença. Por que, pois, ele não faz uso desta breve resposta, senão que destina à vontade divina um lugar de muito mais proeminência, acima de qualquer outra causa? Se a objeção de que Deus reprova ou elege, em consonância com sua vontade, aos que ele não honra com seu favor, ou àqueles a quem demonstra amor imerecido – se esta objeção fosse falsa, então Paulo não se teria omitido em refutá-la. Os ímpios alegam que os homens estariam isentos de culpa se porventura a vontade divina tivesse o primeiro lugar em sua salvação ou em sua destruição. Paulo nega isso? Não! E por sua resposta ele confirma que Deus determina tratar com os homens como lhe apraz. No entanto, os homens se erguem em sua

---

21 'Mas' não é suficientemente enfático aqui; μενοῦνγε; 'sim, é verdade', em 10.8; 'realmente, sem dúvida', em Lucas 11.28; 'indubitavelmente', em Filipenses 3.8; pode ser traduzido aqui 'não somente isso, não exatamente'.

22 "Quis es qui contendas judicio cum Deo"; τίς εἶ ὁ ἀνταποκρινόμενος, τῳ θεῳ; "que replica contra Deus", é a tradução de *Macknight* e *Stuart*; "quem se interessa num debate com Deus"; é o que *Doddridge* apresenta. O verbo ocorre uma vez em outro lugar [Lucas 14.6], e "responde novamente" é nossa versão. *Schleusner* diz que ἀντὶ prefixado a verbos é às vezes redundante. Em Jó 16.8 e 32.12, este composto é usado pela *Septuaginta* simplesmente no sentido de responder, por ענה. Ele o traduz aqui "cum Deo altercari – contender ou disputar com Deus."

ira a fim de contender com Deus, mas sem qualquer proveito, visto que ele tem direito de impor a suas criaturas o que é de seu agrado.

Os que dizem que Paulo, sem razão alguma e sem saber o que responder, recorreu a subterfúgios e reprovações, estão dolosamente a caluniar o próprio Espírito Santo. O apóstolo não queria senão começar ou lançar mão do que podia servir-lhe para manter a equidade e retidão de Deus, visto não haver sido compreendidas. De fato, ele suavizará seu segundo argumento de tal maneira que não poderá deduzir-se dele uma defesa plena, senão que, para provar-nos a justiça divina, nos dirá que precisamos considerá-la com humildade e reverência.

Ele tomou, pois, a vereda mais adequada para admoestar os homens sobre sua própria condição, dizendo: "Visto que és homem, deves reconhecer por ti mesmo que não passas de pó e cinza. Por que, pois, contendes com o Senhor acerca daquilo que longe estás de compreender?" Em suma, o apóstolo não introduziu em sua discussão o que poderia ter dito, mas o que nossa ignorância poderia aceitar. Os presunçosos são rancorosos, porque, ao admitirem que os homens são rejeitados ou escolhidos pelo secreto conselho de Deus, Paulo não oferece nenhuma explicação, como se o Espírito de Deus fosse silencioso por carência de razão, e não por querer admoestar-nos através de seu silêncio – um mistério que nossas mentes não podem compreender, mas que deveria nos constranger a prestar-lhe reverente adoração. E assim ele freia a perversidade da curiosidade humana. Saibamos, pois, que Deus deixa de falar-nos, não por qualquer razão, mas pelo fato de saber que sua infinita sabedoria não pode ser compreendida dentro de nossa tacanha capacidade. E assim, apiedando-se de nossa fragilidade, ele nos convida ao cultivo da moderação e da sobriedade.

Porventura pode o objeto perguntar a quem o fez? Como vemos, Paulo continua insistindo sobre a necessidade de considerarmos justa a vontade de Deus, embora pode ser que a razão para isso nos esteja oculta. Ele mostra que Deus é usurpado de seu direito, caso não seja livre para tratar com suas criaturas segundo seu justo modo de proceder. Isso parece desagradável a muitos. Outros alegam ainda que Deus seria muitíssimo desonrado caso um poder tão arbitrário lhe seja atribuído. Mas seu escrúpulo faz deles melhores teólogos que Paulo, o qual estabeleceu como regra de humildade para os crentes, que devessem erguer os olhos para a soberania divina, e que não seja ela medida pelos seus tacanhos critérios.

Ele reprime a tendenciosa arrogância de se contender com Deus, fazendo uso de uma metáfora mui apropriada, na qual sua alusão parece ser a Isaías 45.9, e não a Jeremias 18.6. A verdade que aprendemos de Jeremias é aquela em que Israel se acha na mão do Senhor, de modo que, por causa de seus pecados, Deus pode quebrá-lo em muitos pedaços, como faz um oleiro a seu vaso de barro. Mas Isaías avança mais. Diz ele: "Ai daquele que contende com o seu Criador! e não passa de um caco de barro entre outros cacos. Acaso dirá o barro ao que lhe dá forma: Que fazes?" Não há, seguramente, nenhuma razão plausível para um mortal imaginar-se superior a um vaso de barro, quando é ele confrontado com Deus. Não obstante, não carece que nos preocupemos em aplicar esta citação a nosso presente tema, visto que Paulo quis aludir às palavras do profeta somente com o intuito de fazer sua metáfora mais significativa.[23]

21. Ou não tem o oleiro direito sobre a massa? Esta é a razão por que a coisa formada jamais deve discutir com aquele que a formou, porque este tem direito de fazê-la como queira. O termo *direito* não significa que o modelador tenha o direito ou o poder de fazer o que lhe agrada, mas que o poder de agir com retidão lhe pertence. Paulo não pretende reivindicar para Deus um poder desordenado, senão que lhe atribui o poder de agir com perfeita equidade.

---

23 As palavras no versículo 20 são extraídas quase que literalmente de Isaías 29.16; só a última frase é um pouco diferente. A sentença é "μὴ ἐρεῖ τὸ πλάσμα τῷ πλάσαντι αὐτό, οὔ σύ με ἔπλασας – o que é formado dirá a seu modelador: Tu não me formaste?" Esta é uma tradução fiel do hebraico.
Então as palavras do versículo 21 não são verbalmente extraídas de um dos dois lugares supra-referidos; mas o símile é adotado.

Ao aplicar a metáfora, devemos, além do mais, considerar que, como o oleiro não recebe nada do barro, seja qual for a forma que lhe dê, assim também Deus não recebe nada do homem, qualquer que seja a condição na qual ele o tenha criado. Devemos simplesmente lembrar disto: que Deus seria privado de parte de sua honra caso não lhe fosse permitido exercer autoridade sobre o homem de ser o árbitro de sua vida e de sua morte.[24]

22. Que diremos, pois, se Deus, querendo mostrar sua ira, e dar a conhecer seu poder, suportou com muita longanimidade os vasos de ira, preparados para a destruição,
23. a fim de que também desse a conhecer as riquezas de sua glória em vasos de misericórdia, que para glória preparou de antemão?

22. Quid autem si Deus volens demonstrare iram, et notam facere potentiam suam, sustinuit in multa patientia vasa iræ, in interitum apparata;
23. Ut notas quoque faceret divitias gloriæ suæ in vasa misericordiæ, quæ preparavit in gloriam?

22. Se Deus suportou com muita longanimidade os vasos de ira. A segunda resposta de Paulo revela sucintamente que, embora o conselho de Deus seja incompreensível em relação à predestinação, não obstante sua irrepreensível equidade deve ser vista mui claramente tanto na destruição dos réprobos quanto na salvação dos eleitos. Ele não apresenta nenhuma razão para a [existência da] eleição divina, por que um é escolhido e o outro, rejeitado. Era impróprio

---

24 A metáfora nestes versículos deve ser indubitavelmente interpretada de acordo com o contexto. Não só *Calvino*, mas muitos outros, têm deduzido dela o que não é consistente com o que contém o próximo versículo, o qual dá a explicação necessária. Pela 'massa' de barro não significa a humanidade, contemplada como criaturas, mas como criaturas caídas; ou, como as chamam *Agostinho* e *Pareus*, "massa damnata – a massa condenada"; pois são chamados no versículo seguinte *vasos de ira*, isto é, os objetos de ira; e tais são todos por natureza, segundo o que Paulo diz em Efésios 2.3; "éramos", diz ele, "por natureza filhos da ira, como os demais."
"As palavras 'Terei misericórdia de quem eu quiser ter misericórdia' implicam que todos mereciam ira; de modo que a massa de barro nas mãos do oleiro deve reportar-se aos homens já existentes na presciência divina como criaturas caídas." – *Scott*.
Em todos os exemplos em que esta metáfora é usada por Isaías e Jeremias, ela se aplica aos judeus em seu *estado de degenerecência*, e muito apropriadamente em Isaías 64.8, onde é precedida, no versículo 6, por essa notável passagem: "Somos todos como uma coisa imunda" etc. O barro, pois, ou a massa, é a massa da humanidade como corrompida e depravada.

que as coisas que se acham contidas no secreto conselho de Deus devessem ser submetidas ao crivo da censura humana. Tal mistério não há como ser explicado. Por isso ele nos proíbe de examinar de maneira inquisitiva aquelas questões que frustram a compreensão humana. Nesse ínterim, contudo, ele mostra que, até onde é possível à predestinação divina manifestar-se, ela revela genuína justiça.

Tomo a partícula usada por Paulo, εἰ δὲ, no sentido de *que diremos se?*, a fim de fazer de toda esta frase uma pergunta. O significado se fará ainda mais claro se lermos a partícula desta maneira. A expressão de Paulo é elíptica e subentende o seguinte: "Quem, pois, acusará a Deus de injustiça, ou o citará em juízo? Porque nada, senão a mais perfeita regra de justiça, deve ser vista aqui."[25]

Se pretendemos entender o pensamento de Paulo, então temos de examinar quase cada palavra. Ele arrazoa assim: Há vasos preparados para a destruição, ou seja: nomeados e destinados para a destruição.

---

25 Os críticos têm de várias maneiras tentado suprir a elipse, mas o que aqui se propõe é muitíssimo aprovado. *Beza* considerava que a frase correspondente estava no versículo 30, e considerava os versículos intervenientes como parentéticos: "E se Deus" etc. – "O que diremos, pois?" *Grotius* anexou: "Deus comete algum erro?" *Elsner*: "Ele não possui poder?" E *Wolfius*: "O que podes tu dizer contra Deus?" *Stuart* propõe repetir a pergunta no versículo 20: "Quem és tu?" etc. Alguns conectam este versículo com a pergunta no versículo 20, e incluem a última parte dele e o versículo 21 num parêntese. Qualquer forma que venhamos a adotar, o sentido é materialmente o mesmo. Tem-se sugerido também que εἰ δὲ substitui εἴπερ, posto que, *visto que* [2Ts 1.6; 1Pe 2.3]. Neste caso, não se faz necessário nenhuma apódose. Mas podemos tomar εἰ no sentido de *posto que*, e δὲ como um ilativo, e traduzir os três versículos assim:

    22. Visto, pois, que Deus quis [ou, era a vontade de Deus] mostrar sua ira e fazer conhecido seu poder, ele suportou com muita paciência os vasos de ira, preparados para a destruição;
    23. e assim ele quis fazer conhecidas as riquezas de sua glória em prol dos vasos de misericórdia,
    24. a quem ele preparou de antemão para a glória, sim, nós, a quem ele chamou não só dentre os judeus, mas também dentre os gentios.

O verbo ἐστι, ou ἦν, é às vezes entendido como particípio, especialmente em hebraico; e καὶ tem o sentido de *assim*, ou *então*, em alguns casos [Mt 6.10; At 7.51; Gl 1.9]; e em outros casos, como diz *Schleusner*, sem ser precedido por qualquer partícula de comparação, como em Mateus 12.26 e 1 João 2.27, 28; mas εἰ, aqui, tem algo desse caráter.

O início do versículo 23 apresenta uma anomalia, se, como diz *Stuart* e outros, considerarmos 'querer' ou vontade como estando subentendido, como é seguido no versículo precedente por um infinitivo, e aqui por um subjuntivo. Mas, *Beza*, *Grotius* e *Hammond* parecem considerar o verbo 'suportou' como sendo aqui, por assim dizer, repetido, o que produz o mesmo sentido à passagem como aquele que *Calvino* lhe dá.

Há também vasos de ira, ou seja feitos e formados com o propósito de serem provas da vingança e desprazer divinos. Se o Senhor os suporta pacientemente, por algum tempo, não destruindo-os na primeira oportunidade, mas adiando o juízo preparado para eles; e se ele procede assim a fim de demonstrar os decretos de sua severidade (para que os demais se sintam abalados de terror ao contemplar tão horríveis exemplos), bem como fazer notório seu poder, para o quê ele os faz submeter-se de várias maneiras, e também para que isso possa aumentar a extensão de sua misericórdia para com seus eleitos, e fazê-la muito mais conhecida e resplandecer com muito mais fulgor, o que há de repreensível nesta administração? A falha de Paulo em explicar por que os vasos são preparados para a destruição não causa surpresa, pois ele pressupõe, do que já afirmou acima, que a razão se acha oculta no eterno e inexplicável conselho divino, cuja justiça é digna de nossa adoração e não de nosso escrutínio.

Ele usou a palavra *vasos* num sentido geral, significando *instrumentos*. Pois tudo quanto existe de realização, em todas as criaturas e em qualquer ato, pertence à administração do poder divino. Portanto nós, que somos crentes, por boas razões somos chamados *os vasos de misericórdia*, visto que o Senhor nos usa como seus instrumentos na exibição de sua misericórdia. Os réprobos, contudo, são *os vasos de ira*, visto que servem para realçar o juízo divino.

23. A fim de que também desse a conhecer as riquezas de sua glória. Estou persuadido de haver aqui uma transposição da ordem gramatical nas duas partículas καὶ e ἵνα. Por isso a traduzi *para que ele também faça conhecido*, a fim de que a presente sentença se harmonize melhor com a anterior. Esta é a segunda razão por que a glória de Deus é revelada na destruição dos réprobos. E assim a plenitude da misericórdia divina para com os eleitos é mais claramente confirmada. O eleito difere do réprobo somente no fato de o livramento do primeiro proceder do mesmo abismo de destruição do segundo. Isso, além do mais, se deve absolutamente à graciosa munificência divina, e em nada dos próprios méritos humanos. Portanto, eis uma grande verdade: a infinita mercê divina para com os eleitos granjeará nosso crescente louvor, ao vermos quão miseráveis são todos aqueles que não conseguem escapar à ira divina.

Interpreto o termo *glória*, que se repete duas vezes aqui, significando, pelo uso de metonímia, a mercê divina. O principal louvor devido a Deus consiste em atos de benevolência. Assim, em Efésios 1.13, havendo nos ensinado que fomos adotados por Deus para o louvor da glória de sua graça, ele adiciona que somos selados pelo Espírito de nossa herança para o louvor de sua glória. O termo *graça* é omitido. Seu pensamento, pois, era que os eleitos são instrumentos ou órgãos por meio dos quais Deus exerce sua misericórdia com o propósito de glorificar seu *Nome* entre eles.

Ainda que Paulo seja mais explícito nesta segunda sentença, ao afirmar que é Deus quem prepara os eleitos para a glória, quando antes de dizer simplesmente que os réprobos eram vasos preparados para a destruição, não há dúvida de que a preparação de ambos depende do secreto conselho de Deus. Da mesma forma, Paulo teria dito que os réprobos se entregam ou se lançam na destruição. Agora, contudo, ele insinua que sua porção já lhes foi designada mesmo antes de seu nascimento.

24. Os quais somos nós, a quem também chamou, não só dentre os judeus, mas também dentre os gentios?	24. Quos etiam vocavit, nimirum nos, non solum ex Iudæis, sed etiam ex Gentibus:
25. Assim como também diz em Oséias: Chamarei meu povo ao que não era meu povo; e amada à que não era amada.	25. Quemadmodum et in Osee dicit, Vocabo populum meum eum qui non est populus, et dilectam eam quæ non est dilecta:
26. E no lugar em que se lhes disse: Vós não sois meu povo, ali mesmo serão chamados filhos do Deus vivo.	26. Et erit in loco ubi dictum est eis, Non populus meus vos, illic vocabuntur filii Dei viventis.
27. Mas, relativamente a Israel, dele clama Isaías: Ainda que o número dos filhos de Israel seja como a areia do mar, o remanescente é que será salvo.	27. Iesaias autem clamat super Israel, Si fuerit numerus filiorum Israel ut arena maris, reliquiæ servabuntur:

28. Porque o Senhor executará sua palavra sobre a terra, cabalmente e em breve.

29. Como Isaías dissera: Se o Senhor dos Exércitos não nos tivesse deixado descendência, ter-nos-íamos tornado como Sodoma, e semelhantes a Gomorra.

28. Sermonem enim consummans et abbrevians,[26] quoniam sermonem abbreviatum faciet Dominus in terra:

29. Et quemadmodum prius dixerat Iesaias, Nisi Dominus Sabbaoth reliquisset nobis semen, instar Sodomæ facti essemus, et Gomorrhæ essemus assimilati.

24. A quem também chamou. Da discussão em que Paulo esteve envolvido até este ponto concernente à soberana eleição divina, seguem-se duas coisas. Em primeiro lugar, a graça divina não está tão limitada aos judeus que não possa também fluir para outras nações e difundir-se pelo mundo todo. Em segundo lugar, ela não se restringe tanto aos judeus que não possa alcançar todos os filhos de Abraão segundo a carne, sem exceção. Se a eleição divina se acha fundamentada tão-somente no beneplácito divino, então ela existe em qualquer lugar e sempre que ele o queira. A eleição, pois, tendo já sido provada e limitada, abre, por assim dizer, o caminho para a vocação dos gentios, o mesmo que é rejeitado pelos judeus. O primeiro destes pontos parece absurdo em razão de sua novidade; e o segundo parece completamente indigno. Não obstante, visto que o último tinha em si mais possibilidade de ofender, ele trata do primeiro com o artigo que era menos ofensivo. Diz ele, pois, que os vasos da mercê divina, os quais Deus escolhera para a glória de seu *Nome*, são tomados dentre todos os povos: dos gentios, não menos que dos judeus. Embora ao usar o relativo, *a quem*, o apóstolo[27] não observe as estritas regras gramaticais, acrescentando uma transição para insinuar que somos os vasos da glória de Deus, os quais foram tomados em parte dos judeus e em parte dos gentios, ele prova aqui, a partir da vocação divina, que na eleição não existe

---

26 Omitido "na justiça". A palavra traduzida por 'matéria' é 'sermo', porém é explicada neste sentido no comentário.
27 É um exemplo de hebraísmo o uso de um pronome duplo – a quem e nós, regido pelo mesmo verbo.

distinção de nacionalidade. Caso nós descendamos dos gentios, tal fato não impede a Deus de nos chamar. Evidentemente, os gentios não são de forma alguma excluídos do reino de Deus e do pacto da eterna salvação.

25. Assim como também diz em Oséias.[28] Ele agora mostra que a vocação dos gentios não pode causar estranheza, visto que desde muito fora predita pelos profetas. O significado é claro, porém há certa dificuldade na aplicação da profecia, pois não se pode negar que, na passagem citada, o profeta está se referindo aos israelitas. Ofendido por seus crimes, o Senhor declara que não mais são seu povo. Em seguida, afirma em tom de consolo que fará amado àqueles que não eram amados; e fará seu povo àqueles que não eram seu povo. Paulo se diligencia por aplicar esta profecia aos gentios, a qual é explicitamente endereçada aos judeus.

Os comentaristas que até agora têm apresentado a melhor explicação desta dificuldade afirmam que Paulo tencionava argumentar assim: "Aquilo que poderia parecer um impedimento para que os gentios fossem excluídos da salvação, estava também presente entre os judeus. Do mesmo modo que outrora Deus recebeu em seu favor os judeus, a quem ele rejeitou e exilou, também agora ele exibe a mesma benevolência para com os gentios". Ainda que esta interpretação seja endossada, parece-me um pouco forçada. O leitor deve refletir se não seria mais adequado considerar a consolação oferecida pelo profeta como havendo sido dirigida não só aos judeus, mas também aos gentios. Quando os profetas pronunciavam a vingança de Deus sobre os judeus, em consequência de suas iniquidades, não era estranho nem incomum que dirigissem sua atenção para o reino de Cristo, o qual tinha que ser divulgado ao mundo inteiro. Eles tinham boas razões para agir assim, pois quando os judeus provocavam a ira divina com seus pecados, de maneira tal que passavam a merecer sua rejeição, não restava qualquer esperança de salvação, exceto em sua conversão a Cristo, através de quem o pacto da graça é res-

---

28 Oséias 2.23. Veja-se 1 Pedro 2.10.

taurado. Como o pacto se achava fundamentado nele, agora, depois de haver fracassado, é restaurado nele. Também, visto que Cristo é sem dúvida o único refúgio em nosso desesperante empenho, nenhum saudável conforto pode ser levado aos míseros pecadores e aos que sentem a ira divina pendente sobre suas cabeças, a menos que Cristo seja posto diante de seus olhos. É comum aos profetas, como já observamos, humilhar o povo, ameaçando-o com a vingança divina, levando-o a Cristo, o único lugar de refúgio para aqueles que se acham em angustiante debate. Onde o reino de Cristo chega, erguer-se-á também aquela Jerusalém celestial, na qual se reúnem os habitantes de todas as partes do mundo. Esta é a ênfase particular na presente profecia. Quando os judeus foram banidos da família de Deus, foram por isso reduzidos a um nível comum com os gentios. A distinção entre judeu e gentio foi removida, e a mercê divina agora se estende sem qualquer discriminação a todos os gentios. Daqui podemos ver que a predição dos profetas se aplica bem ao presente tema. Nesta profecia, Deus declara que quando ele põe os gentios no mesmo nível com os judeus, reunirá uma Igreja para si mesmo dentre todos os estrangeiros, de modo que aqueles que não eram povo, então começam a ser seu povo [1Pe 2.9-10].

Chamarei meu povo ao que não era meu povo. Isso é expresso em referência ao ato de Deus separar-se de seu povo [Israel]. Ele já havia realizado isso ao privá-lo de toda sua dignidade, para que não mais excedesse às demais nações. Ainda que aqueles a quem Deus, em seu eterno conselho, destinara para ele mesmo como filhos sejam seus filhos e o serão para sempre, todavia a Escritura com frequência conta como filhos de Deus somente àqueles cuja eleição foi comprovada por seu chamamento. Por isso somos ensinados a não formar um juízo, muito menos pronunciar uma opinião, concernente à eleição divina, exceto até onde ela se revela por sua própria evidência. Assim, quando Paulo mostrou aos efésios que sua eleição e adoção foram determinadas por Deus antes da criação do mundo, ele sucintamente, logo em seguida, declara que uma vez haviam sido estranhos de Deus [Ef 2.12], ou seja durante o período em que o Senhor não havia ainda demostrado seu amor para com eles, ainda que os houvesse enlaçado com sua eterna mercê. Nesta passagem, pois, aqueles a quem Deus declara sua ira, em vez de seu amor, diz-se serem eles *não amados*. Sabemos que a ira divina se estende sobre toda a humanidade, até que os homens sejam reconciliados com Deus através da adoção.

O gênero feminino do particípio se deriva do texto de Oséias, o qual havia dito que uma filha lhe nascera, e ele a chamara *Não-Amada*, a fim de que o povo viesse a saber, por meio desse sinal, que era odiado por Deus. Como sua rejeição por parte de Deus era motivo para ódio, assim o profeta nos ensina que a adoção divina daqueles que por algum tempo foram estranhos é o início do amor.[29]

27. Mas, relativamente a Israel, dele clama Isaías. O apóstolo agora prossegue com a segunda parte de seu tema. Contudo se sentia relutante em começar daqui sua discussão, temeroso de exasperar em demasia as mentes de seus compatriotas. Sua descrição de Isaías a *exclamar*, e não a falar, é deliberadamente intencional, com o intuito de despertar atilada atenção. As palavras do profeta se destinam claramente a evitar que os judeus se vangloriassem excessivamente na carne. É algo terrível aprender que somente um pequeno número de uma incalculável multidão é que obterá a salvação. Ainda que o profeta, após sua descrição da destruição do povo, declare que há ainda alguma esperança de a graça permanecer a fim de impedir que os crentes pensassem que o pacto divino fora completamente extinto, todavia ele o restringe a uns poucos. Não obstante, visto que ele fizera predição concernente a seu próprio tempo, devemos ver como Paulo convenientemente a adapta para ajustar-se a seu

---

[29] A citação é de Oséias 2.23, e não é literal nem do hebraico nem da *Septuaginta*. A ordem do versículo é conservada; e a palavra 'amado' é tomada da *Septuaginta*. "Não-Amado", em hebraico, é *lo-ruhamah*, isto é, alguém não apiedado, ou alguém que não recebeu misericórdia; o que tem o mesmo sentido.
No próximo versículo, o 26, as palavras são extraídas de Oséias 1.10, e não literais, seja no hebraico, ou na *Septuaginta*, mas a diferença é muito trivial.

propósito. O significado deve ser o seguinte: quando o Senhor quis libertar seu povo de seu cativeiro babilônico, seu desejo era que o benefício de seu livramento se estendesse a apenas uns poucos dentre aquela vasta multidão, a qual podia merecidamente ser tida como o remanescente da destruição, quando comparada com o grande número de pessoas a quem permitiu perecer no exílio. Esta restauração física dos judeus prefigurava a genuína renovação da Igreja de Deus que é realizada em Cristo, e deveras foi só o começo. O que aconteceu então deve ser cumprido com muito maior certeza no desenvolvimento e completação desse livramento.

28. Cabalmente e em breve.[30] Omitirei as diversas interpretações, e expressarei o que creio ser o significado apropriado desta passagem. O Senhor então reduzirá e eliminará seu povo, para que o resíduo seja visto como se fora subvertido, ou seja ele terá a aparência ou mostrará sinais de uma poderosa hecatombe. Os poucos, contudo, que restarão da devastação serão produto da justiça do Senhor, ou, antes, servirão para testificar da justiça divina pelo mundo fora. Visto que *palavra* na Escritura geralmente significa *algo concreto*, Paulo usa *palavra consumada* no sentido de *completação* [*consummatio*]. Muitos intérpretes, ansiosos por empregar argumentos sutis, têm laborado em grosseiro equívoco aqui, pois têm concluído que a doutrina do evangelho é intitulada 'completação', visto que, quando as cerimônias foram abolidas, ele se tornou um breve sumário da lei. Não obstante, em vez disso ele teria sido

---

30 Sermonem enim consummans et abbrevians" etc.; Λόγον γὰρ etc. É literalmente da *Septuaginta*, exceto em dois casos. Paulo usa γὰρ e substitui ἐπί τῆς γῆς por ἐν τῇ οἰκουμένῃ ὅλῃ. É uma passagem difícil no hebraico; mas a seguinte tradução a fará materialmente consistente com as palavras do apóstolo, que evidentemente não pretendia usar as palavras literalmente:
    Uma destruição, logo executada,
    Transbordará em justiça;
    Pois será completada e logo executada;
    O Senhor, Jehovah dos Exércitos, o fará,
    No meio de toda a terra.
A palavra traduzida supra "logo executada" significa literalmente abreviada ou encurtada, significando a rápida execução de uma coisa ou obra. "Transbordará em justiça" implica: "Transbordará justamente ou merecidamente."

chamado a 'destruição' [*consumptio*] da lei.³¹ Não é somente aqui que a Septuaginta errou, mas também em Isaías 10.22,23; 28.22; e em Ezequiel 11.23, onde lemos: "Ah! Senhor Deus! darás fim ao resto de Israel?" Pois os profetas tinham em mente: "Levarás até mesmo o remanescente à completa destruição?". Este mal-entendido originou-se em razão da ambiguidade do termo hebraico. A palavra בָּלָה significa *concluir* e *aperfeiçoar*, tanto quanto *consumar*. Esta distinção, contudo, não tem sido suficientemente observada nas passagens onde ela ocorre. Isaías não usa este verbo singular, e, sim, dois substantivos ('devastação' e 'consumação, e essa determinada'), de modo que a tradução equivocada do hebraico na Septuaginta é chocantemente inepta. Que necessidade havia de obscurecer uma sentença com linguagem ambígua, quando ela por si só é tão clara? Podemos também acrescentar que Isaías está falando aqui hiperbolicamente, expressando por 'devastação' o gênero de diminuição que frequentemente ocorre em época de alguma memorável matança.

29. E como Isaías já disse.³² Paulo introduz outra citação do primeiro capítulo, onde o profeta deplora a devastação de Israel em seu próprio tempo. Esta devastação dos judeus não é sem antecedente, pois o povo de Israel não tem qualquer privilégio senão aquele que

---

31 Há muitos nomes veneráveis em favor desta opinião, tais como *Ambrósio*, *Crisóstomo*, *Agostinho* e outros. Não conhecendo o idioma hebraico, anexaram um sentido clássico à expressão λόγον συντετμημένον, contrariando totalmente o que o hebraico significa, como observa *Calvino* com razão. A palavra συντετμημένον, nesta passagem, como diz *Schleusner*, porta um significado diferente do que ela tem nos clássicos; significa o que é encurtado, isto é, rapidamente executado.

32 Isaías 1.9. As palavras da *Septuaginta* são expressas literalmente, e diferem do hebraico só num caso: 'descendência' é subistituída por 'remanescente'; mas como 'semente', neste caso, evidentemente significa uma pequena porção reservada para semear, a idéia do original é comunicada. *Schleusner* se reporta aos exemplos tanto em *Josefo* quanto em *Platão*, cuja palavra, 'semente', é usada no sentido de uma pequena porção reservada. Seu significado muito comum na Escritura é posteridade.

Paulo extraiu 'Sabaoth' da Septuaginta, palavra hebraica não traduzível. Esta palavra, em conexão com Deus, é traduzida de maneira variada pela *Septuaginta*; pois a maior parte em Isaías, e em alguns outros livros, é amiúde traduzida por τῶν δυναμέων, isto é, Jehovah ou Senhor "dos poderes", e às vezes por παντοκράτωρ, 'onipotente'; e às vezes por ὁ ἅγιος, "o santo". Nossa versão, porém, 'Jehovah' ou "Senhor dos Exércitos" é a tradução própria. Significa as hostes de criaturas animadas e inanimadas; de fato, todo o universo, todas as coisas criadas; mas, de acordo com o contexto, às vezes especificamente se refere a coisas materiais, ou a coisas imateriais.

recebeu de seus ancestrais. Esses, contudo, haviam sido tratados de tal maneira que o profeta se queixa de que suas aflições tinham sido de tal vulto que os reduziram quase à destruição de Sodoma e Gomorra. Havia, contudo, uma diferença, ou seja uns poucos foram preservados como semente para ressuscitar o nome de Israel, de modo que não perecesse totalmente ou fosse varrido pelo esquecimento. Além disso, era necessário que Deus, lembrando de suas promessas, manifestasse sua misericórdia em meio aos seus mais severos juízos.

30. Que diremos, pois? Que os gentios, que não buscavam a justiça, vieram a alcançá-la, todavia aquela que procede da fé;

31. e Israel, que buscava a lei de justiça, não chegou a atingir essa lei.

32. Por quê? Porque não decorreu da fé, e, sim, como que das obras. Tropeçaram na pedra de tropeço,

33. como está escrito: Eis que ponho em Sião uma pedra de tropeço e rocha de ofensa, e aquele que nela crê não será envergonhado.

30. Quid ergo dicemus? Quòd gentes quæ non sectabantur justitiam, adeptæ sunt justitiam, justitiam autem ex fide:

31. Israel autem sectando legem justitiæ, ad legem justitæ non pervenit.

32. Quare? Quia non ex fide, sed quasi ex operibus; offenderunt enim ad lapidem offensionis:

33. Quemadmodum scriptum est, Ecce pono in Sion lapidem offensionis et petram offendiculi: et omnis qui crediderit in eum non pudefiet.

30. Que diremos, pois? A fim de deixar os judeus sem qualquer chance de queixar-se de Deus, o apóstolo agora se põe a explicar de maneira compreensível à inteligência humana por que a nação judaica foi assim rejeitada. Os que tentam estabelecer e exaltar aquelas causas acima da predestinação secreta de Deus (a qual deve, como Paulo já nos ensinou, ser considerada a causa mais preeminente), estão laborando em erro e revertendo a ordem divina. Porém, como a predestinação secreta de Deus se acha acima das demais causas, assim a corrupção e a perversidade dos ímpios fornecem uma base e abre caminho para os juízos divinos. Visto que o tema de Paulo era difícil e delicado, ele consulta seus leitores e, como se ainda tivesse dúvida, pergunta o que ele poderia dizer aqui.

Que os gentios, que não buscavam a justiça. Aparentemente, não havia nada mais absurdo ou inconsistente do que os gentios, que se chafurdaram na concupiscência de sua carnalidade, sem qualquer respeito pela justiça, fossem convidados a participar da salvação e obter a justificação; enquanto que os judeus, em contrapartida, que se devotaram assiduamente a viver segundo a lei, fossem alijados de todas as recompensas da justiça. O apóstolo introduz este paradoxo singular sem mais explicação, como se quisesse mitigar alguma aspereza nele, adicionando à explicação que a justiça que os gentios alcançaram procede da fé. Ela depende, portanto, da mercê do Senhor, e não de algum mérito humano. O zelo pela lei, pelo qual os judeus eram acionados, não passava de um absurdo, visto que buscavam ser justificados por meio das obras, e assim esforçavam-se por atingir uma posição a que homem algum pôde ou pode alcançar. Além disso, eles escandalizaram-se em Cristo, nosso único meio de acesso para a obtenção da justiça.

Na primeira sentença, contudo, era o objetivo do apóstolo enaltecer a perfeita graça de Deus, causa única da vocação dos gentios, declarando que o amor divino os recebia com amplexos, a despeito de serem eles indignos do favor divino.

Paulo fala expressamente da justificação, sem a qual não pode haver salvação alguma; mas ao dizer que a justificação dos gentios procede da fé, subentende que a mesma tem por base a graciosa reconciliação [divina]. Se concluirmos que os gentios são justificados por terem eles obtido o Espírito de regeneração, por meio da fé, então demonstraremos compreender muito mal o pensamento do apóstolo. Seria absurdo dizer que obtiveram o que não buscavam, a não ser que Deus graciosamente os enlaçasse enquanto eram ainda transviados e errantes, e lhes oferecesse uma justificação pela qual não sentiam nenhuma aspiração, visto que lhes era desconhecida. Devemos notar ainda que os gentios obtiveram a justificação procedente da fé simplesmente porque Deus antecipou a fé deles na aplicação de sua graça. Tivessem primeiro aspirado a justiça [divina] pela instrumentalidade da fé, e estariam eles ainda procurando por ela. Portanto, a fé propriamente dita é uma parte da graça.

31. E Israel, que buscava a lei de justiça. O apóstolo faz francamente uma incrível afirmação, dizendo que não é de estranhar que os judeus nada tenham realizado através de sua fatigante busca pela justiça, visto que, ao desviar-se do caminho, chegaram à exaustão sem qualquer resultado. Na primeira parte do versículo, creio eu, ele pôs *lei de justiça* na forma de hipálage, no sentido de *justiça da lei*;[33] e quando reitera a frase na segunda sentença, ele o fez num sentido distinto para significar a forma ou norma de justiça. O versículo todo, pois, significa que, embora Israel dependa da justiça da lei, ele não obteve o genuíno método de justificação, ou seja aquela que é prescrita na lei. O uso que Paulo faz de expressões contrastantes é notável, quando nos informa que a justiça legal foi a razão por que Israel se desviara da lei de justiça.

32. Porque não decorreu da fé. A escusa de excessivo zelo às vezes chega a ser justificada. Paulo, pois, mostra que aqueles que se diligenciam em obter a salvação através da confiança posta nas obras são rejeitados com justa razão, porquanto tudo fazem para que a fé seja destruída, fora da qual não há esperança de salvação. Portanto, se tais pessoas alcançassem sucesso, então a genuína justiça seria aniquilada. Assim vemos como a fé e os méritos procedentes das obras são contrastados, revelando que são inteiramente contrários um ao outro. Por isso, visto que a confiança nas obras constitui o principal obstáculo para alcançarmos a justiça, então torna-se indispensável

---

[33] Não parece haver necessidade para essa transição. "Uma lei (não a lei) de justiça" significa uma lei que prescreve justiça, e a qual, se cumprida, teria conferido justiça. Os judeus, porém, seguindo isso não lograram uma lei de justiça, lei que pudesse assegurar a justiça. O apóstolo às vezes usa as mesmas palavras no mesmo versículo em um sentido distinto, e deixa que o significado flua do contexto. *Grotius* toma 'lei' no sentido de caminho: "Seguiram o caminho da justiça, porém não lograram um caminho de justiça."
O verbo διώκω traduzido 'setor' por *Calvino* significa estritamente perseguir o que foge de nós, seja um animal selvagem ou um inimigo. Ele significa também seguir um líder e correr uma corrida, bem como desejar, atentar para, ou buscar avidamente uma coisa. Paulo às vezes o usa neste último sentido. Vejam-se 12.13; 14.19; 1 Coríntios 14.1. Aplicação semelhante é do verbo correspondente רדף, no hebraico. Vejam-se Deuteronômio 16.20; Salmo 34.14. "Quæro – buscar" é a palavra adotada por *Grotius*.

que a renunciemos a fim de depositarmos nossa confiança somente na munificência divina. Esse exemplo dos judeus deveria inspirar o temor [divino] em todos quantos se esforçam por obter o reino de Deus através das obras. Pela expressão, *obras da lei,* Paulo não quer dizer as observâncias cerimoniais, como já demonstramos, mas os méritos procedentes das obras aos quais a fé é contrastada – a fé que, por assim dizer, olha com ambos os olhos unicamente para a mercê divina sem considerar quaisquer méritos propriamente nossos.

Tropeçaram na pedra de tropeço. O apóstolo confirma sua sentença anterior com um excelente argumento. Nada é tão absurdo quanto a idéia de alguém se esforçar por destruir a justiça a fim de obtê-la. Cristo nos foi oferecido para a justificação; e aquele que impõe sobre Deus a justiça procedente das obras estará esforçando-se por privar a Cristo de seu ofício. Disto se faz evidente que, sempre que os homens põem sua confiança nas obras, sob o fútil pretexto de serem eles zelosos pela justiça, estão propondo guerra contra Deus, em sua impetuosa maldade.

Não é difícil de se perceber que aqueles que põem sua confiança nas obras tropeçam em Cristo. Se não reconhecermos que somos pecadores privados e destituídos de qualquer justiça propriamente nossa, obscureceremos a dignidade de Cristo, a qual consiste em ser ele luz, salvação, vida, ressurreição, justiça e medicina para todos nós. Para quê é ele tudo isso, senão para dar vista ao cego, restauração da liberdade ao condenado, vida ao morto, ressurreição ao que é reduzido a nada, purificação ao que se acha coberto de imundície, cura e saúde ao que se acha saturado com todo gênero de debilidades? Realmente, se formos achados a reivindicar alguma justiça por meio de nossos próprios recursos, então estaremos em alguma medida lutando contra o poder de Cristo, já que seu ofício consiste tanto em despedaçar toda a arrogância da carne quanto em aliviar e consolar aos que labutam e se acham sob pesado fardo.

A passagem [Is 3.14] é citada com propriedade. Deus ali declara que ele seria para o povo de Judá e de Israel uma rocha de ofensa, na qual tropeçariam e cairiam. Visto que Cristo mesmo é o próprio Deus que falou pelos lábios do profeta, não é de estranhar que este fato também se cumpra nele. Ao referir a Cristo como a *pedra de tropeço*, o apóstolo nos diz que não devemos sentir-nos surpresos se os que tropeçaram na rocha de ofensa por sua própria e perversa obstinação, quando Deus lhes mostrava uma via de acesso tão fácil,[34] não fizerem qualquer progresso no caminho da justiça. Devemos, contudo, observar que Cristo não é propriamente e em sua própria pessoa uma pedra de tropeço, senão que ele assim se transforma em consequência da impiedade humana, como veremos à luz do que se segue.

33. Aquele que nela crê não é envergonhado. O apóstolo adicionou esta citação extraída de outra parte de Isaías para a consolação dos piedosos, como a dizer: "Não há razão por que devamos temer só porque Cristo é chamado *a pedra de tropeço*, ou agasalhar temor em vez de confiança, pois enquanto que para os incrédulos ele foi designado para ser ruína, para os santos ele é vida e ressurreição." Como, pois, a primeira profecia, concernente ao tropeço e ofensa, se cumpre nos rebeldes e incrédulos, assim há outra que se destina aos santos, a saber: que ele é a pedra inabalável, preciosa, angular, fixada de forma inamovível, e todo aquele que nela confiar jamais fracassará. A expressão do apóstolo – *não será envergonhado*, em vez de *não tropeçará* ou *cairá* – foi extraída da Septuaginta. Indubitavelmente, nesta passagem o Senhor tencionava confirmar a esperança de seu povo. Quando o Senhor nos convida a cultivar boa esperança, segue-se que não ficaremos confusos nem envergonhados.[35] Veja-se uma passagem semelhante em 1 Pedro 2.10.

---

34 Erro frequente se torna um maior obstáculo à salvação dos homens do que o descuido ou vício. Que ninguém conclua que o erro doutrinal seja uma prática leve do mal. Nenhuma estrada para a perdição é tão movimentada quanto a da falsa doutrina. O erro é um escudo tentando proteger a consciência e é uma escravidão sobre os olhos." – *Prof. Hodge*.

35 A citação deste versículo é feita de uma maneira extraordinária. A primeira parte: "Eis que ponho em Sião" é extraída de Isaías 28.16; o que se segue, "uma pedra de tropeço e uma rocha de ofensa", é extraído de Isaías 8.14. E então as últimas palavras, "e todo aquele que crê nele não será envergonhado", procedem da passagem anterior de Isaías 28.16. O tema é o mesmo.

Capítulo 10

1. Irmãos, a boa vontade de meu coração e minha súplica a Deus a favor deles é para que sejam salvos.
2. Porque lhes dou testemunho de que eles têm zelo por Deus, porém não com entendimento.
3. Porquanto, desconhecendo a justiça de Deus, e procurando estabelecer a sua própria, não se sujeitaram à justiça que vem de Deus.
4. Porque o fim da lei é Cristo para justiça de todo aquele que crê.

1. Fratres, benevolentia certè cordis mei, et deprecatio ad Deum super Israel, est in salutem.
2. testimonium enim reddo illis, quòd zelum Dei habent, sed non secundum scientiam:
3. Ignorantes enim Dei justitiam, et propriam justitiam quærentes statuere, justitiæ Dei subjecti non fuerunt;
4. Finis enim Legis Christus in justitiam omni credenti.

1. À luz destas palavras percebemos com quanta solicitude este homem de Deus procurava evitar os escândalos. Para suavizar quaisquer asperezas que porventura houvesse em sua interpretação da rejeição dos judeus, ele prossegue, como antes, a afirmar sua boa vontade para com eles. Ele prova isso através de seus efeitos, ou seja que a salvação deles lhe era matéria de preocupação antes que para o Senhor. Tal sentimento só pode provir de um amor muito sincero. Ele se via também sob a necessidade de afirmar – talvez por alguma outra razão – seu amor para com a nação da qual nascera, porquanto sua doutrina jamais haveria sido recebida pelos judeus, caso eles o considerassem como seu devotado inimigo. A apostasia deles também teria sido motivo de suspeita da parte dos gentios, pois teriam pensado – como mencionamos no último capítulo – que sua apostasia da lei procedera de seu ódio pelos homens.¹

2. Porque lhes dou testemunho. O objetivo deste versículo era granjear a confiança deles em seu afeto. Havia uma boa razão por que ele devia considerá-los com compaixão e não com ódio, visto perceber que sua queda tinha por base mera ignorância e não a perversidade de sua mente, e especialmente porque via que eram induzidos a perseguir o reino de Cristo puramente com base em alguma afeição que tinham por Deus. Aprendamos, porém, deste fato aonde nossas boas intenções podem levar-nos caso nos deixemos governar por elas. Comumente cremos que é uma excelente escusa alegar que a culpa não corresponde a uma má intenção. Quantas pessoas na atualidade são impedidas por esse pretexto, empregando todos seus esforços em perscrutar a verdade de Deus, visto acreditarem que qualquer erro que porventura tenham cometido por ignorância, sem malícia premeditada, e deveras com boas intenções, será justificado. E no entanto nenhum de nós se vê possibilitado de justificar os judeus por terem eles crucificado a Cristo, tratado os apóstolos com bárbara crueldade e por terem tentado destruir e extinguir o evangelho, ainda que apresentem a mesma justificativa em que confiadamente se gloriam. Fora, pois, com tais equívocos fúteis adornados com boas intenções! Se buscarmos a Deus de todo o coração, então sigamos o único caminho pelo qual temos acesso a ele. Como disse Agostinho, é melhor prosseguir no caminho certo, mesmo coxeando, do que sair correndo dele com todo nosso empenho. Se queremos ser de fato religiosos, lembremo-nos daquela verdade ensinada por Lactâncio: a única religião verdadeira é aquela que se acha conectada com a Palavra de Deus.²

---

1 O latim de *Calvino* para este versículo é: "Fratres, benevolentia certè cordis mei et deprecatio ad Deum super Israel est in salutem – Irmãos, de fato a boa vontade de meu coração, e oração a Deus por Israel, é por *sua* salvação." A palavra para "boa vontade", εὐδοκία, significa uma boa disposição para com outrem. Significa aqui uma benevolência ou sincero desejo; ou, segundo Teofilato, um ardente desejo.

2 "Um zelo de Deus", ζῆλον θεοῦ, é um zelo por Deus, um caso genitivo do objeto. Alguns consideram 'Deus' aqui no sentido de algo grande, como às vezes é usado em hebraico, e traduz a frase, como faz *Macknight*, "um grande zelo"; mas isso não é exigido pelo contex-

Em contrapartida, quando vemos alguém que parece vaguear em trevas, mesmo quando perambula com boas intenções, ponderemos como somos merecedores de mil mortes se, uma vez tendo sido iluminados por Deus, nos desviarmos consciente e voluntariamente de seu caminho.

3. Porquanto, desconhecendo a justiça de Deus. Note-se como seu zelo inconsiderado os fizera desviar-se. Quiseram estabelecer uma justiça propriamente sua; e sua louca confiança era procedente de sua ignorância da justiça divina. Observe-se o contraste entre justiça divina e justiça humana. Vemos, em primeiro lugar, que se opunham uma à outra, e não podiam manter-se unidas. Segue-se que a justiça divina é subvertida assim que o homem estabelece sua própria justiça. Além disso, a fim de prover uma correspondência entre os dois tipos de justiça, Paulo chama de *justiça divina* àquela que é um dom divino, enquanto que, em contrapartida, aquela que o homem busca dentro de si mesmo, ou com a qual pensa poder apresentar-se diante de Deus, chama *justiça humana*. Aqueles, pois, que querem ser justificados por si mesmos jamais se submetem à justiça procedente de Deus, porquanto o primeiro passo para obtermos a justiça divina consiste em renunciarmos nossa própria justiça. Que outra razão nos compeliria a buscarmos a justiça em outra fonte, senão o fato de sermos movidos a agir assim pela própria carência dela?

Afirmamos em outra instância que o homem é vestido da justiça divina pela instrumentalidade da fé. A justiça de Cristo lhes é imputada. O apóstolo, ao dizer que se desvencilhavam do jugo divino, injuria

---

to. Os judeus professamente tinham "zelo por Deus", mas este não era acompanhado de conhecimento. A necessidade de conhecimento como um guia do zelo é notado por *Turrettin* em quatro detalhes: 1. Para que saibamos distinguir a verdade da falsidade, como pode haver zelo pela doutrina errada e falsa, também deve haver pela que é verdadeira; 2. para que possamos entender a *importância* comparativa das coisas, de modo a não fazer muito do que é pouco, e não fazer pouco do que se deve considerar como grande; 3. Para que possamos prosseguir e defender a verdade da *maneira correta*, com prudência, firmeza, fidelidade e mansidão; 4. Para que nosso zelo tenha um *objetivo correto*, não nosso próprio interesse e reputação, mas a glória de Deus e a salvação dos homens.

veementemente o orgulho que os hipócritas baforavam – embora se ocultassem sob o insuspeito disfarce de zelo –, dizendo que todos eles se opunham e se revoltavam contra a justiça divina.

4. Porque o fim da lei é Cristo. Creio que o termo *cumprimento* ou *consumação*,[3] como Erasmo o traduziu, é completamente impróprio a esta passagem. Entretanto, visto que a outra tradução recebeu aprovação quase universal, e é também bastante adequada, deixo aos meus leitores que escolham a que lhes convier.

O apóstolo aqui refuta a objeção que se poderia engendrar contra ele. Aos judeus poderia parecer que haviam tomado a vereda certa, visto que haviam se devotado à justiça da lei. Era imprescindível que Paulo reprovasse essa falsa opinião. Ele faz isso aqui, mostrando que os que buscam justificar-se por meio de suas próprias obras não passam de falsos intérpretes da lei, visto que a lei fora promulgada para guiar-nos pela mão a outra justiça. Aliás, cada doutrina da lei, cada mandamento, cada promessa, sempre aponta para Cristo. Portanto, devemos aplicar a ele todas suas partes. Mas não podemos fazer isso, a menos que sejamos despidos de toda e qualquer justiça, sejamos totalmente dominados pelo conhecimento de nosso pecado e busquemos aquela justiça imerecida que só dele procede.

Aquele grosseiro abuso que os judeus praticam contra a lei, que em seus feitos perversos transformam em pedra de tropeço aquilo que deveria ser seu próprio auxílio, é consequentemente e com justa razão censurado. Aliás, é evidente que vergonhosamente haviam mutilado a lei de Deus, ao rejeitarem seu espírito e apegarem-se ao corpo morto da letra. A lei promete recompensar àqueles que a observam. Não obstante, ao encerrar a todos debaixo da maldição de culpa eterna, ela nos conduz a uma nova justiça, em Cristo, a qual não pode ser adquirida através dos méritos procedentes de

---

3 "Complementum – o complemento", o preenchimento completo, a completação. A palavra τέλος, 'fim', é usada de várias maneiras, no sentido de: 1. O término de alguma coisa, seja do mal ou da vida etc. [Mt 10.22; Jo 13.1]; 2. consumação ou cumprimento [Lc 22.37; 1Tm 1.9]; 3. o resultado, o efeito, a consequência [6.21; 1Pe 1.9; 2Co 11.15]; 4. *tributo* ou custo [13.7]; 5. a *coisa primordial*, sumário ou substância [1Pe 3.8].

nossas obras, senão que deve ser gratuitamente recebida por meio da fé. Assim, a justiça [procedente] da fé (como vimos no primeiro capítulo) é testemunhada pela lei. Esta notável passagem declara que a lei, em todas suas partes, aponta para Cristo; e portanto ninguém será capaz de entendê-la corretamente, a não ser que se esforce constantemente por atingir esse alvo.

5. Ora, Moisés escreveu que o homem que praticar a justiça decorrente da lei viverá por ela.	5. Moses enim describit justitiam quæ est ex Lege, Quòd qui fecerit ea homo vivet in ipsis.
6. Mas a justiça decorrente da fé, assim diz: Não perguntes em teu coração: Quem subirá ao céu? (isto é, para trazer do alto a Cristo);	6. Quæ vero est ex fide justitia sic dicit, Ne dixeris in corde tuo, Quis ascendet in cœlum? hoc est Christum deducere:
7. ou: Quem descerá ao abismo? (isto é, para levantar a Cristo dentre os mortos).	7. Aut, Quis descendet in abyssum? hoc est Christum ex mortuis reducere:
8. Porém, que se diz? A palavra está perto de ti, em tua boca e em teu coração; isto é, a palavra da fé que pregamos.	8. Sed quid dicit? Propè est verbum, in ore tuo et in corde tuo; hoc est verbum fidei quod prædicamus,
9. Se com tua boca confessares a Jesus como Senhor, e em teu coração crerres que Deus o ressuscitou dentre os mortos, serás salvo.	9. Quod si confessus fueris in ore tuo Dominum Iesum, et credideris in corde tuo quòd Deus suscitavit illum ex mortuis, salvus eris:
10. Porque com o coração se crê para justiça, e com a boca se faz confissão para a salvação.	10. Corde enim creditur in justitiam, ore fit confessio in salutem.

Paulo agora compara a justiça [procedente] da fé e a justiça [procedente] das obras, com o fim de evidenciar quão grandemente são elas discrepantes. A diferença que existe entre opostos pode ser vista mais nitidamente através de comparação entre os mesmos. A referência do apóstolo não é aos escritos dos profetas, e, sim, ao testemunho de Moisés, por uma única razão, a saber: para que os judeus pudessem entender que a lei não fora promulgada por Moisés com o fim de firmar sua confiança nas obras; ao contrário, ela foi dada para guiá-los a Cristo. Mesmo que Paulo pudesse ter citado os profetas como testemunhas de sua tese, esta dificuldade ainda permaneceria. Por que a lei prescreve outra forma de justiça? Ele, pois, remove esta dificuldade mui satisfatoriamente ao estabelecer a justiça [procedente] da fé pelo ensino da própria lei.

Devemos entender a razão por que Paulo faz a lei concordar com a fé, e ao mesmo tempo põe a justiça [procedente] da lei em oposição à justiça [procedente] da fé. A palavra *lei* é usada num duplo sentido. Ela às vezes significa toda a doutrina ensinada por Moisés, e às vezes significa aquela parte que pertence peculiarmente a seu ministério e que se acha contida em seus preceitos, recompensas e punições. O ofício universal a que Moisés fora incumbido era a instrução do povo na genuína norma de piedade. Se isso é assim, então era seu dever pregar o arrependimento e a fé. Esta, porém, não pode ser ensinada sem o oferecimento das promessas, aquelas graciosas promessas da mercê divina. Paulo, pois, se viu impulsionado a ser um pregador do evangelho, e é evidente à luz de muitas passagens que ele desincumbiu-se deste ofício com fidelidade. A fim de ensinar o arrependimento ao povo, era imprescindível que ele o instruísse naquela forma de vida aceitável a Deus. E ele incluiu isto nos preceitos da lei. Para que pudesse instilar na mente do povo amor à justiça, bem como implantar também ódio à iniquidade, ele tinha que adicionar promessas e ameaças para declarar tanto as recompensas que foram feitas aos justos como as terríveis punições [prometidas] aos pecadores. O dever agora a ser desincumbido pelo povo consistia em considerar de quantas formas eram acusados e quão longe se achavam de merecer a graça divina por suas obras. Ao sentir-se desanimados de conseguir alguma justiça por seus próprios esforços, então procuram refúgio na munificência divina – a de Cristo mesmo. Esse era o propósito do ministério de Moisés.

As promessas do evangelho são encontradas esparsamente, aqui e ali, nos escritos de Moisés, e são um tanto obscuras; enquanto que os preceitos e as recompensas, destinados àqueles que observam a lei, ocorrem com frequência. A função, pois, de ensinar o caráter da genuína justiça [procedente] das obras é, com justa razão, própria e peculiarmente atribuída a Moisés, assim como é também sua função revelar a natureza da remuneração que aguarda aqueles que a observam, e que só punição espera aqueles que a transgridem. Por essa razão o próprio Moisés é por João contrastado com Cristo, quando diz: "A lei foi dada por Moisés, mas a graça e a verdade foram dadas por Cristo" [Jo 1.17]. Sempre que a palavra *lei* é usada neste sentido restrito, Moisés é implicitamente contrastado com Cristo. Devemos, pois, ver o que a lei contém em si mesma quando é separada do evangelho. Portanto, o que digo aqui sobre a justiça [procedente] da lei deve ser referido não a todo o ofício de Moisés, mas àquela parte dele que lhe fora peculiarmente confiada. Agora tratarei das palavras propriamente de Paulo.

5. Ora, Moisés escreveu. Paulo tem γράφει, 'escrever', mas o verbo deve ser considerado com o prefixo ἐπιγράφει, 'descrever'. A passagem é extraída de Levítico 18.5, onde o Senhor promete vida eterna àqueles que guardarem sua lei. Vemos que Paulo também considerou a passagem neste sentido, e não apenas no sentido de vida temporal, como alguns querem. O apóstolo pondera assim em relação à passagem de Levítico: "Visto que ninguém alcança a justiça prescrita pela lei, a não ser que cumpra perfeitamente todas as partes dela, e visto que todos os homens estiveram sempre distantes de tal perfeição, é debalde que alguém se esforce por alcançar a salvação por esta via. Israel, pois, estava completamente equivocado em esperar ser capaz de obter a justiça [procedente] da lei, porquanto nos achamos todos excluídos dela." Devemos ainda observar como ele argumenta, partindo da própria promessa, que a lei não nos é de nenhum préstimo, em decorrência de nossa condição tornar impossível a prática da mesma. Citar as promessas da lei a fim de estabelecer a justiça [proveniente] das obras é uma sutileza completamente ilusória. Se pusermos nossa confiança nelas, nos afastamos muitíssimo da possibilidade de alcançar a salvação, e ainda a maldição seguramente nos aguarda. Muitíssimo detestável é a estupidez dos papistas que consideram suficiente apegar-se a suas promessas vazias como prova dos méritos [humanos]. "Deus", dizem eles, "não prometeu debalde vida àqueles que o adoram." Mas, ao mesmo tempo, falham em ver que a promessa de vida foi dada a fim de que o senso de suas transgressões os enchessem do temor da morte, e sendo assim compelidos por sua própria necessidade, pudessem aprender a buscar seu refúgio somente em Cristo.

6. Mas a justiça[4] **decorrente da fé assim diz**. Esta passagem pode, por duas razões, trazer considerável dificuldade ao leitor. Aparentemente, Paulo não só distorceu o sentido normal da passagem, mas também mudou as palavras para que produzissem um significado diferente. Mais adiante consideraremos a interpretação das palavras; por ora ocuparemos nossa atenção a sua aplicação. A passagem é extraída de Deuteronômio 30.12, onde Moisés, como na citação anterior, está falando da doutrina da lei, a qual Paulo aplica às promessas do evangelho. Esta dificuldade pode ser facilmente removida da seguinte forma: Moisés, nesta passagem, está mostrando quão fácil acesso tinham os judeus à vida, visto que a vontade divina não estava escondida longe e muito menos isolada deles, mas fora posta diante de seus olhos. Houvera Paulo falado somente da lei, e seu argumento se tornaria irracional, visto que não é mais fácil guardar a lei de Deus quando está posta diante de nossos olhos do que quando se acha a longa distância. Moisés, pois, não está apontando só para a lei, mas também para toda a doutrina de Deus, em geral, a qual inclui o evangelho. A palavra da lei, propriamente dita, nunca está em nosso coração, nem mesmo uma única sílaba dela, enquanto ela não for enxertada em nossos corações pela fé no evangelho. Em segundo lugar, mesmo depois da regeneração, a palavra da lei não pode propriamente estar em nossos corações, visto que ela exige perfeição, da qual até mesmo os crentes se acham mui distantes. Mas a palavra do evangelho, ainda quando não encha nossos cora-

---

4 Justiça aqui é personificada, segundo o modo usual do apóstolo. A lei e o pecado tinham sido outrora representados da mesma forma.

ções, contudo tem ali sua habitação, pois ela oferece perdão para a imperfeição e defeitos. Ao longo do capítulo (bem como do quarto), Moisés envida esforços para enaltecer a infinita benevolência divina perante seu povo, visto que ele os tomara sob sua disciplina e governo. Tal celebração não poderia ser aplicada meramente à lei. Não há problema se Moisés esteja falando ali de moldar suas vidas em consonância com a norma da lei, pois ele conecta o espírito de regeneração com a justiça gratuita [decorrente] da fé. Ele, pois, infere um do outro, pois a observância da lei emana da fé em Cristo. É certo também que este versículo depende da seguinte verdade: "O Senhor circuncidará teu coração", a qual afirmara sucintamente antes, no mesmo capítulo. Portanto, é algo bem simples de refutar os que dizem que Moisés, nesta passagem, está tratando das boas obras. Admito que este é o caso, porém mantenho que não há nada de ilógico em derivar a observância da lei de sua fonte, ou, seja, a justiça [decorrente] da fé. Agora é o momento de buscarmos a explicação das palavras mesmas.[5]

Não perguntes em teu coração: Quem subirá ao céu? Moisés usa as palavras *céu* e *abismo* para sugerir lugares que são absolutamente remotos e inacessíveis ao homem. Paulo aplica estas palavras à morte e ressurreição de Cristo, como se algum mistério espiritual subjazesse a elas. Se se alega que esta interpretação é por demais forçada e engenhosa, devemos lembrar que o tema do apóstolo não incluía *explicar* esta passagem com exatidão, mas só *aplicá-la* a seu tratamento do tema em questão. Portanto, ele não

---

[5] Parece não haver necessidade de recorrer às distinções feitas na seção anterior. O caráter da citação dada é corretamente descrito nas palavras de *Crisóstomo*, como citadas por *Poole*: "Paulus ea transtulit et aptavit ad justitiam fidei – Paulo transferiu e acomodou essas coisas à justiça [procedente] da fé." Ele evidentemente emprestou as palavras de Moisés, não literalmente, mas substancialmente, com o propósito de estabelecer a verdade que ele estava compendiando. O orador não é Moisés, mas "a justiça da fé", representada como uma pessoa. *Lutero*, como citado por *Wolfius*, diz que "Paulo, sob a influência do Espírito, tomou de Moisés a ocasião de formar, por assim dizer, um novo e adequado texto contra os judiciários." Parece ser uma aplicação, à guisa de analogia, das palavras de Moisés para o evangelho, e não um testemunho confirmatório. *Chalmers* hesita sobre o tema; mas *Pareus*, *Wolfius*, *Turrettin* e *Doddridge* consideram as palavras como aplicadas à guisa de acomodação.

repete o que Moisés declarou, sílaba por sílaba, mas emprega uma glosa, pela qual ele adapta o testemunho de Moisés mais claramente a seu propósito. Moisés falara de lugares inacessíveis; Paulo menciona aqueles que são muitíssimo ocultos de nossa vista e no entanto são visíveis à percepção de nossa fé. Se, pois, tomarmos estas afirmações de Paulo como que tendo sido feitas à guisa de ampliação, ou como glosa, não estaremos aptos a dizer que ele fizera violência ou distorcera as palavras de Moisés. Reconheceremos, antes, que sua alusão às palavras *céu* e *abismo* é elegante sem qualquer prejuízo ao significado.

Portanto, apresentemos agora uma simples explicação das palavras de Paulo: "A segurança de nossa salvação se apoia em dois fundamentos, a saber: a conquista da vida e a derrota da morte." O apóstolo, pois, nos ensina que nossa fé é apoiada por ambas através do evangelho, pois Cristo, ao morrer, tragou a morte; e, ao ressuscitar, recebeu vida em seu poder. O benefício da morte e ressurreição de Cristo nos é agora comunicado por meio do evangelho. Não há, pois, razão para sairmos em busca de algo mais. E assim, para que saibamos que a justiça [decorrente] da fé é muitíssimo suficiente para nossa salvação, Paulo nos ensina que estas duas partes, as quais são indispensáveis a nossa salvação, se acham incluídas nele. *Quem subirá ao céu?* é equivalente a "Quem sabe se aquela herança de vida eterna e celestial de fato nos aguarda?" E *Quem descerá ao abismo?* significa "Quem sabe se a eterna destruição da alma acompanha a morte do corpo?" O apóstolo nos ensina que ambas estas dúvidas são removidas pela justiça [decorrente] da fé. A primeira dúvida faria Cristo descer do céu, e a segunda o entregaria novamente à morte. A ascensão de Cristo ao céu deve estabelecer nossa fé na vida eterna de tal forma que não fique qualquer dúvida se a herança do céu é preparada para os crentes, em cujo nome e por cuja causa Cristo entrou no céu; pois tal dúvida seria quase que despojá-lo da possessão celestial. Da mesma forma, visto que suportou os horrores do inferno a fim de livrar-nos dele, alimentar dúvida se os crentes são ainda expostos a esta miséria é o mesmo que privá-lo de sua morte, e até mesmo negá-la.

8. Porém, que se diz? As afirmações negativas usadas por Paulo até este ponto se ocupam da remoção dos obstáculos [postos] à fé. Resta-lhe, pois, considerar os meios para a obtenção da justiça, e com este propósito ele adiciona uma afirmação positiva. A introdução de uma pergunta, quando poderia ter sumariado todas suas observações em uma única afirmação, se destinava a despertar a atenção. Ao mesmo tempo, ele desejava informar a seus leitores da grande diferença existente entre a justiça [decorrente] da lei e a justiça [decorrente] do evangelho. A justiça [decorrente] da lei se apresenta à distância, e impede toda a raça humana de aproximar-se dela, enquanto que a justiça [decorrente] do evangelho, encontrando-se ao alcance [de todos], nos convida calorosamente a usufruir seus dons.

A palavra está perto de ti. Primeiramente, devemos notar que, para impedir as mentes humanas de reduzirem-se a ambiguidades e a extraviarem-se da salvação, Paulo lhes prescreve os limites da Palavra [*verbi metas*] dentro dos quais devemos manter-nos. É como se estivesse lhes ordenando que vivessem satisfeitos somente com a Palavra, e lhes informando que os segredos celestiais, os quais deslumbram seus olhos com seu fulgor, pasmam seus ouvidos e atordoam suas mentes com espanto, devem ser contemplados neste espelho.

Os crentes, pois, extraem notável consolação desta passagem com referência à infalibilidade da Palavra. Porquanto podem repousar nela com tão grande segurança como se o que viram estivesse realmente presente. Devemos ainda notar que Moisés anuncia a Palavra, sobre a qual baseamos nossa inabalável e tranquila confiança na salvação.

Isto é, a palavra da fé. Paulo é justificado em considerar essa expressão como *palavra da fé*, pois a doutrina da lei de modo algum apazigua ou tranquiliza a consciência nem a supre com o que deveras a satisfaz. Contudo, sem excluir da Escritura as outras partes da Palavra, e particularmente os preceitos da lei. Ele pretende, não obstante, fazer a justiça equivalente à remissão de pecados, mesmo à parte da exata obediência que a lei requer. A *Palavra do Evangelho*, portanto, a qual nos manda que não busquemos justificação nas obras, mas que abracemo-la quando nos é graciosamente oferecida pela fé, é suficiente para comunicar paz às mentes humanas e estabelecer sua [eterna] salvação.

A *palavra da fé* é apresentada em termos metonímicos, significando *a palavra da promessa*, ou seja pelo próprio evangelho, visto estar ele conectado à fé.[6] O contraste entre *lei* e *evangelho* está subentendido, e desta distinção deduzimos que, assim como a lei exige obras, o evangelho requer apenas que os homens exibam a fé a fim de que recebam a graça divina. A frase, *que pregamos*, é adicionada para prevenir contra alguma suspeita de que Paulo diferisse de Moisés. Ele declara que no ministério do evangelho houve completa harmonia entre ele e Moisés, visto que este também pôs nossa felicidade na graciosa promessa da graça exclusiva de Deus.

9. Porque, se com tua boca confessares. Aqui também Paulo faz uma alusão, e não propriamente uma tradução literal, pois é provável que Moisés tenha usado a palavra *boca*, fazendo uso de sinédoque, para significar *face* ou *vista*. A alusão do apóstolo à palavra *boca* era mui oportuna. Quando o Senhor põe sua Palavra diante de nossa face, ele certamente nos chama a fazer uma confissão dela. A Palavra do Senhor deve produzir frutos onde ela se faz presente, e nossa confissão desta Palavra é o fruto de nossos lábios.

O ato de pôr *confissão* antes de *fé* é uma inversão de ordem muito comum na Escritura. A ordem teria sido melhor se a fé do coração tivesse sido posta em primeiro lugar, e a confissão da boca, que emana da fé, a seguisse.[7] Mas o cristão faz uma genuína confissão de Jesus como Senhor: este o adorna com seu próprio poder, e aquele o reconhece como o único que foi dado pelo Pai e é descrito no evangelho.

---

6 [349] É a 'palavra' que requer 'fé', e é recebida pela fé; ou é a palavra que dá direito à fé, digna de ser crida; ou é a palavra que gera e sustenta a fé.

7 "Ele pôs a 'boca' antes do 'coração'", diz *Pareus*, "para seguir a ordem dada por Moisés, e é por essa razão que não conhecemos fé de outra maneira senão por meio de confissão."

A expressa menção que Paulo faz só da ressurreição de Cristo não deve ser motivo para concluir-se que sua morte não fosse de qualquer importância; mas porque, por meio de sua ressurreição, ele completou toda a obra de nossa salvação. Mesmo quando nossa redenção e satisfação, pelas quais somos reconciliados com Deus, foram consumadas por sua morte, não obstante a vitória sobre o pecado, a morte e Satanás foi granjeada por sua ressurreição. Desta emanam também a justiça, a nova vida e a esperança da bendita imortalidade. Por esta razão, só a ressurreição de Cristo é às vezes posta diante de nossos olhos para confirmar a segurança de nossa salvação, não com o fim de distrair nossa atenção de sua morte, mas porque ela testifica do efeito e fruto de sua morte. Resumindo, a ressurreição de Cristo inclui sua morte. Fizemos alguma menção deste tema no sexto capítulo.

Além do mais, Paulo requer não meramente uma fé histórica, mas aquela que inclui na própria ressurreição o *decreto* de ressuscitar a Cristo. Devemos lembrar-nos do propósito para o qual Cristo ressuscitou. Foi o desígnio do Pai ressuscitá-lo a fim de restaurar-nos à vida. Ainda que Cristo possuísse o poder de trazer sua própria vida de volta, esta obra, na Escritura, é geralmente atribuída ao Pai.

10. Porque com o coração se crê[8] para justiça. Esta passagem pode ser-nos útil na compreensão da justificação pela fé. Ela revela que obtemos a justiça quando abraçamos a benevolência divina que nos é oferecida no evangelho. Somos, pois, justificados

---

8 'Creditur'; πιστεύεται, 'é crido'. É um verbo impessoal, e também é o verbo da próxima frase. A introdução de uma pessoa se faz necessária em uma versão, e podemos dizer: 'Cremos'; ou, como 'tu' é usado no versículo precedente, pode ser adotado aqui: "Porque pelo coração tu crês na justiça", isto é, a fim de granjear justiça; "e com a boca tu confessas para a salvação", isto é, a fim de apropriar-se da salvação. "Deus conhece nossa fé", observa *Pareus*, "mas ela se faz conhecida ao homem por meio da confissão." As observações de *Turrettin* sobre este versículo vêm muito a propósito. Diz que Paulo gostava de antítese, e que não devemos entender fé e confissão como separadas e aplicadas somente às duas coisas aqui mencionadas, mas devem ser vistas como conectadas, e que um caso semelhante se encontra em 4.25, onde lemos que Cristo foi entregue por nossas ofensas e que ressuscitou para nossa justificação; significando que, por meio de sua morte e ressurreição, nossas ofensas são apagadas e a justificação é alcançada. Da mesma forma a essência do que aqui se expressa é que pela fé sincera e confissão franca obtemos a justificação e salvação.

quando cremos que Deus, em Cristo, nos é gracioso. Mas é preciso que notemos bem que a sede da fé não está na cabeça, e, sim, no *coração*. Não me proponho a argumentar sobre a parte do corpo na qual a fé se acha localizada; mas, visto que a palavra *coração* geralmente significa um afeto sério e sincero, mantenho a tese de que a *fé é uma confiança firme e eficaz*, e não uma mera idéia [oriunda da razão].

E com a boca se faz confissão para a salvação. Pode parecer estranho que Paulo agora atribua parte de nossa salvação à fé, depois de ter declarado tantas vezes, em ocasiões anteriores, de que somos salvos mediante a fé somente. Entretanto, não devemos concluir deste fato que nossa confissão seja a *causa* de nossa salvação. O desejo de Paulo era unicamente mostrar como Deus efetuou nossa salvação, ou seja ao fazer com que a fé, a qual ele pôs em nossos corações, se concretize através da confissão. Ele só queria, deveras, enfatizar a natureza da fé genuína, donde este fruto emana, a fim de que ninguém desse à própria fé um título sem substância. A verdadeira fé deve acender no coração a chama do zelo pela glória de Deus como as lavas do vulcão que não podem ser retidas. Certamente que aqueles que são justificados já se acham de posse da salvação; por isso, tanto crêem com o coração para a salvação como confessam [a salvação] com seus lábios. Assim vemos que Paulo faz uma distinção com o intuito de fazer referência à *causa* da justificação pela fé, bem como para mostrar o que é requerido para uma salvação plenária. Ninguém pode crer com o coração sem confessar com a boca. Há posto em nós, como consequência perpétua da fé, a necessidade de fazer-se confissão com a boca, porém sem atribuir nossa salvação à confissão.

Aqueles que se vangloriam hoje de uma espécie de fé imaginária, sem conteúdo e escondida no coração, a qual dispensa a confissão dos lábios, como sendo algo supérfluo e fútil, deveriam atentar bem para a resposta do apóstolo. Porque é completamente irracional insistir que exista fogo onde não existe calor algum.

11. Porquanto a Escritura diz: Todo aquele que nele crê não será envergonhado.
12. Porque não há distinção entre judeu e grego, uma vez que o mesmo é o Senhor de todos, rico para com todos os que o invocam.
13. Porque: Todo aquele que invocar o nome do Senhor será salvo.

11. Dicit enim scriptura, omnis qui credit in eum non pudefiet:
12. Non enim est distinctio Iudæi et Græci; unus enim Dominus omnium, dives in omnes qui invocant eum;
13. Quisquis enim invocaverit nomen Domini salvus erit.

11. Porquanto a Escritura diz. Tendo declarado as razões por que Deus rejeitara os judeus, com sobejos motivos, o apóstolo volta a afirmar a vocação dos gentios. Esta é a outra parte da pergunta que ele agora passa a discutir. Portanto, visto que ele enfatizou a forma pela qual o homem obtém a salvação, a forma pela qual é tão comum e acessível tanto aos gentios quanto aos judeus, ele agora a estende amplamente aos gentios, adicionando antes uma expressão para incluir todos, e então convidá-los nominalmente para ela. Ele reitera a passagem de Isaías que já havia citado a fim de imprimir mais autoridade a sua tese, e também para mostrar como as profecias proclamadas sobre Cristo estão em harmonia com a lei.[9]

12. Porque não há distinção. Se se exige somente confiança, então a benevolência divina se manifestará salvadora sempre que for encontrada. Nesse caso, pois, não haverá distinção de raça ou nacionalidade. O apóstolo adiciona as razões mais fortes. Se Aquele que é o Criador e Mantenedor do mundo inteiro é o Deus de toda a humanidade, então revelará sua munificência a todos quantos o invocarem e o reconhecerem como seu Deus. Visto que sua mercê é infinita, deve-se necessariamente estender-se a todos quantos a busquem.

---

9 Como em 9.33, a citação do apóstolo é extraída da *Septuaginta*; pois 'apressar-se', no hebraico, comunica a mesma idéia que 'envergonhar-se'. Pois aquele que se apressa quase sempre age de forma insensata e se cobre de vergonha, como fez Saul quando não esperou a chegada de Samuel, mas apressou-se a oferecer sacrifícios e com isso ficou envergonhado.

O termo *rico* é usado aqui num sentido ativo, e significa *bom* e *beneficente*.¹⁰ As riquezas de nosso Pai, é mister dizê-lo, jamais diminuem na ação de sua liberalidade. Não somos, pois, privados de coisa alguma, mesmo quando ele enriqueça a outrem com a multiforme abundância de sua graça. Não há, pois, razão por que alguém deva sentir inveja das bênçãos concedidas a outrem, como se estivesse com isso perdendo algo.

13. Porque: Todo aquele que invocar o nome do Senhor será salvo. Ainda quando este argumento seja suficientemente forte, Paulo o confirma pelo testemunho do profeta Joel. Esta citação, mesmo quando Joel a tenha usado em termos gerais, inclui todos os homens igualmente. Os leitores, contudo, verão muito melhor à luz do contexto que a declaração de Joel concorda com a presente passagem, não só porque ele está profetizando ali acerca do reino de Cristo, mas também porque, havendo profetizado que a ira divina arderia terrivelmente, ele promete salvação, mesmo em meio à ira de Deus, a todos quantos invocassem o *Nome* do Senhor. Segue-se que a graça divina penetra no próprio abismo da morte, pelo simples fato de os homens a buscarem de lá, de modo que não há qualquer motivo para que os gentios sejam privados dela.¹¹

14. Como, porém, invocarão aquele em quem não creram? e como crerão naquele de quem nada ouviram? e como ouvirão, se não há quem pregue?	14. Quomodo ergo invocabunt eum in quem non crediderint? quomodo vero in eum credent de quo non audiverint? quomodo autem audient absque præcicante?
15. e como pregarão se não forem enviados? como está escrito: Quão formosos são os pés dos que anunciam coisas boas!	15. Quomodo autem prædicabunt nisi mittantur? quemadmodum scriptum est, Quàm pulchri pedes annuntiantium pacem, annuntiantium bona!

---

10 "Pro benigno et benefico". A palavra 'rico' é suficiente para ser tomada no sentido de alguém que possui abundância ou coisas em exuberância, e aqui, de dons e bênçãos, de misericórdia e graça para perdoar, purificar e dotar com privilégios espirituais.

11 A passagem referida é Joel 2.32. É tomada textualmente da *Septuaginta*; e é literalmente de acordo com o hebraico, exceto que o último verbo, מלט, nesse idioma, significa ser posto em liberdade, resgatado, ou libertado, em vez de ser salvo; mas a idéia é quase a mesma.

16. Mas nem todos obedeceram ao evangelho, pois Isaías diz: Senhor, quem acreditou em nossa pregação?

17. E, assim, a fé vem pelo ouvir; e o ouvir, pela palavra de Cristo.

16. Sed non omnes obedierunt evangelio; Iesaias enim dicit, Domine, quis credidit sermoni nostro?

17. Ergo fides ex auditu, auditus autem per verbum Dei.

Não deterei o leitor por muito tempo aqui com enumerar e reprovar as opiniões de outros. Darei meu próprio parecer, francamente, mas cada um deverá formar seu próprio juízo. Para entendermos a dimensão deste clímax retórico, precisamos primeiramente ter em mente que havia uma conexão mútua entre a vocação dos gentios e o ministério que Paulo exerceu entre eles, de sorte que a aprovação de uma coisa pressupõe a reprovação da outra. Então era necessário que Paulo estabelecesse, além de qualquer dúvida, a vocação dos gentios, e ao mesmo tempo apresentasse uma razão para seu próprio esforço, e não parecesse estar dissipando a graça divina por subtrair dos filhos o pão a eles destinado por Deus e dá-lo aos cães. Paulo, pois, estabelece, ao mesmo tempo, ambas estas dimensões. Mas até que cada parte tenha sido relatada em ordem, não entenderemos bem como ele conecta os liames de seu discurso. Seu clímax significa de fato que tanto judeus quanto gentios, pelo próprio fato de invocarem o nome de Deus, declaram sua fé nele. Não pode haver genuína invocação do nome de Deus a não ser que tal invocação seja precedida por um correto conhecimento dele. Além disso, a fé emana da Palavra de Deus. Mas esta em parte alguma é jamais pregada sem que o seja pela providência e determinação de Deus [*speciali Dei providentia et ordinatione*]. Portanto, a fé existe onde Deus é invocado; onde existe fé, ela é sempre precedida pela semente da Palavra; e onde houver pregação, a vocação divina se faz presente. Onde sua vocação se faz eficaz e produtora de frutos, faz-se igualmente presente um claro e indubitável sinal da munificência divina. Finalmente, deste fato estabelece-se que os gentios, a quem Deus admitiu à participação de sua salvação, não são excluídos do reino de Deus. Porque, como a pregação do evangelho é a causa da fé entre eles, assim também a missão de Deus, pela qual agradou-se em provisionar para sua salvação desta maneira, é a causa da pregação. Consideremos separadamente o restante da passagem.

14. Como, porém, invocarão aquele em quem não creram? O propósito do apóstolo aqui é conectar a invocação de Deus com a fé, visto haver uma relação muito estreita entre esses dois elementos. Aquele que invoca a Deus entra no único porto de salvação e no mais seguro refúgio, à semelhança de um filho que se lança nos braços do mais perfeito e amoroso de todos os pais, sendo protegido por sua solicitude, afagado por sua amabilidade e amor, sustentado por sua munificência e fortalecido por seu poder. Esta realização só é possível a alguém cuja mente já foi grandemente persuadida da clemência divina para com ele, e que, consequentemente, ousa firmar sua esperança de que, de alguma forma, Deus tem alguma bênção para ele.

Portanto, é indispensável que aqueles que invocam a Deus creiam que nele eles têm segura proteção, pois o apóstolo está falando aqui daquela invocação que é aprovada por Deus mesmo. Os hipócritas também oram a Deus, mas não para sua salvação, visto que o fazem sem qualquer senso de fé. Este fato demonstra a falácia de todos os escolásticos que se apresentam diante de Deus cheios de dúvida, sem qualquer apoio de confiança. A atitude de Paulo é diametralmente diferente, pois ele pressupõe, axiomaticamente, que não podemos orar corretamente senão quando somos persuadidos pela certeza do êxito. Ele não está aqui fazendo referência à fé implícita, mas àquela certeza que nossa mente concebe da benevolência divina, quando Deus nos reconcilia consigo mesmo por meio do evangelho e nos adota como seus filhos. É tão-somente por meio desta confiança que temos acesso a ele, assim como somos ensinados em Efésios 3.12.

Em contrapartida, aprendemos que a verdadeira fé é aquela que produz o espírito de oração que se volve para Deus. Para o crente é impossível que, após experimentar a benevolência divina cesse de aspirar a mesma em todas suas orações.

E como crerão naquele de quem nada ouviram? A questão é que somos mudos até que Deus abra nossa boca para orarmos. Esta é também a ordem que vemos no profeta Zacarias: "Direi: Tu és o meu povo; e eles dirão: Tu és o nosso Deus" [Zc 13.9]. Isto é para não formarmos algum deus segundo os nossos caprichos. O legítimo conhecimento de Deus, portanto, que devemos possuir é aquele que se acha estabelecido em sua Palavra. Se alguém forma uma concepção de que é bom, sua fé não é sólida nem genuína, senão que não passa de uma imaginação incerta e evanescente. A Palavra, consequentemente, é requerida como requisito de um verdadeiro conhecimento de Deus.

E como ouvirão se não há quem pregue? Todavia, o que Paulo está descrevendo aqui é somente a Palavra pregada, pois este é o modo normal que o Senhor designou para comunicar sua Palavra [*ordinaria ratio dispensandi*]. E se se argumenta, à luz deste fato, que Deus não pode dar-se a conhecer entre os homens só por meio da pregação, então negaremos que isto era o que o apóstolo pretendia transmitir. Ele estava referindo somente a ordinária dispensação divina [*ordinarium Dei dispensandi*], e não pretendia prescrever uma lei à sua graça.

15. E como pregarão se não forem enviados? A intenção do apóstolo é que quando alguma nação é agraciada com a pregação do evangelho, tal fato é uma garantia e prova do amor divino. Não há pregador do evangelho que não tenha sido levantado por Deus em sua providência. Portanto, o fato é que Deus visita aquela nação em cujo seio o evangelho é proclamado. Contudo, visto que Paulo não está tratando aqui da legítima vocação de cada indivíduo em particular, seria desnecessário entrar numa discussão mais prolongada desta matéria neste ponto. É bastante termos em mente o seguinte: o evangelho não cai das nuvens como a chuva, acidentalmente, senão que é levado pelas mãos dos homens aonde quer que Deus o envie lá do alto.

Como está escrito: Quão formosos são os pés. Vamos aplicar esta passagem a nosso presente tema, da seguinte forma: o Senhor, tencionando imprimir esperança de livramento em seu povo, aclama com altissonantes louvores a vinda daqueles que trazem as alegres boas-novas desse livramento. Por esta mesma afirmação, pois, ele evidencia que o ministério apostólico [*apostolicum ministerium*], pelo qual a mensagem de vida eterna nos é comunicada, é tão valioso quanto a Palavra. Segue-se que esse ministério é de Deus, visto não haver nada no mundo a ser desejado ou que seja digno de louvor que não proceda de sua mão.[12]

Daqui também aprendemos o quanto a pregação do evangelho deve ser desejada por todos os homens de bem, e o quanto devem valorizá-lo, visto ser ele muitíssimo exaltado pela boca do Senhor. Sem dúvida, o Senhor confere os mais sublimes louvores ao incomparável valor deste tesouro com o propósito de despertar as mentes de todos os homens para desejá-lo ardentemente. O termo *pés* é usado aqui na forma de metonímia, para significar *chegada*.[13]

16. Mas nem todos obedeceram. Isso não se relaciona com o argumento que o apóstolo propôs seguir neste clímax retórico, e por isso ele não o reitera na conclusão que se segue imediatamente. Ele, contudo, o adaptou para introduzir a sentença aqui, antecipando

---

12 "Esta profecia", diz *Gomarus*, "não tem dois significados – o próprio e o alegórico, como os papistas insensatamente asseveram, mas dois cumprimentos: o primeiro, quando os arautos anunciaram o regresso do povo vindo de Babilônia para seu próprio país; e o segundo (prefigurado pelo primeiro como seu destinado tipo), quando os arautos do evangelho anunciaram e proclamaram suas boas-novas ao mundo."

13 Esta passagem é tomada de Isaías 52.7. Este é um notável exemplo de citação que o apóstolo faz não da *Septuaginta*, quando essa versão materialmente se desvia do hebraico, como é o caso aqui. Ainda que pareça ser uma versão pessoal, contudo ele não apresenta literalmente o original, mas o acomoda a seu propósito; ele deixa fora "os montes" e adota o plural em vez do singular: quanto ao verbo 'anunciando' ou evangelizando, e quanto à palavra 'boas-novas'. As palavras paz, boas-novas e salvação, em hebraico, parecem equivaler a mesma coisa, segundo o estilo usual dos profetas.

As palavras de Paulo, como traduzidas por *Calvino*, coincidem mais com o hebraico do que como se acham traduzidas em nossa versão. O verbo εὐαγγελίζω é às vezes usado simplesmente no sentido de anunciar, publicar, declarar ou pregar, como em Lucas 3.18; 4.43; Atos 5.42; e neste sentido corresponde exatamente a בשר, que significa a mesma coisa, ainda que a outra idéia do verbo grego, a de evangelizar, lhe tenha sido erroneamente aplicada; pois ela é aplicada para o anúncio de más notícias tanto quanto de boas notícias.

uma possível objeção de alguém que poderia basear seu argumento no que o apóstolo já deixou declarado, ou seja que a Palavra sempre precede a fé como a semente vem antes da planta. E assim chega à conclusão de que a fé segue sempre a Palavra pregada. Israel, que nunca vivera sem a Palavra, poderia fazer tal ostentação. Portanto, era indispensável que Paulo demonstrasse, de relance, que muitos são chamados, mas que os mesmos não fazem parte do número dos eleitos.

A passagem que citou, ele a extraiu de Isaías 53.1, onde o profeta, antes de apresentar sua famosa profecia sobre a morte e o reino de Cristo, fala com espanto do ínfimo número de crentes, um número que lhe pareceu tão pequeno que o compeliu a clamar: "Quem creu em nossa notícia?" [Is 53.1], isto é, a Palavra que pregamos. Ainda que em hebraico o termo שְׁמוּעָה, shimuoe, signifique *discurso* [*sermonem*],[14] num sentido passivo, a Septuaginta o traduziu por ἀκοήν; e a Vulgata, por *auditum*; contudo seu sentido é óbvio.

Agora percebemos por que Isaías, num relance, admitiu esta objeção, ou seja: para alertar alguém de pressupor que onde a Palavra é pregada a fé necessariamente se faz presente. Não obstante, a seguir ele realça a razão, adicionando: "A quem foi revelado o braço do Senhor?" Com isso ele pretende ensinar que só quando Deus irradia em nós a luz de seu Espírito é que a Palavra logra produzir algum efeito. Daí a vocação interna, que só é eficaz no eleito e apropriada para ele, distingue-se da voz externa dos homens. Tal fato prova nitidamente a estupidez do argumento de certos intérpretes que mantêm que todos são eleitos, sem distinção, visto que a doutrina da salvação é universal, e porque Deus convida a todos os homens para irem a ele, sem qualquer distinção [*promiscue*]. A natureza geral das promessas, por si só, não faz a salvação comum a todos.

---

14 Ou, o que é ouvido; sendo um substantivo de שמע, ouvir, em seu sentido passivo, significa uma reportagem, uma mensagem ou qualquer coisa comunicada aos ouvidos dos homens. A palavra grega ἀκοή é usada em vários sentidos, significando o *ato* de ouvir [Mt 13.14]; a *faculdade* da audição [1Co 12.17]; o órgão da audição, o ouvido [Mc 7.35]; e *o que se ouve*, uma palavra, uma notícia, como aqui e em João 12.38.

Ao contrário disso, a revelação peculiar que o profeta mencionou ele a restringe somente aos eleitos.

17. Assim, a fé vem pelo ouvir. À luz da conclusão, percebemos o que Paulo tinha em vista ao construir seu clímax retórico, ou seja demonstrar que, sempre que a fé se manifesta, Deus também manifesta um sinal de sua eleição. Em segundo lugar, ele derrama suas bênçãos por intermédio do ministério do evangelho com o fim de iluminar as mentes humanas pela fé, e por esse meio também instruí-las a invocarem o *Nome* de Deus, por meio do qual a salvação é prometida a todos os homens. E é assim que ele declara que os gentios são admitidos à participação da eterna herança. Eis uma passagem digna de nota sobre a eficácia da pregação, porquanto Paulo declara que a fé é produzida pela pregação. Ele já havia afirmado que por si só a pregação é improdutiva; porém, quando o Senhor quer operar, ela vem a ser o instrumento de seu poder. Certamente que a voz humana não pode, por sua própria virtude, penetrar a alma. Demasiada honra seria prestada a um mero mortal caso se lhe dissesse que ele possui o poder de nos regenerar. De igual maneira, a luz da fé é por demais celestial para que possa ser comunicada por algum mortal. Não obstante, todas essas coisas não impedem a Deus de agir eficazmente pela instrumentalidade da voz humana, de modo a criar em nós a fé através de seu ministério.

É preciso observar ainda que a fé não possui outro fundamento além da doutrina de Deus. O apóstolo não afirma que a fé tem sua origem em algum gênero de doutrina, mas expressamente a restringe à Palavra de Deus. Tal restrição teria sido absurda se a fé pudesse repousar sobre as opiniões humanas. Todas as invenções humanas devem, pois, cessar quando nos deleitamos na certeza de fé. Por esse meio também se destrói o espectro papista da *fé implícita* que separa a fé da Palavra de Deus, bem como a detestável blasfêmia de que a fé na Palavra permanece incerta até que a autoridade da Igreja a apoie.

18. Pergunto, porém: Porventura não ouviram? Sim, certamente. Por toda a terra se fez ouvir sua voz, e suas palavras até aos confins do mundo.
19. Pergunto mais: Israel não tomou conhecimento? Já Moisés dissera: Eu vos porei em ciúmes com um povo que não é nação, com uma nação sem entendimento vos provocarei à ira.
20. E Isaías a mais se atreve, e diz: Fui achado pelos que não me procuravam; revelei-me aos que não perguntavam por mim.
21. Quanto a Israel, porém, diz: Todo dia estendi minhas mãos a um povo rebelde e contradizente.

18. Sed dico, Nunquid non audierunt? Quinimo, In omnem terram exivit sonus eorum, et in fines orbis verba eorum.
19. Sed dico, Nunquid non cognovit Israel? Primus Moses dicit, Ego ad æmulationem provocabo vos in eo qui non est populus, et in gente stulta irritabo vos.
20. Iesaias autem audet et dicit, Inventus sum à non quærentibus me, conspicuus factus sum iis qui me non interrogabant.
21. De Israele autem dicit, Quotidie expandi manus meas ad populum contumacem et contradicentem (vel, non credentem).

18. Pergunto, porém: Porventura não ouviram? Visto que a pregação imbui as mentes humanas do conhecimento de Deus, o qual por si só as leva a invocar a Deus, restava a pergunta se porventura a verdade de Deus havia sido proclamada aos gentios. Os judeus se sentiam rancorosamente ofendidos com a medida usual que Paulo tomava ao dirigir-se aos gentios. Ele, pois, formula a pergunta se porventura Deus nunca havia dirigido antes sua voz aos gentios e desempenhado a função de Mestre do mundo inteiro. Com o propósito de mostrar que a escola na qual Deus reúne alunos para si de todas as partes do mundo se acha aberta a todos, também cita o testemunho do salmista do Salmo 19.4. Isto parece ter pouca conexão com o tema. O salmista não está falando, nesta passagem, de apóstolos, e, sim, das obras silenciosas de Deus, nas quais, diz ele, a glória de Deus se mostra tão claramente que é possível dizer que possuem sua própria língua com que declarar os atos do poder de Deus.

Intérpretes antigos, seguidos por escritores modernos, foram levados por esta passagem de Paulo a explicar todo o Salmo em termos alegóricos. Daí, o sol saindo como um noivo de seus aposentos era sem dúvida Cristo, enquanto que os apóstolos eram os céus. Os que eram mais reverentes, e procediam com mais moderação em sua interpretação da Escritura, adotaram a opinião de que Paulo transferiu para os apóstolos o que o salmista dissera propriamente da arquitetura cósmica. Mas, percebendo que os servos do Senhor têm universalmente tratado a Escritura com maior respeito, e não me sintindo muito à vontade para torcer o significado que deram, não posso me convencer de que o apóstolo esteja falseando esta passagem desta forma. Por isso tomo esta citação no sentido original e legítimo do salmista. O argumento é o seguinte: desde o início do mundo, Deus sempre exibiu sua dignidade aos olhos dos gentios através do testemunho de sua criação, se não pela proclamação por parte dos homens. Ainda que o evangelho não tenha sido ouvido pelos gentios daquele tempo, não obstante todo o arcabouço do céu e da terra falou e proclamou seu Autor e sua mensagem. Portanto, é evidente que, mesmo durante o tempo em que o Senhor restringiu a Israel o privilégio de seu pacto, ele não privou os gentios de conhecê-lo sem, contudo, deixar vazar constantemente algumas chispas flamejantes [de sua glória] entre eles. Ele deveras manifestou-se mais privativamente, naquele tempo, a seu povo eleito, de modo que os judeus podiam com justiça ser comparados a ouvintes domésticos que eram ensinados intimamente por seus próprios lábios santos. Entretanto, visto que ele também falou aos gentios à distância, pelas vozes cósmicas, tal prelúdio revelou seu desejo de fazer-se conhecido extensivamente também a eles.

Não sei por que a Septuaginta traduziu a palavra hebraica קָם por φθόγγον [som]. O hebraico significa uma *linha*, às vezes em construção, e às vezes em escrita.[15] É provável, creio eu, que, sendo a mesma palavra duas vezes reiterada nesta passagem, os céus são introduzidos como que proclamando o poder de Deus a toda

---

15 Os intérpretes têm perdido muito por conta desta diferença. O apóstolo adota a tradução da *Septuaginta*, como se a palavra hebraica fosse קלם. Embora aqui não haja nenhuma cópia que favoreça esta redação, todavia ela é provável; não só porque o apóstolo a sancione, mas é o que o contexto demanda, especialmente o paralelismo que prevalece na poesia hebraica.

a humanidade, tanto pela escrita quanto pela fala. O salmista nos lembra, pelo verbo *sair* [v. 5], que esta doutrina proclamada pelos céus não se confina aos tacanhos limites de uma única pátria, mas que ecoa pelas mais remotas regiões do mundo.

19. Pergunto mais: Israel não tomou conhecimento? Esta objeção que parte do lado oposto é extraída de uma comparação entre o menor e o maior. Paulo argumenta dizendo que os gentios não devem ser excluídos do conhecimento de Deus, visto que este se lhes manifestou desde o princípio, embora apenas de uma maneira obscura e através de sombras, ou, pelo menos, lhes deu alguma prova de sua verdade. O que, pois, dizer de Israel, que foi iluminado por tão fulgurantes matizes doutrinais? Como é possível que estrangeiros e não-judeus se cheguem para a luz que lhes brilha de longe, enquanto que a santa progênie de Abraão rejeita a mesma luz que se achava tão perto deles? É preciso ter em mente a distinção que encontramos em Deuteronômio 4.7,8: "Pois, que grande nação há que tenha deuses tão chegados a si como o Senhor nosso Deus, todas as vezes que o invocamos? E que grande nação há que tenha estatutos e juízos tão justos como toda esta lei que hoje vos proponho?" Portanto, não é irrelevante perguntar por que o conhecimento de Deus não acompanhou a doutrina da lei com a qual Israel foi dotado.

Já Moisés dissera. Paulo prova, à luz desta afirmação de Moisés, que não há nada de irracional em Deus preferir os gentios aos judeus. Esta passagem é extraída do celebérrimo cântico de louvor em que Deus reprova os judeus por sua infidelidade, e os ameaça de tomar vingança contra eles, provocando-os a zelos ao receber ele os gentios em seu pacto, visto que eles haviam corrido após outros deuses. "A zelos me provocaram com aquilo que não é Deus; com seus ídolos me provocaram à ira; portanto eu os provocarei a zelos com aquele que não é povo; com uma nação louca os despertarei à ira" [Dt 32.21]. E isso não poderia ser executado sem que repudiasse ele o povo judeu. Os zelos mencionados por Moisés são oriundos do fato de ter Deus designado para si uma nação dentre aqueles que não eram nação, e ressuscitar do nada um novo povo que ocupasse o lugar que os judeus deixaram vazio, visto que olvidaram a verdade divina e se entregaram à adoração de ídolos. Não serve de escusa aos judeus o fato de que, quando da vinda de Cristo, não mais corriam após grosseiras idolatrias, visto que os mesmos haviam profanado todo o culto divino com suas invenções, e, finalmente, deveras negaram que Deus o Pai lhes fosse revelar-se em Cristo, seu Filho Unigênito. Esta é a forma de impiedade máxima.

Note-se que *nação sem entendimento* e *que não é povo* significam a mesma coisa, pois sem a esperança de vida eterna os homens, estritamente falando, carecem de existência. Além do mais, o começo e origem da vida emanam da luz da fé. Existência espiritual, portanto, emana da nova criação. Neste sentido Paulo chama os crentes de *a obra de Deus*, através de quem foram regenerados por seu Espírito e renovados conforme sua imagem. A palavra *louca* nos sugere que fora da Palavra de Deus toda a sabedoria humana é mera ilusão.[359]

20. E Isaías a mais se atreve, e diz. Visto que esta profecia é um pouco mais clara, Paulo afirma que ela é expressa com muita confiança a fim de despertar mais atenção. O profeta, diz ele, não falou figurada nem ambiguamente, mas em termos claros e iniludíveis, pelos quais afirmou a vocação dos gentios. Paulo aqui separou, intercalando umas poucas palavras, o que se encontra em Isaías 65.1 numa só passagem conectada, onde o Senhor declara que viria o tempo quando enviaria sua graça aos gentios. Imediatamente adiciona, como razão, seu aborrecimento com a obstinação de Israel, atitude que se lhe tornara intolerável e cuja duração já se tornara extremamente excessiva. Ele, pois, fala assim: "Fui buscado dos que não perguntavam por mim; fui achado daqueles que não me buscavam; a um povo que não se chamava por meu nome, eu disse: Eis-me aqui, eis-me aqui."[16] Isaías usa o pretérito dos verbos em lugar do futuro para denotar a infalibilidade da profecia.

---

16 A citação é de Deuteronômio 32.21, e é literalmente o hebraico e a *Septuaginta*, exceto que 'vós' substitui 'eles'. O contraste no hebraico é muito notável; todo o versículo é este:
21. Eles me fizeram zeloso por um que não é Deus,
Me provocaram com seus ídolos néscios;
E eu os farei zelosos por um que não é povo,
Por uma nação estulta os provocarei.

Estou ciente de que toda esta passagem é manipulada por alguns mestres judeus para significar que Deus prometera que faria com que eles se convertessem de sua apostasia. Entretanto, é indubitavelmente certo que ele está falando de estrangeiros, porquanto logo a seguir se expressa nestas palavras: "A um povo que não se chamava por meu nome, eu disse: Eis-me aqui, eis-me aqui" [Is 65.1]. É sem sombra de dúvida, pois, que o profeta predizia que aqueles que haviam sido anteriormente estrangeiros seriam recebidos na família de Deus por uma nova adoção. Este, pois, é o chamamento dos gentios; mas nele vemos o tipo geral do chamamento de todos os crentes. Não há ninguém que possa antecipar ao Senhor, senão que somos todos, sem exceção, libertados do mais profundo abismo da morte tão-somente por sua mercê, mesmo quando não haja qualquer conhecimento dele, nenhum desejo de cultuá-lo e nem mesmo qualquer percepção de sua verdade.

21. Quanto a Israel, porém, diz. Paulo reitera a razão por que Deus se volta para os gentios, ou seja porque ele vê que sua graça é tratada pelos judeus com desprezo. Não obstante, com o fim de fazer seus leitores entenderem mais precisamente que na segunda sentença Isaías está enfatizando a cegueira do povo, Paulo expressamente nos lembra que é precisamente o povo eleito que está sendo reprovado por sua impiedade. Literalmente, as palavras são: "Ele diz *a* Israel", porém Paulo seguiu a maneira usual dos hebreus, permutando ל por מִן. Deus disse que estendeu suas mãos a Israel, a quem chamou constantemente para que voltasse a ele, e isso pela instrumentalidade de sua Palavra, e nunca cessou de atraí-lo por toda sorte de benevolência e favor. Esses são os dois métodos que Deus emprega para chamar os homens, pois assim ele prova que tem boa vontade para com ele. Contudo, particularmente ele se queixou do desdém que demonstraram em relação a sua doutrina. Tal atitude é de todas a mais detestável, porquanto Deus admiravelmente revela sua paternal solicitude no exercício de seu chamamento pela pregação de sua Palavra.

A expressão *estendi minhas mãos* é muito enfática. Ao concretizar nossa salvação pelo ministério de sua Palavra, Deus nos estende suas mãos exatamente como um pai estende seus braços, solícito por receber seu filho carinhosamente em seu amoroso peito. Ele diz *todo dia*, a fim de que ninguém chegasse à conclusão de que Deus se sente enfadado em demonstrar bondade para com os judeus, embora sua incessante solicitude por eles não ter surtido qualquer efeito. Encontramos a mesma figura de linguagem em Jeremias 7.13 e 11.7, onde ele diz ter-se levantado de madrugada para admoestá-los.

Sua incredulidade é também denominada por dois termos muitíssimo apropriados. Embora o particípio ἀπειθοῦντα possa ser traduzido por *obstinação* ou *rebelião*, a tradução de Erasmo e a Vulgata, as quais tenho posto à margem, é plenamente satisfatória. Visto, porém, que o profeta está acusando o povo de obstinação, e então acrescenta que vagueavam por veredas que não eram boas, estou convencido de que a Septuaginta pretendia expressar o termo hebraico סוֹרֵר por meio de duas palavras, apontando-os primeiramente como desobedientes ou rebeldes, e em seguida como contradizentes. Sua obstinação se revelava no fato de que o povo obstinadamente rejeitava as santas advertências dos profetas[17] com inusitado orgulho e rancor.

---

17 A passagem é tomada de Isaías 65.2. Aqui segue-se a *Septuaginta*, exceto que se muda a ordem das palavras na primeira parte da sentença, embora a *Septuaginta* preserve a ordem do original.

Capítulo 11

1. Pergunto, pois: Terá Deus, porventura, rejeitado seu povo? De modo nenhum. Porque eu também sou israelita, da descendência de Abraão, da tribo de Benjamim.
2. Deus não rejeitou seu povo a quem de antemão conheceu. Ou não sabeis o que a Escritura refere a respeito de Elias? como insta ele perante Deus contra Israel, dizendo:
3. Senhor, mataram teus profetas, derrubaram teus altares, e fui deixado sozinho, e procuram tirar-me a vida.
4. Que lhe disse, porém, a resposta divina? Reservei para mim sete mil homens, que não dobraram os joelhos diante de Baal.
5. Assim, pois, também agora, no tempo de hoje, sobrevive um remanescente segundo a eleição da graça.
6. E, se é pela graça, então já não é pelas obras; do contrário, a graça já não é graça. Mas se provém das obras, então não provém da graça; do contrário, obra já não é mais obra.

1. Dico igitur, Num abjecit Deus populum suum? absit: etenim ego Israelita sum, ex genere Abrahæ, tribu Beniamin.
2. Non abjecit Deus populum suum quem præcognovit. An nescitis in Elia quid scriptura dicat? quomodo appellet Deum adversus Israel, dicens,
3. Domine, Prophetas tuas occiderunt, et altaria tua diruerunt, et ego relictus sum solus, et quærunt animam meam.
4. Sed quid dicit ei oraculum?[1] Reservavi mihi ipsi septem millia virorum, qui non flexerunt genu imagini Baal.
5. Sic ergo et hoc tempore, reliquiæ secundum electionem gratiæ supersunt:
6. Quòd si per gratiam, jam non ex operibus; alioqui gratia, jam non est gratia: si verò ex operibus, jam non est gratia; alioqui opus, jam non est opus.

---

1 'Oraculum', ὁ χρηματισμός, o oráculo, a resposta divina. A resposta é apresentada por aquele que deu a resposta, que é 'Jehovah' na passagem citada; como 'Escritura' no versículo e outros lugares significa aquele que fala na Escritura.

1. Pergunto, pois: Terá Deus, porventura, rejeitado seu povo? O teor das observações de Paulo concernente à cegueira e obstinação dos judeus, aparentemente sugere que Cristo, com sua vinda, privou os judeus de toda e qualquer esperança de salvação, bem como removeu as promessas, destinando-as a outro povo. Portanto, é justamente esta objeção que ele antecipa na presente passagem. Ele modera de tal sorte o que dissera anteriormente sobre a rejeição dos judeus, que ninguém poderá concluir que o pacto feito noutro tempo com Abraão se acha agora abolido, ou que Deus se esquecera de tal forma dele, que os judeus se achavam então completamente alheios a seu reino, da mesma forma como viviam os gentios antes da vinda de Cristo. Paulo nega isto, e passa a provar sucintamente que tal coisa não se harmonizava com a verdade. Mas a questão não é se Deus rejeitou o povo justa ou injustamente. Ficou provado, no último capítulo, que quando o povo rejeitou a justiça divina movido de zelo injustificado, foram justamente punidos por seu orgulho; mereceram ser endurecidos e finalmente eliminados do pacto.

Portanto, o que está agora em pauta não é *a causa* de sua rejeição, e, sim, *se o pacto* feito inicialmente com os patriarcas foi de fato abolido, e se os judeus realmente mereciam a punição divina. É absurdo imaginar que o pacto pudesse ser destruído por alguma infidelidade humana, pois o apóstolo defende o seguinte princípio: visto a adoção ser gratuita e se achar fundamentada unicamente em Deus, e de forma alguma no ser humano, então ela será firme e inviolável, a despeito de ser profunda a incredulidade que conspira para destruí-la. Esta dificuldade tem de ser resolvida a fim de que a verdade e a eleição não sejam tidas como que procedentes dos méritos humanos.

Porque eu também sou israelita. Antes de entrar no tema em discussão, ele prova, de passagem, partindo de seu próprio exemplo, quão absurdo é o pensamento de que aquela nação fora esquecida por Deus. Paulo mesmo era um genuíno israelita, e não um simples prosélito, tampouco um neófito admitido à comunidade de Israel.

Por isso, visto ter sido digno de ser incluído no número dos maiores servos escolhidos de Deus, tal fato provava que a graça divina ainda repousava sobre Israel. Ele, pois, tem tal conclusão como algo inquestionável; mesmo assim apresentará uma substancial explanação dela mais adiante.

Seu propósito em reportar-se a si mesmo, adicionando o designativo *israelita*, como descendente de Abraão, e ainda mencionando sua própria tribo, visava a que fosse considerado um legítimo israelita [veja-se Fp 3.5]. Tudo indica que é um tanto forçado e mesmo improcedente afirmar, como fazem alguns intérpretes, que a atitude de Paulo em derivar sua descendência da tribo de Benjamim, a qual já se achava quase que totalmente extinta [Jz 20.46; 21.6], foi com o intuito de exaltar a misericórdia divina.

2. Deus não rejeitou seu povo. A resposta do apóstolo é negativa e modificadora. Tivera ele negado, em termos absolutos, que o povo fora rejeitado, e ter-se-ia contraditado. Entretanto, ao inserir um corretivo, ele mostra que a rejeição dos judeus não tinha um caráter tal que chegasse ao ponto de anular as promessas de Deus. Assim, sua resposta divide-se em duas partes. Primeiramente, Deus de forma alguma rejeitou toda a raça de Abraão, agindo contrariamente à fidedignidade de seu pacto. Em segundo lugar, o efeito de sua adoção não foi encontrado em todos os filhos carnais [de Abraão], visto que sua eleição secreta precedeu a adoção. Daí, a rejeição geral não foi capaz de impedir que alguns descendentes se salvassem, pois a corporação visível do povo foi rejeitada de uma maneira tal que nenhum dos membros da corporação espiritual de Cristo foi eliminado.

Caso perguntássemos se a circuncisão não foi um símbolo comum da graça divina para todos os judeus, de modo a fazer que todos fossem considerados seu povo, a resposta óbvia é a seguinte: visto a vocação externa ser em si mesma ineficaz sem [o concurso de] a fé, a honra que os incrédulos rejeitam, quando lhes é oferecida, é com toda justiça tirada deles. Portanto, aí permanece um povo especial, em quem Deus ostenta a prova de Sua própria perseverança. O apóstolo põe a origem da perseverança de Deus em sua própria eleição secreta. Ele não diz aqui que Deus leva em conta a fé, mas que mantém firme seu propósito de não rejeitar o povo a quem conheceu de antemão.

Minha tese anterior deve ser aqui novamente reiterada, ou seja que a expressão *conhecer de antemão* não significa uma mera visão de relance e à distância, por meio da qual Deus previu o caráter de cada ser humano ao longo do futuro; e, sim, significa o beneplácito por meio do qual Deus escolheu, para que fossem seus filhos, aqueles que, desde muito antes que viessem à existência, eram incapazes de introduzir-se no favor divino.² Daí dizer ele aos gálatas que haviam sido antecipadamente conhecidos por Deus [Gl 4.9], visto que os precedera com seu favor, a fim de convocá-los para que conhecessem a Cristo. Agora entendemos que, embora a vocação universal não chegue a produzir fruto, todavia a fidelidade de Deus não pode falhar, senão que sempre preservará sua Igreja enquanto os eleitos perseverarem. Ainda que Deus convide todos a si, sem qualquer distinção, todavia não atrai interiormente a ninguém, a não ser aqueles a quem *conhece* e passam a pertencer-lhe, em favor de quem deu seu Filho e a quem também guardará fielmente até o fim [Jo 6.37-40,44].

Ou não sabeis o que diz a Escritura? Visto que houve tão poucos dentre os judeus que creram em Cristo, dificilmente se poderia

---

2 Que o reconhecimento aqui inclui eleição ou predestinação, como defende Agostinho, é evidente à luz do que se segue no versículo 5, onde lemos que 'o remanescente' é preservado 'segundo a eleição da graça', ou a eleição gratuita. Se ela é gratuita, então não pode ser segundo qualquer obra prevista; e as obras são expressamente excluídas no versículo 6. Fosse de outra maneira, então a base da eleição seriam as obras previstas, e não haveria nenhuma justeza nem congruidade em termos tais como presciência e eleição sobre o tema. Teria sido muito mais apropriado, neste caso, o apóstolo dizer: "Deus receberá todo judeu que se tornar digno por suas obras." Com base neste pressuposto, não há necessidade que ele se volva à eleição para remover a objeção ao que ele afirmara: ele tinha apenas remontado aos termos do evangelho, os quais consideram os judeus e gentios sem qualquer distinção. Mas, em vez de fazer isso, que parece adequado ao propósito, ele dá uma resposta, fazendo referência à presciência e eleição gratuita de Deus. Não há maneira para explicar isso senão pela admissão de que a eleição é um propósito eficaz que assegura a salvação dos que são seus objetos, que foram escolhidos em Cristo antes da fundação do mundo.

chegar a outra conclusão senão esta: além desse número diminuto, toda a raça de Abraão de fato fora rejeitada. É possível ocorrer a idéia de que a graça divina não mais existia em meio a tão terrível dissolução. Visto que a adoção era um laço sagrado pelo qual os filhos de Abraão se mantinham unidos a Deus, pela fé, era improvável que o povo judeu fosse tão miserável e desgraçadamente dissolvido sem que a fidelidade divina também cessasse. A fim de eliminar esta pedra de tropeço, Paulo emprega mui oportunamente o exemplo de Elias, lembrando que em seu tempo houve uma desolação tal que desaparecera todo e qualquer vestígio de Igreja. E ainda quando nenhum traço da graça divina não mais se podia perceber, todavia a Igreja de Deus estava como que oculta num túmulo; e é assim que ela foi maravilhosamente preservada.

Segue-se, pois, que estão equivocados os que avaliam a Igreja baseados em sua opinião pessoal. E se aquele distinto profeta, que fora dotado com uma grande porção da luz do Espírito, se enganara dessa forma quando pretendia reconhecer o número dos filhos de Deus pelo crivo de seu critério, o que dizer, pois, em nosso caso, quando nosso mais elevado discernimento, comparado ao dele, outra coisa não é senão estultície? Por isso, evitemos formar opinião precipitada a esse respeito; ao contrário disso, que esta verdade permaneça esculpida em nosso coração, a saber: que a Igreja, que a nossos olhos pode parecer inexistente, é sustentada pela providência secreta de Deus. Lembremo-nos também deste fato: os que calculam o número dos eleitos pela medida de seu próprio critério agem tola e arrogantemente, porquanto Deus dispõe de um meio, acessível a ele só, mas que de nós se encontra velado, pelo qual ele maravilhosamente preserva seus eleitos, mesmo quando tudo pareça perdido.

O leitor deve observar que, a prudente comparação que o apóstolo traça, tanto aqui como em outra parte, entre a condição da Igreja de sua própria época e a da antiguidade, serve muitíssimo para confirmar nossa fé, levando-nos a ponderar que nada nos sucede no tempo presente que os santos pais não experimentassem nos tempos de outrora. Tudo quanto é novo – o sabemos muito bem – preocupa sensivelmente as mentes frágeis.

Com respeito à expressão, *de Elias*, tenho retido a frase como Paulo a construiu, pois pode significar *na história de Elias* ou *nas coisas feitas por ele*. Parece-me mais provável, contudo, que Paulo seguiu o método hebraico; pois בְּ, que corresponde a ἐν, no grego, é às vezes usado em hebraico para significar *de*.

Como insta perante Deus.[3] Isso demonstra que a consideração que Elias tinha para com o Senhor era de tal grandeza, que o mesmo não hesitou em opor-se a sua própria nação visando à glória de Deus; e orou para que a mesma fosse totalmente destruída, visto acreditar que a religião e o culto divinos haviam desaparecido de vez do seio de Israel. Seu erro, contudo, estava em condenar a nação toda – com exceção dele mesmo – em razão da impiedade pela qual queria que fossem punidos. Além do mais, na passagem que Paulo cita aqui não há qualquer imprecação, mas simplesmente uma queixa. No entanto, sua queixa é apresentada de uma forma como se houvera ele perdido toda e qualquer esperança no tocante a todo o povo; e, ao proceder assim, fica bem evidente que os entrega à destruição. Portanto, atentemos para o teor da mensagem de Elias, a saber: visto que a impiedade havia prevalecido universalmente, e havia tomado posse de toda a terra, então ele concluiu que havia ficado sozinho.

4. Reservei para mim sete mil homens. Ainda que nos seja possível tomar o número literal por um simbólico, é bem provável que

---

3 "Quomodo appellet Deum adversus Israel – como ele apela para ou invoca a Deus contra Israel"; ὡς ἐντυγχάνει τῷ θεῷ κατὰ τοῦ Ἰσραήλ; "como ele solicita (interpellet = interpela) a Deus contra Israel", *Beza*; "quando ele pleiteia junto a Deus contra Israel", *Doddridge*; "quando ele se queixa a Deus contra Israel", *Macknight*. "Queixar-se a Deus contra, ou com respeito a Israel", provavelmente seria a tradução mais adequada. Veja Atos 25.24. A citação no versículo seguinte é de 1 Reis 19.10, não extraída literalmente, nem do hebraico nem da *Septuaginta*. A ordem das duas primeiras frases é invertida; 'profetas', e não 'altares', são mencionados antes; nestes ele adotou as palavras da *Septuaginta*, mas na frase que se segue ele mudou os termos; em vez de καὶ ὑπολέλειμμαι ἐγὼ μονώτατος, o apóstolo usa κἀγὼ ὑπελείφθην μόνος; e ele deixa fora as palavras 'tirar a vida'. O caso é semelhante à citação no versículo 4, de 1 Reis 19.18. O sentido é exprimido, porém não em palavras exatas, quer do hebraico, quer da *Septuaginta*.

o Senhor quisesse especificar aqui uma grande multidão. Portanto, visto a graça divina ter prevalecido de forma tão estupenda mesmo nas mais deploráveis circunstâncias, sejamos prudentes em julgar a quem, num leve relance de vista, não revela suficiente temor de Deus, entregando-o ao domínio do Diabo. Ao mesmo tempo, também, tenhamos estampado em nosso íntimo esta verdade: ainda que a impiedade permeie cada setor do mundo, e terríveis confusões nos ponham cerco de todos os lados, todavia a salvação de muitos permanece segura sob o selo de Deus.[4] Entretanto, para que isso não sirva de pretexto a alguém – porquanto muitos procuram ocultar seus vícios da secreta vigilância de Deus –, saibamos que só serão salvos e protegidos aqueles que persistem em sua fé e se mantêm sinceros e isentos de corrupção. Sobre este particular, é indispensável observar também as circunstâncias do caso aqui expresso, a saber: somente aqueles que não prostituem seus corpos no culto oferecido aos ídolos, ainda que seja por uma simples aparência externa, é que não serão envergonhados. O escritor da passagem lhes concede não só que conservem a pureza mental, mas também que guardem seus corpos de se mancharem por alguma impureza ou superstição.[5]

5. Assim, pois, também agora, no tempo presente. O apóstolo aplica o exemplo a sua própria época; e, para completar os pontos de semelhança, os chama *o remanescente*, em comparação com o grande número cujos olhos se deleitavam na impiedade. Ao fazer alusão à profecia de Isaías [1.9; cf. Rm 9.29], a que se reportara antes, ele mostra que a fé em Deus ainda resplandecia mesmo em

---

[4] *Pareus* observa que esses sete mil não tinham nenhum ministério público, pois que haviam sido idólatras; e que, todavia, foram preservados por uma instrução que extraíram da palavra escrita.

[5] Calvino, como alguns outros, supriu 'imagem' antes de 'Baal', visto o artigo ser feminino, τῇ, prefixado por Paulo a ela. Na Septuaginta é τῷ, e um substantivo masculino se encontra no final do versículo em 1 Reis 19.18, de modo que não podia ter sido uma divindade feminina, como alguns têm suposto. É deveras evidente, especialmente à luz da passagem em Tobias 1.5, que havia uma divindade feminina com esse nome; mas o texto em Reis não nos permitirá considerar que a deusa pretendida seja essa.

meio à desolação confusa e sombria, visto que um *remanescente* ainda fora deixado. Para confirmar isso com maior segurança, ele expressamente os intitula de *remanescentes*, visto que, por serem preservados pela graça de Deus, testificavam que sua eleição era imutável, como o Senhor mesmo dissera a Elias [1Rs 19.18], quando todo o povo havia caído em idolatria, que havia preservado sete mil. Nossa dedução deste fato é como se segue: foi pela benevolência divina que o povo se livrou da destruição. Paulo aqui não está simplesmente falando da *graça*, senão que nos chama a atenção para a *eleição*, para que aprendamos a atentar reverentemente para o conselho secreto de Deus. Uma das proposições de Paulo, portanto, é que poucos são salvos em comparação com o grande número dos que levavam o nome de "povo de Deus". A outra consiste em que aqueles a quem Deus escolheu, sem levar em conta seus méritos, são salvos por seu poder. *Eleição da graça* é a linguagem hebraica para a *eleição gratuita*.

6. E se é pela graça, já não é pelas obras. Paulo amplia sua afirmação partindo da comparação de opostos. A graça divina e o mérito das obras [humanas] são tão opostos entre si que, se estabelecermos um, destruiremos o outro. Se, pois, não podemos atribuir qualquer valor às obras no âmbito da eleição, sem com isso obscurecer a benevolência imerecida de Deus, a qual o apóstolo enalteceu tão sublimemente na eleição, então os fanáticos que fazem dos méritos [humanos], os quais Deus previra em nós, a causa de nossa eleição, devem ponderar bem que resposta darão a Paulo. Seja o que for que se queira atribuir às obras, sejam as do passado, sejam as do futuro, esta afirmação do apóstolo haverá sempre de ressoar em nossos ouvidos. Ele não está falando aqui somente de nossa reconciliação com Deus, nem somente dos meios ou causas imediatas de nossa salvação, senão que vai mais fundo, e pergunta por que Deus escolheu apenas alguns e ignorou os outros, e isso antes da fundação do mundo. Ele afirma que Deus não foi levado a fazer tal distinção por alguma razão que não fosse o fato de sentir-se movido por seu próprio beneplácito, e assevera que qualquer concessão que se der às obras, só servirá para prejudicar a dimensão da graça.

Desse fato deduz-se que é prejudicial confundir *previsão* de obras com *eleição*. Se porventura Deus escolheu uns e rejeitou outros, em consonância com sua previsão, se serão dignos ou não da salvação, então o galardão das obras já foi estabelecido, e a graça de Deus jamais reinará soberana, mas será apenas uma metade de nossa eleição. Assim como o apóstolo já arguira no caso da justificação de Abraão [4.4], dizendo que onde o galardão é pago, a graça não pode ser gratuitamente concedida, também agora ele extrai seu argumento da mesma fonte, e afirma que, se as obras são levadas em consideração quando Deus adota um certo número de pessoas para a salvação, então o galardão passa a ser uma questão de dívida, e portanto a salvação deixará de ser um dom gratuito.[6]

Paulo aqui está falando da *eleição*. Entretanto, visto o raciocínio que ele usa ser de caráter geral, então devemos estendê-lo a todo o argumento concernente a nossa salvação. É preciso lembrar que sempre que atribuímos nossa salvação à graça divina, estamos confessando que não há mérito algum nas obras; ou, antes, devemos lembrar que sempre que fazemos menção da graça, estamos destruindo a justiça [procedente] das obras.

7. Que diremos, pois? O que Israel busca, isso não conseguiu; mas a eleição o alcançou, e os mais foram endurecidos,	7. Quid ergo? Quod quærit Israel, non est assequutus;[7] electio autem assequuta est, reliqui verò escæcati fuerunt;

---

[6] A última metade deste versículo é considerada espúria por *Griesbach*, não sendo encontrada na maior parte dos manuscritos, nem na *Vulgata*, nem nos pais latinos; mas se encontra em alguns dos pais gregos, *Teodoreto, Ecumênio, Photius*; e no texto, ainda que não no comentário de *Crisóstomo* e em *Teofilato*, com exceção da última frase, "Também opera" etc. As versões *Siríaca* e a *Arábica* também contêm todo o versículo. O argumento é completo sem a última porção, a qual é, de fato, uma repetição da primeira em outra forma. Mas esse tipo de afirmação está totalmente em uníssono com o caráter do modo de escrever do apóstolo. Ele amiúde declara uma coisa postitiva e negativamente, ou de duas maneiras diferentes. Veja 4.4, 5; 9.1; Efésios 2.8, 9. Então uma *omissão* é mais provável que uma *adição*.

[7] Literalmente é: "o que Israel busca, isso ele não obteve."

8. como está escrito: Deus lhes deu espírito de entorpecimento, olhos para que não vissem e ouvidos para que não ouvissem, até o dia de hoje.

9. E diz Davi: Torne-se-lhes a mesa em laço e armadilha, em tropeço e punição;

10. escureçam-se-lhes os olhos para que não vejam, e fiquem encurvadas suas costas para sempre.

8. Quemadmodum scriptum est, Dedit illis Deus spiritum compunctionis, oculos ut non videant, et aures ut non audiant, usque ad hodiernum diem.

9. Et David dicit, Fiat mensa eorum in laqueum et in captionem et in offendiculum et in retributionem ipsis:

10. Obscurentur oculi eorum ne videant, et dorsum eorum semper incurva.

7. Que diremos, pois? O que Israel busca, isso não conseguiu. Visto que a matéria com que está lidando aqui é difícil e delicada, ele hesita em apor sua pergunta pessoal. Ele pretendia, contudo, oferecer uma resposta mais segura, como que expressando uma dúvida. A resposta vem logo a seguir, e ele insinua que esta é a única resposta plausível, ou seja que Israel laborava debalde em busca da salvação, visto que se esforçava por alcançá-la com um zelo equivocado. Ainda que não mencione aqui a razão, todavia, visto que já expressara, certamente pretendia insinuar que ela seria percebida nesta passagem também. Suas palavras significam que nem agora deve parecer estranho que Israel não haja feito qualquer progresso em seu esforço na busca da justiça. Deste fato segue-se logicamente a afirmação que ele adicionou imediatamente a seguir sobre a eleição. Se Israel nada obtivera por seus próprios méritos, o que outros obterão, cujo caso ou condição não é de forma alguma melhor? E qual é a *fonte* que faz tão grande diferença entre iguais? Quem não percebe aqui que é tão-somente a *eleição* que faz a diferença?

O significado do termo *eleição* é incerto. Há quem pensa que ela deve ser tomada coletivamente, referindo-se aos que se elegem, para que as duas partes da comparação se correspondam. Não descarto este ponto de vista, contanto que se admita, ao mesmo tempo, que há na palavra *eleição* muito mais do que é subentendido pelo uso que ele faz das palavras *os eleitos*; ou, seja, sua sugestão de que *eleição* foi a única razão que nos levou à obtenção de nossa justiça. É como se ele houvera dito que a justiça não é obtida por aqueles que se esforçam por obtê-la, com base em seus méritos, mas por aqueles cuja salvação depende da imerecida eleição divina. Ele sucintamente compara o remanescente que fora salvo pela graça divina com todo o Israel, ou com toda a corporação do povo. A conclusão consiste em que a *causa* da salvação não reside no ser humano, e, sim, se acha radicada simples e exclusivamente no beneplácito divino.

E os mais foram endurecidos.[8] Visto que os eleitos só se vêem livres da destruição mediante a graça divina, assim todos quantos não são eleitos devem necessariamente permanecer em cegueira. O sentido que Paulo imprime com referência aos réprobos é que sua ruína e condenação têm sua origem no fato de terem sido desamparados por Deus.

Embora as passagens que ele cita sejam extraídas de várias fontes da Escritura, e não de uma única passagem, todas parecem contradizer seu propósito, quando examinadas mais detidamente à luz de seus contextos. Cada passagem nos revela que a cegueira e o endurecimento do coração são referidos como sendo flagelos pelos quais Deus pune os feitos perversos já praticados pelos ímpios. Paulo, contudo, pretende provar aqui que os cegos não são aqueles cujos atos perversos merecem punição, mas aqueles a quem Deus rejeitara desde antes da fundação do mundo.

Podemos resolver esta dificuldade sucintamente, da seguinte forma: é a perversidade de nossa natureza, quando desamparada por Deus, que constitui a fonte daquela impiedade que provoca a fúria divina. Portanto, ao falar da reprovação eterna, o apóstolo reportou-se intencionalmente as consequências que procedem dela como o fruto [procedente] da árvore ou o rio, de sua fonte. Os ímpios são deveras punidos com cegueira, pelo justo juízo de Deus,

---

8 "Excæcati fuerunt", ἐπωρώθησαν; significa endurecido, entorpecido, que se torna calejado ou obstinado. *Occalluerunt* – "foi endurecido", *Beza*; tanto *Macknight* quanto *Doddridge* o traduzem "cegado'. Aplica-se ao coração em Marcos 6.52; 8.17; João 12.40; à mente em 2 Coríntios 3.14.

em razão de seus pecados. Todavia, ao inquirirmos sobre a fonte de sua ruína, teremos que reconhecer que já estavam amaldiçoados por Deus, e que todas suas obras, palavras e propósitos não poderiam conduzi-los senão à maldição. Realmente, a *causa* da reprovação eterna se acha tão velada de nós, que jamais poderíamos fazer outra coisa senão prostrar-nos aturdidos ante o conselho secreto de Deus, como veremos mais extensamente à luz da conclusão do apóstolo. É loucura tentar ocultar sob o manto de causas imediatas a causa primeira que se acha velada de nossa observação, tão logo ouvimos sua menção, como se Deus não houvera soberanamente determinado, antes mesmo da queda de Adão, fazer o que entendia ser o melhor para toda a raça humana. É loucura, sim, porque Deus condena a corrupção humana, bem como sua depravada progênie, e ainda porque indenizará os homens, individualmente, segundo seus desvarios justamente merecem.

8. Deus lhes deu espírito de entorpecimento. A passagem aqui citada de Isaías é, estou bem certo, a mesma que Lucas usa em Atos como havendo sido extraída de Isaías, ainda que a fraseologia esteja ligeiramente alterada. Ele não reitera aqui as palavras usadas pelo profeta, mas toma dele a conclusão de que Deus lhes dera espírito de entorpecimento, de modo que permanecessem embotados de visão e de audição. Na verdade, o profeta é intimado a endurecer o coração do povo; Paulo, porém, descobre o próprio cerne da questão, declarando que uma brutal insensibilidade permeia todos os sentidos humanos, quando os homens são entregues a este desatino, a saber: a fim de que ataquem brutal e desesperadamente a verdade [divina]. Quando essa cega revolta se manifesta, sim, essa demência em insistir em rejeitar a verdade, Paulo não a chama meramente de espírito de atordoamento, e, sim, de *amargura*. Ele declara que os réprobos se acham tão alienados em seu estado mental, proveniente do juízo secreto de Deus, que se vêem perdidos em meio à estupefação, e se sentem incapazes de formar qualquer juízo sensato. A expressão, **vendo não vêem**, denota o embotamento de seus sentidos.

O apóstolo adiciona suas palavras pessoais, **até o dia de hoje**, com o fim de evitar a objeção de que esta profecia se cumprira há muito tempo, e portanto era falsa sua aplicação ao período da proclamação do evangelho. Ele antecipa essa objeção, insinuando que a cegueira descrita nesta passagem não se deu em um só dia, mas que se havia perpetuado no coração do povo, na forma de incurável obstinação, até a vinda de Cristo.⁹

9. E diz Davi. Nesta citação de Davi houve também alguma mudança nas palavras, porém sem qualquer alteração do sentido. Disse Davi: "Sua mesa se torne diante deles em laço; e a prosperidade, em armadilha" [Sl 69.22]. Não há menção de recompensa; há, porém, suficiente concordância no ponto principal. O salmista está orando para que todas as coisas nesta vida, que em outros aspectos são desejáveis, e são uma bênção – e este é o sentido de *mesa* e *prosperidade*¹⁰ –, se convertam em ruína e destruição para os ímpios. Ele, pois, os entrega à cegueira de espírito e à debilitação das forças, indicando a primeira, pelo escurecimento de seus olhos, e a segunda, pelo encurvamento de suas costas. Não precisamos sentir-nos surpresos com o fato de que isso se estendeu a quase toda a nação, pois sabemos que não foram somente os principais líderes que se voltaram contra Davi, mas também o próprio povo comum se lhe opôs. Vemos nitidamente, pois, que o que lemos nesta passagem se aplica não só a uns poucos, mas, sim, a um grande número. De fato, se considerarmos a quem Davi prefigurava, será também fácil de percebermos a alusão feita na frase oposta.¹¹

---

9 Alguns consideram esta passagem como que extraída de Deuteronômio 29.4, e consideram as últimas palavras como parte da citação.
10 *Grotius* entende por 'tábua' convidados ou amigos que participam das provisões esplhadas na mesa. O desejo é que essas sejam um laço etc. 'Tábuas', segundo *Pareus*, siguinificam luxúria e festividade; e ele acrescenta que há aqui três metáforas: o laço para aves; a armadilha para animais selvagens; e o tropeço no escuro para pessoas cegas. Então a recompensa ou retaliação implica que, ao ser este mal, laço, armadilha, tropeço, são apenas retaliações para atos semelhantes da parte dos inimigos.
11 Salmo 69.22, 23. No hebraico as palavras são consideravelmente diferentes. A palavra שלומים é traduzida impropriamente, 'bem-estar', enquanto que deveria ser 'recompensas' ou, segundo *Tremelius* e *Horseley*, 'retribuição' ou 'retaliação'. Veja-se Isaías 34.8. A última frase do versículo 10, ainda que signifique a mesma coisa, contudo é totalmente diferente nos termos do hebraico.

Portanto, visto que esta maldição aguarda a todos os inimigos de Cristo, de tal modo que sua refeição se lhes converterá em peçonha (tal como descobrimos que o evangelho é um perfume mortífero para eles [2Co 2.15,16]), abracemos a graça divina com humildade e estremecimento. Davi, além disso, está falando dos israelitas que descendiam de Abraão, segundo a carne, e que naquele período ocupavam posição de preeminência no reino. Paulo, pois, aplica de forma apropriada a seu tema o testemunho de Davi a fim de que a cegueira de uma grande parte do povo não parecesse algo estranho e inusitado.

11. Pergunto, pois: Porventura tropeçaram para que caíssem? De modo nenhum. Mas por sua queda veio a salvação aos gentios, para provocá-los a ciúmes.
12. Ora, se a queda deles redundou em riquezas para o mundo, e seu abatimento, em riquezas para os gentios, quanto mais sua plenitude!
13. Dirijo-me a vós que sois gentios. Visto, pois, que sou apóstolo dos gentios, glorifico meu ministério,
14. para ver se de algum modo possa provocar ciúmes nos que são minha própria carne, e venha a salvar alguns deles.
15. Porque, se a rejeição deles trouxe reconciliação ao mundo, que será sua restauração, senão vida dentre os mortos?

11. Dico igitur, Num impegerunt ut corruerent? Absit: sed eorum lapsu salus contigit gentibus in hoc, ut ipsi ad æmulationem provocarentur.
12. Si verò eorum lapsus divitiæ sunt mundi, et imminutio eorum divitiæ gentium, quanto magis complementum ipsorum?
13. Vobis enim dico gentibus, quatenus certè ego gentium sum Apostolus, ministerium meum illustror,
14. Si quomodo ad æmulationem provocavero carnem meam, et aliquos ex ea salvos fecero:
15. Si enim rejectio eorum, reconciliatio est mundi, quid assumptio nisi vita ex mortuis?

11. Porventura tropeçaram para que caíssem? A compreensão deste argumento será muitíssimo prejudicada caso não observemos que o apóstolo está falando a um só tempo de toda a nação judaica e de cada um individualmente. Isso explica o fato de ele às vezes dizer que os judeus haviam sido banidos do reino de Deus, decepados da árvore e lançados de ponta cabeça na destruição pelo justo juízo divino, enquanto que noutras ocasiões ele nega que hajam caído da graça. Eles permanecem, ao contrário, de posse do pacto, afirma ele, e mantêm sua posição na Igreja de Deus.

Portanto, Paulo está falando agora com esta distinção em mente. Posto que a maioria dos judeus opunha-se a Cristo, de modo que quase toda a nação se achava envolvida nessa perversidade, e poucos dentre eles demonstravam possuir um pouco de bom senso, ele pergunta se não seria o caso de toda a nação judaica ver em Cristo só motivo de escândalo, de uma maneira tal que sua destruição passou a ser de caráter universal, sem qualquer esperança de haver uns poucos destinados ao arrependimento. Não é sem razão que o apóstolo negue aqui que a salvação dos judeus deva ser motivo de desespero, ou que tenham sido rejeitados por Deus de forma sumária, sem qualquer chance de restauração futura, ou que o pacto da graça, o qual Deus uma vez fizera com eles, haja sido completamente abolido, já que sempre esteve presente no seio da nação uma semente de bênção. Que é preciso entender a intenção de Paulo desta forma, é evidente à luz do fato de que, ao passo que ele conectara certa ruína com a cegueira dos judeus, agora lhes outorga a esperança de se reerguerem novamente. Estas duas idéias são completamente contraditórias. Aqueles, pois, que obstinadamente tiveram Cristo só como motivo de escândalo, tropeçaram e caíram na destruição. A nação mesma, contudo, não caiu de tal sorte que, só porque alguém é judeu, deva necessariamente perecer ou permanecer alienado de Deus.

Mas por sua queda veio a salvação aos gentios. O apóstolo afirma duas verdades nesta sentença. A queda dos judeus resultou na salvação dos gentios. Este fato, contudo, teve como propósito excitar ciúmes nos judeus para que suas mentes se convertessem, movidas por um sincero arrependimento. Paulo não teve dúvida em evocar o testemunho de Moisés, o qual já havia citado, onde o Senhor ameaça Israel, ou seja: como havia ele sido provocado a zelos pelos falsos deuses de Israel, assim também, pela lei de talião, ele provocaria os judeus, visto serem eles uma nação sem entendimento.

A palavra παραζηλῶσαι, aqui usada, denota o sentimento de inveja ou ciúme que nos consome quando vemos outros sendo preferidos a nós. Se, pois, o propósito do Senhor é provocar ciúmes, os judeus não haviam caído com o fim de ser lançados na destruição eterna, mas para que a bênção divina, a qual haviam desprezado, pudesse alcançar os gentios, a fim de que os judeus mesmos pudessem também, e finalmente, ser despertados para buscarem o Senhor de quem haviam apostatado tanto.

Entretanto, não há motivo para que os leitores se afadiguem em demasia com a aplicação deste testemunho. Paulo mesmo não se preocupa em forçar o significado de palavras, porém faz alusão somente ao que constitui uma prática comum e notória. Assim como o ciúme é despertado numa esposa que foi rejeitada por seu esposo, por sua própria falta de esforço em buscar reconciliação, então, diz ele, é possível que os judeus, ao perceberem que os gentios são recebidos em seu lugar, sejam tocados de tristeza por sua própria rejeição e busquem a reconciliação.

12. Ora, se a queda deles resultou em riquezas para o mundo. O apóstolo havia ensinado que os gentios só assumiram o lugar dos judeus depois que estes foram rejeitados, para não tornar a salvação dos judeus um escândalo para os gentios, como se a salvação destes repousasse na destruição daqueles. Ele, pois, antecipa este falso conceito, e afirma, ao contrário, que nada poderia contribuir mais para promover a salvação dos gentios do que a graça divina florescendo e revelando seu vigor entre os judeus, numa magnífica extensão. Para provar esta tese, ele usa um argumento partindo do menor para o maior. Se a queda dos judeus ressuscitaria os gentios, e seu empobrecimento os enriqueceria, o que dizer, pois, de sua plenitude? O primeiro estado aconteceu contrariando a natureza; mas o segundo estado virá a ser muitíssimo natural. Este argumento não torna contraditório o fato de a Palavra de Deus estender-se aos gentios depois que os judeus foram rejeitados, e de ser ela tirada deles. Tivessem-na eles recebido, e sua fé teria produzido muito mais frutos [entre os gentios] do que os produzi dos por sua incredulidade. A verdade de Deus ter-se-ia confirmado pelo evidente fato de seu cumprimento entre eles [aos olhos dos gentios], e eles mesmos teriam prevalecido muito mais em seu doutrinamento [ministrado aos gentios]. E eram precisamente os gentios que agora se converteriam por meio de sua obstinação.

Paulo teria sido mais feliz se tivesse contrastado o soerguimento dos gentios com a queda dos judeus.[12] Realço este ponto para evitar que alguém procure aqui certo ornato de linguagem, ou sinta-se ofendido com a rudeza retórica. Os escritos de Paulo não pretendiam volver-se para o deleite dos sentidos, e, sim, para o aperfeiçoamento do coração.

13. Dirijo-me a vós, que sois gentios. Ele usa um argumento muito forte com o fim de confirmar que os gentios não sofrerão perda alguma com a conversão dos judeus novamente à graça divina, porquanto mostra que a salvação dos gentios se acha tão radicada à salvação dos judeus, que os mesmos meios devem desenvolver a ambas. Ele se dirige aos gentios no seguinte tom: "Fui designado particularmente como vosso apóstolo. Portanto, é meu dever procurar vossa salvação com muito empenho (porquanto isto foi entregue a minha responsabilidade), bem como devo excluir quaisquer outras tarefas em atenção a esta única. Não obstante, estarei executando fielmente meu dever se conquistar para Cristo alguns de minha própria raça, o que será para a glória de meu ministério tanto quanto para vosso próprio bem."[13] Tudo

---

[12] Isso não é muito correto. A primeira parte é um mero anúncio de um fato – a queda dos judeus; e então no que se segue, segundo o estilo usual da Escritura, a mesma coisa é declarada em outras palavras e se acrescenta uma frase correspondente; e a antítese é adequada – a diminuição e a completação. A razão para reafirmação da primeira frase parece ser esta: que a queda poderia não ser total, mas em parte; era ἥττημα, uma mínima parte, uma diminuição, uma redução de seu número no reino de Deus. Um contraste com isso é a πλήρωμα, a porção plena ou completa, isto é, sua completa restauração, como é expresso no versículo 26. Para preservar a antítese, a primeira palavra deve ter significado literal, uma diminuição ou redução, isto é, quanto ao número salvo. *Hammond* traduz a frase "sua escassez."

[13] O significado anexado aqui às palavras τὴν διακονίαν μου δοξάζω é um pouco diferente do que comumnente se entende. Seu sentido clássico "estimar sublimemente" é o que geralmente se dá ao verbo. *Calvino*, porém, o toma num sentido que é quase sempre tomado na

quanto servisse para o avanço do ministério de Paulo significava benefício para os gentios, porque a salvação deles era o objetivo máximo de seu ministério.

14. Para ver se de algum modo. Ele aqui também usa o verbo παραζηλῶσαι, 'provocar ciúmes', para levar os gentios a buscarem o cumprimento da profecia de Moisés, como ele a descreve, quando tiverem entendido que a mesma buscava o benefício deles [Dt 32.22].

E salvar alguns deles. Note-se aqui que é o ministro da Palavra quem salva, a seu próprio modo, por assim dizer, aqueles a quem ele conduz à obediência da fé. Devemos, pois, regular a administração de nossa salvação de tal forma que tenhamos consciência de que toda a dignidade e eficácia são atribuídas ao poder de Deus, e que tributemos-lhe todo o louvor que ele merece. Não obstante, tenhamos em mente que a pregação é um instrumento para a consecução da salvação dos crentes. Embora não possa realizar nada sem o Espírito de Deus, todavia, através da operação interior do mesmo Espírito, ela revela a ação divina muito mais poderosamente.

15. Porque, se o fato de terem sido eles rejeitados trouxe reconciliação ao mundo. Esta passagem é considerada como um tanto obscura por muitos e pessimamente interpretada por muitos outros. Segundo a vejo, ela deve ser entendida como sendo outro argumento derivado de uma comparação entre o menor e o maior, no seguinte sentido: se a rejeição dos judeus foi capaz de ocasionar a reconciliação dos gentios, sua recepção não será muito mais poderosa e não os fará até mesmo ressuscitar dentre os mortos? Paulo está sempre a insistir no fato de que os gentios não têm que sentir ciúmes, como se sua condição se agravasse, caso os judeus venham a ser restaurados ao favor divino. Portanto, visto que Deus, maravilhosamente, extraiu vida da morte e luz das trevas, quanto mais, arrazoa ele, devemos esperar que a ressurreição de um povo virtualmente morto conduza

---

Escritura, no sentido de "tornar ilustre", ou eminente, "tornar-se glorioso". A construção dos dois versículos, 13 e 14, é um tanto difícil, e o significado não fica muito claro.

os gentios à vida.[14] Não existe problema, como presumem alguns, que a reconciliação não seja distinta da ressurreição. Entendemos *ressurreição*, aqui, no sentido de um ato pelo qual somos transferidos do reino da morte para o reino da vida. Ainda que o tema seja um e o mesmo, cada termo tem sua ênfase distinta e peculiar, o que basta para imprimir maior força ao argumento.

16. E se as primícias forem santas, assim o será a massa; se a raiz for santa, também os ramos o serão.

17. Se, porém, alguns dos ramos foram quebrados, e tu, sendo oliveira brava, foste enxertado no meio deles, e te tornaste participante da raiz e da seiva da oliveira, não te glories contra os ramos;

18. porém, se te gloriares, sabe que não és tu que sustentas a raiz, mas a raiz a ti.

19. Dirás, pois: Alguns ramos foram quebrados para que eu fosse enxertado [na oliveira].

20. Bem! pela sua incredulidade foram quebrados; tu, porém, mediante a fé estás firme. Não te ensoberbeças, mas teme.

21. Porque se Deus não poupou os ramos naturais, também não te poupará.

16. Quòd si primitiæ sanctæ, etiam conspersio; et si radix sancta etiam rami:

17. Si verò ex ramis quidam defracti sunt, tu verò oleaster quum esses, insitus es pro ipsis, et particeps factus es radicis et pinguedinis oleæ;

18. Ne contra ramos glorieris: quòd si gloriaris, non tu radicem portas; sed radix te.

19. Dices ergo, Defracti sunt rami, ut ego insererer.

20. Bene; propter incredulitatem defracti sunt, tu verò fide stabilitus es; Ne animo efferaris, sed timeas.

21. Si enim Deus naturalibus ramis non perpercit, vide ne qua fit, ut et tibi non parcat.

---

14 Alguns consideram as últimas palavras, "vida dos mortos", como indicando os judeus, não os gentios. Mas a antítese parece requerer os últimos. A rejeição ἀποβολή dos judeus era a ocasião de reconciliação com o mundo, isto é, com os gentios; então a recepção, πρόσληψις, dos judeus seria "vida dos mortos" para os gentios ou para o mundo. Ele usa termos mais fortes para expressar o sentimento no versículo 12, "as riquezas do mundo", só para insinuar, como parece, o estado decadente da religião entre os gentios; pois estar morto às vezes significa um declínio religioso [Ap 3.1, 2]; ou um estado de opressão e miséria, como foi o caso dos israelitas quando em cativeiro [Ez 37.1-14; Is 26.19]. A frase é evidentemente figurativa, e significa um maravilhoso avivamento, tal como a vinda à vida daqueles em condição semelhante à de morte. A restauração dos judeus ao favor de Deus ocasionará o avivamento e difundirá a verdadeira religião por todo o mundo gentílico. Esse é claramente o significado.

Alguns dos pais, tais como *Crisóstomo* e *Teodoreto*, consideravam as palavras como uma referência à ressurreição final, mas isso está em total discordância com o contexto.

16. E se as primícias forem santas. Depois de comparar a dignidade dos judeus e a dos gentios, ele agora priva esses de qualquer soberba e se empenha por apaziguar os primeiros como melhor pode. Ele mostra que, se os gentios alegam que não há qualquer privilégio propriamente seu que lhes confira honra, não sendo em nada superiores aos judeus, então mister se faz lembrar-lhes que jamais teriam valor algum sem os judeus. Lembremo-nos de que nesta comparação o apóstolo está contrastando nação com nação, não homem com homem. Se, pois, os compararmos, descobriremos que são iguais, visto que são ambos filhos de Adão. A única diferença consiste em que os judeus foram separados dentre os gentios, a fim de se tornarem um povo peculiarmente do Senhor.[15]

Portanto, foram santificados por meio de um pacto santo e adornados com uma honra especial, da qual Deus, naquele tempo, considerou os gentios indignos. Visto, não obstante, que o pacto naquele período não revelava, na aparência, muita vitalidade, o apóstolo nos convida a fazermos um retrospecto da pessoa de Abraão e dos patriarcas, em quem a bênção divina não era nem vazia e nem destituída de eficácia. Ele conclui, pois, que uma hereditariedade santa passara deles para toda sua posteridade. Esta conclusão não seria válida caso o apóstolo estivesse tratando somente de pessoas e não levasse em conta, antes de tudo, a própria promessa. Só porque um pai é justo não significa que ele transfira imediatamente sua integridade para seu filho. Mas, visto que o Senhor santificou para ele mesmo a Abraão, sob a condição de que sua progênie também seria santa, e por isso transmitiu santidade não só à pessoa de Abraão, mas também a toda sua raça, Paulo

---

15 Havia dois tipos de primícias: o feixe, sendo o primeiro fruto colhido [Lv 23.10], e a flor de farinha, o primeiro bolo amassado [Nm 15.20]. É ao último que se faz referência aqui. As primícias são consideradas por alguns, tais como *Mede* e *Chalmers*, como sendo as primeiras conversões judaicas ao Cristianismo: os apóstolos e os discípulos. Isso, porém, não é consistente com o modo usual do apóstolo que é expressar a mesma coisa de duas maneiras, ou pelo uso de duas metáforas. Além disso, todo o contexto se refere à primeira adoção da nação judaica, ou ao pacto feito com Abraão e confirmado aos patriarcas.

corretamente argumenta, a partir deste fato, que todos os judeus haviam sido santificados em seu pai Abraão.[16]

Com o fim de confirmar este conceito, ele introduz duas metáforas, uma extraída das cerimônias da lei e a outra, da natureza. As *primícias*, que eram oferecidas, santificavam a massa toda. Semelhantemente, as bênçãos da seiva se espalham das raízes aos ramos. Os descendentes têm a mesma relação com seus pais, de quem usufruem o que a massa recebe das primícias, ou os ramos, da árvore. Não surpreende, pois, que os judeus sejam santificados em seu pai [Abraão].

Não há dificuldade aqui, desde que entendamos *santidade* simplesmente no sentido de nobiliário espiritual da raça, a qual não era inerente a sua natureza, e, sim, originária do pacto. Alegar-se-á, admito, com boa dose de verdade que os judeus são naturalmente santos, visto sua adoção ser hereditária. Contudo, estou falando agora de nossa primeira natureza, segundo a qual vivemos todos, bem o sabemos, sob a maldição de Adão. Portanto, a dignidade de um povo eleito é, propriamente falando, um privilégio supernatural.

17. Se, porém, alguns dos ramos foram quebrados. Ele agora se volta para a dignidade dos gentios. Esta é aquela excelência que fluirá através de um ramo qualquer que é extraído e enxertado em alguma árvore nobre. Os gentios têm sua origem numa oliveira silvestre e infrutífera, visto que não encontraram nada, em toda sua raça, senão maldição. Alguma glória que vieram a possuir era oriunda de sua nova enxertadura, e não de sua antiga linhagem. Os gentios, pois, não têm motivo algum para vangloriar-se de alguma suposta dignidade propriamente sua, em comparação com os judeus. Além disso, o apóstolo revela uma certa dose de prudência

---

16 Que a santidade aqui mencionada é externa e relativa, e não pessoal e interior, se faz evidente à luz de todo o contexto. Os filhos de Israel eram denominados *santos* em toda sua perversidade e desobediência, porque foram consagrados a Deus, adotados como seu povo e separados para seu serviço, e usufruíam de todos os privilégios externos do pacto que Deus fizeram com seus pais.

ao reduzir a aspereza de sua expressão, dizendo que alguns dos ramos foram quebrados, não que toda a árvore, de alto a baixo, tenha sido cortada; e como também Deus tomara apenas alguns dos gentios [não todos], de diferentes lugares, para enxertá-los no sagrado e abençoado tronco.[17]

18. Porém, se te gloriares, sabe que não és tu que sustentas a raiz. Os gentios não podem rivalizar-se com os judeus no que se refere à excelência de sua raça, sem entrar em controvérsia contra o próprio Abraão. Aventurar-se a tal coisa seria algo muitíssimo ultrajante, visto ser ele como a raiz que os sustenta e lhes transmite vida. Teria sido algo absurdo para os gentios vangloriar-se contra os judeus, no que respeita à excelência de sua raça; seria como se os ramos se jactassem contra suas próprias raízes. O apóstolo está sempre a lembrar-nos da origem de nossa salvação. Sabemos que quando Cristo, em sua vinda, derrubou o muro divisório, o mundo inteiro se imbuiu da graça que Deus previamente conferira ao povo eleito. Segue-se que a vocação dos gentios assemelhava-se a uma enxertadura, e que se desenvolveu juntamente com o povo de Deus só porque se enraizou na linhagem de Abraão.

19. Dirás, pois: Alguns ramos foram quebrados, para que eu fosse enxertado. Na pessoa dos gentios, o apóstolo cita todas as escusas que poderiam apresentar em favor de si mesmos. Essas escusas, longe de enchê-los de soberba, deveriam antes conduzi-los à humildade. Se os judeus foram cortados em razão de sua incredulidade, e os gentios, enxertados pela fé, não era mais razoável que reconhecessem a graça divina, e por ela se incitassem à moderação e à submissão? A consequência natural e a propriedade inerente da

---

17 Há certa diferença de opinião quanto ao significado preciso das palavras ἐνεκεντρίσθης ἐν αὐτοις; a versão de *Calvino*, "insitus es pro ipsis – tu foste enxertado por eles", ou em seu lugar; a de *Beza* e *Pareus* é a mesma, e também a de *Macknight*; *Grotius*, porém, tem "inter illos – entre eles", isto é, os ramos remanescentes; e *Doddridge* traduz as palavras "entre eles", segundo nossa versão. O que é mais consoante com a primeira parte do versículo é a tradução de *Calvino*.

fé é produzir em nós o aviltamento e o temor. Este *temor*,[18] contudo, não significa, de forma alguma, algo contrário à *certeza* de fé. Não era o propósito do apóstolo que cultivemos uma fé vacilante, ou que se alterne entre certeza e dúvida, muito menos que produza em nós pânico ou ansiedade.[19]

Qual, pois, seria a natureza desse temor? Como o Senhor põe diante de nós duas questões para que ponderemos sobre elas, as mesmas devem produzir em nós um duplo estado mental. Seu intuito é que tenhamos sempre em mente a miserável condição de nossa natureza. E esta nada produz senão medo, fadiga, preocupação e desesperação. Daí ser-nos realmente vantajoso que sejamos completamente humilhados e combalidos, a fim de que, finalmente, clamemos a ele. Mas esta consternação é fruto de um auto-exame, o qual alerta nossa mente para pôr sua confiança na benevolência divina e a permanecer tranquila. Esta exaustão não nos impede de desfrutar a plena consolação em Deus, nem esta preocupação e medo devem impedir-nos do cultivo da alegria e da esperança nele. Portanto, este temor de que ele fala é injetado como antídoto contra o orgulho desdenhoso, visto como todas as pessoas reivindicam para si mais do que lhes é de direito, também se tornam irreverentes e, finalmente, se fazem insolentes em relação aos outros; então devemos desenvolver o temor para que nosso coração não se encha de orgulho e venha a exaltar-se mais do que convém.

Aqui Paulo, aparentemente, lança dúvidas quanto a nossa salvação, ao instar com os gentios a que tomassem cuidado, a

---

18 "Não ter mente eufórica – ne animo efferaris"; μὴ ὑψηλοφρόνει; "não sentir a mente animada", como em nossa versão, é a tradução literal.
19 Alguns têm deduzido do que Paulo diz aqui a incerteza da fé e seu possível fracasso. Isso foi feito através de um equívoco do assunto manuseado pelo apóstolo. Ele fala não de indivíduos, mas do mundo gentílico; não da fé viva, mas da fé professada; não de mudança interior, mas de privilégios externos; não da união da alma com Cristo, mas da união com sua Igreja. As duas coisas são totalmente diferentes; e extrair um argumento de um contra o outro é totalmente ilegítimo; equivale dizer que, como fé professada, ela pode ser perdida; portanto a fé viva pode ser perdida.
Agostinho, ao comentar Jeremias 32.40, diz: "Deus prometeu perseverança quando disse: 'Porei temor em seu coração, para que não se apartem de mim.'

fim de que não sucedesse que não fossem também poupados. Minha resposta consiste nisto: visto que esta exortação aponta para a domesticação da carne, a qual é sempre insolente até mesmo nos filhos de Deus, contudo ela de forma alguma nada detrai daquela certeza de fé. Devemos particularmente observar e recordar do que já afirmei, ou seja que as observações do apóstolo se dirigem, não tanto ao indivíduo, mas a todo o corpo dos gentios. Entre estes era provável encontrar muitos que se achavam ensoberbecidos sem qualquer razão plausível, *professando* fé em vez de *possuir* fé. Em razão deste fato, Paulo ameaça os gentios com o *corte*, e não sem sobejas razões, como veremos novamente mais adiante.

21. Porque, se Deus não poupou os ramos naturais. Este é um argumento muitíssimo poderoso, porquanto reprime toda e qualquer confiança excessiva. Não devemos jamais refletir sobre a rejeição dos judeus sem sentir profunda consternação e pavor. A única coisa que causou sua ruína foi seu descaso do juízo divino, por sua imponderada negligência daquela dignidade que haviam granjeado. Não foram poupados, não obstante serem eles ramos naturais. E o que será feito de nós, que não passamos de ramos silvestres e alienados, caso venhamos a portar-nos de forma insolente? Todavia, esta reflexão nos leva a não escudar-nos em nós mesmos e a apegar-nos com grande ousadia e tenacidade à benevolência divina.

Isso prova claramente, uma vez mais, que Paulo está falando aqui, em termos gerais, da agremiação dos gentios; porquanto não é possível aplicar a ruptura que ele menciona a indivíduos, cuja eleição é imutável, já que a mesma se acha radicada no eterno propósito de Deus. O apóstolo, pois, declara que os gentios pagarão um elevado preço por seu orgulho, caso venham eles a insultar os judeus, já que Deus reconciliará novamente consigo aquele mesmo povo do qual havia se divorciado.

22. Atentai, pois, para a bondade e a severidade de Deus: para com os que caíram, severidade; mas, para contigo, a bondade de Deus, se nela perseverares; doutra sorte também tu serás cortado.
23. E eles também, se não persistirem na incredulidade, serão enxertados, porque Deus é poderoso para os enxertar de novo.
24. Pois, se foste cortado da que, por natureza, era oliveira brava, e contra a natureza enxertado em boa oliveira, quanto mais não serão enxertados em sua própria oliveira aqueles que são ramos naturais!

22. Vide igitur lenitatem[20] et severitatem Dei; in eos quidem qui ceciderunt, severitatem;[21] in te verò lenitatem, si permanseris in lenitate; alioqui tu quoque excideris:
23. Et illi, si non perstiterint in incredulitate, inserentur; potens enim est Deus rursum inserere ipsos.
24. Si enim tu ex oleastro, quæ tibi nativa erat, exectus es, et præter naturam insitus es in veram oleam; multo magis hi secundum naturam propriæ oleæ inserentur.

22. Atentai, pois, para a bondade e a severidade de Deus. Ao colocar a questão ante os olhos dos leitores, o apóstolo confirma mais nítida e confiadamente que os gentios não tinham razão alguma para se ensoberbecerem. Porquanto vêem nos judeus um exemplo da severidade divina, a qual deve ser suficiente para deixá-los literalmente amedrontados. Por si mesmos, contudo, têm experiência de sua graça e munificência, o que deveria bastar para despertá-los à gratidão e para enaltecer somente ao Senhor, e não a si próprios. Estas palavras, portanto, transmitem o seguinte significado: "Se porventura zombais da calamidade deles, penseis bem no que tendes

---

20 'Lenitatem'; χρηστότητα; 'indulgentiam – indulgência', *Jerônimo*; 'benignitatem – benignidade', *Beza*. Seu significado mais literal é 'beneficência', como χρηστὸς é útil ou benéfico; mas 'bondade', como em nossa versão, expressa seu sentido aqui talvez melhor do que qualquer outra palavra. É traduzida 'benignidade' em 2 Coríntios 6.6; Efésios 2.7; Colossenses 3.12; Tito 3.4 – 'mansidão' em Gálatas 5.22; e 'bom' em Romanos 3.12. Em nenhum outro lugar se encontra e tem um significado semelhante na *Septuaginta*, e às vezes corresponde a שוב, que significa bom, bondade, benevolência.
21 'Severitatem'; ἀποτομίαν; 'rigorem – rigor', *Erasmo*; 'præcisam severitatem – uma interrupção severa', *Beza*. Significa literalmente cisão, interrupção, amputação e metaforicamente rigor, severidade; e é tomda, diz *Schleusner*, não da amputação de membros infectados, mas da poda de ramos estéreis e inúeis de árvores. Ocorre somente aqui, e não se encontra na *Septuaginta*.' Ἀποτμία τῶν νόμων – rigor da lei, *Diod. Sic.* É usado adverbialmente em dois lugares, 2 Coríntios 13.10 e Tito 1.13; onde significa rigidamente, agudamente, severamente. O adjetivo ἀπότομος se encontra em Sabedoria de Salomão 5.20 e 6.6, conectado com 'ira' e 'juízo', e significa rígido ou severo.

sido. Porquanto fostes ameaçados com a mesma severidade divina, caso não fôsseis libertados pela imerecida e divina munificência. Considerai também o que sois precisamente agora, porquanto vossa salvação só será garantida enquanto reconhecerdes a mercê divina com sincera humildade. Se vos esquecerdes, porém, e vos jactardes insolentemente contra os judeus, a mesma ruína, na qual caíram, vos aguarda também. Não basta uma vez terdes abraçado a graça divina, a menos que ao longo de toda vossa vida terrena vivais em harmonia com a vocação divina. Os que uma vez foram iluminados pelo Senhor devem sempre volver sua mente para a perseverança; pois muitos dos que uma vez responderam ao chamamento divino, e se mantiveram assim por algum tempo, e em seguida passaram a menosprezar o reino dos céus, e de forma alguma perseveraram na benevolência divina, esses, por sua ingratidão, merecem ser outra vez embrutecidos."

O apóstolo não se dirige a cada crente individualmente (como já dissemos), mas confronta gentios e judeus [como grupos]. É verdade que cada judeu, individualmente, recebeu a justa recompensa por sua incredulidade, quando foram eles banidos do reino de Deus; e que todo aquele que se converteu dentre os gentios foi chamado *vaso da mercê divina*. Entrementes, devemos ter em mente que o propósito de Paulo era demonstrar solicitude no sentido de levar os gentios a dependerem do eterno pacto de Deus, a fim de conectarem sua própria salvação com a do povo eleito [os judeus]. E assim, para que a rejeição dos judeus não fosse causa de tropeço [para os gentios], como se sua antiga adoção houvera sido anulada, o apóstolo esperava ansiosamente que o exemplo de punição aplicada sobre os judeus enchesse os gentios de pavor, de tal sorte que volvessem seus pensamentos, com reverência, em direção ao justo juízo de Deus. É nossa geral omissão destas questões que devia nos instruir com justeza no espírito de humildade, ou seja que é nos argumentos inquisitivos onde deve ser buscada a fonte de nossa grande liberdade de ação.

O apóstolo acrescenta a condição: **se nela perseverares**, visto que ele não está arguindo acerca de indivíduos que são eleitos, e, sim, acerca de toda a corporação. Admito que assim que alguém abuse da bondade divina, o mesmo merece ser privado da graça que lhe é oferecida. Entretanto, seria impróprio fazer afirmação acerca de qualquer um dos santos em particular que Deus, ao elegê-lo, lhe prometera ser misericordioso sob a condição de que deveria perseverar em sua misericórdia. Pois a perseverança da fé, a qual consolida o efeito da graça divina em nós, emana da própria eleição. O apóstolo, portanto, nos ensina que os gentios foram admitidos à esperança da vida eterna sob a condição de que reteriam a posse dela através de sua gratidão. Certamente que a terrível apostasia que sobreveio posteriormente ao mundo todo nos evidencia claramente quão necessária se torna esta admoestação. Quando Deus regou instantaneamente o mundo inteiro com sua graça, de tal sorte que a religião floresceu universalmente, a verdade do evangelho, logo a seguir, se desvaneceu e o tesouro da salvação se exauriu. A única explicação de tão súbita mudança está no fato de que os gentios apostataram de sua santa vocação.

Doutra sorte também serás cortado. Agora podemos entender em que sentido o apóstolo ameaça que seriam cortados todos aqueles a quem previamente admitira que seriam enxertados na esperança da vida mediante a eleição divina. Em primeiro lugar, embora tal coisa não possa concretizar-se nos eleitos, eles carecem desse gênero de admoestação a fim de refrearem a soberba da carne, a qual, sendo de fato contrária a sua salvação, tem de ser abalada pelo temor da condenação. Portanto, no tocante a serem os cristãos iluminados pela fé, aprendem que aquela certeza e vocação que vêm de Deus são irrevogáveis. Entretanto, no tocante a trazerem consigo a natureza carnal, a qual audaciosamente resiste à graça divina, são disciplinados na humildade por meio desta palavra: "Cuidai para não serdes cortados".

Contudo, tenhamos sempre em mente a solução já retro mencionada, ou seja que o apóstolo não está discutindo aqui a eleição específica de cada indivíduo, e, sim, está pondo gentios e judeus em confronto, uma corporação frente a outra. Então, ele não se dirige propriamente dito aos eleitos, mas àqueles que falsamente blasonavam de haver substituído os judeus. Na verdade, ele se dirige aos gentios concomitantemente, e fala a toda a corporação em geral. Entre estes havia muitos crentes e membros de Cristo, de fato e de verdade, e não apenas nominalmente.

Entretanto, se com referência ao indivíduo surge a indagação: como é possível alguém ser cortado depois de ser enxertado? E: como, depois de ser cortado, pode ele ser enxertado novamente? – concebo três formas de enxerto e duas de corte [*formam insitionis triplicem, exsectionis duplicem*]. Primeira, são enxertados os filhos dos crentes, a quem cabe a promessa em decorrência do pacto feito com seus pais. Segunda, são enxertados aqueles que receberam a semente do evangelho, a qual, ou nasce sem quaisquer raízes, ou é sufocada antes mesmo de produzir frutos. Terceira, são enxertados os eleitos, os quais são iluminados para a vida eterna pelo propósito imutável de Deus. Os primeiros são cortados quando rejeitam a promessa feita a seus pais, ou, em outros termos, movidos por ingratidão, na verdade não a recebem. Os segundos são cortados quando a semente é definhada e destruída. E assim, visto que o perigo deste mal ameaça a todos no que diz respeito a sua natureza inerente, devemos reconhecer que esta advertência usada por Paulo, em certa medida, diz respeito aos crentes, para que não se entreguem à indolência da carne. No que toca à presente passagem, deve bastar-nos que Deus ameaça os gentios com o mesmo castigo que infligira aos judeus, caso os imitassem.

23. Pois Deus é poderoso para os enxertar de novo. Para os profanos, este argumento não tem nenhum sentido. Embora concordem que Deus é de fato poderoso, se acham mui distantes de um correto conceito do poder divino, como se o mesmo estivesse encerrado no céu; e assim, a maioria está privada de seus efeitos. Mas, como os crentes, sempre que falam do poder de Deus, o consideram como que atuando no presente, o apóstolo percebeu que esta era uma razão suficiente para comovê-los. Além disso, o apóstolo tem como questão axiomática o fato de Deus castigar os descrentes dentre seu povo, porém não de forma que ficasse a impressão que se esquecera de exercer sua mercê, assim como em outros tempos restaurara os judeus depois de haverem eles, aparentemente, sido banidos de seu reino. Ao mesmo tempo, o apóstolo mostra, fazendo uso de comparação, quão mais fácil seria reverter o presente estado de coisas do que se as houvera criado, ou seja quão mais fácil é para os ramos naturais extraírem sua seiva de suas próprias raízes, se são restaurados ao lugar donde haviam sido cortados, do que para os ramos silvestres e infrutíferos fazerem isso a partir de uma origem diferente. Esta era a relação existente entre judeus e gentios.

25. Porque não quero, irmãos, que ignoreis este mistério, para que não sejais presumidos em vós mesmos, que veio endurecimento, em parte, a Israel, até que haja entrado a plenitude dos gentios.
26. E assim todo o Israel será salvo, como está escrito: Virá de Sião o Libertador, ele apartará de Jacó as impiedades.
27. Esta é minha aliança com eles, quando eu tirar seus pecados.

25. Nolo enim vos ignorare, fratres, mysterium hoc, ut ne apud vosmetipsos superbiatis, quòd cæcitas ex parte Israëli contigit, donec plenitudo gentium ingrediatur:
26. Atque ita universus Israël salvus fiet; quemadmodum scriptum est, Veniet ex Sion is qui liberat, et avertet impietates a Iacob:
27. Et hoc illis à me testamentum, quum abstulero peccata eorum.

25. Porque não quero, irmãos, que ignoreis este mistério. Ele desperta em seus leitores, neste ponto, a maior atenção possível, dizendo que lhes contará um segredo. Ele age assim deliberadamente, pois sua intenção é concluir este tão intrincado assunto com uma afirmação breve e clara. Não obstante, a afirmação que ele faz se revela completamente inesperada. A locução adverbial causal, *para que não*,[22] indica seu presente propósito, a qual propõe restringir a insolência dos gentios e impedi-los de vangloriar-se contra os judeus. Esta advertência era muitíssimo oportuna, pois ela tende a cortar ocasião a que tais pessoas revoltosas causassem distúrbios excessivos aos fracos, como se tivessem de vez perdido toda e qualquer esperança de salvação. A mesma advertência não nos é menos proveitosa nesta presente época, de modo que saibamos que a salvação do *remanescente* (o qual o Senhor, finalmente, reunirá para si mesmo) se acha escondida sob o selo do sinete de Deus. Sempre que uma longa espera nos lança ao desespero, lembremo-nos desta palavra – *mistério*! Por meio desta idéia, o apóstolo claramente nos instrui que o modo da conversão desse remanescente será único e sem precedente; portanto, aqueles que tentam medir tal mistério por meio de seus próprios critérios, não vão acertar. Não há nada mais perverso do que considerar como incrível algo que não conseguimos ver. O apóstolo o chama de *mistério* porque seria ele incompreensível até ao tempo de sua revelação.[23] Todavia, ele nos tem sido posto diante dos olhos, como o fora aos romanos, a fim de que nossa fé se satisfaça com a Palavra e nos sustente na esperança, até que este evento se concretize de vez.

---

22 "Ne apud vos superbiatis"; ἵνα μὴ ἦτε παρ' ἑαυτοῖς φρόνιμοι; "ut ne sitis apud vosmetipsos sapientes – para que não sejais sábios a vossos próprios olhos", *Beza* e *Piscator*. O significado, como dado por *Grotius*, é "Para que não penseis ser tão sábios que suponhais que podeis por vosso próprio entendimento conhecer o que está por vir." Mas o objetivo do apóstolo parece ter sido evitar egoísmo ante os privilégios que granjearam. A frase parece ter sido extraída de Provérbios 3.7; onde a *Septuaginta* traduz: "a teus próprios olhos", בעיניך, παρὰ σεαυτῷ "em ti mesmo", isto é, em tua própria estima. E este parece ser seu significado aqui: "Para que não sejais sábios em vossa própria estima", o que significa: "Para que não sejais soberbos", ou exaltados, isto é, em virtude de vossos privilégios e vantagens superiores agora. A versão de *Doddridge* expressa a idéia: "Para que não tenhais uma opinião elevada demais a vosso respeito."

23 O *mistério* é explicado de uma maneira bastante singular. O significado mais óbvio é que o mistério era o *fato* da restauração e não da *maneira* dele. Sem dúvida a palavra às vezes significa o que é obscuro, sublime ou profundo, como "grande é o mistério da piedade" [1Tm 3.16]; aqui, porém, o mistério se faz conhecido, da mesma maneira como Paulo menciona um fato acerca da ressurreição [1Co 15.51]; e também a vocação dos gentios [Rm 16.25].

Veio endurecimento, em parte, a Israel. Creio que a expressão, *em parte*, não se refere a tempo ou a número, senão que foi usada, como a interpreto, no sentido de *em certa medida*. Penso que Paulo simplesmente tencionava suavizar uma palavra [*endurecimento*] que de outra forma soaria por demais áspera. *Até* não sugere o curso ou a sucessão do tempo, mas significa, antes, "*a fim de que* a plenitude dos gentios..." O significado, pois, seria que Deus, em alguma medida, cegou Israel de tal maneira que, enquanto rejeitar ele a luz do evangelho, ela continuará transferida aos gentios, e estes possam aproveitar-se da posse vacante. E assim esta cegueira dos judeus serve à providência divina na consolidação da salvação dos gentios, cegueira esta que Deus havia ordenado. A **plenitude dos gentios** significa um grande número, porquanto os prosélitos não tinham até então se relacionado com os judeus senão em pequeno número; mas que, depois, houve uma mudança tal que os gentios passaram a formar quase que todo o corpo da Igreja.²⁴

26. E assim todo o Israel será salvo. Muitos entendem isso como uma referência específica ao povo judeu, como se Paulo houvera dito que a religião lhes seria novamente restaurada como nos tempos de outrora. Todavia, estendo a palavra *Israel* para incluir e abranger todo o povo de Deus, da seguinte maneira: "Quando os gentios tiverem entrado, os judeus, ao mesmo tempo, se converterão de sua apostasia à obediência da fé. A salvação de todo o Israel de Deus, o qual deve ser composto de ambos [judeus e gentios], será então completada; mas isso se dará de tal maneira que os judeus, o primogênito na família de Deus, ocupem o lugar

---

24 A explicação deste versículo não é de modo algum satisfatória. Não corresponde de modo algum com o que o Apóstolo já declarou nos versículos 11, 12, e 15; onde a restauração dos judeus à fé é mui claramente apresentada. Além disso, ao fazer Israel, no próximo versículo, significar geralmente o povo de Deus, o contraste, observável através de todo o argumento, é completamente destruído.

A palavra para 'cegueira' é πώρωσις, dureza, calosidade e daí contumácia. "Em parte" é geralmente considerado como se referindo tanto à extensão quanto à duração: a dureza não se estende a todos os judeus, e não seria duradoura, mas que continuaria por algum tempo; e o tempo é mencionado: "até que venha a plenitude dos gentios". Esse é obviamente o significado, e confirmado por todo o contexto.

de preeminência." Continuo pensando que esta interpretação é a mais adequada, visto que Paulo queria aqui apontar para a consumação do reino de Cristo, o qual de forma alguma se limita aos judeus, senão que inclui [pessoas de] o mundo inteiro. É assim que em Gálatas 6.16 ele denomina a Igreja, que se compunha tanto de judeus quanto de gentios, *o Israel de Deus*, confrontando o povo reunido de sua dispersão com os filhos carnais de Abraão, os quais haviam apostatado da fé.

Como está escrito. Ele não está justificando toda a sentença à luz do testemunho de Isaías [Is 59.20], mas somente aquela sentença que afirma que os filhos de Abraão são co-participantes da redenção. Se considerarmos o ponto de vista de que Cristo lhes fora prometido e oferecido, mas que se privaram de sua graça em razão de o terem rejeitado, as palavras do profeta expressam mais que isso, ou seja que ainda haveria um remanescente, o qual, depois de se haver arrependido, desfrutaria da graça redentora.

Paulo, contudo, não cita a passagem de Isaías literalmente. Eis a redação do original: "Um redentor virá a Sião e aos de Jacó que se converterem de suas transgressões, diz o Senhor" [Is 59.20]. Não devemos preocupar-nos em demasia com esta questão, porquanto o ponto que deve ocupar nossa atenção é este: quão apropriadamente os apóstolos adaptavam a seu propósito as provas que extraíam do Velho Testamento. Seu intuito era apenas indicar as passagens para que seus leitores se encaminhassem à própria fonte.

Além do mais, ainda que nesta profecia a redenção seja prometida ao povo espiritual de Deus, no meio do qual se acham inclusos também os gentios, todavia, visto que aos judeus pertence a primogenitura, era necessário que aquilo que o profeta declarou fosse cumprido particularmente neles. O fato de a Escritura chamar de *israelitas* a todo o povo de Deus aponta para a excelência da nação judaica, a qual Deus preferiu a todas as demais. Isaías, pois, afirma que Alguém viria a Sião para redimi-la, visto que ele leva em conta o antigo pacto. Acrescenta ainda que aqueles que se arrependerem de suas transgressões serão redimidos em Jacó.²⁵ Com estas palavras, Deus explicitamente chama alguns descendentes a si, para que sua redenção fosse eficaz em sua nação eleita e especial.

Ainda que a expressão usada pelo profeta – 'virá *a* Sião' [Is 59.20] – se ajuste melhor a seu propósito, o apóstolo não sentiu qualquer escrúpulo em seguir a tradução comumente aceita, ou seja "Um redentor virá *de* Sião". O mesmo se dá com a segunda parte, que na versão de Paulo é: "Ele apartará de Jacó as impiedades". Eis a tese do apóstolo: visto que o ofício específico de Cristo é reconciliar consigo um povo apóstata, que havia quebrado seu pacto, era suficiente levar em conta só este fato, para que alguma conversão fosse indubitavelmente esperada dele e não viesse a perecer todo ele em conjunto.

27. Esta é minha aliança com eles. Embora o apóstolo tenha tocado de leve a última profecia citada de Isaías, sobre o ofício do Messias, objetivando alertar os judeus sobre o que deviam principalmente esperar dele, deliberadamente adicionou estas poucas palavras de Jeremias com o mesmo propósito. As palavras que ele adiciona não aparecem na primeira passagem.²⁶ Este fato se acha relacionado com sua confirmação do tema em questão. Suas afirmações concernentes à conversão do povo podem parecer incríveis, pois o povo continuava empedernido e incrédulo. Ele, pois, remove este obstáculo, declarando que o novo pacto consistia na graciosa remissão de pecados. Podemos deduzir destas palavras do profeta que Deus não terá nada mais que ver com seu povo apóstata, mas que o remirá do crime de traição, bem como dos demais pecados.

---

25 Há mais discrepância nesta referência do que em qualquer outra que conhecemos. O apóstolo não segue literalmente nem o hebraico nem a *Septuaginta*, ainda que à última mais que ao primeiro. No hebraico temos "a Sião", לציון, e na Septuaginta, "por amor de Sião", ἕνεκεν Σιών. Então a frase seguinte é extraída verbalmente da *Septuaginta*, e difere materialmente do hebraico, pelo menos como traduzida em nossa versão. A Siríaca e Caldaica dão ao verbo um significado causativo, sendo o mesmo sentido aqui.

26 A primeira parte dele é: "Este é meu pacto", mas não o último: "Quando tirará seus pecados." Alguns supõem que isso é extraído de Isaías 27.9, onde achamos esta frase na *Septuaginta*: "Quando eu tirar seus pecados", τὴν ἁμαρτίαν; mas o hebraico é um pouco diferente e mais distante da forma da sentença aqui. Devemos, pois, considerá-la como uma sinopse do que está contido em Jeremias 31.33, e citado em Hebreus 8.10.

28. No tocante ao evangelho, são eles inimigos por vossa causa; no tocante, porém, à eleição, são amados por causa dos patriarcas;
29. pois os dons e a vocação de Deus são irrevogáveis.
30. Porque, assim como vós também, outrora, fostes desobedientes a Deus, mas agora alcançastes misericórdia em decorrência da desobediência deles,
31. assim também estes agora foram desobedientes, para que igualmente eles alcancem misericórdia em decorrência da que vos foi concedida.
32. Porque Deus a todos encerrou na desobediência, para que pudesse usar de misericórdia para com todos.

28. Secundum Evangelium quidem inimici propter vos; secundum electionem verò dilecti propter Patres:

29. Sine pœnitentia enim sunt dona et vocatio Dei.
30. Quemadmodum enim vos quoque[27] increduli fuistis Deo, nunc autem misericordiam estis consequuti istorum incredulitate:

31. Sic et ii nunc increduli facti sunt, eò quòd adepti estis misericordiam, ut ipsi quoque misericordiam consequantur.[28]

32. Concludit enim Deus omnes sub incredulitate, ut omnium misereatur.

28. No tocante ao evangelho. Ele demonstra que a pior característica dos judeus não deve servir de base para que sejam desprezados pelos gentios. Seu principal crime era a incredulidade. Paulo nos ensina que foram mantidos cegos por algum tempo pela providência divina, para que de algum modo o evangelho viesse ao encontro dos gentios.[29] Contudo, não se acham perpetuamente excluídos da graça de Deus. Paulo, pois, admite que no momento se achavam alienados de Deus em relação ao evangelho, a fim de que, de alguma forma, a salvação, que antes lhes fora confiada, pudesse

---

27 Ποτε – primeiramente, deixado fora.
28 Nossa versão comum se afasta aqui do original, conectando "vossa misericórdia" com a última frase. *Calvino* conserva a ordem própria das palavras, ainda que as parafraseie: τῷ ὑμετέρῳ ἐλέει, "eo quòd adepti estis misericordiam". Poderiam ter sido traduzidas "através de vossa misericórdia", isto é, a misericórdia demonstrada a vós, ou a misericórdia da qual vós sois os objetos.
29 Eram 'inimigos' de Paulo e da Igreja, diz *Grotius* e *Lutero*; do evangelho, diz *Pareus*; de Deus, dizem *Mede* e *Stuart*. O paralelo na próxima frase, 'amado', favorece a última idéia. Tornaram-se inimigos de Deus e alienados por sua rejeição do evangelho; mas eram ainda considerados descendentes dos pais e no mesmo sentido considerados 'amados', como aqueles por quem Deus nutria amor, visto que seus "dons e vocação" feitos em seu favor estavam ainda em vigor e não serão mudados.

alcançar os gentios. Deus, contudo, não fora desatencioso para com o pacto que fizera com os patriarcas, e pelo qual ele testificou que abraçava a nação com seu amor por meio de seu eterno conselho. O apóstolo confirma isso através da declaração de que a graça da vocação divina não pode cair no olvido. Este é o significado das palavras que vêm a seguir.

29. Porque os dons e a vocação de Deus são irrevogáveis. Os dons e a vocação significam, por meio de hipálage,[30] os benefícios da vocação. Esta não pode ser entendida como sendo qualquer vocação, mas aquela vocação por meio da qual Deus adotou a progênie de Abraão em seu pacto. Este era o tema particular em disputa, precisamente como sucintamente Paulo usara antes a palavra *eleição* para denotar o conselho secreto de Deus pelo qual os judeus foram inicialmente distinguidos dos gentios.[31] Lembremo-nos de que ele não está agora tratando da eleição privativa de indivíduos, mas da adoção comum de uma nação toda, a qual, segundo as aparências externas, podia parecer ter apostatado por algum tempo, mas que não fora eliminada pelas raízes. Visto que os judeus haviam perdido seus privilégios e privado a si mesmos da salvação a eles prometida, Paulo insiste, nutrindo alguma esperança para o remanescente e para que o conselho divino, pelo qual uma vez condescendera em escolhê-los para si como uma nação de propriedade peculiar, permanecesse firme e imutável. Portanto, se é totalmente impossível que o Senhor anule o pacto que fizera com Abraão, nestes termos: "Serei o Deus de tua descendência" [Gn 17.7], então ele não afastou totalmente sua bondade da nação judaica.

Paulo não traça nenhum contraste entre *evangelho* e *eleição*, como se houvera algum desacordo entre ambos, porquanto Deus

---

30 *Hipálage* – transposição, mudança na ordem de uma sentença.
31 Não é desejável amalgamar palavras dessa maneira; nem é necessário. O apóstolo ascende; ele menciona primeiro 'dons', as promessas soberanas que Deus fez aos judeus; e então se reporta à origem deles, a vocação ou a eleição divina, e diz que ambas são irreversíveis, ou, como bem o explica *Castellio* a palavra ἀμεταμέλητα, *irrevogável*. Veja-se um exemplo semelhante em 13.13.

chama aqueles a quem antes escolhera. Contudo, visto que o evangelho foi pregado aos gentios, contrariando assim a expectativa do mundo, então ele corretamente compara esta graça com a antiga eleição dos judeus, a qual se manifestou muitos séculos antes. A eleição, pois, deriva seu nome a partir de sua antiguidade, porquanto Deus ignorara o resto do mundo e escolhera um povo para ser peculiarmente seu.

Diz ele: **amados por causa dos patriarcas**, não porque dessem algum motivo de serem amados, mas em virtude de a graça de Deus ter fluído através deles para sua posteridade, em consonância com a forma do pacto: "O teu Deus, e o Deus de tua descendência" [Gn 17.7]. Já ficou declarado como foi que os gentios obtiveram a mercê divina através da incredulidade dos judeus. Deus, irado com os judeus em razão de sua incredulidade, volvera sua benevolência para os gentios. A afirmação que vem imediatamente a seguir, de que foram movidos à incredulidade pela mercê divina direcionada agora para os gentios, além de um tanto áspera, não obstante não contém nada de irracional, visto que Paulo não se detém a explicar sua cegueira, senão que simplesmente pretende mostrar que os judeus haviam privado a si mesmos daquela bênção divina que fora transferida para os gentios. Entretanto, para que não concluíssem que haviam obtido através dos méritos de sua fé o que os judeus haviam perdido através de sua incredulidade, Paulo faz menção somente da misericórdia. Resumindo, pois, visto que Deus desejava demonstrar compaixão para com os gentios, os judeus foram, por esta razão, privados da luz da fé.

32. Porque Deus a todos encerrou na desobediência. Esta magnífica conclusão do apóstolo nos revela que não há razão alguma para que os que possuem alguma esperança de salvação devam menosprezar a outrem. À luz de sua atual condição, devem lembrar: foram outrora o que muitos continuam sendo agora. Se tão-somente pela mercê divina emergiram da incredulidade, então devem dar lugar a que esta misericórdia também opere em favor de outrem. Em questão de culpabilidade, o apóstolo nivela judeus e gentios, a fim de que ambos entendam que o acesso à salvação se acha tão franco a outrem quanto esteve a eles. É tão-somente a misericórdia divina que salva, e ela pode ser estendida a ambos. Portanto, este ponto de vista corresponde à profecia de Oséias supracitada, a saber: "E a Não-meu-povo direi: Tu és meu povo" [Os 2.23]. Paulo não pretende dizer que Deus cega a todos os homens de tal sorte que a incredulidade deles deva ser imputada a ele, mas que em sua providência ele dispõe as coisas de tal forma que todos os homens se fazem culpados de sua incredulidade. O propósito divino em proceder assim é para que todos sejam mantidos debaixo do juízo de Deus, a fim de que todo e qualquer mérito [humano] seja sepultado, e a salvação dependa única e exclusivamente da munificência divina.[32]

Paulo, pois, apresenta duas questões aqui, a saber: à parte da graça divina não existe nada, em ninguém, que determine a ação de Deus em preterir a um e em abraçar a outro. E Deus, na dispensação de sua graça, não pode ser impedido de comunicar sua graça a quem lhe aprouve comunicar. A palavra *misericórdia* é muito enfática. Significa que Deus não se acha obrigado por ninguém e a ninguém; e a quantos salva, ele o faz soberanamente, uma vez que todos se acham igualmente perdidos. Os que concluem deste fato que toda a humanidade será salva, estão afirmando algo completamente sem sentido. O apóstolo simplesmente quer dizer que ambos, judeus e gentios, não obtêm sua salvação de alguma outra fonte, senão unicamente da misericórdia divina, para que ninguém tenha motivo de queixa contra ele. É também verdade que esta misericórdia é oferecida a todos sem exceção, porém só a encontra quem a busca pela fé.

---

[32] O verbo que *Calvino* traduz *conclusit*, συνέκλεισε, significa fechar totalmente. A paráfrase de *Crisóstomo* é que "Deus provou (ἤλεγξεν) que todos são incrédulos." *Wolfius* considera o significado como sendo o mesmo do versículo 9 do capítulo 3, e com Gálatas 3.22. Deus tem, em sua Providência, bem como em sua Palavra, provado e demonstrado que toda a humanidade por natureza jaz num estado de incredulidade e de pecado e de condenação. Deus encerrou totalmente etc., 'Como?', pergunta *Pareus*; então responde: "manifestando, acusando e condenando a incredulidade, porém não a efetuando nem a aprovando"

33. Ó profundidade das riquezas, tanto da sabedoria, como do conhecimento de Deus!

34. Quão insondáveis são seus juízos, e quão inescrutáveis seus caminhos! Quem, pois, conheceu a mente do Senhor? ou quem foi seu conselheiro?

35. ou quem primeiro lhe deu a ele para que seja recompensado?

36. Porque dele e por meio dele e para ele são todas as coisas. A ele seja a glória para sempre. Amém.

33. O profunditatem divitiarum et sapientiæ et cognitionis Dei! quàm incomprehensibilia[33] sunt judicia ejus et impervestigabiles[34] viæ ipsius!

34. Quis enim cognovit mentem Domini? aut quis illi à consiliis fuit?

35. Aut quis prior dedit ei et retribuetur illi?

36. Quoniam ex illo et per illum et in illum sunt omnia: Ipsi gloria in secula. Amen.

33. Ó profundidade das riquezas. O apóstolo aqui primeiro interrompe a linguagem que fluía espontaneamente de uma piedosa consideração do tratamento de Deus para com os fiéis. Em seguida, de relance, refreia a audácia da impiedade que habitualmente vocifera contra os juízos divinos. Portanto, ao ouvirmos as palavras, *Ó profundidade*, sentimo-nos incapacitados para expressar a imensurável força que esta declaração de espanto encerra no sentido de reprimir a temeridade da carne. Depois de haver expresso tudo o que devia, movido pela Palavra e pelo Espírito do Senhor, sentindo-se finalmente dominado pela sublimidade de tão profundo mistério, o apóstolo nada mais pode fazer senão ponderar e exclamar que as riquezas da sabedoria de Deus são demasiadamente profundas para que nossa razão seja capaz de sondá-las. Se, pois, um dia pretendermos adentrar os eternos conselhos de Deus, pela instrumentalidade de um discurso, que o façamos moderando nossa linguagem e mesmo nossa maneira de pensar, de modo que nossa argumentação seja sóbria e respeite

---

33 'Incomprehensibilia', assim a *Vulgata*; "ἀνεξερεύνητα – inscrutabilia – inescrutável", *Beza*. Significa o que não pode ser encontrado por meio de pesquisa. Outras versões comunicam a idéia correta: 'insondável'.

34 'Impervestigabiles', assim *Beza*; "ἀνεξιχνίαστοι – investigabiles – não investigável", *Vulgata*; o que não pode ser investigado e do qual não há vestígio – não traçável; "não pode ser traçado" é a versão de *Doddridge*.

os limites da Palavra de Deus, e cuja conclusão seja repassada e saturada daquela expressão de assombro. Indubitavelmente, não devemos sentir-nos constrangidos caso nossa sabedoria não exceda a daquele que uma vez foi arrebatado até ao terceiro céu, donde ouviu e contemplou mistérios que aos homens não lhe fora possível relatar [2Co 12.4]. Todavia, ele não encontrou nenhuma outra saída, aqui, senão humilhar-se como o fez.

Alguns traduzem as palavras do apóstolo da seguinte maneira: "Ó profundas riquezas, e sabedoria, e conhecimento de Deus!", como se a palavra βάθος tivesse sido usada simplesmente como adjetivo, enquanto que *riquezas* significassem liberalidade. Contudo, isso parece-me muito forçado. Paulo, pois, estou bem certo, está exaltando as profundas riquezas da sabedoria e do conhecimento de Deus.[35]

Quão insondáveis são seus juízos. Ele expressa o mesmo tema em diferentes termos, valendo-se de uma repetição muito familiar em hebraico. Havendo falado de *juízos*, ele adiciona **caminho** no sentido de ordenanças divinas ou a maneira divina de agir ou de governar. Ele prossegue ainda com sua exclamação, na qual exalta ainda mais o mistério divino, enquanto que nos refreia ainda mais da natural curiosidade de nossa investigação. Aprendamos, pois, a evitar as inquirições concernentes a nosso Senhor, exceto até onde ele se nos revelou através da Escritura. Do contrário, entraremos num labirinto do qual o escape não nos será fácil. Notemos que ele não pretende discutir aqui todos os mistérios de Deus, mas somente aqueles que se acham escondidos em Deus, e mediante os quais Deus deseja que o admiremos e o adoremos.

---

35 Deveras se tem imaginado por parte de muitos que πλούτου, riquezas, é um substantivo pertencente à sabedoria e ao conhecimento, usado, segundo a maneira hebraica, em lugar de um adjetivo. Significa abundância ou exuberância. A sentença, segundo nosso idioma, então seria: "Ó profundidade da exuberância da sabedoria e do conhecimento de Deus!" O apóstolo, como nas palavras "os dons e vocação de Deus", adota uma escala ascendente e menciona primeiro a sabedoria e então o conhecimento, que aponta para a ordem que a precede. Então, na frase seguinte, segundo sua prática usual, ele retrocede e declara primeiro o que pertence ao conhecimento – 'juízos', decisões, decretos divinos, tais como determina o conhecimento; e então 'caminhos', processos reais para cuja orientação a sabedoria se faz necessária. Assim vemos que seu estilo é totalmente hebraísta.

34. Quem conheceu a mente do Senhor? Ele aqui começa a restringir a presunção humana, como se pusesse sua mão sobre os homens com o fim de detê-los e impedi-los de murmurarem contra os juízos divinos. Ele faz uso de dois meios para restringi-los: primeiro, mantendo a tese de que todos os seres humanos se acham, por sua cegueira, completamente impedidos de fazer, por seu próprio critério, um devido exame da predestinação divina (porquanto, discorrer sobre uma matéria cujo conteúdo nos é desconhecido, outra coisa não é senão presunção e precipitação); segundo, argumentando que não temos nenhuma razão para nos queixarmos de Deus, visto que não há indivíduo que possa pretender que Deus lhe seja devedor. Ao contrário disso, todos se acham endividados em relação à liberalidade divina.[36]

Na verdade, devemos todos lembrar de manter nossas mentes dentro destes limites, a saber: ao fazermos investigação sobre a predestinação divina, não ultrapassemos os oráculos de Deus, quando aprendemos que nesta matéria os homens não podem discernir mais do que é possível a um cego na escuridão. Estas palavras, contudo, têm muito pouco suporte para que nossa fé não se defina, visto que ela não tem sua origem na perspicácia do intelecto humano, e sim, tão-somente na iluminação do Espírito. O próprio Paulo, ainda que afirme alhures que todos os mistérios divinos se acham muito além da compreensão de nossa capacidade natural, no entanto prossegue dizendo que os crentes compreendem a mente do Senhor [1Co 2.12-16], visto que não receberam o espírito do mundo, e, sim, o Espírito que é outorgado por Deus, por meio de quem aprendem

---

36 As palavras deste versículo parecem ter sido extraídas literalmente de Isaías 40.13, como formuladas na *Septuaginta*. O hebraico é em alguma medida diferente, mas as palavras admitirão uma tradução que se aproxima mais do significado aqui do que a que é apresentada em nossa versão, como se segue:
Quem pesou o espírito de Jehovah,
E, *sendo* um homem de seu conselho, o instruiu?
"Pesar o espírito" é conhecê-lo totalmente. O mesmo verbo תכן é usado neste sentido em Provérbios 16.2; 24.12. Deveras significa computar por medida ou por peso; de modo que pode ser traduzido 'medida' e 'peso'; e se adotarmos 'medida', então parecerá que "conhecer a mente do Senhor" é conhecer a *extensão* de seu entendimento ou conhecimento; uma idéia que notavelmente corresponde à passagem.

que, de outra forma, a benevolência divina lhes seria inacessível.

Por isso, como somos completamente inábeis, em nossas próprias faculdades, para investigar os segredos divinos, assim chegamos a um claro e seguro conhecimento deles pela instrumentalidade da graça do Espírito Santo. Ora, já que nosso dever é deixar-nos guiar pela orientação do Espírito, então devemos ficar e permanecer onde ele nos deixar. Se alguém presume conhecer mais do que o Espírito lhe haja revelado, o mesmo acabará sendo fulminado pelo imensurável fulgor dessa luz inacessível. Não devemos esquecer-nos da distinção que já mencionei, entre o conselho secreto de Deus e sua vontade revelada na Escritura. Ainda que toda a doutrina da Escritura exceda, em sua sublimidade, ao intelecto humano, todavia os crentes que seguem o Espírito como seu Guia, com reverência e circunspecção, não são proibidos de ter acesso à vontade divina. Entretanto, outro é o caso em relação a seu conselho oculto, cuja profundidade e cuja altura não temos como atingir através de nossa investigação.

35. Ou quem primeiro lhe deu a ele? Este é outro argumento pelo qual o apóstolo mui poderosamente defende a justiça divina contra todas as acusações dos ímpios. Se ninguém tem como obrigar a Deus por seus méritos, então ninguém, por justa causa, pode discutir com Deus pelo fato de não haver recebido alguma recompensa. Aquele que deseja compelir alguém a praticar para com ele um ato de bondade, então deve fazer o serviço pelo qual mereça a bondade daquela pessoa. Portanto, o significado das palavras de Paulo consiste em que Deus não pode ser acusado de injustiça, a não ser que seja ele convencido de não haver retribuído a cada um o que lhe é devido. Não obstante, é evidente que Deus não priva ninguém de seus direitos, visto não ser ele devedor a alguém. Quem é capaz de ostentar alguma obra propriamente sua pela qual se acha merecedor do favor divino?[37]

---

[37] Há uma passagem em Jó 41.11 (2, na Bíblia hebraica) da qual este versículo parece ser a tradução, feita pelo próprio apóstolo, como tendo totalmente outro significado na *Septuaginta*.

Nesta notável passagem somos instruídos, não que se acha em nosso poder exigir que Deus nos conceda a salvação, com base em nossas obras, senão que, ao contrário, ele antecipa sua benevolência sem qualquer mérito de nossa parte. Ele nos mostra não só o que os homens têm por hábito fazer, mas também o que eles são capazes de fazer. Caso queiramos fazer um honesto exame de nós mesmos, então descobriremos não só que Deus de forma alguma nos é devedor, mas também que todos nós somos passíveis de seu justo juízo. Somos não apenas destituídos do merecimento de qualquer favor de sua parte; somos, sobretudo, mais que merecedores de morte eterna. Ele conclui que Deus não nos deve nada em razão de nossa natureza corrupta e depravada; e também assevera que, mesmo que o homem fosse perfeito, ainda assim não poderia apresentar nada a Deus pelo quê pudesse granjear seu favor, visto que, tão logo ele inicia sua existência, à luz da própria lei da criação já se vê tão endividado em relação a seu Criador, que nada consegue divisar que seja propriamente seu. Portanto, fracassaremos caso nos esforcemos em privar a Deus do direito de agir soberanamente, como bem lhe apraz, com as criaturas que ele criou para si, como se isso fosse uma questão de débito ou crédito mútuo.

36. Porque dele e por meio dele e para ele são todas as coisas. Esta é uma confirmação da sentença precedente. O apóstolo nos mostra quão longe estamos de ser capazes de vangloriar-nos, contra Deus, de algum bem que porventura seja propriamente nosso, visto que fomos criados por Deus, a partir do nada, e agora o nosso mesmo ser depende dele. Disto ele conclui ser justo que nosso ser seja orientado para sua glória. Quão absurdo seria que as criaturas, a quem ele formou e sustenta, possuíssem algum outro propósito que não fosse a manifestação da glória de seu Criador! Estou consciente de que a frase εἰς αὐτόν, *para ele*, é às vezes usada no sentido ἐν αὐτῷ, *nele* ou *por meio dele*; todavia, este seria um uso impróprio. Contudo, visto que o próprio significado se adequa melhor ao presente argumento, então é preferível retê-lo do que recorrer a um uso impróprio. A suma do argumento consiste em que toda a ordem da natureza seria invertida caso o mesmo Deus, que é o princípio de todas as coisas, deixasse de ser também o fim.

A ele seja a glória para sempre. Amém. Ele agora, confiadamente, pressupõe que deixou provada a proposição de que a glória do Senhor deve permanecer inalterada em toda e qualquer parte. Esta sentença seria destituída de força se a tomarmos num sentido geral. Sua ênfase depende do contexto, o qual afirma que Deus, com justa razão, reivindica para si mesmo autoridade absoluta, e que nada, além de sua glória, deve ser buscado na natureza humana e no mundo inteiro. Segue-se que são totalmente absurdos, irracionais e deveras insanos aqueles conceitos que são engendrados com fim de detrair a glória divina.

Capítulo 12

1. Rogo-vos, pois, irmãos, pelas misericórdias de Deus, que apresenteis vossos corpos por sacrifício vivo, santo e aceitável a Deus, que é vosso culto racional.
2. E não vos conformeis com este mundo, mas transformai-vos pela renovação de vossa mente, para que experimenteis qual seja a boa, agradável e perfeita vontade de Deus.

1. Obsecro itaque vos fratres, per miserationes Dei, ut sistatis corpora vestra hostiam vivam, sanctam, acceptam Deo, rationabilem cultum vestrum.
2. Et ne conformetis vos huic mundo, sed transfiguremini renovatione mentis vestræ, ut probetis quæ sit voluntas Dei bona et placita et perfecta.

O apóstolo considerou até aqui aquelas questões que lhe eram indispensáveis como ponto de partida para o soerguimento do reino de Deus. Nossa busca pela justiça deve deter-se em Deus; a contemplação de nossa salvação deve estar voltada só para sua misericórdia; e a soma de todas nossas bênçãos é posta diante de nós e nos é diariamente oferecida em Cristo – e em nenhum outro! Ele agora avança em direção da regulamentação de nossas ações morais, seguindo um arcabouço bem ordenado [*optimo ordine*]. Visto a alma ser regenerada para uma vida [de natureza] celestial, por meio daquele conhecimento salvífico de Deus e de Cristo; e nossa própria vida é formada e regulada por preceitos e exortações santos, revelar entusiasmo pela ordenação de nossa vida seria debalde se primeiro não demonstrarmos que a origem de toda a justiça do homem deve ser encontrada só em Deus e em Cristo. Isso é o que significa levantar os homens dentre os mortos.

Esta é a principal diferença entre o evangelho e a filosofia. Ainda que os filósofos abordem temas de cunho esplendidamente moral, com inusitada habilidade, no entanto todo o ornamento que sobressai de seus preceitos nada é senão uma bela superestrutura sem um sólido fundamento; porque, ao omitir princípios, eles não fazem outra coisa senão propor uma doutrina mutilada, como um corpo sem cabeça. Este é exatamente o mesmo método de doutrinação entre os católicos romanos. Embora falem incidentalmente da fé em Cristo e da graça do Espírito Santo, é plenamente evidente que se avizinham mais dos filósofos pagãos do que de Cristo e seus discípulos.

Como os filósofos, antes de legislarem sobre moralidade, discutem o propósito da bondade e inquirem acerca das fontes das virtudes das quais, por fim, extraem e derivam todos os deveres, assim Paulo estabelece aqui o princípio do qual fluem todas as partes que compõem a santidade, ou seja que somos redimidos pelo Senhor com o propósito de consagrar-lhe a nós e a todos nossos membros. É oportuno que examinemos cada uma das observações do apóstolo.

1. Rogo-vos, pois, irmãos, pelas misericórdias de Deus. Sabemos muito bem como os devassos alegremente se apegam a tudo quanto a Escritura proclama concernente à bondade infinita de Deus, e isso com o propósito de usufruírem ao máximo a carne. Os hipócritas, em contrapartida, maliciosamente obscurecem seu conhecimento da bondade divina, tanto quanto podem, como se a graça de Deus extinguisse sua busca de uma vida de piedade e lhes abrisse uma ampla porta a fim de viverem ousadamente em pecado. A súplica de Paulo nos ensina que os homens jamais adorarão a Deus com sinceridade de coração, nem se despertarão para o temor e obediência a Deus com suficiente zelo, enquanto não entenderem consistentemente o quanto são devedores à misericórdia divina. Os papistas consideram como sendo suficiente se conseguem infundir algum gênero de obediência forçada através do medo. Paulo, contudo, com o fim de subjugar-nos a Deus, não por meio de um temor servil, mas através de um amor voluntário e anelante por justiça, nos atrai com suavidade para aquela graça na qual consiste nossa salvação. Ao mesmo tempo ele reprova nossa ingratidão se, depois de experimentarmos a ação bondosa e liberal de nosso Pai celestial, não pusermos todo nosso empenho em total dedicação a ele.[1]

A ênfase de Paulo, ao exortar-nos como faz, é de todas a mais poderosa, e ele mesmo excede a todos na glorificação da graça de Deus. O coração que não se deixa incendiar pela doutrina supramencionada, e não arde de amor por Deus, cuja bondade para com ele é infinitamente profusa, deve ser de aço [e não de carne]. Onde, pois, estão aqueles para quem todas as exortações que visem a uma vida honrada não têm razão de ser, já que a salvação do homem depende tão-somente da graça divina? Para estes, uma mente piedosa não é formada para obedecer a Deus por meio de preceitos ou sanções, e nem ainda por meio de meditações sérias sobre a benevolência divina em seu favor.

Podemos observar, ao mesmo tempo, a candidez do coração do apóstolo, visto ter ele preferido tratar com os crentes em termos de admoestações e súplicas fraternais do que em termos de ordenanças estritas. Ele sabia muito bem que desta forma iria alcançar mais resultado entre aqueles que se dispuseram a ser instruídos.

Que apresenteis vossos corpos por sacrifício vivo, santo e aceitável a Deus. O conhecimento de que somos agora consagrados ao Senhor é, portanto, o ponto de partida do genuíno percurso em direção à vida de boas obras. Segue-se daqui que nos é mister cessar de viver para nós mesmos, a fim de podermos devotar todas as ações de nossa vida ao culto divino.

---

1 Por 'misericórdias' o apóstolo alude, como pensam alguns, aos vários atos da misericórdia de Deus, tais como eleição, vocação, justificação e, finalmente, salvação. *Grotius* considera que os atributos de Deus estão em pauta, como são descritos em Êxodo 34.6, 7. *Erasmo*, citando Orígines, diz que o plural é usado à guisa de ampliação, a fim de mostrar a grandeza da misericórdia de Deus, como se o apóstolo quisesse dizer: "pela grande misericórdia de Deus". *Schleusner* traduz assim a frase: "per summam Dei benignitatem – pela grande benignidade de Deus", isto é, ao trazer o conhecimento do evangelho. Assim "Pai de misericórdias", em 2 Coríntios 1.3, pode significar "Pai misericordiosíssimo", ou, o significado poderia ser, "o Pai de todas as bênçãos", como misericórdia às vezes significa o que concede misericórdia [Fp 2.1] como graça ou favor às vezes significa o dom que flui dela. Segundo este ponto de vista, 'misericórdias' aqui são as bênçãos que procedem de Deus, sim, as bênçãos da redenção.

Há, pois, duas questões a serem ponderadas aqui. A primeira é que pertencemos ao Senhor; e a segunda é que devemos, por esta mesma razão, ser santos, porquanto seria uma afronta à santidade do Senhor oferecer-lhe algo que não lhe haja sido antes consagrado. Desta pressuposição segue-se, ao mesmo tempo, que devemos meditar sobre a santidade que deve permear todas as áreas e toda a extensão de nossa vida. Segue-se também, deste mesmo fato, que seria uma espécie de sacrilégio reincidirmos na impureza, pois tal coisa seria pura e simplesmente profanar o que já havia sido santificado.

A linguagem de Paulo sofre uma grande mudança. Primeiramente, ele afirma que nosso *corpo* deve ser oferecido a Deus em forma de sacrifício. Com isso ele pretende ensinar que não mais nos pertencemos, mas que passamos a pertencer inteiramente a Deus. Contudo, isso não pode acontecer se primeiro não renunciarmos ou não negarmos a nós mesmos. Ele, pois, declara, através dos adjetivos que adiciona, que gênero de sacrifício é este. Ao qualificá-lo de *vivo*, sua intenção é que somos sacrificados ao Senhor a fim de que nossa vida anterior seja destruída em nós, e que sejamos ressuscitados para uma nova vida. Pelo termo *santo* ele aponta, como já mencionamos, para a genuína natureza de um ato sacrificial. Porque a vítima do sacrifício só é agradável e aceitável a Deus quando é previamente santificada. O terceiro adjetivo [*aceitável*] nos lembra que nossa vida só é corretamente ordenada quando regulamos este auto-sacrifício de acordo com a vontade de Deus. Este elemento não nos traz um consolo supérfluo, pois ele nos instrui dizendo que nossos labores são agradáveis e aceitáveis a Deus quando nos devotamos à retidão e à santidade.

Pelo termo *corpos* ele não quer dizer simplesmente nosso corpo físico, composto de pele, músculos e ossos, mas aquela *plenitude existencial* da qual nos compomos. Ele usou este termo, por meio de sinédoque, para denotar toda nossa *personalidade*, pois os membros do corpo são os instrumentos pelos quais executamos nossos propósitos.² Ele também requer de nós integridade, não só do corpo, mas também da alma e do espírito, como lemos em 1 Tessalonicenses 5.23. Ao convidar-nos a *apresentarmos* nossos corpos, ele está fazendo alusão aos sacrifícios mosaicos, os quais eram apresentados no altar como sendo na própria presença de Deus. Além do mais, ele está também fazendo uma extraordinária referência à *prontidão* que devemos demonstrar ao recebermos os mandamentos de Deus, para que os cumpramos sem detença.

Deste fato deduzimos que todos aqueles que não se propõem a cultuar a Deus, simplesmente fracassam e se extraviam por caminhos que levam a uma condição miserável. Agora entendemos também que tipo de sacrifícios o apóstolo recomenda à Igreja Cristã. Visto que nos reconciliamos com Deus, em Cristo, através de seu verdadeiro sacrifício, somos, todos nós, por sua graça, feitos sacerdotes com o fim de podermos consagrar-nos a ele como sacrifício vivo e tributar-lhe toda a glória por tudo o que temos e somos. Não resta mais nenhum sacrifício expiatório para se oferecer, e não se pode fazer tal coisa sem lançar grande desonra à cruz de Cristo.

Vosso culto racional. Em minha opinião, esta sentença foi adicionada para imprimir à exortação precedente uma explicação e confirmação mais sólida. É como se ele dissesse: "Apresentai-vos como sacrifício [oferecido] a Deus, se realmente tencionais cultuá-lo; porquanto este é o modo correto de servir a Deus. E se acontecer

---

2 A palavra σώματα, 'corpos', parece ter sido usada por ele em razão da similitude que adota com respeito a sacrifícios; em lugar de corpos dos animais temos que consagrar nossos próprios corpos. Uma vez que por 'membros' [6.13] ele quis dizer o homem como um todo, assim ele aqui quer dizer por 'corpos' os próprios membros.
Tinham de ser sacrifícios *vivos*, não mortos, como os sacrifícios legais. Tinham de ser *santos*, não mutilados ou com defeitos, mas inteiros e perfeitos em todos seus membros e livres de males [Lv 22.19-22]. Tinham de ser aceitáveis, εὐάρεστον, "placentem – agradáveis", *Beza*; 'aprazíveis', *Doddridge*. Não era suficiente, sob a lei, que os sacrifícios fossem santos, imaculados, em si mesmos, tais como Deus requeria; mas requeria-se da parte do ofertante um motivo certo, um sentimento certo, para que pudessem ser aceitos ou aprovados por Deus. Sem fé e arrependimento, e uma vida transformada, eles não eram aceitos, mas considerados como abominação [Sl 51.19; Is 1.11-19].
Wolfius diz que aqui todos os termos se derivam dos ritos da lei, e que os cristãos são representados tanto como sacrifícios que oefereciam como os sacrifícios que eram oferecidos por eles.

de vos apartardes dele, então vos revelareis como falsos adoradores." E se Deus for corretamente adorado à medida em que vamos regulando nossas ações em conformidade com seus mandamentos, então de nada nos valerão todas aquelas demais formas de culto que porventura viermos a engendrar, as quais ele com toda razão abomina, já que ele põe a obediência acima de qualquer sacrifício. O ser humano deleita-se com suas próprias invenções e (como diz o apóstolo alhures) com suas vãs exibições de sabedoria; mas aprendemos o que o celestial Juiz declara em oposição a tudo isso, quando nos fala por boca do apóstolo. Ao denominar o culto que Deus ordena de *racional*, ele repudia tudo quanto contrarie as normas de sua Palavra, como sendo mero esforço insensato, insípido e inconsequente.[3]

2. E não vos conformeis com este mundo. Ainda que o termo *mundo* traga em si muitos significados, aqui ele significa o caráter e a conduta do ser humano. E é em relação a este sentido que Paulo, com sobejas razões, nos proíbe a nos *conformarmos*. Visto que o mundo todo jaz no maligno [1Jo 5.19], então devemos despir-nos de tudo quanto pertence à natureza humana, se verdadeiramente anelamos o revestimento de Cristo. Para remover toda e qualquer dúvida, ele explica seu significado a partir do oposto, ou seja nos convoca a nos deixarmos *transformar* pela renovação de nossa men-

---

3 A palavra λογικὴν, 'racional', foi considerada por *Orígines*, bem como por muitos depois dele, como uma designação do serviço em harmonia com a razão, em oposição aos sacrifícios sob a lei que não eram agradáveis à razão. *Crisóstomo*, porém, a quem também muitos seguiram, considerava a palavra no sentido do que é *espiritual* ou que pertence à mente em contradistinção ao serviço ritual e externo da lei. Não há, porém, exemplo de a palavra ter tal significado, exceto em 1 Pedro 2.2, que de forma alguma é decisivo. Seu significado é racional ou razoável, ou o que concorda com a palavra, segundo *Phavorinus*. Não há necessidade aqui de pressupor algum contraste. A expressão apenas designa o ato ou o serviço que o apóstolo prescreve; como se dissesse: "O que eu lhes exorto a fazer nada mais é que um serviço [culto ou liturgia] razoável, consistente com os ditames da razão. Deus fez grandes coisas por vós, e nada é mais certo e justo do que vos dedicardes totalmente a ele." Este parece ser o significado óbvio. Atrair a atenção para outro tema, estabelecer a razão como um árbitro em questões de fé, é uma perversão sumária. E dizer que a palavra aqui siginifica o mesmo que em 1 Pedro 2.2 não é o que está em pauta aqui; pois como λόγος às vezes significa 'palavra', e às vezes 'razão', assim seu derivativo pode ter uma variedade afim.

te. Estes contrastes são mui frequentes na Escritura, e explicam um tema com muito mais clareza.

Mas transformai-vos pela renovação de vossa mente. Temos de observar ainda aqui qual a *renovação* que se nos demanda. Não é aquela que se restringe somente à carne, como os mestres da Sorbone a explicam, ou seja a renovação daquela parte inferior da alma; ao contrário, é a renovação da mente, que é nossa parte mais excelente e à qual os filósofos atribuem preeminência. Eles a chamam de τὸ ἡγεμονικόν, o princípio regulador, e afirmam que a *razão* é a rainha da sabedoria suprema. Entretanto, o apóstolo a arranca de seu trono e a reduz a nada, ensinando-nos que nossa *mente* tem de ser renovada. Ainda quando muitos de nós se exaltem, as palavras de Cristo continuam sendo verdadeiras, ou seja que o homem como um todo tem de nascer de novo caso queira entrar no reino de Deus; porquanto, tanto na mente quanto no coração, todos nós estamos inteiramente alienados da justiça divina.

Para que experimenteis.[4] Eis aqui o propósito pelo qual devemos revestir-nos de uma nova mente, a saber: para que renunciemos a nossos próprios conselhos e desejos, bem como aos de todos os homens, e para que nos volvamos exclusiva e inteiramente para a vontade de Deus. O *conhecimento da vontade de Deus* equivale à verdadeira e genuína sabedoria. Ora, se a renovação de nossa mente é indispensável para o propósito de se provar qual é a vontade de Deus, então faz-se evidente quão hostil é a mente humana em relação a Deus.

---

4   Ut probetis, εἰς τὸ δοκιμάζειν ὑμᾶς; "ut noscatis – para que saibais", *Teofilato*; "ut diligenter scrutemini – para que averigueis cuidadosamente", *Jerônimo*; "para que conheçais experimentalmente", *Doddridge*; "para que aprendais", *Stuart*. O verbo significa primordialmente três coisas: *testar*, isto é, metais pelo fogo; *experimentar, provar, examinar* [1Pe 1.7; Lc 14.19; 2Co 13.5]; *aprovar* o que é provado [Rm 14.22; 1Co 16.3]; e também *provar* uma coisa com o fim de fazer uma distinção própria, *discernir, entender, distinguir* [Lc 12.56; Rm 2.18]. A última idéia é a mais adequada aqui, "para que entendais qual é a vontade de Deus, sim, aquilo que é bom e aceitável e perfeito."
'Bom', ἀγαθόν, é útil, vantajoso, benéfico; 'aceitável', εὐάρεστον, é o que é agradável e aceito por Deus; e 'perfeito', τέλειον, é completo, inteiro, sem qualquer defeito, ou justo e certo.

Os qualificativos supra-adicionados por Paulo são usados para enaltecer a vontade de Deus a fim de podermos buscar o conhecimento de Deus com muito mais avidez. Naturalmente que, se é verdade que devemos reprimir toda e qualquer obstinação de nossa parte, devemos, em contrapartida, celebrar o genuíno louvor à justiça e à perfeição da vontade de Deus. O mundo se sente persuadido de que as obras que ele tem engendrado são boas. O apóstolo exclama que boas e justas são só as obras determinadas por Deus e ordenadas em seus mandamentos. O mundo se deleita com suas próprias invenções e as proclama. O apóstolo afirma que a única coisa que de fato agrada a Deus é aquilo que ele ordenou. O mundo, com o fim de encontrar a perfeição, foge da Palavra de Deus e se refugia em suas invenções. O apóstolo declara que a perfeição se encontra na vontade de Deus, e mostra que, se alguém transgride este limite, o mesmo está sendo iludido por falsas imaginações.

3. Porque, pela graça que me foi dada, digo a cada um dentre vós que não pense de si mesmo além do que convém; antes, pense com moderação, segundo a medida da fé que Deus repartiu a cada um.	3. Dico enim per gratiam, quæ data est mihi, cuilibet vestrum, ne supra modum sapiat præter id quod oportet sapere, sed sapiat ad sobrietatem, sicuti unicuique distribuit Deus mensuram fidei.

3. Porque, pela graça que me foi dada. Se a partícula causal [*porque*] não for considerada como sendo supérflua, então este versículo concordará com o precedente. Visto que o apóstolo queria que todo nosso estudo se dirigisse àquela investigação da vontade de Deus, então sua próxima tarefa era afastar-nos de toda e qualquer curiosidade fútil. Entretanto, a partícula causal, em Paulo, é às vezes redundante, e por isso o versículo pode ser considerado como simples afirmação. E, assim, o significado se faz plenamente consistente.

Antes de apresentar algum mandamento, o apóstolo os lembra aquela autoridade que lhe fora outorgada, para que seus leitores ouvissem sua voz como se fosse a voz de Deus mesmo. Eis o que quis dizer: "Na verdade não falo de mim mesmo, mas, como embaixador de Deus, vos transmito os mandamentos dos quais ele me incumbiu." Ele se refere a este apostolado como *graça*, como fez antes, com a finalidade de enaltecer nele a munificência divina. Ao mesmo tempo notifica que não forçara sua vontade para o [exercício do] apostolado de forma temerária, senão que o aceitara mediante a vocação divina. Portanto, ao estabelecer sua autoridade, ele se utiliza deste preâmbulo para constranger os romanos pela necessidade de obediência, a menos que preferissem desprezar voluntariamente a Deus na pessoa de seu ministro.

Então prossegue com o mandamento pelo qual nos afasta das pesquisas daquelas questões que nada podem acrescentar-nos senão tormento mental sem qualquer edificação. Ele proíbe que alguém tome para si mais do que sua capacidade e vocação suportem. Ao mesmo tempo, ele nos admoesta a crermos e a meditarmos somente sobre aquelas questões que nos farão mais humildes e ponderados. Prefiro esta tradução da passagem à de Erasmo: "Que ninguém pense soberbamente de si mesmo." Este sentido produz pouquíssima relação com as palavras, enquanto que a outra se acha mais em harmonia com o contexto. A sentença, **além do que convém**, revela o significado que ele quis imprimir ao termo anterior, ὑπερφρονεῖν, ou seja que ultrapassamos os limites da sabedoria, caso nos envolvamos com aqueles assuntos sobre os quais não devemos apoquentar-nos.[5] Pensar com moderação equivale a estar atento àqueles estudos pelos quais sentimos que somos instruídos e educados na moderação.

Segundo a medida da fé que Deus repartiu a cada um. O apóstolo aqui inverteu a ordem das palavras, por meio de anástrofe, significando: a cada um, como Deus repartiu.[6] Ele está expressando a razão para a sabedoria sóbria da qual está tratando aqui. Visto haver

---

5 "Ne supra modum sapiat", assim a *Vulgata* e *Beza*; μὴ ὑπερφρόνειν, "ne supra modum de se sentiat – que ele não pense imoderadamente de si mesmo", *Mede*; "não arrogar para si mesmo", *Doddridge*; "não superestimar a si mesmo", *Stuart*. Esta frase e a seguinte podem ser assim traduzidas: "não penseis muito além do que vos convém pensar", isto é, de vós mesmos.
6 Encontramos uma transposição afim em 1 Coríntios 3.5.

uma distribuição variada de graças, cada um determina a melhor maneira de tornar-se sábio, enquanto se mantém dentro dos limites da graça da fé que lhe é conferida pelo Senhor. Quando, pois, não levamos em conta aquilo que temos recebido, mas avançamos os limites do conhecimento, demonstrando desatenção e temeridade, revelamos afetação de sabedoria não só em questões desnecessárias, e que não nos trazem nenhum proveito ao conhecimento, mas também em questões que, ao contrário, nos são úteis ao conhecimento. Deus não tolera tal insolência sem punição. Vemos com frequência como aqueles que, por sua tola ambição, vão além dos limites que lhes são impostos se extraviam por sua própria estupidez.[7]

A substância do assunto é como segue: é parte de nosso sacrifício racional que todos nos apresentemos para que sejamos governados e guiados por Deus com um espírito dócil e suscetível à instrução. Ao pôr a fé em oposição ao juízo humano, o apóstolo nos desvia de nossas próprias opiniões e, ao mesmo tempo, propositadamente, impõe limites aos crentes para que humildemente se mantenham também dentro dos limites de seus próprios defeitos.[8]

4. Porque, assim como num só corpo temos muitos membros, mas nem todos os membros têm a mesma função,
5. assim também nós, conquanto muitos, somos um só corpo em Cristo e individualmente membros uns dos outros,

4. Quemadmodum enim in uno corpore membra multa habemus, membra verò omnia non eandem habent actionem;
5. Sic multi unum sumus corpus in Christo membra mutuò alter alterius.
6. habentes autem dona secundum

---

7 "É melhor", diz *Agostinho*, "ter dúvida das coisas ocultas, do que contender sobre coisas incertas."
8 A expressão "a medida da fé", μέτρον πίστεως, é explicada variadamente. Alguns, como *Beza* e *Pareus*, consideram 'fé' aqui como incluindo religião ou verdade cristã, visto fé ser o princípio primordial, "como Deus dividiu a cada um a medida da verdade ou conhecimento cristão". Outros presumem com Mede que 'fé' aqui deve ser tomada como sendo aqueles vários dons e revestimentos que Deus concedeu aos que creram ou professaram a fé do evangelho; "como Deus dividiu a cada um a medida daqueles dons que vêm pela fé, ou que são dados aos que crêem." Podemos, contudo, tomar 'fé' aqui como sendo a graça, e considerar o significado como sendo o mesmo de Efésios 4.7.

6. tendo, porém, diferentes dons segundo a graça que nos foi dada: se profecia, seja segundo a proporção de nossa fé;
7. ou ministério, dediquemo-nos a nosso ministério; ou o que ensina, esmere-se em seu ensino;
8. ou o que exorta, dedique-se à sua exortação; o que contribui, faça-o com liberalidade; o que preside, com diligência; quem exerce misericórdia, com alegria.

gratiam nobis datam differentia; sive prophetiam, secundum analogiam fidei;
7. Sive ministerium, in ministerio; sive qui docet, in doctrina;

8. Sive qui exhortatur, in exhortatione; sive qui largitur, in simplicitate; sive qui præest, in studio; sive qui miseretur, in hilariate.

4. Porque, assim como num só corpo temos muitos membros. O apóstolo agora confirma, por meio de uma referência à vocação de todos os crentes, a proposição que apresentara concernente à limitação da sabedoria de cada crente segundo a medida de sua fé [*secundum fidei mensuram*]. Somos chamados com a condição de vivermos unidos em um só corpo, visto que Cristo estabeleceu entre todos os que crêem nele a associação e união orgânica que há entre os membros do corpo humano. E já que os homens não podem chegar a tal união por si mesmos, o próprio Senhor se tornou o vínculo dessa união. Visto, pois, que aquela relação existente no corpo humano deve também existir na comunhão dos crentes, o apóstolo prova, pela aplicação desta metáfora, quão necessário é que cada crente individualmente considere o que é apropriado a sua natureza, capacidade e chamamento. Embora esta metáfora se componha de vários aspectos, ela deve ser aplicada principalmente a nosso presente tema, da seguinte forma: como os membros de um corpo têm faculdades distintas, e todos os membros são distintos, visto que nenhum membro possui concomitantemente todas as faculdades nem assume as funções dos demais [membros], assim também Deus nos dispensou vários dons. Com esta distinção, ele determinou a ordem dentro da qual ele quis que ficássemos, a fim de que cada um se regule de acordo com a medida de sua habilidade, e não venha a intrometer-se nos deveres pertencentes a outrem.

Ninguém deve aventurar-se a possuir tudo de uma só vez, mas deve contentar-se com sua porção, e conscientemente refrear-se de usurpar as funções de outrem. Contudo, quando Paulo realça expressamente a comunhão existente entre nós, ao mesmo tempo também indica quão prudentes e solícitos devemos ser na apropriação daquelas faculdades possuídas por certos indivíduos, para o bem comum do corpo.[9]

6. Tendo, porém, diferentes dons segundo a graça que nos foi dada. Paulo aqui não se expressa simplesmente em termos de apreciação do amor fraternal entre nós, senão que enaltece a *humildade* como sendo o caminho mais seguro na regulamentação de toda nossa vida. Todas as pessoas desejam possuir o bastante que as poupe de depender do auxílio de seus irmãos. Mas quando ninguém possui o suficiente para suas necessidades pessoais, então surge um vínculo de comunhão e solidariedade, pois que cada um se vê forçado a buscar empréstimo dos outros. Admito, pois, que a *comunhão dos santos* só é possível quando cada um se vê contente com sua própria medida, e ainda reparte com seus irmãos as dádivas recebidas, e em contrapartida admite ser também assistido pelas dádivas alheias.

Paulo desejava especialmente reprimir o orgulho que, sabia ele, é inato no ser humano. Para evitar que alguém se entristeça por não possuir tudo de quanto necessita, ele nos lembra que cada pessoa tem sua própria responsabilidade a ela destinada pelo bom propósito de Deus, visto ser conveniente para a comum salvação do corpo, que ninguém seja suprido com tal plenitude de dons, e venha a menosprezar impunemente a seus irmãos. Temos aqui, portanto, o principal propósito que o apóstolo tinha em vista, ou seja nem todas as coisas são adequadas a todos os homens; por isso os dons

---

9 O apóstolo persegue esta semelhança do corpo humano muito mais amplamente em 1 Coríntios 12.12-31. Há dois laços de união: um, que é entre o crente e Cristo por meio da fé genuína; e o outro, que é entre o membro individual de uma igreja ou congregação e o resto dos membros que apenas professam a fé. É o último de que trata o apóstolo, tanto aqui como na Epístola aos Coríntios.

divinos são tão bem distribuídos, que cada um recebe uma porção limitada. Cada indivíduo deve viver tão satisfeito com a apropriação de seus dons pessoais, visando à edificação da Igreja, que ninguém precisa negligenciar sua própria função a fim de invadir uma área pertencente a outrem. A segurança da Igreja é preservada por meio desta mui excelente ordem e simetria, quando cada indivíduo de per si contribui para o bem comum, daquilo que recebeu do Senhor, sem, ao mesmo tempo, impedir a outrem de fazer o mesmo. Inverter esta ordem é declarar guerra contra Deus mesmo, por cuja ordenação foi ela designada. A diferença de dons não tem sua origem na vontade humana, mas porque foi do agrado do Senhor ministrar sua graça desta maneira.

Se profecia, seja segundo a proporção de nossa fé. Depois de citar alguns exemplos especiais, ele agora mostra como cada pessoa deve ser usada no exercício de suas faculdades ou na manutenção de sua posição. Todos os dons têm seus próprios limites determinados, e afastar-se destes [limites] é destruir os próprios dons. A passagem é um tanto ambígua, mas podemos ordená-la para que a conclusão comece neste ponto: "Portanto, a pessoa que tem *profecia*, prove-a pela analogia da fé; e a pessoa que tem *ministério*, então use-o para ministrar; ou se é *doutrina*, então que ensine etc. Aqueles que têm este propósito em vista, manter-se-ão apropriadamente dentro de seus limites."

Esta passagem, contudo, tem sofrido diversas interpretações. Alguns intérpretes entendem *profecia* no sentido de faculdade de predizer, a qual vicejou na Igreja durante os primórdios do evangelho, quando o Senhor quis enaltecer a dignidade e excelência de seu reino por diversos meios. Sustentam que as palavras adicionais – **segundo a proporção de nossa fé** [*secundum analogiam fidei*] – devem relacionar-se a todas as sentenças. Não obstante, prefiro seguir aqueles que entendem a palavra num sentido amplo, significando o dom especial de revelação, por meio do qual alguém exerce a função de *intérprete* com perícia e destreza, explicando e aplicando a vontade de Deus. Portanto, na Igreja Cristã, nos tempos atuais, profecia é simplesmente o correto entendimento da Escritura e o dom particular de explicá-la, visto que todas antigas profecias e todos os oráculos divinos já foram concluídos em Cristo e seu evangelho. Paulo a entendia neste sentido, quando disse: "Eu quisera que vós todos falásseis em outras línguas; muito mais, porém, que profetizásseis" [1Co 14.5], e: "Conhecemos em parte, e em parte profetizamos" [1Co 13.9]. Não fica evidente se ele tencionava, aqui, considerar somente aquelas excelentes graças pelas quais Cristo adornou seu evangelho em seus primórdios. Vemos, ao contrário, que ele está se referindo simplesmente aos dons ordinários que permanecem perpetuamente na Igreja.[10]

Não creio ser suficientemente válida a objeção que defende a tese de que o apóstolo estaria direcionando inutilmente estas palavras àqueles que, por possuírem o Espírito de Deus, eram incapazes de afirmar que Cristo era anátema. E noutra passagem [1Co 14.32], ele declara que o espírito dos profetas está sujeito aos próprios profetas, e ordena que o primeiro orador fique em silêncio se alguma revelação é dada a alguém que se acha sentado. É possível, pois, que ele esteja aqui, pela mesma razão, admoestando os que profetizavam na Igreja, para que harmonizassem suas profecias à norma de fé, a fim de que não divagassem em algum ponto ou se desviassem da linha reta. Pelo

---

10 É um tanto difícil asseverar exatamente o que era essa 'profecia'. A palavra 'profeta', נביא, evidentemente significa duas coisas no Velho Testamento, bem como no Novo Testamento: um vaticinador e um mestre, ou, melhor, um intérprete da Palavra. Profecia, no Novo Testamento, às vezes significa predição, seu significado primário [At 12.27; 2Pe 1.21; Ap 1.3]; porém, mais comumente, como geralmente se pensa, é a interpretação de profecia, isto é, das profecias contidas no Velho Testamento, e para essa obra havia alguns na Igreja primitiva, como se supõe, que eram inspirados e assim peculiarmente qualificados. É provável que esse tipo de profecia é o que está em pauta aqui. Vejam-se 1 Coríntios 12.10; 13.2, 8; 14.3, 6, 22; 1 Tessalonicenses 5.20.
À luz de Efésios 4.11, é evidente que era uma função distinta daquela dos apóstolos, evangelistas, pastores e mestres; e da interpretação de línguas, como surge de 1 Coríntios 12.10; e da revelação, conhecimento e doutrina, como encontramos em 1 Coríntios 14.6. Também parece que era mais útil do que outros dons extraordinários, como tendia a promover mais conforto e edificação [1Co 14.1, 3]. Daí ser mais provável que fosse o dom já declarado, aquele de interpretar as Escrituras, especialmente as profecias do Velho Testamento, e aplicá-las para a edificação da Igreja. 'Profetas' são expressos em seguida para 'apóstolos' em Efésios 4.11.

termo *fé* ele quer dizer os princípios rudimentares da religião, e que seja condenada como sendo falsa qualquer doutrina que não pode ser encontrada em plena correspondência com estes princípios.[11]

7. Ou ministério, dediquemo-nos a nosso ministério. Quanto às demais sentenças, não há muita dificuldade. Aqueles que são ordenados *ministros*, diz ele, devem exercer seu ofício com dedicação, e que estejam cientes de que não foram admitidos a essa honra por sua própria imposição, mas pela imposição de outro. O apóstolo aqui está ensinando: "Que cumpra sua função ministrando corretamente, fazendo jus a esta honra." E assim, sob o termo *doutrina*, ele está confiando aos mestres a sólida edificação [da Igreja], como a dizer: "Aquele que excede em doutrina saiba que seu objetivo é fazer que a Igreja seja verdadeiramente instruída, e que tenha isso como seu propósito máximo, a saber: tornar a Igreja cada vez mais instruída em sua doutrina." *Mestre* [*doctor*] é aquele que forma e instrui a Igreja na Palavra da verdade. E aquele que excede no dom de exortação tenha como seu objetivo máximo exortar com eficácia.

Esses ofícios conservam uma estreita relação e conexão entre si. Não obstante, este fato não destrói suas diferenças. Ninguém pode exortar sem doutrina; todavia, aquele que ensina não significa que seja dotado com o dom de exortação. Ninguém profetiza, ensina ou exorta sem ministrar. Não obstante, é suficiente que preservemos a distinção que vemos nos dons divinos, bem como saibamos serem eles adequados à boa ordem da Igreja.[12]

---

11 "Secundum analogiam fidei", assim *Pareus*; κατὰ τὴν ἀναλογίαν τῆς πίστεως; "pro proportione fidei – segundo a proporção da fé", *Beza, Piscator*; isto é, como o primeiro explica a frase "segundo a medida ou extensão da fé do indivíduo"; ele não ia além do que conhecia ou do que lhe fora comunicado pelo Espírito. Mas o ponto de vista que *Calvino* assume é o mais óbvio e mais consistente com a passagem.

12 Os críticos têm achado difícil fazer distinção entre esses ofícios. A palavra διακονία, ministério, é tomada às vezes num sentido restrito, como significando diaconato, um ofício designado para administrar as atividades temporais da Igreja [At 6.1-3; 1Tm 3.8-13]; e às vezes num sentido geral, como significando o ofício ministerial [2Co 6.3; Ef 3.7; Cl 1.23]. Quanto à menção de 'mestre' e 'conselheiro', alguns pensam que aqui deve ser levado em conta o diaconato, e que o apóstolo primeiro mencionou os ofícios mais elevados depois do apostolado, como a profecia; e os menos elevados, como o diaconato; e depois os chamados ofícios intervenientes, os de mestres e conselheiros.

8. O que contribui, faça-o com liberalidade [ou **simplicidade**]. À luz destas últimas sentenças, vemos claramente que aqui nos é revelado qual o uso legítimo dos dons divinos. Ao mencionar neste ponto os *contribuintes* [μεταδιδοῦντας], o apóstolo não está se referindo àqueles que doam de suas próprias posses, mas, tecnicamente, aos *diáconos* que se acham incumbidos da distribuição dos erários públicos da Igreja. Ao mencionar aqueles que exercem *misericórdia* [ἐλεοῦντας], ele indica as viúvas e outros ministros, os quais eram nomeados a fim de cuidarem dos enfermos, segundo o costume da Igreja Primitiva. As funções de prover o necessário para os pobres, e de devotar cuidado a seu bem-estar [físico], eram distintas. Sobre a primeira, ele imprime *simplicidade*, por meio da qual devem administrar fielmente o que lhes fora confiado, sem fraude e sem parcialidade. Sobre a segunda, ele deseja uma demonstração de complacência com *contentamento*, para que não aconteça, como é frequente, de prejudicarem os serviços que lhes foram confiados por meio de uma atitude displicente. Como nada proporciona mais consolação a um enfermo, ou a alguém que sofre de algum outro infortúnio, do que se ver diante de pessoas amigas solícitas e prontamente dispostas a oferecer-lhe sua prestimosa mão, assim também, caso observe traços de tristeza no semblante de seu benfeitor, sentir-se-á afrontado, e não beneficiado.

Ao falar daqueles que *presidem* [προϊσταμένους], o apóstolo, com propriedade, está se referindo àqueles a cujas mãos o governo da Igreja é confiado. Estes são os *anciãos* [*seniores*] que presidem e governam os demais membros e exercem a disciplina. Não obstante, o que ele diz destes pode estender-se e incluir todo e qualquer gênero de governo. Grande prudência é requerida daqueles que têm a incumbência da segurança de todos; e grande diligência, daqueles que têm o dever de manter vigilância, dia e noite, para a preservação de toda a comunidade. As circunstâncias daquele período, contudo, provam que Paulo não está falando de governos em termos gerais (porquanto naquele tempo não havia magistrados crentes), mas dos anciãos que eram os juízes para a regulamentação da moral e dos costumes [*morum censores*].

9. O amor seja sem hipocrisia. Detestai o que é mau, apegando-vos ao que é bom;
10. amai-vos cordialmente uns aos outros com amor fraternal, preferindo-vos em honra uns aos outros.
11. Na diligência, não sejais remissos: sede fervorosos de espírito, servindo ao Senhor;
12. regozijai-vos na esperança, sede pacientes na tribulação; na oração, perseverantes;
13. compartilhai as necessidades dos santos; praticai a hospitalidade.

9. Dilectio sit non simulata; sitis aversantes malum, adherentes bono;
10. Fraterna charitate ad vos mutuò amandos propensi, alii alios honore prævenientes;
11. Studio non pigri, spiritu ferventes, tempori servientes;
12. Spe gaudientes, in tribulatione patientes, in oratione perseverantes;
13. Necessitatibus sanctorum communicantes, hospitalitatem sectantes.

9. O amor seja sem hipocrisia. Propondo agora dirigir nossa atenção para os deveres particulares, ele começa apropriadamente com o amor, o qual é o vínculo da perfeição [Cl 3.14]. Nesse respeito, ele prescreve o princípio muitíssimo necessário de que toda e qualquer dissimulação deve ser de todo desfeita, e que o amor deve proceder de uma sinceridade pura do espírito. É algo difícil de se expressar quão engenhosos quase todos os homens são em dissimular um amor que na verdade não existe neles. Ao tentarem persuadir-se de que possuem um verdadeiro amor por aqueles a quem não só negligenciam, mas na verdade também rejeitam, estão enganando não só aos demais, mas também a si próprios. Portanto, ele declara aqui que o único amor que merece o nome é aquele que é isento de toda e qualquer dissimulação. Qualquer pessoa pode facilmente julgar se porventura possui algo nos recessos de seu coração que seja contrário ao amor.[13] As palavras *bom* e *mau*, que vêm imediatamente no texto, não têm um sentido geral. *Mau* significa aquilo que é injusto e malicioso, que causa ofensa aos homens; e *bom* é a bondade que os assiste. É uma antítese muito comum na Escritura: proibir primeiro os pecados, e recomendar em seguida as virtudes contrárias.

---

13 "O amor", diz um escritor antigo, "é a suma e substância de todas as virtudes. Os filósofos fazem da justiça a rainha das virtudes; mas o amor é a mãe da justiça, pois rende a Deus e a nosso próximo o que lhes é justamente devido."

Na tradução da partícula ἀποστυγοῦντες, 'odiar', 'detestar', não segui nem a Erasmo e nem a Vulgata. Paulo, em minha opinião, desejava expressar algo mais, e a força do termo 'desviai-vos' ou 'fugi' corresponde melhor à sentença oposta, onde ele nos convida não só a nos diligenciarmos na prática do bem, mas também a prosseguirmos nesta conduta.

10. Amai-vos cordialmente uns aos outros com amor fraternal. Não há palavras suficientemente eloquentes com as quais Paulo pudesse expressar o ardor daquela afeição que deve impulsionar-nos ao amor recíproco. Ele se refere a esse sentimento como sendo *amor fraternal*, e diz que o mesmo produz uma afeição muitíssimo cândida, στοργή, que em latim significa aquele amoroso respeito que existe no seio da família. Este, sem dúvida, deve ser o tipo de amor que conferimos aos filhos de Deus.[14] Com este propósito em vista, ele adiciona um preceito que é de extrema necessidade caso o bem deva triunfar, ou seja que cada um deve preferir, em honra, a seus irmãos. Não há veneno mais letal para arrefecer as afeições do que alguém imaginar-se menosprezado. Não questiono muito se os leitores preferem entender esta *honra* no sentido de toda *sorte de bondade*, mas prefiro a primeira interpretação. Como não há nada mais contrário à harmonia fraternal do que o desdém que nasce do orgulho, quando alguém tem os demais em menos estima do que a si próprio, assim a modéstia, pela qual cada um traz honra aos demais, nutre muito mais o amor.

11. Na diligência, não sejais remissos. Este preceito nos é comunicado não só porque a vida cristã deva ser ativa, mas também porque é próprio que às vezes desconsideremos nossas próprias vantagens e dediquemos nossos labores em prol de nossos irmãos;

---

14 É difícil traduzir esta frase. As palavras de Calvino são: "Fraterna charitate ad vos mutuò amandos propensi"; também *Beza*. O apóstolo junta duas coisas – amor mútuo e irmãos com o amor natural de pais e filhos, como se dissesse: "Que vosso amor fraternal tenha em si o afetuoso sentimento que existe entre pais e filhos." "O amor fraternal é mutuamente cheio de ternas afeições", *Doddridgre*. "O amor fraternal é bondosamente disposto uns para com os outros", *Macknight*. Pode ser assim traduzido: "O amor fraternal é ternamente afeiçoado uns pelos outros."

e nem sempre em prol daqueles que são bons, mas também em prol daqueles que se nos revelam ingratos e indignos. Em suma, visto que devemos esquecer de nós mesmos na execução de muitos de nossos deveres, jamais estaremos adequadamente preparados para a obediência a Cristo, a menos que instemos conosco mesmos, esforçando-nos diligentemente por desprender-nos de toda nossa indolência.[15]

Ao acrescentar, **fervorosos de espírito**, ele nos mostra como devemos firmar-nos ao preceito anterior. Nossa carne, à semelhança dos asnos, é perenemente indolente, e por isso carecemos de ser esporeados. Não há outro corretivo mais eficaz para nossa indolência do que o fervor do espírito. Portanto, a diligência em fazer o bem requer aquele zelo que o Espírito de Deus acendeu em nossos corações. Por que, pois, diria alguém, Paulo nos exorta a cultivar este fervor? Eis minha resposta: embora este zelo seja um dom divino, estes deveres são destinados aos crentes a fim de que destruam sua indiferença e fomentem aquela chama que Deus lhes acendeu. Pois geralmente sucede que, ou abafamos, ou mesmo extinguimos o Espírito em razão de nossas próprias mazelas.

O terceiro conselho, **servindo ao tempo**, tem a mesma referência. Visto que o curso de nossa vida é por demais breve, nossa chance de fazer o bem tão logo passa. Devemos, pois, ser mais solícitos na realização de nossos deveres. Assim Paulo, em outra passagem, nos convida a *remir o tempo*, visto que os dias são maus [Ef 5.16]. O significado pode ser também que devemos saber como administrar nosso tempo, porquanto há grande necessidade de assim fazermos. Não obstante, Paulo, creio eu, está contrastando seu preceito entre servir o tempo e [servir] o ócio. A tradução em muitos manuscritos antigos é κυρίῳ. Hesito em rejeitar esta tradução completamente, embora à primeira vista não pareça relacionar-se ao contexto. Contudo,

---

15 "Studio non pigri", τῇ σπουδῇ μὴ ὀκνηροι; "Não sejais indolentes depressa", isto é, naquilo que se requer pressa. "Devemos esforçar-nos", diz *Teofilato*, "por assistir com prontidão àqueles cujas circunstâncias demandam socorro e alívio imediatos."

se ela é aceitável, creio que Paulo desejava relacionar o culto divino com os deveres que desempenhamos em favor de nossos irmãos e tudo quanto serve para fortalecer o amor, a fim de transmitir maior encorajamento aos fiéis.[16]

12. Regozijai-vos na esperança, sede pacientes na tribulação, na oração, perseverantes. Estes três conselhos se entrelaçam e parecem depender do anterior – *servindo ao tempo*. A pessoa que põe sua alegria na esperança da vida por vir, e suporta suas tribulações com paciência, também está pronta a dedicar-se ao tempo e se vale da oportunidade de marchar com vigor em busca de seu alvo. Sempre que venha ao caso (pois não faz muita diferença se as frases são ou não relacionadas), Paulo primeiro nos proíbe de permanecermos contentes com nossas bênçãos momentâneas, ou de pormos nossa alegria na terra ou nas coisas terrenas, como se nossa felicidade estivesse localizada ali. Ao contrário disso, ele nos convida a dirigir nossas mentes rumo ao céu, para que experimentemos aquela alegria que é sólida e plenária. Se nossa alegria repousa na esperança da vida por vir, esta esperança gerará em nós paciência na adversidade, visto que nenhum sentimento de pesar será capaz de sucumbir tal alegria. Portanto, estas duas coisas se acham estreitamente relacionadas entre si, ou seja a alegria que nasce da esperança, e a paciência que nasce da adversidade. Somente a pessoa que aprendeu a buscar sua felicidade para além deste mundo, com o fim de reduzir e aliviar as asperezas e amarguras da cruz com a consolação da esperança, se sujeitará calma e tranquilamente a carregar a cruz.

Entretanto, visto que ambas estas coisas estão muito acima de nossas forças, devemos permanecer constantemente em oração e invocar continuamente a Deus, para que ele não permita que nossos corações desmaiem e se misturem com o pó, ou sejam destroçados pelas calamidades. Além do mais, Paulo não só nos estimula à prá-

---

16 A balança das evidências, segundo *Griesbach*, está em favor de τῷ καιρῷ, 'tempo', ainda que haja muitos outros que defendam outra redação. *Lutero*, *Erasmo* e *Hammond* preferem a primeira, enquanto *Beza*, *Piscator*, *Pareus*, e a maioria dos modernos, a última. A primeira é a que mais se adequa ao contexto.

tica da oração, mas expressamente nos intima à perseverança, visto que nossa guerra é incessante e sofremos vários assaltos todo dia. Mesmos os mais fortes dentre nós são incapazes de suportar esses revezes sem frequente reaquisição de novas energias. Mas a diligência na oração é o melhor antídoto contra o risco de soçobrarmos.

13. Compartilhai as necessidades dos santos.[17] Ele volta aos deveres do amor, e o principal destes é fazer o bem àqueles de quem esperaríamos o mínimo de recompensa. Geralmente sucede que, aqueles que são atingidos pela pobreza mais do que outros, se vêem extremamente carentes de socorro, estes, sim, é que são tratados com mais menosprezo, visto que os benefícios a eles conferidos são considerados como perda. Deus, pois, nos recomenda exatamente essas pessoas, e de uma maneira muito especial. Somente quando aliviamos as necessidades de nossos irmãos, por nenhuma outra razão senão para exercer nossa benevolência em prol deles, é que verdadeiramente comprovamos nosso amor. A **hospitalidade**, ou, seja, a fraternidade e generosidade demonstradas para com os estranhos, não é uma forma inferior de amor, porquanto estes são, de todos, os mais destituídos [dos privilégios da vida], visto que se acham distantes de seus familiares. É por esta razão que o apóstolo expressamente nos recomenda que sejamos hospitaleiros. Assim vemos que, quanto mais alguém for desconsiderado, ainda mais atentos devemos estar a suas reais necessidades. Note-se também quão apropriadas são as observações de Paulo, quando diz que devemos *compartilhar* as necessidades dos santos. Com isso ele sugere que devemos aliviar as necessidades de nossos irmãos, como se estivéssemos socorrendo a nós próprios. Particularmente, ele

---

17 Há aqui um exemplo da adulteração que alguns dos pais fizeram do texto, tais como *Ambrósio*, *Hilário*, *Pelágio*, *Optatus* e outros, os quais substituíram μνείας, monumentos, por χρείας, necessidades ou carências. Mas ainda que haja umas poucas cópias que trazem esta redação, contudo foram descartadas pela maioria; não se encontra na *Vulgata*, nem foi aprovada por *Erasmo* nem *Grotius*. A palavra foi introduzida, evidentemente, como insinua *Whitby*, em favor da superstição da Igreja primitiva acerca dos monumentos ou sepulcros de mártires e confessores. O *fato* de que não houve monumentos de mártires nesse tempo em Roma foi totalmente ignorado.

nos ordena a dar assistência aos *santos*. Embora nosso amor deva estender-se a toda a raça humana, devemos envolver num amplexo de especial afeição àqueles que são domésticos na fé, porquanto se acham vinculados a nós por um laço muitíssimo estreito.

14. Abençoai os que vos perseguem; abençoai, e não amaldiçoeis.	14. Benedicite iis qui vos persequuntur; benedicite et ne malum imprecemini.
15. Alegrai-vos com os que se alegram; chorai com os que choram.	15. Gaudete cum gaudentibus, flete cum flentibus;
16. Tende o mesmo sentimento uns para com os outros. Em lugar de serdes orgulhosos, condescendei com o que é humilde; não sejais sábios a vossos próprios olhos.	16. Mutuò alii in alios sensu affecti, non arroganter de vobis sentientes, sed humilibus vos accommodantes: ne sitis apud vos ipsos prudentes.

14. Abençoai os que vos perseguem. Desejo insistir com o leitor, de uma vez por todas, que não se preocupe excessivamente no sentido de encontrar aqui uma ordem precisa no tocante aos preceitos individuais. Antes, baste-nos o seguinte: é preferível que tenhamos alguns preceitos bem resumidos por meio dos quais haja uma total adequação à vida de santidade. Estes são derivados do princípio exarado pelo apóstolo no início do capítulo.

Imediatamente nos transmitirá preceitos contra a retaliação, ou seja não revidar as injúrias que nos são lançadas. Aqui, porém, ele apela para uma conduta ainda mais difícil. Não só não podemos invocar algum mal sobre nossos inimigos, mas é também preciso desejar que os mesmos sejam prósperos e orar para que Deus lhes faça bem, mesmo quando nos aborreçam e nos tratem de forma hostil. Quanto mais difícil nos torna a prática de tais gentilezas, mais intensamente devemos esforçar-nos por atingi-las. O Senhor não nos dá nenhum mandamento pelo qual não apele para nossa obediência. Nem mesmo nos deixa escusa alguma, caso nos falte aquela disposição pela qual ele nos considera distintos dos ímpios e dos filhos deste mundo.

Concordo que isso é demasiadamente difícil e completamente contrário à natureza humana, mas não há nada que seja tão árduo que não possa ser dominado pelo poder de Deus; e este jamais falhará, contanto que não deixemos de pedir-lhe que nos conceda seu poder. Embora dificilmente haja alguém que tenha alcançado tal progresso na lei do Senhor que cumpra [perfeitamente] este preceito, ninguém pode blasonar-se de ser filho de Deus, ou de vangloriar-se de ser cristão, sem que haja antes realizado, pelo menos em parte, esta trajetória, e não haja lutado diariamente por resistir à vontade de agir contrariamente.

Eu disse que isso é mais difícil do que abster-se da vingança, ao ser alguém afrontado. Pode haver alguém que esconda suas mãos de fazer vingança e refreie seu desejo de injuriar com seus lábios, mas que em seu coração ainda gostaria de destruir seus inimigos, ou que fossem eles atingidos por algum dano provindo de alguma outra fonte. Ainda que tais pessoas sejam por demais pacíficas para que desejem algum mal a alguém, dificilmente um em cem desejará fazer o bem a alguém de quem só tenha recebido injúrias. O fato é que a maioria das pessoas começa a lançar suas maldições sem sentir por isso qualquer pejo. Não obstante, Deus, através de sua Palavra, não só impede nossas mãos de praticarem o mal, mas também domina os sentimentos de amargura que saturam nossos espíritos. Não apenas isso, mas também exige que nos preocupemos com o bem-estar daqueles que têm trazido destruição a si próprios pelo fato de nos causar alguma sorte de sofrimento.

Erasmo se equivocou em seu entendimento do significado do verbo εὐλογεῖν, não percebendo que o mesmo é o oposto de *amaldiçoar* e *injuriar*. Em ambas as instâncias, o apóstolo deseja que Deus seja testemunha de nossa paciência, para que possamos, em nossas orações, não só refrear a paixão de nossa ira, mas também, ao orarmos em favor de nossos ofensores, que descubram que nosso perdão inclui também preocupação por eles; e caso venham a perecer, que provenha de seu próprio arbítrio [e não nosso].

15. Alegrai-vos com os que se alegram. Em terceiro lugar, o apóstolo afirma a verdade geral de que os crentes devem abraçar uns aos outros com mútua afeição, e que a felicidade de cada um deve ter a comum participação de todos. A primeira expressa e especifica nossas responsabilidades. Devemos *alegrar-nos com os que se alegram e chorar com os que choram*. A natureza do genuíno amor é tal que cada um prefere sofrer *com* seu irmão do que observar sua dor à distância, com uma atitude de fastio e indisposição. Em suma, devemos, pois, adaptar-nos uns aos outros tanto quanto possível; e, até onde as circunstâncias o permitem, cada um deve entrar nos sentimentos do outro, seja para sofrer com ele na adversidade ou para alegrar-se com ele na prosperidade. Deixar de dar as boas-vindas à felicidade de um irmão, com genuína alegria, é um sinal de inveja; e deixar de demonstrar real tristeza em seu infortúnio, é sinal de desumanidade. Portanto, sintamos compaixão uns pelos outros, de forma que nos identifiquemos mutuamente, demonstrando o mesmo estado mental.

16. Não sejais sábios a vossos próprios olhos.[18] O que o apóstolo diz no grego é mais significativo e apropriado à luz da comparação: "Não pensar demais nas coisas por demais elevadas." O que ele tem em mente é que o cristão não deve desejar com obsessiva ambição aquelas realizações pelas quais ele exceda a outrem, nem alimentar sentimentos de superioridade; mas, ao contrário, deve ponderar com discrição e mansidão. E são estas que fazem a diferença na presença do Senhor, e não o espírito de soberba ou de desdém demonstrado contra os irmãos. O apóstolo adiciona uma ordenança muito oportuna, à qual já fizera menção, porquanto nada é mais danoso para destruir a unidade cristã do que nos exaltarmos e aspirarmos uma posição mais elevada que a dos outros, sentindo-nos superiores aos

---

18 A primeira frase é omitida. O texto de *Calvino* é: "Mutuo alii in alios sensu affecti"; τὸ αὐτὸ εἰς ἀλλήλους φρονοῦντες; "Itidem alii in alios affecti – "Sentis o mesmo uns para com os outros", *Beza*; "Sede inteiramente unidos em vossa consideração mútua", *Doddridge*; "Tende a mesma disposição uns para com os outros", *Macknight*. O verbo significa pensar, sentir, ou refletir, no sentido de atentar para ou aspirar uma coisa. É usado também na próxima frase, evidentemente no último sentido, *refletir, ponderar*.

demais. Tomo a palavra *humilde* no sentido neutro, a fim de completar a comparação. Portanto, toda ambição e elação do espírito, as quais se ocultam dentro do nome de magnanimidade, são aqui condenadas. A *moderação* é a principal virtude dos crentes; ou, antes, submissão, que sempre prefere atribuir honra a outrem do que recebê-la para si próprio.

A outra afirmação do apóstolo se acha estreitamente conectada a esta. Nada inflama mais o espírito do que uma exagerada opinião de nossa própria sabedoria. Portanto, ele quer que ponhamos esta opinião de lado, ouçamos os outros e nos sujeitemos a seus conselhos. Erasmo traduziu φρονίμους por *arrogantes*, mas tal tradução é forçada e sem sentido. Paulo, neste caso, estaria repetindo a mesma palavra duas vezes sem qualquer ênfase. O antídoto mais eficaz para a cura da arrogância é suprimir uma opinião demasiadamente exagerada acerca de nossa própria sabedoria.

17. Não torneis a ninguém mal por mal. Esforçai-vos por fazer coisas nobres perante todos os homens.	17. Nemini malum pro malo rependentes, providentes bona coram omnibus hominibus.
18. Se possível, quanto depender de vós, tende paz com todos os homens.	18. Si fieri potest, quantum est in vobis, cum omnibus hominibus pacem habentes;
19. Não vos vingueis a vós mesmos, amados, mas dai lugar à ira; porque está escrito: A vingança me pertence; eu retribuirei, diz o Senhor.	19. Non vosmetipsos ulciscentes, dilecti; sed date locum iræ; scriptum est enim, Mihi vindictam, et ego rependam, dicit Dominus.

17. Não torneis a ninguém mal por mal. Quase não há diferença entre este preceito e o que vem um pouco depois, exceto que a vingança implica mais do que o gênero de retribuição com que ele trata aqui. Às vezes retribuímos mal por mal mesmo quando não retribuímos na medida exata da injúria recebida, mas quando tratamos de forma descaridosa àqueles que não nos fizeram nenhum bem. Geralmente consideramos muito o benefício que alguém poderia ter-nos prestado, e até os meios pelos quais poderíamos beneficiar a ele também, de modo que só prestamos nossos serviços àqueles sobre quem temos responsabilidade ou àqueles de quem esperamos algum favor. Além disso, se alguém nos negou auxílio quando dele precisamos, então revidamos com a mesma moeda (por assim dizer), deixando de fazer por ele mais do que ele teria feito por nós. Há ainda outros tantos exemplos, quando tornamos mal por mal sem uma ação óbvia de vingança.

Esforçai-vos por fazer coisas nobres. Estou plenamente satisfeito com a tradução de Erasmo – "preparando cuidadosamente as coisas" –, mas preferi traduzi-lo literalmente. Visto que toda pessoa está mais atenta em seu próprio proveito, ou cuidadosa em evitar perdas mais do que é justo, o apóstolo parece exigir um outro gênero de cuidado ou atenção. Sua ênfase é que devemos dar insone atenção a que todos sejam edificados por nossa honestidade. Assim como devemos ter uma consciência inocente diante de Deus, também não devemos negligenciar uma honrada reputação diante dos homens. Se é próprio que Deus seja glorificado em nossas boas obras, então ele perde o equivalente de glória quando os homens não vêem em nós nada que seja digno de louvor. E não só a glória de Deus é obscurecida, mas ele é igualmente insultado, pois todos os pecados que cometemos são usados pelos ignorantes com o propósito de desonrar o evangelho.

Não obstante, ao sermos compelidos a *fazer coisas nobres diante de todos os homens*,[19] é mister que observemos bem, ao mesmo tempo, o *propósito* desta ordenança. Não significa que os homens devam admirar-nos ou louvar-nos, porquanto este é um desejo do qual Cristo criteriosamente nos guarda de entretermos, ao ordenar-nos a excluir todos os homens e admitir somente Deus como testemunha

---

19 "Providentes bona"; προνοούμενοι καλά; "procurantes honesta – prover coisas honestas", *Beza*; "prover coisas de boa reputação", *Doddridge*; "premeditar coisas convenientes", *Macknight*. A partícula significa refletir de antemão, preparar, providenciar e também tomar cuidado de ou atentar para alguma coisa. "Atentar para as coisas honrosas" poderia ser a tradução aqui. O adjetivo καλὸς significa justo, bom; e bom em conduta como aqui não é 'conveniente', mas justo, correto ou de boa reputação, como a tradução de *Doddridge*. A palavra 'honesto' não retém agora sua idéia original de honroso.

de nossos feitos bons [Mt 6.4]. O propósito desta ordenança é, antes, para que os homens elevem seu espírito a Deus e lhe atribuam todo o louvor, de sorte que nosso exemplo desperte neles fome e sede de justiça. Finalmente, ao perceberem ou sentirem a beleza e agradável fragrância de nossas vidas, sintam eles o desejo de também amar a Deus. Se porventura formos difamados em decorrência do nome de Cristo, ainda assim não cessemos de *lutar em prol das coisas nobres diante dos homens*. Mas, ao sermos difamados, que se cumpra em nós o provérbio: "como enganadores, porém sendo verdadeiros" [2Co 6.8].

18. Se possível. A paz de espírito e uma vida bem ordenada, que nos granjeiem a admiração de todos, não são dotes comuns numa pessoa cristã. Se nos devotarmos a esta aquisição, seremos dotados não só da mais excelente integridade, mas também do mais excelente espírito de cortesia e da mais doce natureza. E assim conquistaremos não só o que é justo e bom, mas também provocaremos a transformação dos corações dos incrédulos.

Entretanto, duas palavras devem ser aqui pronunciadas como advertência. Que não nos esforcemos por conquistar o favor humano de maneira tal que nos esquivemos de incorrer no ódio de alguém por amor a Cristo, como às vezes se faz necessário. Naturalmente, existem alguns que, embora mereçam a admiração universal em razão de suas maneiras excelentes e paz de espírito, não obstante são odiados até mesmo por seus familiares mais íntimos por causa do evangelho. A segunda precaução consiste em que essas excelentes qualidades não devem degenerar-se em excessiva condescendência, e assim, em nome da preservação da paz, transigimos excessivamente os pecados dos homens. Visto, pois, que nem sempre nos é possível manter a paz com todos os homens, ele adicionou duas frases que denotam exceção: *se possível* e *quanto estiver em vós*. Teremos de determinar qual exceção é a base do dever requerido pela piedade e pelo amor, para que não venhamos a violar a paz, a não ser que sejamos compelidos por uma ou outra destas duas causas. É conveniente que toleremos muito, perdoemos as ofensas e voluntariamente suportemos o extremo rigor da lei por amor à paz, contanto que estejamos preparados a lutar corajosamente, como às vezes nos é requerido. Os soldados de Cristo não podem gozar de perene paz com o mundo, porquanto este é governado por Satanás.

19. Não vos vingueis a vós mesmos. Como já disse, o mal que ele corrige aqui é muito mais sério do que aquele supramencionado. E no entanto ambos têm a mesma fonte de origem, a saber: um amor desordenado voltado para si mesmo e um orgulho inerente que nos leva a uma excessiva indulgência para com nossos próprios erros, enquanto que nos revelamos intolerantes para com os erros alheios. Visto, pois, que esta enfermidade cria em quase todos um desejo frenético por vingança, mesmo quando sofrem as mais leves injúrias, o apóstolo nos ordena, aqui, a não cultivarmos o espírito de vingança, mesmo quando somos dolorosamente feridos, mas que deixemos a vingança com o Senhor. E visto que aqueles que uma vez se deixam prender por essa descontrolada paixão não podem deixar-se dominar com facilidade, ele nos refreia pelo uso de termos persuasivos, tais como *amados*.

O preceito, pois, consiste em que não cultivemos o espírito de vingança nem vinguemos as injúrias que poderão ser-nos feitas, visto ser nosso dever *dar lugar à ira*. Dar lugar à ira significa deixar com Deus a autoridade de julgar. Aqueles que planejam a vingança privam Deus desta autoridade. Se, pois, é errôneo usurpar o ofício divino, tampouco nos é lícito extorquir dele a vingança, porque, ao procedermos assim, antecipamos o juízo divino; porquanto Deus quis reservar este ofício exclusivamente para si. Ao mesmo tempo, o apóstolo afirma que aqueles que esperam pacientemente pelo socorro divino deixarão Deus ser seu *Vingador*; enquanto que, os que antecipam sua vingança não deixam lugar ao socorro divino.[20]

---

20 Muitos se têm manifestado como advogados desta exposição: *Crisóstomo, Teofilato, Lutero, Beza, Hammond, Macknight, Stuart* e outros. Mas não existe nenhum exemplo da expressão: "dar lugar" com esse sentido. Em dois lugares onde ela ocorre, significa dar vazão, entregar. Vejam-se Lucas 14.9; Efésios 4.27. Então dar lugar à ira é entregar-se e pacientemente suportar a ira do homem que comete o erro. Alguns têm afirmado que

Aqui, o apóstolo não só nos proíbe de tomar a vingança em nossas mãos, mas também de permitir que nossos corações sejam tentados por esse desejo. Fazer aqui distinção entre vingança pública e privativa é, portanto, supérfluo. A pessoa que recorre ao auxílio do magistrado com o coração sobrecarregado com malévolo desejo de vingança não merece mais escusa do que se engendrasse meios de executar a vingança com suas próprias mãos. De fato, como veremos logo a seguir, não devemos nem mesmo pedir a Deus que nos vingue. Caso nossas petições emanem de nossos sentimentos pessoais, e não do santo zelo do Espírito, não deixaremos a Deus o papel de nosso Juiz; ao contrário, seremos servos de nossos desejos corruptos.

Portanto, só nos é possível *dar lugar à ira* quando esperamos pacientemente o tempo certo de nosso livramento, orando nesse ínterim para que aqueles que agora nos trazem sofrimento se arrependam e se transformem em nossos amigos [e irmãos].

Porque está escrito: A vingança me pertence. O apóstolo extrai sua comprovação do cântico de Moisés [Dt 32.35], onde o Senhor declara que ele tomará vingança de seus inimigos. Os inimigos de Deus são todos aqueles que oprimem seus servos sem uma razão plausível. "Aquele que vos tocar", diz ele, "tocará a menina de meus olhos" [Zc 2.8]. Portanto, estejamos satisfeitos com a consolação de que aqueles que nos causam tribulação sem o merecermos não escaparão impunemente, nem nos faremos mais sujeitos ou mais expostos às injúrias dos ímpios por suportá-las. Ao contrário disso, deixaremos com o Senhor, que é nosso único Juiz e Libertador, a oportunidade de prover-nos livramento.

Embora não devamos orar a Deus pedindo que nos vingue de nossos inimigos, mas, sim, orar em favor de sua conversão para que venham eles a tornar-se nossos amigos, todavia, se prosseguirem

---

significado é o do homem prejudicado que deve dar lugar a sua própria ira, isto é, dar tempo para esfriar. Mas a passagem não comporta esse ponto de vista. O tema consiste em que um cristão não deve retaliar ou devolver ira por ira, mas suportar a ira de seu inimigo e deixar o assunto nas mãos divinas. A citação concorda com este sentido, e da mesma forma com o dado por *Calvino*.

em sua perversidade, lhes acontecerá o mesmo que sucede a todos quantos desprezam a Deus. O apóstolo, contudo, não cita esta passagem como que para conceder-nos o direito de inflamar-nos de ira assim que formos injuriados, nem nos manda que oremos a Deus para que vingue nossas injúrias na proporção do excitamento de nossa carne. Ele nos ensina, primeiramente, que não é nossa tarefa exigir vingança, a menos que queiramos usurpar a responsabilidade [e competência] divina. E, em segundo lugar, ele afirma que não devemos temer que os ímpios se prorrompam com maior ferocidade ao ver-nos suportar nosso sofrimento com paciência, pois Deus não assume em vão o ofício de Vingador.

20. Mas, se teu inimigo tiver fome, dá-lhe de comer; se tiver sede, dá-lhe de beber; porque, fazendo isso, amontoarás brasas de fogo sobre sua cabeça.	20. Itaque si esurit inimicus tuus, pasce illum; si sitit, potum da illi: hoc enim faciens carbones ignis congeres in caput ipsius.
21. Não deixes que o mal te vença, mas vence o mal com o bem.	21. Ne vincaris à malo, sed vincas bono malum.

20. Mas, se teu inimigo tiver fome, dá-lhe de comer. Ele agora mostra como podemos verdadeiramente cumprir os preceitos contra a vingança e contra o revide, ou, seja, de retribuir o mal com o mal. Somos não só impedidos de fazer injúria, mas também temos de fazer o bem aos que vivem a prejudicar-nos. Há um gênero de retaliação indireta, ou seja quando fracassamos em tratar com benevolência àqueles que nos têm injuriado. Pelos verbos *comer* e *beber* devemos entender atos de bondade de toda espécie. Portanto, segundo nossas possibilidades, devemos auxiliar nosso inimigo em qualquer problema, para que suas necessidades sejam supridas com nossos recursos, conselhos e empenhos. Pelo termo *inimigo* ele não quer dizer aqueles por quem sentimos ódio, mas aqueles que nutrem inimizade por nós. Se carecem de ser socorridos em suas necessidades corporais, muito menos devemos contrapor-nos a sua salvação, invocando o mal sobre eles.

Amontoarás brasas de fogo sobre sua cabeça. O apóstolo mostra a grande vantagem que podemos desfrutar tratando nossos inimigos com atos de cortesia, visto que não devemos dissipar debalde nosso tempo e nossos esforços. Há quem interprete *brasas* no sentido de destruição que é amontoada sobre a cabeça de nosso inimigo, se tratamos sua indignidade com benevolência, e nossos atos, em relação a ele, são muito mais dignos do que realmente ele merece. E isso ainda aumenta seu senso de culpa. Outros preferem formular a opinião de que, quando nosso inimigo se vê tão bem tratado, seu espírito é impelido a amar-nos em troca. Fico com o ponto de vista mais simples, ou seja seu espírito será quebrantado de uma ou de outra maneira, a saber: ou nosso inimigo será comovido pela bondade, ou, caso seja ele tão feroz que nada consiga acalmá-lo, será fustigado e atormentado pelo testemunho de sua consciência, a qual se sentirá fulminada ante nossa bondade.[21]

21. Não deixes que o mal te vença. Esta sentença parece ter sido escrita à guisa de confirmação. Nesta nossa vida, toda luta é contra a perversidade. Se tentamos retaliar, admitimos que fomos enganados por ela. Mas se, ao contrário, ao mal revidamos com o bem, demonstramos por esse mesmo ato um invencível equilíbrio do espírito. E esta é a mais gloriosa espécie de vitória, e sua recompensa nem mesmo pode ser imaginada, mas que pode realmente ser experimentada, quando o Senhor lhes conceder maior sucesso do que poderiam desejar. Em contrapartida, aquele que tenta vencer o mal com outro mal, talvez até consiga vencer seu inimigo com algum dano, mas tal coisa será sua própria ruína, pois, ao agir assim, estará participando da batalha do Diabo.

---

21 *Calvino*, nesta explicação, seguiu *Crisóstomo* e *Teodoreto*. A primeira parte sem dúvida contém o ponto de vista correto; o versículo seguinte o comprovava: "Vence o mal com o bem." A idéia de "amontoar brasas de fogo" diz-se ter se derivado da prática de amontoar brasas no fogo para derreter metais duros; mas, como "as brasas de fogo" devem significar "carvões ardentes", como é a palavra em Provérbios 25.22, donde a passagem foi extraída, significa claramente, então tal noção não pode ser nutrida. Tudo indica ser uma sorte de dito proverbial, significando algo intolerável, o qual não pode ser suportado sem produzir fortes efeitos. Isso é representado como sendo a bondade para com um inimigo, alimentá-lo quando irado e dar-lhe água quando sedento. O efeito é de um poder tal como alguém que tem sobre a cabeça um punhado de carvão em brasa.

Capítulo 13

1. Toda alma esteja em sujeição às autoridades superiores; porque não há autoridade que não proceda de Deus; e as autoridades que existem foram ordenadas por Deus.
2. De modo que, aquele que se opõe à autoridade resiste à ordenação de Deus; e os que a resistem trarão sobre si mesmos o juízo.

1. Omnis anima potestatibus supereminentibus subdita sit: non enim est potestas, nisi à Deo; quæ vero sunt potestates à Deo sunt ordinatæ.
2. Itaque qui resistit potestati, Dei ordinationi resistit; qui verò restiterint judicium sibi accersent.

1. Toda alma esteja em sujeição.[1] Tudo indica que o cuidadoso tratamento que Paulo dá a esta passagem, em sua instrução concernente à vida cristã, lhe fora imposto por alguma premente necessidade, a qual a pregação do evangelho podia ocasionar naquela época em particular, embora em todos os tempos este mesmo problema estivesse em evidência. Sempre houve certos espíritos irrequietos que acreditam que o reino de Cristo só será propriamente exaltado quando todos os poderes terrenos forem suprimidos, e que só poderão desfrutar daquela liberdade que Cristo lhes conferiu, caso se desvencilhem de todo e qualquer jugo de servidão humana. Este erro, contudo, dominou a mente dos judeus mais que a de outros quaisquer, pois acreditavam ser uma desgraça que a progênie de Abraão, cujo reino havia vicejado com tanto primor antes da vinda

---

1 'Anima', ψυχὴ, não só o hebraico (vejam-se Gn 14.21; 46.27), mas o grego também designa o homem com esta palavra. O homem às vezes é designado por sua parte imaterial, *alma*, e às vezes por sua parte material, *carne*, ou corpo, como em 12.1. Certo escritor diz que a palavra *alma* é usada aqui com o fim de mostrar que a obediência imposta seria da alma, não fingida, mas sincera e genuína.

do Redentor, devesse continuar em servidão quando este se fez presente. Ainda um outro fator alienava os judeus, tanto quanto os gentios, de seus governantes. Estes não só odiavam a genuína piedade, como também perseguiam a religião com sentimentos de extrema hostilidade. Parecia algo absurdo, pois, reconhecer como legítimos aqueles senhores e governantes que tudo faziam para destruir o reino de Cristo, o único Senhor do céu e da terra. É provável que estas razões tenham levado o apóstolo a estabelecer a autoridade dos magistrados com uma prudência ainda mais acentuada. Primeiramente, ele delineia um preceito geral com o qual sumaria o que pretendia dizer, e então adiciona algumas observações a mais que pudessem comprovar e favorecer o significado do preceito.

Ele as denomina de *autoridades superiores*,[2] visto que excedem aos demais homens; mas não de autoridades *supremas*, como se fossem [por si mesmas] soberanas. Os magistrados, pois, são assim chamados em relação aos que se acham a eles sujeitos, e não em relação a alguma comparação existente entre eles mesmos. Ao usar esta expressão, Paulo tencionava, creio eu, remover a fútil curiosidade daqueles que com frequência indagam de que fonte os que se acham investidos de autoridade extraíram seu poder [e direito]. Na verdade, nos deveria ser suficiente o fato de que governam. Não chegaram a esta elevada posição por sua própria faculdade, mas foram postos ali pela mão do Senhor. Ao mencionar *toda alma*, Paulo remove toda e qualquer exceção, a fim de que ninguém reivindique imunidade da obrigação comum à obediência.[3]

---

2 "Potestates supereminentes – poderes preeminentes." *Hammond* traduz as palavras ἐξουσίαις ὑπερεχούσαις, poderes supremos, significando reis, e se refere a ἄρχοντες no versículo 3 como uma prova. Esta palavra, porém, significa magistrados e igualmente reis [At 17.7]. O poder governante como exercido por aqueles investidos de autoridade é evidentemente o que está implícito aqui, sem qualquer referência a qualquer forma de governo. Naturalmente obediência aos reis, ou aos imperadores, ou a qualquer poder que exerce governo, qualquer que seja seu nome, está incluído.

3 *Grotius* qualifica essa obediência, dizendo que ela não se estende ao que é contrário à vontade de Deus. Mas é notável que amiúde na Escritura as coisas são declaradas amplamente sem quaisquer termos qualificativos, e no entanto elas têm limites, como é claro à luz de outras porções. Essa peculiaridade é digna de nota. O poder é de Deus; usar mal o poder é o que de mal existe no homem. O apóstolo por toda parte se refere somente

Porque não há autoridade que não proceda de Deus. A razão por que devemos estar sujeitos aos magistrados é que eles foram designados pela ordenação divina. Se a vontade de Deus é que o mundo seja governado desta maneira, então aqueles que desprezam sua autoridade estão lutando por subverter a ordem divina, e estão, portanto, resistindo a Deus mesmo, já que desprezar a providência daquele que é o Autor do governo civil [*iuris politici*] é declarar guerra contra ele mesmo. Devemos entender, além do mais, que a autoridade dos magistrados procede de Deus, não como procedem dele a pestilência, a fome, a guerra e outros castigos em decorrência do pecado, mas porque ele designou os magistrados para que governem o mundo de forma justa e legítima. Ainda que as autoridades ditatoriais e injustas não devam ser classificadas como governos ordeiros, todavia o *direito* de governar é ordenado por Deus visando ao bem-estar da humanidade. Visto, pois, ser lícito repudiar as guerras e providenciar remédios para outros males, o apóstolo nos ordena a que livre e voluntariamente respeitemos e honremos o direito e a autoridade dos magistrados como sendo algo indispensável à humanidade. Os castigos que Deus inflige sobre os pecados da humanidade podem não ser apropriadamente chamados de *ordenanças*, mas são *meios* que Deus propositadamente destina para a preservação da ordem legal.

2. Resiste a ordenação de Deus. Visto que ninguém pode resistir a Deus sem trazer ruína sobre si próprio, Paulo adverte que aqueles que, a este respeito, se opõem à providência divina não se sairão impunemente. Devemos, pois, tomar cuidado para não incorrermos nesta condenação. Entendo o termo *juízo*[4] não simplesmente como aquela punição que é infligida pelo magistrado, como se a intenção

---

ao poder exercido com justiça. Ele não entra em questões de tirania e opressão. E essa provavelmente é a razão por que ele não põe limites à obediência requerida. Ele nada mais contemplava senão o uso legítimo do poder.

4 'Judicium', κρίμα; alguns o traduzem por 'castigo'; *Beza*, 'condenação'. A palavra é usada em ambos os sentidos. Mas, segundo o teor da primeira parte do versículo, parece que o apóstolo tem em mente aquilo que é aplicado por Deus.

de Paulo fosse apenas dizer que quem resiste a autoridade deva ser punido com justa razão, mas também todos os atos da vingança divina, seja como for venha ele a exercê-la. O apóstolo nos dá um quadro geral do fim que aguarda aqueles que lutam contra Deus.

3. Porque os magistrados não são para pavor quando se faz o bem, e, sim, quando se faz o mal. Queres tu não temer a autoridade? faze o bem, e terás o louvor dela, visto ser ela ministro de Deus para teu bem.	3. Principes enim non sunt terrori bonis operibus sed malis; vis ergo non timere potestatem? bene fac, et habebis laudem ab ea;
4. Entretanto, se fizeres o mal, teme, porque não é sem motivo que ela traz a espada, pois é ministro de Deus, vingador, para castigar aquele que pratica o mal.	4. Dei enim minister est tibi in bonum: si verò quid mali feceris, time; non enim frustra gladium gerit; Dei enim minister est, vindex in iram adversus eos qui malè agunt.[5]

3. Porque os magistrados não são para pavor quando se faz o bem. Ele então nos manda obedecer aos magistrados com base em sua utilidade. A partícula causativa γὰρ [*porque*] deve, pois, relacionar-se com a primeira proposição, e não com o último versículo. A utilidade dos magistrados consiste em que o Senhor designou este meio para prover a paz dos bons e sofrear o ímpeto rebelde dos ímpios. E destes dois recursos depende o bem-estar da humanidade. A não ser que a fúria dos ímpios seja contida, e os inocentes sejam protegidos da perversidade daqueles, a destruição universal será inevitável. Se este, pois, é o único antídoto pelo qual a humanidade poderá se proteger da destruição, então devemos preservá-la com solicitude, a menos que queiramos admitir que somos inimigos públicos e gratuitos da raça humana.

As palavras que o apóstolo adiciona – **queres tu não temer a autoridade? faze o bem** – significam que, se somos bons, não temos motivo para temer o magistrado. Na verdade, diz ele, o próprio esforço de lançar ou remover de si este jugo é uma tácita comprovação

---

5 As palavras, "Vindex in iram adversus eos qui malè agunt", dificilmente podem ser traduzidas; e a última parte é impropriamente impressa no plural.

de uma má consciência a maquinar a perversidade. O apóstolo, contudo, está se referindo ao dever legítimo e natural do magistrado; e embora aqueles que detêm algum gênero de autoridade com frequência a maculem, ainda assim cumpre-nos prestar-lhes aquela obediência devida aos magistrados. Se um magistrado ímpio se torna um azorrague nas mãos do Senhor para punir os pecados do povo, ponderemos, pois, ser por nossa própria culpa que esta excelente bênção de Deus se nos converta em maldição.

Continuemos, pois, a honrar esta salutar ordenação divina. E isso não é algo difícil de se fazer, contanto que imputemos a nós mesmos qualquer mal que porventura nos advenha dela. Paulo, pois, nos ensina aqui o *propósito* pelo qual o Senhor designou os magistrados. Seus efeitos serão sempre sentidos, a não ser que esta excelente e benéfica instituição seja corrompida em decorrência de nossos próprios erros. Entretanto, mesmo abusando de sua autoridade, hostilizando os bons e inocentes, os magistrados retêm ainda, em sua despótica administração, alguma aparência de governo justo. Portanto, não há tirania que, em algum aspecto, não contribua para a proteção da sociedade humana.

O apóstolo aqui também faz observações acerca das duas partes consideradas pelos filósofos como que constituindo uma administração de estado bem ordenada, ou seja as recompensas atribuídas aos virtuosos e o castigo infligido sobre os perversos. A palavra *louvor*, segundo o costume hebreu, deve ser considerada aqui em um sentido extensivo.

4. Visto ser ela ministro de Deus para teu bem. Os magistrados podem aprender disto a natureza de sua vocação. A sua administração não deve ser feita em função de si próprios, mas visando ao bem público. Nem têm eles poderes ilimitados, senão que sua autoridade se restringe ao bem-estar de seus súditos. Em resumo, são responsáveis diante de Deus e dos homens pelo exercício de sua magistratura. Uma vez que foram escolhidos e delegados por Deus mesmo, é diante deste que são responsáveis. Mas o ministério delegado a eles, por Deus, tem referência a seus vassalos. Estes têm também obrigação para com aqueles. Paulo instrui as pessoas de que é pela divina benevolência que elas são defendidas pela espada dos magistrados contra as injúrias dos perversos.

Porque não é sem motivo que ela traz a espada. A segunda parte da função dos magistrados consiste no dever de reprimir pela força a insolente conduta dos perversos, que não se deixam governar espontaneamente pelas leis, bem como infligir-lhes castigo de acordo com suas ofensas, à luz do veredicto divino. O apóstolo declara explicitamente que os magistrados são armados com espada não como vã exibição, mas a fim de castigar os malfeitores.

Vingador, para castigar significa alguém que executa o castigo divino.[6] O apóstolo prova isso pelo uso da *espada*, a qual Deus tem desembainhada em sua mão. Esta é uma excelente passagem para provar o poder da espada. Se ao armar o magistrado o Senhor confiou-lhe também o uso da espada, então, ao punir o culpado com a morte, ele não faz outra coisa senão obedecer a Deus no exercício de sua vingança. Aqueles, pois, que consideram ser errôneo derramar o sangue do culpado, outra coisa não fazem senão contender com Deus mesmo.

5. Pelo que é necessário que lhe estejais sujeitos, não somente por causa da punição, mas também por dever de consciência.	5. Itaque necesse est subjici, non modò propter iram, sed etiam propter conscientiam.
6. Por esse motivo também pagais tributos: porque são ministros a serviço de Deus, atendendo constantemente sobre estas mesmas coisas.	6. Propterea enim tributa quoque solutis; ministri[7] enim Dei sunt, in hoc incumbentes.

---

6 Vindex in iram, ἔκδικος εἰς ὀργὴν; "um vingador para executar a ira", *Doddridge*; "um vingador para a ira", *Hammond*. Ira, aqui, é tomada no sentido de castigo por *Lutero*, *Beza*, *Grotius*, *Mede* e outros. Vejam-se 2.5; 3.5; 4.15. A frase, pois, pode ser traduzida assim: "condenando ao castigo o praticante do mal." Há um contraste entre "para a ira" e "para o bem" no início do versículo.

7 'Ministri', λειτουργοὶ, administradores, funcionários, os executores dos serviços públicos ou ministros públicos, segundo *Macknight*. Os governantes foram chamados antes, no versículo 4, διάκονοι, servos, diáconos, ministros. Os mesmos títulos são-lhes dados como foram dados aos apóstolos e ministros do evangelho, e ainda ao próprio Cristo. Lemos que eles são os ministros e funcionários de Deus, tanto em questões civis como nas coisas espirituais como pregadores do evangelho.

7. Pagai a todos o que lhes é devido: a quem tributo, tributo; a quem imposto, imposto; a quem respeito, respeito; a quem honra, honra.

7. Reddite ergo omnibus quod debetur; cui tributum, tributum; cui vectigal, vectigal; cui timorem, timorem; cui honorem, honorem.

5. Pelo que é necessário que lhe estejais sujeitos. O apóstolo agora reitera sucintamente o mandamento que havia ministrado no início, concernente à obediência aos magistrados, mas com a seguinte distinção: que estes devem ser obedecidos não só com base na necessidade humana, mas também para que possamos obedecer a Deus. Pelo termo *punição* [ou *ira*] ele quer dizer a *vingança* que os magistrados podem executar em resposta ao desprezo demonstrado por sua dignidade. "Não devemos", diz ele, "obedecer só porque não podemos resistir aos que se acham armados e são mais poderosos, podendo infligir-nos castigo [quando queiram], da mesma forma que somos geralmente injuriados sem a menor chance de repelirmos. Ao contrário, devemos voluntariamente aprender a submissão à qual nossa consciência se acha jungida pela Palavra de Deus." De modo que, ainda quando o magistrado não estivesse armado e nos fosse lícito provocá-lo e desdenhá-lo impunemente, não devemos fazer isso da mesma forma como se víssemos a ameaça da punição pendente sobre nossa cabeça. Nenhum indivíduo tem o direito de obstruir a autoridade daquele que foi designado sobre nós pelo Senhor. Toda esta discussão tem a ver unicamente com o *governo civil* [*de civilibus praefecturis*]. Portanto, aqueles que mantêm domínio sobre as consciências humanas tentam em vão estabelecer sua blasfema tirania com base nesta passagem.

6. Por esse motivo também pagais tributo. O apóstolo aproveita a oportunidade para fazer menção de *tributos*; e toma o ofício dos magistrados como base da razão de se pagar tributo. Se é responsabilidade deles defender e preservar íntegra a paz dos retos e resistir as investidas dos ímpios, então não podem fazer isso a menos que sejam assistidos por sólida e poderosa proteção. Os tributos, pois, são pagos por lei para custear os gastos indispensáveis [do estado].⁸ Este não é o lugar oportuno para desenvolver uma discussão mais completa concernente à forma de se pagarem taxas ou tributos, e nem tampouco é nossa preocupação prescrever aos governantes quanto devam eles gastar com propósitos particulares, ou como devam prestar contas. Entretanto, é mister que se lembrem de que tudo quanto recebam do povo é propriedade pública e não meios de satisfazer prazeres e luxúrias pessoais. Descobrimos aqui o alvo para o qual o apóstolo destina os tributos que são pagos, a saber: para que os chefes de estado possam receber seu sustento e defendam assim seus súditos.

7. Pagai a todos o que lhes é devido. Tudo indica que a intenção do apóstolo aqui é sumariar em que consistem as obrigações que os súditos têm para com os magistrados. Devem tê-los em respeito e honra, obedecer a seus ditames, leis e veredictos, bem como pagar-lhes tributos e taxas. Pelo termo *respeito* ele quer dizer *obediência*; e pelos termos *imposto* e *tributo* não quer dizer simplesmente obrigações alfandegárias e impostos, mas também outras taxas.⁹

Esta passagem confirma sua afirmação anterior de que devemos obedecer aos reis e aos demais governantes, não porque sejamos nós compelidos a fazê-lo, mas porque esta é uma obediência aceitável a Deus. Ele não quer que o façamos motivados pelo medo, mas sobretudo que o façamos voluntariamente, com o objetivo de honrá-los e respeitá-los.

8. A ninguém devais coisa alguma, exceto o amor devido uns aos outros: pois quem ama o próximo tem cumprido a lei.	8. Nemini quicquam debeatis, nisi ut invicem diligatis; qui enim diligit alterum Legem implevit.

---

8 As palavras "para esta mesma coisa", εἰς αὐτὸ τοῦτο, parecem ser um caso de hebraísmo, como זה, 'este', naquele idioma é ao mesmo tempo singular e plural, e significa 'este' ou 'esses', segundo o contexto. "Para estas próprias coisas", supramencionadas, quanto às obras e deveres dos magistrados, parece ser o significado aqui. E assim as palavras são traduzidas nas versões Siríaca e Etiópica. Um exemplo singular se encontra no início do versículo 9, "Pois esta", τὸ γὰρ, e então se mencionam vários mandamentos; "pois esta" é a lei, diz *Stuart*; mas a palavra para 'lei' é de um gênero diferente.

9 A distinção comumente feita entre as duas palavras é esta: φόρος, 'tributo', é uma taxa sobre a pessoa ou sobre terras; e τέλος, 'taxa alfandegária' do que é importado.

9. Pois isto: Não adulterarás, não furtarás, não cobiçarás, e se há qualquer outro mandamento, tudo nesta palavra se resume: Amarás o teu próximo como a ti mesmo.

10. O amor não faz mal ao próximo; de sorte que o amor é o cumprimento da lei.

9. Illud enim, Non mœchaberis, Non occides, Non falsum testimonium dices, Non concupisces, et si quod est aliud præceptum, in hoc sermone comprehenditur, Diliges proximum sicut teipsum.

10. Dilectio proximo malum non infert: plenitudo ergo legis est dilectio.

8. A ninguém devais coisa alguma. Há quem pense que esta é uma nota que exprime ironia, como se Paulo estivesse respondendo a objeções daqueles que alegavam que os cristãos se achavam por demais sobrecarregados com outros tantos preceitos que sufocavam o amor. Não nego a possibilidade da presença de ironia aqui, como se ele concordasse com a posição daqueles que não admitiam nenhuma outra lei além do amor, porém num sentido distinto. Prefiro, contudo, considerar as palavras no sentido simples, pois acredito que Paulo queria aplicar à lei do amor o preceito concernente à autoridade dos magistrados, para que ninguém viesse a tê-lo na conta de algo frágil. Como se estivesse a dizer: "Ao solicitar que obedeçais aos magistrados, estou simplesmente exigindo que os crentes pratiquem a lei do amor. Se aspirais a que os bons prosperem (e não há nada de desumano nisso), então deveis esforçar-vos por fazer com que as leis e os mandamentos prevaleçam, para que todo o povo possa aprender a ser obediente aos defensores das leis, pois são esses homens que nos possibilitam desfrutar a paz." Portanto, introduzir a anarquia é violar a lei da caridade; porquanto, a anarquia traria como consequência imediata o caos de todas as coisas.[10]

Pois quem ama o próximo tem cumprido a lei. O propósito do apóstolo aqui é reduzir todos os preceitos da lei em um só, a saber: *o*

---

10 A dívida de amor deve ser sempre paga e é sempre devida. Pois o amor está sempre em exercício. Devemos pagar todas as demais dívidas, e devemos quitá-las plena e finalmente. Mas as dívidas do amor vão sempre em frente e devem ser diariamente pagas.

amor, a fim de sabermos que, mantendo a prática do amor, estamos exatamente obedecendo aos mandamentos; e ao procedermos assim, estamos sendo preparados para assumir qualquer responsabilidade que nos possibilite preservar a caridade. E assim ele confirma sobejamente o preceito que apresentara concernente à obediência devida aos magistrados. E esta obediência constitui uma parte do amor não de somenos importância.

Não obstante, alguns sentem certa dificuldade com esta passagem, e de tal dificuldade não conseguem desvencilhar-se completamente, ou seja Paulo ensina que a lei é cumprida quando amamos nosso próximo. O problema, portanto, consiste em que ele aqui não faz menção do culto devido a Deus, ainda que certamente não era sua intenção omiti-lo. O fato é que o apóstolo não está se referindo a toda a lei. Ele está simplesmente falando daqueles deveres que a lei requer de nós com relação a nosso próximo. É também verdade que toda a lei é cumprida quando amamos nosso próximo, porque o genuíno amor pelo ser humano só tem uma fonte, a saber: o amor de Deus. O amor ao próximo é evidência e decorrência do amor a Deus. Na verdade Paulo aqui menciona só a segunda tábua [da lei], porquanto sua inquirição se relaciona somente a esta. É como se dissesse: "Aquele que ama seu próximo como a si mesmo tem cumprido seu dever para com o mundo todo." É fútil a objeção dos sofistas que tentam encontrar neste versículo a justificação [procedente] das obras. Paulo não está declarando o que o homem faz ou deixa de fazer, mas está falando daquelas condições que em parte alguma julgaríamos ter cumprido. Ao dizermos que o ser humano não é justificado por meio das obras, não negamos que a observância da lei constitua verdadeira justiça. Mas, visto que ninguém cumpre a lei, ou que jamais a tenha cumprida, defendemos a tese de que todos os homens se acham excluídos dela, e que, por isso, nosso único refúgio está na graça de Cristo.

9. Pois isto: Não adulterarás. Não podemos inferir desta passagem quais preceitos que constituem a segunda tábua, visto que ele também adiciona no final: **e se há qualquer outro mandamento**. Ele omitiu o mandamento que nos obriga a honrar nossos pais. Pode parecer absurdo que ele desconsidere um ponto que está em tão estreita relação com seu tema. Mas não seria o caso de o apóstolo ter mantido silêncio com o propósito de evitar obscurecer seu argumento? Não obstante, devo hesitar-me em asseverar tal coisa, porquanto noto que ele afirmou tudo quanto tencionava provar, ou seja se Deus, através de todos seus mandamentos, não tinha nenhum outro propósito em vista senão nos instruir nos deveres do amor, então devemos esforçar-nos de todas as formas por alcançá-lo. Não obstante, o leitor que não visa a disputas logo reconhecerá que através de passagens como esta o apóstolo desejava provar que o objetivo de toda a lei consiste em encorajar-nos ao cultivo do amor recíproco. Devemos, pois, suprir o que ele deixou passar em silêncio, dizendo que a obediência aos magistrados não é algo de somenos importância para se fomentar a paz e preservar o amor fraternal.

10. O amor não faz mal ao próximo. Ele prova, a partir de seus efeitos, que o termo *amor* contém tudo quanto nos é ensinado em todos esses mandamentos. Aqueles que se acham dotados de genuíno amor jamais pensarão em injuriar seus irmãos. Toda a lei nos proíbe somente uma coisa: fazer alguma sorte de mal a nosso próximo. Isto, portanto, estaria relacionado com o presente propósito de Paulo. Visto que os magistrados são os guardiães da paz e da equidade, aqueles que desejam que cada indivíduo preserve seus direitos, e que todos os homens estejam livres de toda e qualquer injúria, devem, pois, defender com o máximo de seu empenho o ofício dos magistrados. Ao contrário, os inimigos da ordem pública é que desejam trazer ruína. A reiteração que Paulo faz de que o amor é o cumprimento da lei deve ser entendida, como antes, no sentido daquela parte da lei que se relaciona com a sociedade humana. Não se faz aqui qualquer alusão à primeira tábua da lei, a qual trata de nossa relação cultual com Deus.

11. E digo isso a vós que conheceis o tempo: que já é o tempo oportuno de vos despertardes do sono; porque nossa salvação está agora mais perto de nós do que quando no princípio cremos.
12. Vai alta a noite e o dia vem chegando. Deixemos, pois, as obras das trevas, e revistamo-nos das armas da luz.
13. Andemos honestamente, como em pleno dia, não em orgias e bebedices, não em impudicícias e dissoluções, não em contendas e ciúmes;
14. mas revesti-vos do Senhor Jesus Cristo, e nada disponhais para a carne, no tocante a suas concupiscências.

11. Hoc enim, quum noverimus tempus, quia hora est qua jam è somno expergiscamur (nunc enim propior est salus nostra quàm quum creddimus,)

12. Nox progressa est, dies verò appropinquavit: abjiciamus ergo opera tenebrarum, et induamus arma lucis.

13. Sicut in die decenter ambulemus; non comessationibus neque ebrietatibus, neque cubilibus neque lasciviis, neque contentione neque æmulatione:

14. Sed induamini Dominum Iesum Christum, et carnis curam ne agatis ad concupiscentias.

11. E digo isto a vós que conheceis o tempo. Ele agora começa outra forma de exortação. Visto que os raios da vida celestial começaram a brilhar sobre nós, à semelhança do alvorecer do dia, então devemos fazer nossas obras como pessoas que vivem em pleno dia. Estas se revestem de muita prudência para não praticar alguma ação ignóbil ou que traga desonra, pois se vierem a praticar algo ofensivo, têm consciência de estar em meio a um grande número de testemunhas. Muito mais nós, portanto, que evitemos toda sorte de vileza, uma vez que nos achamos continuamente diante dos olhos de Deus e de seus anjos; e somos intimados por Cristo mesmo, o verdadeiro Sol da justiça, a olhar sempre para o semblante de Deus.

Portanto, à guisa de síntese, as palavras significam: "Visto que temos consciência de que o tempo oportuno chegou para se despertar do sono, desvencilhemo-nos de tudo quanto é próprio da noite. É mister que nos desvencilhemos de todas as obras das trevas, uma vez que estas já se acham dispersas, e busquemos a realização das obras da luz, caminhando com firmeza como em pleno dia." A sentença, **por-**

que nossa salvação está agora mais perto de nós do que quando no princípio cremos, tem função parentética e é de caráter metafórico, não devendo ter uma significação à parte do todo. Pelo termo **noite** o apóstolo indica a ignorância acerca de Deus, e todos quantos são mantidos nessa ignorância vagueiam como sonâmbulos em meio às trevas. Os incrédulos laboram arqueados debaixo de dois males, a saber: a *cegueira* e a *estupidez*. Esta estupidez Paulo, um pouco mais adiante, denomina de **sono**, que é, diz ele, a imagem da morte. Pelo termo **luz** ele indica a revelação da verdade divina, através da qual Cristo, o Sol da justiça, nasce sobre nós.[11] Pela sentença, **despertar do sono**, ele indica que devemos estar armados e prontos para fazer o que o Senhor requer que façamos. As **obras das trevas** são os atos vergonhosos e ímpios, pois a noite, diz ele, é cheia de escândalos. As **armas da luz** significam as ações nobres, sóbrias e castas, as quais geralmente são praticadas à plena luz do dia. O apóstolo diz *armas*, em lugar de obras, porque toda nossa milícia é no serviço do Senhor. As palavras iniciais, **E digo isso**, devem ser lidas à parte, pois elas dependem da doutrina previamente expressa pelo apóstolo, e significam, como o termo latino *adhaec* ou *praeterea*, ou seja 'além disso' ou 'ademais'. O **tempo**, diz ele, é conhecido dos crentes, visto que o chamamento divino e o dia da visitação [divina] demandam uma nova vida e uma nova conduta. Ele, pois, adiciona, à guisa de explicação, que este é o *tempo oportuno* para acordarmos. Καιρός, em vez de χρόνος, denota o momento certo, ou a oportunidade certa.[12]

---

[11] A explicação anterior de *noite* e *dia*, como aqui implícita, não comporta o que depois se diz no versículo 12. A distinção entre noite e dia, quando a ignorância e o conhecimento estão em pauta, e a noite e dia de um cristão, deve ser claramente realçada.
Que o presente estado dos crentes, sua condição neste mundo, está implícito aqui pelo termo 'noite', e seu estado de glória futura está implícito pelo termo 'dia', parece evidente à luz das palavras que se seguem: "porque nosssa salvação está mais perto agora do que quando cremos." Salvação aqui como em 8.24 e em 1 Pedro 1.9, significa salvação completada e aperfeiçoada, o pleno desfruto de todas as bênçãos. Aliás, em nenhum outro sentido pode ser apropriado o que se diz aqui de noite e dia. A noite da ignorância pagã já passou para os cristãos, e o dia da luz evangélica não estava se aproximando, mas já tinha despontado.

[12] As palavras καὶ τοῦτο, segundo *Beza*, *Grotius*, *Mede* e outros, conectam o que se segue com a exortação anterior ao amor. Mas todo o teor do que se segue de modo algum favo-

Porque agora a salvação está mais perto de nós. Esta passagem é variadamente mal interpretada. Muitos conectam a palavra *cremos* ao tempo da lei, como se Paulo estivesse dizendo que os judeus haviam crido antes da vinda de Cristo. Contudo, rejeito este conceito como dissonante e forçado. Seguramente, seria um absurdo aplicar uma verdade geral a uma pequena porção da Igreja. Havia mui poucos judeus em todo o grupo para quem ele escrevia. Esta linguagem muito menos se aplica adequadamente aos romanos. Além do mais, sua comparação entre noite e dia, em minha opinião, remove esta dificuldade. A afirmação, portanto, parece-me estar em perfeita sintonia com o seguinte: "Nossa salvação está agora mais perto do que quando começamos a crer", e se refere ao tempo anterior à fé deles. Visto que o advérbio tem um sentido indefinido, esta afirmação do apóstolo é muito mais apropriada à luz do que vem a seguir.

12. Vai alta a noite e o dia vem chegando. Eis aqui a ocasião [oportuna] que havia mencionado. Embora os crentes não houvessem ainda sido recebidos na plena luz, ele com razão compara nosso conhecimento da vida por vir, a qual nos é manifestada pelo evangelho, com o raiar do dia. *Dia*, aqui, não significa, como em outros passos, a luz da fé (de outro modo não teria dito que ele [o dia] estava apenas se aproximando, mas que já se achava presente, e deveras já lança seus raios ao longo de seu percurso). Mas, ao contrário, significa o bendito esplendor da vida celestial, cujas reverberações já vislumbramos no evangelho. O que ele nos está dizendo, em síntese, é o seguinte: assim que Deus começa a chamar-nos, é mister que dirijamos nossa atenção para a vinda de Cristo, assim como concluímos pelos primeiros indícios do dia que a plena luz do sol de fato está chegando.

rece este ponto de vista. O tema é totalmente diferente. É evidentemente um novo tema de exortação, como diz *Calvino*, e as palavras devem ser traduzidas como ele propõe, ou devem ser consideradas como elípticas; estando subentendida a palavra 'digo', ou 'ordeno', segundo *Macknight*: "Isso também *digo* eu, visto que conheceis o tempo" etc. Se adotarmos 'ordeno' ou 'além do mais', como faz *Calvino*, seria melhor considerar a partícula ειδότες no sentido de um imperativo, estando εστε subentendido, com vários exemplos em 12.9, 16, 17.

Ele diz que a *noite* vai alta, porque não estamos envolvidos por densas trevas, como os incrédulos que não conseguem ver sequer uma fagulha de vida. O evangelho põe diante de nossos olhos a esperança da ressurreição. De fato, a luz da fé, pela qual descobrimos que a plenitude do resplendor da glória celestial está chegando, deve despertar-nos e livrar-nos de um viver despreocupado em nossa jornada terrena. Em seguida, ao nos intimar a andarmos na luz como em pleno dia, ele deixa de aplicar a mesma metáfora, pois passa a comparar nosso presente estado ao dia, no qual Cristo brilha em nós. Paulo pretendia, de várias maneiras, exortar-nos às vezes a meditar sobre a vida por vir e às vezes a tratar Deus com toda reverência.

13. Não em orgias e bebedices, não em impudicícias e dissoluções, não em contendas e ciúmes. Ele menciona aqui três gêneros de vícios, cada qual referido em dupla, ou seja os vícios da *intemperança*, os vícios da *luxúria* carnal, conectados com o *comportamento* de ciúmes e contendas. Se tais ações são tão vexatórias que mesmo as pessoas carnais se sentem embaraçadas em cometê-las na presença de seus semelhantes, nós, que andamos na luz de Deus, devemos definitivamente evitar praticá-las, mesmo quando longe dos olhares humanos. Ainda que mencione contendas antes de ciúmes, no terceiro grupo, Paulo indubitavelmente tencionava instruir-nos, dizendo que a origem das disputas e contendas vem da mesma fonte, pois quando alguém busca a preeminência, predomina a inveja mútua. A ambição é a causa de ambos os males.[13]

14. Mas revesti-vos do Senhor Jesus Cristo. Esta metáfora ocorre com muita frequência na Escritura, quando se trata daquilo que dignifica ou degrada uma pessoa. Ambos os fatores podem ser vistos em seu vestir. Uma vestimenta suja e rota lhe traz humilhação;

---

13 O caso é o mesmo com os dois exemplos anteriores; o vício que parece vir em seguida é posto primeiro. Diversão é mencionado primeiro, embora bebedice venha antes; e concubinato, ou a entrega a paixões ilícitas, é declarado primeiro, embora lascívia ou libertinagem seja a fonte da qual procede. É um exemplo do modo de escrever do apóstolo, semelhante ao que encontramos em 11.29 quanto a "os dons e a vocação de Deus", e no versículo 33, quanto a "a sabedoria e o conhecimento de Deus".

enquanto que uma vestimenta limpa e bela lhe conquista a admiração. *Revestir-se de Cristo* significa, aqui, ser defendido de todos os lados pelo Espírito Santo, o que nos torna aptos a desincumbir-nos de todos os deveres da santidade. Desta forma a imagem de Deus, que é o único ornamento genuíno da alma, é renovada em nós. Paulo tem em vista o propósito de nossa vocação, visto que Deus, ao adotar-nos, nos enxerta no corpo de seu Filho unigênito com esta exigência: que renunciemos nossa vida anterior e nos tornemos novo homem nele.[14] Por esta razão, ele afirma noutra passagem que os crentes, no batismo, *se revestem* de Cristo [Gl 3.27].

E nada disponhais para a carne, no tocante a suas concupiscências. Quanto trazemos ainda conosco de nossa carne é algo que não podemos ignorar, pois embora nossa habitação esteja no céu, todavia somos ainda peregrinos na terra. Devemos, pois, dar a devida atenção às coisas que se relacionam com nosso corpo, mas somente como acessórios em nossa peregrinação, e não para que nos levem a olvidar nosso lar celestial. Até mesmo os pagãos afirmam que a natureza se contenta com pouco; mas, na verdade, os apetites do homem são insaciáveis. Todos quantos, pois, desejam satisfazer suas aspirações carnais acabam não só na prática de extravagâncias, mas também dando um mergulho nas próprias profundezas da concupiscência.

O apóstolo refreia nossos desejos e nos lembra que a causa de toda intemperança é não nos contentarmos com o uso sóbrio e legítimo de nossas possessões. Ele, pois, estabelece a seguinte regra: que envidemos todo esforço em suprir as necessidades de nossa carne, sem permitir, contudo, que se desenfreie em luxúrias. Esta é a maneira pela qual devemos usar este mundo sem dele abusarmos [1Co 7.31].

---

14 Muitos têm explicado o 'vestir' aqui de uma meneira totalmente inconsistente com a passagem, como se vestir a justiça de Cristo estivesse em foco. Calvino mantém o que se harmoniza com o contexto, no sentido em que vestir-se de Cristo é ser sua santa imagem. O tema da passagem é santificação, e não justificação. Vestir-se de Cristo, pois, é vestir-se de suas virtudes e graças, vestir-se ou revestir-se de seu Espírito para imitar sua conduta e aderir a seu exemplo.

Capítulo 14

1. Acolhei ao que é débil na fé, não, porém, para [discutir] assuntos polêmicos.
2. Um crê que pode comer de tudo, mas o débil come legumes;
3. quem come de tudo não deve desprezar ao que não come; e aquele que não come de tudo não deve julgar ao que come; porque Deus o acolheu.
4. Quem és tu que julgas o servo alheio? Para seu próprio senhor está em pé ou cai; mas estará em pé, porque o Senhor é poderoso para mantê-lo de pé.

1. Eum verò qui fide est imbecilla, suscipite, non ad disceptationes quæstionum.
2. Qui credit, vescatur quibusvis: qui autem infirmus est, olera edit.
3. Qui edit, non contemnat eum qui abstinet; et qui abstinet, eum non condemnet qui edit: Dominus enim illum suscepit.
4. Tu quis es qui judicas alienum servum? proprio Dominio stat vel cadit. Stabit verò: potens est enim Deus efficere ut stet.

1. Acolhei ao que é débil na fé. O apóstolo se transpõe para um preceito particularmente indispensável para a instrução da Igreja. Aqueles que atingem os cumes do conhecimento da doutrina cristã devem acomodar-se aos menos experientes, envidando todos seus esforços para que as fraquezas de tais pessoas sejam supridas. Alguns dentre o povo de Deus são mais frágeis que outros, os quais, se não forem tratados com grande ternura e paciência, se desanimam e finalmente desertam da religião. É provável que tal tenha sido o caso naquela época em particular, pois as igrejas eram compostas tanto de judeus como de gentios. Alguns haviam vivido por muito tempo sob o regime dos ritos da lei mosaica e se nutrindo deles desde a tenra idade; por isso, renunciá-los não era algo fácil. Outros, contudo, jamais haviam aprendido tais coisas, e por isso recusavam sujeitar-se a tal jugo, porquanto não tinham nenhuma afinidade com tais costumes.¹

Os homens são natural e demasiadamente inclinados a deslizar de uma diferença de opinião para uma disputa acirrada ou controvérsia. O apóstolo, pois, mostra como os que mantêm opiniões distintas podem viver juntos sem desavença. Portanto, aqui ele prescreve a melhor maneira de se fazer isso. Aqueles que possuem maior resistência devem empregá-la na assistência aos fracos; enquanto que aqueles que alcançaram maior progresso devem enfrentar com paciência os inexperientes. Caso Deus nos faça mais fortes que outros, ele não nos faz robustos com o fim de oprimirmos os fracos. Nem tampouco é próprio da sabedoria cristã usar de insolência com o fim de menosprezar a alguém. Assim, pois, ele volve suas observações para os mais experientes e para os que já se acham confirmados. Estes estão em maior obrigação de auxiliar a seu próximo [fraco], visto que já receberam do Senhor maior medida de graça.

Não, porém, para [discutir] assuntos polêmicos.² Esta frase é incompleta, visto estar faltando o verbo necessário para completar o sentido. É evidente, contudo, que Paulo quis dizer simplesmente que os fracos não devem ser molestados com discussões desgastantes. Por isso é bom nos lembrarmos das hipóteses das quais ele então passa a tratar. Ainda quando muitos dos judeus se achavam

---

1 Alguns, como *Haldane*, têm achado falha nessa classificação, como nada havendo no capítulo que a contenha. Mas, como o objetivo do apóstolo, por toda a epístola, era conciliar judeus e gentios, há razão suficiente para considerá-los como os dois partidos aqui pretendidos. E como *Chalmers* com razão observa, é mais provável que os gentios fossem os desprezadores, visto que os judeus que, como Paulo, tinham vencido seus preconceitos, estavam sem dúvida dispostos a olhar com simpatia para seus irmãos.

2 *Non ad disceptationes quæstionum*, μὴ εἰς διακρίσεις διαλογισμῶν; "non ad altercationes disceptationum – não para altercações de disputas" ou debates, *Beza*; "não para debates sobre questões duvidosas", *Doddridge*; "não para envolver-se em disputas triviais", *Macknight*. Ambas as palavras estão no plural; portanto não se pode dar à primeira o sentido de 'julgar', como faz *Hodge*; pois nesse caso ela estaria no singular. As palavras podem ser traduzidas "não para as soluções de dúvidas". Um dos significados da primeira palavra, segundo *Hesychius*, é διάλυσις – desamarrar, liberar, dissolver; e para a última, vejam-se Lucas 24.38 e 1 Timóteo 2.8.

presos às sombras da lei, eles estavam – o apóstolo o admite – errados em proceder assim. Não obstante, ele solicita que fossem perdoados por algum tempo, pois pressioná-los com demasiada severidade poderia equivaler o desfibramento de sua fé.[3] Ele chama de *assuntos polêmicos* as questões que perturbam as mentes ainda não completamente estabelecidas, ou que ainda se digladiam com suas dúvidas contundentes. Entretanto, podemos expandir esta frase, tentando eliminar dela algumas questões espinhosas e difíceis que têm gerado inquietação e confusão nas consciências frágeis, sem propiciar-lhes edificação alguma. Devemos, pois, considerar as questões que cada um pode suportar, acomodando nossa doutrina à capacidade individual.

2. Um crê que pode comer de tudo. Não consigo discernir qual das diversas traduções Erasmo seguiu. Ele mutilou a sentença, ainda que a mesma esteja completa na fraseologia de Paulo; e, em vez de usar o artigo relativo, incorretamente pôs 'outro' em lugar de 'crê'. Não deve parecer dissonante nem forçado se tomarmos o infinitivo pelo imperativo, pois Paulo mui frequentemente adota esse estilo de linguagem.[4] Ele, pois, refere-se àqueles que se acham bem firmados em sua consciência como *crentes*, e permite-lhes o uso de todas as coisas sem qualquer distinção. Entrementes, o fraco [de consciência] come legumes e se abstém de tudo quanto entende estar-lhe proibido. Se alguém preferir a versão popular, então significará ser errôneo que alguém coma livremente de todas as coisas, visto acreditar ser-lhe lícito exigir a mesma regra daqueles que ainda são imaturos e cuja fé ainda é frágil. É absurda a tradução da palavra no sentido de *enfermo*, como o fazem alguns.

---

3 As observações de *Scott* sobre este versículo são notáveis e apropriadas: "Não obstante", diz ele, "a autoridade com que Cristo revestiu seus apóstolos, e a infalibilidade com que enunciaram sua doutrina à humanidade, prevaleceram diferenças de opinião mesmo entre os cristãos reais; nem Paulo, com sua expressa decisão e ordem, tentou pôr-lhes um ponto final.

4 Isso é verdade, mas a presente passagem parece não requerer tal construção. As sentenças são declarativas, anunciando um fato acerca de dois partidos: um cria que podia comer de tudo; o outro, comia somente vegetais. O relativo ὅς, quando repetido, às vezes significa 'um', como no versículo 5 e em 1 Coríntios 11.21; e o artigo ὁ está aqui para essa repetição.

3. E aquele que crê que pode comer de tudo não deve julgar ao que não come. O apóstolo confronta as deficiências de ambas as partes de uma forma sábia e apropriada. Aqueles que são mais fortes possuem a seguinte deficiência: menosprezam e até mesmo ridicularizam aqueles que se acham enredados por escrúpulos triviais, porquanto ainda vivem saturados de superstições estapafúrdias. Estes, em contrapartida, não deixam de julgar temerariamente, condenando o que não compreendem. Tudo quanto vêem ser praticado contrariamente a seu modo pessoal de entender, passam a considerar como sendo pecaminoso. Paulo, pois, adverte aos primeiros que refreiem sua indiferença; e, aos últimos, [que refreiem] seus escrúpulos excessivos. A razão que ele adiciona, visto aplicar-se a ambos os grupos, está relacionada às duas sentenças. Diz ele: "Ao perceberes que alguém está bem iluminado pelo conhecimento de Deus, então deves saber que tal pessoa, inquestionavelmente, recebeu tudo do Senhor. Mas, se o desprezas, ou o condenas, então deves saber que estás desprezando alguém que foi graciosamente recebido pelo Senhor."

4. Quem és tu que julgas o servo alheio? Assim como não deves agir com descortesia, e muito menos com arrogância, se desejas forçar um servo alheio a obedecer a tuas leis, e passas a medir todas suas ações pelo crivo de teus critérios pessoais, então deves saber, com certeza, que estás condenando um servo de Deus por algo só porque ele não te agrada. Não é tua a responsabilidade de prescrever o que ele deve ou não fazer, e nem mesmo necessita ele de viver em consonância com teus padrões.

Ao despir-nos o apóstolo do direito de julgar, sua referência é tanto à pessoa quanto a seus atos. Entretanto, há uma acentuada diferença entre estes dois elementos. Em referência ao homem, devemos deixá-lo, bem como tudo quanto ele é, à responsabilidade do tribunal divino. Em referência a seus atos, não devemos julgar com base em nossa opinião pessoal, mas com base na Palavra de Deus. O juízo que extraímos da Palavra de Deus não é nem humano nem estranho. Neste ponto, pois, o apóstolo deseja guardar-nos de formular qualquer juízo precipitado. Este é o erro em que caímos quando ousamos pronunciar juízo contra a conduta humana sem o endosso da Palavra de Deus.

Para seu próprio senhor ele está em pé ou cai. Isso significa que o Senhor, propriamente dito, tem o poder tanto para desaprovar quanto para aprovar a ação de seu servo. Os que tentam apropriar-se desse poder estão ofendendo o próprio Senhor. Ao adicionar, **mas estará em pé**, o apóstolo não só nos ordena a não condenarmos, mas também nos exorta a exercermos misericórdia e benevolência, de modo tal que jamais percamos a esperança no tocante àqueles em quem vemos algo que pertence a Deus. O Senhor nos tem dado motivo de esperança de que confirmará plenamente e levará à perfeição a todos quantos em quem começou a obra de sua graça.

Ele não argumenta simplesmente a partir do poder de Deus, como se estivesse afirmando que ele pode fazer isso caso o queira, mas, segundo a maneira usual da Escritura, ele conecta a vontade de Deus a seu poder. Entretanto, ele não está falando aqui de alguma obrigação permanente, como se aqueles a quem Deus uma vez ergueu devam ficar em pé até o fim, mas simplesmente nos exorta a nutrirmos boa esperança, e que nosso juízo esteja inclinado nesta direção. Assim também nos ensina em outra passagem: "Estou plenamente certo de que aquele que começou boa obra em vós há de completá-la até o dia de Cristo Jesus" [Fp 1.6]. Resumindo, ele nos mostra de que forma costumam julgar aqueles em quem o amor é forte.

5. Um faz diferença entre dia e dia; outro julga iguais todos os dias. Cada um tenha opinião bem definida em sua própria mente.	5. Hic quidem diem præ die æstimat; ille autem peræquè æstimat omnem diem. Unusquisque sententiæ suæ certus sit.
6. Quem distingue entre dia e dia, para o Senhor o faz; e quem come, para o Senhor come, porque dá graças a Deus; e quem não come, para o Senhor não come, e dá graças a Deus.	6. Qui curat diem, Domino curat; qui non curat diem, Domino non curat. Qui vescitur, Domino vescitur, gratias enim agit Deo; et qui abstinet, Domino abstinet, et gratias agit Deo.

5. Um faz diferença entre dia e dia. O apóstolo havia falado justamente de escrúpulos na escolha de alimentos. Ele agora adiciona outro exemplo em relação à distinção entre os dias. Ambos têm sua origem no judaísmo. Ora, o Senhor, na lei, faz distinção entre os alimentos, e pronuncia que alguns são impuros e proíbe sua utilização. Ele também designa festas e dias solenes, e ordena que sejam observados. Os judeus, pois, que eram conduzidos desde sua infância na doutrina da lei, não podiam descartar a reverência por certos dias, os quais haviam recebido desde o princípio, e aos quais estavam solidamente acostumados ao longo de toda sua vida. Nem mesmo ousavam tocar aqueles alimentos dos quais se haviam abstido por tão longo período. Defender tais opiniões era um sinal inconteste de sua fraqueza. Possuíam um claro e seguro conhecimento da liberdade cristã, e provavelmente acalentavam diferentes pontos de vista. Mas para eles era um sinal de piedade abster-se daquilo que acreditavam ser lícito, assim como era um sinal de presunção e desdém agir contrariamente a sua consciência.

O apóstolo, pois, nos ministra aqui mui sábia diretriz, quando recomenda que cada um esteja bem consciente de seu propósito. O que ele pretende com isso é que os cristãos incrementem a obediência com tal prudência, que nada façam se não crêem, ou, antes, se não têm certeza de que é do agrado de Deus.[5] Devemos ter sempre em mente que o princípio do genuíno viver consiste em que o homem dependa da vontade de Deus, e não se permita que mova sequer um dedo caso não tenha certeza ou vacile em sua mente. Ultrapassar os limites de nossa convicção é agir irrefletidamente e precipitar-nos velozmente no abismo da arrogância. Não é difícil responder à objeção de que o erro está sempre acompanhado de dúvidas e

---

5 "Unusquisque sententiæ suæ certus sit"; ἕκαστος ἐν τῷ ἰδίῳ πληροφορείσθω; "unusquisqu[e] in animo suo plenè certus esto – que cada um esteja plenamente certo em sua própri[a] mente", *Beza, Pareus*; "que cada um esteja convicto em sua mente", *Macknight*; "que cada um livremente nutra sua própria opinião", *Doddridge*. Este último é de forma alguma [...] sentido. Nossa própria versão é a melhor e mais literal: "que cada homem esteja ple[na]mente persuadido em sua própria mente"; e com a qual concorda perfeitamente [a] exposição de *Calvino*. Para o significado do verbo aqui, veja-se 4.21.

perplexidades, e de que a certeza que Paulo requer não pode ser encontrada naquele que é fraco. Tais pessoas devem ser perdoadas, desde que se mantenham dentro de seus próprios limites. O único desejo de Paulo era refrear a indevida permissividade que envolve a muitos, como que por acidente, em questões de dúvida e incerteza. Ele, pois, exige que escolhamos bem a fim de que a vontade de Deus esteja em primeiro lugar em cada uma de nossas ações.

6. Quem distingue entre dia e dia, para o Senhor o faz. Uma vez que Paulo sabia muito bem que a observância de dias era procedente da ignorância em relação a Cristo, não cremos que ele saísse em campo em sincera defesa de tal corrupção. E no entanto suas palavras parecem subentender que aqueles que observam dias não estão cometendo nenhuma agravante, porque Deus só pode aceitar o que vem de sã consciência. É necessário, pois, caso queiramos entender seu propósito, distinguir entre a opinião nutrida por alguns acerca dos dias a serem observados e a própria observância à qual se acham comprometidos. A opinião humana é supersticiosa, e Paulo não nega isso. Aliás, ele já a condenou ao denominá-la de *fraqueza*, e uma vez mais fará isso de forma ainda mais franca. Se alguém se vê emaranhado por tal superstição, então hesita em violar a solenidade de um dia, e Deus condena tal atitude, visto que o indivíduo hesita em fazer algo com sua consciência espicaçada pela dúvida. É lícito a um judeu fazer algo caso não haja ainda se libertado da supersticiosa observância de dias? Ele tem a Palavra do Senhor na qual se recomenda a observância de dias. A necessidade de tal observância é-lhe imposta pela própria lei, mas ele ainda não percebe que ela já foi abolida. Não há nada que possa fazer senão esperar por uma revelação mais plena, e a restringir-se aos limites de sua própria capacidade, nem pode ele desfrutar a bênção da liberdade sem que seja ela abraçada pela fé.[6]

---

6 Tem-se sugerido como pergunta, por alguns, se o Sábado cristão está incluído aqui. O próprio tema em mãos prova que não. O tema em discussão é a observância dos dias judaicos, como em Gálatas 4.10 e Colossenses 2.16, e não o que pertenciam aos cristãos em comum.

Temos que formar a mesma opinião também com referência àqueles que se abstêm de alimentos impuros. Se porventura comem num estado de incerteza, tal significa que não receberam a bênção das mãos divinas, senão que lançaram mão do que é proibido. Portanto, que façam uso de outras coisas que acreditem serem permitidas, e obedeçam na medida de seu próprio entendimento. E assim darão **graças ao Senhor**, o que jamais fariam se não cressem que de fato foram alimentados pela liberalidade divina. Não nos é lícito menosprezá-los por esta conta, como se houvessem ofendido ao Senhor pelo uso dessa continência e devota restrição. Nem há absurdo algum em dizermos que a auto-restrição de uma pessoa tão débil seja reprovada por Deus, mas porque Deus a tolera com aquela indulgência de Pai celestial.

Paulo com razão exigiu que haja certeza em nossa mente, para que ninguém lance mão de seu próprio critério em defesa de uma ou outra observância. Devemos, pois, considerar se na presente passagem ele não esteja antes exortando que afirmando. A frase ficará mais legível se a lermos assim: "Que cada um esteja convicto do que faz, porque terá de dar conta de tudo ante o tribunal celestial. Pois se alguém come ou se abstêm de comer, ele deve levar em conta a pessoa de Deus." Certamente que nada é melhor calculado, tanto para coibir qualquer liberdade arbitrária no julgar quanto em corrigir qualquer superstição, do que a idéia de sermos convocados a comparecer ante o tribunal divino. Por esta razão Paulo sabiamente põe diante de cada indivíduo o Juiz ante cujo arbítrio terá que apresentar tudo o que faz. A forma afirmativa da sentença não depõe contra esta interpretação, porquanto Paulo adiciona imediatamente a seguir: *Porque nenhum de nós vive para si mesmo nem morre para si mesmo*. Ele não está aqui discutindo o que o homem *pode* fazer, mas lhe mostra o que *deve* fazer.

Notemos também o que ele diz: quando comemos para o Senhor, ou nos abstemos de comer [por causa dele], lhe *damos graças*. Daí, o comer e o não-comer são impuros onde não há ações de graças. É tão-somente o *Nome* de Deus, quando o invocamos, que santifica tanto a nós mesmos quanto a nossas ações.

7. Porque nenhum de nós vive para si mesmo, nem morre para si mesmo. 8. Pois, se vivemos, para o Senhor vivemos; se morremos, para o Senhor morremos. Quer, pois, vivamos ou morramos, somos do Senhor. 9. Foi precisamente para esse fim que Cristo morreu e ressurgiu, para ser Senhor tanto de mortos quanto de vivos.	7. Nemo enim nostrum sibi ipsi vivit, et nemo sibi moritur. 8. Sive enim vivimus, Domino vivimus; sive morimur, Domino morimur; sive vivimus sive morimur, Domini sumus. 9. In hoc enim et mortuus est Christus, et resurrexit, et revixit,[7] ut vivis dominetur et mortuis.

7. Porque nenhum de nós vive para si mesmo. Ele agora confirma a sentença anterior, argumentando a partir do todo para a parte. Não é necessário que nos sintamos surpresos pelo fato de as ações pessoais de nossa vida estarem relacionadas com o Senhor, uma vez que a própria vida deve ser totalmente devotada a sua glória. A vida de um cristão só está devidamente ordenada quando ela visa à vontade divina como seu objeto máximo. Mas se todas nossas ações não se acham relacionadas com sua vontade, é completamente errôneo evitar fazer algo que consideramos desagradá-lo, quando, deveras, o que somos não nos convence de que o agradamos.

8. Vivemos para o Senhor. Esta expressão não tem o mesmo sentido de 6.11, ou seja *vivos para Deus em Cristo Jesus*, por meio de seu Espírito, mas significa ser conformado a sua vontade e prazer, bem como para ordenar todas as coisas para sua glória. Nem devemos só *viver para o Senhor*, mas também *morrer para o Senhor*, ou seja tanto nossa morte quanto nossa vida devem ser entregues a sua vontade. E ele nos apresenta a melhor das razões para isso, a saber: **quer, pois, vivamos quer morramos, somos do Senhor.** Deduz-se daqui que Deus detém o poder sobre nossa vida e nossa morte. A aplicabilidade desta doutrina

---

[7] As palavras καὶ ἀνέστη, são descartadas por *Griesbach* como sendo espúrias, e ele substitui ἔζησεν por ἀνέζησεν. Não há nenhuma diferença no sentido. Apenas concorda com o estilo do apóstolo o acréscimo de palavras de conteúdo afim à guisa de mais ênfase, como se dá com frequência com os profetas.

é muitíssimo ampla. Deus reivindica tal poder sobre a vida e a morte para que cada um de nós suporte sua própria condição na vida como um jugo a ele imposto por Deus. É precisamente para isso que Deus designa a cada pessoa sua posição e curso na vida. E assim somos não só proibidos de tentar fazer algo precipitadamente, sem uma ordem expressa de Deus, mas somos também convocados a exercer a paciência em todo sofrimento e perda. Se, pois, de vez em quando a carne se desvencilha diante da adversidade, lembremo-nos de que aquele que não é livre para dispor de si mesmo perverte a lei e a ordem se não depender da vontade de seu Senhor. Assim também descobrimos a regra pela qual aprendemos a viver e a morrer, a saber: se ele fortalece nossa vida em meio a contínua luta e desfalecimento, não devemos ansiar pela morte antes do tempo [determinado por ele]. Contudo, se porventura de súbito ele nos chama no vigor de nossa vida, então que estejamos sempre prontos para nossa partida.

9. Foi precisamente para este fim que Cristo morreu e ressurgiu. Esta é a confirmação do argumento já apresentado. Com o fim de provar que devemos viver e morrer para o Senhor, o apóstolo diz que, quer vivamos quer morramos, estamos no poder de Cristo. Ele agora mostra como Cristo corretamente envia este poder sobre nós, visto que nos adquirira por um preço muitíssimo elevado. Ao suportar a morte para que fôssemos salvos, ele adquiriu para si mesmo um domínio que jamais poderá ser destruído pela morte; e, ao ressuscitar, ele tomou posse de toda nossa vida como sua propriedade peculiar. Por sua morte e ressurreição, portanto, ele nos capacitou para servir à glória de seu nome, tanto na morte quanto na vida. O termo *ressurgiu* significa que um novo estado de vida foi conquistado por ele em sua ressurreição. E visto que a vida que ele agora desfruta não está sujeita a mudança, então esse domínio que ele exerce sobre nós é igualmente eterno.

10. Tu, porém, por que julgas teu irmão?[8] e tu, por que desprezas o teu? Pois todos compareceremos perante o tribunal de Cristo.
11. Como está escrito: Por minha vida, diz o Senhor, diante de mim se dobrará todo joelho, e toda língua dará louvores a Deus.
12. Assim, pois, cada um de nós dará contas de si mesmo a Deus.
13. Não nos julguemos mais uns aos outros; pelo contrário, tomai o propósito de não pordes tropeço ou escândalo a vosso irmão.

10. Tu verò quid judicas fratrem tuum? aut etiam tu, quid contemnis fratrem tuum? Omnes enim sistemur ad tribunal Christi:
11. Scriptum est enim, Vivo ego, dicit Dominus, mihi flectetur omne genu, et omnis lingua confitebitur Deo.
12. Unusquisque igitur de se rationem reddet Deo.
13. Quare ne ampliùs judicemus alius alium: sed hoc judicate potiùs, ne lapsus occasio detur fratri aut offendiculum.

10. Tu, porém, por que julgas teu irmão? Uma vez tendo relacionado com Cristo a vida e a morte de todos nós, ele passa deste ponto para a descrição do juízo que o Pai conferiu ao Filho juntamente com seu domínio sobre o céu e a terra. O apóstolo conclui deste fato que usurpar alguém o poder de julgar seu irmão é algo mui impudente e pretensioso, pois ao assumir tal liberdade ele rouba de Cristo, nosso Senhor, o poder que tão-somente ele recebeu do Pai.

Em primeiro lugar, ao usar o termo *irmão*, ele restringe este desejo de exercer juízo. Se o Senhor instituiu entre nós uma sociedade de irmãos, então é mister que se observe a igualdade. Portanto, qualquer um que assume o papel de juiz está se comportando insolentemente. Em segundo lugar, ele nos traz à memória o único e genuíno Juiz, cujo poder ninguém pode remover e de cujo tribunal ninguém pode escapar. Portanto, seria algo absurdo que um cristão arrogasse para si a liberdade de julgar a consciência de seu irmão, assentado no tribunal, como se seu irmão fosse um criminoso e devesse ser lançado ao escabelo do juiz. Tiago argumenta quase nos mesmos termos, quando diz: "Quem julga seu irmão julga a lei", e: "Se tu julgas a lei, então não és um praticante da lei, e, sim,

---

8 Aparece da ordem das palavras σὺ δέ – e ἤ καὶ σὺ, τί – que o discurso foi dirigido a dois partidos: "Mas tu, que és fraco, por que condenas teu irmão? E também tu, que és forte, por que desprezas teu irmão?"

juiz." Novamente diz: "Somente um é o Legislador e Juiz, Aquele que é capaz de salvar e de destruir" [Tg 4.11-12]. O *tribunal* que Paulo designa a Cristo significa sua autoridade de julgar, assim como a voz do arcanjo, por meio da qual seremos convocados, é em outro lugar denominada *trombeta* [1Ts 4.16], porque seu terrível som vibrará poderosamente nas mentes e ouvidos de todos.

11. Porque está escrito: Por minha vida, diz o Senhor. Paulo parece ter citado esta passagem do profeta não tanto para provar o que ele dissera sobre o juízo de Cristo, pois este não era pomo de discórdia entre os cristãos, mas para mostrar que todos devemos aguardá-lo com humildade e submissão. Este é o sentido da passagem. O apóstolo, portanto, primeiramente declarou em suas próprias palavras que o julgamento de todos os homens está no poder exclusivo de Cristo. Ele agora mostra, usando as palavras do profeta, que toda carne será estremecida pela expectação daquele julgamento. Isso é o que significa *dobrar os joelhos*. O Senhor prediz nesta passagem de Isaías que sua glória será conhecida entre todas as nações, e que sua majestade permeará cada recanto do mundo, ainda que naquele tempo ela estivesse escondida entre umas poucas pessoas, em algum canto obscuro da terra. Contudo, se atentarmos mais detidamente para a matéria, perceberemos que o cumprimento desta profecia ainda não se concretizou, e nunca terá lugar neste mundo, nem mesmo devemos esperá-lo em alguma época futura. No tempo presente, o governo de Deus no mundo se dá somente através do evangelho, e sua majestade é justamente honrada só quando ela se faz notória pela pregação de sua Palavra revelada. Mas a Palavra de Deus sempre contou com seus inimigos gratuitos, os quais obstinadamente se lhe opõem; sim, com seus escarnecedores que a ridicularizam, como se ela fosse uma mera fábula e um alvo de zombaria. Tal estirpe de zombadores vive entre nós, no presente, e estará sempre presente no futuro. À luz deste fato se faz evidente que esta profecia começa na presente vida, mas que não atingirá seu pleno cumprimento até aquele dia em que a ressurreição final se concretizar, quando os inimigos de Cristo forem lançados no pó como estrado de seus pés. Mas isso não se dará enquanto o Senhor não assentar-se no tribunal do juízo. Paulo, pois, corretamente aplicou esta profecia ao tribunal de Cristo.

Esta passagem é também mui notável para confirmar nossa fé na eterna *Deidade* de Cristo. É Deus quem fala aqui, o Deus que uma vez por todas declarou que jamais cederá sua glória a outrem [Is 42.8]. Ora, se o que ele reivindica para si é cumprido somente em Cristo, é além de qualquer dúvida que ele se revela em Cristo. A inquestionável verdade desta profecia foi abertamente revelada quando Cristo reuniu para si um povo dentre o mundo inteiro, e o restaurou para ser adorador de sua majestade e obediente a seu evangelho. Foi a isso que Paulo referiu em Filipenses 2.9,10, quando disse que Deus conferiu a Cristo um nome, à menção do qual todo joelho se dobraria. Isso será plenamente revelado quando ele subir a seu trono de juízo para julgar os vivos e os mortos, e isso porque todo o julgamento celestial e terreno lhe foi conferido pelo Pai.

Eis as palavras do profeta: "Diante de mim se dobrará todo joelho, e jurará toda língua" [Is 45.23]. Visto, porém, que um juramento é uma forma de culto divino, as palavras que Paulo usa – *confessará* – transmitem o mesmo significado.[9] O Senhor desejou simplesmente afirmar que todos os homens devem não só reconhecer a majestade divina, mas também confessar sua obediência a Deus, tanto pela boca como pelos gestos externos do corpo, os quais ele designou pela expressão *dobrar os joelhos*.

12. Cada um de nós dará contas. Esta conclusão nos remete ao quebrantamento e à humildade do espírito. Paulo imediatamente conclui deste fato que não somos juízes uns dos outros. Não nos é

A passagem é de Isaías 45.23. Em dois exemplos, o apóstolo dá o sentido e não as palavras. Em vez de "jurei por mim mesmo", ele dá a forma do juramento: "Como eu vivo." Essa é a forma como Deus jura por si mesmo, ou, seja, por sua vida – a existência eterna. Então a conclusão do versículo em hebraico é: "toda língua jurará", isto é, "a mim". Jurar a Deus ou por seu nome é prometer-lhe lealdade, professar ou confessar seu nome [Sl 43.11; Is 68.1; Sf 1.5. O apóstolo, pois, é plenamente fiel em sua interpretação do idioma hebraico, quando diz: "toda língua confessará a Deus."

permitido usurpar a função de exercer juízo, pois nós mesmos nos submeteremos ao juízo e daremos contas de nós mesmos.

O verbo *julgar* traz diversos significados, e o apóstolo, de forma mui apropriada, o usou em sentidos opostos. Em primeiro lugar, ele nos proíbe de julgar no sentido de *condenar*. Em segundo lugar, ele nos manda aplicar todo o juízo de nossa razão com o fim de evitar escândalo. Indiretamente, ele reprova os censores malignos que empregam toda sua perícia em descobrir erros na vida de seus irmãos. Ele, pois, os intima a exercerem, antes, a prudência, visto que, por sua negligência, com frequência têm expostos seus irmãos a uma jornada por entre as pedras de tropeço.[10]

14. Eu sei, e estou persuadido no Senhor Jesus, que nada é de si mesmo impuro, salvo para aquele que assim o considera; para esse é impuro.	14. Novi et persuasus sum in Domino Iesu, nihil commune per se esse; nisi qui existimat aliquid esse commune, ei commune est.
15. Se por causa de comida teu irmão se entristece, já não andas segundo o amor fraterno. Não destruas com tua comida aquele por quem Cristo morreu.	15. Verùm si propter cibum frater tuus contristatur, jam non secundum charitatem ambulas; ne cibo tuo illum perdas, pro quo Christus mortuus est.
16. Não seja, pois, vituperado vosso bem.	16. Ne vestrum igitur bonum hominum maledicentiæ sit obnoxium:
17. Porque o reino de Deus não é comida nem bebida, mas justiça e paz e alegria no Espírito Santo.	17. Non enim est regnum Dei esca et potus; sed justitia, et pax, et gaudium in Spiritu Sancto.
18. Pois aquele que desse modo serve a Cristo é agradável a Deus e aprovado pelos homens.	18. Qui enim servit per hæc Christo, acceptus est Deo, et probatus hominibus.

14. Eu sei que nada é de si mesmo impuro. Com o fim de antecipar a objeção de quem já havia alcançado um progresso tal no evange-

---

10 As duas palavras, πρόσκομμα e σκάνδαλον, significam quase a mesma coisa, mas com esta diferença: que a primeira parece ser um empecilho ou obstáculo que ocasiona tropeço ou queda; e a outra é um obstáculo que interrompe ou impede o avanço no caminho [Mt 16.23]. As duas partes, os fortes e os fracos, estão aqui evidentemente em questão: os primeiros não deviam, ao comerem, pôr tropeço no caminho dos irmãos fracos; nem os fracos, ao condenarem, deviam ser um entrave ou impedimento no caminho dos fortes, de modo que os impedissem de continuar seu curso. Assim vemos que a tolerância deve ser cultivada por ambos os grupos.

lho de Cristo que já não fazia qualquer distinção entre os alimentos, primeiramente o apóstolo nos mostra que opinião devemos formar acerca de alimentos quando considerados em sua natureza inerente. Ele, pois, adiciona que podemos pecar no uso de tais alimentos. Declara, pois, que nenhum alimento é impuro para aquele que é justo e possui uma consciência pura, e que o único obstáculo para se fazer um mau uso de alimentos tem sua origem na ignorância e no erro. Se alguém acredita que existe algum gênero de impureza em sua comida, então não poderá se servir dela livremente. Acrescenta logo a seguir, contudo, que nossa avaliação não deve limitar-se apenas aos alimentos, em si mesmos, mas também a nossos irmãos, em cuja presença comemos. Não devemos tratar o uso das bênçãos divinas com tal indiferença que nossa utilização delas não esteja sujeita ao amor. Portanto, as palavras significam: "Eu sei que todos os alimentos são puros, e por isso permito que useis deles livremente. Concordo que vossa consciência deve ser livre de todos os escrúpulos. Em suma, não vos privo simplesmente dos alimentos em si mesmos, mas gostaria que os pusésseis de lado completamente para só pensardes no bem-estar de vosso próximo, não o negligenciando."

Impuro, aqui, significa o que é profano e usado indiscriminadamente pelos ímpios. É o oposto daquelas coisas que são peculiarmente santificadas pelo uso do povo fiel. Paulo diz que sabe, e que está plenamente persuadido, de que todo e qualquer alimento é [em sua própria natureza] puro. Ele faz isso com o fim de remover toda e qualquer dúvida acerca de sua pureza. Ainda adiciona: **no Senhor Jesus**, porque é por sua graça e favor que todas as criaturas, as quais foram, por outro lado, amaldiçoadas em Adão, são abençoadas pelo Senhor, para nosso uso.[11] Não obstante, ele queria, ao mesmo tempo,

---

11 [444] Para extrair este significado, o qual é por si só verdadeiro, *Calvino* teria construído a sentença assim: "Eu sei, estou persuadido, que através do Senhor Jesus nada é por si mesmo impuro"; mas esse não é o significado. O que o apóstolo diz é que ele sabia, e estava plenamente certo pelo Senhor Jesus, isto é, pelo ensino de sua Palavra e seu Espírito, que nada era em si mesmo impuro, estando agora todas as distinções cerimoniais removidas e abolidas.

colocar a liberdade conferida por Cristo em oposição à servidão da lei, para que não pensassem que estavam presos a uma observância da qual Cristo os libertara. A exceção que Paulo faz nos ensina que não há nada tão puro que não seja contaminado por uma consciência corrompida. É tão-somente a fé e a piedade que santificam todas as coisas para nosso uso. Visto que os incrédulos são impuros interiormente, eles maculam tudo quanto tocam [Tt 1.15].

15. Se por causa de comida teu irmão se entristece. O apóstolo agora mostra em quantas maneiras é possível o escândalo que provocamos em nossos irmãos, prejudicando o uso de coisas que [em si mesmas] são boas. A primeira razão consiste em que o amor é violentado se nosso irmão se entristece por um motivo tão banal, pois levar alguém a entristecer-se é contrário ao amor. A segunda [razão] consiste em que o valor do sangue de Cristo é destruído quando a consciência frágil é ferida; porquanto, mesmo o irmão mais desprezível foi redimido pelo sangue de Cristo. É intolerável, pois, que o mesmo devesse ser destruído por uma questão de requinte gastronômico. Seremos entregues a nossas luxúrias com um vilipêndio além de toda medida caso nossa preferência seja posta em comida acima de Cristo, coisa essa totalmente banal.[12] A terceira razão consiste nisto: se a liberdade que Cristo conquistou para nós é boa, então devemos procurar que a mesma não seja difamada pelos homens, nem vituperada com razão; e isso sucede quando abusamos das dádivas divinas. Estas razões devem guardar-nos de incorrermos negligentemente em escândalos pelo mau uso de nossa liberdade.[13]

---

12 À luz das palavras "não destuas" etc. alguns têm deduzido a idéia de que aqueles por quem Cristo morreu pudessem perecer para sempre. Não é sábio nem justo extrair conclusão desse tipo; pois isso é negado por muitas declarações positivas da Escritura. A inferência do homem, quando contrária à Palavra de Deus, não pode estar certa. Além disso, o objetivo do apóstolo nesta passagem é claramente este: exibir o pecado dos que desconsideravam o bem de seu irmão, bem como mostrar o que esse pecado poderia fazer, sem dizer que ele realmente efetuava esse mal.

13 "Vestrum bonum", ὑμῶν τὸ ἀγαθόν. Alguns, tais como *Grotius* e *Hammond*, *Scott*, *Chalmers* e outros, concordam com *Calvino*, e vêem este 'bem' ou privilégio como sendo a liberdade cristã, ou a isenção das observâncias cerimoniais [1Co 10.29]; mas *Orígines*, *Ambrósio*, *Teodoreto*, *Mede* e outros consideram que o evangelho está implícito. A primeira opinião é a consistente com a passagem.

17. Porque o reino de Deus não é nem comida nem bebida. Ele agora nos ensina, em contrapartida, que nossa abstinência não nos leva a nenhuma perda de nossa liberdade, uma vez que o reino de Deus não consiste dessas coisas. Seja qual for a ofensa que resulte, não devemos, de forma alguma, omitir aqueles deveres que se relacionam, seja para o estabelecimento ou para a preservação do reino de Deus. Se por causa do amor podemos abster-nos do uso de alimentos sem trazer qualquer desonra ao nome de Deus, sem prejudicar o reino de Cristo, ou sem escandalizar a consciência dos piedosos, não podemos tolerar os que trazem conturbação à Igreja por causa de comida. Ele usa argumentos similares em sua Primeira Epístola aos Coríntios: "Os alimentos são para o estômago, e o estômago, para os alimentos; mas Deus destruirá tanto estes como aqueles. Porém o corpo não é para a impureza, mas para o Senhor; e o Senhor, para o corpo" [1Co 6.13]. E prossegue: "Não é a comida que nos recomendará a Deus, pois nada perderemos se não comermos, e nada ganharemos se comermos" [1Co 8.8]. Ele desejava mostrar-nos com isso que a comida e a bebida são de mui pouco valor para serem causa de empecilho no avanço do evangelho.

Mas justiça e paz e alegria no Espírito Santo. Ele não contrastou estes elementos com comida e bebida ao longo de seu argumento com o propósito de enumerar tudo quanto constitui o reino de Cristo, mas de mostrar que esse reino consiste de coisas espirituais. Não obstante, ele sumariou em poucas palavras tudo quanto o evangelho significa, a saber: a consciência do bem moral, a paz com Deus e a posse da genuína alegria da consciência, através da habitação do Espírito Santo em nós. Como já disse, ele aplicou estes poucos atributos a seu presente argumento. Aqueles que se têm tornado participantes da genuína justiça desfrutam da mais excelente e inestimável bênção, a saber: a tranquila paz da consciência. O que mais desejariam aqueles que desfrutam de paz com Deus?[14]

---

14 O que se diz sem dúvida procede com respeito ao reino de Deus; mas ao considerar o que se diz depois nos dois versículos seguintes, não podemos concordar com esta exposição.

Ao conectar *paz* com *alegria*, ele está expressando, creio eu, o caminho desta alegria espiritual, porque, por mais desatentos e insensíveis sejam os réprobos, a consciência só se deleita e se alegra quando sente Deus reconciliando-se com ela e sendo-lhe favorável. Só esta paz pode produzir genuína alegria. Ainda que fosse do interesse de Paulo declarar, ao mencionar estes grandes dons, que o Espírito era o Autor deles, nesta passagem ele desejava sugerir o contraste que existia entre o Espírito e as bênçãos externas, para que soubéssemos que podemos desfrutar de todos os dons que pertencem ao reino de Deus sem o uso de comida.

18. Pois aquele que deste modo serve a Cristo. Paulo extrai seu argumento dos efeitos. Quando alguém é aceito por Deus e aprovado pelos homens, o reino de Deus não pode senão vicejar e frutificar perfeitamente nele. Os que servem a Cristo em justiça, com uma consciência tranquila e saturada de paz, se recomendam tanto a Deus quanto aos homens. Portanto, sempre que a justiça, a paz e a alegria espirituais se fazem presentes, o reino de Deus se revela pleno em todas suas partes. Ele não consiste, pois, de coisas materiais. Aquele que obedece à vontade divina, diz Paulo, é aceitável a Deus e, declara ele, é aprovado pelos homens, visto que estes não podem fazer outra coisa senão dar testemunho daquela virtude que vêem com seus próprios olhos. Com isso não se quer dizer que os perversos sempre vão poupar os filhos de Deus. Realmente, mesmo quando não há ocasião, às vezes os cumulam de muitos insultos e difamam os inocentes com falsas declarações. Numa palavra, eles convertem as boas ações em erros através de sua interpretação maliciosa. Paulo, contudo, está se referindo aqui ao julgamento justo, e este está isento de mau humor, de ódio, ou de superstição.

Justiça, paz e alegria, mencionadas aqui, são coisas aceitáveis a Deus e *aprovadas* pelos homens. Então devem ser coisas aparentes e visíveis, que os homens podem ver e observar; e seguir "as coisas da paz" tem a ver com a conduta. 'Justiça', pois, aqui significaria fazer o que é certo e justo em relação uns aos outros; 'paz', concórdia e unanimidade, como opostas à discórdia e contendas; 'alegria', o fruto desse estado pacífico, um profundo deleite, um mútuo regozijo, em vez de dor e tristeza ocasionadas pela discórdia; e estas "procedem do Espírito Santo" e são produzidas por ele; e as falsas religiões não podem apresentar semelhanças de tais virtudes e graças [veja-se Gl 5.22, 23].

19. Assim, pois, seguimos as coisas que contribuem para a paz e para a edificação uns dos outros.
20. Não destruas a obra de Deus por causa da comida. É verdade que todas as coisas são limpas, mas é nocivo para o homem comer com escândalo.
21. É bom não comer carne, nem beber vinho, nem fazer qualquer outra coisa com que teu irmão venha a tropeçar.

19. Proinde quæ pacis sunt, et ædificationis mutuæ, sectemur.
20. Ne propter cibum destruas opus Dei. Omnia quidem pura, sed malum est homini qui per offensionem vescitur.
21. Bonum est non edere carnem, nec vinum bibere,[15] nec aliud facere in quo frater tuus concidat, vel offendatur, vel infirmetur.

19. Assim, pois, seguimos as coisas que contribuem para a paz. O apóstolo agora usa de muita habilidade para levar-nos a volver a atenção da mera consideração de comidas para aqueles dotes mais elevados que devem assumir o plano em todas nossas ações, a fim de que os mesmos exerçam o comando de nossa conduta. É mister que comamos para viver; é mister que vivamos para servir ao Senhor. Tal pessoa serve ao Senhor para a edificação de seu próximo pela demonstração de bondade e cortesia. Em ambas estas coisas – *harmonia* e *edificação* – se acham embutidos quase todos os deveres do amor. Para impedir que isso fosse tido como algo de pouca importância, o apóstolo reitera a opinião que expressara antes, a saber: que o alimento corruptível é de pouquíssimo valor para ser causa da destruição do edifício do Senhor. Onde houver mesmo que seja uma pequena fagulha de piedade [cristã], aí podemos discernir a obra de Deus; e aqueles que perturbam a consciência de alguém, por ser ainda mui débil, por meio de uma conduta inconsequente, destroem esta obra de Deus.

É mister que notemos agora como o apóstolo conecta *edificação* com *paz*, visto que ocasionalmente os que se mostram tão generosos em fazer concessões uns aos outros trazem muito prejuízo com

---

15 Jerônimo às vezes empregava a primeira parte deste versículo com o propósito de estimular o monasticismo; e ao desconectá-lo de seu contexto, ele obteve uma passagem bem adequada a seu propósito. Inclusive *Erasmo* condenou tão vergonhosa perversão.

sua demasiada liberalidade. Devemos, pois, em nosso zelo, ao abrir concessão uns aos outros, fazer discriminação e considerar o que é proveitoso, de modo a alegremente dar a nosso irmão tudo quanto sirva para enriquecer sua salvação. Por isso, Paulo, noutra passagem, nos admoesta: "Todas as coisas são lícitas, mas nem todas as coisas convêm", apresentando imediatamente a razão: "mas nem todas as coisas edificam" [1Co 10.23-24].

20. Paulo efetivamente reitera a mesma idéia: **Não destruas a obra de Deus por causa de tua comida**,[16] e quer dizer com isso que não está exigindo abstinência, caso ela envolva algum prejuízo à piedade, segundo já afirmara. Ainda que não comamos tudo quanto gostaríamos, mas nos abstenhamos do uso de alimentos, caso isso traga benefício a nossos irmãos, todavia o reino de Deus permanece íntegro.

Todas as coisas, na verdade, são limpas. Ele concorda que todas as coisas são puras, mas faz uma exceção, adicionando: **mas é nocivo para o homem comer com escândalo**. É como se dissesse: "A comida é boa, mas é nocivo o escândalo que ela pode causar." Toda alimentação nos foi dada para que nos alimentemos, contanto que não ofendamos o amor. Portanto, fazer violência ao amor por causa de comida é tornar impuro aquilo que é em si mesmo puro. Ele conclui deste fato que é bom abster-se de algo que pode gerar escândalo a nossos irmãos.[17]

22. A fé que tens, tem-na para ti mesmo perante Deus. Bem-aventurado é aquele que não se condena naquilo que aprova.	22. Tu fidem habes? apud teipsum habe coram Deo. Beatus qui non judicat seipsum in eo quod examinat.

---

16 Esta é uma sentença semelhante, porém não a mesma, que se encontra no versículo 15. O verbo é diferente, κατάλυε; que significa desfazer, soltar, derrubar.

17 O que aqui se diz prova o que se declarou numa nota sobre o versículo 13, ou, seja, que σκάνδαλον é um mal menor que πρόσκομμα, só que a idéia de tropeço, em vez de obstrução ou impedimento, é dada aqui à primeira palavra. O apóstolo ainda adota, por assim dizer, a escala ascendente. Ele primeiro menciona o efeito mais óbvio, a queda real, o mal extremo, e então passa para o obstáculo no caminho; e, em terceiro lugar, o enfraquecimento da fé do indivíduo. A ordem real do processo é o reverso – o enfraquecimento, então o impedimento e, por fim, o tropeço que ocasiona a queda.

23. Mas aquele que tem dúvidas é condenado, se comer, porque o que faz não provém de fé; e tudo o que não provém de fé é pecado.

23. Qui verò dijudicat si comederit condemnatus est; quia non ex fide: quicquid verò non est ex fide, peccatum est.

22. A fé que tens, tem-na para ti mesmo perante Deus. A fim de conduzir sua discussão a um clímax, o apóstolo mostra em que constitui a importância da liberdade cristã. Ao proceder assim, ele evidencia que aqueles que não sabem como governar a si próprios no uso dela estão fazendo uma falsa ostentação da liberdade. Portanto, diz ele que, já que nosso conhecimento da liberdade tem sua origem na fé, ela particularmente olha para Deus. Aqueles, pois, que possuem uma certeza desse gênero devem viver felizes com a paz de consciência diante de Deus. Não é necessário que provem aos olhos dos homens que a possuem. Segue-se, pois, que, se ofendermos nossos irmãos fracos, comendo carne, tal procedimento revela um capricho maldoso de nossa parte, visto que não somos compelidos por alguma forte compulsão de assim proceder. Podemos facilmente observar como esta passagem é mal interpretada por alguns comentaristas que deduzem dela isto: não há problema algum em alguém observar certas cerimônias fúteis e supersticiosas, desde que sua consciência permaneça íntegra diante de Deus. Como o próprio contexto o demonstra, Paulo não teve tal intenção. As cerimônias são designadas para o culto divino, e são também uma parte de nossa confissão. Aqueles que separam fé de confissão roubam o sol de seu calor. Paulo, todavia, não está tratando desta questão aqui, mas, sim, está apenas argumentando acerca de nossa liberdade em fazer uso de comida e bebida.

Bem-aventurado é aquele que não se condena naquilo que aprova. Ele deseja ensinar-nos aqui, primeiramente, como podemos licitamente fazer uso dos dons divinos; e, em segundo lugar, quão grande empecilho é a ignorância quando deixamos de conduzir os inexperientes a vencerem os limites de suas fraquezas. A verdade geral que ele afirma é a seguinte: "A pessoa que não tem consciência de delitos é feliz, visto que ela examina detidamente o que faz." Isso se aplica a tudo quanto fazemos. Muitos omitem os piores crimes sem sentir qualquer escrúpulo na consciência, mas procedem assim devido a que fecham seus olhos e se precipitam desordenadamente, deixando-se arrastar pela intemperança de sua carne cega e desenfreada. Existe uma grande diferença entre estupidez e discernimento. Aquele, pois, que sabe discriminar o que faz é *feliz*, contanto que não seja picado por alguma acusação em sua consciência em chama, quando honestamente pesa e pondera sobre o que está fazendo. Esta é a única segurança que pode fazer nossas obras agradáveis a Deus. Assim Paulo remove a vã escusa que muitos apresentam em prol de sua ignorância, visto que seu erro está mesclado de indolência e negligência. Se boa intenção (como é chamada) fosse suficiente, o exame pelo qual o Espírito de Deus avalia as obras humanas, nesta questão, não seria necessário.[18]

23. Mas aquele que tem dúvida é condenado. O apóstolo usa uma palavra única e bem escolhida para expressar o estado de uma mente que oscila e está incerta do necessário curso de ação. *Duvidar* significa mudar de uma posição para outra e permanecer em suspenso entre vários planos de ação sem saber que rumo tomar. O principal elemento nas boas obras é a certeza e serena segurança de uma mente que está cônscia de estar agindo corretamente diante de Deus. Portanto, nada é mais oposto à aprovação de nossas obras do que uma mente sobressaltada e confusa.[19] Quisera Deus que esta verdade fosse bem implantada nas mentes humanas! Devíamos estar atentos somente para aquilo sobre o qual a mente está persuadida de ser aceitável a

---

18 A vesão de *Calvino* é: "Beatus qui non judicat seipsum in eo quod examinat", μακάριος ὁ μὴ κρίνων ἑαυτὸν ἐν ᾧ δοκιμάζει; a última parte é traduzida por *Beza* e *Piscator*, "in eo quod approbat – naquilo que ele aprova"; por *Doddridge*, "na coisa que ele admite"; por *Macknight*, "pelo que ele aprova." A referência é sem dúvida ao forte que tinha 'fé', que cria que todos os alimentos são lícitos. O verbo significa experimentar, examinar, bem como aprovar; mas o último parece ser seu significado aqui.

19 O grego é ὁ διακρινόμενος, "aquele que discerne", isto é, a diferença entre os alimentos; assim *Doddridge*, *Macknight* e *Chalmers* consideram ser este seu sgnificado. *Beza* tem "qui dubitat – quem duvida". A palavra usada por *Calvino* é *dijudicat*, que propriamente significa julgar entre coisas, discernir, porém segundo sua exposição significa julgar de duas formas, ficar indeciso.

Deus. Se assim fosse, não veríamos tantas pessoas em determinadas e confusas situações de sua vida, vacilantes, a arrastar-se de um lado para outro sob um cego impulso, indo aonde sua imaginação as leva. Pois se nosso modo de viver obedecesse a esta moderação, de tal maneira que nem sequer um pedaço de pão fosse tocado com uma consciência mordida pela dúvida, quão maior cautela empregaríamos na prática daquilo cujas consequências são da maior importância!

E tudo o que não provém de fé é pecado. A razão para esta condenação consiste em que qualquer obra, por mais excelente ou distinta pareça ser, é considerada pecado, a menos que esteja fundamentada na retidão da consciência. Deus não leva em conta a aparência externa, e, sim, a obediência interna do coração. Disto depende unicamente o valor de nossas obras. Que sorte de obediência é esta se alguém realiza uma tarefa da qual não está persuadido de ser aprovada por Deus? Portanto, onde tal dúvida existe, aquele que vai de encontro ao testemunho de sua consciência é com muitíssima razão acusado de prevaricação.

A palavra *fé*, aqui, significa uma sólida persuasão da mente e uma inabalável certeza – e não apenas algum gênero de certeza, mas aquela que é oriunda da verdade de Deus. Confusão e incerteza, portanto, degenera todas nossas ações, por mais belas pareçam ser. Ora, visto que uma mente crente em Deus jamais encontrará seguro repouso em algo que não seja a Palavra de Deus, todas as formas de culto engendradas pelo homem, bem como todas as obras que se originam na mente humana, desaparecem aqui. Condenar tudo quanto não provém de fé significa rejeitar tudo quanto não pode encontrar o apoio e a aprovação da Palavra de Deus. Mas não basta que nossas ações sejam aprovadas pela Palavra de Deus, a não ser que nossa mente, dependendo desta conclusão, se prepare solicitamente para a obra que se acha diante de nós. O primeiro princípio, pois, do reto viver, para que nossas mentes não vivam em constante incerteza, consiste em repousarmos confiadamente na Palavra de Deus, fazendo o que ela nos manda.

Capítulo 15[1]

1. Ora, nós que somos fortes devemos suportar as debilidades dos fracos, e não agradar-nos a nós mesmos.
2. Portanto, que cada um de nós agrade a seu próximo no que é bom para edificação.
3. Porque também Cristo não agradou a si mesmo; antes, como está escrito: As injúrias dos que te ultrajavam caíram sobre mim.

1. Debemus autem nos qui potentes sumus, infirmitates impotentium portare, et non placere nobis ipsis:
2. Unusquisque enim nostrum proximo placeat in bonum, ad ædificationem.
3. Etenim Christus non placuit sibi ipsi; sed quemadmodum scriptum est, Opprobria exprobrantium tibi, ceciderunt super me.

1. Ora, nós que somos fortes devemos suportar as debilidades dos fracos. Para evitar que aqueles que haviam feito mais progresso do que outros no conhecimento de Deus concluíssem de forma injusta que uma responsabilidade maior lhes seria imposta, o apóstolo mostra que a força pela qual excediam aos demais lhes fora concedida com o propósito de sustentar os fracos e de guardá-los de caírem. Assim como Deus destina aqueles a quem conferiu uma cultura superior a que instruam os ignorantes, também confia àqueles a quem ele faz fortes o dever de sustentar os fracos com sua força. O propósito de todos os dons da graça é que sejam assim comunicados aos membros de Cristo. Portanto,

---

[1] Intdoduzido aqui, como a conclusão do último capítulo, por *Griesbach* e outros colecionadores de manuscritos, são os últimos três versículos da Epístola [vv. 25-27]. Parece que o maior número de cópias está em favor deste arranjo, aprovadas pelos pais gregos e as versões Siríaca e Arábica. Em favor da presente ordem, como em nossa versão, há alguns bons manuscritos, os pais latinos e a Vulgata.

quanto mais fortes somos em Cristo, tanto mais obrigados somos de apoiar os fracos.[1]

Quando afirma que o cristão não deve buscar seu próprio deleite, ele quer dizer que este não deve canalizar seus esforços visando a sua satisfação pessoal, como costuma ser o caso daqueles que vivem contentes com seu próprio critério sem revelar qualquer preocupação pelos demais. Esta admoestação é muito oportuna ao presente tema. Nada faz mais para obstruir ou delongar nosso serviço prestado a outras pessoas do que o excessivo egoísmo que nos leva a negligenciá-las e a seguir nossos próprios planos e desejos.

2. Que cada um de nós agrade a seu próximo. Ele nos ensina aqui que somos obrigados a buscar os interesses dos outros, e portanto é nosso dever dar-lhes satisfação e aquiescer-lhes. Não há exceção: devemos aquiescer às necessidades de nossos irmãos quando temos condição de fazê-lo segundo a Palavra de Deus, visando a sua edificação.

Há duas proposições expressas aqui: (1) Não devemos contentar-nos com nosso próprio juízo, nem aquiescer aos nossos próprios desejos, senão que devemos, em todas as ocasiões, labutar e esforçar-nos para agradar a nossos irmãos. (2) Quando desejarmos aquiescer às necessidades de nossos irmãos, então que olhemos para Deus, para que nosso objetivo seja a edificação deles. A maioria dos homens nunca fica satisfeita, a não ser que se satisfaçam seus desejos. Mas se quisermos agradar muitos deles, nossa preocupação não estará concentrada tanto em sua salvação, mas sobretudo em suportar seus desvarios. Devemos, pois, levar em conta não o que lhes é conveniente, mas o que buscam para sua própria ruína; nem devemos esforçar-nos por agradar àqueles cujo único prazer é sua própria maldade.

---

1 A palavra para 'forte' é δυνατοί, 'capaz', a qual *Calvino* traduz potente, poderoso ou capaz. Os fortes eram mais avançados em conhecimento e em piedade. Tinham que 'suportar', βαστάζειν, no sentido de levar ou sustentar as debilidades dos fracos, *impotentium*, 'os incapazes', ἀδυνάτων, os que eram incapazes de levar seus próprios fardos. O dever não é meramente suportar ou tolerar a fraqueza (pois esse não é o significado do verbo), mas socorrer e ajudar os fracos e os débeis a levá-la. A tradução mais literal é:
"Então o que é capaz deve suportar (ou levar) as debilidades dos incapazes."

3. Porque também Cristo não agradou a si mesmo. Se o dever de um servo consiste em não recusar nada de tudo quanto seu senhor toma para si, seria completa loucura querermos desvencilhar-nos da obrigação de tolerar as fraquezas de outrem. Porquanto Cristo, em quem nos gloriamos como nosso Senhor e Rei, sujeitou-se a nossas fraquezas. Ele abriu mão de tudo quanto lhe pertencia por direito e devotou-se completamente a nós. Ele é o perfeito cumprimento das palavras do salmista, que diz entre outras coisas: "Pois o zelo de tua casa me consumiu, e as injúrias dos que te ultrajavam caem sobre mim" [Sl 69.9]. Com estas palavras o salmista quis dizer que em seu interior ardia com tal paixão pela glória de Deus, e era dominado por um desejo tal de expandir seu reino, que esqueceu-se de si mesmo e se sentia devorado por um único pensamento: que se dedicara tanto ao Senhor que entristecia-se em seu coração sempre que via o santo *Nome* de Deus exposto às blasfêmias dos ímpios.[2]

A segunda parte do versículo, a qual menciona "as injúrias proferidas contra Deus", pode ser interpretada de duas maneiras. Pode significar, primeiramente, que Cristo fora tão afetado pelas injúrias sofridas por Deus, que as suportava como se foram proferidas contra sua própria pessoa. Também pode significar que ele sentia profunda tristeza quando via o mal praticado contra Deus, como se fora ele mesmo o responsável por tal ultraje. Mas se Cristo reina em nós, como deve reinar em todos aqueles que crêem nele, então este sentimento será também forte em nossos próprios corações, de modo que qualquer desonra feita à glória de Deus nos atormentará tanto como se fora feita contra nós próprios. Fora com aqueles para quem as mais ardentes orações são para que desfrutem das mais excelentes honras entre aqueles que tratam o *Nome* de Deus com as mesmas blasfêmias, têm a Cristo sob as plantas de seus pés, e não só mutilam

---

2 A intenção de produzir o exemplo de Cristo aqui é associar o desinteresse [pessoal]. Ele renunciou a si próprio em prol da glorificação de Deus na salvação dos homens. Assim seus seguidores devem mostrar o mesmo espírito; devem renunciar a si próprios e suportar os trabalhos, as dificuldades, o sofrimento e as humilhações, se necessário for, a fim de socorrer e assistir seus irmãos em Cristo.

seu evangelho com extremo abuso, mas também perseguem-no com fogo e ferro. Portanto, não é seguro nem sensato receber tais honras de quem não só desdenha de Cristo, mas também usa e abusa dele.

4. Pois tudo quanto outrora foi escrito, para nosso ensino foi escrito, a fim de que, pela paciência e pela consolação das Escrituras, tenhamos esperança. 5. Ora, o Deus de paciência e consolação vos conceda o mesmo espírito de unidade, segundo Cristo Jesus, 6. para que concordemente, e com uma só boca, glorifiquemos o Deus e Pai de nosso Senhor Jesus Cristo.	4. Quæcunque enim antè scripta sunt, in nostram doctrinam sunt scripta, ut per patientiam et consolationem Scripturarum spem habeamus. 5. Deus autem patientiæ et consolationis det vobis idem mutuò cogitare secundum Christum Iesum; 6. Ut uno animo, uno ore, glorificetis Deum et Patrem Domini nostri Iesu Christi.

4. Pois tudo quanto outrora foi escrito. Esta é uma aplicação de sua ilustração. O propósito do apóstolo era impedir que alguns de seus leitores concluíssem que sua exortação à imitação de Cristo era demasiadamente forçada. "Não há nada – diz ele – na Escritura que não contribua de alguma forma para vossa instrução e para o treinamento de vossa vida."[3]

Esta notável passagem nos revela que os oráculos de Deus não contêm nada de supérfluo e inútil. Ao mesmo tempo, também nos instrui que é pela leitura da Escritura que crescemos na vida de piedade e santidade. Portanto, é mister que nos esforcemos e leiamos tudo quanto nos foi dado na Escritura. Seria lançar um insulto ao Espírito Santo imaginar que tudo quanto ele nos transmitiu [na Escritura] não nos traz proveito algum ao conhecimento. Saibamos também que tudo quanto aprendemos na Escritura nos conduz ao progresso da piedade. Ainda que Paulo esteja se referindo ao Velho Testamento, devemos manter a mesma opinião no tocante aos escritos apostólicos. Pois se o Espírito de Cristo é o mesmo em toda

---

3 "O objetivo deste versículo não é tanto mostrar a propriedade de aplicar a Cristo a passagem citada dos Salmos, como mostrar que os fatos registrados nas Escrituras se destinam a nossa instrução." – *Hodge*.

parte, é plenamente certo que ele acomodou seu ensino visando à edificação de seu povo de nosso tempo, através dos apóstolos, como fizera antigamente através dos profetas. Desta passagem também se deduz uma excelente refutação contra os fanáticos que defendem a tese de que o Velho Testamento se acha abolido, e que o mesmo não desfruta nenhuma relevância entre os cristãos. Teriam eles a impertinência de afastar os cristãos daqueles livros que, como Paulo testifica, foram destinados por Deus para a salvação deles?

Ao adicionar, **a fim de que, pela paciência e pela consolação das Escrituras, tenhamos esperança**,[4] ele não inclui todos os benefícios que nos advêm da Palavra de Deus, senão que, sucintamente, realça seu principal objetivo. Porque a obra primordial das Escrituras é soerguer aqueles que estão preparados pela paciência e fortalecidos pela consolação para a esperança da vida eterna, bem como para conservar seus pensamentos fixos nela. Alguns traduzem a palavra *consolação* por *exortação*. Não faço nenhuma objeção a isso, exceto que consolação e paciência se adequam melhor, visto que paciência tem sua origem na consolação. Somente quando Deus tempera nossas asperezas com consolação é que nos sentimos prontos para suportá-las com paciência. A paciência dos crentes não é aquela intrepidez imposta pelos filósofos, mas, sim, aquela mansidão por meio da qual espontaneamente nos submetemos a Deus quando o aroma de seu bondoso e paternal amor nos suaviza todas as dores. Esta paciência nutre e sustenta em nós a esperança para que a mesma não desfaleça.

5. Ora, o Deus de paciência e consolação vos conceda o mesmo espírito de unidade. Deus é denominado pelo efeito que ele produz. O apóstolo previamente atribuiu este efeito às Escrituras, mas por razões distintas. Tão-somente Deus é o Autor da paciência e da consolação, visto que ele inspira ambos estes atributos em nossos corações pelo Espírito Santo, e todavia usa sua Palavra como instrumento para a consecução deste objetivo. Primeiramente, ele nos

---

4 Ou: Para que possuamos, desfrutemos ou retenhamos a esperança.

ensina o que são a genuína consolação e paciência, e então inspira e implanta este ensino em nossos corações. Tendo exortado e admoestado os crentes de Roma ao cumprimento de seu dever, Paulo agora se volta para a oração. Ele sabia perfeitamente que qualquer discussão em torno do dever individual redundaria em nada, a menos que Deus opere interiormente por seu Espírito o que ele expressou pela instrumentalidade da voz humana. A principal ênfase de sua oração consiste em que as mentes dos crentes desfrutem de genuína harmonia e para que aprendam a concordância mútua. Ao mesmo tempo, também mostra qual o vínculo desta unidade, a saber: que sejam unânimes **segundo Cristo Jesus**. Qualquer acordo que seja feito à parte de Deus é indigno; e por "à parte de Deus" quero dizer aquele acordo que ignora sua verdade.[5]

Para tornar nossa união em Cristo ainda mais recomendável, Paulo nos ensina quão indispensável é ela, visto que não podemos glorificar genuinamente a Deus a menos que os corações de todos os crentes estejam unidos para seu louvor, e suas línguas se expressem em perfeita harmonia. Não há razão, pois, para alguém blasonar que glorificará a Deus a seu próprio modo, pois Deus dá um valor tão elevado à unidade de seus servos que não permitirá que sua glória seja proclamada em meio a discórdias e controvérsias. Este pensamento por si só deveria ser suficiente para dominar os excessos de discórdias e controvérsias que ocupam as mentes de muitos em nossa presente época.

7. Portanto acolhei-vos uns aos outros, como também Cristo vos acolheu, para a glória de Deus.
8. Digo, pois, que Cristo foi constituído ministro da circuncisão, em prol da verdade de Deus, para confirmar as promessas feitas aos pais,

7. Itaque suscipite vos mutuò, quemadmodum Christus vos suscepit, in gloriam Dei.
8. Dico autem Iesum Christum ministerium fuisse circumcisionis super veritate Dei ad promissiones Patrum confirmandas:

---

5 Há uma diferença de opinião quanto à unidade contemplada aqui, se a é de sentimento ou opinião. A frase τὸ αὐτὸ φρονεῖν ocorre nos seguintes lugares: Romanos 12.16; 15.5; 2 Coríntios 13.11; Filipenses 2.2; 3.16; 4.2.

9. e para que os gentios pudessem glorificar a Deus por sua misericórdia, como está escrito: Por isso eu te louvarei entre os gentios, e cantarei a teu nome.
10. E outra vez diz: Alegrai-vos, gentios, com seu povo.
11. E ainda: Louvai ao Senhor, vós todos os gentios; e todos os povos o louvem.
12. Também Isaías diz: Haverá a raiz de Jessé, aquele que se levanta para governar os gentios; nele os gentios esperarão.

9. Gentes autem pro misericordia glorificare debent Deum; quemadmodum scriptum est, Propter hoc confitebor tibi inter Gentes et nomini tuo psallam:
10. Et rursum dicit, Exultate Gentes cum populo ejus;
11. Et rursum, Laudate Dominum omnes Gentes, et collaudate eum omnes populi.
12. Et rursum Iesaias dicit, Erit radix Jesse, et qui exurget ad imperandum Gentibus; in ipso Gentes sperabunt.

7. Portanto acolhei-vos uns aos outros. Paulo volta a sua exortação. Para isso, ele insiste em manter o exemplo de Cristo, o qual recebeu não um ou dois dentre nós, mas todos nós juntos, e nos uniu de tal maneira que devemos sustentar uns aos outros, caso queiramos permanecer em seu seio. Portanto, só confirmaremos nossa vocação se não nos apartarmos daqueles a quem o Senhor nos uniu.

A frase, **para a glória de Deus**, só pode referir a nós, ou a Cristo, ou a ambos, Cristo e nós juntamente. Prefiro o último sentido, significando: "Como Cristo tornou conhecida a glória do Pai, nos recebendo a todos em sua graça, quando ainda estávamos sem sua misericórdia, assim devemos estabelecer e confirmar esta união que temos em Cristo, a fim de também fazermos conhecida a glória de Deus."[6]

8. Digo, pois, que Cristo foi constituído ministro da circuncisão. Ele agora mostra como Cristo abraçou a todos nós, sem fazer qualquer distinção entre judeus e gentios, exceto o fato de ter ele sido prometido antes de tudo à nação judaica e particularmente

---

6 *In gloriam Dei*, εἰς δόξαν θεοῦ, isto é, a fim de manifestar a glória de Deus, ou, em outros termos, para que Deus seja gloirificado. Assim *Erasmo*, *Chalmers* e *Stuart*. Outros consideram esta 'glória' como aquilo que Deus concede, a felicidade eterna, segundo este significado: "Recebei uns aos outros em comunhão e fraternidade, como Cristo vos recebeu na glória do Pai", isto é, naquele glorioso estado que Deus providenciou e prometeu [Jo 17.24].

destinado a ela antes que viesse a se revelar aos gentios. Mas ele mostra que não havia diferença entre eles no que constituía a fonte de todas suas disputas, pois Cristo reuniu a ambos de seu miserável estado de dispersão; e, havendo-os reunido, introduziu-os no reino de seu Pai, a fim de formar um só rebanho, em um só aprisco, sob a regência do único Pastor. Portanto, declara o apóstolo, é certo que devam continuar unidos, sem menosprezar uns aos outros, visto que Cristo não menospreza a nenhum deles.

Portanto, ele toca primeiramente nos judeus, e diz que Cristo lhes fora enviado a fim de cumprir a verdade de Deus, concretizando as promessas que foram feitas aos patriarcas. Não é uma honra de somenos importância que Cristo, o Senhor de céu e terra, se revestisse de carne com o fim de granjear a salvação deles. Quanto mais ele se humilhou por causa deles, tanto mais elevada foi a honra que lhes conferiu. Paulo pressupõe isso como um fato inquestionável. De modo que não há razão para nos surpreendermos ante a espantosa impudência daqueles fanáticos que não hesitam um mínimo sequer em considerar as promessas do Velho Testamento como sendo de natureza temporal, e em limitá-las a nosso mundo. Para impedir os gentios de reivindicarem alguma excelência mais elevada que a dos judeus, o apóstolo expressamente declara que a salvação que Cristo conquistou era um privilégio específico dos judeus por meio do pacto, visto que, por sua vinda, ele cumpriu a promessa inicialmente conferida pelo Pai a Abraão, e assim tornou-se ele o servo daquele povo. Segue-se disto que o antigo pacto era de fato espiritual, embora estivesse anexado a tipos terrenos. O cumprimento das promessas, do que Paulo está falando aqui, deve referir-se à eterna salvação. Para evitar a seguinte objeção: visto que o pacto foi feito com Abraão, então a salvação só pode ter sido prometida a seus descendentes, o apóstolo aplica as promessas expressamente aos patriarcas. Ou as virtudes de Cristo deviam restringir-se apenas às bênçãos corporais, ou necessariamente o pacto feito com Abraão se estendia para além das fronteiras das coisas deste mundo.

9. Para que os gentios pudessem glorificar a Deus. O apóstolo se estende mais em provar o segundo ponto, visto que o mesmo era pomo de maior discórdia. Sua primeira citação é extraída do Salmo 18 (referido em 2Sm 22), no qual indubitavelmente temos uma profecia sobre o reino de Cristo. Desta citação ele também prova a vocação dos gentios, já que a promessa é apresentada ali para que a glória de Deus fosse confessada entre os gentios. Não podemos verdadeiramente proclamar a Deus exceto entre aqueles que nos ouvem celebrar seus louvores. O *Nome* de Deus, portanto, não pode ser conhecido entre os gentios, a menos que lhes seja concedido o conhecimento dele e entrem em comunhão com seu povo. Ao longo de toda a Escritura descobrimos que os louvores de Deus não podem ser proclamados a não ser na assembléia dos fiéis, cujos ouvidos estão capacitados a ouvir seu louvor.

10. Alegrai-vos, gentios, com seu povo. Não aceito a interpretação geral de que este versículo foi extraído do *Cântico de Moisés*. O propósito de Moisés, em seu cântico de triunfo, era inspirar o terror entre os adversários de Israel ante a grandeza de Deus, e não para convidá-los a participarem de sua comum alegria. Compartilho, pois, da opinião de que o versículo foi extraído do Salmo 67 [v. 5], no qual o salmista diz: "Louvem-te os povos, ó Deus; louvem-te os povos todos." Ele adicionou: *com seu povo* à guisa de explicação, porquanto o salmista aqui conecta os gentios com Israel, e convida a ambos a que se alegrassem. Entretanto, não é possível haver regozijo sem o conhecimento de Deus.[7]

11. Louvai ao Senhor, todos os gentios. Esta citação é sublimemente apropriada. Como é possível um povo ignorante da grandeza

---

[7] Esta passagem é evidentemente tomada de Deuteronômio 32.43, expressa literalmente como se encontra na *Septuaginta*, e também literalmente do hebraico, se a redação de duas cópias indicadas por *Kennicalt* forem adotadas, nas quais את, 'com', for colocada antes de עמו, 'seu povo'. Não constitui objeção que 'adversários' esteja mencionado no contexto. Sempre houve adversários do povo de Deus; e Deus ainda anuncia seus juízos sobre seus adversários, ainda que os gentios como um povo, como uma classe separada dos judeus, desde muito foram admitidos aos privilégios como seu povo.

de Deus louvá-lo? Eles não podiam fazer isso mais do que invocar seu *Nome* sem o conhecer. A profecia, pois, é a mais apropriada para provar a vocação dos gentios. Isto se torna ainda mais evidente mediante a razão adicionada pelo salmista, que os convida, nesta passagem, a renderem graças pela verdade e misericórdia de Deus [Sl 117.1].

12. E outra vez Isaías diz. De todas as profecias, esta é a mais célebre, porquanto o profeta aqui conforta o pequeno remanescente dos fiéis, quando tudo parecia quase sem esperança, dizendo que a casa de Davi era como um tronco seco e sem vigor, mas que dele nasceriam um rebento e um galho de suas desfiguradas raízes, o qual restauraria o povo de Deus a sua primeira glória. Da descrição apresentada nesta passagem é evidente que o rebento é Cristo, o Redentor do mundo. O profeta, pois, acrescenta que ele será levantado por sinal aos gentios, para que sejam por ele salvos. As palavras do apóstolo diferem do texto hebraico, o qual traz *posto por sinal*, onde lemos *levanta*. O significado, porém, continua o mesmo, ou seja que Cristo será contemplado visivelmente, como um sinal. O texto hebraico traz *buscar* em vez de *esperar*. A linguagem usual da Escritura para *buscar* a Deus é simplesmente *esperar* nele.[8]

A vocação dos gentios é confirmada duas vezes nesta profecia: a primeira, quando se diz que Cristo, que reina somente entre os crentes, se levantará como sinal para eles; e a segunda, quando se diz que eles esperarão em Cristo. Entretanto, não podem ter esperança sem a pregação da Palavra e a iluminação do Espírito. O Cântico de Simeão corresponde a esta passagem. Esperar em Cristo é testemunhar sua *Deidade*.

---

8 Isaías 11.10. A totalidade desta citação é dada como se encontra na Septuaginta. A diferença, como observada por *Calvino*, entre as palavras como dadas no hebraico, é considerável. A linguagem dos profetas é metafórica; a Septuaginta a interpretou, e essa interpretação foi aprovada e adotada pelo apóstolo. O Messias é representado pelo profeta como um general ou líder de um exército, asteando sua bandeira para as nações (עמים, não 'povo', como em nossa versão); e os gentios correm para esta bandeira em busca de proteção.

13. Ora, o Deus da esperança vos encha de todo gozo e paz em vosso crer, para que sejais ricos de esperança no poder do Espírito Santo.
14. E eu mesmo estou persuadido a vosso respeito, meus irmãos, de que vós mesmos estais possuídos de bondade, cheios de todo conhecimento, também aptos para vos admoestardes mutuamente.
15. Entretanto vos escrevi em parte mais ousadamente, como para em alguma medida vos trazer isto de novo à memória, por causa da graça que me foi conferida por Deus,
16. para que eu seja ministro de Cristo Jesus entre os gentios, consagrando o evangelho de Deus, de modo que a oferenda deles pudesse ser aceitável, ao ser santificada pelo Espírito Santo.

13. Deus autem spei impleat vos omni gaudio et pace in credendo, quò abundetis in spe per potentiam Spiritus sancti.
14. Persuasus autem sum, fratres mei, ipse quoque de vobis, quòd et ipsi pleni sitis bonitate, referti omni cognitione, idonei ad vos mutuò admonendos.
15. Audaciùs autem scripsi vobis, fratres, ex parte, veluti commonefaciens vos, propter gratiam mihi datam à Deo;
16. Ut sim minister Christi erga Gentes, consecrans evangelium Christi, ut sit oblatio Gentium acceptabilis, sanctificata per Spiritum sanctum.

13. Ora, o Deus da esperança vos encha de todo gozo e paz. Uma vez mais ele conclui a passagem, como antes, com uma oração em que deseja que o Senhor lhes conceda tudo quanto havia ele ordenado. Daqui percebemos que o Senhor de forma alguma avalia seus preceitos pelo prisma de nossas forças, nem pelo prisma do poder de nosso livre-arbítrio, nem nos instrui ele em nossos deveres com o fim de colocarmos nossa confiança em nossas próprias faculdades e nos prepararmos para render-lhe obediência. Ao contrário disso, os preceitos que ele nos comunica espera a assistência de sua graça para estimular-nos a um insofreável anseio pela oração.

Ao dizer, *o Deus da esperança*, ele está evocando o último versículo, e significa: "Que o Deus em quem todos nós esperamos vos encha de gozo e de uma consciência tranquila, bem como de unidade e harmonia em vosso crer."[9] Deus jamais aprovará nossa paz, a

---

9 O Deus da esperança pode significar uma de duas coisas: o *doador* ou *autor* da esperança, como em 1 Pedro 1.3, ou o *objeto* da esperança, aquele em quem a esperança é deposita-

menos que estejamos unidos por uma fé sólida e perfeita. Pode ser preferível considerar ἐν τῷ πιστεύειν como εἰς τὸ πιστεύειν no sentido de que deveriam devotar sua paz ao crer. Só quando nos devotamos ao que aprendemos com serenidade, com alegria e com uma mente determinada é que realmente nos sentimos preparados para a fé. É preferível, contudo, conectar a fé com a paz e a alegria, visto que a fé é o vínculo da santa e legítima concórdia, e a força motriz do santo gozo. Ainda que a paz referida venha ser aquela que todos os crentes possuem interiormente com Deus, o contexto nos leva, antes, à primeira explicação.

Ele adiciona **para que sejais ricos de esperança**, porque a esperança é assim confirmada e aumentada nos crentes. A frase, **no poder do Espírito Santo**, significa que todas estas coisas são dons da divina munificência. A palavra *poder* se destina a demonstrar enfaticamente a maravilhosa força pela qual o Espírito Santo produz em nós *fé*, *esperança* e *alegria*.

14. Eu mesmo estou persuadido. Paulo antecipa uma objeção aqui; ou, antes, faz uma espécie de concessão, com o propósito de pacificar os romanos, no caso de entenderem que estavam sendo censurados por admoestações tão fortes, e portanto estavam sendo tratados de uma forma por demais injusta. Ele, pois, se desculpa por ter-se aventurado a assumir o caráter de um mestre e ministrante de exortação entre eles. Diz ele que se portara assim não porque tivesse alguma dúvida da sabedoria, bondade ou perseverança deles, mas porque era seu dever compeli-los. E assim ele remove toda suspeita de pretensão, a qual se revela particularmente quando alguém se intromete nos negócios alheios ou trata de problemas que não lhe dizem respeito. No caso de Paulo, podemos ver a admirável discrição deste santo homem, que vivia contente ainda que não desfrutasse de nenhuma reputação, contanto que a doutrina

---

da, como em 1 Timóteo 6.17.
Por que ele faz menção de alegria antes de paz? Está em harmonia com seu modo usual – o mais visível, a fonte primeira, então o mais oculto, a origem.

que pregava retivesse sua autoridade. Os romanos eram um povo muito altaneiro, e o nome de sua cidade convertia mesmo os de condição a mais humilde em pessoas presunçosas. Eles eram, por isso, indispostos em aceitar estranhos, particularmente se não eram de origem latina ou judaica. Paulo não pretendia combater esse orgulho em seu próprio nome, contudo o subjuga por meio de gentil lisonja, declarando que estava assumindo a ousadia de dirigir-se-lhes em virtude de seu ofício apostólico.

De que vós estais possuídos de bondade, cheios de todo conhecimento. Duas qualificações particulares são requeridas de um conselheiro. Deve ser possuído de um *espírito humano*, de um coração enternecido para assistir a seus irmãos por meio de conselhos a fim de que se disponham a demonstrar fraternidade em palavra e atitude. Deve ser possuído de *habilidade* ou *prudência* que lhe assegure autoridade, de modo que seja capaz de ajudar os ouvintes que a ele recorrem. Não há nada pior no conselho fraternal do que um espírito azedo e arrogante, pois ele nos leva a desdenhar e a sentir enfado por aqueles que se acham em erro, e nos leva a ameaçá-los com o ridículo em vez de corrigi-los. A aspereza também, seja em palavras, seja em expressão, priva nosso conselho de seus efeitos. Ainda quando excedamos em espírito humanitário e em cortesia, jamais seremos as pessoas certas para ministrar conselhos, a não ser que cultivemos muita sabedoria e adquiramos muita experiência. Paulo, pois, atribui ambas estas qualificações aos romanos, e testifica que eles mesmos eram perfeitamente capazes de exortar uns aos outros sem o auxílio de um terceiro, pois admite que eram ricamente dotados tanto de humanidade quanto de maturidade. Eles eram, portanto, perfeitamente capazes de oferecer encorajamento.

15. Entretanto vos escrevi em parte mais ousadamente. Ele agora isenta sua conduta, e, para mostrar sua discrição, admite a ousadia de sua ação por ter-se interposto numa questão que eles mesmos tinham condição de resolver. Contudo acrescenta que escolhera este procedimento ousado movido pela compulsão de seu ofício, visto que era um ministro do evangelho [destinado] aos gentios, e portanto não podia ignorar aqueles que eram dentre os gentios. E assim ele se humilha a fim de exaltar a excelência de seu ofício. Ao realçar a graça de Deus, pela qual fora erguido para tão elevada honra, ele não permite que seu ofício apostólico fosse menosprezado. Afirma, além do mais, que não usurpara a função de mestre, mas que era para com eles apenas conselheiro, cujo dever consiste em trazer à memória fatos já sobejamente notórios.[10]

16. Consagrando o evangelho. Prefiro esta tradução àquela adotada primeiramente por Erasmo – *ministrando o evangelho*. Paulo, indubitavelmente, está se referindo aos mistérios sagrados ministrados pelos sacerdotes. Aquele que oferece, em sacrifício, o povo a quem conquista para Deus exerce a função de sacerdote ou celebrante n ministração do evangelho. É neste sentido que ele celebra os mistérios sacros do evangelho. O sacerdócio do pastor cristão consiste, por assim dizer, em *oferecer os homens* em sacrifício a Deus, ao conduzi-los à obediência do evangelho, e não, como os papistas até agora arrogantemente ostentaram, em *oferecer Cristo* [em sacrifício] para reconciliar os homens com Deus. Não obstante, Paulo aqui não faz referência aos pastores da Igreja simplesmente como sacerdotes, como se devessem levar o título a eles conferido perpetuamente, senão que aproveitou a oportunidade para usar esta metáfora, visto que ele desejava enaltecer a dignidade e a eficácia do ministério. Um pregador do evangelho, portanto, deve ter como sua meta, na realização de seu ofício, oferecer a Deus as almas purificadas pela fé. Erasmo,

---

10 Não transparece que significado *Calvino* anexou às palavras ἀπὸ μέρους, as quais ele traduz *ex parte*. Alguns, como *Orígines*, conectam a expressão com os verbos: "Eu vos escrevi em parte", isto é, não plenamente, o que parece não ter nenhum significado consistentemente com o evidente teor da passagem. Outros, como *Crisóstomo, Erasmo* e *Pareus*, conectam as palavras com o adjetivo: "Eu tenho em parte (ou um tanto) mais ousadamente (ou mais francamente, ou mais confiadamente) escrito a vós." *Macknight* as conecta à frase seguinte: "Evocando em parte as coisas em vossa lembrança." *Doddridge* e *Stuart* as traduzem "*nesta* parte da Epístola". O ponto de vista mais adequado para considerá-las como um qualificador do adjetivo.

posteriormente, retificou sua versão para *sacrificando o evangelho*. Isto não só é incorreto, mas também obscurece o sentido, pois o evangelho é mais parecido com o punhal [do sacrifício] com o qual o ministro oferece os homens a Deus, como vítimas do sacrifício.[11]

Ele acrescenta que tais sacrifícios são *aceitáveis* a Deus, e assim não só enaltece o ministério, mas também inspira grande consolação àqueles que se apresentam para ser assim consagrados. Ora, como os antigos sacrifícios eram dedicados a Deus por meio de santificações e lavagens exteriores, assim estes 'sacrifícios' são consagrados ao Senhor pelo Espírito de santidade, através de operação interna por cujo poder são separados deste mundo. Ainda que a pureza da alma tenha sua origem na fé na Palavra, todavia, visto que a voz do homem não pode por si só realizar algo, e é sem vida, o ofício de *purificador* verdadeira e propriamente pertence ao Espírito.

17. Tenho, pois, motivo de gloriar-me em Cristo Jesus nas coisas pertinentes a Deus.	17. Habeo igitur quòd glorier per Iesum Christum in iis quæ ad Deum pertinent.
18. Porque não ousarei discorrer sobre coisa alguma senão sobre aquelas que Cristo fez por meu intermédio, para conduzir os gentios à obediência, por palavra e por obras,	18. Non enim ausim loqui quicquam de iis quæ non effecit Christus per me, in obedientiam Gentium, sermone et opere;
19. pela força de sinais e prodígios, pelo poder do Espírito Santo; de maneira que, desde Jerusalém e circunvizinhanças, até ao Ilírico, tenho divulgado plenamente o evangelho de Cristo,	19. In potentia signorum et prodigiorum, in potentia Spiritus Dei, ut ab Ierusalem et in circuitu usque in Illyricum impleverim evangelium Christi:
20. esforçando-me desse modo por pregar o evangelho, não onde Cristo já foi anunciado, para não edificar sobre fundamento alheio;	20. Ita annitens prædicare evangelium, non ubi nominatus erat Christus, ne super alienum fundamentum ædificarem;

---

11 "Consecrans evangelium", assim Agostinho; ἱερουργοῦντα τὸ εὐαγγέλιον, "operans evangelio – sendo empregado no evangelho", *Beza* e *Pareus*; "docens sacrum evangelium – ensinando o santo evangelho", *Vatablus*. O verbo significa "realizar ritos sacros", ou oficiar em coisas santas.

21. antes, como está escrito: Hão de vê-lo aqueles que não tiveram notícia dele, e compreendê-lo os que nada tinham ouvido a seu respeito.

21. Sed quemadmodum scriptum est, Ii quibus non annuntiatum est de eo, videbunt, et qui non audierunt, intelligent.

17. Tenho, pois, motivo de gloriar-me em Cristo Jesus. Uma vez tendo apresentado um encômio geral de sua própria vocação a fim de os romanos saberem que ele era um autêntico e incontestável apóstolo de Cristo, agora adiciona afirmações para provar que não só se desincumbira do ofício apostólico que lhe fora imposto pela designação divina, mas que também o havia admiravelmente adornado. Ao mesmo tempo, menciona também a fidelidade que havia exibido no desempenho de seu ofício. Não basta que tenhamos sido ordenados se esta ordenação não corresponde ao nosso chamamento e não nos leva ao desempenho de nossos deveres. Ele não enaltece sua vocação numa ansiosa busca de honras, mas porque não queria de forma alguma que fosse negligenciada a graça de sua doutrina e o estabelecimento de sua autoridade entre os crentes de Roma. Ele se gloria, pois, em Deus e não em si próprio, pois seu único objetivo era tornar imutável o louvor de Deus.

Sua afirmação puramente negativa é um sinal de seu caráter singelo, mas serve para confirmar a veracidade do que ele queria dizer. "A verdade mesma – diz ele – me fornece tantas ocasiões para gloriar-me, que não necessito de buscar falsos louvores que pertencem a outros. Quanto a mim, estou feliz com o que é verdadeiro." É bem provável que quisesse antecipar os boatos malévolos que, sabia ele, estavam sendo divulgados aos quatro ventos pelos oponentes mal-intencionados. Por isso ele afirma que só falará de assuntos que eram bem notórios.

18. Para conduzir os gentios à obediência. Este versículo mostra que o objetivo de Paulo era assegurar a aprovação de seu ministério entre os romanos, para que sua doutrinação pudesse alcançar algum sucesso. Ele prova, portanto, a partir dos *sinais*, que Deus, pela presença de seu poder, atestou sua pregação e selou seu apostolado, de modo que ninguém deve mais duvidar de que ele fora designado e enviado pelo Senhor. Os *sinais* que ele menciona são *palavra*, *obras* e *prodígios*. Isso mostra que o termo *obras* inclui mais que *milagres*. Ele usa a expressão *no poder do Espírito Santo* com o intuito de concluir sua lista de sinais, e significa que somente pelo Espírito é que tudo foi efetuado neles. Em suma, ele assevera que, tanto em seu ensinamento quanto em suas ações, o poder e a energia que havia demonstrado na proclamação de Cristo revelaram o portentoso poder de Deus. Mas houve também milagres, diz ele, que eram sinais para tornar sua evidência ainda mais conclusiva.

Primeiramente, menciona *palavra* e *obras*, e então particularmente especifica o poder de operar *milagres*. A mesma ordem é também adotada em Lucas, quando ele diz que Cristo foi poderoso em *obras* e *palavras* [Lc 24.19]; e em João, quando Cristo mesmo se refere aos judeus em relação a suas próprias obras como prova de sua *Deidade* [Jo 5.36]. Paulo não faz uma simples menção de milagres, mas os distingue pelo uso de duas expressões diferentes. Onde fala de "força de sinais e prodígios", Pedro tem "obras poderosas e prodígios e sinais" [At 2.22]. Esses são prova do poder de Deus para despertar os homens para que se maravilhem nele, bem como para o adorarem ao sentir-se estremecidos ante os prodígios de seu poder. A importância dos milagres é que eles nos despertam para alguma verdade particular sobre Deus.

Esta é uma passagem notável, a qual realça a utilidade dos milagres e suscita nos homens reverência para com Deus, bem como obediência a ele. Assim lemos em Marcos: "E eles, tendo partido, pregaram em toda parte, cooperando com eles o Senhor, e confirmando a palavra por meio de sinais que se seguiam" [Mc 16.20]. Também Lucas diz em Atos: "... falando ousadamente no Senhor, o qual confirmava a palavra de sua graça, concedendo que por mão deles se fizessem sinais e prodígios" [At 14.3]. Sejam quais forem os milagres que busquem glorificar a criatura em lugar do Criador, e que fomentem a mentira em lugar da Palavra de Deus, são manifestamente do Diabo. Paulo põe em terceiro lugar *pelo poder do Espírito Santo* em relação a ambas: *palavra* e *obras*.

19. Desde Jerusalém tenho divulgado plenamente o evangelho de Cristo. Ele prova sua afirmação citando os efeitos produzidos pelo Espírito em sua pregação, porquanto o sucesso que a seguia excedia a todo e qualquer poder humano. Quem conseguiria reunir tantas igrejas para Cristo sem a assistência do poder de Deus? "Tenho divulgado o evangelho", diz ele, "desde Jerusalém até ao Ilírico, e não somente seguindo diretamente ao meu destino, mas passando por todos os territórios que se estendem ao redor." O verbo grego πεπληρωκέναι, que, seguindo outros, traduzi tendo *pregado* plenamente, significa tanto para completar como para preencher o que está faltando. Daí πλήρωμα, em grego, significa tanto complemento quanto suplemento. Minha interpretação seria que Paulo divulgou a pregação do evangelho, 'suprindo' o que faltava. Outros haviam começado a pregar [o evangelho] antes dele, contudo ele o disseminou ainda mais.[12]

20. Esforçando-me desse modo por pregar o evangelho. Visto ser indispensável que Paulo não só aprovasse a si mesmo como servo de Cristo e como pastor da Igreja Cristã, mas também reivindicasse o caráter e o ofício de um apóstolo, caso quisesse granjear o crédito dos romanos, ele aqui apresenta a marca distintiva, própria e especial do apostolado. O dever de um apóstolo é disseminar o evangelho onde ele ainda não foi pregado, à luz do mandamento de nosso Senhor: "Ide... e pregai o evangelho a toda criatura" [Mc 16.15]. Devemos prestar muita atenção neste ponto, para não criarmos uma regra geral para aquilo que é particularmente atinente ao ofício apostólico. Não se deve considerar errôneo o fato de um sucessor haver sido designado a preencher a vaga do apóstolo que estabelecera a Igreja. Podemos, pois, considerar os apóstolos como os fundadores

---

12 A frase é taduzida por *Beza* e *Grotius*, "Impleverim prædicandi evangelii Christi munus – tenho cumprido o ofício de pregar o evangelho de Cristo." O evangelho é expresso em lugar de pregar o evangelho [vejam-se At 12.25; Cl 1.25].

da Igreja, enquanto que os pastores que os sucederam têm a incumbência de proteger, bem como de reforçar, a estrutura que aqueles erigiram.[13] Paulo se refere a qualquer fundamento que haja sido posto por outro apóstolo como sendo *outro fundamento* – Cristo é a única pedra sobre a qual a Igreja está fundada [1Co 3.11; Ef 2.20].

21. Antes, como está escrito. Ele usa a profecia de Isaías para confirmar o que dissera sobre o sinal de seu apostolado. Falando do reino do Messias, Isaías prediz [Is 52.15], entre outras coisas, que este reino deve estender-se ao mundo inteiro, e que o conhecimento de Cristo deve ser levado aos gentios que jamais antes ouviram de seu Nome. É justo que esta tarefa devesse ser desempenhada pelos apóstolos, porquanto este mandamento fora dirigido especialmente a eles. O apostolado de Paulo, portanto, se fez evidente no fato de que esta profecia se cumpriu nele.[14]

Qualquer tentativa de aplicar esta passagem ao ofício pastoral é malograda, pois sabemos que o Nome de Cristo deve continuar sempre a ser proclamado nas igrejas que são devidamente bem edificadas. Paulo, pois, proclamava Cristo às pessoas de outros países onde ele [Cristo] era desconhecido, a fim de que os pastores pudessem diariamente proclamar a mesma doutrina, em todos os lugares, depois de sua partida. Indiscutivelmente, o profeta está falando do início do reino de Cristo.

22. Esse foi o motivo por que também muitas vezes fui impedido de visitar-vos.	22. Itaque impeditus etiam sæpiùs fui quominus venirem ad vos:
23. Mas agora, não tendo mais campo de atividade nestas regiões, e desejando há muito visitar-vos,	23. Nunc verò nullum campliùs locum habens in his regionibus, desiderium autem habens à multis annis veniendi ad vos;

---

13 A partícula 'empenhar-se', traduzida *annitens* por *Calvino* e por *Erasmo*, é φιλοτιμούμενος, a qual significa empenhar-se honrosamente. Equivale buscar uma coisa como um objeto de honra ou ambição.
14 Isaías 52.15. A citação é literalmente da Septuaginta e está quase igual ao hebraico; só o tempo é alterado, estando no pretérito nesse idioma, como as profecias costumam estar expressas, a fim de mostrar sua certeza.

24. penso em fazê-lo quando em viagem para a Espanha – pois espero que de passagem estarei convosco, e que para lá seja por vós encaminhado, depois de haver primeiro desfrutado um pouco de vossa companhia.

24. Si quando in Hispaniam proficiscar, veniam ad vos:[15] spero enim fore ut istac iter faciens videam vos, et illuc à vobis deducar, si tamen priùs ex parte vestra consuetudine fuero expletus.

22. Esse foi o motivo por que também muitas vezes fui impedido de visitar-vos. Ele agora aplica as observações que fizera sobre seu apostolado a um tema diferente, com o fim de justificar sua conduta por jamais tê-los visitado, embora houvera sido designado tanto a eles quanto aos demais. Ele, pois, menciona de passagem que, ao propagar o evangelho da Judéia ao Ilírico, havia completado o raio de ação que lhe fora imposto pelo Senhor. Agora que isso estava concluído, não tencionava negligenciá-los. Para evitar que houvesse alguma suspeita de negligência, nesse interregno, ele declara que, depois de um longo tempo, agora parecia ser o tempo oportuno. Houve boas razões por que o antigo cumprimento de sua esperança havia sido frustrado. Agora chama a atenção deles para que esperem por sua chegada tão logo sua nomeação lho permita. Os que argumentam, nesta passagem, que Paulo foi à Espanha, pisam terreno inseguro. Pois ainda que tenha proposto fazê-lo, não se segue disso que o tenha feito. Ele simplesmente expressa a esperança de poder um dia fazê-lo. Como às vezes sucede aos crentes, é possível que a esperança tenha sido malograda.[16]

24. Pois espero que de passagem estarei convosco. A razão para seu intenso desejo de estar com eles, de apresentar planos para isso, diz ele, tinha a finalidade de vê-los, bem como de tornar-se pessoalmente conhecido deles – desfrutar a oportunidade de vê-los e falar com eles, bem como tornar-se conhecido deles em seu cará-

---

15 Esta frase, e γάρ na próxima, *Griesbach* como sendo espúria.
16 Sobre este tema, diz *Wolfius*: "A viagem de Paulo para a Espanha era desconhecida de *Orígines* e *Eusébios*; nem se harmoniza com os registros a ele conectados. O apóstolo, quando libertado das cadeias de Nero, não foi para a Espanha, mas para a Ásia. E não há vestígio de uma Igreja fundada por Paulo em Espanha.

ter oficial, porquanto a chegada de algum dos apóstolos equivalia à chegada do próprio evangelho. Quando diz: **e para lá seja por vós encaminhado**, ele revela que esperava deles grande manifestação de benevolência. Como já afirmei, este era o melhor método de assegurar o favor deles. Quanto mais descobrimos a confiança que outros põem em nós, mais intensa é a obrigação que sentimos para com eles. Quão decepcionante é para alguém descobrir que era falsa a opinião positiva que nutria a nosso respeito. Quando ele adiciona: **depois de haver primeiro desfrutado um pouco de vossa companhia**, sua referência é à atitude humanitária que sentia em relação a eles. Era de grande importância para o evangelho convencê-los disso.

25. Mas agora estou de partida para Jerusalém a serviço dos santos.	25. Nunc verò proficiscor Ierosolymam ad ministrandum sanctis.
26. Porque tem sido o desejo da Macedônia e da Acaia providenciar uma contribuição destinada aos pobres dentre os santos que vivem em Jerusalém.	26. Placuit enim Macedoniæ et Achaiæ communicationem facere in pauperes sanctos qui sunt Ierosolymis:
27. Isto lhes pareceu bem, e inclusive lhes são devedores. Porque, se os gentios têm sido participantes dos bens espirituais dos judeus, então devem também ministrar-lhes os bens materiais.	27. Placuit, inquam, et debitores sunt ipsorum; si enim spiritualibus ipsorum communicarunt Gentes, debent et in carnalibus[17] ministrare ipsis.
28. Tendo, pois, concluído isto, e havendo-lhes selado este fruto, passando por vós, irei à Espanha.	28. Hoc igitur quum perfecero, et obsignavero illis fructum hunc, proficiscar per vos in Hispaniam.
29. E bem sei que, ao visitar-vos, irei na plenitude da bênção do evangelho de Cristo.	29. Scio autem quòd quum venero ad vos, in plenitudine benedictionis evangelii Christi venturus sum.

---

17 "In carnalibus"; ἐν τοῖς σαρκικοῖς. A palavra 'carnal', em nosso idioma, não comunica o significado. O apóstolo a usa aqui em oposição ao que é 'espiritual', e portanto 'temporal', expressa seu significado [veja-se 1Co 9.11]. E às vezes significa 'humano', como em 2 Coríntios 1.12, onde a sabedoria humana é posta em contraste com as sabedorias de Deus. Em 2 Coríntios 10.4, significa 'fraco' ou débil ou impotente, sendo oposto às 'poderosas' armas de Deus. Tem seu significado próprio em Romanos 7.14 e em 1 Pedro 2.11, 'carnal', isto é, perverso, pecaminoso, corrupto, depravado. Em 1 Coríntios 3.1, significa fraco, ignorante, imperfeito em conhecimento, como oposto à pessoa espiritual e iluminada. E em Hebreus 7.16, expressa o que é fortuito e transitório.

25. Mas agora estou de partida para Jerusalém a serviço dos santos. Para evitar que esperassem que ele chegasse imediatamente, e imaginassem que os enganara caso sua chegada se delongasse além do previsto, ele lhes informa de sua ocupação em que ora se achava engajado, o que o impede de iniciar de vez a viagem para Roma. Ele está viajando para Jerusalém com as doações que havia coletado na Acaia e Macedônia. Ao mesmo tempo, se vale da oportunidade para enaltecer esta contribuição à guisa de sugestão para que eles também cooperassem. Embora não apresente ainda uma franca exigência para que eles fizessem isso, todavia, ao dizer que Acaia e Macedônia haviam atendido segundo exigira delas, ele indica qual era a responsabilidade dos romanos, já que suas circunstâncias eram as mesmas. Em sua [segunda] carta aos Coríntios, ele declara francamente qual era seu objetivo: "Porque bem reconheço vossa presteza, da qual me glorio junto aos macedônios, dizendo que a Acaia está preparada desde o ano passado, e vosso zelo tem estimulado a muitíssimos" [2Co 9.2].

Foi um sinal de incomum piedade que, quando os gregos descobriram a extrema pobreza de seus irmãos de Jerusalém, não levando em conta a grande distância que os separava, senão que aqueles a quem estavam unidos pelo vínculo da fé não se achavam tão longe deles, e assim doaram-lhes de sua própria riqueza. A palavra *communicatio*, aqui usada, expressa da melhor maneira os sentimentos movidos pelos quais devemos dar assistência aos irmãos em suas necessidades, pois a unidade do corpo cria a mútua preocupação entre os homens. Não traduzi o pronome τινά, porque ele é às vezes redundante em grego, e parece não se prestar muito na presente passagem.[18] Traduzi o verbo grego *ministrando* pela expressão *a serviço de* [*ad ministrandum*], mas esta não parece expressar bem o significado de Paulo, porquanto ele está justificando-se, dizendo que uma ocupação legítima impedia sua imediata partida para Roma.

---

18 As palavras são κοινωνίαν τινὰ ποιήσασθαι, "fazer certa contribuição", ou "alguma contribuição", ou, como *Doddridge*, "certa coleta". Ali não parece haver necessidade de tirar a palavra τινά.

27. E inclusive lhes são devedores. É perfeitamente óbvio que a obrigação referida aqui é mencionada não tanto por causa dos coríntios, mas dos próprios romanos, porquanto os coríntios e os macedônios não tinham maior obrigação para com os judeus do que os romanos. Ele também fornece a razão para a obrigação, a qual consistia em que haviam recebido o evangelho dos judeus. Ele extrai seu argumento de uma comparação do menor para o maior. Ele usa o mesmo argumento também em 1 Coríntios 9.11, quando diz que não lhes deveria parecer injusto ou difícil trocar coisas carnais, que são do menor valor, por coisas espirituais. Ele nos mostra o valor do evangelho ao declarar que os romanos estavam endividados, não só para com seu ministério, mas também para com a nação judaica, de cujo seio vieram estes ministros.

É mister que notemos o verbo λειτουργῆσαι, *ministrar*. Significa desempenhar um dever designado pelo estado e suportar as responsabilidades impostas por alguém. Às vezes se refere também à realização de ritos sagrados. Paulo, estou plenamente certo, está se referindo a algum tipo de sacrifício feito pelos crentes, quando dão de sua própria subsistência para mitigar a pobreza de seus irmãos. Ao quitarem uma dívida de amor, à qual se achavam penhorados, oferecem a Deus, ao mesmo tempo, um sacrifício de aroma suave. Nesta passagem, contudo, Paulo se referia estritamente ao direito mútuo de compensação que já notamos acima.

28. Havendo-lhes selado este fruto. Estou disposto a aceitar que esta é uma alusão ao antigo costume de proteger por meio de *selos* o que se desejava fosse mantido em segurança. Paulo, assim, realça sua própria fidelidade e integridade. Deveria honestamente guardar o dinheiro a ele confiado, como se o transportasse sob um selo.[19] Pelo termo *fruto* parece que queria denotar o crescimento

---

19 Mais satisfatória é a explicação de *Stuart*. Diz ele que a palavra 'selou' significa que o instrumento a que se aplica um selo é *autenticado*, *validado*, isto é, "seguro correspondente do propósito pretendido. Assim aqui o apóstolo não se deteve no desempenho de seu dever quanto às esmolas das igrejas, até que viu completada a distribuição real de sua caridade." Parece, pois, que 'selou', aqui, significa 'assegurou' ou comunicou segurança.

que, segundo já disse, provinha dos judeus como os semeadores do evangelho, assim como os campos alimentam o lavrador com o fruto que produzem.

29. E bem sei que, ao visitar-vos. Estas palavras podem ser explicadas de duas maneiras. O primeiro significado consiste em que ele descobriu que o evangelho produzira abundantes frutos em Roma, pois a bênção do evangelho consiste em produzir frutos de boas obras. Não concordo com aqueles que restringem esta expressão a esmolas. O segundo significado consiste em que, com o propósito de aguçar o apetite deles com sua chegada, o apóstolo expressa a esperança de que não seria infrutífera, visto que ela faria com que o evangelho progredisse muitíssimo, o que chama **a plenitude da bênção de Cristo**, ou seja a abundante bênção de Cristo. Com isso ele quer dizer grande sucesso e crescimento. Mas esta bênção depende em parte do ministério de Paulo e em parte da fé dos crentes romanos. Ele promete, pois, que sua vinda para o meio deles não seria inútil, visto que não iria dissipar a graça entre eles, a qual lhe havia sido comunicada, senão que a empregaria para um bom propósito, com aquele mesmo entusiasmo que haviam demonstrado ao receberem o evangelho.

A primeira explicação é mais geralmente aceita, e também parece-me ser das duas a melhor. Ele espera que, em sua chegada, encontre cumprido seu mais ardente desejo, ou seja o evangelho vicejando e prosperando entre eles com notável sucesso, porquanto exceliam em santidade e em toda sorte de virtudes. A justificativa que apresenta para seu desejo consiste em que ele antecipa especial regozijo, vendo neles a abundância das riquezas espirituais do evangelho.[20]

---

[20] Esta explicação é a mesma de *Crisóstomo*; mas como fazer as palavras comunicarem tal significado é uma questão de alguma dificuldade. O sentido óbvio da passagem corresponde a 1.11. Todos os autores citados por *Poole*, exceto *Estius*, assumem outro ponto de vista, como *Grotius, Beza, Mede* e outros. O último apresenta o seguinte como sendo a idéia de *Orígines* e *Anselmo*: "Minha pregação e conversação vos comunicarão um rico conhecimento dos mistérios, amor, conforto, graça e fruto espiritual do evangelho." A palavra 'bênção', εὐλογία, diz *Grotius* significa tudo o que nos é gratuitamente concedido [vejam-se Gl 3.14; Ef 1.3].

30. Rogo-vos, pois, irmãos, por nosso Senhor Jesus Cristo, e também pelo amor do Espírito, que luteis juntamente comigo em vossas orações a Deus em meu favor,
31. para que eu me veja livre dos rebeldes que vivem na Judéia, e que esta minha ministração em Jerusalém seja bem aceita pelos santos;
32. a fim de que, ao visitar-vos, pela vontade de Deus, chegue a vossa presença com alegria, e possa recrear-me convosco.
33. Ora, que o Deus de paz seja com todos vós. Amém.

30. Obsecro autem vos fratres, per Dominum nostrum Iesum Christum et per dilectionem Spiritus, ut concertetis mihi in precibus vestris pro me ad Deum;
31. Ut liberer ab incredulis in Iudea, et ut ministerium meum quod suscipio erga Ierusalem acceptum sit sanctis;
32. Ut cum gaudio veniam ad vos per voluntatem Dei, unàque vobiscum refociller.
33. Deus autem pacis sit cum omnibus vobis. Amem.[21]

30. Rogo-vos. Sabemos, à luz de muitas passagens, o quanto Paulo era odiado entre sua própria nação, em razão das falsas acusações assacadas contra ele, ou seja que ele ensinava os judeus a apostatarem de Moisés. Ele sabia muito bem o quanto interpretações equivocadas podem afetar o inocente, particularmente entre aqueles que se deixam levar por cego entusiasmo. Havia também, sabia ele, o testemunho do Espírito, mencionado em Atos 20.23, o qual frequentemente o prevenia de que dores e prisões o aguardavam em Jerusalém. Portanto, quanto maior fosse o perigo, mais excitado ele se tornava. Isto explica seu grande anseio em recomendar sua segurança às igrejas. Não deve estranhar-nos o fato de que ele vivia ansioso sobre sua vida, porque sabia que sua morte ocasionaria grande perda para a Igreja.

Ele, pois, demonstra a extensão de sua aflição e a veemência dela ao conectar **o amor do Espírito** (por meio do qual os santos devem amar uns aos outros) com **o Senhor**. Mesmo em meio a tais temores, contudo, ele não cessa de prosseguir seu caminho, nem se desvia dos perigos, mas está sempre disposto e determinado a enfrentá-los. Não obstante, ele toma por sua assistência os remédios

---

21 A palavra 'Amém', é considerada como sendo espúria. *Griesbach* e outros a deixam fora.

providenciados por Deus, e clama pelo auxílio da Igreja, de modo que, ajudado por suas orações, ele logra receber algum conforto, de acordo com a promessa do Senhor: "Onde estiverem dois ou três reunidos em meu nome, ali estarei eu no meio deles" [Mt 18.20]; e: "Se dois dentre vós concordarem sobre a terra no tocante a tudo o que eles pedirem, assim lhes será feito por meu Pai que está no céu" [Mt 18.19]. Para que ninguém concluísse que o objetivo de sua recomendação era destituído de razão, ele lhes suplica tanto por Cristo quanto pelo amor do Espírito. O *amor do Espírito* significa o amor pelo qual Cristo nos mantém unidos, visto que o mesmo não procede da carne, nem do mundo, mas procede de seu Espírito, o qual é o vínculo de nossa unidade.

Visto, pois, que ser assistido pelas orações dos crentes é uma bênção divina tão rica que mesmo Paulo, o instrumento eleito de Deus, não sonhava em negligenciá-la, seremos muitíssimo remissos se criaturas indignas e miseráveis como nós a desprezarmos. Usar passagens como estas em apoio da intercessão dos santos que já partiram é prova de descaramento.[22]

Que luteis juntamente comigo.[23] A versão de Erasmo – "para me assistirdes em meus labores" – não é de todo ruim, mas prefiro uma tradução literal, visto que a palavra grega usada por Paulo é mais enfática. Pelo termo *luteis* ele indica as dificuldades nas quais é colocado, e ao suplicar a ajuda deles nesta batalha, ele nos mostra a sensibilidade que deve inspirar as orações formuladas pelos crentes em favor de seus irmãos. Diz ele que realmente devem tomar parte nas aflições de seus irmãos como se estivessem colocados nas mes-

---

22 *Scott* cita o seguinte de *Whitby*: "Se Paulo, dis *Estius*, desejasse as orações dos romanos, por que os romanos não desejaram as orações de Paulo? Respondo: poderiam desejar suas orações como ele as suas através de uma carta que lhe dirigiram solicitando suas orações. Ele acrescenta: Se desejaram suas orações pelos que ainda estavam vivos, por que não quando mortos e já reinando com Cristo? Respondo: Porque não poderiam ter-lhe dirigido nenhuma carta e nem podiam de outra forma levá-lo a conhecer a mente deles."

23 "Ut concertetis mihi", συναγωνίσασθαί μοι; "ut mecum certetis – para que vos empenheis comigo", *Beza*; "ut mecum laboretis – para que luteis comigo", *Tremelius*, da Siríaca. Literalmente é: "para que agonizeis comigo." É uma alusão, diz *Grotius*, à luta de Jacó com o anjo [Gn 32.24].

mas circunstâncias difíceis. Também mostra o efeito que tais orações têm. O crente que apresenta um irmão ao Senhor proporciona-lhe uma grande medida de apoio ao receber uma porção das aflições dele sobre si mesmo. Se porventura nossa força depende das orações dirigidas a Deus, então o caminho mais seguro para fortalecermos nossos irmãos é orando a Deus em favor deles.

31. E que esta minha ministração em Jerusalém seja bem aceita pelos santos. Os perseguidores de Paulo tinham sido tão bem sucedido em lançar acusações contra ele, que se sentia temeroso de que a própria doação que levava consigo não recebesse calorosas boas-vindas, embora lhes estivesse sendo oferecida num tempo muitíssimo oportuno para mitigar seu grande sofrimento. A singular indulgência de Paulo se manifesta claramente no fato de que ele não desistiu de trabalhar em favor daqueles que, sabia ele muito bem, não estavam preparados para dar-lhe as boas-vindas. Urge que imitemos tal atitude, para que não cessemos de fazer o bem àqueles de quem estamos totalmente incertos se receberemos os agradecimentos. É preciso notar que Paulo honra os cristãos de Jerusalém com o título de *santos*, a despeito de seu receio de que seria suspeito de *persona non grata*. Estava bem cônscio de que até mesmo os santos poderiam, em uma ou outra ocasião, ser levados por falsas acusações a nutrirem opiniões desfavoráveis sobre ele; e ainda que saiba que estariam cometendo uma grande injustiça contra ele, no entanto insiste em falar deles de forma honrada.

32. Ao adicionar, **a fim de que, ao visitar-vos**, ele deixa subentendido que esta oração deveria ser-lhe também de algum proveito, e que ela era-lhes importante no sentido de que fosse poupado de ser morto na Judéia. A expressão **com alegria** tem a mesma referência. É também vantajoso para os romanos que viesse a eles num espírito alegre e livre de toda e qualquer preocupação, a fim de poder oferecer-lhes seu tempo e seus esforços com maior entusiasmo e vigor. Pela expressão verbal **achar descanso** ou **descansar contente**

[*recrear-me*],²⁴ ele revela mais uma vez quão plenamente persuadido estava do amor fraterno deles. A expressão **pela vontade de Deus** nos lembra a necessidade de nos devotarmos à oração, visto que unicamente Deus é quem dirige todos nossos passos por sua imutável providência.

33. Ora, que o Deus de paz²⁵ seja com todos vós. Amém. Ao usar a expressão geral, *todos vós*, Paulo está expressando o desejo, presumo, não simplesmente de que Deus seja presente com os romanos e lhes comunique sua bênção, mas também que dirigiria a cada um deles. A expressão, *de paz*, acredito eu, se refere a suas circunstâncias momentâneas, e é uma oração para que Deus, que é o Autor da paz, os conserve a todos juntos.

---

24 Foi um refrigério mútuo, segundo 1.12. O verbo aqui usado, diz *Grotius*, significa *dar* e *receber* conforto. O verbo sem seu composto, σὺν, se encontra em 1 Coríntios 16.18; 2 Coríntios 7.13; Filemom 7.

25 Amante, autor ou aquele que outorga paz. Isso pressupõe que havia tagarelices e contendas entre eles. Paulo amiúde fala de Deus como o Deus da paz, especialmente quando em referência às discórdias que prevaleciam entre os cristãos [vejam-se 1Co 14.33; 2Co 13.11; Fp 4.9; 1Ts 5.23; 2Ts 3.16; Hb 13.20].

Capítulo 16

1. Recomendo-vos Febe, nossa irmã, que é serva da igreja que está em Cencréia,
2. para que a recebais no Senhor, de maneira digna dos santos, e que lhe deis assistência em tudo quanto vier a precisar de vós; porque ela mesma tem sido auxiliadora de muitos, e de mim inclusive.
3. Saudai a Prisca e a Áquila, meus cooperadores em Cristo Jesus,
4. os quais pela minha vida arriscaram suas próprias cabeças; e isto lhes agradeço, não somente eu, mas também todas as igrejas dos gentios;
5. e saudai a igreja que se reúne na casa deles. Saudai a meu querido Epêneto, primícias da Ásia, para Cristo.
6. Saudai a Maria, que muito trabalhou por vós.
7. Saudai a Andrônico e a Júnias, meus parentes e companheiros de prisão, os quais são notáveis entre os apóstolos, e que também estavam em Cristo antes de mim.
8. Saudai a Amplíato, meu amado no Senhor.
9. Saudai a Urbano, nosso cooperador em Cristo, e a meu amado Estáquis.
10. Saudai a Apeles, o aprovado em Cristo. Saudai os da casa de Aristóbolo.

1. Commendo autem vobis Phœben sororem nostram, quæ est ministra ecclesiæ Cenchreensis;
2. Ut eam suscipiatis in Domino, ut dignum est sanctis, et adsitis ei in quocunque vobis eguerit negotio; etenim ipsa cum multis affuit, tum etiam mihi ipsi.
3. Salutate Priscam et Acylam, cooperarios meos in Christo Iesu;
4. Qui pro anima mea suam ipsorum cervicem posuerunt, quibus non ego solus gratias ago, sed etiam omnes ecclesiæ Gentium;
5. Et domesticam eorum ecclesiam. Salutate Epænetum mihi dilectum qui est primitiæ Achaiæ in Domino.
6. Salutate Mariam, quæ multùm laboravit erga vos.
7. Salutate Andronicum et Juniam, cognatos meos et cocaptivos meos, qui sunt insignes inter Apostolos, qui etiam ante me fuerunt in Christo.
8. Salutate Ampliam, dilectum meum in Domino.
9. Salutate Urbanum, adjutorem nostrum in Christo et Stachyn dilectum meum.
10. Salutate Apellen, probatum in Christo. Salutate eos qui sunt ex Aristobuli familiaribus.

11. Saudai a meu parente Herodião. Saudai os da casa de Narciso, que estão no Senhor. Saudai a Trifena e a Trifosa, que trabalham no Senhor.
12. Saudai a estimada Pérside, que muito trabalhou no Senhor.
13. Saudai a Rufo, o eleito no Senhor, e a sua mãe, que também é mãe para mim.
14. Saudai a Asíncrito, Flegonte, Hermes, Pátrobas, Hermas e aos irmãos que estão com eles.
15. Saudai a Filólogo e a Júlia, a Nereu e sua irmã, a Olimpas e a todos os santos que estão com eles.
16. Saudai-vos uns aos outros com ósculo santo. Todas as igrejas de Cristo vos saúdam.

11. Salutate Herodionem, cognatum meum. Salutate eos qui sunt ex Narcissi familiaribus, hos qui sunt in Domino.
12. Salutate Tryphænam et Tryphosam, quæ laborant in Domino. Salutate Persidem dilectam, quæ multúm laboravit in Domino.
13. Salutate Rufum electum in Domino et matrem illius ac meam.
14. Salutate Asynchritum, Phlegontem, Hermam, Patrobam, Mercurium, et qui cum his sunt fratres.
15. Salutate Philologum et Iuliam, Nereum et sororem ejus, et Olympam, et qui cum his sunt omnes sancti.
16. Salutate vos invicem in osculo sancto. Salutant vos ecclesiæ Christi.

1. Recomendo-vos Febe, nossa irmã. Uma parte considerável deste capítulo se relaciona a várias saudações; porém, visto que elas não apresentam qualquer dificuldade, seria esforço supérfluo despender tempo demasiado com elas. Tocarei de leve apenas naqueles pontos que reclamam alguma elucidação.

Ele inicia recomendando *Febe*, a portadora da Epístola, primeiramente em razão de seu ofício, visto que ela exercia na Igreja um ministério muito proeminente e santo. A segunda razão, ele sugere que lhe dessem as boas-vindas e mostrassem para com ela o mesmo espírito humanitário, porquanto ela esteve sempre devotada aos interesses de todos os santos. Ele, pois, solicita que ela seja recebida no Senhor, visto que é uma *serva* [*ministra*][1] da Igreja em Cencréia.

---

1 'Ministra', διάκονος – ministra, ou serva, ou diaconisa, alguém que ministra. *Orígines* e *Crisóstomo* a consideravam como uma diaconisa, porém a palavra não prova necessariamente isso; pois é usada amiúde para designar geralmente alguém que serve e contribui para o socorro e assistência de outros. Ela evidentemente era uma pessoa de posses e influência, e era sem dúvida um grande suporte e auxílio para a Igreja em Cencréia. Aquelas mencionadas por Paulo em 1 Timóteo 5.10 e Tito 2.3 eram *viúvas* e *idosas*, e não são chamadas αἱ διάκονοι, diaconisas. Tudo indica que surgiu na Igreja primitiva uma ordem

2. Ao adicionar, **de maneira digna dos santos**, ele insinua que seria algo indigno dos servos de Cristo deixar de mostrar para com ela aquela honra e bondade das quais é merecedora. Portanto é justo não só que nos congracemos afetuosamente com todos os membros de Cristo, mas também que revelemos respeito, e dediquemos especial amor e honra aos que exercem algum ofício público na Igreja. Visto que ela invariavelmente tem demonstrado um espírito humanitário para com todos os irmãos, o apóstolo agora solicita que eles, como recompensa, a recebam com carinho e assistência naquilo de que vier a precisar. É um ato de mera cortesia não negligenciar alguém cuja disposição é naturalmente benevolente, sempre que solicitar a assistência de outrem. A fim de encorajar esta atitude neles, Paulo se inclui entre aqueles que foram beneficiados pela benevolência dela. O caráter do ministério que ele está discutindo aqui é também descrito em 1 Timóteo 5.10. Os pobres eram sustentados dos erários públicos da Igreja, e eram supervisionados por pessoas encarregadas deste ofício. Para este, eram escolhidas viúvas que, uma vez sendo livres dos deveres domésticos e não sendo impedidas pelos filhos, desejavam dedicar-se totalmente a Deus para algum serviço religioso. Elas eram, pois, recebidas neste ofício ao qual se sujeitavam e pelo qual respondiam, justamente como alguém que, ao contratar seus serviços, cessa de ser livre e de cuidar de seus próprios negócios. O apóstolo, pois, as acusa de violarem sua fé se, depois de assumirem uma função, em seguida a renunciassem [1Tm 5.11-12]. Visto que deveriam viver uma vida solteira, ele as proíbe de aceitarem nomeação caso contassem com menos de sessenta anos de

---

desse gênero, e *Grotius* diz que eram ordenadas pela imposição das mãos antes do Concílio de Laodicéia, o qual proibiu a prática. Seu ofício, segundo *Bingham* e *Suicer*, referido por *Schleusner*, era batizar as mulheres, ensinar os catecúmenos femininos, visitar os doentes e cumprir outros ofícios inferiores na Igreja. Mas essa foi uma situação depois dos tempos apostólicos, e não há razão para se crer que Febe fosse dessa ordem. Ela evidentemente era uma grande auxiliadora da causa cristã, como algumas outras mulheres são também mencionadas neste capítulo, e ela foi auxiliadora de muitas dentre elas [v. 2], e não de uma Igreja, mas também do próprio Paulo; e à luz do que se diz no versículo 2, parece provável que ela era uma mulher que efetuava algum negócio, e que foi a Roma pelo menos em parte com essa finalidade.

idade, porque previa que um voto de celibato perpétuo seria muito arriscado e deveras prejudicial nesta faixa etária. Em um tempo de crescente degenerecência na Igreja, este mui santo ofício, que seria de mui grande utilidade na Igreja, tornou-se corrompido na ociosa ordem de freiras. Ainda que esta ordem fosse corrompida desde seus primórdios e contrária à Palavra de Deus, ela tem decaído tanto de seus propósitos originais, que não há qualquer diferença entre alguns santuários de 'castidade' e um prostíbulo.

3. Saudai a Prisca[2] e Áquila. Os testemunhos apresentados em favor de várias pessoas são destinados em parte a honrarem a retidão, honrando aqueles que são justos e merecedores de respeito, bem como atribuírem autoridade àqueles que possuem mais habilidade e desejo de fazer o bem do que outros. Tais testemunhos têm também o objetivo de encorajar essas pessoas a agirem de maneira correspondente a sua vida pregressa e para que não fracassem em sua vida espiritual, nem ainda permitam que sua devoção religiosa desfaleça.

A honra que Paulo confere a Prisca e Áquila, aqui, é algo mui singular, principalmente no tocante a Prisca, visto ser ela mulher. Isto, além de tudo, revela a natureza despretensiosa deste santo apóstolo, visto que ele não recusa ter e nem sente vergonha em admitir uma mulher como sua associada na obra do Senhor. Prisca era esposa de Áquila, e Lucas a chama Priscila [At 18.2].[3]

4. E isto lhes agradeço, não somente eu, mas também todas as igrejas de Deus. Paulo declara que tem uma razão particularmente sua em ser agradecido a Prisca e Áquila, pois não haviam poupado suas próprias vidas a fim de salvaguardarem a dele próprio. Contudo acrescenta que todas as igrejas de Cristo lhes são agradecidas, de

---

2 Assim lê *Griesbach*; é a mesma Priscila [vejam-se At 18.2, 26 e 2Tm 4.19, onde ela é também chamada Prisca]. Os nomes, nos tempos antigos, como também agora, às vezes eram usadas numa forma abreviada.

3 Se Áquila era ou não um leigo, o apóstolo conecta sua esposa com ele na obra de cooperação com ele em seu trabalho ministerial; e em Atos 18.26 vemos que ambos instruíram Apolo. É algo singular que a esposa, e não somente aqui, mas em vários outros casos, ainda que não em todos, seja mencionada antes do esposo.

modo que seu exemplo venha influenciar também os romanos. Paulo era merecidamente valorizado e muito amado por todos os gentios, visto sua vida ser um incomparável tesouro. Não é de se estranhar que todas as igrejas dos gentios se sentissem endividadas para com aqueles que as salvaram.[4]

5. É digna de nota a observação que ele adiciona – a igreja que se reúne na casa deles. Ele não poderia ter conferido uma honra maior à família deles do que referindo-se-lhe como uma *Igreja*. Discordo da tradução de Erasmo que traz *congregação*, pois é perfeitamente evidente que Paulo fez uso do sacro título *Igreja* como sinal de respeito.

Primícias da Ásia, para Cristo. A alusão aqui é às cerimônias da lei. Visto que é pela fé que os homens se consagram a Deus, aqueles que se oferecem primeiro são apropriadamente denominados *as primícias*. Paulo dá o primeiro lugar de honra aos primeiros chamados à fé, todavia só conservarão esta posição enquanto se mantiverem fielmente até o fim. O fato de Deus escolher alguns para serem as primícias não constitui uma honra de somenos importância. A fé é mais plena e adequadamente comprovada durante o período de tempo em que ela permanece, quando aqueles que foram os primeiros a se iniciarem nela não perderam o entusiasmo e nem desistiram de prosseguir em seu verdadeiro curso.[5]

6. Saudai a Maria, que muito trabalhou por vós. Ele reitera sua gratidão, registrando a benevolência que Maria havia demonstrado para com ele. Seu propósito em assim enaltecer tais pessoas é, sem

---

[4] Não se menciona a ocasião. Provavelmente foi em Corinto, segundo o relato dado em Atos 18.
Alguns dos pais consideravam que a família, sendo toda religiosa, era a Igreja; mas isso é totalmente inconsistente com o modo costumeiro de se expressar e com o estado de coisas naquele tempo. Não tinham igrejas nem templos onde reunir-se; as casas particulares eram suas igrejas. Idéias supersticiosas quanto a lugares de culto sem dúvida levaram as pessoas a recorrerem a tal explicação. O apóstolo teria usado tal fraseologia como a seguinte, se ele tencionasse dizer apenas a família: "Áquila e Priscila vos saúdam muito no Senhor, com (σὺν, juntamente com) a Igreja que está em sua casa" [1Co 16.19].

[5] Epêneto, que aqui é chamado primícia da Acaia, poderia ter sido da família de Estêfanes, do qual se diz ter sido a primícia em 1 Coríntios 16.15. Mas, a maioria das cópias aqui traz Ásia, Ἀσιας, em vez de Acaia, Ἀχαίας. Por Ásia às vezes se quer dizer Ásia Menor, e assim aqui, sem dúvida, se a redação estiver correta.

dúvida, para que desfrutassem maior estima e respeito dos romanos.⁶

7. Saudai a Andrônito e a Júnias. Ainda que Paulo não tivesse por costume dar demasiada importância a consanguinidade, ou a outros privilégios físicos, não obstante, em razão de sua relação com Júnias e Andrônito poder contribuir de alguma forma para que se tornassem melhor conhecidos dos romanos, ele não omite fazer nem mesmo esta recomendação em favor deles. O segundo tributo que lhes paga, de que eram seus **companheiros de prisão**,⁷ é de grande importância, pois os serviços que nos unem a Cristo são deveras dignos de honras. Em terceiro lugar, ele os qualifica de **apóstolos**. Contudo, ele não faz uso deste título em seu sentido próprio e geralmente aceito, mas o estende para incluir todos aqueles que não só estabelecem uma igreja, mas empregam todos seus esforços na expansão do evangelho, em todos os rincões. Nesta passagem, portanto, ele está se referindo, de uma forma geral, àqueles que plantavam igrejas, levando a doutrina da salvação a várias plagas, na qualidade de apóstolos. Ele restringe a palavra, em outra parte, à ordem principal [*ad primarium illum ordinem*] que Cristo estabelecera no princípio, quando escolhera os doze discípulos. Teria sido ridículo, por outro lado, atribuir tão grande honra como esta aos poucos por ele mencionados. Mas, visto que haviam abraçado o evangelho antes dele, então não hesita em atribuir-lhes esta preeminência.⁸

---

6 De Maria lemos que "trabalhou muito", εἰς ἡμᾶς, em prol de nós, ou entre nós; "em nosso meio – entre nós", *Beza*; "pro nobis – por nós", *Grotius*. A leitura εἰς ἡμᾶς, em prol de vós, conta com muitos manuscritos em seu favor, e também ἐν ὑμῖν, em vosso meio.

7 Não se sabe ao certo o que o apóstolo tem em mente; pois até aqui não temos nenhum relato dele como prisioneiro, exceto por um curto período em Filipos [At 16.23-40]; e é provável que foi nessa ocasião que eles foram seus companheiros de prisão; pois à luz da narrativa parece que houve mais prisioneiros além de Paulo e Silas, quando lemos que os 'prisioneiros' os ouviam cantar [v. 25]; e lemos que Paulo diz ao carcereiro, no versículo 28: "*todos* nós estamos aqui", denotando claramente que ele tinha alguém mais consigo além de Silas.

8 As palavras ἐπίσημοι ἐν τοῖς ἀποστόλοις, notadas entre os apóstolos, dificilmente admitem um significado diferente do que se dá aqui, ainda que alguns tenham insistido que o significado é que eram muito estimados pelos apóstolos, ou que eram "distintos no critério dos apóstolos", ou que eram bem conhecidos entre os apóstolos. Mas, como "apóstolos" em alguns outros casos signficavam mestres, como Barnabé [At 14.14], a explicação aqui apresentada deve ser bem aprovada.

11. Os da casa de Narciso. Teria sido um terrível insulto a Pedro a omissão de seu nome, caso ele estivesse então em Roma. Se é para dar crédito aos católicos romanos, então ele deveria estar lá. Mas se nosso melhor procedimento em matéria de dúvida é empregar semelhante conjetura, nenhum crítico moderado será induzido a crer na afirmação deles, pois o apóstolo jamais teria omitido a menção de Pedro. É também digno de nota que nenhum desses títulos magnificentes e nobilitantes aqui mencionados nos leve a concluir que os cristãos fossem pessoas de estirpe nobre. Aqueles a quem Paulo menciona em Roma eram obscuros e de origem humilde. *Narciso*, que é aqui mencionado, era, creio eu, o [escravo] liberto de Cláudio, famigerado por seus inúmeros crimes escandalosos e sua conduta devassa. Tão mais extraordinária é a graça divina que penetrou fundo naquele lar execrando, saturado de toda sorte de perversidade. Narciso mesmo não era convertido a Cristo, mas foi algo momentoso que uma casa que lembrava o próprio inferno fosse visitada pela graça de Cristo. Mas, visto que aqueles que viviam na companhia de tão imundo alcoviteiro, ladrão de voraz ganância e uma criatura completamente depravada, não obstante adoravam a Cristo em pureza [de coração]; servos que não tinham razão por que esperar algo de seus senhores, mas que podiam seguir a Cristo por conta própria. Deveras, a exceção que o apóstolo menciona mostra que a família era dividida, de modo que só havia uns poucos crentes.

16. Saudai uns aos outros com ósculo santo. O ósculo, segundo deduzo de muitas passagens da Escritura, era um símbolo frequente e muitíssimo costumeiro de amizade entre os judeus. Este costume era, provavelmente, menos frequente entre os romanos. Entretanto, ele não era totalmente desconhecido, ainda que somente aos parentes se permitia beijar as mulheres. Não obstante, tornou-se costumeiro no meio cristão, nos primórdios de sua história, oscularem-se uns aos outros antes de receberem a Ceia do Senhor, como um selo de sua fraternidade. Depois disto ofereciam esmolas com o fim de provar por meio de feitos e efeitos o que pretendiam representar pelo ósculo, segundo lemos numa das homílias de *Crisóstomo*.⁹ Deste costume originou-se a cerimônia hoje adotada pelos papistas, de beijar-se o cálice e oferecer a oblação. O primeiro destes outra coisa não é senão superstição, e não traz qualquer benefício conclusivo. O segundo não serve a nenhum propósito, senão para satisfazer (se é que tal coisa existe) a avareza dos sacerdotes. Paulo, contudo, parece não estar, especificamente, associando a este ponto alguma sorte de cerimônia, mas simplesmente exortando os crentes a nutrirem o amor fraternal, o qual ele distingue das profanas amizades do mundo. Estas, para a maioria, são artificiais, ou são cultivadas para fins criminosos, ou são mantidas para ocultar más intenções, mas jamais visam a um bom propósito. Ao enviar as saudações das igrejas,¹⁰ ele tudo fazia para manter unidos todos os membros de Cristo pelos vínculos do amor.

17. Rogo-vos, irmãos, que noteis aqueles que provocam divisões e ocasionam escândalos, em desacordo com a doutrina que aprendestes; afastai-vos deles.	17. Obsecro autem vos fratres, ut observetis eos qui dissidia et offensiones contra doctrinam, quam vos didicistis, excitant; et ut declinetis ab illis.
18. Porque esses tais não servem a Cristo, nosso Senhor, e, sim, a seu próprio ventre; e, com uma linguagem suave e lisonjeira, enganam os corações dos ingênuos.	18. Qui enim tales sunt, Christo Domino non serviunt, sed suo ventri; ac per blandiloquentiam et assentationem decipiunt corda simplicium.

9 Surge de *Justino Mártir* e *Tertuliano* que os primeiros cristãos osculavam uns aos outros sempre após as orações, ou no final do culto. Faziam isso, diz *Grotius*, a fim de "mostrar que eram todos iguais; pois os persas e os orientais só beijavam a boca dos que eram da mesma posição social, e estendiam suas mãos para que fossem osculadas por seus superiores". Evidentemente era um costume entre os judeus [vejam-se 2Sm 20.9; Lc 7.45; Mt 26.49]. Esse "ósculo santo" é mencionado em 1 Coríntios 16.20; 2 Coríntios 13.12 e 1 Tessalonicenses 5.26. É por Pedro chamado o ósculo de amor, ou de caridade [1Pe 5.14]. Era uma das coisas que surgiram dos hábitos peculiares, e não para que fossem consideradas algo obrigatório entre as nações, não mais que a lavagem dos pés. O objetivo dos apóstolos parece ter sido não a imposição de um rito, mas para regular uma prática já existente e preservá-la de abuso. Tinha de ser um ósculo *santo*.

10 *Griesbach* aprova πάσαι, 'todas', antes de igrejas; então ficaria "todas as igrejas"; isto é, da Grécia, diz *Grotius*, mas de Corinto, diz *Wolfius*, inclusive aquelas que se congregavam em casas particulares. e essa é a suposição mais provável do que imaginar Paulo, segundo *Oríginis* e outros, dizendo que todas as igrejas que fundara queiram bem à Igreja de Roma. Que queriam seu bem é algo sem sombra de dúvida; mas não é provável que Paulo agisse com base em tal suposição.

19. Pois vossa obediência é conhecida de todos. Por isso me alegro a vosso respeito; e desejo que sejais sábios para o bem e símplices para o mal.

20. E o Deus da paz em breve esmagará a Satanás debaixo de vossos pés. A graça de nosso Senhor Jesus seja convosco.

19. Vestra quidem obedientia ad omnes permanavit: gaudeo igitur de vobis; sed volo vos sapientes esse ad bonum, simplices verò ad malum.

20. Deus autem pacis conteret brevi Satanam sub pedibus vestris. Gratia Domini nostri Iesu Christi sit vobiscum. Amen.

17. Rogo-vos, irmãos. Ele agora apresenta uma exortação propícia e necessária para as ocasiões em que se faz mister despertar a Igreja, visto que os ministros de Satanás estão em constante vigilância, procurando uma oportunidade para lançar distúrbio no reino de Cristo. E eles tentam efetuar tais distúrbios usando um de dois métodos: ou semeando dissensões, por meio das quais as mentes dos homens são desviadas da unidade da verdade, ou criando escândalos, por meio dos quais os homens são alienados do amor do evangelho.[11] Os homens são distraídos da verdade de Deus quando esta é substituída por doutrinas de invenção humana. São alienados do amor do evangelho quando este se converte em objeto de ódio ou de desprezo por diversos meios. Ele, pois, nos ordena a ficarmos vigilantes em relação a todos quantos são responsáveis por uma destas coisas, para que sejam impedidos de enganar os crentes ou de apanhá-los desapercebidos. Nós também devemos evitá-los, diz ele, porque só trazem ruína. E ele tem sobejas razões para exigir tais precauções dos crentes, pois às vezes nossa negligência e descuido dão entrada a vícios escabrosos, os quais, antes que sejam remedia-

---

11 As duas palavras são διχοστασίαι e σκάνδαλα, divisões e ofensas ou escândalos. Sem dúvida ele tinha em vista o que observou no capítulo 14 sobre comer e observar dias; e segundo sua maneira usual, ele primeiro faz menção do efeito – 'divisões' – e então da causa – 'ofensas'. Os cristãos gentílicos, ao comerem, ofendiam os cristãos judeus, e tal ofensa provocava divisão ou separação. Os males que previamente tentara corrigir sem dúvida eram aqueles referidos aqui. "Servindo a seu próprio ventre", no próximo versículo, tem neste aspecto um significado prático. Em vez de privar-se do uso de comidas por amor a Cristo e em prol da paz da Igreja, preferiam satisfazer a seus próprios apetites. E, sendo desviados por tais luxúrias, encobriam seu real motivo falando (εὐλογία) e elogiando (χρηστολογία) os que se juntavam a eles, imitando, neste aspecto, as artes de todos os falsos professos e zelosos, qualquer que fossem os falsos princípios pelos quais eram guiados.

dos, trazem muito dano à Igreja. A menos que sejam cuidadosamente vigiados, tais indivíduos usarão de todos os meios com o fim de provocar danos com sua assombrosa astúcia.

Note-se também que Paulo está falando àqueles que haviam aprendido a pura verdade de Deus. É uma blasfêmia e sacrilégio provocar divisão entre aqueles que concordam quanto à verdade de Cristo. Mas é igualmente uma impudência própria de malandro [sem escrúpulo] defender uma trama de doutrinas mentirosas e ímpias sob o pretexto de paz e unidade. Os papistas, pois, não têm base alguma para usar esta passagem com o fim de excitar a malevolência contra nós, porquanto não atacamos nem destruímos o evangelho de Cristo, senão as falsidades do Diabo, por meio das quais o evangelho tem sido até agora obscurecido. Na verdade Paulo claramente demonstra que não condena todo e qualquer gênero de desacordo, sem qualquer exceção, mas somente aqueles que destroem a harmonia da fé ortodoxa. A força da passagem está nas palavras: **que aprendestes**, porque os romanos haviam renunciado os costumes de seus pais e as instituições de seus ancestrais antes que fossem propriamente instruídos no evangelho.

18. Porque esses tais não servem a Cristo. Ele acrescenta que os falsos profetas devem ser perpetuamente distinguidos dos servos de Cristo, com base no fato de que revelam mui pouco respeito pela glória de Cristo, e cuidam tão-somente de seus ventres. Ao mesmo tempo, contudo, para impedir alguém de ser enganado, visto que agem com o propósito de enganar e ocultar sua impiedade, assumindo um caráter diferente, Paulo realça a artimanha deles no uso de linguagem aduladora. Os pregadores do evangelho são também caracterizados pela amizade e atitudes prazenteiras, mas isso é combinado com a liberdade de expressão, a qual os coíbe de induzirem os homens com elogios fúteis ou de serem complacentes para com seus erros. Estes impostores, contudo, não só ganham os corações dos homens com suas bajulações, mas também fecham seus olhos para os erros deles, revelando-se indulgentes para com eles, com receio de que venham a perder seus seguidores. Pelo termo *ingênuos* [*inocentes*], Paulo quer dizer aqueles que não tomam o devido cuidado para evitar os enganos.

19. Pois vossa obediência[12] **é conhecida de todos**. Estas palavras são formuladas como que em resposta a uma possível objeção, e através delas Paulo mostra que não estava admoestando os cristãos de Roma, como se fizesse pouco caso deles, mas em razão da grande possibilidade de que viessem a cair. "Vossa obediência", diz ele, "é deveras universalmente louvada. Portanto, estou coberto de razão em regozijar-me a vosso respeito. Mas, visto que as pessoas com frequência caem nesta questão por pura ingenuidade, gostaria muito que sejais inexperientes e ingênuos na prática do mal, mas que ostenteis profunda maturidade na prática do bem, sempre que as circunstâncias o requeiram, de modo que venhais a preservar vossa integridade."

Percebemos aqui o caráter da *simplicidade* que Paulo enaltecia nos cristãos, e aqueles que consideram sua estúpida ignorância da Palavra de Deus como sendo uma refinada virtude não merecem reivindicar este título. Ao mesmo tempo que recomenda que os romanos fossem submissos e receptivos, também deseja que exercessem a sabedoria e o discernimento, para que sua credulidade não viesse a ficar exposta a algum gênero de impostura. Portanto, ele congratula-se com eles por serem isentos de malícia, mas o faz de maneira a mostrar que deseja que ajam com prudência e vigilância.[13]

20. A expressão que se segue, **o Deus da paz esmagará a Satanás**, é uma promessa que visa ao fortalecimento deles, e não uma

---

12 Em 8.1 ele chama essa obediência de 'fé'. De modo que obediência ao evangelho é fé no que ele declara. Crer é o mandamento especial do evangelho. Daí, crer é o ato especial de obediência que ele requer; e aquele que crê é aquele que será salvo. Mas essa fé é a que procede do coração, e não dos lábios; e uma fé que opera através do amor e vence o mundo, de cujo onipotente poder aprendemos em Hebreus 11.

13 'Bem' e 'mal' nesta frase é beneficência e malfeito. Tanto ser sábio quanto ser bom é ser sábio em atos de bondade, ao promover o bem, *Beza*; e ser nocivo ou prejudicial, ou simplesmente ser mau, é não exercer nenhum bem, como os descritos no versículo 17, que eram nocivos e criavam divisões.

oração. Ele os exorta a lutarem contra Satanás com denodo, e lhes promete uma rápida vitória. Cristo já derrotou Satanás uma vez para sempre, mas ele está sempre pronto a renovar a batalha. Paulo, pois, promete a derrota final de Satanás, ainda que isso não pareça evidente enquanto a peleja está ainda sendo deflagrada. Ele fala não só do último dia quando Satanás será publicamente esmagado sob a planta de seus pés, mas, visto que ele ainda semeia e ainda tem suas rédeas um tanto soltas, e em sua arrogância lança tudo em confusão, o apóstolo promete que o Senhor o subjugará e o esmagará sob a planta de seus pés. Uma oração vem logo a seguir, no sentido em que a graça de Cristo esteja com eles, ou seja para que venham a desfrutar todas as bênçãos que nos têm sido proporcionadas por Cristo.

21. Timóteo, meu cooperador, vos saúda; bem como Lúcio e Jasom e Sosípatro, meus parentes.
22. Eu, Tércio, quem escreveu esta epístola, vos saúdo no Senhor.
23. Saúda-vos Gaio, meu hospedeiro bem como de toda a igreja. Saúda-vos Erasto, tesoureiro da cidade, e o irmão Quarto.
24. A graça de nosso Senhor Jesus Cristo seja com todos vós. Amém.
25. Ora, àquele que é poderoso para vos confirmar segundo meu evangelho e a pregação de Jesus Cristo, (conforme a revelação do mistério guardado em silêncio pelos tempos eternos,
26. e que agora se tornou manifesto, e foi dado a conhecer por meio das Escrituras proféticas, segundo o mandamento do eterno Deus, para a obediência por fé),
27. entre todas as nações, ao único e sábio Deus seja dada glória, por meio de Jesus Cristo, pelos séculos dos séculos. Amém.

21. Salutant vos Timotheus, cooperarius meus, et Lucius et Iason et Sosipater, cognati mei.
22. Saluto ego vos Tertius, qui scripsi epistolam, in Domino.
23. Salutat vos Gaius, hospes meus et Ecclesiæ totius. Salutat vos Erastus, quæstor ærarius urbis, et Quartus frater.
24. Gratia Domini nostri Iesu Christi sit cum omnibus vobis. Amen.
25. Ei verò qui potens est vos confirmare secundum evangelium meum, et præconium scilicet Iesu Christi, secundum revelationem mysterii, quod temporibus secularibus tacitum,
26. Manifestatum nunc fuit, et per scripturas propheticas, secundum æterni Dei ordinationem, in obedientiam fidei ad omnes gentes promulgatum, –
27. Soli sapienti Deo per Iesum Christum gloria in secula. Amen.

21. Timóteo, meu cooperador, vos saúda. Ele incluiu estas saudações com a intenção de, em parte, promover a união daqueles que se achavam muito separados uns dos outros; e, em parte, para que os romanos soubessem que seus irmãos subscreveram a Epístola. Ele se lhes dirige nestes termos, não porque exigisse o testemunho de outros, mas porque a concórdia entre os crentes é algo de muitíssimo proveito.

A Epístola se encerra, como podemos ver, com louvores e ações de graças a Deus. O apóstolo faz menção do singular benefício de Deus em conceder aos gentios a luz do evangelho, no qual se acha revelada sua incomensurável benevolência que excede a toda e qualquer expressão. Suas palavras de louvor são suficientes para despertar e confirmar a confiança dos santos, de modo que, com seus corações alçados a Deus, possam olhar com serenidade para todas aquelas coisas que lhe são aqui atribuídas, e possam ainda confirmar sua esperança para o futuro, considerando seus antigos benefícios.[14] Não obstante, visto que o apóstolo redigiu um longo período, introduzindo muitas idéias numa só sentença, e embaralhou este período com um confuso arranjo gramatical, faz-se mister que classifiquemos as diferentes orações.

Primeiramente, ele atribui tudo exclusivamente a Deus. Em seguida, a fim de mostrar que isso lhe é corretamente devido, menciona incidentalmente alguns de seus atributos a fim de tornar evidente que só Deus é digno de todo louvor. Diz ele: **ao único e sábio Deus**. Ao atribuir este louvor a Deus, ele priva todas as demais criaturas de tal mérito. Tendo feito menção do conselho secreto de Deus, o apóstolo parece ter adicionado este tributo de louvor deliberadamente com o propósito de atrair todos os homens a reverenciarem e admirarem a sabedoria divina. Pois sabemos muito bem quão prontos os homens

---

[14] Esta conclusão porta uma evidente referência ao ponto que o apóstolo tinha especialmente em vista – a reconciliação entre judeus e gentios. Ele conecta o evangelho com as Escrituras antigas, e faz menção do evangelho como estando em uníssono com elas. Então os judeus não tinham razão de queixar-se. Como nos versículos 17 a 20, inclusive, ele reprovou os gentios que causavam divisões, assim nestes versículos seu objetivo especial é pôr fim às objeções dos judeus.

se dispõem a abrir suas bocas em desaprovação quando fracassam em descobrir a razão para as obras de Deus.

Ao adicionar que Deus era **poderoso para confirmar** os romanos, ele os convence da certeza de sua perseverança final. E para provocar neles esta profunda certeza e levá-los a buscarem refúgio no poder divino, adiciona que tudo isso foi testificado no evangelho, o qual não só nos apresenta uma promessa de uma paz prevalecente aqui e agora, mas também nos assegura que esta graça durará para sempre. Deus declara no evangelho que ele é nosso Pai não somente aqui e agora, mas que continuará sendo eternamente. De fato, sua adoção se estende para além da morte, pois que está nos conduzindo para aquela herança eterna.

As declarações restantes são feitas com o propósito de enaltecer o poder e a dignidade do evangelho. Ele denomina este de **a pregação de Jesus Cristo**, visto que toda a soma dele se acha contida em nosso conhecimento de Cristo. Ele menciona a doutrina do evangelho como **a revelação do mistério**. Isto deve não só fazer-nos mais atentos em ouvi-lo, mas também a imprimir em nossas mentes um sólido e profundo respeito por ele. Paulo denota quão sublime segredo é este, acrescentando que ele estivera oculto por muitas eras, desde o princípio do mundo.[15] Ele não possui aquele orgulho e sabedoria que são buscados pelos filhos deste mundo, que por isso o desprezam; mas possui aqueles multiformes e inauditos tesouros da sabedoria celestial, os quais se acham fora do alcance da cultura humana. Se os próprios anjos os contemplam extasiados, então nenhum ser humano poderá admirá-los apropriada e detidamente.

---

15 As palavras são χρόνοις αἰωνίοις, traduzidas impropriamente por *Hammond* e outros, desde as eras eternas, ou eternidade. Nós as achamos precedidas por πρὸ, *antes de*, em 2 Timóteo 1.9 e em Tito 1.2: "antes dos tempos eternos"; não pode ser a tradução certa, nem é correta, "antes do começo do mundo", como em nossa versão; pois a referência em Tito é à promessa de Deus. "Nos tempos das eras" é a tradução de *Beza* e de *Macknight*; e nos "tempos antigos" é a de *Doddridge* e *Stuart*. O mesmo tema é compendiado em outros dois lugares [Ef 3.5 e Cl 1.26]. E as palavras usadas por ele são "em outras eras", ἐν ἑτέραις γενεαῖς, e "desde eras e gerações", ἀπὸ τῶν αἰώνων καὶ ἀπὸ τῶν γενεῶν. *Teodoreto* explicou os termos por ἄνωθεν – em tempos passados; e *Teofilato*, por πάλαι – anteriormente; e *Schleusner*, por uma palavra afim, *olim*.

Esta sabedoria não deve ser menos estimada por se achar vestida de um estilo humilde, ordinário e simples, pois assim foi do agrado de Deus subjugar a soberba da carne.

Visto ser possível surgir em alguns a dúvida sobre como este mistério, oculto ao longo de tantas eras, pudesse ter emergido tão subitamente, Paulo nos conta que isso não aconteceu por um descuido nem por casualidade humana, mas pela eterna ordenação divina. Aqui também ele fecha a porta contra toda sorte de indagações que a impudência da mente humana costuma formular. A qualquer evento que surge súbita e inexplicavelmente os homens costumam considerar como algo sem qualquer propósito. Daqui às vezes deduzem erroneamente que as obras de Deus são carentes de qualquer sentido, ou, pelo menos, se acham envoltas em dúvidas perplexivas. Paulo, pois, nos lembra que aquilo que se nos afigura como algo sem sentido foi decretado por Deus antes da fundação do mundo. Mas, com o fim de impedir que alguém se irrompesse em controvérsia com o propósito de desacreditar o evangelho, acusando-o de novidade, ele cita os escritos dos profetas, cujas predições agora descobrimos terem se cumprido. Todos os profetas dão um testemunho tão convincente do evangelho, que não há melhor fonte da qual possa ele receber confirmação. Deus, assim, preparou devidamente a mente de seu povo para que não se visse perplexa[16] ante a novidade de algo em relação ao qual não estivesse acostumada.

Se alguém levantar a objeção, dizendo que Paulo se contradiz,

---

16 Esta frase é construída de maneira diferente. Alguns conectam "Escrituras proféticas" com "manifestado ou feito manifesto. Assim *Doddridge* e *Stuart*; porém *Beza*, *Pareus* e *Macknight* concordam com *Calvino* e conectam as palavras com "feito conhecido" ou proclamado. A partícula conjuntiva, τε, depois de διὰ favorece esta construção; e διὰ significa aqui "por meio" ou pelo auxílio e sanção "das Escrituras proféticas". Então o significado é "que o mistério, durante eras oculto, é agora manifesto, isto é, pelo evangelho e por meio das Escrituras proféticas, e consistentemente com o decreto (ἐπιταγήν) ou ordenação do Deus eterno, que se faz conhecido de todas as nações pela obediência de fé." A exposição de *Calvino* está em harmonia com este ponto de vista, que sem dúvida é o correto.

dizendo que o mistério, do qual Deus dá testemunho através de seus profetas, estivera oculto ao longo de todas as eras, Pedro apresenta uma solução fácil a esta dificuldade. Em suas cuidadosas inquirições em torno da salvação que nos foi oferecida, diz ele, os profetas não ministraram a si mesmos, mas a nós [1Pe 1.12]. Deus, pois, naquele tempo estava em silêncio, visto que mantinha em suspenso a revelação destas coisas concernente às quais ele desejava que seus servos profetizassem.

Ainda que não haja acordo nem mesmo entre os escolásticos sobre em que sentido Paulo, nesta passagem, chama o evangelho um *mistério oculto*, tanto quanto em Efésios 3.9 e Colossenses 1.26, o ponto de vista mais provável é o daqueles que o aplicam à vocação dos gentios. Paulo mesmo explicitamente alude a isto em sua Epístola aos Colossenses [Cl 1.27]. Concordo que esta pode ser uma das razões, mas não posso me persuadir a crer que só exista uma. Parece-me mais provável que Paulo estava também pensando em outras diferenças entre o Velho e o Novo Testamento. Ainda que os profetas houvessem outrora ensinado tudo o que Cristo e os apóstolos explicaram, em seu tempo, mesmo assim o ensinaram de forma um tanto obscura, quando comparado com a clareza da luz meridiana do evangelho, que não devemos surpreender-nos, caso se nos afirme que as coisas que são agora reveladas estiveram ocultas. Malaquias não profetiza debalde que o Sol da Justiça nasceria [4.2], nem debalde exaltou Isaías a embaixada do Messias. Finalmente, não é sem razão que o evangelho seja chamado o *reino de Deus*. Contudo, podemos com mais propriedade concluir à luz do próprio tema que, somente quando Deus apareceu face a face a seu antigo povo, através de seu Filho Unigênito, foi que as sombras se dissiparam e os tesouros da sabedoria celestial finalmente se abriram. Ele novamente faz alusão ao propósito de pregar-se o evangelho, ao qual fez menção no início do primeiro capítulo, ou seja para que Deus guiasse todas as nações à obediência da fé.

FIEL
MINISTÉRIO

O Ministério Fiel visa apoiar a igreja de Deus, fornecendo conteúdo fiel às Escrituras através de conferências, cursos teológicos, literatura, ministério Adote um Pastor e conteúdo online gratuito.

Disponibilizamos em nosso site centenas de recursos, como vídeos de pregações e conferências, artigos, e-books, audiolivros, blog e muito mais. Lá também é possível assinar nosso informativo e se tornar parte da comunidade Fiel, recebendo acesso a esses e outros materiais, além de promoções exclusivas.

Visite nosso site

www.ministeriofiel.com.br

Esta obra foi composta em CheltenhamStd Book 10,0, e impressa
na Promove Artes Gráficas sobre o papel Polen 70g/m2,
para Editora Fiel, em Março de 2023